"十二五"普通高等教育本科国家级规划教材

21世纪法学系列教材

特色课系列

民族法学

（第三版）

熊文钊　主　编
潘红祥　沈寿文　副主编

北京大学出版社
PEKING UNIVERSITY PRESS

图书在版编目(CIP)数据

民族法学/熊文钊主编. —3 版. —北京:北京大学出版社,2022.7
21 世纪法学系列教材. 特色课系列
ISBN 978 – 7 – 301 – 32948 – 1

Ⅰ. ①民… Ⅱ. ①熊… Ⅲ. ①民族法学 – 中国 – 高等学校 – 教材
Ⅳ. ①D921.8

中国版本图书馆 CIP 数据核字(2022)第 046985 号

书　　　　名	民族法学（第三版）	
	MINZU FAXUE(DI-SAN BAN)	
著作责任者	熊文钊　主编	
责 任 编 辑	郭薇薇	
标 准 书 号	ISBN 978 – 7 – 301 – 32948 – 1	
出 版 发 行	北京大学出版社	
地　　　址	北京市海淀区成府路 205 号　100871	
网　　　址	http://www.pup.cn	
电 子 信 箱	law@ pup. pku. edu. cn	
新 浪 微 博	@ 北京大学出版社　@ 北大出版社法律图书	
电　　　话	邮购部 010 – 62752015　发行部 010 – 62750672　编辑部 010 – 62752027	
印 刷 者	北京圣夫亚美印刷有限公司	
经 销 者	新华书店	
	730 毫米 ×980 毫米　16 开本　30.5 印张　592 千字	
	2012 年 9 月第 1 版　2016 年 1 月第 2 版	
	2022 年 7 月第 3 版　2023 年 3 月第 2 次印刷	
定　　　价	84.00 元	

主 编 简 介

熊文钊,法学博士,现任天津大学法学院讲席教授,博士生导师,天津大学国家制度与国家治理研究院副院长;曾长期从事民族法学教育,任中央民族大学法学院教授、二级教授;系中国法学会立法学研究会副会长、中国法学会民族法学研究会常务理事、中国人类学民族学学会法律人类学专业委员会副主任、中国法学会宪法学研究会常务理事、中国法学会行政法学研究会常务理事兼学术委员会委员、中国法学会中国特色社会主义法治思想研究会常务理事、中国法学会财税法学研究会常务理事等;北京大学、中国人民大学、中国政法大学、青海民族大学等高等学校兼职教授。主持多项国家立法起草研究项目,参加国家和地方立法起草研究咨询项目近百项;主持国家社会科学基金重大项目、国家社会科学基金重点项目以及国家社会科学基金一般项目、教育部人文社科重点研究基地重大项目等国家级和省部级课题二十余项;在法治和民族法学领域的研究多有建树,出版学术著作《大国地方》系列丛书、《中国民族法制 60 年》《少数民族受教育权保护研究》《文化法治体系的建构》《公法原理》《现代行政法原理》等学术著作十余部,在国内外重要学术期刊发表学术论文百余篇。

内 容 简 介

本教材对民族法律制度进行了全面系统的梳理和介绍,系统阐述了民族法学的基础知识、基本理论、基本方法、基本范畴、基本权益和基本制度,是一部反映学科前沿水平的新兴特色教学用书。全书分为五编二十二章,分别对民族法的涵义、民族关系的法律调整机制、民族法的制定、民族法的实施、民族法的体系、民族区域自治制度、少数民族人权保障、少数民族习惯法以及比较民族法等基本问题进行了系统的阐述。本教材主题鲜明、内容全面、资料翔实,汇集了近年来民族法学研究的最新成果和资料,适用于民族法学及其相关领域的高校师生及研究者。

目　录

绪论 ·· (1)

第一编　民族法学基础理论

第一章　民族法现象及其基本理论 ·································· (29)

第一节　民族法现象及其性质 ·· (29)

第二节　民族关系的法律调整 ·· (39)

第三节　民族法基本原则 ·· (51)

第四节　民族法的表现形式 ··· (58)

第二章　民族立法 ·· (64)

第一节　民族立法概述 ··· (64)

第二节　民族自治地方立法 ··· (78)

第三节　一般地方的民族立法 ·· (86)

第三章　民族法的实施 ·· (89)

第一节　民族法实施的主体 ··· (89)

第二节　民族法实施的措施 ··· (92)

第三节　民族纠纷及其处理 ··· (100)

第四节　民族法的监督保障机制 ····································· (111)

第五节　民族法律责任 ··· (115)

第四章　中国历史上的民族法 ··· (119)

第一节　中国古代民族法 ·· (119)

第二节　中国近代民族法 ·· (128)

第三节　中国当代民族法 ·· (137)

第二编　中国民族区域自治制度

第五章　民族区域自治制度概述 ····································· (157)

第一节　民族区域自治的基本范畴与基本理论 ················· (157)

第二节　民族区域自治制度的制度特色与理论创新 ············ (168)

第三节　民族自治地方的建置 ·· (178)

第四节　民族自治地方的自治机关 ·································· (185)

第六章　民族自治地方的自治权 ································· （189）

　　第一节　民族区域自治权概述 ··························· （189）

　　第二节　政治类自治权 ······························· （195）

　　第三节　经济类自治权 ······························· （202）

　　第四节　文化类自治权 ······························· （209）

　　第五节　其他类自治权 ······························· （216）

第七章　上级国家机关的职责 ····························· （222）

　　第一节　上级国家机关职责的概述 ····················· （222）

　　第二节　上级国家机关的履职原则 ····················· （224）

　　第三节　上级国家机关的履职方式 ····················· （229）

第三编　中国少数民族人权保障

第八章　中国少数民族人权保障概述 ······················· （251）

　　第一节　中国少数民族人权的概念 ····················· （251）

　　第二节　中国少数民族人权的类型 ····················· （252）

第九章　中国少数民族的政治权利 ························· （260）

　　第一节　中国少数民族政治权利概述 ··················· （260）

　　第二节　中国少数民族的平等权 ······················· （264）

　　第三节　中国少数民族的选举权和被选举权 ············· （265）

　　第四节　中国少数民族的参政权 ······················· （267）

第十章　中国少数民族经济权利 ··························· （270）

　　第一节　中国少数民族经济权利保障概述 ··············· （270）

　　第二节　中国少数民族经济权利的内容 ················· （271）

　　第三节　中国少数民族经济权利保障的类型 ············· （275）

第十一章　中国少数民族文化权利 ························· （278）

　　第一节　中国少数民族文化权利概述 ··················· （278）

　　第二节　中国少数民族文化权利的保障 ················· （284）

第十二章　中国少数民族语言文字和风俗习惯的自由和权利 ····· （292）

　　第一节　中国少数民族语言文字和风俗习惯的自由概述 ··· （292）

　　第二节　中国少数民族语言文字自由和权利的保障 ······· （294）

　　第三节　中国少数民族风俗习惯自由和权利的保障 ······· （297）

第十三章　中国散居少数民族权益保障 ····················· （300）

　　第一节　中国散居少数民族权益保障概述 ··············· （300）

　　第二节　中国散居少数民族权益保障现状与发展 ········· （303）

第四编　少数民族习惯法

第十四章　少数民族习惯法概述 ·· （309）

第一节　少数民族习惯法的表现形式 ·· （309）

第二节　少数民族习惯法的演进 ··· （311）

第三节　少数民族习惯法的特点 ··· （315）

第四节　少数民族习惯法的功能 ··· （317）

第十五章　少数民族习惯法的内容 ·· （321）

第一节　社会组织与头领习惯法 ··· （321）

第二节　生产习惯法 ··· （327）

第三节　民事习惯法 ··· （330）

第四节　刑事习惯法 ··· （338）

第五节　宗教及社会交往习惯法 ··· （348）

第六节　纠纷解决习惯法 ······································· （352）

第十六章　少数民族习惯法与国家法的冲突与调适 ············ （359）

第一节　少数民族习惯法和国家法的融合与发展 ·················· （359）

第二节　少数民族习惯法与国家法的冲突 ························· （365）

第五编　比较民族法

第十七章　比较民族法概述 ·· （379）

第一节　比较民族法的概念与内容 ································· （379）

第二节　比较民族法研究的意义与方法 ························· （381）

第三节　比较民族法的研究现状与发展趋势 ·················· （383）

第十八章　多民族国家协调民族关系的理论学说 ············ （387）

第一节　自由主义理论 ··· （387）

第二节　多元文化主义理论 ····································· （393）

第三节　马克思主义民族平等理论 ····························· （399）

第十九章　多民族国家协调民族关系的制度模式 ············ （404）

第一节　民族联邦制 ··· （404）

第二节　民族区域自治 ··· （408）

第三节　民族文化自治 ··· （411）

第四节　土著民族保留地自治 ··································· （415）

第二十章　多民族国家协调民族关系的立法规范 ……………………(418)

　　第一节　美洲国家民族立法 …………………………………(418)

　　第二节　欧洲国家民族立法 …………………………………(429)

　　第三节　大洋洲国家民族立法 ………………………………(435)

　　第四节　亚洲、非洲国家民族立法 …………………………(439)

　　第五节　中国特色的民族立法 ………………………………(442)

第二十一章　多民族国家协调民族关系的政策措施 …………………(446)

　　第一节　肯定性行动 …………………………………………(446)

　　第二节　族群优待政策 ………………………………………(451)

　　第三节　民族优惠政策 ………………………………………(455)

第二十二章　少数人权利的国际保护 ……………………………………(462)

　　第一节　联合国少数人权利保护机制 ………………………(462)

　　第二节　欧洲少数人权利保护机制 …………………………(467)

　　第三节　非洲少数人权利保护机制 …………………………(469)

　　第四节　美洲少数人权利保护机制 …………………………(473)

《民族法学》修订后记 …………………………………………………(477)

绪　论

一、民族法学的性质

民族法学是什么？这是每一个初学民族法学的人首先会遇到的问题。事实上，民族法学的定义科学与否，直接关系到整个民族法学学科的基础与发展——至少本学科内绝大多数重要学术问题的回答要以此为基础，当然也包括回答"民族法学性质为何"的问题。对于民族法学的定义，学界的观点大同小异。有学者认为："民族法学是研究一切多民族国家内部如何用法律手段处理和调整民族关系的学科。"①也有学者认为："民族法学是以调整民族关系的法律现象为研究对象的科学。"②简言之，一国以法律的手段对民族关系及其相关问题进行调整，以这一现象为研究对象的法学学科就是民族法学。③

对于民族法学的性质，与其进行通常的语言描述，不如通过学界一个著名的争论来呈现更为生动。长久以来，学界对于民族法学的独立性问题展开了旷日持久的争鸣，从学科耆宿到术业新兵，许多人都曾加入这场大讨论之中。有学者认为："民族法仅是一个法域范畴，而并非调整某一特定性质的社会关系的部门法。"④也有学者认为民族法是一个独立的部门法。"民族法以一个独立的部门法的面貌出现，使它在我国社会主义法律体系中占有一席之位，从而一门以民族法为研究对象的新兴学科民族法学即应运而生。"⑤"民族法是以民族关系为主要调整对象的法律部门。"⑥

从民族法学发展的角度而言，我们可以深切体会民族法学者对于民族法作为一个独立法律部门、民族法学作为一门独立法学学科的渴望。但是，抛开狭隘学科门户视角来看，民族法或者民族法学独立性的争论的关键在于厘清对法律部门和法学学科两个基本概念的认知。有学者认为："在法学体系之中，有在部门法基础之上建立的法学学科，也有在其他部门法的法域范畴基础之上建立的法学学科，如经济法、民族法、军事法等，或是在其他法学范畴基础之上建立的法

---

① 史筠：《关于民族法学问题》，载《中国法学》1991年第5期。
② 吴宗金等主编：《民族法学导论》，广西民族出版社1990年版，第7页。
③ 需要注意的是，民族法学与民族法在学界被混用的状况比较明显，但两者在实质上是完全不同的概念。我们将在本书第一章第一节详细论述二者的区别。
④ 熊文钊：《关于民族法学的性质问题》，载《中央民族大学学报》2000年第2期。
⑤ 吴大华：《试论民族法学的研究对象、方法和任务》，载《贵州民族研究》1990年第1期。
⑥ 吴宗金、张晓辉主编：《中国民族法学》（第2版），法律出版社2004年版，第5页。

学学科,或边缘学科,如法理学、法史学、证据学、法医学等。我们应当将法律体系与法学体系、法律部门与法学学科等区分开来,使法律体系、法学体系、法律部门与法学学科遵从各自的内在发展规律。"①这可以说是对民族法学性质问题极为客观的描述。因为法律部门与法学学科的关系主要有如下几点:其一,法律部门的存在是以制定法规范的存在为前提的,对法律关系加以规制的法律规范共同构成统一的法律部门,而法学学科是对于特定法律关系进行深入研究的理论集合,其划分虽然在许多时候与特定的法律部门相对应,但却并非完全的一一对应关系。例如,与作为法律部门的民法相对应的是民法学,而所谓的经济法学所研究的经济法律关系,其法律规范则散见于民商法和行政法规范的序列之中。其二,法律部门的独立性和法学学科的独立性是两个不同的概念。法律部门的划分除了以所调整的法律关系的区分为要素之外,还常常与一国的法制框架和法律传统有关。而法学学科的独立性则更多地由学科发展规律所决定,只要具备了共同的理论基础、法域范畴等基本要素,并经过严密的论证,作为法学学科的独立就能够基本实现。民族法学的研究虽然起步较晚,但是早在 20 世纪 90 年代初就成立了国家级的学术研究团体——中国法学会民族法学研究会,随后获得了国务院的正式承认,明确载入《中国法律年鉴》的法学学科目录之中,并于 2003 年创建了博士授权点,可见,民族法学事实上已经成为一个独立法学学科而客观存在了。其三,我国一直沿用大陆法系的法理传统,而大陆法系之所以又被称之为法典法系,其根本原因就在于依据不同的调整对象、分析框架将不同的法律关系及其调整规范明晰化、类型化,从而形成了较为严格的法律部门的划分。这种划分进行了长期的法学实践而逐渐被确定下来,具有极强的稳定性。其民法、刑法、行政法三大实体法律部门的分野,在可以预见的相当长的一段时期内是不会发生改变的。因此,法学学科可以随着实践的发展逐渐形成,然而却未必能够由此导致与之相对应的法律部门的出现。经济法学的发展史就是这一论断的生动注脚。反言之,没有独立的法律部门相对应,并不影响相关法学学科的独立性的证成。综上,民族法学是一门独立的法学学科,而非独立的法律部门。

民族法学作为跨越法学与民族学的法学学科,其研究过程同传统法学所秉持的单向研究视角不同,呈现出一种交叉综合属性。一方面,就学科理论研究的方法论而言,在民族法学理论研究中,除了应用法学研究方法中常见的如规范分析法、演绎法等方法外,还借鉴了民族学学科和其他学科的研究方法,如通过田野调查的方法深入实践地区,通过史学研究方法借鉴古代民族法制史经验,通过比较研究法吸收不同国家和民族的法律制度,通过跨学科研究法(或称"交叉

---

① 熊文钊:《关于民族法学的性质问题》,载《中央民族大学学报》2000 年第 2 期。

研究法”)实现对社会现象的综合研究等。另一方面,就民族法学理论研究的对象而言,其内容散见于民法、刑法、行政法与诉讼法等多个法律规范当中。民族法学的这种综合属性是其不同于法学研究体系中其他法学子学科的重要特点,同时,其自身所具有的民族性和特殊性又使其从多重的法律规范系统中脱颖而出,成为极具学科价值的研究领域。第一,以法学学科研究发展为视角,民族法学作为一门新型的综合性法学学科,实现了学科整体研究在理论与实践中全方位的完善与发展。① 新中国成立之后,伴随着民族法制的实施,各种蕴含着民族因素的社会关系需要接受法律的调整,实践的发展推动了理论的创新,民族法学学科体系的产生和发展成为填补法学研究空白的重要渠道。第二,以多民族自身发展为视角,民族法学作为一门新型的法学学科,推动了民族关系良性发展的社会目标。我国作为一个由多民族人口共同组成的国家,其中包含着 55 个少数民族,“大聚居小杂居”的居住结构使这些少数民族成员中的大部分都居住在经济条件相对落后的边远地区,这些民族地区所呈现出的民族性和特殊性使其在经济、文化、社会、生态等发展进程中需要依赖于专门的法律规范加以规范和调整,民族法学的研究为民族法治建设提供了引导和方向。

探索思考

法学学科一定与法律部门相对应吗?

法学学科是以特定的法律部门或法现象为研究对象的法社会科学的分支,一般存在两种情形:

第一,同特定的法律部门相对应的法学学科。如前面提到的民法、刑法、行政法和诉讼法,对应的学科分别是民法学、刑法学、行政法学和诉讼法学(一般指民诉法学和刑诉法学)。这也是我们耳熟能详的法学传统学科。

第二,以特定的法现象为研究对象而形成的法学学科。这类法学学科的特点是不与特定的法律部门相对应,因此一般具有基础理论性、横向综合性以及边缘交叉性的特点。如,民族法学所研究的民族法律关系,其法律规范则散见于宪法、行政法、刑法等规范的序列之中。

显然,从学科发展的趋势来看,第二类法学学科的地位正不断提升,它可以再进一步分为三种类型。

其一,基本理论型。指对于法学一般理论的抽象研究,如法理学(法哲学)、法史学(中/外制度史、思想史)等。

---

① 胡利明:《论民族法学的学科特征》,载《创新》2017 年第 6 期。

　　其二,横向交叉型。指基于政治、经济、文化、民族等社会分类法而产生的综合性法学学科,这些学科一般会对应数个法律部门,故具有横向交叉性。如经济法学、文化法学,以及本书所聚焦的民族法学。

　　其三,外部交叉型(边缘学科)。指法学同其他科学门类交叉而成的边缘学科,如法社会学(法学和社会学)、法人类学(法学和人类学)、法医学(法学和医学)、军事法学(法学和军事学)、法律经济学(法学和经济学)等。

　　就民族法学而言,否认其作为一个独立的法律部门存在恰恰能够使之摆脱不必要的束缚,充分发挥其作为具有开放式理论框架的交叉学科的综合性优势。作为民族法学主要研究对象的民族关系,除了受到《中华人民共和国宪法》(以下简称《宪法》)、《中华人民共和国民族区域自治法》(以下简称《民族区域自治法》)的调整外,在实践中几乎同所有法律关系都具有交叉存在的可能,因此,不论是民法、刑法、行政法还是诉讼法,其中都或多或少地包含了一些调整民族关系的法律规范。如《中华人民共和国刑法》(以下简称《刑法》)第249条规定的煽动民族仇恨、民族歧视罪、第250条规定的出版歧视、侮辱少数民族作品罪、第251条规定的非法剥夺公民宗教信仰自由罪。《中华人民共和国刑事诉讼法》(以下简称《刑事诉讼法》)第9条、《中华人民共和国民事诉讼法》(以下简称《民事诉讼法》)第11条和《中华人民共和国行政诉讼法》(以下简称《行政诉讼法》)第9条规定,用本民族语言、文字进行诉讼原则,各民族公民都有用本民族语言文字进行诉讼的权利。

　　这些法律规范虽然分属不同的法律部门,却无一例外地都属于民族法学的研究对象。可见,作为一个独立法学学科的民族法学,其研究的样本除了通常意义上理解的以《民族区域自治法》为代表的民族法律规范之外,还包括其他各法律部门中涉及民族关系调整的法律规范,因而是一个宏大的、开放的综合性学科体系。倘若出于狭隘的立场强调民族法学作为一门独立的法律部门而与既有的各法律部门并行存在,势必将在民族法与其他部门法之间划出一道明确界分的鸿沟,这反而限制了民族法学对相当一部分寄身于其他部门法中的民族关系调整规范的研究,不论是对于民族法学本身还是其他部门法而言,都是有百害而无一利的。

　　因此,本书关于民族法学的性质的结论为:民族法学是一门综合性的法学学科。

二、民族法学的理论体系

(一) 现有观点列举

虽然民族法制实施已久,但民族法学科建立时间不长,学界对于民族法学理论体系的总结归纳都不尽相同,许多基本问题共识的达成还需要进一步拓展和深化。

观点一:民族法学应注重研究我国边疆、闭塞山区、牧区的少数民族特点与现代化法制之间的相互对立与统一,民族法学应把民族区域自治、民族自治地方的法制建设以及各民族的成文法和习惯法作为一个整体进行认识和研究。①

观点二:民族法学的研究既包括特殊群体和区域的法律问题,又要研究涉及法律的民族问题。②

观点三:民族法学既是应用学科又是民族法文化学科,应在学科研究中把应用服务与传统法文化的整理服务功能结合起来。因此包括应用的民族法学科和文化的民族法学科。前者又可细分为民族法律法规、民族法律制度、民族法律规范、民族法律实施、民族纠纷处理、民族法律关系、民族法制原则等;后者则可包括民族习惯法学和民族法律史学两个部分。③

观点四:民族法学学科包括三个方面的研究范围:一是原始社会的法;二是中国特色的民族区域自治法律制度;三是中国法律在民族地区的实施。④

观点五:民族法学是关于多民族国家调整国内民族关系法律规范的学说,其研究核心是民族区域自治法学建设,民族法学应以民族关系的法律现象为其主要研究对象。⑤

正所谓“有一千个观众就有一千个哈姆雷特”,这一现象也是学科发展过程中的必经阶段,无须过分苛求。但是,对既有的观点进行分析,找出它们的优劣得失,无疑对我们科学归纳民族法学的学科体系具有重要的价值。

(二) 民族法学理论体系构建应当注意的问题——兼评既有观点

对一门学科体系的归纳其实是一个见仁见智的问题,特别是在学科的初创时期。本书认为,对民族法学学科体系的归纳应当注意如下几个方面的问题:

第一,从范围的概括上,应当准确描述民族法学的研究领域与学科边界,既不能过大,又不能过小,这是构建民族法学学科体系的首要目标。从这一角度而言,一方面,观点四对于“原始社会的法”的表述有将民族法学科体系边界人为扩大之嫌。我们知道,中国的第一部民族法规范《属邦律》出现在秦代,在此之前甚至连存在民族法的证据都尚未找到,又何来民族法学的研究?另一方面,观点一对民族法学包括“民族区域自治”“民族自治地方的法制建设”和“各民族的

---

① 吴大华:《民族法学通论》,中国方正出版社1997年版。转引自潘怿晗:《略论我国民族法学学科体系的构建》,载《铜仁学院学报》2007年第1期。

② 马继军:《关于加强民族法学研究的思考》,载《青海民族研究》2005年第2期。

③ 吴宗金:《改革开放和民主法治建设时代的民族法学科——纪念〈民族区域自治法〉颁布30周年》,载《中央民族大学学报(哲学社会科学版)》2014年第3期。

④ 徐中起:《民族法研究的理论意义》,载《思想战线》1994年第4期。

⑤ 宋才发:《论我国民族法学学科体系的构建》,载《民族研究》2004年第5期。

成文法和习惯法"的表述则远不能周延民族法学的应然范畴,因为将民族法学基本理论、民族法律史等学科基础研究范畴的重要内容排斥在外,很难称得上是科学的结论。

第二,从内在组成部分的相互逻辑上,应当彼此间具有严密的关联和相对清晰的界分,即各组成要素之间避免内涵上的交叉。从学科体系构建而言,各构成要素之间的内在关联也是我们必须严加考量的问题。要素之间应当是既紧密联系又明显区别。一方面,各个构成要素之所以都被纳入民族法学的框架之下,说明它们之间具有紧密的内在关联;另一方面,各个要素又是彼此独立的,因此它们各具独特的内涵和相对明晰的边界。而观点三就没有很好地体现这一要求,原因如下:其一,民族法律法规与民族法律规范两者之间并无本质的区别。其二,民族法律法规与民族法律规范事实上同属于民族法律制度的二次细分,而吴宗金研究员却将三者并列处理。同理,民族纠纷处理和民族法制原则的表述也存在类似问题。其三,民族法律关系是整个民族法的直接调整对象,即其他并列要素的共同作用对象,显然不能简单地将其与别的要素简单并列。此外,观点四将"中国特色的民族区域自治法律制度"和"中国法律在民族地区的实施"的并列处理亦为不妥。因为这两种表述存在一定理论和制度上的交叉,如"全国性法律在民族自治地方的变通适用"问题。

第三,每一个构成民族法学理论体系的要素都应当有自身明确的内涵和概念。民族法学体系是由不同的要素有机结合而成的,因此,从某种意义上说,只有明确了各个要素的内涵,才有可能对整个民族法学体系进行准确、深入的了解。基于此,观点二就值得推敲。"特殊群体和区域的法律问题"和"涉及法律的民族问题"两点归纳充其量只是指出了一个大概的方向和轮廓,却没有对其进行准确的进一步表述,使得读者极易对如下问题产生迷惑:"特殊群体和区域"是不是指少数民族和民族区域?除此外有无其他的指代?"涉及法律的民族问题"究竟有哪些?判断是否属于这类问题的标准为何?其与"特殊群体和区域的法律问题"又有何内在关联?等等。

第四,体系的归纳应当具备一定的开放性。随着研究的深入和国际交流的加深,民族法学的学科体系应当体现为一种动态的稳定,即一方面能够保持自身学科架构的相对稳定,另一方面又不排斥对新兴研究领域和新研究成果的随时吸纳。上述几种观点中,除了观点二之外,其他表述都或多或少地将民族法学的体系严格限定了,并无明显的开放性处理的痕迹。然而,根据上文的论证,观点二的"开放性"却又是以牺牲了概念的明确性为代价的。从目前看来,国际民族法、比较民族法、外国民族法等研究视角的加入无疑对民族法学理论体系产生了新的影响。

（三）应然的民族法学理论体系

本书认为,民族法学的理论体系主要由三大部分组成,即民族法学理论、民族法律制度和民族法文化。

1. 民族法学理论

我们认为,民族法学理论主要是指构成民族法学的学科基础、阐释学科特点、描述学科发展路径等相关内容。这主要包括民族法学的基本理论问题和民族法律史。

第一,民族法学的基本理论问题。民族法学的基本理论问题是关于民族法学作为一门法学学科所必备的客观存在要素,既是民族法学研究的起点,又是民族法学研究的最高升华;既是对民族法现象的理论回应,又是对民族法制度发展的基础指导。一般说来,本书在绪论部分探讨的民族法学的内涵、性质、理论体系、发展历程、同其他学科的关系以及研究方法等,都属于民族法学基本理论的范畴。①

第二,民族法律史的研究目的在于归纳、描述和总结民族法现象、民族法制度乃至于民族法学科产生、发展的基本历史脉络,一方面为民族法学研究提供历史上的参照与借鉴,另一方面使我们能够较为科学地总结过去的发展规律最终预测未来的发展趋势。对于民族法律史,首先,从时间上可以分为古代民族法、近代民族法和现代民族法。本书第四章内容将对此作一相对清晰的梳理。其次,从研究视角上可以将民族法律史分为国家制定法、地区制定法和民族习惯法。国家制定法是指由国家中央机关对全国范围的民族法制度所作的确认和规定,我国最早的关于民族法律制度的国家制定法可以追溯到秦代的《属邦律》;地区制定法是指国家内部某一区域内实施的民族法律制度,例如在各民族地方制定并施行的自治条例与单行条例;而民族习惯法是指某个民族内部根据本民族的生产、生活特点所总结并代代流传的处理特定法律问题的习惯性制度,习惯法具有悠久的历史,迄今仍在许多民族聚居区扮演着重要的定分止争的角色。值得一提的是,许多人对于民族法律史研究的重要性认识不足。事实上,当前许多面临实践困境的制度空白在民族法律史中都具有可资借鉴的珍贵样本。②

2. 民族法律制度

民族法律制度指的是现行的民族法律规范有机结合而成的统一的框架体

---

① 部分归纳可参见张文香:《论民族法学的几个基本问题》,载《中央民族大学学报(哲学社会科学版)》2009 年第 3 期。

② 如 2009 年勇救落水儿童的三名大学生因船家见死不救而罹难的事件所引发的关于见死不救入罪和见义勇为立法问题的讨论,就可以在一千多年前的吐蕃立法中找到制度参照。参见郑毅:《吐蕃"见死不救制度"立法经验的借鉴与启示——从大学生因"见死不救"溺亡的事件说起》,载《黑龙江省政法管理干部学院学报》2010 年第 5 期。

系,主要指向我们通常所说的民族类"实定法"。其重大的理论及实践作用使它也成为当前我国民族法学的主要研究对象。①

第一,从纵向的角度来说,主要包括宪法、基本法律、法律、行政规章、地方性法规、地方政府规章以及自治法规等。② 这一体系是与我国当前的法律体系完全对应的。也就是说,当前的民族法律制度规范已经呈现出完整的层级性特征。根据《宪法》和《立法法》的规定,这些民族法律规范层级有异,侧重有别,彼此间互相配合、协调,共同构成了今天我们看到的框架较为完整的民族法律制度体系。

第二,从横向的角度来说,包括民族区域自治法律制度和散居少数民族权益保障法律制度。有学者认为与以上两点相并列的类型至少还包括少数民族经济法律制度、少数民族干部法律制度等③,我们认为是有问题的。首先,从我国当前少数民族的分布状态而言,主要有聚居和散居④两种类型,与之分别对应的民族法律制度就是民族区域自治制度和散居少数民族权益保障制度。其中前者已经于 20 世纪 80 年代就出台了全国性的基本法律《民族区域自治法》,而后者目前仅表现为以国务院相关条例为首的法律规范汇总,统一的立法尚在酝酿之中。其次,所谓的少数民族经济法律制度和少数民族干部法律制度等专项法律制度无论是在民族区域自治制度中还是散居少数民族权益保障制度中均有涉及,因此它们属于民族区域自治法律制度和散居少数民族权益保障法律制度分类项下的综合分类细目,不宜与前两种主要的横向分类相并列。

第三,从载体形式的角度来说,民族法律规范主要由专门的民族法律规范和散见于其他法律规范之中的民族法律规范组成。所谓专门的民族法律规范,是指专门针对民族法律问题的规制所制定的法律规范,如《民族区域自治法》《城市民族工作条例》《民族乡行政工作条例》等,这些专门的民族法律规范虽然形式上较为统一,但数量不多;而所谓散见于其他法律规范之中的民族法律规范,是指没有统一、完整的立法形式,只是不同的部门法中对所涉及的民族性法律制度进行部分规制的法律规范,这些法规在形式上非常分散,但是数量众多。除《宪法》和《民族区域自治法》外,在现行有效的法律体系中,涉及民族区域自治制度及其相关规定的法律62 件、行政法规52 件、司法解释2 件、部门规章125件、党内法规58 件、团体规定16 件、行业规定5 件⑤;其中,《民族区域自治法》、

---

① 目前学界有部分学者认为民族法律制度等同于民族法学的研究对象,其视角无疑过于狭隘。

② 杨剑波、鱼波:《民族法概述》,载《今日民族》2004 年第 8 期。

③ 彭谦:《论董必武的法制思想及其对我国民族法体系的影响》,载《满族研究》2003 年第 4 期。

④ 通常所谓的"散杂居"是"散居"和"杂居"的合称,但事实上"杂居"也是属于"散居"的一种特定表现。因此本书第十三章也才只采用"散居"这种单一的表述。

⑤ 统计数据来源于北大法宝网站以"民族区域自治"为关键词在全文进行模糊搜索得出,对结果中选取现行有效法规数目,载北大法宝,https://www.pkulaw.com,最后访问日期:2021 年 6 月 28 日。

自治条例、单行条例和变通规定属于专门的民族法律规范,其他规定则属于散见于其他法律规范之中的民族法律规范。

3. 民族法文化

民族法文化主要是民族法意识和民族习惯法。第一,民族法意识是指人们在民族法律体系中对于民族法本身的理解、认知等主观印象的综合。它涉及民族法的权威、价值、内核等较为根本性的要素。和其他文化现象一样,民族法文化对于特定区域内人们关于民族法律制度的思维、行为都产生了深远的影响。其一般是由外在的氛围逐步内化为内心的一种确认乃至于信仰。如许多早期的民族法现象反映出的其实是特定民族传统道德的制度化并以外在强制为实施方式的、不同于传统道德作用发生机理的质变过程。第二,民族习惯法是少数民族在发展过程中逐渐将一些风俗、习惯以法律的形式(不一定是成文法的方式)固定下来,并在实践中发挥法律规范作用的民族法现象。如纳西族的《东巴经》、彝族的老彝文经典中有习惯法规范的记录,傣族的《奴隶法规》《司法文簿》《民刑法规》《孟连宣抚司法规》等。① 正如法国著名思想家卢梭所说:"除了根本法、公民法和刑事法之外,还存在着第四种法,而且是最重要的法;它既没有铭刻在大理石上,也没有铭刻在铜表上,而是铭刻在公民们的内心里;它是国家真正的宪法;它每天都在获得新的力量;当其他法律过时或消亡时,它会使它们恢复活力或代替他们,它会维持人民的法律意识,逐渐用习惯的力量取代权威的力量。我们说的就是风俗、习惯,尤其是舆论;这是我们的政治家所不认识的部分,但其他所有部分的成功却又依赖于它。它正是伟大的立法家似乎局限于制定具体规章时内心所注意到的部分。具体的规章不过是拱顶上的拱梁,而缓慢诞生的风俗习惯才是拱顶上难以撼动的基石。"②

值得一提的是,国际民族法的逐渐兴起已经引起了学界的关注。③ 一方面,由于改革开放的需要,外国民族法制、比较民族法制的研究开始进入我们的视野;另一方面,由于民族问题的国际化趋势的发展,加之我国先后加入了《消除一切形式种族歧视国际公约》《禁止并惩治种族隔离罪行国际公约》等一系列有民族问题和人权保障规定的公约,承担了有关国际人权保护、反对种族歧视的义务,而且我国民族法学界已有一些学者加入了国际人类学协会,参加该协会组织的一些学术活动,学界逐渐对域外民族法有了一定的认知。因此,国际民族法、外国民族法、域外民族法、比较民族法等概念也逐渐为学界所接受。由于这类研

---

① 马雁:《我国西南地区的民族法学研究》,载《云南民族大学学报(哲学社会科学版)》2006 年第 4 期。

② 转引自张晓辉:《民族法律文化论》,见张晓辉主编:《中国法律在少数民族地区的实施》,云南大学出版社 1994 年版,第 270—271 页。

③ 吴大华:《中国民族法学:历史、现状与展望》,载《法学家》1997 年第 4 期。

究成果往往兼涉基本理论、法律制度、文化等多方面的领域，因此特将其与以上三类并列表述。但在事实上，其与以上三类的类型化基础是截然不同的。

根据上述分析，本书将编章安排如下：绪论主要介绍民族法学的前提性问题，作为全书的导言。第一编民族法理论将为全书的分析介绍提供理论基础。第二编和第三编分别为民族区域自治制度和少数民族人权保障，是民族法制度内容的主干。第四编安排介绍少数民族习惯法的问题。最后第五编为比较民族法的内容。因此，全书的结构基本按照应然的民族法学体系编排，但是考虑到一些章节容量的基本均衡等具体的技术性因素，在细节上作了略微调整。

三、民族法学的发展历程

（一）民族法学学科概念的提出

虽然我国最早的民族法可以追溯到秦代的《属邦律》，而"民族法"的正式称谓则是源于恩格斯1884年在《家庭、私有制和国家的起源》一文中提及的"英雄时代"的"雅典民族立法"①，但是与民族法相对悠久的历史不同，民族法学作为一门学科出现则只有短短几十年的历史，而且"民族法学"的学科概念也是在我国最早产生的。

这里读者或许有个疑问，本书第四章专章探讨了"中国历史上的民族法"的问题，这和本章的部分有何区别呢？归根结底，其区别就在于"民族法"和"民族法学"两个概念的关系。所谓民族法，大致是指关于民族问题的法律规范与法律制度的总称，属于国家立法的层面。因此可以说，只要有了相关民族关系的国家立法（即使只是一个条文）出现，民族法的发展历程也就展开了。而民族法学是以民族法律规范和法律制度为研究对象的法学学科，属于社会科学的门类，它的开端要远晚于作为其研究对象的民族法。这是由于，法学作为一门具有深刻理论基础的社会科学学科，其产生和发展需要有一定的社会发展程度背景为基础，亦即只有在特定的法现象具备了一定的规模和影响后，才有可能引发人们对其进行研究并进而确立为独立的社会科学门类。而我国古代早期的民族法，虽然有关的规范自先秦就已出现，但这只是当时人们对处理民族关系与民族问题的一种经验的反映，很难说已经具备了"学"的要素，更遑论将完备的理论研究转化为指导民族法实践的助推器。因此，至少在新中国成立之前，民族法的实践充其量只能称为民族法制，很难上升到"民族法学"的学科与理论高度。

中国民族法制的发展，离不开中国民族法学的协同进步。这也决定了在总体上，中国民族法学的发展与中国民族法制的发展基本保持同步。对于民族法学创立的初衷，有学者认为主要有二：一是以服务于民族法制建设即民族法律制

---

① 《马克思恩格斯选集》（第4卷），人民出版社1995年版，第107—108页。

度建设和民族法律法规体系建设的需要而孕育;二是以服务于民族法律法规运行实施和依法治国与民族法治化的需要为动力。[1]

(二) 新中国民族法学的发展

新中国民族法学的发展大致可分为四个主要发展时期。

第一,创立发展时期。一是 1949 年至 1952 年的创建阶段。1949 年《中国人民政治协商会议共同纲领》(以下简称《共同纲领》)的诞生,标志着新中国民族法学正式开启发展的大幕。随着中苏关系的全面趋好,翻译出版了一些苏联民族学、法学教科书。从这一阶段开始,中央组织大批民族工作干部以及专家、学者进行大规模的民族调查,为识别民族和正确处理民族问题积累了全面系统的科学资料,其中不乏大量民族法学的原始材料。二是 1952 年至 1956 年的初步发展阶段。《五四宪法》等一系列民族法律文件有力促进了新中国民族法学的研究,且一改之前以学习苏联为主的局面,开始逐步转向以我国社会主义革命和社会主义建设的实践经验为主。

第二,萧条停滞时期。一是 1957 年至 1965 年的繁荣走向萧条阶段。由于民族法制建设的短暂繁荣,以立法为核心的民族法学研究也随之活跃。但这种完全为立法服务式的研究必将随着法制大环境的逐渐萧条而走向低谷。二是 1966 年至 1976 年的全面停滞阶段。"十年文革"时期,民族工作被取消,民族法制进程被迫中止,先期取得的研究成果也遭受到全面否定。特别是 1975 年《宪法》取消了民族自治权的规定,不仅对民族区域自治制度带来沉重打击,同时也标志着我国的民族法学研究工作陷入全面停滞。

第三,复苏恢复时期。一是 1976 年至 1978 年的逐渐恢复阶段。从 1976 年10 月粉碎"四人帮"以后至 1978 年社会主义法制逐渐恢复,我国民族法学研究开始复苏。二是 1978 年至 1990 年的快速恢复阶段。党的十一届三中全会为民族立法提供了思想、理论和组织上的保证。民族立法工作也由此进入了新的历史黄金时期。以 1984 年《民族区域自治法》颁布实施为分水岭,前期研究主要围绕该法的制定,后期研究则围绕该法的贯彻与落实展开。

第四,深入发展时期。这一时期民族法学发展的主要标志如:1990 年 11月,中国法学会民族法学研究会在北京正式成立,民族法学有了国家级的学术研究团体;1991 年,国务院把民族法学列为法学学科之一,民族法学正式被列入《中国法律年鉴》中的法学学科行列;研究力量显著改善,中央民族大学、云南大学、西南政法大学、内蒙古大学、贵州民族学院(现贵州民族大学)、西南民族学院(现西南民族大学)等相继成立了民族法学研究所或民族法学研究室;1996 年

[1]　吴宗金:《略论中国民族法学的命运与使命》,载《西南民族大学学报(人文社科版)》2005 年第 3 期。

8月，司法部、国家民委联合举办了首届全国民族法师资培训班，来自各政法院校、民族院校和司法、民族工作部门的54名学员参加培训；2003年，中央民族大学和云南大学分别设立民族法学博士学位授予点，民族法学研究生培养跨进新时代。

（三）新中国民族法学取得了丰硕成果

中国民族法学白手起家，一路披荆斩棘、攻坚克难。时至今日，不仅取得了丰硕的成果，更在如下方面呈现出进一步深化与发展的迅猛势头。

第一，研究基地不断增加。民族法学研究在起步时期，基于民族问题自身的相对封闭性和边缘化特征，主要的研究基地大多分布在民族类高校或民族地区的高校。这些高校往往具有民族学科积累深厚、学科群内部资源配置协同良好、实践调研便利等传统优势，确实为中国民族法学学科提供了较高的专业起点。但与此同时，其法学学科研究水平、学术积累乃至影响力的局限性也为民族法学的深入发展形成了一定的掣肘。因此，早期的民族法学研究多作为对中央民族大学、中南民族大学、西南民族大学、云南大学等院校的法学特色学科存在，民族法学博士点最早设置于云南大学和中央民族大学也是这种情况的客观反映。随着民族法制发展的逐渐深入，尤其是国家对于民族法制建设的重视不断提升，更多的综合性大学或法学专业院校也逐渐加入民族法学研究的阵营，民族法学研究基地的版图获得了极大扩充。近年来，中国政法大学（如民族法研究中心）、西南政法大学（如西南民族法文化研究中心）、西北政法大学（如民族宗教研究院）等院校纷纷设置民族法学研究机构或加强相关专业人才队伍建设，清华大学（以高其才教授为代表）、中南大学（以谢晖教授为代表）、东南大学（以李可副教授为代表）等综合性院校在民族习惯法等领域不断发力，新疆大学、内蒙古大学等民族地区高校研究特色不断突出，共同开创了以中央民族大学、云南大学等老牌民族法学研究基地为中心，全国各地各类高校共同推进的民族法学研究新格局。

第二，研究队伍不断壮大。经过70余年的人才积累，尤其是2003年云南大学和中央民族大学率先设置民族法学博士点以来，中国民族法学研究人才队伍不断发展壮大，老、中、青三代梯队结构合理、传帮带优势明显，在继承传统的政策研究、实证研究等学术基础的前提下，新一代民族法学人勠力创新，依托更扎实的法学专业素养和更广阔的学术视野，为新时代民族法学研究注入了全新的活力，其学术特色包括但不限于如下五个方面：其一，更深入的理论研究。由于脱胎于民族理论与民族政策，中国民族法制研究在思维、逻辑、表达等方面一直存在或多或少的政策化倾向，不仅削弱了民族法学作为"法学"学科的方法论贡献，也不完全适应中央精准区分"民族问题"和"涉及民族因素的法律问题"的时代要求。而新时代的民族法学研究则更强调以法学的方法和思维对民族关系、民族事务治理的科学解构,在延续法律实证主义传统特色的基础上,以规范分析为代表的法学方法论正在逐步确立民族法学研究的新气象。近年来,一些青年学者对于《宪法》中民族条款、《民族区域自治法》中关键术语的释义学分析就颇具特色。① 其二,更科学的规范思维。在前述政策思维主导的影响下,民族法学的研究长期以来对规范文本的关注方式在很大程度上体现为对政策表述的"规范背书",而非从真正规范解读的立场出发探讨相关政策的贯彻落实,这并非法学研究应有的思维模式,近年来已逐渐引起学界的重视和反思。② 越来越多的研究成果开始有意识地走出"政策中心主义"的桎梏,在对民族理论和民族政策的基础、指导和借鉴价值保持最大程度尊重的基础上,更加强调从规范文本出发,回归"文本—制度—文本"的法律科学进路。其三,更精准的改革研讨。随着国家改革的全面铺开,如何解读相关改革方案与民族地区发展、少数民族权利保障之间的法治关联日益成为新时代民族法学研究的重要议题。令人欣喜的是,无论是中央与地方事权与支出责任划分改革,还是2015年《中华人民共和国立法法》(以下简称《立法法》)修改,又或是2018年监察体制改革,不仅民族法学者从未缺席,甚至相关研究成果还在相关改革的顺利实施过程中充分发挥了保驾护航的重要作用,"出场"且"演活"了民族法制应有的制度角色。其四,更全面的比较分析。长期以来,我国的民族区域自治制度在"中国特色"光环的笼罩下,并未对民族法学比较研究给予真正充分的关注。但随着世界各国交流联系的加深、以美国为代表的西方发达国家对中国民族问题的渗透,尤其是在2018年"推动构建人类命运共同体"宏伟目标正式写入《宪法》文本,对于同样面临国家与国内少数群体的统一与自治、民族因素和地域因素等复杂关系的其他国家而言,其成功经验以及惨痛教训,对我国的镜鉴作用不断深化。这就决定了新时代的民族法学研究应当进一步加大"睁开眼睛看世界"的力度,近年来涌现出的对英国苏格兰问题、西班牙加泰罗尼亚问题等进行专题比较研究的成果就是这一趋势的具体体现。③ 其五,更充分的争鸣交流。学术争鸣一直是法学研究深入发展的重要环节,确实也是中国法学研究长期以来的薄弱环节,但民族法学研究已经逐渐出现了争鸣交锋的良性趋势。如,近年来关于"以自治区单

---

① 典型代表如近年来对于民族团结、《民族区域自治法》序言、"本民族内部事务"等议题的释义学关注。

② 参见郑毅:《论宪法实施机制的"双核化"——以民族区域自治法制为例》,载《中国法律评论》2017年第3期。

③ 可参见屠凯:《单一制国家特别行政区研究:以苏格兰、加泰罗尼亚和香港为例》,载《环球法律评论》2014年第5期;屠凯:《西方单一制多民族国家的未来——进入21世纪的英国和西班牙》,载《清华法学》2015年第4期;李鸣:《世界民族法制史纲》,民族出版社2016年版;等等。

行条例替代自治条例是否可行""将自治条例称作民族自治地方'小宪法'是否适宜""'本民族内部事务'的规范内涵"等问题的争论均引发了较为广泛的学术影响。①

　　第三,研究影响不断扩展。一方面,法学专业影响的扩大。由于新一代民族法学者往往能够熟练运用特定部门法的研究方法并获得了良好的学术训练,因此他们大多更倾向于将民族法学的具体问题转化为特定部门法的议题开展研究,这不仅在相关部门法内部开拓了具有鲜明民族特色的选题群组,更在无形中扩大了民族法学研究在传统部门法内部的话语影响。近年来,宪法学中的民族区域自治法制研究、法理学中的少数民族习惯法研究、环境资源法学中的民族地区生态环境法制研究等,均成为前述趋势的典型代表。这也直接促使民族法学研究成果改变多发表于民族学刊物的传统,逐渐得以在法学专业期刊尤其是在法学界影响较大的中国法学创新网刊物(China Legal Science Citation Index,简称CLSCI)发表②,进一步拓展了民族法学研究在主流法学界的学术影响。另一方面,社会影响稳步加强。民族法学的研究成果关乎整个国家法治进程,理应得到最大限度的社会关注。早在2014年的第四次中央民族工作会议上,习近平总书记就指出,民族区域自治制度既要在民族地区实施,也要在全国普及。近年来,民族法制和民族法学成果宣传也成为民族法制研究的新亮点。如2018年9月6日,中国法院民族法制文化陈列馆作为国内首座专题展示民族法制文化的陈列馆在位于甘肃省甘南藏族自治州舟曲县的国家法官学院舟曲民族法官培训基地揭牌,陈列馆突出政治性、时代性、司法性,集展览、交流、宣传、教育、研究为一体,以生动的史料、直观的形式,围绕司法活动,集中展示了历史悠久的中华民族法制文化,特别是新中国成立以来民族法制建设取得的巨大成就。

　　第四,实践联系不断加强。一方面,同中央相关部门的互动不断深化。新时代的民族法学研究不再限于深入基层的田野调查或书房案牍的著书立说,而是更加重视将研究成果转化为指导相关法制改革的重要工具。如,2017年11月10日,全国人大法工委郑淑娜副主任在京召集贯彻落实民族区域自治法座谈会,全国人大民族委员会敖俊德教授、中央党校戴小明教授、中国社会科学院陈

————————

　　①　可参见阙成平:《论以自治区单行条例替代自治条例的法理》,载《广西民族研究》2013年第4期;郑毅:《驳"以自治区单行条例替代自治条例"论——兼议自治区自治条例的困境与对策》,载《广西民族研究》2014年第3期;屠凯:《自治条例并非民族自治地方"小宪法"》,载《政治与法律》2018年第3期;沈寿文:《"本民族内部事务"提法之反思》,载《思想战线》2013年第3期;雷振扬、陈蒙:《"管理本民族内部事务权利"行使路径的历史考察》,载《中南民族大学学报(人文社会科学版)》2015年第5期;陈蒙:《"本民族内部事务"探析》,载《中南民族大学学报(人文社会科学版)》2017年第6期;陈蒙:《民族区域自治法序言中"少数民族管理本民族内部事务权利"的法理分析》,载《青海社会科学》2019年第1期;等等。

　　②　《政治与法律》《法商研究》《法学评论》《法学》《清华法学》《华东政法大学学报》《环球法律评论》等CLSCI刊物近年来均刊载过民族法学相关主题的学术论文。

建樾研究员、中央民族大学熊文钊教授和郑毅副教授、清华大学屠凯副教授等民族法学者与会,探讨的问题涉及:《民族区域自治法》的贯彻落实情况,修改的重点、方案、条件和时机,民族区域自治法的自治权规范界限,条文的细化、规范性的提升和实操性的加强,法律责任的增设,自治区自治条例的制定。这种学者与国家最高立法机关的直接对话,无疑为新时代民族法学研究的成果转化提供了生动的注脚。另一方面,同基层民族法制实践的联系不断加强。各民族法学专业院校纷纷设立校外实践(习)基地,为学术研究和人才培养深入整合实践资源,事实上也成为以学术成果指导实践发展的重要路径。如中央民族大学法学院自 2017 年开始,每年都会在最高人民法院和国家民委的统一安排下,组织法学专业教师带领法学藏语基地班学生分赴各藏区法院实习,不仅提升了人才培养实践环节的含金量,更在民族法学研究者与基层司法实践之间搭建了重要的沟通桥梁。

四、民族法学与其他学科的关系

民族法学是一门交叉学科,其诞生直接源于法学、民族学等相关学科研究范畴的互相渗透和发展。但是,发展成为一门独立学科之后的中国民族法学,又与这些传统学科体现出既互相关联又互相区别的态势。我们在此仅从如下方面进行简要分析。

(一) 民族法学与民族学

民族学是研究民族形成、发展和消亡规律的一门综合性的社会科学,它也研究民族法律关系以及民族政治、历史等,但不占重要地位。民族法学从民族学中分离出来以后,就以古今民族法律关系和法律制度为主要研究对象。因此,民族法学在其创立和发展过程中,始终以民族学的基本理论和研究方法为基础,同时又为民族学的充实和发展提供着丰富的材料。[1] 如今,伴随全面依法治国进程和中国特色社会主义法治体系趋于成熟和定型,民族法学在研究方法上进一步分化为基于规范分析方法的民族法学研究和基于田野调查方法的民族法学研究等两种。民族法学在研究路径上的这种转向,进一步强调了法学规范属性在民族法学领域中的基础地位,同时也更加凸显了民族学知识对于建构具有中国特色的民族法学学科的重要作用。

(二) 民族法学与民俗学

民俗学是研究民间传统文化的学科,它研究的范围包括民间文学、风俗习惯、饮食服饰、道德标准、婚嫁礼仪、宗教信仰等。民族法学要研究民族法律制度在其形成和实施过程中与当时当地的民族行为规范、风俗习惯、婚嫁礼仪、宗教

---

① 　参见白明政:《论我国民族法学的研究对象及原则》,载《贵州民族研究》1994 年第 4 期。

信仰等的相互渗透、相互补充的作用。① 其实,这里所谓民俗的内容,其中相当一部分已经在一定程度上升华至"少数民族习惯法"的范畴。作为民族法文化的重要组成部分之一,少数民族习惯法历来是民族法学研究所注重的基本范畴,但是通过前文对民族法学体系的分析就可以得出,少数民族习惯法与民族法学是根本不能简单等同的。回到民俗的层面,当这部分民俗仅仅以"风俗"的形式传承至今时,与民族法学的研究基本是无涉的;但是当这部分民俗已经演变为"习惯法"时,其就成了民族法学中民族法文化的重点研究客体之一。

(三) 民族法学与宪法学及其他部门法学

宪法学可以称得上是法学学科中与民族法学的关系最为密切的。一方面是由于民族问题的根本性和重要性决定了其相关法律制度须由宪法加以明确;另一方面由于作为民族法律制度主要研究对象之一的"民族区域自治法学"在学理上也是属于传统宪法学的研究范畴。法学界曾经流行的"把民族法视为宪法中的一个问题,只能在宪法中作为专题来研究"②的观点,一定程度上也是出于两个学科之间的密切联系之故。实际上,宪法学是以宪法规范及其所调整的社会基本关系为研究对象的法律学科。宪法是国家的根本大法,是构成民族法的最高法律渊源。只有在认真研究宪法学的基础上来研究民族法学,才能从中领略宪法规定的民族法的内容、效力,以及制定和修改程序。

除了宪法学以外,民法学、刑法学等部门法学作为研究各种不同性质的法律规范的科学,民族法学的产生和发展,与这些相邻学科的产生和发展也有着密切的联系,甚至有的条款是相互交叉的,有的虽无交叉却互相影响、相互制约。③前文在以载体形式为视角来分析民族法律规范的时候,也把"散见于其他法律规范之中的民族法律规范"作为其中一项重要的类型,这其实就是民族法学同其他部门法学之间密切联系的制度反映。

(四) 民族法学与法人类学④

法人类学的历史始于19世纪,西方国家为统治其占领的殖民地的需要,开始调查、了解和研究这些地区与宗主国不同的法结构和异质的法文化样态,以便对不同地区、不同种族进行有效的统治,减少因异质法之间的冲突而造成的阻力,其研究的初始对象主要涉及无文字状态下原始民族的社会法律制度,采用的是人类学研究的整体性跨文化比较以及田野调查的方法。⑤ 民族法学与法人类

---

① 参见白明政:《论我国民族法学的研究对象及原则》,载《贵州民族研究》1994年第4期。
② 参见吴大华:《中国民族法学:历史、现状与展望》,载《法学家》1997年第4期。
③ 参见白明政:《论我国民族法学的研究对象及原则》,载《贵州民族研究》1994年第4期。
④ "法人类学"一般是英美学者的称谓,欧洲学者则一般称之为"法民族学"。参见吴宗金主编:《中国民族法学》,法律出版社1997年版,第24—25页。
⑤ 马雁:《实证路向视角下的民族法学与社会法学的学科关系》,载《玉溪师范学院学报》2009年第7期。

学的关系是十分紧密的,在许多西方国家,甚至就把法人类学作为与我国民族法学相对应的学科。两者不但都将"法文化"视为本学科的重要研究对象,而且法人类学将人类学的方法(如田野调查的实证研究方法、典型事例的深入分析的方法、跨文化比较研究的方法等)应用到法学研究之中,这与民族法学是极为相似的。① 当然,法人类学与民族法学仍是具有本质上的区别的。法人类学是文化人类学之下的分支学科,其关注的对象是整个人类的法律文化现象,一方面强调"人类"的宏观概念,另一方面强调"文化"中心主义。而民族法学的研究视角仅限于特定的民族(在我国更多时候特指"少数民族")范围之内,且把焦点置于"法"而非"文化",法文化(特指民族法文化)只是民族法学研究范畴的一部分而已。可见,虽然法人类学和民族法学在一定程度上存在交叉领域,但是两者在视角、关注点、范畴等多方面都是存在本质差异的。

(五) 民族法学与法社会学

前文已经指出,民族法学是一个中国化的学科体系,是在民族学、法学、政策学和人类学等多个学科整合基础上形成的交叉性学科。法社会学则来源于西方学术传统,产生于19世纪末20世纪初,是在实用主义和怀疑主义等社会思潮影响下,西方国家内部的社会本位法权要求日益高涨,社会需要新的法学理论针对性地解决社会问题时应运而生的。两者虽然产生的背景截然不同,但是在许多方面体现了一些共性。如,民族法学注重研究的民间立场、民间视野、经验研究是这种学术立场的具体体现;而社会法学也强调经验主义与常人方法论。再如,民族法学的研究习惯从宏观视野开拓研究领域,并打破正统的法的分类理论,具有较大的包容性;而法社会学以社会学的观点和方法来研究法律,强调法律是社会现象,法律与其他社会因素相互作用,强调法律的"社会化",强调从"个人本位"转向"社会本位",等等。但是,两者毕竟是不同的学科,除了产生与发展背景、发展规律、关注分析的视角、专业旨趣等不同之外,还体现出一些具体的细节不同。如,民族法学一般采用深入的描述性的民族志方式,主要关注法秩序问题;而法社会学往往倾向于采用中等或者大规模的对象调查方式,其关注的领域比民族法学广阔。

五、民族法学研究方法

民族法学是一门正在发展中的学科,其随时都在借鉴其他学科的优秀研究方法为己所用,这在很大程度上也是民族法学研究能够在较短时间内取得巨大成就的原因之一。从民族法学研究的实践来看,民族法学的研究方法是集合了

---

① 廖敏文:《探索人类文化:从"非我"反观"自我"——谈人类学研究对民族法学研究的启示》,载《云南大学学报(法学版)》2008 年第 2 期。

法学、民族学、社会学、管理学等多学科的特色方法,其中既涵盖了法学研究的类型化研究方法,又凸显着民族法学独有的研究特点。从发展的角度而言,民族法学的研究方法是不断充实变化的,但是从历史唯物主义的视角看来,其在不断变化的方法之中又有一些是属于核心的、契合学科本质特征的内核型的研究方法。因此,这里对于民族法学研究方法的归纳主要从较为深层的维度切入,以法学研究方法为根基,揭示出民族法学中这些具有独特风格的内核型的研究方法。

本书把民族法学的研究方法分为两大类:第一,民族法学研究的思维方法。这主要是指民族法学研究思维以及方向的定位所必需的认知问题的方法,其含义有三:其一,是"马克思主义在民族方面的辩证唯物主义和历史唯物主义的世界观和方法论、毛泽东思想在民族方面的中国特色理论",这可以称为民族法学研究思维的出发点。其二,是时刻以民族问题的特殊性、重要性和民族关系的圆满解决为切入点的思维方法,其贯穿于民族法学研究的整个过程,具有重要的过程性价值。其三,与民族法律制度实践相结合的方法,即是指民族法学研究的根本任务在于科学地指导民族法律制度实践,这是一切民族法学研究活动的根本宗旨和最终归宿,可以称为民族法学研究思维的落脚点。

第二,民族法学研究的实践方法。这是指在民族法学研究的具体过程中所使用的方法,其范围基本等同于前文的第三种方法,即所谓的"一般方法"的主要范畴。在实践当中最主要的当属实地调查方法(即传统的人类学田野调查法),这种方法要求那些经受过民族学系统学习和培训的人员进入有待观察的民族聚居区,通过一系列的实地接触和调查研究,获得有关研究的第一手资料。[1] 民族法学研究方法的实践视角是破解许多民族法律现象研究瓶颈的重要方式,例如国家法在民族地区的适用及冲突问题;少数民族政治经济发展及改革开放中的法律问题;少数民族婚姻关系、继承关系、亲属关系、财产关系、生产交换关系等社会经济法律关系,以及因处理这些法律关系而引起的非正式法律规范(如少数民族习惯法)调整;各民族在教育、科技、文化、卫生等发展中的法律问题等,以及实体法、程序法在民族地区的变通问题。对于这些问题的回答,最好的方式即是深入实践内部,进入民族地区,融入少数民族生活,切实了解民族地区的实际情况,推动民族法学的理论研究科学地指导民族法律制度的实践发展。

六、新时代民族法学的发展方向

从民族治理层面来看,民族法学研究的理论发展是实现国家治理体系现代

---

① 地力娜尔·君马克:《民族学实地调查方法在民族法学中的应用——以费孝通先生〈江村经济〉为例》,载《法制与社会》2018 年第 5 期。

化目标的重要内容。从依法治国层面来看,法治是治国理政的基本方式,也是民族治理的根本依凭。2019 年 10 月 31 日通过的《中共中央关于坚持和完善中国特色社会主义制度、推进国家治理体系和治理能力现代化若干重大问题的决定》把"坚定不移走中国特色解决民族问题的正确道路"作为民族治理体系和治理能力现代化的基本路径,彰显了党中央对民族治理问题的高度重视。结合当前学术研究和客观实践,民族法学的理论发展将成为回应国家治理中民族治理问题的重要内容,民族治理体系和治理能力现代化的实现也必然要求民族法学界能够提出更丰硕的研究成果。① 2021 年 8 月召开的中央民族工作会议指出,要准确把握和全面贯彻我们党关于加强和改进民族工作的重要思想,以铸牢中华民族共同体意识为主线,坚定不移走中国特色解决民族问题的正确道路,构筑中华民族共有精神家园,促进各民族交往、交流、交融,推动民族地区加快现代化建设步伐,提升民族事务治理法治化水平,防范、化解民族领域风险隐患,推动新时代党的民族工作高质量发展,动员全党、全国各族人民为实现全面建成社会主义现代化强国的第二个百年奋斗目标而团结奋斗。这为民族法学的理论研究指明了新的方向。

（一）推进民族事务治理体系和治理能力现代化

我国是一个统一的多民族国家,目前已经初步形成了具有中国特色的社会主义民族学科研究体系,但高大上的理论知识必然需要通过具体的制度路径作用于客观实践,故成果转化的"出口"虽属"下游产品",却无疑在我国民族问题应对和民族关系调整的过程中扮演关键角色。目前的出口主要有二,即政策和法制。

长期以来,民族政策一直是我国处理实然民族事务的核心路径。虽然从1949 年《共同纲领》开始,就已经出现了根本法层面的民族规范制定,但在七十余年的实践和探索过程中,对于民族政策的路径依赖却一直延续至今。诚然,在社会主义法制尚未成熟的时期,民族政策发挥了重要的制度补强作用;而与此同时,政策手段与生俱来的高效、灵活等优势,也的确为社会主义民族关系的发展贡献了独特而有效的制度支撑。然而我们也应看到,在民族关系和民族问题日趋复杂的今天,民族政策作为核心制度实施路径的劣势也同样凸显:稳定性不足导致的连贯性困境,权威性有限导致的实施性难题,抽象性过彰导致的落实性困惑,规范性缺位导致的时代性诘难……凡此种种,不一而足。那么,民族事务的制度性出路何在?习近平总书记发表的一系列关于民族事务治理的重要论述为我们给出了答案:法治。法治,毫无疑问是推动我国民族事务治理体系和治理能

---

① 程光:《国家治理体系现代化视野下民族法学研究的回顾与展望——以中国知网相关文献为样本的分析》,载《黑龙江省政法管理干部学院学报》2021 年第 3 期。

力现代化的重要依托和基本方向。坚持用法治思维和法治方式优化、完善、创新各项民族政策,化解民族矛盾、解决民族问题,对于促进各民族和睦相处、和衷共济、和谐发展和铸牢中华民族共同体意识具有十分重要的意义。

首先,要坚持和完善民族区域自治制度。习近平总书记总结指出,民族区域自治是党的民族政策的源头和根本,许多民族政策都是由此而来、依此而存。这个源头改变了,这个根本动摇了,就可能产生多米诺骨牌效应,民族政策、民族关系就可能会随之而乱。① 1984 年 5 月 31 日颁布实施的《民族区域自治法》,首次把我国解决民族问题的基本政策以立法的形式固定下来,标志着我国实施的民族区域自治制度从此跨入了法治化的轨道。② 2001 年 2 月 28 日新修订的《民族区域自治法》,在"序言"中载明:民族区域自治"是国家的一项基本政治制度"。这部在法律地位上仅次于《宪法》的基本法律,对民族区域自治制度法律地位的重新界定和正式确立,构建了一个民族区域自治政策、民族区域自治法律、民族区域自治制度"三位一体"的完整而严密的民族法律体系。③ 推进中国特色社会主义民族法治体系建设,应当依托民族区域自治制度的重要支撑作用,使之在新时代民族法治理论研究中的重要地位进一步彰显,坚定中国民族区域自治的道路自信、制度自信、理论自信和文化自信,让民族区域自治制度这一理论根源越扎越深、实践根基越扎越牢。

其次,要推进民族事务治理法治化。民族事务法治化,是指用法律的方法来对民族事务加以调整,从而使之规范化、制度化,即建立与民族事务相适应的法律和制度。④ 民族问题的核心在于民族关系的调整,而在宏观的"民族关系"项下,又包含着各项具体的民族事务。我国的民族事务治理始于新中国成立伊始,但由于诸多客观因素的复杂作用,真正意义上专业化、规模化的民族法学研究实际只能追溯到 20 世纪 80 年代,多舛的学术命运使得我国的民族法制研究存在诸多不足。民族法学作为民族事务领域的综合性法学研究学科,其理论研究的关键在于从民族视角研究"法"的问题,只有将民族事务的调整重点放在有关民族法律规范建构和运行等问题上⑤,才能真正契合民族法学理论研究的时代步伐,这种研究重点的确定更加强化了理论研究对于民族事务法治化发展的追求,

---

① 参见国家民族事务委员会编:《中央民族工作会议精神学习辅导读本》,民族出版社 2015 年版,第 76—77 页。

② 宋才发:《民族区域自治制度是民族法律与民族政策的集中体现》,载《河北法学》2012 年第 12 期.

③ 宋才发:《民族区域自治制度的实践回眸及未来走势——纪念中国改革开放 40 周年》,载《学术论坛》2018 年第 2 期。

④ 高学民:《浅谈依法调整和建设新时期我国民族关系》,载《新疆社科论坛》2005 年第 6 期。

⑤ 程光:《国家治理体系现代化视野下民族法学研究的回顾与展望——以中国知网相关文献为样本的分析》,载《黑龙江省政法管理干部学院学报》2021 年第 3 期。

这也正是民族法学研究之"法学"品格的最好表现。它以国家顶层设计的形式构建了"民族制度(关系)→民族法律制度(关系)→重要制度的具体建构"这一多维度、多层次、全方位、立体化的"民族事务法治化"立场。2021年8月召开的中央民族工作会议围绕提升民族事务治理体系和治理能力现代化水平的要求提出，要根据不同地区、不同民族实际，以公平公正为原则，突出区域化和精准性，更多针对特定地区、特殊问题、特别事项制定实施差别化区域支持政策。要依法保障各族群众合法权益，依法妥善处理涉民族因素的案件、事件，依法打击各类违法犯罪行为，做到法律面前人人平等。政策具有灵活性，而法治具有稳定性。政策与法治都是解决民族事务的重要路径，不可偏废。推进民族事务治理法治化，重在用法律保障民族团结，把民族工作领域内的各项事务纳入法治化道路，依法妥善处理涉民族因素的各类案件、事件，使各类民族事务在法治方式中实现治理效能最大化。

最后，要加强和完善党对民族工作的全面领导制度。习近平总书记在2021年8月召开的中央民族工作会议上强调，必须坚持党对民族工作的领导，提升解决民族问题、做好民族工作的能力和水平。我们党关于加强和改进民族工作的重要思想，是党的民族工作理论和实践的智慧结晶，是新时代党的民族工作的根本遵循，全党必须完整、准确、全面把握和贯彻。各级党委要增强"四个意识"、坚定"四个自信"、做到"两个维护"，不断提高政治判断力、政治领悟力、政治执行力，牢记"国之大者"，认真履行主体责任，把党的领导贯穿民族工作全过程，形成党委统一领导、政府依法管理、统战部门牵头协调、民族工作部门履职尽责、各部门通力合作、全社会共同参与的新时代党的民族工作格局。要加强基层民族工作机构建设和民族工作力量，确保基层民族工作有效运转。要坚持新时代好干部标准，努力建设一支维护党的集中统一领导态度特别坚决、明辨大是大非立场特别清醒、铸牢中华民族共同体意识行动特别坚定、热爱各族群众感情特别真挚的民族地区干部队伍，确保各级领导权掌握在忠诚、干净、担当的干部手中。要更加重视、关心、爱护在条件艰苦地区工作的一线干部，吸引更多优秀人才。要重视培养和用好少数民族干部，对政治过硬、敢于担当的优秀少数民族干部要充分信任、委以重任。要加强民族地区基层政权建设，夯实基层基础，确保党的民族理论和民族政策到基层有人懂、民族工作在基层有人抓。对于新时代民族事务治理而言，党的领导是最根本的政治保证，必须坚持民族工作由党领导、民族法治由党推进。

(二)聚焦铸牢中华民族共同体意识的民族工作主线

党的十八大以来，习近平总书记多次指出，"我国56个民族都是中华民族大家庭的平等一员，共同构成了你中有我、我中有你、谁也离不开谁的中华民族命运共同体"。《宪法》序言中明确指出：中华人民共和国是全国各族人民共同缔造的统一的多民族国家。我国作为一个由 56 个民族共同组成的统一多民族国家，各民族在长期的生产生活实践中诞育、分化、交融并共同缔造历史，逐渐形成了你中有我、我中有你、谁也离不开谁的多元一体格局。中国发展壮大的历史，是多民族共同创造的历史，更是中华民族命运共同体意识理性升华的历史。党的十九大第一次将"铸牢中华民族共同体意识"写入党代会工作报告，写入新修订的《党章》①，2021 年 8 月召开的中央民族工作会议提出，铸牢中华民族共同体意识是新时代党的民族工作的"纲"，所有工作要向此聚焦。可以说，这赋予了新时期民族工作新的内涵和重大历史使命，更为民族法学理论研究的发展指明了方向。

首先，深化对民族区域自治制度的理论研究。构筑中央与民族自治地方多元一体完整格局是铸牢中华民族共同体认同的政治基础。"中华人民共和国是全国各族人民共同缔造的统一的多民族国家。民族区域自治是中国共产党运用马克思列宁主义解决我国民族问题的基本政策，是国家的一项基本政治制度。"②民族区域自治制度是随着中国共产党领导人民革命事业的发展，随着党的民族区域自治政策的推行实施而逐步形成和发展起来的。③ 在对民族自治地方实践经验进行总结的基础上，民族区域自治理论的发展推动了民族区域自治法治建设的进步，包括《宪法》《民族区域自治法》、其他国家法律中的有关规定、有关民族区域的行政法规、地方性法规、民族自治地方的自治条例和单行条例等法律规范在构建起我国民族法制体系的同时，也构筑起了中央与民族自治地方多元一体的完整格局，民族自治地方自治机关依法享有其他同级地方政府所不具有的自治权。这种"多元一体"格局下坚持民族因素与区域因素相结合，坚持统一与自治相结合的政策主张，为铸牢中华民族共同体意识提供了牢靠的政治基础，可以说，在民族区域自治制度理论下已经形成了多民族共识的国家利益和中华民族利益高于一切的理念。民族区域自治制度在中华民族共同体建设中担负着重要的制度建设责任，而《民族区域自治法》是民族法学科的主干和核心。推进新时代党的民族工作，依然需要继续坚持好、发展好、完善好、落实好民族区域自治制度，不断提升民族区域自治法治化水平。④ 就此，习近平总书记在 2021 年 8 月召开的中央民族工作会议上明确指出，坚持和完善民族区域自治制度，必

---

① 沈桂萍：《学习党的十九大关于民族工作重大战略论述铸牢中华民族共同体意识》，载中国西藏网：http://www.tibet.cn/cn/news/yc/201801/t20180104_5317790.html，最后访问日期：2021 年 6 月 30 日。

② 熊文钊、王楚克：《民族区域自治制度形成与发展的基本逻辑》，载《中央社会主义学院学报》2019 年第 4 期。

③ 宋才发：《民族区域自治制度的实践回眸及未来走势——纪念中国改革开放 40 周年》，载《学术论坛》2018 年第 2 期。

④ 熊文钊、王楚克：《民族区域自治制度形成与发展的基本逻辑》，载《中央社会主义学院学报》2019 年第 4 期。

须确保党中央政令畅通，确保国家法律法规实施，支持各民族发展经济、改善民生，实现共同发展、共同富裕。

其次，推动对民族地区经济发展的法治理论研究。推动各民族共同走向社会主义现代化是铸牢中华民族共同体认同的经济基础。中华民族多元一体格局为56个民族指出了共同发展繁荣的方向，党对我国多民族国家国情的深刻认知让我们清醒地认识到，在新时代全面建成小康社会目标背后，民族地区能不能如期摆脱因地理和历史等复杂原因造成的贫困，顺利跻身小康，直接关系到我国全面建成小康社会目标的实现。以习近平同志为核心的党中央在党的十八大以来，通过优化转移支付、对口支援、扶贫攻坚等措施，加快民族地区发展；同时，通过采取西部民族地区富余劳动力向东部地区转移流动的方式，实现少数民族人员向城市融入，构建起多民族相互嵌入式的社会结构和社会环境，进一步深化了各民族经济共同体联系。党的十九大以来，中央强调全面建成小康社会，"一个民族都不能少"，多措并举推动民族地区经济发展。这些令人振奋的政策法规背后离不开对民族地区经济发展的法治理论研究的支撑，民族地区以及国家经济发展的未来也离不开对民族地区经济发展的理论研究的导航。2021年8月召开的中央民族工作会议提出，必须把推动各民族为全面建设社会主义现代化国家共同奋斗作为新时代党的民族工作的重要任务，促进各民族紧跟时代步伐、共同团结奋斗、共同繁荣发展，推动各民族共同走向社会主义现代化。中央加大对民族地区与少数民族的支持力度，需要进一步通过法治化路径来跟进落实各项举措。

再次，强化对多民族相互嵌入式社会结构和社区环境治理的理论研究。促进各民族交往、交流、交融是铸牢中华民族共同体认同的社会基础。我国的国情和发展经验决定了只有在中国特色社会主义制度的核心指引下，在中国共产党的坚定领导下，通过协调社会多元主体间关系形成"共建"格局和"共治"理念，在坚持构建"中华民族共同体"的基础上推进治理成果"共享"目标。城镇化发展建设带来多民族人口的高速流动，越来越多的少数民族离开世代生存的民族地区进入中东部大城市，越来越多的汉族也在国家各项针对民族地区经济发展的政策推动下进入传统民族地区，这种以不同民族群体为人口构成的多民族相互嵌入式社会结构和社区环境成为社会建设发展新的方向。基层社会治理作为实现国家治理体系和治理能力现代化目标的基础支撑，多民族嵌入式社区治理问题成为新时代民族人口格局变化发展下的新的重点之一。[1] 习近平总书记在2021年8月召开的中央民族工作会议上提出，促进各民族交往、交流、交融要充分考虑不同民族、不同地区的实际，统筹城乡建设布局规划和公共服务资源配

---

① 赵莹莹：《城市多民族社区依法治理研究》，中央民族大学2021年博士学位论文，第Ⅱ页。

置,完善政策举措,营造环境氛围,逐步实现各民族在空间、文化、经济、社会、心理等方面的全方位嵌入。要深入开展民族团结进步创建,着力深化内涵、丰富形式、创新方法。要构建铸牢中华民族共同体意识宣传教育常态化机制,纳入干部教育、党员教育、国民教育体系,搞好社会宣传教育。随着社会的大流动,如何更好保障城市散居少数民族的基本权益,为法治保障各民族交往、交流、交融提出了新的要求。

最后,加强对民族团结基本理论的法治研究。铸造国家意识和中华民族意识是铸牢中华民族共同体认同的认知基础。在中华民族的"一体"格局下,56个民族既是我国社会主义现代化建设的动力之源,又是推动国家发展,实现中华民族伟大复兴和国家繁荣富强的动力主体。对"中华民族共同体"的认同问题,说到底是铸造国家意识和中华民族意识的过程。在社会主义核心价值观引领下,在民族团结事务的理论研究中,要强化各族人民的法治认同,教育引导各民族继承和发扬爱国主义传统,自觉维护祖国统一、国家安全、社会稳定。促进各民族像石榴籽一样紧紧抱在一起,铸牢各民族共创、共享、共传中华文化意识,将"多元一体"的民族文化交流汇聚到中华民族共同体的团结和归属意识当中,将"国家统一高于一切""国家利益高于一切"作为中华民族共同体认同的最高层次。民族概念具有层次性,我国民族法学中的"民族",首先指的是中华民族,其次指的是中华民族的下位概念,即各民族。当前民族法学的研究应当从中华民族伟大复兴战略高度把握新时代党的民族工作的历史方位,把研究重点放在增进中华民族的共同性上来,切实增强各民族的公民意识、国家意识和中华民族共同体意识,引导各民族始终把中华民族利益放在首位,本民族意识要服从和服务于中华民族共同体意识,同时要在实现中华民族共同体整体利益进程中实现好各民族具体利益。大汉族主义和地方民族主义都要坚决反对。

(三) 不断提升民族法学科的理论品质与体系化水平

法学研究与时代发展息息相关,其研究成果体现时代特色也是应有之义。因此,每当法学研究来到一个新的社会发展节点,法学研究者们结合此时此刻的社会发展动向驻足回望,往往能够对自己判断研究的未来走向、明确研究的社会价值、厘清研究的逻辑结构起到一定程度的启发作用。

第一,深化对多部门法律规范中民族法律规定的体系化研究,扩大民族法学研究视野,及时拓宽、吸纳新领域研究的内容和成果。新时代发展趋势下民族法学理论研究应当突破以往仅依靠《民族区域自治法》或其他宪法层面的法律法规作为民族关系及民族问题分析的主要依据的瓶颈,将研究视角延伸到其他部门法体系中有关民族问题的规范当中,进一步构建、细化和完善民族法制体系,进而充分发挥我国民族法律法规体系的整体功效。其基本要求是以习近平法治思想为指导,着力构建更加完备的民族法律规范体系、更加高效的民族法治实施体系、更加严密的民族法治监督体系和更加有力的民族法治保障体系。

　　第二,提炼民族法学理论研究特色方法,推动民族法学研究成果的对策性转化。在民族法学理论研究的方法论上,既不能故步自封于传统法学研究的历史分析和规范分析方法,也不能单纯依赖于民族学常用的田野调查方法。民族法学自身性质所决定的规范性和实践性相结合的属性,在推动民族法学研究成果与社会需求相互对接的过程中,为我们勾画出了一幅既重理论分析又重实践应用的图画。理论与实践的互动和发展让民族法学研究在总结实践经验的基础上,细化研究内容,确保整个民族法学的研究真正地实现了从理论指导实践,由实践迈向理论的发展目标。中国民族法学坚守马克思主义民族理论的根本指导地位,同时使其成为中国特色社会主义法治体系的重要组成部分。推动民族法学研究成果的对策性转化,需要从中央与地方法治建设两个维度共同探索推进。

　　第三,推动新时代中国民族法学话语体系构建。中国民族法学是人类法学发展史上唯一以民族治理法制问题为研究对象的正式法学学科,在世界法学格局中有独特地位。[①] 新时代民族法学话语体系构建研究需要意识到当前中国民族法学研究正在为世界范围内解决多民族国家的民族问题提供重要的法治方案与法治路径,是人类法治史尤其是民族法治史上一场轰轰烈烈的事业。我国经过长期努力,已经初步形成了以《宪法》关于民族工作的规定为根本,以《民族区域自治法》为主干,以国务院颁布的关于民族工作的行政法规、辖有民族自治地方的省一级的地方性法规,以及民族自治地方制定的自治条例和单行条例为主要内容的中国特色社会主义民族法律法规体系。这是我国正确处理民族关系问题所形成的法治经验与制度优势。推动新时代中国民族法学话语体系构建,要不断铸牢中华民族共同体意识的法治基础,向世界讲好中国民族法的故事,展示中国民族法学学术话语体系的中国特色、中国风格和中国气派。

　　总之,民族是一个客观普遍存在且十分重要的国家与社会治理的重要主题。铸牢中华民族共同体意识,促进各民族像石榴籽一样紧紧抱在一起,共同团结奋斗、共同繁荣发展,是新时代党的民族工作的主线,更是促进中华民族共同体建设的重要基石。[②] 当前,我国民族法学正迎来前所未有的重要历史契机,也必将在社会主义法治建设伟大目标的指引下走出一条独具特色的康庄大道。

---

　　① 陈卯轩:《新时代中国民族法学话语体系构建》,载《西南民族大学学报(人文社会科学版)》2021年第 8 期。
　　② 赵莹莹:《宪法序言中"民族"话语表达的内在逻辑分析》,载《西部法律评论》2019 年第 6 期。

第一编　民族法学基础理论

民族法学和民族法制研究对民族法制建设实践具有提供理论依据和进行理论指导的作用。当前理论研究的滞后与民族法制建设实践对理论的渴求的矛盾相当突出。从广义上说,我们对民族理论的研究是滞后的,民族法制理论作为民族理论的一个重要组成部分,其研究也是很滞后的。民族法学和民族法制理论研究的滞后主要表现在:一是基础理论研究滞后;二是对当前民族法制建设面临的重大实践问题缺乏深入研究,未能把这些问题上升到理论高度。对一些重大的理论问题和现实问题缺少前瞻性的研究,未能为民族法制建设提供强有力的理论支持。因此,要重视和加强民族法学和民族法制理论研究,营造更好的研究环境,培养更多的研究人才,使其更好地为民族法制建设的实践服务。

民族法学研究,主要包括基本理论研究、基本制度研究和基本问题研究三个主要方面。所谓基本理论研究,是指探求民族法制构建、实施、完善的学理性基础;所谓基本制度研究,是指在基本理论研究的既有成果的基础上,探求如何将这些理论思考制度化并付诸实现;所谓基本问题研究,是指针对在民族法制理论探索、制度实施的过程中遇到的困难和挑战进行充分归纳、总结与评估,借鉴古今中外的优秀经验,寻求妥善的解决方案。基本理论是基本制度的基础;基本制度是基本理论的客观体现;基本问题是对基本理论和基本制度的现实回应,并且在整个民族法制研究过程中具有极强的指引性和方向性价值。

民族法基础理论研究是整个民族法制工作的基础与前提。制度未建,理论先行。这是任何制度构建、运行、完善的客观规律与必然要求,民族法制建设不外如是。民族法制基本理论研究的广度与深度,在很大程度上就直接决定了民族法制建设的规范性、合理性和科学性。只有用理论的武器把我们的头脑充分地武装起来,才能够在民族法制实施过程中找到正确的进路,从而实现制度资源的良好整合和优化配置。

第一章　民族法现象及其基本理论

第一节　民族法现象及其性质

一、"民族法"的语源

（一）中国古代的"民族法"

虽然中国古代并没有"民族法"一词的记载，但是民族法现象却至少可以追溯到奴隶制时期。大约在公元前21世纪，黄河流域各氏族部落先后告别了"天下为公"的时代，成为初具国家形态的邦国，建立了第一个国家共同体——夏朝。夏朝立国伊始就是一个多民族国家。夏朝建立后，有扈氏不服，为启所灭，于是"天下咸服"。所谓"天下咸服"，不仅是夏通过武力镇压使国家得到巩固，也是夏实施"民族法"调整国内民族关系的结果。可见，夏代就已经有了以民族法思维调整民族关系的先例。① 从夏商到春秋战国，中国大地上生息着不同的民族，如传说中的黄帝族、炎帝族、南方的蛮族等，这些民族经过长时期的迁移和融合，至秦汉时期才形成汉族。②

而成书于战国时期的《禹贡》，可以说是我国历史上最早的、成文的有关民族法著作。它创造了以民族特点来确定管辖区域的政策，使"声教讫于四海"，用赋税多少来调整中央政府与周边少数民族的关系。它确定了中原民族与周边少数民族是民族关系的主体，即承认各少数民族为国家的合法成员，在国家活动中享有合法的权利并承担应尽的义务，从而把民族关系纳入国家的一种法律关系。③

20世纪70年代在湖北云梦睡虎地出土的秦代竹简上记载了我国目前最早的成文民族法典《属邦律》。《属邦律》开创了中国封建社会民族立法的先河，对后来历代民族立法有着十分重大的影响。其中确定的诸多法律原则，如和亲通婚、民族自治、维护少数民族上层首领的特权与民族同化等，也成为日后封建王朝民族立法所遵循的基本原则。④

秦代以后，我国历朝历代都对民族法律关系作了相应的规定。如汉代以建

---

① 参见张文山：《论中国古代社会的民族法》，载《思想战线》1997年第1期。
② 翦伯赞主编：《中国史纲要》（第1册），人民出版社1979年版，第59页。
③ 同上。
④ 同上。

立管辖少数民族的行政体制——属国制和边郡制为民族立法的核心。① 又如唐代在民族地方实施"羁縻府、州、县"制,《唐律疏议》中对"化外人"犯罪所作的详尽规定。再如元代以《至元新格》在民族地区设立行省制和土司制,等等。清代是我国古代民族法制发展的巅峰,不但在《大清律例》中明确了"化外人有犯条"的规定,而且针对一些风俗习惯不同的少数民族在不违背《大清律例》的原则下分别制订适合民族地区的单行法,形成了以《大清律例》为母法和适用于不同民族的单行法及《理藩院则例》为子法的民族法体系。②

可见,虽然没有明确的"民族法"称谓,但是我国古代却已创造了丰富多彩的民族法律制度。

(二) 近现代的"民族法"

根据学界的考证,"民族法"一词最早出现在马克思主义经典著作之中。恩格斯在1884年发表的《家庭、私有制和国家的起源》一书中,对雅典国家最早的法律制度作了这样的描述:"相邻的各部落的单纯的联盟,已经由这些部落融合为单一的民族[Volk]所代替了。于是就产生了凌驾于各个部落和氏族的法的习惯之上的在雅典普遍适用的民族法[Volksrecht];只要是雅典的公民,即使在非自己部落的地区,也取得了确定的权利和新的法律保护。但这样一来就跨出了摧毁氏族制度的第一步,因为这是后来容许不属于全阿提卡任何部落并且始终都完全处于雅典氏族制度以外的人也成为公民的第一步。"③

然而,不得不指出的是,恩格斯当时所谓的"民族法"与我们今天所说的民族法是具有本质区别的。原因在于对"民族"的理解不同。民族至少有广义和狭义两种解释。广义的民族是就国家整体的层面而言的,如"中华民族""大和民族""德意志民族"等等,它在某种程度上可指代整个国家;而狭义的民族却是针对国家内部的构成民族而言的,它在很多情况下构成广义民族的下位概念,如我国的汉族和55个少数民族共同构成了"中华民族"。据此,恩格斯所谓的"民族法"指的其实就是作为一个城邦的雅典国家法,"是相对于构成雅典国家民族的各氏族、部落的习惯法而立的国家法"。④

在我国,20世纪80年代初,乌兰夫首先提出了加强我国民族法制研究的问题,我们现在所说的民族法显然是针对国家内部各民族之间相互关系的法律调

---

① 还包括汉朝之后以少数民族为主建立的朝代的法律,虽然其中充斥着以汉文化为核心的法律对其他民族法律的同化,但也凸显着少数民族法律的鲜明特点,如《魏书·刑法志》中规定:"置四部大人坐王庭,决辞讼,以言约束,刻契记事,无囹圄考讯之法,诸犯罪者皆临时处遣之"。杨鸿烈先生在研究后魏的法律时说:"后魏是中国历史上第一次以外来的鲜卑民族统治中国北部人民,他们原始的司法情形,确不脱野蛮幼稚的状态"。参见徐中起:《民族法研究的理论意义》,载《思想战线》1994年第4期。

② 张文山:《论中国古代社会的民族法》,载《思想战线》1997年第1期。

③ 参见《马克思恩格斯选集》(第4卷),人民出版社1995年版,第108页。

④ 杨剑波、鱼波:《民族法概述》,载《今日民族》2004年第8期。

整而言的,采用的是狭义的"民族"概念。

在法的起源上,法是遵循着民族禁忌——民族习惯——国家法律的发展轨迹演变运行。各民族通过实践传承沿袭,自发形成的民族习惯或习惯法,蕴藏着法的最一般规定,逻辑地构成了法的前身。① 对于"民族法因何而产生"的问题,学者们有不同的观点。比较一致的看法是,民族法首先作为法,它是阶级矛盾不可调和之产物,这说明民族法的产生与阶级、国家相关。其次作为民族法,它又是多民族国家民族矛盾不可调和之产物。只有阶级矛盾而没有民族矛盾,就不会有民族法的出现。这说明民族法的产生与民族问题的存在具有内在的必然联系,调整民族关系的特殊需求,是民族法产生的主要动力和价值基础。②

（三）现代民族法的法律体系

按照法律效力位阶,民族法制体系在规定民族问题的范围和效力等问题上形成了如下的层级关系:

第一层次,《宪法》。调整民族关系的民族法必须受《宪法》的指导,自宪法诞生以来,几乎所有的国家都隶属于"民族国家"的谱系,因此,作为国家根本大法的宪法应当表述"民族"这一历史范畴。③ 纵观我国《宪法》全文,涉及"民族"的规范条款占到《宪法》总条款的1/5左右,这足以说明,"民族"是《宪法》的重要调整对象和规范内容。比如,《宪法》序言第11自然段和第一章总纲第4条是解读民族宪法的核心规范和加强民族宪法实施的根本要求,构成了宪法层面对于民族关系的总规定。2018年《宪法修正案》将"中华民族"概念正式载入《宪法》以后,我国又进一步形成了以"中华民族"概念为核心的宪法民族规范体系,这标志着我国民族法的法律体系更加趋于完善。

第二层次,《民族区域自治法》。1984年5月31日颁布实施的《民族区域自治法》,首次把我国解决民族问题的基本政策以立法的形式固定下来,标志着我国实施的民族区域自治制度从此跨入了法治化的轨道。④ 2001年2月28日新修订的《民族区域自治法》,在"序言"中载明:民族区域自治"是国家的一项基本政治制度"。这部在法律地位上仅次于《宪法》的基本法律,对民族区域自治制度法律地位的重新界定和正式确立,构建了一个民族区域自治政策、民族区域自

---

① 田成友:《民族法研究的理论意义和实践价值》,载《贵州民族研究》1995年第3期。
② 牛文军:《略论民族法与民族立法——历史、概念及关联性》,载《西南民族大学学报(人文社科版)》2007年第8期。
③ 李占荣:《宪法的民族观——兼论"中华民族"入宪》,载《浙江大学学报(人文社会科学版)》2009年第3期。
④ 宋才发:《民族区域自治制度是民族法律与民族政策的集中体现》,载《河北法学》2012年第12期。

治法律、民族区域自治制度"三位一体"的完整而严密的民族法律体系。①

第三层次,包含有关民族关系调整条款的法律规范。如民法、刑法、三大诉讼法、人民法院组织法等,这些包含着对民族关系加以调整的法律规范也成为现代民族法律体系中的重要一部分。

第四层次,各种有关民族关系调整的行政法规。如《国务院实施〈中华人民共和国民族区域自治法〉若干规定》《国务院关于建立民族乡问题的通知》(已失效)、《国务院关于加快发展民族教育的决定》《民族乡行政工作条例》《城市民族工作条例》等。

第五层次,各种有关民族关系调整的地方性法规。如《新疆维吾尔自治区民族团结进步模范区创建条例》《内蒙古自治区促进民族团结进步条例》《宁夏回族自治区促进民族团结进步工作条例》《山东省民族工作条例》(2020 修订)等。

二、民族法的含义

(一) 列举数种具有典型代表性的民族法定义

虽然民族法学在近年来获得了飞速的发展,但是正如前文所指出的,许多基础性的理论问题尚存在争议。民族法的定义问题也是如此。下面列举几种具有代表性的定义,以对学界的观点作一整体的梳理和把握。

定义一:民族法是指多民族国家内部调整民族关系的法律。②

定义二:民族法是指国家或其授权机关制定和认可的,调整民族之间以及国家与民族地区之间的权利义务关系的法律规范的总和。③

定义三:民族法是指专门调整和处理国内民族关系的法律规范的总和,是多民族国家调整国内民族关系、管理民族事务的普遍而又重要的方式。④

定义四:民族法是国家权力机关和管理机关在对民族关系、民族问题进行调整、处理等活动中的法律规范的总和。⑤

定义五:还有学者针对社会主义民族法专门下了定义,认为社会主义民族法是体现无产阶级领导下的全国各族人民共同意志和根本利益,由社会主义国家制定和认可的,并由国家强制力保障实施的,专门调整民族关系的社会行为规范体系。其目的是建立、维护和发展平等、团结、互助的社会主义民族关系,促进全

---

① 宋才发:《民族区域自治制度的实践回眸及未来走势——纪念中国改革开放 40 周年》,载《学术论坛》2018 年第 2 期。

② 吴宗金、张晓辉主编:《中国民族法学》(第 2 版),法律出版社 2004 年版,第 104 页。

③ 陈洪波、王光萍:《当前我国民族立法工作中存在的主要问题、成因及对策研究》,载《民族研究》2001 年第 2 期。

④ 牛文军:《论民族立法存在的基础与空间》,载《广播电视大学学报(哲学社会科学版)》2005 年第 2 期。

⑤ 吴大华:《民族法律文化散论》,民族出版社 2004 年版,第 179 页。

国各民族的共同繁荣。①

定义六：民族法是社会主义民族发展的结果，是专指按照民族平等的原则调整民族关系的法律规范的总和。②

定义七：民族法是国家有关民族关系，少数民族权利、义务的法律规范的总称。③

（二）关于民族法定义的分析

通过上述概念的罗列可以看出，虽然学界对于民族法概念中的一些基本性问题已经初步达成了共识，但是在切入角度、表述技巧、侧重点等许多方面仍是见仁见智。初步归纳一下，得出较为科学、严谨的民族法定义至少需要注意如下几个方面的问题：

首先，定义内容上的问题。主要有二：第一，民族法的调整对象究竟是什么？上述定义中体现出民族关系、国家与民族地区之间关系、民族问题等多种理解。但民族关系是学者普遍给予认可的，由于下文将对这一问题作进一步的探讨，故此处不予展开。简单来说，民族问题的归纳涵盖范围过广，且在很大程度上僭越了政策手段的调整领域，因此不予采纳。而民族关系和国家与民族地区之间关系在内涵上互不交叉、外延上互为补充，应是民族法调整的对象。第二，民族法是否全是由国家立法机关制定的？总的说来，绝大多数民族法确是如此，但是近年来随着国际性公约的大量签署，众多国际公认的民族法规定已逐渐进入我国的民族法范畴之中，它们的确立包括国家立法机关的立法转化和直接确认两种方式。此外，大量的民族习惯法在地区纠纷处理过程中依然占有重要的地位，其性质更加近似于行政法中所谓的"软法"，既非国家立法机关制定，亦非依靠国家强制力保障实施。综上，仅仅表述为"由国家立法机关制定"是不够完整的。

其次，表述技巧上的问题。第一，对于法的一般特征是否需要重复？如定义五中提到的"全国各族人民共同意志和根本利益，由社会主义国家制定和认可的，并由国家强制力保障实施"，即属于这一类。我们认为，出于定义精炼的考虑，对于这种法的一般特征的描述，可以省略。第二，对于民族法的原则问题，是否应该在定义中提及？若是提及，应该怎样表述？定义六中提到的"民族平等原则"是民族法的最为重要的原则之一，但并非唯一的原则。根据我们的归纳，除平等原则外至少还有国家统一原则、团结互助原则、各民族共同繁荣原则等等。因此，大可不必在定义中涉及原则问题，以突出那些最为基本的定义要素。

---

① 敖俊德：《民族立法和民族区域自治法的修改问题》，载吴大华主编：《民族法学讲座》，民族出版社1997年版，第25页。

② 王天玺：《民族法概论》，云南人民出版社1988年版，第1页。

③ 张文香：《论民族法学的几个基本问题》，载《中央民族大学学报（哲学社会科学版）》2009年第3期。

第三,定义五中"其目的是建立、维护和发展平等、团结、互助的社会主义民族关系,促进全国各民族的共同繁荣"的补充说明是否必要? 我们认为,定义应是一句完整的陈述,添加过多的补充说明会影响整个表述的完整与统一。因此,倘若补充的内容不具有根本重要性或者不能将其很好地与定义主干融为一体的,应舍弃。

综上,我们认为,定义二的表述是较为科学的,即民族法是指国家或其授权机关制定和认可的,调整民族之间以及国家与民族地区之间的权利义务关系的法律规范的总和。

三、民族法调整对象

(一) 民族关系——民族法调整的主要对象

从上文对学界关于民族法定义的列举可知,当前理解民族法调整对象的通说是民族关系。[①] 这是具有一定合理性的,但又不完整。我们认为,传统认知上的民族关系仅是民族法调整的主要对象,而非全部。说它是主要对象的原因如下:

首先,民族关系在当前历史条件下体现为少数民族与汉族之间、少数民族与少数民族之间以及特定少数民族内部的权利义务关系。这种关系的调整手段主要是政策手段和法律手段,前者一般是指国家有关部门制定、颁布的民族政策,而后者就是指民族法律规范,亦即民族法。因此,民族法的主要任务就在于调整各类民族关系中所体现出的权利义务关系。其次,民族法在产生之初就是以调整民族关系为己任的。前文所述对我国古代民族法的起源之所以可以追溯到《属邦律》甚至《禹贡》,其重要原因就在于这些古代典籍中所记述的规范是以调整民族关系为主要目的的,这与现代民族法的价值与意义在本质上别无二致。最后,法治社会建设需要以民族法作为调整民族关系的主要手段。法治的前提是法制,而法制在民族关系调整领域的具体要求即在于以民族法作为调整民族关系的制度基础和主要手段。目前我国的民族法制初具雏形,而民族法治仍任重道远,因此就需要进一步将民族关系明确为民族法的主要调整对象,这是法治社会建设对民族关系处理的基本要求。

以民族关系作为民族法的主要调整对象,就要求民族立法、民族执法、民族司法等民族法各个实施环节都以在法律框架下调整协调民族关系、解决民族纠纷为主要出发点和归宿点。但正如上文所言,民族关系作为调整对象虽主要却并非民族法调整的全部,国情及时代发展为我们展现了民族法调整的另一重要对象,即国家与民族地区间的关系。

---

① 参见吴宗金:《论民族法调整对象》,载《中央民族学院学报》1992 年第 3 期。

（二）国家与民族地区间的关系——民族法调整的另一重要对象

民族关系是民族法的主要调整对象，但绝不是唯一调整对象。根据前文对民族法的定义，我们认为，国家与民族地区之间的关系也是民族法调整的重要对象之一。其依据有三：

第一，从制度上来看，虽然我国民族法是以民族关系为主要调整对象，但作为当前民族法律制度核心部分的《民族区域自治法》却是兼有调整国家与自治地方民族关系和国家与自治地方关系两方面的内容。这是由于民族区域自治地方既是一级地方政府机关，又是当地民族实施区域自治的自治机关。因此，民族关系的归纳并不能完全包容民族区域自治制度，自然也就无法周延整个民族法的调整对象问题。

第二，从理论上来说，有学者认为"国家与民族区域自治地方的关系"可以被包容到"国家与民族区域自治地方民族的关系"之中，这是失之偏颇的。民族区域自治地方的民族成分至少可以分为三种：汉族、实施区域自治的少数民族以及不实施民族区域自治的少数民族。"国家与民族区域自治地方民族的关系"正是在国家与这三种民族关系的层面上而言的，属于"国家与民族"的关系。但是，"民族区域自治地方"和"民族区域自治地方的民族"两个概念却是不能等同的。正如《民族区域自治法》中规定的国家的帮扶义务，其对象是民族区域自治地方整体，而非该地方各类少数民族的简单叠加。因此，"国家与民族区域自治地方的关系"实质上属于一类特殊的"中央与地方关系"，与"国家与民族关系"具有本质的区别。

第三，从现实案例来看，目前为止发生过的一些包含民族因素的案例，虽然其中夹杂了汉族与少数民族，以及各少数民族之间的冲突的成分，但是在使用民族法规范加以解决时，却都额外体现出了国家与受害民族群众的安抚救助关系、国家对违法犯罪人员的惩处与被惩处关系，中央对特定地方局势的控制关系等不具有民族关系性质的法律关系因素。这些因素在实际处理一些现实案例的时候往往发挥了重要的作用。

"民族"是一种只有在国内民族意义上才能被承认的概念，并且它只能是在符合"人民"整体利益的条件下的内部问题才能够被引申出来。"民族"绝不是具有独立性、分权性的国家构成单位，过度地、不分情况地强调民族概念反而不利于我国民族关系的稳定和民族团结秩序的维护。无论是通过理论视角，还是通过实践路径，我们都能发现，仅以"民族关系"作为民族法的调整对象是不科学的，更是不符合实践的。

（三）对民族法调整对象的进一步分析

1. 对于民族法的主要调整对象——民族关系

有学者将民族关系进一步解释为："（1）国家和民族自治地方主体民族之

间的社会关系;(2) 各民族自治地方之间的民族关系;(3) 汉族和少数民族之间的民族关系;(4) 民族自治地方内各民族之间的民族关系;(5) 杂散居少数民族的民族权益关系;(6) 民族乡境内各民族之间的民族关系;等等。"①这种细化分析的思路是好的,但是在具体归纳时却存在一些瑕疵,如散杂居少数民族分为城市散杂居少数民族和农村散杂居少数民族(又可细分为民族乡散杂居少数民族和狭义的农村散杂居少数民族)②,因此最后两种归纳在范围上是存在交叉的。又如,汉族和少数民族之间的民族关系几乎可以具体化为其他任何一种民族关系的范围中去,其划分层次存在差异。

民族关系作为一种普遍的社会历史现象,受关系内部成员间互动情况及认同程度的直接支配,并随着社会的发展变化而不断调整变化。③ 事实上,对民族关系的细分可以根据不同的标准来操作,并无统一的定式。但是在标准的选择上应当兼顾体系的完整性和内部的协调性,前者主要指分类应当穷尽民族关系的所有类型,后者指各细类之间应当互不交叉、彼此协调。本书只以汉族和少数民族的分类对民族关系作一细分。

第一,汉族与少数民族之间的关系。汉族是我国的主体民族,其人口数量、分布、整体经济文化水平等各方面相对于 55 个少数民族而言都具有较大的优势。因此,汉族与少数民族的关系就成为民族关系的重要类型之一。调整这一关系的主要方面如下:其一,坚决贯彻民族平等原则,杜绝大汉族主义,在政治、经济、文化等各个方面适当向少数民族倾斜,通过合理差别的制度给予少数民族以更为平等的发展平台和更为宽阔的发展空间。这在《宪法》序言以及相关条文中有明确的依据。当然,也应对地方民族主义保持时刻的警惕。其二,坚决贯彻各民族共同繁荣的原则,利用汉族的各种优势对少数民族的发展给予大力帮助、扶持,牢固树立"只有各民族共同繁荣、共同发展才能从根本上实现中华民族繁荣发展"的正确观念。其三,充分关注与尊重少数民族在传统、风俗、文化等方面的特殊性,不能用汉族的标尺对少数民族的相关事项加以简单衡量,要帮助少数民族维持、发展本民族的特点,防止过激的汉化趋势,确保民族文化多元性的格局进一步巩固和完善。

第二,少数民族与少数民族之间的关系。我国有 55 个少数民族,各民族之间在诸多方面存在重大的差异性。人口多寡、是否实施区域自治、分布地域、历史因素、风俗文化传统等方面都是这种差异性产生的重要原因。调整这一关系的主要方面如下:其一,各少数民族要遵循团结互助、共同繁荣的原则,与兄弟民

---

① 马玉龙:《试析我国民族法的内涵》,载《内蒙古工业大学学报(社会科学版)》2007 年第 1 期。
② 对于这一分类,可参照本书第十四章的相关内容。
③ 赵莹莹:《多民族社区治理中民族关系的互动模型与认同导向》,载《沈阳工业大学学报(社会科学版)》2021 年第 1 期。

族和谐相处,共同发展。既不能把自己的文化、价值、理念、风俗强加给其他民族,也不能拒绝同其他民族的有机互动与交流,而是要促进少数民族之间关系的和谐发展。其二,较大的少数民族要适当帮助、扶持较小的少数民族,防止个别少数民族的发展差距过于巨大。其三,国家对待各个少数民族一视同仁,不能因人口、发展程度等方面的差异而亲疏有别——不论差异多大,各少数民族在政治地位上是完全平等的,都有从国家获得同样的照顾、帮扶的权利。

第三,少数民族内部的关系。在某一少数民族内部也可能因为某些原因而存在不同的利益共同体,使得少数民族内部关系也成为民族法所调整的民族关系的重要组成部分之一。如,许多少数民族内部按照聚居地点不同分为不同的支系,又如许多少数民族可以因居住形式的不同分为聚居和散居两种,而散居中又可以分为城市散居和农村散居,等等。调整这一关系的主要方面如下:其一,要根据具体特点的不同制定具有针对性的调整规范。如特定少数民族不同支系间由于居住地域、环境的不同而在许多方面体现出差异,应当重点关注这些差异的作用,实现同一民族内部不同支系的协调发展。其二,要对相对处于劣势的特定少数民族内部的某一群体给予更多的关照,以提高全民族的整体发展水平。其三,要从整体上对特定少数民族进行考量,在本民族共同性和内部不同群体差异性中寻找科学的制度平衡,确保该少数民族的民族根本特色能在完整传承的前提下实现多样化发展。

2. 对于民族法的重要调整对象——国家与民族地区间的关系

民族作为“各种利益的实际载体,现代世界的种种矛盾都体现在民族这个载体身上,而国家只是建立在民族肌体上的政治上层建筑,是民族的组织和权力机构,在民族之间彼此交往中代表本民族的利益和主权”。[①] 前文已经指出,国家与民族地区之间的关系主要体现在我国的民族区域自治制度之中。我国《宪法》《民族区域自治法》对这一关系作了较为完整的规定。其思路主要是,对于民族区域自治地方首先视为一类地方层级,对其基本的组织、职权等加以明确;同时,融入民族性色彩,对于某些方面给予不同于一般地方主体的、特殊的规定。由于民族区域自治地方兼具不同地方层级和民族性双重特征,因此为国家与民族地区间的关系作为民族法调整对象的判断提供了坚实的实践基础和制度基础。

当然,国家与民族地区间的关系并非仅仅体现在民族区域自治制度之中。我国《宪法》还明确规定了“民族乡”的基层建制,虽然它并不属于民族区域自治制度的序列,但是作为民族区域自治制度的补充形式,它在很多方面也同国家之间构成了直接的法律关系。国家民委于1993年发布的《民族乡行政工作条例》

① 　王建娥等:《族际政治与现代民族国家》,社会科学文献出版社2004年版,第2页。

就对这一关系作了集中的调整。针对这一问题，本书将在第十四章作出较为系统的论述。

四、民族法的性质——从法域范畴的视角

本书在绪论部分已经对民族法学的性质作了相应的探讨，而民族法的性质从一定程度上来说是在同民族法学的性质的比较之中凸显的。我们的基本认知是，民族法并不是一个独立的法律部门。

所谓法律部门，是指一个国家根据一定的原则和标准划分的本国同类法律规范的总和。其主要特征有三：第一，部门法作为一国法律体系的组成部分，各个部门法之间应当是相互协调、相互统一的，以宪法为基础和前提，在宪法的根本原则下共同构成一国法律体系的有机整体。那种用"交叉渗透"来解释民族法作为一个法律部门的独立性的观点未免牵强，因为"交叉渗透"学说是科学范畴中划分新型学科的理论，不能适用于法律规范范畴中法律部门的形成和划分。第二，各个部门法之间是相互独立的，不能设想在法制统一的国家里，同一性质的法律关系可以被若干法律重叠交叉调整。因为各个法律部门适用的原则和制裁方式不同，这种重叠交叉势必会导致各法律规范之间的冲突、重复甚至相互矛盾。第三，部门法的产生既有其客观基础，又有其主观因素。作为社会关系的调整工具，法律的制定和实施是社会关系发展到一定历史阶段的客观产物，社会关系的形成、演变和分类，也是法律形成、演变和法律部门形成的客观依据。在人类生活中，由于人类本身主观意志的能动作用，法律在另一方面又表现为立法者主观活动的产物，法律部门的产生也带有主观因素的印记。① 但是在部门法划分的问题上，必须坚持主观服从客观的原则。

因此，民族法"部门法说"的观点引发了法学部门分类的理论危机。因为民族关系以及国家与民族地区间的关系均是按照社会关系的部类来划分的，而任何一个部类的社会关系的性质都不是单一的。因此，我们不可能采用某一部门法的法律原则和方法去调整纷繁复杂的各种民族关系以及国家与民族地区间的关系，反过来说，调整这种关系的法律规范也不是任何一个部门法所能周延的。因此，我们应当这样理解民族法的性质：民族法是宪法、刑法、民法、行政法等部门法在调整性质各异的民族关系以及国家与民族地区间的关系的过程中所形成的各种法律规范的总和，是一个法域范畴，而非调整某一特定社会关系的部门法。传统部门法与民族法的划分标准是不一致的，我们不能用狭隘的部门法观念来看待民族法问题。②

① 熊文钊：《关于民族法学的性质问题》，载《中央民族大学学报》2000年第2期。
② 同上。

第二节　民族关系的法律调整

民族关系是民族法的主要调整对象,而调整民族关系的法律机制也就构成了民族法制的主体内容。当然,国家与民族地区间的关系作为民族法的重要调整对象,也是构成民族法制的重要组成部分。但是由于这部分内容大多集中于民族区域自治制度领域,具有一定的特殊性。因此本节对民族法制的论述切入点仍选"民族关系的法律调整",但在涉及国家与民族地区间关系的调整之时,也会作相应的介绍。

一、民族关系的法律调整机制

（一）民族关系的调整机制概述

民族关系的调整关乎多民族国家的稳定与发展。族际关系的协调、有序将转化成巨大的潜在发展力,推动国家各方面事业的积极发展;相反,族际关系失调、紊乱,将对国家整体竞争力造成巨大的内耗。因此,民族关系就需要一套科学、有效、全方位的制度来加以调谐,而这种制度模式的有机体系化,就是民族关系的调整机制。

当前,我国对民族关系的调整手段与调整其他社会关系的手段在类型划分上基本一致,即主要可以分为政策调整和法律调整两种方式,亦即民族关系的政策调整机制和法律调整机制。这种机制格局的确立主要基于如下原因:首先,政策手段和法律手段是我国调整各种社会关系的最基本手段,在调整各类社会关系的实践中已经积累了丰富的经验并取得了良好的效果,民族关系也不例外。其次,政策手段和法律手段互有所长也互有所短,其良好配合能够最大限度地实现扬长避短,在民族关系调整的实际过程中互相配合、缺一不可。其中,相对于法律手段而言,政策手段的最大优势在于能够契合民族问题复杂、多变的特点,从而得以针对客观实际的变化作出及时、有效的调整,且上传下达的传统实现方式也使得政策手段在效率问题上具有良好的优势。最后,我国早在新中国成立之初就基本确立了以法律手段为主、以政策手段为辅的调整民族关系的基本制度框架,这一框架随着我国法制的不断发展而愈发完善,已经在实践中打下了良好的制度基础。

（二）民族关系的法律调整的内涵与特点

所谓民族关系的法律调整,是与民族关系的政策调整相对而言的,是指通过法律手段对各类型民族关系进行理顺、调谐、维护,使其保持在相对稳定、和谐的状态下的法律制度的总和。民族关系法律调整的特点可归纳为如下几个方面:

首先,权威性、稳定性。权威性和稳定性是法律相对于其他社会关系调整手段而言最为突出的特点之一。在我国,法律的权威性源于其是由国家权力机关(立法机关)制定并通过的,而在人民代表大会制度下国家权力机关具有广泛而坚实的人民意志的基础,亦即法律的规定是人民意志的集中体现,因此具有最高的权威性。而法律的稳定性一方面是由于维系法律的权威性的需要,因为一部被频繁修改的法律是很难保持权威的;而另一方面是由于我国《立法法》对于法律的修改和变通规定了极为严格的程序,一般说来很难实现经常性的修改,即刚性较强。

其次,体系性。法律具有体系性是法理学的基本问题之一,具体到民族法的体系性而言,其表现为如下方面:第一,民族法是构架我国民族关系制度体系的主要形式。目前,我国民族法体系已经初具雏形,绝大多数核心的民族问题已基本纳入了民族法的调整范畴。以法律为主干的民族关系调整机制初步建立。第二,在民族法内部也呈现出鲜明的体系性特征。一方面,从横向的维度而言,我国各大部门法均在相关领域对特定民族问题的处理给予了足够的关注,这也是本节接下来所要论述的主要问题;另一方面,从纵向的维度而言,我国的民族法已经初步具有了从高阶到低阶、从中央到地方、从普遍适用的法律规范到限于特定区域适用的自治条例、单行条例、变通立法等法律规范的层级有别的立法体系。

再次,以国家强制力保障实施,确保调整效果的实现。国家制定法的普遍性特点之一,就是以国家强制力为直接后盾确保其顺利实施。申言之,倘若出现违反民族法规范的行为,有关国家机关得依照法律规定对其进行责任追究与制裁。当然,国家强制力带来的不利后果并非维系民族法律秩序的唯一要素。从法的作用的角度而言,除了制裁作用之外,告示、指引、评价、预测、教育①等都是民族法的重要功能,因此,在立法与执法、司法实践中,也并非所有的民族法律规范都体现出强势的硬法特征,在一定情况下也呈现出软法的特点。

最后,民族关系的法律调整是社会主义法制的重要组成部分。第一,理论地位上,其是社会主义法制的重要组成部分。事实上,虽然民族法学作为一门法学学科的发展史并不长,但民族法律制度却是从新中国成立之初就作为我国社会主义法制的重要组成部分而发展至今的。从客观上来讲,民族法律制度从来都是我国社会主义法制的必要内涵和基本要素。第二,内在构成上,遵循社会主义法制的一般特征(法律部门、层级)。以民族区域自治法律制度为代表的一系列具有中国特色的民族法律制度已经在我国当前处理民族问题、调谐民族关系、制定民族政策的过程中扮演着极为重要的角色。

---

① 张文显主编:《法理学》,高等教育出版社、北京大学出版社1999年版,第200—202页。

二、民族关系的宪法调整

(一) 基本原理

作为一国的根本大法,《宪法》是我国调整民族关系的最高法律规范。因此,民族关系的宪法调整具有根本性、最高性、概括性等特征。在此不再赘述。一般说来,《宪法》对民族关系的重要事项的规定可分解为如下方面:

第一,对于民族关系基本问题的确认。宪法中对于我国民族状况、民族问题的本质、定性、影响民族关系发展的因素和趋势等有关民族关系的基本问题给予确认,从而为我国民族问题的处理定下总的基调。第二,对于调整民族关系的基本制度的确立。我国民族从分布态势上分为聚居和散杂居两种,其中对于聚居的少数民族,我国确立了民族区域自治制度作为基本的政治制度。第三,对于调整民族关系的重要制度的抽象规定。民族关系的调整涉及的范畴十分广泛,《宪法》不可能一一回应,但是对于其中一些重要的问题仍作了相应的抽象规定。其一,规定了处理民族关系的若干基本原则,如民族平等原则;其二,民族区域自治的基本问题,如自治区、自治州、自治县有关自治机关的设立、组织等;其三,非民族自治地方的少数民族聚居区的有关问题,如民族乡人民代表大会的特殊权力等;其四,相关国家制度中的民族地区的特殊设计,如司法制度中民族语言的使用等。

*(二) 现行规定*①

《宪法》中对于民族关系进行调整的规范并非均以集中规定的方式体现,有的规范可能散见于其他条文之中。此处仅列举几处具有典型性的规定。

《宪法》序言第 11 段规定:"中华人民共和国是全国各族人民共同缔造的统一的多民族国家。平等团结互助和谐的社会主义民族关系已经确立,并将继续加强。在维护民族团结的斗争中,要反对大民族主义,主要是大汉族主义,也要反对地方民族主义。国家尽一切努力,促进全国各民族的共同繁荣。"

《宪法》第 4 条第 1 款规定:"中华人民共和国各民族一律平等。国家保障各少数民族的合法的权利和利益,维护和发展各民族的平等团结互助和谐关系。禁止对任何民族的歧视和压迫,禁止破坏民族团结和制造民族分裂的行为。"第 2 款规定:"国家根据各少数民族的特点和需要,帮助各少数民族地区加速经济和文化的发展。"第 3 款规定:"各少数民族聚居的地方实行区域自治,设立自治机关,行使自治权。各民族自治地方都是中华人民共和国不可分离的部分。"第

---

① 需要强调的是,《民族区域自治法》《立法法》等宪法性法律中亦存在大量调整民族关系的规范,这部分规范平时也基本得到了足够的关注,但限于篇幅,本章不再逐一列举。而仅以《宪法》文本中调整民族关系的相关规范作为分析的样本。故此处的"宪法"对应的英文应是"the constitutional law",而非"constitutional laws"。

4 款规定："各民族都有使用和发展自己的语言文字的自由,都有保持或者改革自己风俗习惯的自由。"

《宪法》第三章"国家机构"第六节专门规定了"民族自治地方的自治机关"。全节共 11 个条文,对民族自治地方自治机关的范畴、组成、职权以及国家的帮扶义务等诸多方面作了相对具体的规定,构建了我国民族区域自治制度的基本制度体系。

《宪法》第 139 条第 1 款规定："各民族公民都有用本民族语言文字进行诉讼的权利。人民法院和人民检察院对于不通晓当地通用的语言文字的诉讼参与人,应当为他们翻译。"第 2 款规定："在少数民族聚居或者多民族共同居住的地区,应当用当地通用的语言进行审理;起诉书、判决书、布告和其他文书应当根据实际需要使用当地通用的一种或者几种文字。"

此外,民族关系调整规范还散见于其他《宪法》条文之中,如第三章第五节中关于民族乡的若干规定等。

(三) 评价

我国自 1954 年《宪法》至今,历部《宪法》都对民族问题给予了一定的重视。[①] 1982 年《宪法》实施至今已四十年,其对于民族关系调整的诸多规定也基本上经受住了实践的考验。通过对《宪法》序言第 11 自然段"中华人民共和国是全国各族人民共同缔造的统一的多民族国家"表述的逻辑分析可知,我国是统一的多民族国家的基本性质并未发生改变。事实证明,我国对于民族关系的处理在《宪法》的指导下,已经步入了发展与完善的快车道。民族法体系不断完善,民族法律制度不断细化,民族法研究的理论地位不断提升。

但是,从长远的眼光看来,现行《宪法》至少在如下方面还具有进一步完善的空间。第一,从民族法的体系看来,虽然民族区域自治制度获得了充分的发展,但是与之相对应的《散居少数民族权益保障法》却一直空缺。《宪法》规范应对这一领域予以关照。第二,对于一些具体的制度性问题尚有待明确和发展。如《宪法》中多次提及民族乡的建制,甚至还专门规定了民族乡人民代表大会的特殊职权,但是对民族乡的性质、定位等却无界定。第三,进入 21 世纪以来,我国民族法同国外学术界与实务界的交流不断加深,我国也成为许多国际的民族权利公约的正式缔约国。然而这些代表世界民族法最新理念的公约条款却并未得到《宪法》的积极回应,阻碍了民族法制的进一步发展。可见,对于民族关系的调整,《宪法》仍在诸多方面需要完善。当然,修改《宪法》并非唯一的完善路径选择,有权机关对于宪法解释权充分、积极的行使也将起到很好的效果。

---

① 1975 年《宪法》在许多规定上有所倒退,1978 年《宪法》作了部分修正,但仍存在诸多缺陷。参见周叶中主编:《宪法》(第 2 版),高等教育出版社、北京大学出版社 2005 年版,第 77—78 页。

三、民族关系的行政法调整

（一）基本原理

行政法由于其调整关系的广泛性和自身体系的特点,在诸多方面、诸多层次存在对民族关系进行调整的空间和可能。这里所指的"民族关系的行政法调整",实际上指的是在民族法规范中对于民族关系具有调整作用的若干行政规定,因此需要区别于"民族行政法"的概念。所谓的民族行政法,基本上将有关于民族地区行政的组织、职权、事项、程序、方式等所有相关的法现象甚至部分民族习惯法现象都纳入研究的视野,因此上到《宪法》,下到地方政府规章,都可能成为其探讨的对象。① 这种以民族地区行政问题为中心的视角,完全不同于本书以行政法规范中对民族问题的规制为中心的视角,因此要予以特别注意。由于行政法自身的体系较为庞杂,且至今尚不存在一部统一的行政法典,故此处对于相关现行规定的列举仅选取部分代表性的规范,希望能以此管窥行政法对民族关系调整机制的全貌。

（二）现行规定

第一,行政法律中对于民族关系调整的规范。在全国普适的行政法律中,专门对民族关系进行调整的规范并不多见,典型的如《中华人民共和国治安管理处罚法》（以下简称《治安管理处罚法》）第 47 条:"煽动民族仇恨、民族歧视,或者在出版物、计算机信息网络中刊载民族歧视、侮辱内容的,处十日以上十五日以下拘留,可以并处 1000 元以下罚款。"可以看出,该条与《刑法》第 249 条煽动民族仇恨、民族歧视罪,第 250 条出版歧视、侮辱少数民族作品罪是具有对应关系的。

第二,行政法规中对于民族关系调整的规范。这类规范较为典型,其代表如1993 年 9 月 15 日颁布的《城市民族工作条例》和《民族乡行政工作条例》。前者在"散居少数民族权益保障法"至今仍未出台的情况下,基本担负起了对散居少数民族的重要组成部分——城市散居少数民族权益给予保障的重任,虽然历经二十余年的实施,诸多条款已显露弊端,但至今仍发挥着重要的作用。后者主要针对的是农村散居少数民族权益的保障,某种意义上与《城市民族工作条例》相互配合。更为重要的是,《民族乡行政工作条例》是迄今对于民族乡问题作出最为细致规定的法律规范,在一定程度上弥补了《宪法》对于民族乡问题语焉不详的缺憾。

第三,部门规章中调整民族关系的规范。典型的如 2003 年 8 月 26 日由公

---

① 参见刘巍:《我国民族行政法特点初探》,载《中南民族学院学报（人文社会科学版）》2001 年第 5 期。

安部发布、于 2020 年修正的《公安机关办理行政案件程序规定》第 7 条规定："办理行政案件,在少数民族聚居或者多民族共同居住的地区,应当使用当地通用的语言进行询问。对不通晓当地通用语言文字的当事人,应当为他们提供翻译。"其实,类似的规定在三大诉讼法中都存在,体现了程序法对于少数民族语言文字的一贯关怀。

第四,针对民族关系进行调整的地方性法规。典型的如 2021 年 2 月 5 日由新疆维吾尔自治区第十三届人民代表大会第四次会议发布的《新疆维吾尔自治区民族团结进步模范区创建条例》,2020 年 6 月 12 日由山东省人民代表大会常务委员会修订发布的《山东省民族工作条例》,这类地方性法规充分弥补了多民族省市由自治条例和单行条例不足导致的管理空白。

第五,地方政府规章。这类规章数量多,规定繁杂,一般由少数民族人口较多的省、市人民政府制定。在内容上,一般是对上位法的确认、强调和细化。省级的政府规章如 1989 年 12 月 13 日通过的《黑龙江省城市民族工作条例》、1996 年 9 月 1 日起实施的《贵州省实施〈民族乡行政工作条例〉办法》(已失效)、2004 年 10 月 1 日起实施的《云南省民族乡工作条例》等。市级的政府规章如 1995 年 3 月 11 日起实施的《昆明市贯彻〈云南省民族乡工作条例〉实施办法》(已失效)等。

（三）评价

应该说,在我国民族立法尚处于发展期的今天,大量的行政法律规范在处理各类民族关系的问题上的确发挥了应有的积极作用。而且从自身体系来看,也基本形成了一套完整的规范结构。但是,其中体现出的问题也是比较明显的。第一,行政法律层面对于民族问题的关怀有限。当然,从理论上说,行政法律作为规制全国行政机关行为的规范,能够体现的民族问题方面本就有限,然而立法现状难以满足现实中的需求却也是实情。第二,行政法规范大致也可分为实体法规范和程序法规范,目前统一的行政程序法尚缺,因此大量行政程序的规范是散见于各行政法规范之中的,但是这些规范对于行政程序中保护少数民族权益的问题却关注不足。诸如行政许可法、行政处罚法等都是同时包含实体规范和程序规范的行政法律,其中对于民族问题有意无意的忽视是不尽合理的。第三,目前行政法对于民族问题进行调整的规范条文普遍层级不高,这与现实的需求构成巨大反差。此外,许多重要的相关行政法规范由于实施日久,逐渐显现出的一些问题,也应当引起足够的重视。

四、民族关系的民法调整

（一）基本原理

从立法使命的角度来看,民法(这里指的是"大民法"概念)是以调整私主体之间关系为主要任务的。其中就包含了私主体一方或双方具有少数民族身份的可能。因此,体现为"权利—权利"模式的民族法律关系是由民法的相关规范进行调整的。

（二）现行规定

《中华人民共和国民法典》（以下简称《民法典》）第 1015 条规定:"自然人应当随父姓或者母姓,但是有下列情形之一的,可以在父姓和母姓之外选取姓氏:（一）选取其他直系长辈血亲的姓氏;（二）因由法定扶养人以外的人扶养而选取扶养人姓氏;（三）有不违背公序良俗的其他正当理由。少数民族自然人的姓氏可以遵从本民族的文化传统和风俗习惯。"

《中华人民共和国商标法》（以下简称《商标法》）第 10 条规定:"下列标志不得作为商标使用:……（六）带有民族歧视性的。"

《妇女权益保障法》第 60 条第 2 款规定:"民族自治地方的人民代表大会,可以依据本法规定的原则,结合当地民族妇女的具体情况,制定变通的或者补充的规定。自治区的规定,报全国人民代表大会常务委员会批准后生效;自治州、自治县的规定,报省、自治区、直辖市人民代表大会常务委员会批准后生效,并报全国人民代表大会常务委员会备案。"

（三）评价

通过以上的归纳,可以得出现行民法规范对民族关系调整的特点。最新施行的《民法典》中取消了以往民法通则、婚姻法、继承法、收养法中关于民族自治地方人民代表大会及其常务委员会可以根据本法的原则,结合当地情况,制定变通的或者补充的规定。但依据《民族区域自治法》和《立法法》的规定,民族自治地方在其立法自治权范围内依旧可以制定变通规定和补充规定。由于这些变通规定条款的"指示作用",因此民法规范对于民族关系的调整规则主要并不是集中在民事法律中,而是散见于相关的地方立法（补充规定、变通规定）之中。同时,民法规范对民族关系的调整在规则设定上较为宽泛和抽象,从规定本身很难获得哪些方面有民族因素介入的可能、如何介入、又应当如何规制等基本立法信息。另外,虽然主要是规制私权利主体之间关系的规范,但是民法对民族关系调整的规范却大量涉及公权力的介入,如商标行政管理机关对商标图案的监管、民族自治地方立法机关对有关变通规定的制定、报送审批或备案等。

存在的问题主要有如下几点:第一,如上文指出的,绝大多数调整民族关系的民法条款都是关于变通规定的说明,范围过于狭窄,并不能充分回应实践的需要。第二,针对民族问题引发的变通适用,其对象均为民族自治地方的立法机关。因此现行条文的规定完全是应对民族区域自治制度框架下的立法思路,根本没有考虑到除此之外的民族关系的调整。第三,一些重要规定的缺失造成了整个法律体系结构相互协调的不顺。如《刑法》第 250 条对于出版带有民族歧视、侮辱少数民族内容的出版物的情节严重的行为作了规制,然而著作权法却对该行为视而不见,造成了两法在结构上的脱节。

五、民族关系的刑法调整

（一）基本原理

刑法是我国法律体系中最为严厉的部门法,其规制对象是违法性达到了特定程度的行为——犯罪行为。刑法调整民族关系的主要理论点如下:第一,作为处罚犯罪行为的"兜底性质"的法律部门,刑法兼具调整"权利—权利"和"权利—权力"两类法律关系的功能,这为刑法对民族关系的调整提供了范畴上的可能。因为民族关系极可能涉及同民族或不同民族公民、团体或其他组织个体间的法律关系,也有可能涉及少数民族公民、组织、其他团体和国家机关之间的法律关系。第二,当某一行为不仅损害了特定的民族关系,而且还造成民族问题扩大化的影响,使得族际关系、社会秩序、国家安全、人民利益等重要问题也遭受波及时,对这种造成严重后果的行为就应当适用最为严厉的法律部门——刑法加以规制,也只有这样才能充分体现出民族法对于上述行为正确而适当的评价、定位以及制裁,这为刑法对民族关系的调整提供了实践上的可能。第三,对于一般的民族关系问题的调整,根据其内在性质的不同而一般适用民法、行政法的有关规定加以调整。但是当行为的严重性超出了违法的范畴,就自动通过民法、行政法中的"指示条款"而直接进入了刑法调整的范畴。因此,民法、行政法中大量桥梁式的"指示条款"的存在,为刑法对相应民族关系的调整提供了制度上的可能。

（二）现行规定

我国《刑法》一方面对于民族自治地方的变通适用权作了规定,集中在第90条;另一方面专门针对民族关系调整的罪名设置较为集中,主要体现在第249条、第250条和第251条。

第90条规定:"民族自治地方不能全部适用本法规定的,可以由自治区或者省的人民代表大会根据当地民族的政治、经济、文化的特点和本法规定的基本原则,制定变通或者补充的规定,报请全国人民代表大会常务委员会批准施行。"

第249条的"煽动民族仇恨、民族歧视罪",其规定为:"煽动民族仇恨、民族歧视,情节严重的,处三年以下有期徒刑、拘役、管制或者剥夺政治权利;情节特别严重的,处三年以上十年以下有期徒刑。"

第250条的"出版歧视、侮辱少数民族作品罪",其规定为:"在出版物中刊载歧视、侮辱少数民族的内容,情节恶劣,造成严重后果的,对直接责任人员,处三年以下有期徒刑、拘役或者管制。"

第251条的"非法剥夺公民宗教信仰自由罪、侵犯少数民族风俗习惯罪",其规定为:"国家机关工作人员非法剥夺公民的宗教信仰自由和侵犯少数民族风俗习惯,情节严重的,处二年以下有期徒刑或者拘役。"

（三）评价

直观看来,我国刑法对民族关系调整的范畴集中在少数民族权益的保护方面。除了破坏民族关系和谐的行为外,民族平等权和少数民族风俗习惯权是刑法特别重视的领域。自 1979 年颁布实施至今,动用刑法对民族关系的调整与其他法律部门法相比并不算多,这与刑法自身的价值和定位有关。但是,频次的差异并不能抹杀刑法在民族关系特别是重要民族关系调整上的巨大作用。以当前的眼光看来,刑法在如下方面需要作进一步的调整:

第一,就针对民族关系调整的三个既有条文而言,对犯罪的客观方面估计不足、对犯罪主体规定过窄是最为突出的问题。一方面,损害民族关系的行为多种多样,目前区区三个条文的涵盖范围实在有限;另一方面,即使在现有的三个条文中,对于犯罪主体也作了重重限制,很难满足实践的需要。第二,在实践中,破坏民族关系的行为可能更多地以危害国家安全、危害公共安全、侵犯财产、侵犯社会管理秩序等形式出现,其中夹杂着破坏民族关系的因素。但是以目前刑法的规定来看,上述罪名的设置并未考虑夹杂民族因素的情形。事实上,由于存在民族因素,一般犯罪行为的危害性更为巨大,需要通过对这类情况给予适当的观照来体现出刑法对于破坏民族关系行为的严厉态度。第三,刑法的修改及相关司法解释的制定工作对于民族关系调整的关注有限。可以说,从 1979 年新中国第一部刑法颁布至今,并没有哪一次修改或制定司法解释能充分体现对民族问题的重视。严重些说,刑法对民族关系的调整规范已经四十多年未变,很难适应实践发展的需要。

六、民族关系的诉讼法调整

（一）基本原理

对于民族关系的法律调整,不仅体现在实体法领域,更体现在程序法领域。作为与民法、刑法、行政法分别相对应的程序法,我国三大诉讼法也对涉及民族关系的调整作了相应的规定。当然,从工具主义的视角出发,诉讼法并非我国对民族关系进行法律调整的主要方式,其调整作用更多地体现出一种辅助性和工具性的价值。亦即,主要通过正当司法程序的设计和执行确保实体法中有关规范对民族关系调整的法律效果的产生,当然诉讼法也必须兼有对在诉讼过程中产生的民族问题的适时调整。对于前者,从某种意义上来说三大诉讼法的绝大多数规定都可以称得上是以此目标为核心而展开的,但是这就很难体现出典型的民族法规范的特征。因此,这里所探讨的诉讼法对民族关系进行调整的规范,则更多地局限在对诉讼过程中的民族关系的调整,在范畴上有一个狭隘化的过程。

（二）现行规定

《民事诉讼法》（2021 年修正）第 11 条规定："各民族公民都有用本民族语言、文字进行民事诉讼的权利。在少数民族聚居或者多民族共同居住的地区，人民法院应当用当地民族通用的语言、文字进行审理和发布法律文书。人民法院应当对不通晓当地民族通用的语言、文字的诉讼参与人提供翻译。"

《民事诉讼法》（2021 年修正）第 17 条规定："民族自治地方的人民代表大会根据宪法和本法的原则，结合当地民族的具体情况，可以制定变通或者补充的规定。自治区的规定，报全国人民代表大会常务委员会批准。自治州、自治县的规定，报省或者自治区的人民代表大会常务委员会批准，并报全国人民代表大会常务委员会备案。"

《刑事诉讼法》（2018 年修正）第 9 条规定："各民族公民都有用本民族语言文字进行诉讼的权利。人民法院、人民检察院和公安机关对于不通晓当地通用的语言文字的诉讼参与人，应当为他们翻译。在少数民族聚居或者民族杂居的地区，应当用当地通用的语言进行审讯，用当地通用的文字发布判决书、布告和其他文件。"

《行政诉讼法》（2017 年修正）第 9 条规定："各民族公民都有用本民族的语言、文字进行行政诉讼的权利。在少数民族聚居或者多民族共同居住的地区，人民法院应当用当地民族通用的语言、文字进行审理和发布法律文书。人民法院应当对不通晓当地民族通用的语言、文字的诉讼参与人提供翻译。"

（三）评价

正如前文所指出的，民族关系通过诉讼法进行调整的情形有限，因此相关的规范也就体现出数量少、问题集中、表述趋同的特征。三大诉讼法中，只有《民事诉讼法》规定了变通适用的规则，此外都是集中在对诉讼过程中少数民族语言、文字权利的保障问题上。诚然，语言、文字权利是少数民族公民参与诉讼时需要迫切保护的问题，但这并不意味着诉讼中的民族关系仅限于该层面。事实上，破坏民族团结、侵害少数民族风俗习惯等情况也一定程度上存在，对于这类情形一般由诉讼法维持法庭秩序的条款进行规制，并未明确突出民族性特征。但是这种立法方式在不同诉讼法之间存在差别，《刑事诉讼法》第 199 条第 2 款将被侵害对象规定为"司法工作人员或者诉讼参与人"，比较全面，但《民事诉讼法》第 113 条和《行政诉讼法》第 59 条都仅将被侵害对象规定为"审判人员"或"司法工作人员"，保护的范围未免有失狭窄。

2012 年以来，三大诉讼法先后进行了修订，但对涉及民族问题的相关条款却未能作出相应的修改和完善，未免令人遗憾。

探索思考

为何三大诉讼法中只有《民事诉讼法》规定了变通适用条款？

细心的读者可能发现，三大诉讼法对少数民族公民权益的保护除了共同的语言文字保护之外，只有《民事诉讼法》还额外对变通适用进行了规定。那么，为什么只有《民事诉讼法》规定了变通适用条款？

事实上，学界注意到该问题的人并不多，所做的研究也比较有限。一种观点认为，其实三大诉讼法对于变通适用的态度是一致的，只是《民事诉讼法》在制定过程中出于某种特殊的考虑而对其明确加以规定而已。也有观点认为，《刑事诉讼法》和《行政诉讼法》过多地关注国家公权力的介入，变通的空间有限，而《民事诉讼法》主要是调整私权利间的法律关系，因此更有变通的需要和可能。

我们认为，虽然这种现象出现的原因究竟为何目前难下定论，但是其中暗含了立法者特殊的考虑是毋庸置疑的。第一种"无差别说"的观点很难找到现行法依据。《宪法》第 115 条规定自治机关有权依照《宪法》《民族区域自治法》和其他法律的规定根据本地方的实际情况贯彻执行国家的法律、政策——这是变通适用的最高依据——对法律进行变通或应具有《民族区域自治法》的依据，或应有相应法律的授权。而《民族区域自治法》第 20 条又明确将变通执行的对象局限为决议、决定、命令和指示。因此，《民族区域自治法》本身并未赋予自治地方国家权力机关以变通适用法律的权力。也就是说，由于各自缺乏明确规定，《刑事诉讼法》和《行政诉讼法》是不具有在民族自治地方被变通适用的可能的。

七、民族关系的国际法调整

从理论上说，国际法体系由国际公法（狭义的国际法）、国际私法和国际经济法构成。但是由于后两者调整范畴的特性，涉及民族关系调整的国际法规范基本集中在国际公法的领域中。不同于国内法体系，国际法体系一般是由若干国家就在某一问题上达成的共识，以公约、条约、协议的方式确定下来的，既无超然的立法机关，又无以强制力保障实施的可能。但是在通常情况下，国际法都能够很好地为缔约国所遵守，这体现出国际公法作为典型的软法规范而具有的特殊内在实施机制。[1]

---

[1]　《布莱克法律词典》对"软法"一词的解释有二："（1）指那些不具有严格的法律拘束力但又非完全缺乏法律意义的规则；（2）在国际法中指确立行为准则但又不具有法律约束力的指导原则、政策宣言或法典。"转引自毕雁英：《社会公法中的软法责任——一种对软法及其责任形式的研究》，载罗豪才等：《软法与公共治理》，北京大学出版社 2006 年版，第 259 页，注释③。

需要指出的是,民族关系的国际法调整不同于某些学者所谓的"国际民族法"。我们认为,民族关系的国际法调整的着眼点在于将国际法中有关调整民族关系的规范引入国内,借鉴其积极意义或者直接使其成为我国民族法律规范的一部分,其主旨基本局限在国内的范畴。而国际民族法的研究视野除了国际法中的相关规范之外,还对其他国家的民族法(学)给予足够的关注,因此其研究基本限于国外的范畴。与此相类似的还有"比较民族法"的概念,这是基于我国民族法律制度与国际民族法中相关内容的比较分析,最终汲取有利于我国民族法律发展与完善的研究视角,兼有国内和国外两个视域的考察,对于我国民族法实践的作用无疑更为巨大。也正是基于这种考虑,本书最后一部分设置专编对比较民族法的问题进行探讨。

民族关系的国际法调整问题的核心内容在于既有国际公约、条约、协议对于民族关系进行调整的条款汇总与分析。这类国际法文件种类繁多,如在联合国文件中包括《世界人权宣言》《经济、社会和文化权利国际公约》和《公民权利和政治权利国际公约》,及联合国通过的 12 个防止歧视的宣言、公约、议定书,以及 1989 年《独立国家土著和部落人民公约》、1993 年《在民族或族裔、宗教和语言上属于少数群体的人的权利宣言》、2007 年《联合国土著人民权利宣言》;在区域国际组织文件中包括如 1992 年《欧洲区域性或少数民族语言宪章》,1994 年《少数民族保护框架公约》,1969 年《美洲人权公约》,1981 年《非洲人权和民族权宪章》等公约;在其他国际组织文件中包括如 1996 年《关于少数民族教育权的海牙建议书》《关于少数民族语言权利的奥斯陆建议书》和《关于少数民族有效参与公共生活的隆德建议书》;等等。

探索思考

民族关系的软法调整——以《民族区域自治法》中的软法规范为例

目前,在《民族区域自治法》中存在大量的软法规范,主要有三种:其一,《民族区域自治法》的序言部分是典型的软法。其二,《民族区域自治法》中那些表述本身就不具有严格强制性的条款,即以"可以""自主""有权"的范式表述的规范。其三,虽然具备诸如"应当""必须"等强制性的表述,但由于缺乏相应的罚则而被归入软法范畴的条款。

产生这一现象的原因主要可归结为四点:其一,部分内容更多地强调宣示性以及法律对某一事项的正式确认,具体的实施并非立法的侧重点所在,由此产生了部分的软法规范。其二,部分内容在客观上只能以软法的形式出现。其三,部分事项依靠软法的自身功能就可以确保实现,因此没有必要再制定硬法规范,浪费立法成本。其四,《民族区域自治法》在许多问题上的立法目的就在于确立民族区域自治制度的法律框架、体系,而非对较强的微观适用价值的追求,而框架、体系的构建本身就倾向于以软法的形态体现出来。

《民族区域自治法》中软法规则的实施机制主要有五种:其一,依靠上下级国家机关之间内部的"命令—服从""监督—被监督"关系实施。其二,依靠国家机关之间的监督机制实施,这主要是以民族自治地方的人民政府及其组成部门为监督对象的。其三,依靠相关政策手段的辅助实施。其四,依靠执政党的推动和监督实施。其五,依靠软法自身特有的实施机制。

《民族区域自治法》中的软法规范的存在既有其合理性,又在某种程度上体现出立法选择的无奈;既在调整民族关系的过程中发挥了积极的作用,却又无法克服软法规范自身的缺陷。因此,我们应当以客观的、发展的眼光审视这一现象。毕竟,直接依靠国家强制力保障实施的硬法规范在实施效率和实施效果上要表现得更好。

第三节　民族法基本原则

关于民族法的基本原则,目前学界的理解各异,除了国家统一、民族平等等公认的表述之外,还有一些原则的归纳呈现出见仁见智的特点。我们认为,对于民族法基本原则的归纳,应当考虑如下因素:第一,应当贯穿民族法规范的始终,在民族法体系内体现出绝对的普遍性特征。第二,在内容上能够对民族法的创制、运行、实施、评价提供切实有效的指导作用。第三,相对于其他部门法规范而言,能够在某种程度上体现出民族法独特的视角和关怀,即具有一定的特殊性。第四,既然体现出"基本",则需要对诸多原则作重要性的划分,只有那些尤为重要的方能定位为"基本原则",这与一般原则的归纳存在差异。由此,本书将民族法的基本原则归纳为如下五项,并依照其"前提—基础—践行—要义—目标"的内在逻辑关系作如下展开。

一、前提:国家统一原则

维护国家统一,反对民族分裂是民族法的神圣职能。我国自古以来就是一个统一的多民族国家,历史上虽然出现过几经分合的局面,但是国家的团结统一始终是发展的主流,"大一统"始终是中华各民族的价值追求和最高目标。我国《宪法》序言明确指出:"中华人民共和国是全国各族人民共同缔造的统一的多民族国家"。《宪法》第 52 条规定:"中华人民共和国公民有维护国家统一和全国各民族团结的义务。"仅从《宪法》民族规范体系来看,我国《宪法》文本中涉及民族的规范条款占到《宪法》总条款的 17.5% 左右,这足以说明立宪者将多民族国家的统一与整合作为《宪法》制定的重要原则。[①]《宪法》关于国家统一与民族团结的规定,昭示着我国民族法具有浓厚的宪法基础。我国《民族区域自治法》也把维护国家统一作为一项重要的原则确定下来。其第 5 条规定:"民族自治地方的自治机关必须维护国家的统一,保证《宪法》和法律在本地方的遵守和执行。"如果没有国家的统一,我国的许多少数民族不可能很快从落后的生产面貌中解放出来、跨越一个或几个历史阶段,直接进入社会主义,也不可能从根本上改变长期受压迫剥削的地位,真正成为国家的主人。[②] 可以说,维护国家统一和民族团结作为各民族的最高利益,是贯穿于民族法的基本原则。

鉴于国家统一和民族区域自治之间的关系在形式上可能会存在误读,故特将两者关系分析如下。首先,维护国家统一需要民族区域自治的制度支撑。我国许多少数民族聚居在边疆地区,长期以来同汉族在政治、经济、文化、社会、生活方式等方面存在诸多不同,而各民族间的经济和社会发展水平也各不相同。因此,为了把国家整体利益和各民族的具体利益结合起来,处理好民族地区发展的特殊问题,就需要民族区域自治的特殊保障。其次,实施民族区域自治要以国家统一为基本前提。虽然民族区域自治是国家处理民族关系的基本政治制度和法律制度,但是这并不意味着可以无限制地强调民族区域自治而忽略国家的统一。没有国家的统一与团结,就谈不上民族区域自治。因此,实施民族区域自治制度,必须要严格遵守《宪法》与《民族区域自治法》的相关规定,时时将维护国家统一作为制度实现的最高原则。

综上,国家统一原则也就成了整个民族法原则体系的根本性前提,其余原则都是在这一前提的基础上展开的。

二、基础:民族平等原则

民族平等是我们党根据马列主义民族观解决民族问题的基本观点和基本立场,是国家制定民族法律、法规、规章的基础。历史、社会和自然条件等原因造成我国少数民族相对落后的状态,存在着民族间事实上的不平等。我国的民族法就是要把民族平等的原则贯穿到解决民族问题的各个领域。[③] 中国共产党早在建党初期就提出了"各民族一律平等"的主张,并为切实推行民族平等政策进行了大量卓有成效的工作。党和国家一直把民族平等作为解决民族问题的基本原则和根本政策,从 1949 年起临时宪法作用的《共同纲领》,到 1982 年《宪法》中

① 熊文钊、王楚克:《民族区域自治制度形成与发展的基本逻辑》,载《中央社会主义学院学报》2019年第 4 期。
② 白明政:《论我国民族法学的研究对象及原则》,载《贵州民族研究》1994 年第 4 期。
③ 同上。

都明确规定了中国"各民族一律平等"。

民族平等是我国社会主义民族关系中最为基本的一个内容。现行《宪法》在序言中规定,"平等团结互助和谐的社会主义民族关系已经确立,并将继续加强"。此外,《宪法》第 4 条第 1 款规定,"中华人民共和国各民族一律平等……"一般认为,所谓民族平等,是指各民族不分人口多少、历史长短、先进与落后,他们在国家政治、经济、文化和社会生活等各个方面都须一律平等。① 民族平等的内容极为广泛,主要体现在如下三点:第一,政治上的平等,这是指各民族在国家政治制度和政治生活即各民族在共同管理国家事务上的平等权问题。在宪法、组织法、选举法等法律规范中,都对民族平等作了明确的规定。第二,经济上的平等。这是指各民族在经济生活领域中的完全平等。其主要表现有二:一是《宪法》规定了国家根据各少数民族的特点和需要,帮助各民族地区加快发展的职责;二是国家基本建立了民族经济法律制度。② 第三,文化上的平等。这是指各民族在历史上发展形成的语言文字、风俗习惯、文学艺术、教育科技、医药卫生体育宗教等文化传统的传承、发展上一律平等。这也可以细分为两个方面:一是相对于汉族文化而言,各少数民族的文化要重点保护与发展;二是国家对各少数民族文化要给予平等的保护和发展。③

提到平等就不能忽略合理差别对待的问题。一般而言,促进民族平等应当保证最低限度的形式平等。但就社会主义国家而言,民族平等还要避免单纯地对形式平等的一味强调可能导致遮盖事实上不平等的问题。因此,就法治理念以及社会主义内在要求而言,对于许多弱势群体和相对落后地区需要从制度上给予特殊的法律保障。第一,相对于汉族而言,国家要对少数民族给予更多的关照与倾斜,这是实现少数民族与汉族间实质平等的重要保障。第二,相对于人口较多的少数民族而言,国家还要对人口较少的少数民族给予更多的关照与倾斜,这是实现各少数民族之间实质平等的重要保障。第三,相对于经济、社会发展程度较高的汉族地区而言,国家要对各方面发展相对落后的民族地区给予更多的关照与倾斜,这是通过实现区域发展的平衡间接实现民族平等的目标。第四,相对于得到了民族区域自治法律规范重点保护的聚居少数民族而言,国家要对散居的少数民族给予更多的关怀和照顾,这是实现本民族内部不同居住形态的少数民族群众之间实质平等的重要保障。

中国特色社会主义进入新时代以后,我国的社会主要矛盾已经转化为人民日益增长的美好生活需要和不平衡不充分的发展之间的矛盾。然而,我国民族

---

① 吴宗金、张晓辉主编:《中国民族法学》(第 2 版),法律出版社 2004 年版,第 119 页。

② 对于这一问题,可参见宋才发:《中国少数民族经济法通论》,中央民族大学出版社 2006 年版。

③ 吴宗金、张晓辉主编:《中国民族法学》(第 2 版),法律出版社 2004 年版,第 121—123 页。

地区仍处于并将长期处于欠发达地区的基本社会面貌没有变,我国长期处于社会主义初级阶段的特征在民族地区依然明显。① 当前,如何进一步贯彻民族平等原则,充分发挥我国民族平等优势,对于新时代民族法制建设在内的所有民族工作都具有十分重要的意义。

三、践行:民族团结互助原则

《民族区域自治法》第 9 条规定:"上级国家机关和民族自治地方的自治机关维护和发展各民族的平等、团结、互助的社会主义民族关系。禁止对任何民族的歧视和压迫,禁止破坏民族团结和制造民族分裂的行为。"由此可知,民族团结互助原则实际上包含着民族团结与民族互助两方面的内涵。

民族团结原则,是指全国各族人民同心同德、齐心协力地为维护祖国的统一完整而并肩战斗,为建设中国特色社会主义现代化和衷共济。② 毛泽东同志就曾指出:"国家的统一,人民的团结,国内各民族的团结,这是我们的事业必定要取得胜利的基本保证。"③由此可见,加强各民族之间的团结,对于我们这个多民族国家的稳定和发展是极为重要的。民族法的重要功能之一,就是通过调整各民族之间的关系,正确处理民族内部矛盾,促进各民族人民大团结的实现。就现状看来,维护民族团结主要分为反对大民族主义(主要是大汉族主义)和反对地方民族主义两个方面。

民族互助原则,是指我国包括汉族在内的 56 个民族应当亲如兄弟、团结互助,在建设社会主义强大中国的历史进程中互相扶持、互相帮助、共同发展。民族间的互助主要体现在如下几个方面:第一,汉族对于少数民族的帮助。相对于绝大多数少数民族而言,汉族作为中华民族的主体民族,各方面发展水平较高,处于优势地位,因此,汉族应当注重对少数民族的发展提供大力的帮扶。第二,人口较多、发展程度较好的少数民族对人口较少、发展程度较差的少数民族的帮助。就少数民族内部而言,各民族间的发展也存在巨大的差异与不均衡,因此,"优势"少数民族应当在力所能及的范围内为"劣势"少数民族的发展提供必要的帮助。

民族团结和民族互助之间具有天然的紧密联系。民族团结为民族互助提供了良好的背景与环境,是民族间实现互助的前提;而民族互助则能够通过各民族间良性互动的过程进一步推动民族团结态势的发展,使得民族团结的实质内涵更为丰富,也更为深化。

① 熊文钊、王楚克:《民族区域自治制度形成与发展的基本逻辑》,载《中央社会主义学院学报》2019年第 4 期。
② 吴宗金、张晓辉主编:《中国民族法学》(第 2 版),法律出版社 2004 年版,第 129 页。
③ 《毛泽东文集》(第 7 卷),人民出版社 1996 年版,第 204 页。

由此,民族团结和民族互助是实现民族法制过程中的重要实践面向,是作为核心的民族平等原则得到践行的现实载体,更是对国家统一和民族平等两个相对高阶、抽象的民族法原则的深化、补充和进一步发展,在整个民族法原则体系中具有举足轻重的作用。

四、要义:民族和谐原则

民族和谐是我国民族法的又一重要原则。和谐,体现了社会主义民族关系的本质。2018 年《宪法修正案》在序言第 11 自然段和第一章"总纲"第 4 条关于社会主义新型民族关系的规定中加入了"和谐"特征,使"平等、团结、互助"的社会主义民族关系的内涵进一步发展为"平等团结互助和谐"的社会主义新型民族关系。这表明"和谐"特征在新时代民族法原则中占据重要地位,成为社会主义新型民族关系发展的一种应然目标。根据 2018 年关于《宪法修正案(草案)》的说明,这一修改的主要考虑是:巩固和发展平等团结互助和谐的社会主义民族关系,是党的十八大以来以习近平同志为核心的党中央反复强调的一个重要思想。作这样的修改,有利于铸牢中华民族共同体意识,加强各民族交往交流交融,促进各民族和睦相处、和衷共济、和谐发展。

民族和谐以民族平等、民族团结、民族互助为前提,是社会主义民族关系的综合反映和本质揭示。按照词源解释,"和"指不同声部的乐音美妙和谐共振;"谐"指相融相和。"和"强调"诸异而致同","谐"强调一致而统一,二者结合既要"和而不同",又要具有共同的规范。[①] 民族和谐的规范意涵可解读为如下:第一,中华民族(整体性)的和谐。这是因为,与 2018 年《宪法修正案》将"和谐"特征一并载入《宪法》的还有"中华民族"的概念。中华民族作为中国各民族的上位概念,凸显的是《宪法》的整体民族观。因此,社会主义民族关系中的民族和谐原则,就首先指向了中华民族的和谐。第二,各民族之间的和谐,即各民族在中华民族大家庭中手足相亲、守望相助,促进各民族像石榴籽那样紧紧抱在一起。第三,各民族内部的和谐。民族和谐是由己及人、由内到外的变化。各民族内部形成融洽、和谐的关系,有利于各民族在更大的族际范围内实践民族和谐的理念。

总的来说,和谐理念是中华传统文明处理不同族际关系以及对待宇宙世界的重要经验和宝贵资源,也是维系中华民族多元一体格局的形而上哲学。"和谐"特征入宪,意味着和谐理念将上升为民族法的重要原则和价值目标,对民族

---

① 马俊毅:《"和谐"作为社会主义民族关系特征写入宪法具有重大意义》,载《中国民族报》2018 年 3 月 9 日,第 1 版。

法规范产生积极影响。

五、目标:各民族共同繁荣原则

社会主义阶段是各民族全面发展、团结进步和共同繁荣的历史时期。所谓各民族的繁荣,主要包括物质文明和精神文明两个部分。前者是指解放生产力、发展生产力,消灭剥削、消除两极分化,最终实现各民族的共同富裕;后者是指大力发展民族的文化教育、科学技术、卫生体育等民族精神文明建设事业,提高全民族的思想、道德和科学文化素质,弘扬民族优秀的传统文化,繁荣和发展社会主义内容和民族形式相结合的社会主义新文化。[①]

申言之,主要有如下两方面的内容:第一,社会主义是各民族共同繁荣的时期,社会主义初级阶段是各民族共同繁荣的重要发展阶段。社会主义社会是消灭了一切剥削的民主社会,在这样一种先进的社会制度的影响下,各民族之间的关系将体现出极大的和谐性与一致性。随着各民族之间关系的重构、民族发展差异的逐渐缩小,逐渐具备了实现各民族共同繁荣即中华民族实现全面发展、进步的条件与可能。第二,各民族共同繁荣是我们社会主义在民族政策上的根本立场。这句周恩来总理的著名论断[②],已经成为我国民族政策乃至民族法制中所奉行的一个基本原则。长期以来,各民族共同繁荣的原则均贯彻于我国民族法制建设的始终。《宪法》序言第 11 段最后一句话明确指出:"国家尽一切努力,促进全国各民族的共同繁荣",这是各民族共同繁荣原则的最高法律依据。《民族区域自治法》序言第 2 段也指出:"实行民族区域自治,体现了国家充分尊重和保障各少数民族管理本民族内部事务权利的精神,体现了国家坚持实行各民族平等、团结和共同繁荣的原则。"这是各民族共同繁荣原则的法律依据。

显然,在经过前提的明晰、核心的确认以及实现的践行后,民族法原则体系的逻辑进路就自然指向了整个体系的最终目标——各民族的共同繁荣。事实上,民族平等、民族团结互助和各民族共同繁荣三大原则之间存在天然的内在关联性。这三大原则的紧密联系在民族立法、民族政策领域都有鲜明的诠释。因此,在践行民族法制的过程中,我们应当既要认识到三大原则各自的独立性,又要认识它们之间的内在一致性,只有这样,才有可能促成"1 + 1 + 1 > 3"的民族法制实施目标的最终实现。

---

① 吴宗金、张晓辉主编:《中国民族法学》(第 2 版),法律出版社 2004 年版,第 126—127 页。
② 参见《周恩来选集》(下卷),人民出版社 1984 年版,第 263 页。

正本清源

实行民族区域自治,是中国共产党对任何形式民族自决的摒弃。

与民族自治相类似的一个问题是民族自决。什么是民族自决? 列宁作了明确的解释:"马克思主义者的纲领上所谈的'民族自决',除了政治自治、国家独立、建立民族国家以外,不能有什么别的意义。"①"……所谓民族自决,就是民族脱离异族集体的国家分离,就是组织独立的民族国家。"②19 世纪末,资本主义世界殖民体系最终形成。无产阶级政党,根据殖民地附属国被压迫民族解放斗争日益兴起的现实,出于无产阶级国际联合的根本利益的需要,明确承认了民族自决原则。中国共产党也在早期的部分文件中使用了"民族自决"的概念。

对此我们应当有如下三点清醒的认识:第一,这里说的"民族自决",在国际法中主要是指中华民族的自决,而不是指组成中华民族的各民族能够自决。在这一点上,我国的民族区域自治制度同早期的苏联模式(联邦制)存在本质区别。第二,提出"民族自决"的主张是直接针对帝国主义、殖民主义的民族压迫和民族剥削的,也针对国民党大汉族主义的反动统治和各少数民族内部的剥削阶级,明显带有政治号召和宣传色彩,主要目的在于号召和动员少数民族群众团结起来,共同投入反帝反封建斗争当中。第三,中国共产党在成立初期对于中国民族状况的认识还不够深刻,对于如何运用马克思主义理论处理中国自身的民族问题,还缺乏系统理论,"民族自决"的三种选择,都只是不成熟的理念和可能的方案。

在随后的发展中,中国共产党随着实践的变化以及理论的深入,在"民族自决"的主张中,逐渐加重了"自治""自己管理自己的事务"等新理念、新提法,并"在解放区试行民族区域自治"。1949 年 10 月 5 日,《中共中央关于少数民族"自决权"问题给二野前委的指示》中指出:"……关于党的民族政策的申述,应根据人民政协共同纲领中民族政策的规定。又关于各少数民族的'自决权'问题,今天不应再去强调……为了完成我们国家的统一大业,为了反对帝国主义及其走狗分裂中国民族团结的阴谋,在国内民族问题上,就不应再强调这一口号,以免为帝国主义及国内各少数民族中的反动分子所利用,而使我们陷于被动的地位。"③可见,随着实践的发展,民族自决当前在我国已经失去了存在的基础与空间,取而代之的民族区域自治制度才是我们应当建设与维护的处理民族关系

① 《列宁全集》(第 20 卷),人民出版社 1958 年版,第 400 页。
② 同上书,第 397 页。
③ 中共中央文献研究室编:《建国以来重要文献选编》(第 1 册),中央文献出版社 1992 年版,第 24 页。

的基本政治制度。实行民族区域自治，是中国共产党对任何形式民族自决的摒弃。这可视为对民族法原则问题的最后一点补充。

第四节　民族法的表现形式

所谓民族法的表现形式，实际上就是通常所谓的民族法的渊源。根据法理学对于法的渊源的理解，民族法的表现形式是指民族法的外部表现形态。① 本书认为，我国民族法的渊源主要可以分为两类，即国内渊源和国际渊源，前者又可以细分为国家制定法和民族习惯法，后者则主要体现为国际法律文件。

一、国家制定法

（一）宪法

作为我国的根本大法，《宪法》是民族法的最高依据和表现形式。我国《宪法》在序言及正式条文中都对民族法的制度、原则等基本问题作了抽象性归纳。如序言第 11 段、第 4 条第 1 款、第三章"国家机构"第六节、第 139 条第 1 款等都可以视为我国民族法的直接依据。特别是伴随 2018 年《宪法修正案》将"中华民族"概念正式载入《宪法》文本以后，一种具有中国特色的以"中华民族"概念为核心的完整的宪法民族规范体系已经形成。② 鉴于本章第二节已经对相关问题作了较为详细的论述，此处不再赘言。

（二）法律

这里的法律是狭义的法律，即由全国人民代表大会及其常务委员会制定的在全国范围内普遍使用的基本法律。由于法律兼有较高的位阶和较为切实的实践价值，因此在我国整个民族法制体系中扮演着重要的角色。通常看来，法律中的民族法规范主要分为两类。

第一，专门的民族法律。这类法律目前比较少见，最为典型的是于 1984 年 10 月 1 日起施行、并于 2001 年 2 月 28 日进行了修订的《民族区域自治法》。该法分为序言、总则、民族自治地方的建立和自治机关的组成、自治机关的自治权、民族自治地方的人民法院和人民检察院、民族自治地方内的民族关系、上级国家机关的职责以及附则共 8 个部分，其中序言 6 段，正式条文 74 条。该法是我国基本政治制度之一——民族区域自治制度的直接法律依据，也是民族法的主干，对于民族区域自治相关法律问题作了明确的规定。

---

① 参见张文显主编：《法理学》，高等教育出版社、北京大学出版社 1999 年版，第 58 页。

② 熊文钊、王楚克：《"中华民族"入宪：概念由来、规范释义与重大意义》，载《西北大学学报（哲学社会科学版）》2018 年第 4 期。

第二,一般法律中的民族法律条款。这类条款并无统一的形式,散见于相关的法律规范之中。由第二节相关内容可以看出,我国诸多法律中都规定有专门的民族法律条款,涉及民法、刑法、行政法、诉讼法、环境与资源保护法等主要的法律部门。从规范形式上而言,这类条款又分为两类:其一,直接对少数民族相关权益的保障性规定。如三大诉讼法对少数民族诉讼参与人适用本民族语言、文字权利的保护,《治安管理处罚法》中对于侮辱少数民族、破坏民族关系行为的处罚等。其二,为了兼顾少数民族或民族地区的特殊性而规定的以变通适用为内容的指向性条款。这类条款实际上代表着法律对于特定领域内民族自治地方权力机关的变通适用权作出的概括性授予,将具体的立法任务交给民族自治地方的法律规范来完成。如本章第二节中提到的《民事诉讼法》等法律的相关条款。

(三) 行政法规

从法律位阶上来看,法规是仅次于法律的全国性法律规范,是由国务院制定并颁行的,也具有较高的权威性和普遍适用性。从理论上说,法规的主要作用有二:一是针对法律的不足而制定暂时的替代性规范;二是对法律的相关规定进行细化阐释,使其具备更强的实施性。但是从目前的立法实践看来,我国既有法规对于法律的解释和细化作用体现得并不明显,与此相对应的,针对法律制定的不完善所造成的制度漏洞甚至制度空白的弥补成了当前民族法性质的法规的主要任务。

现行典型的此类法规如 1993 年 9 月 15 日颁布的《城市民族工作条例》和《民族乡行政工作条例》。此外,2005 年 3 月 1 日起施行(2017 年修订) 的《宗教事务条例》对少数民族群众的宗教信仰权也作了较为明确的规定,在立法意义上而言同样是暂时填补了相关法律缺位所产生的制度漏洞。

对于民族性行政法规的发展与完善,两条切实的进路是:其一,在填补上位法空白的领域继续发展,以相关制度的基本建立为阶段性目标,最终再择其重要者实现向法律的转化;其二,进一步充分发挥解释、深化相关民族法律的功能,为重要的民族性法律制定具体的实施细则,切实提高其适用性。尤其是当前民族区域自治法律规范中充斥着大量的软法条款而极大影响了既定效用的发挥,通过相关实施条例的制定也将在很大程度上缓和这一问题。

(四) 地方性法规

地方性法规是指法定的国家权力机关依照法定的权限,在不同宪法、法律和行政法规相抵触的前提下制定和颁布的本行政区域范围内实施的规范性文件,此类地方性法规多数对于本区域内的民族问题作出相应规定,例如《云南省实施〈中华人民共和国城市居民委员会组织法〉办法》《广西壮族自治区少数民族语言文字条例》等。

（五）规章

规章是行政性法律规范文件,是依据其制定机关进行划分的,主要指国务院组成部门及直属机构,省、自治区、直辖市人民政府及省、自治区政府所在地的市和经国务院批准的较大的市的人民政府,在其职权范围内,为执行法律、法规,需要制定的事项或属于本行政区域的具体行政管理事项而制定的规范性文件。

第一,国务院部委关于民族问题的部门规章。这类规范众多,规定形式分散,几乎各个行政领域内涉及的民族问题都有所包含,很难逐一列举。但是总体说来此类规章中相关条款的制定思路大多是以注重民族问题的特殊性作为出发点并以保障少数民族相关合法权益为落脚点。如2015年6月国家民委和公安部联合颁布的《中国公民民族成份登记管理办法》(2016年1月1日施行)。第二,省级人民政府关于民族问题的规章。这些规章一般集中在辖区内少数民族分布比较多的省份,例如《四川省民族乡工作暂行规定》《四川省草原承包办法》等。这些省级政府规章的出台甚至要早于国家级相关规范,集中体现了基层民族法制运行的直接需求,是调整民族关系法律制度的重要组成部分。第三,设区的市关于民族问题的规章。这类规章并不多见,其主旨多为对上级机关规范的贯彻和细化。第四,自治州人民政府规章。2015年修订后的《立法法》第82条第3款规定:"……自治州的人民政府根据本条第一款、第二款制定地方政府规章,限于城乡建设与管理、环境保护、历史文化保护等方面的事项……"

（六）自治条例与单行条例

《宪法》第116条规定:"民族自治地方的人民代表大会有权依照当地民族的政治、经济和文化的特点,制定自治条例和单行条例。自治区的自治条例和单行条例,报全国人民代表大会常务委员会批准后生效。自治州、自治县的自治条例和单行条例,报省或者自治区的人民代表大会常务委员会批准后生效,并报全国人民代表大会常务委员会备案。"这是我国关于自治条例和单行条例的最高法律依据。

所谓自治条例,是指规定民族自治地方自治机关的组织和活动原则、民族自治权等内容的综合性的规范性文件,可以称得上是民族自治地方进行依法治理地方的"总章程"。而单行条例则是指在民族自治权范围内规定某一方面问题的规范性文件。①《立法法》(2015年修订)第75条第2款对自治条例和单行条例的立法权限作了特别规定:"自治条例和单行条例可以依照当地民族的特点,对法律和行政法规的规定作出变通规定,但不得违背法律和行政法规的基本原则,不得对《宪法》和《民族区域自治法》的规定以及其他有关法律、行政法规专门就民族自治地方所作的规定作出变通规定。"

---

① 参见周叶中主编:《宪法》(第2版),高等教育出版社、北京大学出版社2005年版,第244页。

目前我国自治条例数量较多,但是集中在自治州和自治县一级,五大自治区至今尚未出台一部自治区的自治条例,其内在因素十分复杂。反观自治州和自治县的自治条例,虽然数量巨大,但是内容上的趋同现象较为严重,已成为阻碍我国自治条例立法质量提高的主要问题之一。可见,无论是量的方面还是质的方面,我国自治条例的发展都还存在着极大的空间。

关于单行条例,在民族自治地方的立法总量中所占比重较多。其中,自治区、自治州、自治县三级自治地方均有代表性的单行条例。由于具有极强的针对性,故单行条例在我国民族法律制度的具体实施上也扮演着重要的角色。

二、民族习惯法

(一) 概念

所谓习惯法,是相对于国家制定法而言的,依靠某种社会组织、社会权威而实施的具有一定强制性的行为规范,是独立于国家制定法之外的,依据特定社会组织和权威,以习惯权力和习惯义务为内容的,具有一定强制性、惩罚性的行为规范的总称。[1]

对于习惯法产生及传承的原因,有学者归纳为如下三种:第一,统治者鞭长莫及。在封建时代,少数民族活动区域虽然都是中国领土的一部分,但与朝廷、官府始终能够保持着地理、心理乃至制度上的距离,羁縻制、土司制正是这种现象的典型表现。由于社会发展水平、风俗习惯不同,封建朝廷的法制即使传到了民族地区,亦难以完全奏效。第二,法制不健全。由于封建时代立法水平的限制,我国封建法典的体系不完善、规制不健全导致了现实中许多法律关系没有相应的规范加以调整,这一点在民族地区体现得尤为突出。因此,民族习惯法的出现在很大程度上弥补了制定法的不足,从而在解决纠纷、维持秩序等方面发挥了重要而积极的作用。第三,中央王朝制定法与民族习惯法相辅相成。在封建时代,民族地区大多在一定程度上实施"自治",使得民族习惯法与中央王朝的制定法具有了相辅相成的可能。事实上,在某些朝代,中央王朝的制定法明确承认了少数民族习惯法的相应效力,唐代《唐律疏议》的"化外人"条即是这一现象的生动注脚。[2]

(二) 形式

民族习惯法的形式即指其表现形式,在新中国成立之前,我国各少数民族的发展水平各不相同,原始社会、奴隶社会、封建社会俱有涉及。加上分布较散、风俗习惯传统各异等综合因素的作用,使得各少数民族习惯法的表现形式也存在

---

① 吴宗金、张晓辉主编:《中国民族法学》(第 2 版),法律出版社 2004 年版,第 66 页。
② 同上书,第 67—68 页。

较大的差别。

从范畴上看,习惯法主要涉及家族、婚姻、财产、丧葬等方面;从制度上看,习惯法一般围绕族长(家长)及巫师的权威、纠纷解决方式等实务展开;从表现形式上看,有的属于典型的成文法,如苗族的《苗例》,而侗族习惯法有的则刻在石碑上称为"款碑条";有的则属于不成文法,如彝族习惯法多以"尔比尔吉"的方式表达。

(三) 内容

民族习惯法虽然条文不多,精细程度也有限,但是仍体现了初步的法律部门的划分。根据有关研究成果,主要体现为如下几点①:

第一,刑事规范。这主要集中在侵犯人身权利罪、侵犯财产罪、性犯罪等方面。少数民族习惯法中规定的犯罪,一般有罚款、逐除、囚禁、肉刑、抄家、死刑等。在各类刑罚种类中,存在不同形式,但总体说来都较为严酷。

第二,民事规范。主要包括生产与分配、所有权、债权、人身权等方面。由于少数民族生产水平普遍较低、生产方式较为单一,因此民法规范较为简单、集中。如猎物的分配、生产资料的占有、土地租佃、身份等级制度等。

第三,婚姻家庭规范。这类规范对于相亲、结婚、生育、离婚、继承等问题的程序、条件、手续诸多方面作了一定的规定。

第四,社会组织规范。社会组织法是特定社会得以运行的基本框架。从少数民族习惯法来看,一般是对于首领、头人、家长等首脑人物的产生、权力、威望等事项作出规制,其中体现出浓郁的本民族特征。

(四) 功能

虽然民族习惯法与国家制定法尤其是现代意义上的国家制定法存在本质的不同,但是从本质上说民族习惯法的功能与国家制定法基本相似。主要分为如下几点②:

第一,告示功能。民族习惯法虽不是国家权威机关所制定并颁行的,但是却具有广泛而坚实的群众基础,即相关的规范是经过本民族群体一致认同的、具有历史实践价值的普适性规则,并借此向整个群体传达能或不能为某种行为,或者特定事项应当如何处理的信息,起到告示的作用。如丢失物品后喊村的习惯法,即失主向全村高喊所丢之物,命偷窃者在规定期限内放在某处,否则一经查处,加倍惩罚。这一习惯法所告示的就是"匿赃不交,加倍处罚"的信息。

---

① 吴宗金、张晓辉主编:《中国民族法学》(第2版),法律出版社2004年版,第72—76页。
② 参见张文显主编:《法理学》,高等教育出版社、北京大学出版社1999年版,第200—202页;吴宗金、张晓辉主编:《中国民族法学》(第2版),法律出版社2004年版,第76—79页。

第二,指引功能。这里的指引有两种情况:一是确定的指引,即通过义务的规定要求人们为或不为特定的行为;二是不确定的指引,即通过授予权利,给予特定人某种选择的机会。

第三,评价功能。习惯法作为一种标准和尺度,具有判断、衡量人们行为的作用。通过责众评价,影响特定群体内人们的集体观念和是非标准。

第四,预测功能。由于习惯法具有权威性和广泛的接受性,因此得以作为一种规范标尺稳定地存在。根据习惯法的内容,人们得以预先知晓或者估计到自身的行为是否合乎习惯法的价值判断、是否适当、是否会引发相关的制裁,从而能够在具体行为之前就对行为的后果作出准确的预测。

第五,教育功能。这是指帮助人们正确认识个人与他人,个人与社会的关系,明确自己的权利与义务,让人们懂得区分善与恶并学会做人的道理。其教育的主要内容有二:一是教育人们深刻了解习惯法规范本身在社会生活、家庭生活中的重要地位;二是教育人们应当遵守习惯法的相关规定,规范自己的日常行为。

第六,强制功能。习惯法的强制作用在于制裁违背习惯法的行为。从本质上说,习惯法的实施机制更趋近于一种内在的推动作用。罪感、耻感、熟人社会压力、被排挤出特定社群的恐惧等因素使得习惯法在排斥了国家强制力的前提下能够体现出强大的制裁作用。制裁的后果大概包括:对人身权、财产权的限制或剥夺、对相关人权利的限制或剥夺、背负社群其他成员的否定性评价乃至驱逐出社群等。

在全面依法治国背景下,民族习惯法的发展与转型迎来新的历史时期。

三、国际性文件

前文已经指出,国际性文件一直是作为我国民族法的重要渊源形式而存在的。对于这一问题,由于第二节已经作了相应的论述,这里只作提示,不予展开。

一个需要注意的问题是,并不是我国签署的所有国际性文件中的相关条款都会成为我国民族法的渊源。比如,我国声明保留的条款对国内民族法不具有效力。

还要强调的是,作为民族法渊源的国际性文件与所谓的国际民族法的范畴既相互联系又存在区别。简单说来,国际民族法的研究范围除了国际性文件中具有民族意义的规定之外,还包括对外国民族法制的探究和考察,在范围上要宽于作为民族法渊源的国际法律文件。另外,国际民族法的研究视角集中于域外民族法律制度、思想的研究,而作为民族法渊源的国际性文件从本质上说其着眼点仍是我国民族法律制度的发展与完善。

第二章 民族立法

第一节 民族立法概述

一、民族立法的含义

(一) 民族立法论述

将立法一词作为学术研究过程中的一个概念或范畴加以定义和诠释,是在立法学作为一门独立学科而萌芽生长起来以后的事。当代西方学者有关立法概念的界说主要有两种:一是过程和结果两义说。认为立法既指制定和改变法的一个过程,又指在立法过程中产生的结果,即所制定法的本身。二是活动性质和活动结果两义说。认为立法是制定和变动法,因而有别于司法和行政的活动,同时又是这种活动的结果,而这种结果又和司法决定不同。民族立法也叫民族法律的制定,它是指具有立法权的国家机关依照法定的权限,按照法定的程序,应用一定的技术,制定、认可、修改、补充和废止有关处理民族关系的法律和其他规范性文件的活动。目前我国的法学理论中,对民族立法一词有广义和狭义之分,广义的民族立法指最高国家权力机关和它的常设机关、特定的地方权力机关和它的常设机关,以及特定的国家行政机关等依据法定权限和程序制定、修改、废止有关处理民族关系的法律及其他规范性文件的专门活动。狭义的民族立法仅指国家权力机关及其常设机关,依据法定的权限和程序,制定、修改、废止有关处理民族关系的法律和其他规范性文件的活动。本书探讨的民族立法主要指广义的民族立法。

民族立法作为立法的一种类型,具有立法的共同特征,也有自身的一些特征。民族立法的特征主要表现为:

首先,民族立法是特定主体进行的专门活动。立法是以政权的名义进行的活动,政权机关是由许多不同职能、不同级别、不同层次的专门机关构成的一个体系,不是这个体系中所有的政权机关都享有立法权能,而只能是其中特定的机关才能立法。在我国,民族立法的主体包括国家权力机关,即全国人民代表大会及其常务委员会,也包括省、自治区和直辖市人民代表大会及其常务委员会,设区的市的人民代表大会及其常务委员会,自治地方人民代表大会及其常务委员会;也包括行政机关,即国务院、国务院各部委、省、自治区、直辖市人民政府及设区的市以及自治州的人民政府。

其次,民族立法只能在职权内进行。我国的各类立法主体在职权上不同,因而其制定的民族法律法规在内容、法律地位、适用范围上都有差别。立法职权是由法律规定的,各民族立法主体只能在法定的权限和范围内立法,否则就是越权无效的立法。

再次,民族立法必须遵循一定的法定程序。立法要依据一定的程序进行,现代立法一般要经过立法准备、由法案到法、立法完善各阶段。立法依据一定的程序进行才能保证立法具有科学性、严肃性、权威性和稳定性。民族立法作为一种特殊的立法,法律对民族立法也作了特殊的规定。因此,民族立法除要遵循一般的立法程序外,还要遵循这些特殊的程序规定。

复次,民族立法是应用一定技术进行的活动。立法是一门科学,在现代社会,要使所立的法发挥作用,不能不重视立法技术问题。民族立法技术属于立法技术的范畴,民族立法技术对民族立法制度的完善有着非常重要的作用,它能从技术规则方面促进民族立法成为科学的立法,从而更好地反映立法者的意图。

最后,民族立法是制定、认可、修改、补充和废止有关民族问题的法律和其他规范性文件的活动。立法的主要特征在于它是直接产生和变动法的活动,是一项包括制定法、认可法、修改法、补充法和废止法等一系统活动的系统工程。民族立法也包括了制定、认可、修改、补充和废止等方面和环节。另外,民族立法是关于处理民族关系的法律或规范性文件,这是民族立法区别于其他立法的重要特点,民族法的存在形式可以是独立的法律,如《民族区域自治法》和民族地方制定的自治法规等,也可以是非独立而与其他法律合一的调整民族关系的法律条文,如《宪法》《民法》《刑法》等法律中调整民族关系的法律条文。

(二) 民族立法的现状

立法产生的历史悠久,在国外,早就有了诸如公元前 24 世纪西亚的《萨麦法典》,公元前 22 世纪乌尔第三王朝的《乌尔纳姆法典》,公元前 18 世纪的巴比伦王朝的《汉穆拉比法典》等。在中国,自秦汉以至明清,历代封建王朝都有体系庞大的成文法典。我国自古以来就是一个多民族国家,历史上丰富的法制体系中包括了民族法制,对我国历史上不同的民族立法进行历史考察,有助于我们借鉴历史上不同类型立法制度的经验教训,有助于我们完善现行的民族立法制度,有助于解决我国还存在的各种民族问题。中国的民族问题始终是中国革命和建设的一个重大问题,历来受到中国共产党的高度重视。用法律手段调整我国的民族关系,一直是党和国家处理民族问题的重要手段,通过颁布法律法规和各种规范性文件,保障少数民族在政治、经济、教育、语言文字、风俗习惯、宗教信仰等方面的权利。新中国成立以来,我国的民族立法可以大致分为以下几个阶段:

1949 年至 1952 年,是新中国民族法制的创建阶段。1949 年 9 月,中国人民政治协商会议通过了当时起临时宪法作用的《共同纲领》,把中国共产党的民族政策用法律形式加以固定,标志着新中国民族法制正式起步。这一阶段制定的重要法律法规有:1950 年政务院批准的《培养少数民族干部试行方案》和《筹办中央民族学院试行方案》,1951 年《政务院关于处理带有歧视或侮辱少数民族性质的称谓、地名、碑碣、匾联的指示》和《关于加强少数民族教育工作的指示》等。这些法规虽然是政治运动的产物,但毕竟是以法的形式出现的,表明了社会对民族法制建设的需要,这也是新中国民族法制建立的社会政治基础。这一阶段,国内学界翻译出版了一些苏联民族学、法学教科书。通过这些教科书,我们学习和接受了马克思主义关于民族与法律问题的基本理论。同时期,中央组织大批民族工作干部以及专家、学者进行大规模的民族调查,这些工作为后来的民族识别和正确处理民族问题积累了全面系统的科学资料。在这些材料中,不乏大量民族法学理论研究的原始材料。

　　1952 年至 1956 年,是新中国民族法制的初步发展阶段,也是民族立法工作的一个黄金时期。1952 年,中央人民政府委员会颁布了《中华人民共和国民族区域自治实施纲要》(以下简称《实施纲要》),明确规定了各少数民族聚居的地区应实行民族的区域自治,按照民族聚居的人口多少和区域大小,分别建立各种民族自治机关。这是根据当时的历史条件以及内蒙古自治区等民族自治地方的经验,首次对民族区域自治制度的基本问题作出的比较详细的规定。《实施纲要》的诞生标志着中华人民共和国民族区域自治驶入法制轨道。随之,1954 年共和国第一部《宪法》诞生。《宪法》根据新中国成立以来废除民族压迫制度,建立各民族平等、友爱、互助的关系,民族地区政治、经济和文化事业开始逐步发展的经验,对于民族区域自治,对于少数民族的政治、经济和文化的建设,作出了比《共同纲领》更进一步的规定。这一阶段,还颁布了《政务院关于保障一切散居的少数民族成分享有民族平等权利的决定》等行政法规。

　　1957 年到 1976 年,我国民族立法除了 1957 年至 1958 年有暂时的繁荣以外,留下了一段长长的空白岁月。从 1957 年到 1965 年,我国民族立法经历了一个从暂时繁荣到萧条的变化过程。这一时期,民族立法仍然在进行,除全国人大常委会批准 48 个民族自治地方组织条例外,还通过了《民族自治地方财政管理暂行办法》(已失效)等重要法律。这一阶段民族立法的特点主要是:第一,时间虽长但立法数量不多;第二,内容涉及范围较狭窄。除涉及民族自治地方财政管理的内容外,其他大多是民族自治地方组织条例,并且这些组织条例内容基本雷同。从 1966 年到 1976 年,民族立法工作基本处于停滞状态。

　　从 1977 年至 1978 年,我国民族立法开始从漫长的冬眠中复苏。1978 年《宪法》关于民族区域自治制度的规定比 1975 年《宪法》略有进步,如恢复了1954 年《宪法》有关民族自治地方的自治机关的一些内容,恢复了自治机关制定自治条例和单行条例的自治权。尽管如此,这个时期仍明显地保留有"文化大革命"给民族区域自治制度造成的影响。在这一阶段,基本上没有民族法律、法规问世。

1978年至2011年,是我国民族法制建设的加速发展阶段。十一届三中全会的召开,标志着我国民族立法工作进入了新的发展阶段。该阶段,我国民族立法工作重大发展的显著标志是:

第一,1982年《宪法》继承和发展了1954年《宪法》关于民族问题的基本原则,全面奠定了新时期民族立法的法律基础。1982年第五届全国人民代表大会第五次会议通过了修改《宪法》的决定,对民族区域自治的法制建设作出了原则性的规定。1982年《宪法》恢复和发展了1954年《宪法》中关于民族区域自治制度的重要原则,并根据社会主义建设新时期国家情况的变化,作出了一系列重要的修改和补充,明确规定了民族自治机关多方面的自治权利,充分体现了尊重和保障各少数民族管理本民族内部事务的民主权利的精神。关于民族区域自治制度、民族自治地方的自治机关及其组成、自治机关的自治权、国家对民族自治地方的职权和责任都在这部《宪法》中作了较为全面的规定。

第二,《民族区域自治法》的制定和施行。1984年5月31日,《民族区域自治法(草案)》经第六届全国人大第二次会议审议通过和颁布,并于1984年10月1日起正式施行。《民族区域自治法》是对我国民族区域自治制度实施经验的科学总结,是我国社会主义民族法制建设的一项重要成就,标志着我国民族区域自治制度和民族法制建设进入了一个新的发展阶段,为创立中国特色的民族法律体系奠定了坚实的基础。这部法律规定了民族区域自治的基本原则和基本内容,是实施《宪法》规定的民族区域自治制度的基本法律。它的颁布实施,为各民族真正实行民族区域自治,为民族区域自治制度健康发展提供了法律保证,标志着我国的民族区域自治走上了有法可依、必须依法办事的新阶段。1991年发布《国务院关于进一步贯彻实施〈中华人民共和国民族区域自治法〉若干问题的通知》,指出:建立和发展平等互助、团结合作、共同繁荣的社会主义民族关系,坚持和完善民族区域自治制度,维护祖国统一,增强中华民族的凝聚力,是我们党和国家在民族问题上的基本立场,也是建设中国特色社会主义的一项重要原则。在新的形势下,按照实现社会主义现代化建设的第二步战略目标的要求,民族地区要继续贯彻自力更生、艰苦奋斗、勤俭办一切事业的方针,发挥资源优势,增强自我发展能力。国家要大力支援、帮助民族地区加速发展经济文化事业,逐步改变其相对落后的状况,使之与全国的经济和社会发展相适应,促进各地区的协调发展和各民族的共同繁荣。1993年,国务院批准发布实施《民族乡行政工作条例》《城市民族工作条例》,这对于调整我国城市民族关系、加强散杂居地区民族工作具有很好的规范性作用,为散杂居民族工作提供了可靠的法律依据,使我国的散杂居民族工作取得突破性进展。我国在协调民族关系、加强民族工作法治化建设方面不断取得新的进展。党中央、国务院及有关部门多次发布文件和颁布法规，妥善地处理了民族关系方面的一些新问题。在 1997 年修订通过的新《刑法》中，关于民族、宗教方面在原有的基础上又增加了新的内容，以法制手段调整民族关系，充分维护少数民族的正当权益。我国在《宪法》规定了民族区域自治制度，专门颁布了《民族区域自治法》基础上，还加强了民族区域自治配套法制建设。

第三，国务院及其各部门高度重视《民族区域自治法》的实施。国务院从 2000 年开始，陆续将 155 个民族自治地方都纳入了西部大开发范围或比照西部大开发政策予以扶持；2005 年出台了《实施〈中华人民共和国民族区域自治法〉若干规定》。2008 年起，陆续量身定制了进一步促进宁夏、广西、新疆、云南、内蒙古、贵州，以及青海等省藏区经济社会发展的政策文件。此外，还通过制定"十二五"规划纲要、少数民族事业"十二五"规划、扶持人口较少民族发展规划、兴边富民行动规划等一批规划纲要，将上级国家机关对民族地区的法定帮扶职责加以具体落实。① 在全国人民代表大会及其常委会制定的法律中，有 80 多件法律对民族问题作出了规定，还有一些法律中有专门条款授权民族自治地方可以作出"变通规定"。各民族自治地方也制定和颁布了一些自治条例、单行条例和变通法规以及补充规定。从地方立法来看，由于立法主体范围的扩大，各个行政层级的立法出现井喷现象。其中对民族区域自治法律法规的实施性立法较为集中，有 13 个省市发布了实施《民族区域自治法》若干规定，14 个省市发布了散居少数民族工作条例（民族乡工作条例或城市民族工作条例），还有一些省市发布了清真食品管理条例或规定。截至 2011 年，民族自治地方共制定自治条例 139 个，单行条例 777 个，对法律和行政法规的规定作出变通和补充有 75 件。② 总体而言，这一阶段的民族立法呈现出"数量多、层次多、部门多、形式齐"的特点。③

2012 年至今，是我国民族法制建设的创新发展时期。党的十八届四中全会就"全面推进依法治国"进行战略部署，并将"坚持和完善民族区域自治制度"作为"推进社会主义民主政治法治化"的重要保障之一，从而将中国的民族法制建设推进到新的历史阶段。

2015 年 3 月修改的《立法法》赋予设区的市地方立法权，自治州的人大和政府可以行使地方性法规和政府规章的制定权。这不仅意味着民族自治州可以享

---

① 《全国人民代表大会常务委员会执法检查组关于检查〈中华人民共和国民族区域自治法〉实施情况的报告》，载中国人大网，http://www.npc.gov.cn/wxzl/gongbao/2016-02/26/content_1987063.htm。

② 《中国的民族区域自治制度》，载中华人民共和国中央人民政府网站，http://www.gov.cn/test/2012-06/20/content_2165897.htm。

③ 参见吴宗金、张晓辉主编：《中国民族法学》（第 2 版），法律出版社 2004 年版，第 112 页。

有地方立法权,也为城市少数民族权益保障以及城市民族行政建构(如民族镇、城市民族区)和社会结构(如城市多民族互嵌型社区等)的建设和完善提供充足的法治空间。2015 年 6 月,国家民委、公安部联合发布《中国公民民族成份登记管理办法》,这是我国第一个专门规范公民民族成份登记管理的部门规章,是民族事务法治化取得的新成果。其他民族方面的部门规章和规范性文件也大量出台,民族事务治理体系日益完善,治理能力日益提高。2018 年 3 月 11 日通过的《宪法修正案》更将“实现中华民族伟大复兴”写入《宪法》,为新时代维护祖国统一、促进民族团结、铸牢中华民族共同体意识提供宪法依据。随着民族法律法规体系的形成,民族立法要既重视重点领域立法,更强调法律法规清理工作,这是维护社会主义法制体系科学、统一、和谐的内在要求。这一阶段的地方立法集中在民族团结、社会治理、经济建设、生态保护、民生事业等重点领域,努力实现立法工作与党委重大决策相适应、与改革决策相衔接。

截至 2015 年年底,现行法律法规中,共有 115 件法律、47 件行政法规涉及民族问题规定,民族自治地方共制定和修改自治条例 262 件,现行有效的 139 件;制定单行条例 912 件,现行有效的 698 件。① 截至目前,全国有 15 个省市制定了实施《民族区域自治法》的地方性法规或政府规章,15 个省市制定了民族工作条例(办法、若干规定、散居少数民族工作条例),16 个省市制定了(散居)少数民族权益保障条例。2015 年《立法法》修改以来,自治州出台地方性法规 13 件,涉及城乡建设与管理、环境保护、历史文化保护等内容。民族法律法规体系进一步完善。

(三) 民族立法的作用

论及立法的必要性、任务和作用,许多思想家、政治家和法学家将其同理性、正义、善德、人权、治国和维护社会秩序等相联系起来,并作了深入的论述。民族立法作为立法制度的重要内容,其作用根据不同的标准可以作不同的划分,而根据民族立法理论,民族立法具有社会作用和规范作用。

第一,民族立法的社会作用。首先,确立和巩固统治阶级的统治。在阶级对立的社会中,阶级矛盾和冲突是社会中最大和最深刻的冲突,这种矛盾和冲突是一般道德和习惯不能解决的。任何一个阶级掌握国家政权之后,都要靠立法来给予确立和巩固,通过法律来调整统治阶级与被统治阶级、统治阶级内部、统治阶级与同盟者之间的关系以维护统治阶级的统治。民族立法作为整个立法体制中的一部分,也要充分反映统治阶级的民族思想、民族政策,通过民族法制的形

① 《全国人民代表大会常务委员会执法检查组关于检查〈中华人民共和国民族区域自治法〉实施情况的报告》,载中国人大网,http://www.npc.gov.cn/npc/c12491/201512/e2e20c3d6b7549c38711d3eeff5713fc.shtml。

式来维护民族关系,巩固阶级统治。其次,管理民族地区公共事务。公共事务是指由一切社会的性质所决定的具有普遍社会意义的事务,比如兴修水利、保护环境等。这些事务是因为社会存在而存在的,管理这些事务是任何社会都需要而不是某一阶级的特别需要。随着社会的发展,法律在管理公共事务方面的作用越来越重要,在现代国家,立法者总是通过法律的创制来实现对公共事务的管理。因民族地区的特殊性和复杂性,民族公共事务的管理更需要民族立法来给予保护。

第二,民族立法的规范作用。法律作为一种行为规范,是通过人的行为和影响社会关系发生作用的,它除了确立和巩固阶级统治、管理公共事务外,还具有规范作用。首先,指引和预测作用。指引是指民族立法通过对民族权利和民族义务的规定,提供人们社会活动的行为模式,引导人们在社会生活中作出或者不作出一定的行为。通过法律提供的行为模式,人们可以预测社会活动中相互间的行为及法律后果,由此可以对行为作出合理的安排。其次,评价和教育作用。民族立法为人们的行为提供了评价的标准,根据法律的规定,人们能够评价行为的性质和意义,评价该行为是合法还是违法、是否具有法律效力等。同时,通过立法形式把处理民族问题的价值取向和各种标准固定为行为模式,使人们了解和接受,并培养人们的行为习惯,达到教育的目的。最后,制裁和约束作用。民族立法具有权威性、严肃性和有效性,这种权威性、严肃性和有效性来源于民族立法,是按照执政阶级的利益和要求进行的,违反民族立法的行为将会受到相应的制裁。

二、民族立法的基本原则

立法基本原则是立法主体据以进行立法活动的重要准绳,是立法指导思想在立法实践中的重要体现,是贯穿于整个立法活动的基本准绳。坚持立法原则,有助于使立法在经过选择的思想理论指导下沿着立法主体确定的方向或代表的基本倾向发展,有助于立法主体既注重从大局上把握立法,将整个立法作为一盘棋来运作,又注重集中地、突出地、强调地体现立法主体的某些意志,有助于立法主体统一立法的主旨和精神,使各种立法活动以及立法与其调整对象之间,有一种一以贯之的精神品格在发挥作用,也有助于实现立法的科学化,使立法活动按规律进行。① 民族立法作为国家立法的重要组成部分,必须坚持和遵守《立法法》规定的基本原则,与其他立法相比既有共同的基本原则,也有基于民族问题的特点而独有的原则。概而言之,民族立法应该遵循如下一些基本原则:

---

① 参见彭谦:《中国民族立法制度研究》,中央民族大学出版社 2008 年版,第 15 页。

（一）民族立法的法治原则

在依法治国、建设社会主义法治国家的进程中，首先面临的问题就是立法的法治化问题。民族立法应当在法治的意义上来展开，必须要做到民族立法的法治化。第一，权限的法治化。民族立法作为国家特定机关职权内的专门活动，宏观上要民主、科学地划分各立法主体的立法权限，即各立法主体能立哪些法、这些法的地位如何等，并使之法制化；微观上要求法案的提案权、审议权、表决权和法律的公布权的归属和界限应由法律明确规定，清楚可行，具有可操作性。第二，内容的法治化。立法内容的合法性首先体现为立法内容的合宪性，《宪法》是民族立法的最高依据，民族立法要符合《宪法》的精神和依据，不能违反《宪法》的规定或与之相抵触。民族立法内容的合法性还要求立法内容的统一，在等级有序的立法体系中，不同位阶的立法应该保持协调一致，低位的法不能与高位的法律相抵触，位阶相同的不同立法之间不要相互冲突。因民族立法的复杂性、敏感性，在民族立法中尤其要坚持立法的内容合法，处理好各种法律法规之间的关系，真正做到立法的协调和统一。第三，程序的法定性。在整个民族立法的过程中应当坚持法定的立法程序，严格按照法律规定的程序进行，避免各种人为因素影响立法。

（二）民族立法的民主原则

在现代国家和现代社会，立法应该坚持民主原则，是各国立法的共同之处。在我国，坚持民族立法的民主原则，是实现人民主权的需要，是反映人民意志和客观规律的需要，是对立法实行有效监督、制约和实现民族平等的需要。坚持民族立法的民主原则，要求做到：第一，立法主体的广泛性，即各族人民是立法的主人，立法权在本质上属于各族人民，由各族人民来行使。第二，立法内容的民主性。民族立法要以维护各族人民的利益为根本宗旨，确认和保障各族人民的权利。第三，立法活动的过程和立法程序的民主性。民族立法要走群众路线，采取各种有效方式发动群众，让群众知晓立法、参与立法，发挥各族人民群众的积极性和聪明才智，从而提高立法的质量。

（三）民族立法的科学性原则

习近平法治思想"十一个坚持"之一是坚持全面推进科学立法、严格执法、公正司法、全民守法。科学立法是一国法律体系是否完善的价值判断标准之一。现代立法应该是科学立法，坚持科学立法，有利于克服立法中的主观随意性和盲目性，有利于提高立法的质量和良法的出台，增强法的有效性和实用性。因此，对科学立法科学性的构成要件、科学立法科学性的阻滞因素、科学立法科学性的实现路径等需要作出较为系统的探讨。民族立法必须坚持科学性，也就是：首先，观念上把民族立法作为一门科学来看待。要加强民族立法的理论研究，用科学的观念来影响、指导立法，对立法实践中出现的问题和经验教训，要以科学解答并进行理论总结。其次,建立科学的立法体制。民族立法权限的划分、立法主体的设置、立法的运行模式等要符合立法的发展规律、符合国情和民族地区实际发展需要,做到合适、合理、完善。最后,注重立法技术。既要处理好从民族地区实际出发和坚持民族立法理论指导之间的关系,又要处理好民族立法的实用性、稳定性与超前性的关系,科学合理地确定民族立法的指标、立法形式、立法内容及法案起草等内容,做到所立的法协调统一、具有可操作性。

(四) 民族立法的实事求是原则

马克思指出:"立法者应该把自己看作一个自然科学家。他不是在创造法律,不是在发明法律,而仅仅是在表述法律,他用有意识的实在法把精神关系的内在规律表现出来。如果一个立法者用自己的臆想来代替事情的本质,那么人们就应该责备他极端任性。"[1]"无论是政治的立法或市民的立法,都只是表明和记载经济关系的要求而已。"[2]不管是民族自治地方的民族立法,还是其他民族立法主体有关民族问题的立法,都要坚持从民族的实际和民族地方的实际出发,以客观实际为依据,适应客观实际需要。民族立法坚持从实际出发,尤其应该做到:第一,客观反映民族地区的发展现状。要加强对民族地区的过去、现在、未来的发展进行研究,认真总结过去,研究现在,预测未来,通过对民族地区的客观分析,从中找出规律性并反映在法律中,以规范各民族公民的行为,规范民族地区的公共秩序,促进民族地区的发展。第二,重视民族地区发展的特殊性。民族立法是中国立法制度的重要组成部分,必须能动地反映和适应民族及民族地区的政治、经济、社会、文化的发展状况,反映民族地区风俗习惯和民族关系以及民族心理的特点,使立法能够依据民族地区的实际发展现状作出,促进民族地区的社会治理能力和经济发展。

(五) 民族立法的重视民族特殊性原则

民族的特殊性(内在)价值是民族意识和情感的根源。组成民族意识的种族文化、语言、宗教及哲学思想构成是民族的内在价值。民族的内在价值提供民族同胞特殊的团结情感和义务,引导民族国家政策向着有助于人民幸福、同胞之间的协作和关怀、公共美德等价值的形成,重视民族特殊性既是民族精神发挥作用的体现,也是民族精神内化的必然要求。[3] 之所以提出该原则,主要目的是强调民族特殊性在民族法制工作中的重要性。对于重视民族特殊性原则的内涵,可从认识论和实践论两个角度进行解读。

第一,从认识论的角度而言,该原则的要点有二。其一,理解民族特殊性的

---

① 《马克思恩格斯全集》(第 1 卷),人民出版社 1995 年版,第 347 页。
② 《马克思恩格斯全集》(第 4 卷),人民出版社 1958 年版,第 121—122 页。
③ 李春桦:《中华民族共同体的民族价值探析》,载《云南民族大学学报(哲学社会科学版)》2019 年第 5 期。

前提是对民族平等的深刻把握,亦即民族的特殊性与民族之间不平等绝无实质的关联。民族特殊性原则强调的是在民族平等的前提下对于不同民族不同特点所产生的客观认识,并不能为民族不平等提供任何意义上的参照。其二,理解民族特殊性的关键是对民族之间差异的认知。这种差异可能体现在政治、经济、生活、传统风俗文化、社会发展程度等诸多方面,而且差异的程度各有不同。第二,从实践论的角度而言,其要点亦有二。其一,重视民族特殊性就是要促成民族间的形式平等向实质平等的转化。换言之,民族特殊性的客观存在是对发展条件相对较差的少数民族进行合理差别对待(或曰"重点帮扶")以实现其同其他民族在实质上平等或者向实质平等的转变的过程。其二,重视民族特殊性就是要注重法律制度的普遍性和实施环境的特殊性之间的有机结合。全国通行的民族法律制度不可能完全适用于国家每一个角落,因此在具体操作上要求民族法律从制定到实施最终实现的过程必须因地制宜,考虑适用地区的特殊因素,确保其在每个地方都能体现出最大的适用性。[1]

三、民族立法的权限

民族立法权限主要指立法主体行使民族立法职权的法定范围和限制,包括对民族法律立、改、废等一系列专门活动的限制。在多民族国家中,民族立法是处理民族关系的一项重要活动,国家依照各民族的意志和各民族的特点,通过立法将各民族的共同利益和少数民族的特殊利益,按照法定的程序上升为国家意志,制定为法律。根据我国"一元两级多层次"的立法体制,民族立法权限是在中央和地方两级进行配置的,并由相应的机关分别行使。"一元"是指调整民族关系的基本法律和其他法律,统一由全国人民代表大会及其常委会制定、修改、补充、解释和废止,其他国家机关没有这个权力。"两级"是指中央和地方两级国家机关,有权根据宪法和法律制定调整民族关系的法律、法规和规章。"多层次"是指全国人大及其常委会、国务院、国家各部委、省、自治区、直辖市的人大及其常委会和人民政府,设区的市和自治州的人民代表大会及其常委会、人民政府,以及自治县的人大,都有权根据宪法和法律,在各自权限内制定调整民族关系的法律和法规。我国《宪法》《立法法》及各级组织法均对各立法主体的立法权限进行了明确的规定。

根据我国《宪法》《立法法》及相关法律的规定,我国的民族立法主体有:全国人大及其常委会,国务院,国家各部委,省、自治区、直辖市的人大及其常委会和人民政府,设区的市和自治州的人民代表大会及其常委会、人民政府,以及自治县的人大。各立法主体因其立法地位的不同,也享有不同的立法权限。民族

---

① 冯广林、熊文钊:《论民族立法的基本原则》,载《广西社会主义学院学报》2011 年第 4 期。

立法权限的关系包括中央民族立法主体与地方立法主体权限之间的关系,中央各民族立法主体相互之间立法权限的关系,地方各民族立法主体立法权限之间的相互关系,以及各民族立法主体立法权限相互之间的关系等,虽然各民族主体的立法权限是由法律明确规定的,但因各立法主体地位的不一样,他们之间的关系显得相当复杂。现择其要者而述之。

第一,民族自治地方立法权与一般地方立法权的关系。首先,享有立法权的主体不同。自治区和自治州既享有民族区域自治立法权,又享有一般地方的立法权,自治县的立法主体仅为人民代表大会,而享有一般地方立法权的主体是省、自治区、直辖市人民代表大会及其常委会,设区的市和自治州的人民代表大会及其常委会,省、自治区、直辖市人民政府,设区的市和自治州的人民政府也有权制定地方政府规章。其次,权限范围不同。一般地方性法规的制定,应在法律规定的权限范围内,根据本行政区域的具体情况和实际需要,遵循不同宪法、法律、行政法规相抵触的原则,地方性法规不能变通法律和行政法规的规定。而自治立法权中的自治条例和单行条例却可以根据当地民族的特点,对法律和行政法规的规定作出变通规定,即在某些情况下可以同法律或者行政法的规定不一致。因此,自治条例和单行条例的权限范围要大于一般地方性法规的权限。①

第二,民族自治地方立法权与经济特区立法权的关系。《立法法》第74条规定:"经济特区所在地的省、市的人民代表大会及其常务委员会根据全国人民代表大会的授权决定,制定法规,在经济特区范围内实施。"因此,经济特区也有相应的立法权。根据《立法法》第75条第2款的规定:"自治条例和单行条例可以依照当地民族的特点,对法律和行政法规的规定作出变通规定,但不得违背法律或者行政法规的基本原则,不得对宪法和民族区域自治法的规定以及其他有关法律、行政法规专门就民族自治地方所作的规定作出变通规定。"其第90条第2款规定:"经济特区法规根据授权对法律、行政法规、地方性法规作变通规定的,在本经济特区适用经济特区法规的规定。"两者的区别主要在于:首先,立法的法律依据和性质不同。民族自治地方立法中除变通规定和补充规定属于授权立法外,自治条例和单行条例立法权则来源于《宪法》《民族区域自治法》的明确规定,属于职权立法的范畴。而经济特区立法的法律根据则是全国人大的授权决定,属于授权立法,具有从属性、受限制性、随机性和临时性。② 其次,立法的目的和范围不同。民族自治地方的立法目的主要是保证民族区域自治机关行

① 参见黄喆:《地方立法设定行政处罚的权限困境与出路》,载《政治与法律》2019年第7期。
② 康耀坤等:《中国民族自治地方立法研究》,民族出版社2007年版,第95页。

使自治权,体现的是《宪法》规定的"各民族一律平等"原则。① 民族自治地方的立法范围包括了当地民族的政治、经济、文化和其他社会生活的方方面面,而且还可以结合当地民族的实际情况作出变通规定。而"授权经济特区制定法规的范围就应当限于特区经济体制改革和对外开放的事项。全国人大及其常委会对几个经济特区的授权范围,都允许经济特区所在地的市的权力机关根据具体情况和实际需要制定经济特区法规。具体情况和实际需要是指经济特区内的具体情况和实际需要。经济特区法规的内容是把国家给经济特区的特殊政策具体化,在经济体制改革和对外开放方面制定具体的措施和办法。而经济特区的其他事项,如有关城市管理的事项,就不属于授权的范围。"②因此,两者的不同是显而易见的。

四、民族立法的程序

民族立法程序,是指有民族立法权的机关在制定、认可、修改、补充和废止法的活动中所应遵循的法定的步骤和方法。我国《宪法》《民族区域自治法》《立法法》和有关机关工作程序的规范性文件中,对法律的拟定、提出、审议、讨论、表决、批准、备案、公布的具体规定和原则,均适用于民族立法。特别是2000年3月15日第九届全国人民代表大会第三次会议通过颁布的《立法法》,对立法权限的划分和立法程序作出了统一而具体的规定,根据《立法法》的规定和民族立法的实践,民族立法程序由于立法机关的不同和立法内容的不同,分为一般的立法程序和特殊的立法程序,现分述之:

（一）一般的民族立法程序

民族立法的一般程序即为立法的共同程序。我国民族立法的一般程序,大体上可以分为以下几个阶段:

第一,民族立法案的提出。这是指被授予专门权限的机构和人员向立法机关提出民族法律、法规草案,使草案列入议事日程,成为立法机关讨论的对象。按照我国法律的规定,涉及民族问题的宪法修改议案,由全国人民代表大会常务委员会或者1/5以上的全国人民代表大会的代表提出;国家基本法律的法律案,可由全国人民代表大会主席团、常委会、国务院、中央军委、最高人民法院、最高人民检察院、全国人民代表大会各专门委员会,以及全国人民代表大会一个代表团或者30名以上的代表联名提出。

第二,民族立法案的审议。这是指立法机关对列入议事日程的法律、法规草

---

① 潘红祥:《论民族自治地方自治立法权和地方立法权的科学界分》,载《法学评论》2019年第3期。

② 参见乔晓阳主编:《立法法讲话》,中国民主法制出版社2000版,第95页。

案进行正式的审查和讨论。根据《立法法》的规定，民族立法案的审议主要包括五种情形：一是分组审议，即由全国人民代表大会各代表团或者全国人民代表大会常务委员会的委员分组对法律案进行审议。二是由专门委员会审议，即由有关专门委员会对列入全国人民代表大会会议议程的法律案进行审议，再向主席团提出审议意见，并印发会议。三是统一审议制，即全国人民代表大会法律委员会负责对列入全国人民代表大会或者常务委员会会议议程的法律案进行统一审议，并提出审议结果报告和法律草案修改稿。四是联组审议制，即全国人民代表大会或者常务委员会在审议法律案时，主席团常务主席可以根据需要召开各代表团团长会议或者各代表团推选的有关代表会议，常务委员可以召开联组会议或者全体会议，就法律案的相关内容进行讨论。五是三次审议制，即列入全国人民代表大会常务委员会会议议程的法律案，一般应经过三次常委会讨论后再交付表决。地方性法规和自治条例、单行条例的立法审议程序一般由地方立法或自治条例予以规定。

第三，民族立法案的表决和通过。这是指立法机关对法律草案表示正式同意，从而使法律草案变成法律。根据我国法律的规定，《宪法》的修改需经全国人民代表大会全体代表 2/3 以上多数的通过；基本法律由全国人民代表大会全体代表的过半数通过；其他法律由全国人民代表大会常务委员会全体组成人员的过半数通过；地方性法规的制定、修改、废止由地方人民代表大会全体代表的过半数通过或者同级地方人民代表大会常务委员会全体组成人员的过半数通过。民族立法案根据立法内容和立法性质的不同，表决的形式也会不同。

第四，民族法律法规的公布。指立法机关在专门刊物上，将通过的法律法规给予正式的公布。民族法律法规根据不同的法律权限和规定，其公布有不同的做法。属于宪法和法律的，由中华人民共和国国家主席予以公布；行政法规由国务院公布；部门规章由部门首长签署命令予以公布；地方性法规和自治法规由制定机构，即地方人民代表大会主席团或常委会予以公布；地方政府规章由省长、自治区主席、市长签署命令予以公布。必须在立法机关的刊物或在指定的其他刊物上按照法定程序予以正式的公布。

（二）特殊的民族立法程序

民族立法除必须遵循上面提到的民族立法案的提出、民族立法案的审议、民族立法案的表决和通过、民族法律法规的公布程序外，地方民族立法还必须有批准和备案程序。特殊的民族立法程序属于国家立法程序的范畴，实践中因地方民族立法主体不同、民族立法的形式（自治条例和单行条例）不同，其批准和备案的程序也不相同，在下面相应的章节中我们将分别予以探讨。

五、民族立法的技术

《全国人大常委会 2021 年度立法工作计划》将"自觉遵循立法技术规范,讲好法言法语"作为全面推进科学立法、民主立法、依法立法的基本要求之一。讲好法言法语,规范运用立法语言,是提高立法质量的必要前提。立法技术与立法原理、立法制度是立法学的重要组成部分,也是立法理论研究的重要内容。关于立法技术的定义,学术界还没有完全一致的意见,主要存在广义活动和狭义细则说、制定和表述说、法律结构说、过程说、有关规则说、方法和技巧等诸说①,而目前较多地认为立法技术是立法活动中所遵循的用以促使立法臻于科学化的方法和操作技巧的总称。② 根据这一定义,立法技术具有如下特征:第一,立法技术是一种方法和操作技巧。立法技术不同于立法,也不同于立法制度,而是兼具两者某些特征的一个概念、一种事物。第二,立法技术是立法活动中所遵循的方法和技巧。立法技术产生于立法实践,服务于实践,但又有相对的独立性。第三,立法技术是用以促使立法臻于科学化的一种方法和操作技巧。立法技术的功能在于尽可能地使立法既能达到立法者或执政者满意,又能尽可能地符合立法的客观规律。立法技术可以从不同的角度进行分类,主要有:(1)宏观的立法技术、中观的立法技术、微观的立法技术。宏观立法技术是指立法的一般方法或原则;微观的立法技术指立法活动中具体的操作技巧和方法;中观的立法技术指具体程度介于两者之间的立法技术。(2)纵向的立法技术、横向立法技术。纵向立法技术即把立法看作一个活动过程,在这个过程的各个阶段及各个阶段的具体步骤上,立法所遵循的方法和技巧;横向立法技术即从平面的角度观察立法,这种立法所应遵循的方法和技巧。(3)立法活动运筹技术、法的结构运营技术。当然,它们之间存在交叉重叠的关系,不是截然分开的。③

民族立法的技术即为民族立法中所要遵循的立法技术,它既有立法技术的一般特征,也要遵循一般立法技术的规律。民族立法较其他立法来说是一个新项目,基础较为薄弱,立法的技术也较为粗糙,加强民族立法技术的研究,深入把握民族立法技术的规律,对提高民族法律的科学性具有重要的意义。④

---

① 参见彭谦:《中国民族立法制度研究》,中央民族大学出版社 2008 年版,第 182 页。
② 周旺生:《立法学教程》,北京大学出版社 2006 年版,第 403 页。
③ 同上书,第 404 页。
④ 吴宗金主编:《中国民族区域自治法学》(第 3 版),法律出版社 2016 年版,第 32 页。

第二节　民族自治地方立法

一、民族自治地方立法概述

对民族自治地方立法这一概念的含义,目前我国立法界、民族法学界存在两种理解:一是把民族自治地方制定自治法规称为民族自治地方立法,即狭义说①;二是指民族自治地方凡是有立法权的国家机关,依照各自的立法权限,按照一定的立法程序制定法律的活动,即广义说。② 广义上的民族自治地方立法不仅包括民族自治地方制定自治法规,还包括省、自治区、直辖市、设区的市以及自治州制定地方性法规和政府规章的行为。狭义说即民族自治地方立法,是指民族自治地方的自治机关根据宪法和法律的规定,依照当地民族的政治、经济和文化的特点,通过一定程序制定、修改和废止自治条例、单行条例、变通规定和补充规定等自治法规活动的总称,由此,狭义的民族自治地方立法具有如下一些特征③:一是地方性。民族自治地方立法的立法主体只能是实施民族区域自治的各级地方权力机关,立法的内容是适应地方的实际情况,为解决地方事务而制定的,效力只限于本行政区域。二是民族性。我国的民族区域自治是解决国内民族问题的基本政治制度,民族自治地方立法制度是民族区域自治制度的重要组成部分。三是民族自治地方立法具有从属与自主两重性。四是民族自治地方立法有特定的表现形式。五是民族自治地方立法权是特定的立法权。六是民族自治地方立法具有优先适用的效力。民族自治地方立法是我国立法的一个重要组成部分,它对健全我国法律体系、保证社会和政治稳定、促进经济和社会发展都具有积极的作用。

二、民族自治地方立法的形式

(一) 自治条例

自治条例是民族自治地方的人民代表大会根据《宪法》《立法法》和《民族区域自治法》,依照当地民族的政治、经济和文化的特点,按照一定的程序制定的,调整民族自治地方基本社会关系的综合性自治法规。自治条例是《宪法》有关民族区域自治制度和《民族区域自治法》的民族化与区域化相结合的法律规范性文件。自治条例是构成我国法律体系的重要组成部分,制定自治条例是宪法

---

① 参见敖俊德:《民族自治地方立法问题》,载吴大华主编:《民族法学讲座》,民族出版社1997年版,第55页。

② 陈绍凡:《我国民族自治地方立法若干问题新探》,载《民族研究》2005年第1期。

③ 康耀坤等:《中国民族自治地方立法研究》,民族出版社2007年版,第2—9页。

赋予民族自治地方自治机关的一项法定权力,是构成民族区域自治机关自治权的重要内容。

（二）单行条例

单行条例是指民族自治地方的人民代表大会根据《宪法》《民族区域自治法》和《立法法》,依照当地民族的政治、经济、文化的特点制定的,用以调整民族自治地方内某一方面社会关系的自治法规。单行条例是调整民族自治地方内某一方面社会关系的自治法规,根据其调整社会关系具体方面的标准,可分为国家机构组织与活动、刑事、民事、婚姻家庭、自然资源管理等单行条例。单行条例具有既是民族立法的重要组成部分,也是《民族区域自治法》的配套立法——"金字塔"形配套立法模式系统的子系统的双重性。①

（三）变通或补充规定

首先,变通、补充规定的概念。变通规定是指民族自治地方享有立法权的机关,根据《宪法》《民族区域自治法》和其他法律的授权和当地民族的特点,以变通规定的形式,保证国家法律在本地区正确贯彻实施的一种地方性民族自治法规。补充规定是指民族自治地方享有立法权的机构,根据《宪法》《民族区域自治法》和其他法律的授权与当地民族的特点,以补充规定的形式,保证国家法律在本地区正确贯彻实施的一种地方性民族自治立法。民族自治地方享有变通规定、补充规定的权力来源于《宪法》《民族区域自治法》《立法法》及专门的部门法的授权。补充规定和变通规定在我国大部分时候是混在一起并用的,在规定变通的时候也往往作补充的内容,因此有学者称之为"变通补充法律自治权"。②也有学者根据《立法法》第75条第2款的规定:"自治条例和单行条例可以依照当地民族的特点,对法律和行政法规的规定作出变通规定,但不得违背法律或者行政法规的基本原则,不得对宪法和民族区域自治法的规定以及其他有关法律、行政法规专门就民族自治地方所作的规定作出变通规定。"认为应将"变通补充法律制度"改为"变通法律制度"。③考虑到我国各部门法的授权立法中较多地使用"变通规定和补充规定"这一字眼,这里还是继续使用变通规定和补充规定这一概念。

其次,变通、补充规定的依据。变通、补充规定,具有法律依据,也有事实依据。从法律依据看,我国《宪法》第116条明确规定了民族自治地方的自治机关享有立法自治权,《立法法》第75条第2款规定:"自治条例和单行条例可以依照当地民族的特点,对法律和行政法规的规定作出变通规定……"。此外,《刑

---

① 张文山:《突破传统思维的瓶颈——民族区域自治法配套立法问题研究》,法律出版社2007年版,第101—103页。

② 参见宋才发主编:《民族区域自治法通论》,民族出版社2003年版,第145页。

③ 参见吴宗金、张晓辉主编:《中国民族法学》（第2版）,法律出版社2004年版,第392页。

法》《民法典》《民事诉讼法》等部门法也对民族自治地方的变通和补充规定进行了授权。民族地方政治、经济、文化的特点,是民族自治地方变通、补充规定的客观依据。当然,变通不是任意不受限制的,为了维护国家法制的统一,以下领域是不能作出变通规定的:(1) 不能对《宪法》作出变通性规定;(2) 不能对法律和行政法规的基本原则进行变通;(3) 不得对《民族区域自治法》进行变通;(4) 不得对其他有关法律、行政法规专门就民族自治地方所作的规定进行变通规定。

最后,变通、补充规定与自治条例、单行条例的关系。变通、补充规定与自治条例、单行条例都是民族自治地方立法权的主要内容,他们既有共性,也有各自的特殊性。其相同之处主要体现为:第一,部分制定主体相同。民族自治地方人大有权制定自治条例和单行条例,一些部门也授权民族自治地方人大制定变通、补充规定。第二,制定的客观依据相同,都是民族地区的政治、经济、文化特点。第三,制定的目的相同,都是为了保证国家法律、行政法规、地方性法规在民族地区得到更好的执行。其不同之处主要体现在:第一,制定机关不完全相同。自治条例、单行条例的制定机关目前只限定为自治地方的人民代表大会,其常委会均无权制定。变通、补充规定的制定机关主要看部门法的授权情况,有四种情形:一是民族自治地方人民代表大会有制定权。有授权规定的法律有《民法典》《民事诉讼法》《妇女权益保障法》《老年人权益保障法》。二是只规定自治区人民代表大会有制定权。如《刑法》第90条的规定。三是规定了民族自治地方自治机关享有制定权,我国中央与地方政府的税收优惠分权方面,根据当前分税制的财政管理体制,对于中央税以及中央与地方共享税的中央享有部分,税收优惠制定权由中央统一立法规定,赋予地方政府有限度的税率、税基等税收基本要素的调整权。而对于地方税种,则地方政府尤其是省级政府享有充分的税收优惠制定权。如《中华人民共和国企业所得税法》(以下简称《企业所得税法》)第29条规定的税收优惠制定权。四是只规定自治区人大常委会有制定权,如《全民所有制工业企业法》。第二,制定的程序不完全相同。自治区制定的自治条例、单行条例必须报全国人民代表大会常务委员会批准,自治州、自治县的自治条例和单行条例报省、自治区、直辖市人民代表大会常务委员会批准后生效,并报全国人民代表大会常务委员会和国务院备案。而变通、补充规定的制定程序相对比较复杂,具体有以下几种情况:一是必须要报全国人民代表大会常务委员会批准后生效,如《中华人民共和国妇女权益保障法》(以下简称《妇女权益保障法》)第60条规定,自治区的规定,报全国人民代表大会常务委员会批准后生效。二是批准生效加备案,如《妇女权益保障法》第60条规定,自治州、自治县的规定,报省、自治区、直辖市人民代表大会常务委员会批准后生效,并报全国人民代表大会常务委员会备案。三是没有明确关于报批和备案程序的,如《中华人民共和国老年人权益保障法》(以下简称《老年人权益保障法》)第83条的规定。第三，制定的目的不完全相同。制定变通、补充规定的具体目的是保证某一个法律在民族自治地方的遵守和执行，所以变通具有针对性。而自治条例、单行条例的制定目的是依法行使自治权，自主管理本地区内部事务，自治机关行使自治权能够密切结合本民族、本地区的特点，把少数民族的特殊利益与国家的整体利益协调起来，充分发挥各民族、各地区的特长和优势，调动各族人民参加国家建设的积极性、创造性，以利于促进社会主义现代化事业蓬勃发展。

三、自治条例和单行条例的制定程序

（一）自治条例和单行条例议案的提出

《立法法》第77条第1款规定："地方性法规案、自治条例和单行条例案的提出、审议和表决程序，根据《中华人民共和国地方各级人民代表大会和地方各级人民政府组织法》，参照本法第二章第二节、第三节、第五节的规定，由本级人民代表大会规定。"根据国家法律和民族自治地方有关制定自治条例和单行条例的规范性文件，以及民族自治地方行使立法自治权的实践，制定自治条例和单行条例的程序首先要由有提出议案权的主体，向自治地方的人大或常委会提出属于其职权范围内的议案。提出议案的主体可以是一定数量的自治地方人大代表、常委会委员，或者自治地方人大常委会、人民政府等国家机关。

（二）自治条例和单行条例草案的审议

立法机关对列入议事日程的自治条例和单行条例草案进行正式的审查和讨论，条例的正式审议应在民族自治地方召开的人民代表大会的会议上进行，在立法实践中有些单行条例是由民族自治地方的人大常委会审议通过的。但是，自治条例必须要由民族自治地方的人民代表大会进行审议。如《内蒙古自治区人民代表大会议事规则》第24条规定，列入会议议程的自治条例、单行条例，大会全体会议听取说明后，由各代表团审议。法规审查委员会根据各代表团的审查意见进行审查修改，提出审议结果的报告和草案修改稿，经主席团通过后印发会议，并将修改后的自治条例、单行条例和地方性法规提交大会全体会议表决，或者由自治区人民代表大会常务委员会再广泛征求意见进行修改，提出草案修改稿和修改说明，提请人民代表大会下一次会议审议。

（三）自治条例和单行条例的通过和批准

自治条例和单行条例草案经过民族自治地方人民代表大会或人大常委会会议正式审议后，一般情况下条例草案经过人大代表1/2或者常委会全体组成人员过半数，条例草案通过。有的地方关于自治条例的修改通过作了更为严格的规定。例如《延边朝鲜族自治州自治条例》(2003年修正)第11条规定，自治条例的修改，要由自治州人民代表大会以全体代表的2/3的多数通过。

按照《宪法》《民族区域自治法》《立法法》和其他法律的有关规定,自治条例和单行条例经过自治地方的人大或者人大常委会通过后,还不属于发生法律效力的规范性文件,仍需要履行立法监督程序。《宪法》和《民族区域自治法》明确规定,自治区的自治条例和单行条例,要报全国人民代表大会常务委员会批准后生效。自治州、自治县的自治条例和单行条例,要报省、直辖市或者自治区的人民代表大会常务委员会批准后生效,并报全国人民代表大会常务委员和国务院备案。报国务院备案是 2001 年修正的《民族区域自治法》第 19 条的新内容。之所以增加国务院是因为自治州、自治县的自治条例和单行条例经过法定的程序可以变通国务院制定的行政法规,因而要报国务院备案接受监督。严格执行自治法规的审查批准制度,有助于维护社会主义法治的统一,又能够切实提高自治条例和单行条例的立法水平和立法质量。同 1954 年《宪法》关于自治地方的自治条例和单行条例,必须报请全国人大常委会批准的规定相比较,现行《宪法》和《民族区域自治法》把报请自治州、自治县的自治条例和单行条例的审批权下放到省、自治区和直辖市人大常委会的规定,体现了这一法律制度的灵活性和现实性。

(四) 自治条例和单行条例的公布

公布自治条例和单行条例是制定自治法规的最后一道工序。自治条例和单行条例经过审查批准后,要由制定其法律文件的自治地方的人民代表大会或者人大常委会,以公告、决议等形式予以正式公布,同时宣告条例的生效日期。《立法法》第 78 条第 4 款规定:"自治条例和单行条例报经批准后,分别由自治区、自治州、自治县的人民代表大会常务委员会发布公告予以公布。"《立法法》第 79 条还就公布形式作了明确的规定。自治区的自治条例和单行条例公布后,及时在本级人民代表大会常务委员会公报和在本行政区域范围内发行的报纸上刊登。在常务委员会公报上刊登的自治条例和单行条例文本为标准文本。

四、自治条例和单行条例的区别

自治条例和单行条例作为中国特色社会主义法律体系中的重要法律形式,是在 1954 年《宪法》中正式得到肯定和加以规定的。1954 年《宪法》第 70 条第 4 款规定:"自治区、自治州、自治县的自治机关可以依照当地民族的政治、经济和文化的特点,制定自治条例和单行条例,报请全国人民代表大会常务委员会批准。"自治条例和单行条例都是民族自治地方的自治法规,但二者是有区别的:

第一,调整社会关系的范围和方面有所不同。自治条例调整民族自治地方内政治、经济、文化等诸方面的社会关系,具有调整社会关系的全局性。单行条例则调整民族自治地方内某一具体社会关系,因而具有调整社会关系的局部性。

第二,制定的主体和程序不完全相同。按照《宪法》和《民族区域自治法》的规定,自治条例应由本地方的人民代表大会制定。部分地区规定自治条例需要人民代表大会全体代表 2/3 多数通过,单行条例过半数通过即可。如《黔南布依族苗族自治州立法条例》(2016 年)、《延边朝鲜族自治州立法规定》(2017年)。而部分地区未加以区分,自治条例和单行条例均为全体代表过半数通过即可。如《凉山彝族自治州立法条例》(2017 年)、《克孜勒苏柯尔克孜自治州立法条例》(2018 年)等。

第三,立法依据的直接来源不完全相同。自治条例立法的直接依据是《宪法》和《民族区域自治法》,从已经制定的自治条例来看,地方自治条例参照《民族区域自治法》便是证明。单行条例其立法依据除了《民族区域自治法》之外,其直接的立法依据是国家刑事、民事、经济等法律中的专门规定。单行条例有相当一部分是对国家法律变通或者补充的结果。

五、民族自治地方立法的完善

(一) 完善民族自治地方立法主体

第一,赋予自治地方人大常委会制定单行条例的权力。根据目前的法律,有权制定单行条例的机关是自治地方的人民代表大会,而自治地方的人大常委会没有该项权力。实践中我国自治地方人民代表大会每年只召开一次会议,这样自治法规的立法效率极低,从计划立项、起草到形成草案、提请常委会审议草案、征求相关部门意见、最后到提请人大会审议,要相当长的时间。而且自治地方人大召开的会期一般是 3—7 天,时间紧,用于研究、讨论立法的时间有限。另外,现行制度下,自治条例整个立法活动包括制定、修改、废止均为一元机制;单行条例的制定权和废止权为一元主体机制,即权力专属于人民代表大会,但是,修改权则规定不一,有的地区规定专属于人民代表大会,而有的地区明确同级人大常委会亦有部分修改权,如《延边朝鲜族自治州立法规定》(2017 年)规定,单行条例的修改适用制定程序,即修改主体仅为人民代表大会;而《阿坝藏族羌族自治州立法条例》(2018 年)规定,自治州人大常委会对单行条例有部分修改权。因此,单行条例宜增加民族自治地方人大常委会为立法主体,构建人民代表大会和人大常委会的二元立法主体配合机制,实现立法过程中制定、修改、废止的灵活性和方便性。同时,有利于民族自治地方更好地行使自治权,提高立法的效率。

第二,统一民族自治地方的立法主体。根据《宪法》第 115 条至第 122 条和《民族区域自治法》第 21 条至第 45 条的规定,民族自治地方享有广泛的立法权,应该说,在民族自治地方的立法权的归属方面,《宪法》《民族区域自治法》和《立法法》的规定是相一致的。我国现行其他法律也存在授权民族自治地方变通立法的规定,但较为混乱,主要表现为:一是授权民族自治地方的人民代表大会,如《妇女权益保障法》;二是授权民族自治地方的人民代表大会及其常委会;

三是授权民族自治地方的自治机关，如《企业所得税法》；四是授权自治区或者省的人民代表大会，如《刑法》；五是授权自治区人民代表大会常务委员会，如《全民所有制工业企业法》。上述法律的授权规定不一致，尤其是在立法主体上规定比较混乱，这是立法不规范、不严谨的表现，应当予以纠正，民族自治地方要严格按照《立法法》第 75 条的规定，行使好立法权。同时，其他法律在修改时，也应根据协调统一的原则，予以统一。

（二）完善民族自治地方的立法程序

第一，做好民族立法规划的编制和调研。民族立法规划的编制不是民族立法的必经程序，但它对做好民族立法具有重要的作用，好的民族立法规划，有利于明确立法重点，提高立法效率和质量，增强民族法的实用性和可操作性。民族自治地方在民族立法规划的编制过程中要做到如下两个方面：一是做好民族立法调查研究。民族自治地方的立法要立足于民族地区的经济、政治和社会实际，要深入民族地区进行调查研究，了解民族地区和少数民族群众的发展需求，哪些问题要用法律来调整等，只有在扎实调研的基础上，才能提出具有针对性和可操作性的立法规划。二是做好民族立法的论证分析。在编制立法规划过程中，不仅要做好调查研究，而且要对调查中获得的有用材料进行深入的分析研究，以便准确把握民族地区社会发展以及少数民族生产生活对立法的需求。同时，还要对立法的可行性和必要性、立法的主要内容及其调整范围、国内外类似法规的有关资料及人民群众的接受程度等进行论证，增强立法的合理性和科学性。

第二，推动民族自治地方立法的发展。民族立法的过程包括民族自治地方立法的起草、草案的提出、审议、表决、报批和批准等各环节。民族立法运行程序的完善，包括民族自治地方立法的起草、草案的提出、审议、表决、报批和批准等环节的完善。在民族自治立法的起草阶段，要完善法案的起草论证制度，即要采取听证会、调查会等多种形式，注重立法的民主性和科学性，广泛征求人民群众的意见，组织有关专家和学者进行立法论证，而不只是注重领导的意见。在民族自治立法的提出阶段，要保证有提案权的主体充分行使提案权，发挥好各方的力量，提高草案的质量。规范立法草案，明确法案的名称、基本框架、目的或者宗旨、主要原则、主要条款及其内容等。在民族自治立法的审议阶段，要充分发挥各专门委员会在审议过程中的作用，特别是要发挥好法制委员会和民族委员会的作用，要将立法议案提前送达审议人员，保障审议人员的知情权。在民族自治立法的表决阶段，要充分听取和尊重人大代表的发言，适时引入立法辩论制度，使立法尽可能地体现大多数代表和常委会组成人员的意见，促进立法的民主化，增强法规内部的科学性、合理性和正当性。最后，建议修改自治条例和单行条例的报批制为备案制，精简立法程序，降低立法成本，提高立法质量及立法效率，使民族自治地方立法机关能更好地行使好立法自治权。

（三）完善民族自治地方的立法技术

第一，树立"立法技术是一门科学"的概念。立法原理、立法制度和立法技术是构成立法学的主要内容，虽然与前两者相比，立法技术的研究还处于薄弱的环节，但学术界已经开始重视、探讨立法技术的相关问题。立法技术是一门科学，好的立法技术对于提高立法质量，增强法的可操作性等均具有重要作用。民族立法也应该树立民族立法技术是一门科学的观念，注重民族立法活动过程的安排、调动、策划和控制，以及法案的起草、语言及应用等技术，进一步完善立法技术和立法程序，努力建立健全民族立法科学化机制。

第二，民族立法科学性问题，需要处理好以下六个方面的问题①：

其一，原则问题的确定性，即民族立法，要在总的指导思想和总的根本性原则的统帅下，制定某一个民族法律法规，还需要研究其所要解决的中心问题的指导思想和基本原则问题。这是关系到能否制定好民族法律法规的一个重要原则。

其二，总体结构的规范性，即在制定某一个民族法律法规之前，需要对该法律文件与民族法体系的内部结构和外部结构的基本问题进行充分论证，如法律依据、客观依据和其他依据问题，避免矛盾或不必要的重复。

其三，法律关系的科学性，即要对该法律法规的法律关系问题进行科学的设计。制定出的法律法规，除了基本原则问题以外，需要全面衡量整个民族法律关系的结构，即主体及其权利义务的内容以及客体问题等。

其四，体例结构的合理性，即一个法律法规自身体例结构的是否合理，对该法主体的权利义务问题的设定影响很大，或是可能出现该规定的内容不便规定进去，或不该规定的内容又硬拉了进去。结构合理的法律法规文件，是内容和规范合理的重要基础。

其五，法律规范的衔接性，是指民族法律规范，要把宪法规定的基本原则，贯彻落实到基本法和其他法律法规，达到衔接科学的目的。既不能照搬宪法和法律，又不能有头无尾，或者相互矛盾。要做到方便实务操作。

其六，法律语言的准确性，即立法的一个重要目的，是便于执法和司法准确适用。如果达不到这个目的，就说明该立法不够科学和完善。从目前的民族法规语言来看，在整体的法律体系中，其法律语言的准确性和科学性问题，相对其他法规来说，毛病较多。表现为：一是纵横的重复性太大，照搬照抄硬套；二是用词不严谨，歧义太多，给执法和司法实践带来不便。

（四）提高民族自治地方立法者素质

民族自治地方立法的基础是拥有一支优良的立法队伍，这就涉及地方人才

---

① 参见吴宗金、张晓辉主编：《中国民族法学》（第2版），法律出版社2004年版，第133—145页。

的培养问题。当前,关键要加大民族自治地方相关工作人员的培训力度,使其在了解当地民族的政治、经济和文化特点的基础上,掌握丰富的法律知识和立法技术,这样才能结合本地实际情况,制定出既不违反法律基本原则,又有创新内容,具有前瞻性和可操作性的民族自治地方法规。

第三节　一般地方的民族立法

一、一般地方民族立法的主体

地方民族立法是指特定的地方国家机关,依法制定和变动效力不超过本行政区域范围的涉及民族问题的规范性法律文件活动的总称。地方民族立法是相对于中央民族立法而言的立法,是构成国家整个立法的一个重要方面。在我国地方立法体系中,目前地方立法由一般地方立法、民族自治立法、特区地方立法所构成,特区地方立法又分经济特区的立法和特别行政区的立法。因民族自治立法的特殊性,我们已在前节予以论述,这里所指的一般地方的民族立法,包括一般地方和经济特区涉及民族因素的立法。

一般地方的民族立法是《宪法》和《立法法》授予地方国家机关的一项重要立法权,行使好一般地方的民族立法权,对自主解决应当由立法解决的各种问题,保障辖区内的各民族权益,促进辖区社会经济协调发展等均具有重要的作用。根据我国《宪法》《立法法》的相关规定,一般地方民族立法的主体主要有:

(一) 省、自治区、直辖市人民代表大会及其常委会,设区的市及自治州的人民代表大会及其常务委员会

省、自治区、直辖市以及设区的市及自治州的人民代表大会及其常务委员是制定地方性法规的主体,他们有权根据宪法、法律和上级立法机关制定的其他法律法规,制定地方性法规,其中省、自治区人民代表大会常务委员会还有权批准下级立法机关地方立法的权力。上述立法主体在其权限内,制定了许多地方性法规,其中若干是涉及民族方面的法规。如湖南省人大常委会于1987通过、并于1997年进行了修订的《湖南省散居少数民族工作条例》就属这种情况。

(二) 省、自治区、直辖市人民政府以及设区的市及自治州的人民政府

省、自治区、直辖市人民政府以及设区的市及自治州的人民政府是制定行政规章的主体,我国《宪法》和《立法法》均规定他们可以根据法律、行政法规和本省、自治区、直辖市的地方性法规,制定规章,享有立法权。其中一部分行政规章涉及民族问题,因此上述机关也是一般地方的民族立法主体。

二、一般地方民族立法的调整范围

（一）一般地方民族法规的调整范围

根据《立法法》第 73 条的规定,省级地方的地方性法规可以就下列事项作出规定:(1) 为执行法律、行政法规的规定,需要根据本行政区域的实际情况作具体规定的事项;(2) 属于地方性事务需要制定地方性法规的事项;(3) 除应当由法律规定的事项外,其他事项国家尚未制定法律或行政法规,根据本地方的具体情况和实际需要,可以制定地方性法规的事项。根据上述规定,地方立法机构可以对下列涉及民族问题的事项作出规定:

第一,关于本行政区域民主与法制建设的事项。包括在本行政区域内保证宪法、法律、行政法规和上级人大及其常委会的决定的遵守和执行情况等。第二,关于本行政区域经济建设事项。第三,关于本行政区域内教育、科学、文化、卫生、民政、民族工作中重大的即带有全局性、长远性的事项,以及决定授予地方的荣誉称号等其他事项。

根据《立法法》第 72 条第 2 款的规定,设区的市的人民代表大会及其常务委员会根据本市的具体情况和实际需要,在不同宪法、法律、行政法规和本省、自治区的地方性法规相抵触的前提下,可以对城乡建设与管理、环境保护、历史文化保护等方面的事项制定地方性法规,法律对设区的市制定地方性法规的事项另有规定的,从其规定。可见,省级地方性法规和设区的市与自治州的地方性法规在立法范围上是存在明显区别的。

（二）一般地方民族政府规章的调整范围

根据《立法法》第 82 条的规定,省级地方政府规章所能规定的事项包括:(1) 为执行法律、行政法规、地方性法规的规定需要制定规章的事项;(2) 属于本行政区域的具体行政管理事项。为有效地执行上述规定,一般地方民族政府规章可以就下列涉及民族问题的具体事项进行规定:

第一,执行本级人大及其常委会的决议和上级国家行政机关的决定和命令、规定行政措施,发布决定和命令方面的事项。

第二,领导所属各部门和下级政府的工作;改变或者撤销所属各部门的不适当的决定、命令;依照法律的规定任免、培训、考核和奖励国家行政机关工作人员方面的事项。

第三,执行国民经济和社会发展计划、预算,管理本行政区域内的经济、教育、科学、文化、卫生、体育事业、城乡建设事业和财政、民政、公安、民族事务、司法行政、监察、计划生育等行政工作方面的事项。

第四,保护公有财产和公民私人所有的合法财产,维护社会秩序,保障公民的人身权利、民主权利和其他权利;保障农村集体经济组织应有的自主权;保障少数民族的权利和尊重少数民族的风俗习惯,帮助本行政区域内少数民族聚居的地方依法实行区域自治,帮助各少数民族发展政治、经济和文化的建设事业;保障宪法和法律赋予妇女的男女平等、同工同酬和婚姻自由等各项权利方面的事项。

第五,办理上级国家行政机关交办的其他事项。根据《立法法》第82条第3款的规定,设区的市、自治州的人民政府根据该条第1款、第2款制定地方政府规章,限于城乡建设与管理、环境保护、历史文化保护等方面的事项。已经制定的地方政府规章,涉及上述事项范围以外的,继续有效。因此,与地方性法规类似,省级地方政府规章和设区的市与自治州的地方政府规章在立法范围上同样是存在明显区别的。

三、一般地方民族立法的程序

一般地方民族立法的程序,是指有权的地方国家机关在制定、认可、修改、补充或者废止地方性法规时必经的阶段及必须遵循的步骤和方法。一般地方民族立法可以从不同的角度,按照不同的标准加以分类。按照行使立法权的主体不同,可以分为人民代表大会立法程序和人大常委会的立法程序,其中人民代表大会的立法程序又可以分为省级人民代表大会的立法程序和设区的市及自治州的人民代表大会的立法程序;人大常委会的立法程序也可分为省级人大常委会的立法程序和设区的市及自治州的人大常委会的立法程序。按照工作环节和内容的不同,可以将其分为编制立法规划程序、起草法案的程序、审议法案的程序、修改法案的程序、表决和通过法案的程序以及公布法的程序等。

地方民族立法程序既要遵循民族立法的一般程序,同时,也要遵循一些特殊的程序,主要为:(1) 省、自治区、直辖市的人民代表大会及其常务委员会制定的地方性法规,只需报全国人民代表大会常务委员会和国务院备案。(2) 设区的市及自治州的人民代表大会及其常务委员会根据本市的具体情况和实际需要,在不同宪法、法律、行政法规和本省、自治区的地方性法规相抵触的前提下,可以制定地方性法规,报省、自治区的人民代表大会常务委员会批准后施行。设区的市及自治州的人民代表大会及其常务委员会制定的地方性法规,由省、自治区的人民代表大会常务委员会报全国人民代表大会常务委员会和国务院备案。(3) 地方政府规章报国务院备案,应当同时报本级人民代表大会常务委员会备案,设区的市及自治州的人民政府制定的规章应当同时报省、自治区的人民代表大会常务委员会和人民政府备案。

第三章　民族法的实施

"徒法不足以自行。"法律的实施历来受到法律实效研究的高度重视,更有学者将立法与法律实施在法的实效中的比例用1∶9的比例来形容,即在考察法的实效的时候,法的制定所起的作用只占到10%,而法的实施所起的作用占到90%。民族法也不例外,它的实施同样是整个民族法制环节中的重要一环。本章将从民族法实施的主体、民族法实施的措施,以及民族纠纷的解决等几个方面来探讨一下民族法的实施问题。

第一节　民族法实施的主体

一、国家机关

(一)自治机关

民族自治地方自治机关是指民族自治地方设立的国家权力机关和国家行政机关,即自治区、自治州、自治县(旗)的人民代表大会及人民政府。民族自治地方自治机关的组成和工作,由当地人大通过的自治条例和单行条例规定。民族自治地方的自治机关除具有一般地方国家机关的职权外,还拥有大于一般地方国家机关的自主权,体现在民族区域自治权的内容上。民族自治地方的人民代表大会和人民政府依照《宪法》《民族区域自治法》和其他法律规定的权限,根据本地方实际情况贯彻执行国家的法律、法规、政策,自主管理本地方各民族内部事务和地方性事务。《宪法》规定,我国的法制是统一的,司法机关独立行使职权,不受行政机关、社会团体和个人的干涉,所以,民族自治地方的司法机关即法院和检察院都不属于自治机关。

在原则上,民族自治地方人大的组成和一般地方人大一样,都由当地人民选举产生。自治县(旗)的人大由选民直接选举的代表组成;自治区、自治州的人大由下一级人大间接选出的代表组成。但是,根据《民族区域自治法》的规定,民族自治地方人大中少数民族代表应占特定的名额和比例,即实行区域自治的民族和其他少数民族代表的名额和比例,应根据《中华人民共和国全国人民代表大会及地方各级人民代表大会选举法》(以下简称《选举法》)等法律规定的原则,由省级人大常委会决定,并报全国人大常委会备案。民族自治地方人大常委会应当由实行区域自治的民族的公民担任主任或者副主任。也就是说,常委会主任可以由实行自治的民族的公民担任，也可以由其他民族包括汉族的公民担任。如果主任是其他民族的公民担任，则副主任中必须有自治民族的公民；如果主任是自治民族的公民，则副主任中仍不能排斥自治民族的公民。

（二）上级国家机关

《民族区域自治法》第六章以专章的形式规定了上级国家机关的职责，即民族自治地方的所有上级国家机关都有实施《民族区域自治法》的职责，都是民族法实施的主体。随着少数民族散居化趋势的加速，散居少数民族的权益保护问题也早已被纳入各级政府的工作安排之中，因而，事实上所有的国家机关都是民族法实施的主体。只是因各地情况的差异，各国家机关工作职责的不同而在民族法实施的职责方面有比较大的差别而已。上级国家机关对民族自治地方的领导和帮助是民族区域自治制度的重要内涵。上级国家机关对民族自治地方的领导和帮助，要体现从实际出发，制定和发布的有关决议、决定、命令和指示，必须符合民族地区的特点，适合民族地区的实际情况，切实可行。上级国家机关对民族自治地方的帮助，主要体现在财政、物资、技术、人才、教育等方面。

此外，为了更好地贯彻民族法，根据我国民族事务管理的实际情况，当前很重要的一点，就是加强各级人民代表大会民族委员会以及各级政府民族事务委员会的职能。目前的各级人民代表大会民族委员会的主要职能之一就是"讨论、决定本行政区域内的有关民族问题工作中的重大事项"；各级政府民族事务委员会的职能主要集中在"监督实施和完善民族区域自治制度建设，监督办理少数民族权益保障事宜，对政府系统民族工作进行业务指导"等协调性事项，该两个部门可以说是《民族区域自治法》最重要的执行部门，其在国家的民族事务的整个运行体系以及少数民族权益保障事业中发挥着举足轻重的作用，是其他任何机关和部门不能比拟的。国务院办公厅文件《国家民族事务委员会主要职责内设机构和人员编制规定》（国办发〔2008〕61号）中对国家民族事务委员会的职责进行了相应的调整，其中重点提到加强对民族法律法规、民族政策和少数民族发展相关规划贯彻执行的督促检查职责。同时，为了整合职能、进一步理顺内部机构职责关系，在国家民族事务委员会的内设机构中设立协调推进司。协调推进司主要承担民族法律法规和民族政策执行情况的督促检查工作；承担协调、指导《民族区域自治法》贯彻落实的具体工作；管理民族工作领域专项规划；承担联系国家民委委员单位的有关工作。

二、企业

企业是社会的产物，作为一个社会"人"，企业占有社会上大部分的资源，相应地，也必须承担相应的社会责任。从对企业社会责任的发展历程与内涵的分析中可以看出，目前的企业社会责任的关注范围主要限于劳工权益保护、环境保护、企业文化、消费者权益保护等一些方面,从企业到社会甚至联合国都对该问题给予了极大的关注,已成为可持续发展的一个重要内容。

民族自治地方由于地理位置、政策法规、经济发展水平和人文环境等因素的特殊性,民族地区企业在承担社会责任方面必然有其特殊性。将企业社会责任的最新理论成果引入民族自治地方企业履行社会责任进程,在民族区域自治的制度背景下考虑民族地区企业社会责任的现状,寻求民族自治地方政府、企业和各民族公众关系的良性互动,为推动各民族共同繁荣提供现实科学依据具有很强的理论价值和现实意义。以企业为主的法人在民族法实施方面的责任主要包括如下几个方面:

(一) 尊重少数民族风俗习惯

民族风俗习惯是各个民族在长期的历史发展过程中形成的生活方式,具体表现在饮食、服饰、居住、婚庆、节日、禁忌、礼仪等许多方面。民族风俗习惯与一个民族的心理、文化、思想感情有着密切联系,具有敏感性的特点,一个民族往往会把其他民族对待本民族风俗习惯的态度看作是对待自己民族的态度。《中华人民共和国消费者权益保护法》(以下简称《消费者权益保护法》)第 14 条规定,消费者在购买、使用商品和接受服务时,享有人格尊严、民族风俗习惯得到尊重的权利,享有个人信息依法得到保护的权利。

(二) 尊重少数民族语言文字

企业尊重少数民族的语言文字权利首先体现在企业名称的使用应遵守民族自治地方的相关规定。此外,民族地区的企业或者产品销往民族地区的企业的产品标识标注除按照国家的相关规定使用规范中文、汉语拼音、外文之外,还要注意少数民族文字的使用,即尽可能地在企业的外包装上使用少数民族文字,这既是对少数民族语言文字的尊重,也会使该产品在民族地区消费者中产生良好的社会影响,促进产品的销售,相应地增加企业的利润。

还需要强调的是企业的工作语言方面,如果某企业中的少数民族员工达到一定的数量,那么该企业的工作语言中可以考虑增加使用少数民族语言。

(三) 尊重少数民族文化

《中华人民共和国公司法》第 5 条第 1 款规定,公司从事经营活动,必须遵守法律、行政法规,遵守社会公德、商业道德,诚实守信,接受政府和社会公众的监督,承担社会责任。事实上,对少数民族权利的侵犯最大可能来自企业,企业在经营过程中加强对少数民族权利的保障,有利于企业维持良好的公众形象并获得长期利润。承担社会责任,符合公众对企业的期望,有利于建立良好的公众形象,赢得社会广大消费者和投资者的认同,并最终给企业带来长期的、潜在的利益。尊重少数民族的文化尊严、文化产权、生活方式等传统文化因素,必将会使企业树立良好的社会形象,对企业凝聚力的增强与企业远期竞争力的提升具有不可忽视的作用。

(四) 少数民族特需用品供应

对从事少数民族特需用品生产的企业,给予政策上的优惠;对具有清真饮食习惯的民族给予充分的尊重,从政策上扶助清真食品业的发展;对少数民族传统节日给予相应的假期;对少数民族丧葬习俗给予尊重并提供必要的帮助;《刑法》第251条规定,国家机关工作人员侵犯少数民族风俗习惯,情节严重的,处二年以下有期徒刑或者拘役。并且,部分地方实行的清真食品管理法律规范对于尊重回族等少数民族的清真饮食习惯,加强对清真食品的管理具有重要的意义。

三、自然人与其他组织

党的十七大报告中强调,坚持国家一切权力属于人民,从各个层次、各个领域扩大公民有序政治参与,最广泛地动员和组织人民依法管理国家事务和社会事务、管理经济和文化事业;要健全民主制度,丰富民主形式,拓宽民主渠道,依法实行民主选举、民主决策、民主管理、民主监督,保障人民的知情权、参与权、表达权、监督权。党的十八大报告进一步指出,加快推进社会主义民主政治制度化、规范化、程序化,从各层次各领域扩大公民有序政治参与,实现国家各项工作法治化。并且,习近平总书记在中央全面依法治国工作会议上强调,要坚持以人民为中心,全面依法治国最广泛、最深厚的基础是人民,必须坚持为了人民、依靠人民。随着党的各项促进公民有效参与政策的落实,实践中,自然人与其他组织也成为民族法实施的重要主体。

在少数民族参与国家事务的管理方面,我国规定了一系列的制度和措施。目前比较完善的是少数民族在国家权力机构中的特别代表制度,在全国和地方各级人大中都对少数民族代表的参政议政规定了具体的保障措施。其他制度在我国的相关立法和实践中也都有所体现,比如,自治机关以及民族自治地方检察院和法院工作人员的配备等。其他的具体制度还需要根据新形势下对参与方式的不同要求来进行完善。比如,少数民族有权按其自身意愿通过自己决定的程序充分参与制定对其可能有影响的立法或行政措施。国家在通过和执行这些措施之前,应事先征得有关少数民族的权利和知情方面的同意。

第二节　民族法实施的措施

一、推动《民族区域自治法》的配套立法

在《民族区域自治法》的配套立法方面,我们取得了比较大的成绩,中央层面的配套立法主要有:《国务院关于进一步贯彻实施〈中华人民共和国民族区域

自治法〉若干问题的通知》《国务院实施〈中华人民共和国民族区域自治法〉若干规定》《"十三五"促进民族地区和人口较少民族发展规划》《扶持人口较少民族发展规划(2011—2015 年)》《教育部关于贯彻落实〈国务院实施中华人民共和国民族区域自治法若干规定〉的通知》《国务院扶贫办关于认真贯彻落实〈国务院实施中华人民共和国民族区域自治法若干规定〉的通知》《卫生部关于贯彻落实民族区域自治法,进一步加强民族地区卫生工作的通知》《国家开发银行关于贯彻〈国务院实施中华人民共和国民族区域自治法若干规定〉的实施意见》《商务部关于加快民族贸易发展的指导意见》《国家民委、科技部、农业部、中国科协关于进一步加强少数民族和民族地区科技工作的若干意见》等。

(一) 中央层面的配套立法

非物质文化遗产法的配套立法应对少数民族或民族地区的非物质文化遗产保护作出特别规定,国家级非物质文化遗产代表作名录体系应向少数民族倾斜,已经公布的五批名录中少数民族的非物质文化遗产过少。并应当设立专项的少数民族传统文化发展基金。少数民族的传统生活方式在当今社会面临着环境恶化、旅游开发、工程建设等多方面的挑战,已经成为制约民族自治地方未来发展的一个瓶颈。《经济、社会和文化权利国际公约》第 15 条和《公民权利和政治权利国际公约》第 27 条确认了少数民族享有自己的文化、信奉和实行自己的宗教或使用自己的语言的权利。从国际人权法的角度,文化权利的一个重要方面就是少数人群体(包括少数民族)保持其固有生活方式及文化特性的权利,我们称之为"少数民族基本文化权利",这也需要通过配套立法的方式加以解决。

此外,中央层面还应包括关于促进民族特需用品产业的配套立法,其中应规定国家保障民族特需用品的生产,是保障少数民族权益、完善民族区域自治的重要手段之一。从民族特需用品生产企业的发展状况看,龙头企业少,知名品牌少,产业化程度低,这些企业与其他行业的企业相比处于弱势,因此,该法中主要应规定,政府对民族特需用品生产企业的扶持措施与管理措施,但以前者为主。政府必须通过政策和资金倾斜来促进民族特需用品生产企业的发展,比如降低经营的税费、贷款上的扶持、技术上的帮扶等。

进入 21 世纪之后,国家再次将民族教育的发展提上议事日程,制定了很多具体的鼓励民族教育发展的措施,如2000 年《国家民委、教育部关于加快少数民族和民族地区职业教育改革和发展的意见》(已失效)、2002 年《国务院关于深化改革加快发展民族教育的决定》(已失效)、2004 年《教育部、国家发展改革委、国家民委、财政部、人事部关于大力培养少数民族高层次骨干人才的意见》、2005 年《国家民委、教育部关于进一步办好民族院校加快民族高等教育发展的意见》、2013 年《教育部、文化部、国家民委关于推进职业院校民族文化传承与创新工作的意见》等政策,有力地促进了少数民族高等人才的培养和民族地区政治经济和文化的发展。当前有必要将这些相关法律文件合并成为一部《民族教育促进法》。

《民族地区环境资源法》也应成为《民族区域自治法》重要的配套立法之一，我们认为，民族自治地方环境资源方面的最重要的问题，也是有别于一般地区的重大问题之一就是民族自治地方获得利益补偿的权利，《民族区域自治法》关于利益补偿的相关规定的具体内涵应进一步明确。该法主要解决以下问题：一是民族地区利益补偿；二是适合西部的环境影响评价；三是民族地区生物安全；四是归民族地区所有的资源权利的产权认定与登记制度；五是少数民族文化对环境特殊的依赖关系；六是适合民族地区的特色自然资源管理制度。

（二）地方层面的配套立法

地方层面的配套立法也进展很快。截至 2016 年 7 月底，155 个民族自治地方，制定了自治条例和单行条例 967 件。[①] 自治州、自治县基本上完成了自治条例的制定，其他 11 个自治州和自治县的自治条例还在讨论中；较遗憾的是 5 个少数民族自治区的自治条例，有的易稿几十次，历时十几载，但始终未能出台。

地方层面的配套立法需要加强的是各省贯彻实施《民族区域自治法》的具体规定或《(散居)少数民族权益保护条例》；各民族自治地方已有自治条例的修订，尤其是五大自治区自治条例的创制；各地充分运用这一专有立法权，根据民族自治地方的实际情况，灵活制定单行条例等。

（三）民族法的解释

全国人大常委会还应加强对《民族区域自治法》的解释工作。目前，民族区域自治法律、法规、规章及自治条例和单行条例在实施过程中存在的问题很多，有的甚至得不到有效执行，究其原因有的是法律规范本身在立法技术上存在问题，有的是法律规范的内容与客观现实脱节，要解决这些问题，除及时通过法定程序进行修改、补充外，对其中只是立法技术产生的问题可以通过法律解释的方法来解决。

各级人大和政府应依法追究违反《民族区域自治法》的法律责任。比如，上级财政截留民族自治地方财政资金问题的法律责任；上级国家机关不履行对民族自治地方的相关帮助职责的法律责任等。

最高人民法院与最高人民检察院出台相关的司法解释，指导各级司法机关在审理与民族有关的案件时，灵活适用相关法律，保护少数民族的合法权益。如对违反《民族区域自治法》、侵害少数民族权益的案件，可以根据《民族区域自治法》以及相关法律法规作出判决。对少数民族习惯法给予相应的尊重。只要不

---

① 全国人大常委会法工委国家法室：《第二十二次全国地方立法研讨会会议交流材料之五——我国现行有效的地方性法规、自治条例和单行条例、经济特区法规的数量》。

违反法治的基本原则和规定,应尊重少数民族的特有纠纷解决机制。对涉及少数民族文化的纠纷或诉讼咨商本民族或当地有威望、有影响的民间权威人士。

各级人大常委会制定本常委会的工作制度,经常性地检查《民族区域自治法》的贯彻实施情况,对监督检查中发现的各种问题,督促有关部门及时加以整改。

国务院和地方各级政府定期听取所属职能部门贯彻实施《民族区域自治法》的工作汇报,对所属民族工作部门,要在人员编制和工作条件方面给予大力支持,增加工作经费,强化工作手段,以便更好地推进《民族区域自治法》的实施。

二、加大民族法的执法力度

国家的各级行政管理机关是实施民族法的主要国家机关,由于民族法具有特殊的内容、对象和目标,因此,在实施民族法的过程中,国家行政管理机关应当针对民族地区的实际情况,提高政府工作中的民族法治观念,严格依法行政,保障民族自治地方的自治机关行使自治权,改革民族地区的政府机构,提高行政效率。[①] 同时,还要依法管理民族地区的各项社会事务,如依法管理民族宗教事务,加强对民族地区经济和社会的法制管理等,进而促进民族地区经济和社会的全面发展。

《民族区域自治法》第 20 条规定,上级国家机关的决议、决定、命令和指示,如有不适合民族自治地方实际情况的,自治机关可以报经该上级国家机关批准,变通执行或者停止执行;该上级国家机关应当在收到报告之日起 60 日内给予答复。然而,如果上级国家机关在收到报告之日起 60 日内仍不答复,该上级机关这种不履行职责的行为应承担何种法律责任呢? 这时,应该明确规定该上级国家机关需承担的法律责任以及当事人的相应救济程序,在未来的《行政程序法》中应该规定具体的责任追究程序及与此相关的法律后果。故在《民族区域自治法》或其配套法规中专门针对不同主体的不同的违法行为设定严格的法律责任是民族区域自治法达到法治要求的重要措施。

此外,还应确定《民族区域自治法》中"法定公务协助"的范围。法定公务协助关系是法律、法规明确规定的应当进行的公务协助关系,很明显,《民族区域自治法》中规定的很多公务协助都属于这一范畴。如在第六章"上级国家机关的职责"部分,有不少关于上级国家机关应当怎么做的条文,第 55 条规定,上级国家机关应当帮助、指导民族自治地方经济发展战略的研究、制定和实施,从财政、金融、物资、技术和人才等方面,帮助各民族自治地方加速发展经济、教育、科

---

① 参见吴宗金、张晓辉主编:《中国民族法学》(第 2 版),法律出版社 2004 年版,第 193—194 页。

学技术、文化、卫生、体育等事业。第58条规定，上级国家机关从财政、金融、人才等方面帮助民族自治地方的企业进行技术创新，促进产业结构升级。这些关于上级国家机关应当怎么做的条文就属于《民族区域自治法》规定的"法定公务协助"的范围，即上级国家机关必须按照法律的规定履行相应的作为义务。

三、加强对少数民族人权的保障

（一）少数民族的公民权利与政治权利

在民族平等权方面，早在1952年，政务院《关于保障一切散居的少数民族成分享有民族平等权利的决定》中指出：一切散居少数民族，在社会生活的各个领域，均有自由保持或者改革其民族的生活方式、宗教信仰和风俗习惯的权利，别人不得干涉，并须加以尊重和照顾。此后，又有一系列的保障少数民族平等权的法律规定，这也是我国保障少数民族公民权利的具体体现。

少数民族参与行使国家权力的权利受到特殊保障。为了保障少数民族行使选举权与被选举权，一方面要保证少数民族享有与汉族同等的选举权与被选举权，而在另一方面，又应当对少数民族行使该项权利予以特殊的照顾，对此我国的《宪法》《选举法》《民族区域自治法》均有明确规定，并集中表现在历届全国人民代表大会对少数民族代表的名额都制订了明确的分配方案。历届全国人民代表大会中，少数民族代表占代表总数的百分比，都为少数民族占全国总人口的比例一倍左右。即便是人口只有几千人的珞巴族、赫哲族、门巴族等，在全国人大也都有其代表。我国的《选举法》第19条第1款规定："有少数民族聚居的地方，每一聚居的少数民族都应有代表参加当地的人民代表大会。"《选举法》同时还对各少数民族代表的选举作出了特殊照顾性的规定。

这些法律规定落实到具体的各个民族自治地方，表现为少数民族有权在国家机关任职，自主管理本民族、本地区的内部事务。我国155个民族自治地方的人民代表大会常务委员会都由实行区域自治的民族的公民担任主任或副主任，自治区主席、自治州州长、自治县县长则全部由实行区域自治的民族的公民担任。民族自治地方的自治机关所属工作部门的其他组成人员中，依法合理配备实行区域自治的民族干部和其他少数民族干部。近年来，全国公务员考试录用少数民族考生的比例保持在13%以上，高于少数民族人口占全国人口8.49%的比例。①

（二）少数民族的经济权利与社会权利

在少数民族的经济权利方面，国家积极落实促进内蒙古、新疆、广西、宁夏、西藏五个自治区经济社会发展以及支持其他民族地区发展的政策和专项规划，

---

① 《为人民谋幸福：新中国人权事业发展70年》（2019年9月）白皮书。

促进民族地区经济发展主要指标增速高于全国平均水平。继续制订实施扶持人口较少民族发展、兴边富民行动、少数民族事业发展等专项规划。在主要草原分布地区全面建立草原生态保护补助奖励机制,牧民收入增幅不低于本省(区)农民收入增幅。促进少数民族事业发展,加大财政投入和金融支持,改善基础设施条件,支持民族地区发展优势产业和特色经济,持续促进民族地区经济发展主要指标增速高于全国平均水平。①

以 2014 年为例,中央财政拨付少数民族发展资金 40.59 亿元,比上年增长10%。中央财政为支持边境地区发展,投入兴边富民补助资金和中央预算内投资 28.8 亿元,比上年增加 8890 万元。中央预算内投资和少数民族发展资金拨付 15.3 亿元扶持人口较少民族加快发展,比上年增加 8710 万元。大力实施少数民族特色村寨保护与发展工程,中央财政专项补助资金达到 4.9 亿元,较上年增长 22.5%。②

同时,在劳动权方面,国家重点强化对民族地区经济困难、身体残疾、长线专业等有求职困难的毕业生的服务,选择部分经济欠发达、未就业毕业生数量大的城市作为重点联系城市,并与发达地区间建立跨地区招聘,开展劳务输出,促进毕业生就业。同时支持民族地区发展经济扩大就业,开展创业培训,完善就业服务体系,加大对民族地区就业、再就业的资金支持。

此外,党和国家十分重视少数民族干部的培养和使用,155 个民族自治地方的少数民族干部比例,普遍接近或超过少数民族人口占当地总人口的比例。人事部已下发规范性文件,要求各地在公务员招录中,采取为少数民族考生确定专门录用计划和职位、降低少数民族考生的报考资格条件、给予加分或降分照顾、使用民族语言文字进行考试等措施,对少数民族报考者给予适当的政策倾斜。

在少数民族的社会权利方面,国家建立和完善了养老、失业、医疗、工伤、生育保险制度,形成与当地经济和社会发展水平相适应的社会保障体系。2007年,原卫生部支持西藏、内蒙古、宁夏、青海、云南率先实现新型农村合作医疗制度覆盖全省(区)农牧民,确保广西、新疆覆盖80%以上,还专门安排了西藏农牧民免费医疗资金,并把中西部地区中农业人口占人口比例高于70%的市辖区也纳入补助范围。

(三) 少数民族的文化权利

1. 风俗习惯权利

包括尊重少数民族生活习惯,尊重和照顾少数民族的节庆习俗,保障少数民族特殊食品的经营,扶持和保证少数民族特需用品的生产和供应以及尊重少数

---

① 《国家人权行动计划(2016—2020 年)》。
② 《2014 年中国人权事业的进展》(2015 年 6 月)白皮书。

民族的婚姻、丧葬习俗等。同时,提倡少数民族在衣食住行、婚丧嫁娶各方面奉行科学、文明、健康的新习俗。《国务院办公厅关于严格执行党和国家民族政策有关问题的通知》(国办发〔2008〕33 号)中重点强调了对少数民族风俗习惯的保障是各部门、各地方政府的重要职责。

2. 参加文化生活的权利

国家积极创造各种条件,促进少数民族群众参加文化生活,享受文化成果。国家加大对少数民族特色文化保护工作的扶持力度,加强对少数民族文化遗产的保护,对濒危项目和年老体弱的代表性传承人实施抢救性保护,对少数民族非物质文化遗产集聚区实施整体性保护。支持民族传统体育事业发展。

3. 受教育的权利

在少数民族受教育权利保障方面,公共教育资源向民族地区倾斜,国家加快发展学前教育,支持边境县和民族自治地方贫困县义务教育学校标准化建设,加强民族地区寄宿制学校建设,积极稳妥推进双语教育,大力推进职业教育,加大师资培养培训力度,加强教育对口支援。同时,国家加大少数民族党政人才培养选拔力度,支持民族地区实施国家高技能人才振兴计划和农村人才支持计划,继续免费为民族地区农村定向培养全科医生和招聘职业医师,培养民族医药专业人才。

4. 语言文字权利

在中国,无论在司法、行政、教育等领域,还是在国家政治生活和社会生活中,少数民族语言文字都得到广泛使用。现在,中国共产党全国代表大会、全国人民代表大会和中国人民政治协商会议等重要会议上都提供蒙古族、藏族、维吾尔族、哈萨克族、朝鲜族、彝族、壮族等民族语言文字的文件和同声传译。内蒙古、新疆、西藏等民族自治地方,都制定和实施了使用和发展本民族语言文字的有关规定或实施细则。

5. 宗教权利

民族自治地方的自治机关根据宪法和法律的规定,尊重和保护少数民族的宗教信仰自由,保障少数民族公民一切合法的正常宗教活动。截至 2014 年,新疆维吾尔自治区共有清真寺 2.43 万座,教职人员 2.8 万多人;宁夏回族自治区共有清真寺 3500 多座,教职人员 5100 人;截至 2018 年年底,西藏自治区有藏传佛教活动场所 1778 处,住寺僧尼 4.6 万多人。活佛转世作为藏传佛教特有的传承方式得到国家的尊重,西藏现有活佛 358 名,其中 60 多位新转世活佛按历史定制和宗教仪轨得到认定。大力实施利寺惠僧政策,实现了在编僧尼医保、养老、低保和人身意外伤害保险全覆盖,并每年为僧尼免费进行健康体检。根据国家藏传佛教高级学衔制度,截至 2017 年,西藏自治区已有 84 名学经僧人获得了格西"拉让巴"学位,168 名僧人获得了中国藏语系高级佛学院"拓然巴"高级学衔。少数民族宗教经典得到保护和传承。《古兰经》《布哈里圣训实录精华》出版发行达 176 万余册。完成对藏文大藏经的校勘出版,印制《甘珠尔》大藏经达 1490 多部供给寺庙,满足僧尼和信教群众的学修需求。法律保护正常的宗教活动。开设教职人员解经骨干培训班、宗教活动场所民主管理组织负责人培训班等,提升宗教团体自我管理水平①。

四、夯实民族法实施的物质基础

民族地区经济社会的全面发展是民族法实施的物质基础,国家加大力气促进民族地区经济社会全面发展的同时,也夯实了民族法实施的物质基础。国家加大对民族地区的投入,民族地区的经济实力迅速增强。目前已将 155 个民族自治地方全部纳入中央财政直接转移支付范围。内蒙古、广西、西藏、宁夏、新疆 5 个自治区和云南、贵州、青海 3 个省的地区生产总值由 1978 年的 324 亿元增至 2017 年的 84 899 亿元;贫困人口从 2010 年的 5040 万下降到 2017 年的 1032 万,累计减贫 4008 万人,贫困发生率从 34.5% 下降到 6.9%。2012 年至 2017 年,国家投入中央财政扶贫专项资金少数民族发展方向达 244.97 亿元。②

在具体措施方面,国家发改委在批复"十一五"期间有关地方建设规划、安排投资计划时,适当减免了民族地区配套资金,在农业和电力设施等项目上对少数民族集中的中西部地区实行较低的地方配套资金。交通部将在"十一五"期间进一步加快民族地区交通建设步伐,民族地区境内的国道主干线已于 2007 年全部贯通,西部开发省际公路通道 2010 年已基本建成。

直至脱贫攻坚取得全面胜利,新改建农村公路 110 万公里,新增铁路里程 3.5 万公里。贫困地区农网供电可靠率达到 99%,大电网覆盖范围内贫困村通动力电比例达到 100%,贫困村通光纤和 4G 比例均超过 98%。790 万户、2568 万贫困群众的危房得到改造,累计建成集中安置区 3.5 万个、安置住房 266 万套,960 多万人"挪穷窝",摆脱了闭塞和落后,搬入了新家园。28 个人口较少民族全部整族脱贫,一些新中国成立后"一步跨千年"进入社会主义社会的"直过民族",又实现了从贫穷落后到全面小康的第二次历史性跨越。③

此外,商务部已经于 2008 年 5 月制定了《商务部关于加快民族贸易发展的指导意见》,提出了加快民族贸易发展所面临的主要任务,包括健全民族地区市场体系、保障民族地区生活必需品市场供应、培育民族贸易骨干企业、促进民族特色商品生产与流通、加大民族地区贸易促进工作力度、鼓励外商投资民族地区

---

① 《改革开放 40 年中国人权事业的发展进步》(2018 年 12 月)白皮书。
② 同上。
③ 习近平在全国脱贫攻坚总结表彰大会上的讲话。

以及整顿和规范民族地区市场经济秩序,具体的促进民族贸易发展的措施包括落实民族贸易优惠政策、继续完善和实施重要商品储备政策、加大民族地区商务领域信息化支持力度、推进民族贸易人才培训等多个方面。

五、促进民族法的遵守

1982 年《宪法》第 4 条第 3 款规定:"各少数民族聚居的地方实行区域自治,设立自治机关,行使自治权。各民族自治地方都是中华人民共和国不可分离的部分。"第 5 条第 3、4 款规定:"一切国家机关和武装力量、各政党和各社会团体、各企业事业组织都必须遵守宪法和法律。一切违反宪法和法律的行为,必须予以追究。任何组织或者个人都不得有超越宪法和法律的特权。"《民族区域自治法》在序言中也庄严地宣布:"《中华人民共和国民族区域自治法》是实施宪法规定的民族区域自治制度的基本法律。"

民族法制建设是一项长期的系统工程,它的实施必然涉及少数民族和民族地区的政治、经济、文化等社会生活的各个方面,必然会产生一些新问题、新情况,同时,我国的民族问题的长期性、复杂性、重要性的特点依然存在。因此,必须加强民族政策教育,经常检查民族政策和有关法律的遵守和执行,为民族法制工作的顺利进行营造良好和谐的民族关系。《民族区域自治法》第 72 条明确规定:"上级国家机关应当对各民族的干部和群众加强民族政策的教育,经常检查民族政策和有关法律的遵守和执行。"

第三节　民族纠纷及其处理

2014 年 10 月 23 日中共十八届四中全会通过的《中共中央关于全面推进依法治国若干重大问题的决定》明确指出:"支持各类社会主体自我约束、自我管理。发挥市民公约、乡规民约、行业规章、团体章程等社会规范在社会治理中的积极作用。"这无疑为民族地区多元化的纠纷解决模式的存在与发展提供了更为宽松的制度空间。

一、民族地区纠纷的特点

（一）纠纷总量呈上升趋势

主要原因是少数民族多居住在农村,在传统社会向现代社会转型的过程中,造成了农村传统和现代化的并存、融合与对抗。尤其是 20 世纪 80 年代以来改革开放和市场经济对传统的冲击,已使传统的力量变得十分弱小,农民在熟人社会中的行动逻辑不再受到传统组织力量和文化力量的约束,村庄的个体之间的关系出现了新的状态。①

（二）传统纠纷仍然突出

婚姻、家庭、邻里、房屋、田地、山林、水利、债务等传统纠纷发生率仍然较高。例如,婚姻纠纷发生的数量多、比重大。随着少数民族散居化趋势的加强,大量的少数民族青壮年到城市务工,生活环境、人际交往、夫妻分居等多方面因素给少数民族的婚姻带来了很多的不稳定因素,近年来,民族地区的婚姻纠纷大幅度上升。

（三）纠纷类型呈多元化趋势

改革开放以来,经济社会转型过程中,社会群体之间的利益出现多元化,由此导致了纠纷的多元化和复杂化。除了传统常规性纠纷外,非常规性的纠纷如征地拆迁、知识产权、土地承包引发的纠纷也不断出现。如何综合有效地解决新出现的非常规性社会纠纷成为一个重要的新课题。

（四）纠纷敏感性强、易激化

由于民族地区的民间纠纷有的民族性特征明显,内含民族矛盾的因素,十分复杂。这类矛盾纠纷敏感性强,容易被各种因素所激化,引起大的纷争,甚至影响民族关系。比如有的族群之间很小的民间纠纷,如果没能及时得到处理或者处置不当,两人之间或两家之间的矛盾就可能演化成宗族之间或村寨之间的大规模械斗,后果十分严重。

正是由于民族纠纷的这些特点,民族地区在纠纷解决的实践中探索出了不同的纠纷解决方式,主要有自行解决纠纷机制、民间社会纠纷解决机制、仲裁、行政解决纠纷机制、司法解决纠纷机制等,下面逐一加以论述。

二、自行解决纠纷机制

自行解决纠纷的方式一般有两种:一是消极解决——自我弃权;二是积极解决,包括自助行为、双方谈判、协商、和解等,有的也会利用社会力量来解决。这是一种古老的方式,在各少数民族群体中都广泛存在,它简单、快捷,占用社会资源少,只要其在合法范围内,国家干预较少。尤其在一些偏远欠发达地区,当纠纷当事人无法及时寻求到国家和社会权力的救济时,自行解决纠纷仍是人们解决纠纷的重要方式。采取第一种方式,不管是出于"退一步海阔天空"的宽阔胸怀抑或各种现实利弊的考量,有理的一方一旦主动放弃伸张自己的权益,纠纷往往随之化解。第二种方式下,有各种不同的表现形式,而且往往都带有很强的民族特色和地域特色,我们试举例说明:

① 参见曾建丰:《资本回乡背景下农民合作的内在结构与组织实践——基于鄂中林村美丽乡村建设的案例分析》,载《华中农业大学学报(社会科学版)》2021年第2期。

动用社会力量协助个人自助行为的情况我们可以通过"邓进文耕牛被盗案"进行解读。

案例分析

云南省金平苗族瑶族傣族自治县十里乡平村村民邓进文于一天清晨发现自己为防止在畜圈被盗而藏在山林之中的一头耕牛被盗。邓进文立即召集村中亲友10余人(包括邓进文的侄女婿邓天有)商议寻牛。约定按"老规矩"处理,即寻到牛和小偷后,先暴打小偷一顿,然后处以小偷2000元罚款,再用罚款宴请众帮忙者一顿饭,并把剩余的钱均分给众人作为误工补偿。众人于当天赶赴越南,在越南寻到被盗的耕牛。其他人先回平村,邓进文则为了赶牛留在越南过夜。众人才离开,越南人即向邓进文揭发邓天有是盗牛者之一。邓进文到达平村之后,发现邓天有已经因惧怕被打而外逃。于是众人到邓天有家中强行要了2000元钱。邓进文用罚款宴请了众人,但是邓进文与其妻看到所剩余款数额颇大,于是违背前约,只发给众人每人20元钱作为酬劳,把剩下的钱据为己有。现在村民每每论及此事意见颇大,表示今后不再帮助邓进文。一个月之后邓天有回到平村,带了礼物向邓进文赔罪,邓进文没有殴打邓天有。[1]

在我国民族地区,还有一种特殊的纠纷解决方式:神明裁判。神判原来是少数民族普遍使用的一种审判方式,以云南为例,在哈尼族、独龙族、景颇族、瑶族、壮族、藏族、阿昌族、傣族、拉祜族、布依族等民族的村寨中,都有神判变迁的记录,除了独龙族、瑶族和拉祜族村寨尚保留着神判传统外,在其余各民族村寨中,神判已经成为历史。

必须要说的是,那种野蛮的以牙还牙、以眼还眼的血亲复仇和决斗等极端的"私了"方式是现代社会所反对的,也是国家法律所不允许的。还有那种弱肉强食,仗着己方实力压迫他人屈服的做法,由于给社会稳定埋下了隐患,也容易造成社会不公,因此也是我们所反对的。

三、民间社会纠纷解决机制

民间社会解决纠纷机制主要是民间社会各种力量对纠纷当事人的斡旋、劝导和调解。调解是一种在第三方参与、主持下,根据双方当事人的合意解决纠纷的方式。在该过程中,第三方调解人或调解组织介入特定纠纷,按照一般和特定

---

[1]　王启梁:《社会控制与秩序——农村法治秩序建构的探索》,云南大学2005年博士学位论文。

的社会规范对争议焦点进行分析,并经过与当事人沟通后作出适合的调解方案。① 调解往往要依据的民间法包括:禁忌、习俗、习惯、习惯法、村规民约、宗教教规戒条等民间规范,它们是乡土社会的"活法"。解决纠纷的主体是各种社会权威,在不同的地域,各种权威的地位和影响力各不相同。不同权威之间往往还呈合作态势。

作为一种古老、传统的解决民间纠纷的方式,民间权威调解靠的是权威者的威信、血缘地缘关系、宗法制度、乡规民约、村规民约等,所遵循的是传统的礼仪道德规范和民习良俗,一旦调解成功,纠纷双方即自觉遵守。少数民族在传统上有自己的民间权威,少数民族群众往往把这些民间权威的教导视为金科玉律。

（一）亲友邻里调解

家庭内部出现纠纷时,一般都在内部自己解决,"不外扬"。有时候民事纠纷和轻微的刑事纠纷也由亲友或者邻里中的长者、有威信的人出面说和、调停,规劝双方当事人谅解、让步,由于邻里和亲友与当事人交往较多,平时了解较深,这种调解往往能及时有效地化解矛盾,是民间调解的重要组成部分。对于家庭内部的纷争,有些民族通常还由母舅运用"舅权"来主持调解纠纷,"天上的雷公,地上的舅公",母舅在不少民族中有着特殊的地位。这种"老娘舅"调解矛盾纠纷便是典型的亲属间调解方式,它受民族、习俗等方面深刻影响,是我国本土化的传统纠纷解决方式,与正式的司法途径共同建构起具有中国特色的现代化纠纷解决体系。②

（二）家族（宗族）调解

家族（宗族）中的族长、威望长者调解族内邻里纠纷是传统的解纷方式之一。虽然严格的宗法制度已经被破除,但是这一调解方式在农村仍然比较普遍。家族（宗族）调解是以少数民族社会中的血缘关系为基础的,因此我们可以看到一种现象:在同一民族的聚居区民间调解解决纠纷情况较普遍且成功率较高,而在多民族杂居区其比例要低一些,且成功率也要低。

（三）部落、村寨头领调解

历史上,少数民族部落、村寨的头领在解决本部落、本村寨内部纠纷中发挥过重要作用。例如,壮族的"寨老"、苗族的"榔头"、瑶族的"石牌头人"、侗族的"理老"、傣族的"寨父寨母"、藏族的"寨首（错米）",等等,他们是民间纠纷的天然调停者。尽管这些"寨老""寨首"们现今的地位已经远不如前,但是他们对村寨中的公共事务仍然发挥着或大或小的作用。例如有些地区的哈尼族夫妻在离

---

① 参见董向芸:《边境少数民族纠纷调解中习惯法适用逻辑变迁——以中缅边境佤族 YH 村的纠纷调解过程为例》,载《湖北民族学院学报（哲学社会科学版）》2019 年第 5 期。

② 参见刘蔚:《城市居民纠纷解决方式的选择及其影响因素》,载《四川理工学院学报（社会科学版）》2019 年第 4 期。

婚时仍然遵守着"砍木休妻"的习俗,即离婚时夫妻双方通常会找有威望的老者作为见证人,然后将一段小木棍砍成两截,各取一半,以此作为离婚的证明,而所找的见证人往往就是村中的"寨老"。而且,"寨老"还会通过参与村委会的人民调解发挥影响。

（四）宗教调解

作为一种历史文化现象,宗教仍将伴随着人类社会的发展而长期存在。我国很多少数民族都有宗教信仰,发生纠纷时,通过宗教组织和宗教人士调解解决的不在少数。在云南的一些苗族村落里,苗族群众倾向以"大事化小,小事化了"的方式来化解矛盾,很多人表示从未有过上法院的念头。在问卷调查中,选择通过自行谅解来解决纠纷的占 17.9%,另有 56.4% 的村民选择找村委会,28.2% 的村民愿意寻求教会方面的调解。① 穆斯林之间发生纠纷时,也经常在清真寺排解纠纷,评判曲直。"伊协"、清真寺等宗教团体和组织以及阿訇、"活佛"等各类宗教神职人员在少数民族群众中有一定的威望,发挥他们在化解矛盾纠纷方面的作用,能使问题尽早尽快地得到解决,有利于社会的和谐稳定。

四、现代民间调解

（一）人民（调解委员会）调解

人民调解是指在人民调解委员会的主持下,依法对民间纠纷当事人说服教育、规劝疏导,促使他们在平等协商、互相谅解的基础上达成协议,从而消除纷争的一种群众自治活动。人民调解委员会是村民委员会和居民委员会下设的调解民间纠纷的群众性组织,在基层人民政府和基层人民法院指导下进行工作。人民调解是我国特有的一种解决民间纠纷的制度,是现行调解制度的一个重要组成部分,在整个矛盾纠纷解决机制中,发挥着基础性作用。

民族地区的很多村委会还懂得利用民间传统权威的力量来化解纠纷。村委会或者村委会下属的调解委员会在调解纠纷方面经常依靠传统民间权威的配合来完成工作。以贵州省贵阳市花溪区石板镇的镇山村为例。镇山村是城市郊区的一个布依族聚居村寨,其自治组织——村民委员会依照国家法律合法选举产生。镇山村村民委员会在对民间纠纷的调解过程中都会邀请村中有一定威信的前辈参与,这实际上是传统上寨老调解纠纷制度的延续,使村民委员会调解与寨老调解制度很好地结合起来,深得纠纷当事人的信任,保证了调解的成功以及调解协议的顺利实现。②

---

① 徐少君、王启梁:《少数民族社区宗教传统与法律意识的个案研究——基于云南省昆明市白邑乡三转弯社区的调查》,载《云南大学学报(法学版)》2005 年第 6 期。

② 罗英姿、班林涛:《镇山村民族民间纠纷调解问题的调查与思考》,载《贵州民族研究》2008 年第 2 期。

（二）社团（行业）组织调解

简言之，社团调解就是由社会团体进行的纠纷调解活动。社会团体又称社团组织、非政府组织、社会中介组织等。根据我国 2016 年 2 月 6 日修订的《社会团体登记管理条例》第 2 条的规定，社会团体"是指中国公民自愿组成，为实现会员共同意愿，按照其章程开展活动的非营利性社会组织。国家机关以外的组织可以作为单位会员加入社会团体"。可见，社会团体是群众性组织，对自己的成员负责。对于成员间或者成员和其他个人、单位间发生纠纷，团体一般会出面进行调解，解决争议。社团调解属于民间调解的一种。目前，有的地区正在探索和尝试在社团组织内建立调解委员会，专门调解纠纷。

在民族地区，除了一般的社会团体以及各类行业组织外，有些民族还有自己的社会团体，如广泛存在的少数民族联谊会等。这类团体是政府与少数民族群众之间的桥梁和纽带，在处理民族地区民间纠纷甚至民族纠纷方面都发挥了积极作用。

五、仲裁

仲裁是解决争议的一种方式，即双方当事人在争议发生前或争议发生后达成协议，自愿将争议交给仲裁机构作出裁决，该裁决对双方都有约束力。仲裁制度在我国确立后，对于我国的纠纷解决机制的多元化起到了重要作用。我国的仲裁委员会在受理争议案件时，还充分发扬了我国传统的调解做法，将调解与仲裁相结合，在当事人双方自愿的前提下，能调则调，但调解并不是仲裁的必经程序。那么，仲裁制度在我国民族地区的实施状况又如何呢？

我们认为，仲裁制度在民族地区运用较少的原因可能有：其一，我国《仲裁法》规定的仲裁范围限于合同纠纷和其他财产权益纠纷，而部分不涉及财产请求的公民名誉权和隐私权的侵权纠纷则显然被排除在外了；其二，《仲裁法》第 3 条规定，婚姻、收养、监护、扶养、继承纠纷不能仲裁，而这些纠纷又恰恰都是各民族地区经常发生的纠纷；其三，由于民族地区群众大多对仲裁制度确实缺乏足够了解，也很难达成合意选择仲裁这一纠纷解决方式；其四，目前仲裁手续仍较为烦琐，收费标准也高于法院诉讼；其五，"一裁终局"是把"双刃剑"，一方面它有高效便捷的优点，另一方面，当事人一旦遭到不公正对待，只能去法院申请撤销裁决，而如果法院判决不予撤销，当事人又不能上诉，最终将造成难以挽回的损失。另外，仲裁机构自身没有强制执行权，一旦一方当事人不主动履行仲裁裁决，另一方当事人最终还得去法院申请执行，这也导致当事人遇到争议的第一反应往往是"上法院"而非"找仲裁"。因此，要充分发挥仲裁制度在民族地区纠纷解决机制中的地位和作用，就必须努力提高少数民族群体的整体文化素质，加大法律的宣传普及力度，同时要进一步完善有关的制度建构，使当事人有足够的信心选择仲裁。

六、行政解决机制

行政性纠纷解纷机制,是指由行政机关解决各种纠纷的机制,包括行政调解、行政裁决、行政复议、信访等多种形式。通过行政机关解决纠纷,既能保证处理纠纷的权威性,又能减轻司法机关日益增大的压力。

案例分析

行政机关在调解具体纠纷的过程中,除了依靠国家法律和政策外,也往往要考虑到民间风俗、习惯法等民间规范,例如2004年1—2月发生在云南省临沧市临翔区下某乡两个自然村关于一块"仙石"的纠纷解决过程就说明了这一点。2004年1月该乡A村村民把B村境内一块传说是有"仙气"的石头抬到A村村口,以获好运。B村村民知道此事后情绪激动,很快结群成队,当夜就到A村索要"仙石"。在争吵中A村村民打伤了B村村民。于是导致两个自然村群众情绪激动,若处理不当就会导致两村大规模械斗。当地政府及相关部门介入此案后,首先在所有权权属上进行确认,认为"仙石"所有权确属B村。对此两村都没有争议,问题是应如何把"仙石"抬回原处,B村提出A村应举行仪式,并在从A村抬回的路上要放鞭炮。这一要求A村村民不能接受,因为按照本地民间信仰,这将对A村产生不利影响。同时"仙石"本应由A村村民抬着放回原处。但当地政府担心,若A村村民在抬"仙石"回去的路上出现"仙石"损坏等问题,纠纷将更为激化。最后选择由相邻的C村村民来抬,因为C村与B村相近,且有共同利益,但在此纠纷中没有卷入,同时满足A村的要求,在抬"仙石"出A村时不放鞭炮,但A村得杀猪请客向B村道歉。此纠纷最后得到顺利解决的根本原因,在于灵活运用了国家法与传统习惯,解决程序上也认可了民间的一些方式。①

当然,需要指出的是,过去相当长一段时间以来关于行政调解的性质以及行政调解的效力的争论一直还在延续,由此产生的影响也在继续,行政调解的作用没有得到充分的发挥。

在我国民族地区,通过行政裁决来解决纠纷的情况也广泛地存在,其中最常见的是森林、土地、草原、矿产、水面、滩涂等自然资源的权属争议。以林权纠纷

---

① 胡兴东:《西南少数民族地区多元化纠纷解决机制的构建》,载《云南社会科学》2007年第4期。

为例,民族地区林权纠纷的原因比汉族地区更复杂,类型更多样,既有村民之间的纠纷,也有村民与集体之间的纠纷,还有集体与集体之间的纠纷;村内、乡内的纠纷居多,但也有县际、州际甚至省际纠纷,涉及面极广。尤其在我国林权制度改革的大背景下,如何综合妥善处理好少数民族群体间的林权纠纷已成为当务之急。行政裁决较司法诉讼更柔性,较行政调解和民间调解又更具刚性,因此,有些纠纷可以通过协商解决,有些可以通过"族长""寨老"、村委会等民间权威调解解决,有些则适合由各级行政机关进行有效的调解,而有些纠纷必要的时候还得靠行政机关作出具有"权威性"的行政裁决。当然,行政机关的行政裁决权是一种国家行政权,使用它处理民族地区的纠纷时要保持谨慎,要充分吸收利用民族习惯法因素,以取得最佳的效果。

七、司法解决纠纷机制

现代社会强调司法权强化与统一,司法诉讼已成为解决纠纷的最后但也是经常使用的途径。随着少数民族权利意识的增强,进入 21 世纪以后,总体而言,少数民族民众运用司法诉讼途径维护自己权益的频率在逐步增加。在所有的纠纷解决手段和制度中,诉讼的数量和所占的比例也在迅速提高。司法解决纠纷主要是法院调解和法院判决两种形式。

(一) 法院调解

法院调解,又称诉讼中调解,是一种特殊的调解活动,是指诉讼中双方当事人在法院审判人员的主持和协调下,就争议的问题在自愿、平等的基础上进行协商,从而解决纠纷的活动和诉讼制度。一般认为,法院调解只存在于民事诉讼和刑事附带民事诉讼中,行政诉讼和刑事诉讼大多不能调解。

除法院调解外,其他方式的调解如民间调解、人民调解、行政调解、仲裁调解等,都不具有诉讼性质,调解所达成的协议一般不具有强制执行的效力。法院调解是一种诉讼内纠纷解决机制,它既是法院的一种诉讼活动,也是法院结案的一种方式,这是法院调解与民间调解的一项最根本的区别。少数民族当事人选择法院调解一个重要动力就在于法院调解的权威性和强制执行力。

调解制度强调纠纷的彻底解决,重视当事人与法院的合作以及当事人之间的协商,追求的是一种妥协的正义,同时注重成本的降低;而判决过程则并不必然要求当事人完全的合作,追求的是法定的正义。比如当事人不出庭时,法官可以作出缺席判决。这是调解与判决的一个重大差异。

民族地区法院的调解与一般地区法院的调解本质上并无不同,但是具有自己的特点,即比较注重依当地的风俗习惯来进行调解。

案例分析

　　以法院调解解决社会纠纷的一个典型是发生在 2004 年 10 月孟连县傣族拉祜族佤族自治县某傣族村的一案件。该县内某村寨中一位傣族男性公民 A 认为该村另一村民 B 强奸了其妻子,当地派出所与司法部门调查后认为证据不足,不予受理。为此,当事人 A 不服,在村寨内传播 B 村民有强奸行为,损坏了 B 村民的名誉,导致 B 村民和其妻子不能正常生活。虽然当地司法部门对 A 进行了批评教育,当事人 A 还是不服,并宣称要与 B 一命抵一命。无奈 B 村民只好向当地法院起诉。受理后法庭在调解时仍然不能解决,反而有激化矛盾的趋势。2005 年 3 月法院提出按当地习俗来解决,当事人双方立即同意,最后按照当地习俗由法官主持进行了"请客"解决。①

　　很多法院在探索和尝试吸纳民间的权威参与到调解当中,以求调解收到实效。例如,宁夏回族自治区海原县人民法院结合民族地区特点,大胆探索人民法院重大案件多元化调解方式。2007 年 5 月,海原县法院制定的《特邀调解员实施办法》规定,现担任自治区、市、县人大代表、政协委员的宗教界知名人士,可参与调解人民法院重大交通肇事、刑事附带民事赔偿案;涉及众多群众房屋拆迁和征地补偿,法院多次调解未果、且在当地有影响的民商事和刑事附带民事赔偿案件。办案法官在案件诉讼过程中,经过三次调解未果,认为邀请特邀调解员有调解可能,在报告主管院长或院长同意后,特邀调解员在法官的主持下,凭"人民法院邀请函"参与案件调解。② 实践证明,这种以依法调解为主导,集法院调解与民间调解于一体的诉讼调解方式,更易于被民族地区的群众所理解和接受,调解成功率高,社会效果好。可见,国家力量与民间力量的有效整合对于解决纠纷具有十分重要的意义。

　　(二) 法院判决

　　有些纠纷当事人之间矛盾较深,分歧较大,难以达成调解,就必须"当判则判"了。尤其是对于一些新型的纠纷,传统的纠纷解决机制难以解决的,这时就不得不诉诸法律,依靠现代诉讼的方式来解决纠纷、维护当事人的合法权益,而这类纠纷的当事人之间往往在观念上差异较大,难以达成调解,最后只能用判决的方式结案。典型的如我国首例涉及少数民族民间文学艺术作品保护问题的《乌苏里船歌》案。该案的原告是黑龙江省饶河县四排赫哲族乡人民政府;被告

---

① 官波:《法律多元视野中的西南少数民族习惯法》,云南大学 2005 年博士学位论文,第 41 页。
② 周崇华、刘学军:《邀宗教人士参与案件调解》,载《法制日报》2007 年 7 月 10 日,第 5 版。

是郭颂、中央电视台和北京北辰购物中心。案件的具体情况如下：

案例分析

《想情郎》是一首世代流传在乌苏里江流域赫哲族中的民间曲调,已无法考证该曲调的最初形成时间和创作人。《想情郎》载于 1958 年刊印的《赫哲族文学艺术概论》；《狩猎的哥哥回来了》载于 1959 年第 12 期《歌曲》杂志,并注明是"赫哲族民歌","金才演唱,吕聂记录整理"。1962 年,郭颂、汪云才、胡小石到乌苏里江流域的赫哲族聚居区进行采风,收集到了包括《想情郎》《狩猎的哥哥回来了》等在内的赫哲族民间曲调。在此基础上,郭颂、汪云才、胡小石共同创作完成了《乌苏里船歌》音乐作品。1963 年 12 月 28 日,在中央人民广播电台录制郭颂演唱的《乌苏里船歌》记录上,"作者"一栏明确写着"东北赫哲族民歌"。此录制档案至今仍在中央人民广播电台完好保存。1964 年 10 月,百花文艺出版社出版的《红色的歌》第 6 期刊载了歌曲《乌苏里船歌》,在署名时也明确注为"赫哲族民歌",汪云才、郭颂编曲。

1999 年 11 月,中央电视台与南宁市人民政府共同主办了"1999 南宁国际民歌艺术节"开幕式晚会。在郭颂演唱完《乌苏里船歌》后,中央电视台节目主持人说:"刚才郭颂老师演唱的《乌苏里船歌》明明是一首创作歌曲,但我们一直以为它是赫哲族人的传统民歌。"南宁国际民歌艺术节组委会将此次开幕式晚会录制成 VCD 光盘。北辰购物中心销售的刊载《乌苏里船歌》音乐作品的各类出版物上,署名方式均为"作曲:汪云才、郭颂"。

原告赫哲族乡政府诉称:《乌苏里船歌》是基于赫哲族人民在长期劳动和生活中逐渐产生的反映赫哲族民族特点、精神风貌和文化特征的民歌曲调改编完成。涉案赫哲族民间曲调属于著作权法规定的民间文学艺术作品,应当受到我国著作权法的保护。被告辩称:《乌苏里船歌》是郭颂、胡小石、汪云才借鉴西洋音乐的创作手法共同创作的。目前全国赫哲族成建制的民族乡有三个,原告只是其中之一,他们无资格和理由代表全体赫哲族人提起诉讼。法院在审理过程中,根据双方当事人的申请,委托中国音乐著作权协会从作曲的专业角度对音乐作品《乌苏里船歌》与《想情郎》《狩猎的哥哥回来了》等曲调进行技术分析鉴定。鉴定报告结论是:《乌苏里船歌》是在《想情郎》等赫哲族民歌的曲调基础上编曲或改编而成。

一审法院经审理认为,原告作为民族乡政府既是赫哲族部分群体的政治代表,也是赫哲族部分群体公共利益的代表。在赫哲族民间文学艺术可能受到侵害时,鉴于权利主体状态的特殊性,为维护本区域内的赫哲族公众的权益,原告可以以自己的名义提起诉讼。《乌苏里船歌》主曲调是郭颂等人在赫哲族民间曲调《想情郎》的基础上,进行了艺术再创作,改编完成的作品。郭颂等人在使用音乐作品《乌苏里船歌》时,应客观地注明该歌曲曲调是源于赫哲族传统民间曲调改编的作品。①

这一案件的处理符合"能调则调,当判则判,调判结合,案结事了"的审判原则。另外,《乌苏里船歌案》是少数民族民间文艺作品著作权纠纷的典型案例,同时该案也把少数民族文化保护的重要性和紧迫性展示在世人面前。关于该纠纷的解决,值得一提的是,据学者对赫哲族群众的调查访谈发现,虽然官司赢了,但是仍然有部分群众对此持保留意见,有的甚至认为"不应该起诉,郭颂对赫哲族是有贡献的"。当地赫哲族人的心情是矛盾的,一方面是民族的文化遗产,祖祖辈辈留下来的东西让人占有;一方面是自己的"恩人",究竟该怎么办?但他们明白,这首歌是赫哲族世世代代流传下来的,郭颂是"赫哲族荣誉渔民",对赫哲族有很大的贡献,是他们的恩人,应该予以肯定。但也绝不允许这些艺术家侵犯他们的民族权利。这表明,他们是有很强的权利意识的,知道自己的权利受到了侵犯,也知道应该拿起法律武器保护自己民族的东西。② 在整个案件的审理过程中,赫哲族人民尊重历史,尊重事实,文明打官司,没说过一句过头话,没讲过一句损伤友情的言语,因而得到世人的支持和赞许。就是在案件胜诉之后,双鸭山市赫哲族研究会会长吴慧仍然表示:尽管我们赢得了法律的认可,但在感情上,《乌苏里船歌》一案的出现,是我们每位赫哲族人都不愿看到的事实。在长期交往中,赫哲族人民对郭颂老师都是十分景仰的,热爱之情难于言表,今后我们一如既往地爱戴这位老歌唱家、艺术家,我们衷心地希望这小小的不愉快不会影响我们建立四十年的浓厚感情,愿它像乌苏里江水上的一片落叶一样,随波而逝。吴慧的话,道出了全体赫哲族人的心声,展示了赫哲族人宽宏的胸怀。③ 这同样反映了赫哲族人在解决纠纷方面的文化态度,正式的司法诉讼是他们最后的无奈选择。

需要指出的是,解决纠纷的具体程序并非每一个纠纷解决所必经的,有的纠纷在前一阶段就已解决,并不进入下一阶段;有的可能越过中间的阶段直接进入了下一阶段。有的到了该阶段之后就不用进入下一阶段,比如仲裁实行的是"一裁终局",经过仲裁后纠纷就已解决,一般不再提起诉讼;有的地区还设有村公所作为乡镇政府在村里的派出机构,纠纷在提到乡镇之前可能还会经过村公

---

① 参见《饶河县四排赫哲族乡政府诉郭颂等侵犯民间文学艺术作品著作权纠纷案》,载《中华人民共和国最高人民法院公报》2004 年第 7 期。

② 田艳:《〈乌苏里船歌〉案与少数民族文化权利保障研究》,载《广西民族研究》2007 年第 4 期。

③ 田丰:《乌苏里江源远流长》,载姚中缙、王吉厚:《赫乡散记》(增订版),香港天马图书出版有限公司 2005 年版,第 321 页。

所的调处;而且,按照对法院审理案件要"案结事了"的要求,即使法院最终对一个纠纷作出了裁判,该纠纷如果仍然没有得到平息,为了防止矛盾的激化,有可能还要回到前面的某一阶段。例如在个别情况下,当事人没有经过前面各阶段的处理,直接向法院提起了诉讼,一旦某一方对诉讼结果不满引起矛盾激化,有可能还得依靠其他的途径来化解。

第四节　民族法的监督保障机制

正如列宁指出的,国家制定法律法规后,要使其得到有效实施,一是对法律的实行加以监督,二是对不执行法律的加以惩办。随着我国民族法制建设的不断完善,作为我国法制监督体系组成部分的民族法制监督体系也日趋完善,初步形成了以国家机关监督、社会舆论监督和人民群众监督为主的中国特色社会主义民族法制监督体系。民族法律法规的执行和实施的监督工作在民族法制建设中同样具有重要作用,也是当前民族法制建设的一个薄弱环节。

一、民族法监督的含义

民族法监督也称民族法实施的监督,它是指由国家机关、社会组织和公民对民族法实施活动的合宪性、合法性、合理性所进行的监察和督导的活动的总称。有法可依为民族区域自治法制建设顺利进行提供了必备条件,民族立法要想达到立法者最初设计的目的,必须借助完善民族法实施监督机制来完成,否则国家的民族法制体系是不健全和不完善的,立法的目的也无法实现。民族法制的监督是民族区域自治法制建设的重要环节,但在现实中却又是最薄弱的环节。因此,完善民族法制监督就成为完善民族区域自治法制建设的主要内容。自《民族区域自治法》颁布以来,民族立法无论从内容上还是数量上都取得了瞩目的成绩,立法体系进一步完备,但是在监督环节上,存在着民族法监督方面的法律规定过于笼统、操作性不强、程序约束不力等状况,致使有的地区监督流于形式。我国《宪法》明确规定,国家维护社会主义法制的统一和尊严。但是,我国的民族法制建设,在实施过程中,还存在许多影响民族法实施效果的问题,加强民族法制监督体系的建设是我国社会主义法制建设尤其是民族法制建设的重要任务。因此,增强社会的民族法制意识,树立民族法的权威,健全民族法制监督体系,明确监督主体,明确监督标准和准则,完善审查监督机制和实施争议解决机制,等等,都是民族法制监督体系建设解决的重要问题。

二、民族法制的宣传与普及

加强民族法制的宣传与普及,做好普及民族法制工作是贯彻民族区域自治制度、推进依法治国的需要。民族法制建设是依法治国的重要方面,加强民族法制的宣传与普及工作,可以促进民族地区和其他地区之间基于法律基础之上的良性互动,争取社会各方面的理解、配合和支持,从而推进民族法治建设的进程。但是由于种种原因,民族地区干部群众的法制观念相对淡薄,维权意识较差,不能充分利用国家法律法规赋予民族地区和少数民族的特殊权利谋利益,民族地区的干部群众的法律意识、权利意识、责任意识都有待提高。作为我国协调和处理民族关系的主要方式,民族法律法规涉及的范围和层次十分宽泛,并不仅局限于少数民族和民族自治地方,在一定程度上,甚至还会涉及社会的各个领域,故此,搞好民族法制的宣传教育工作具有非同寻常的意义。

通过"一五"普法(1986—1990年)到"七五"普法(2016—2020年)三十五年的普法教育,特别是从"六五"开始,我国一直将《民族区域自治法》纳入全国普法计划,民族法的普及和宣传教育工作取得了较大进展。经过十多年的普法宣传和教育,全国约8亿以上普法对象参加了民族法律、法规的学习,为民族法制建设,特别是自治法的实施打下了坚实的思想基础,创造了良好的社会环境。

三、民族法制监督体系

作为我国社会主义法制尤其是民族法制建设的一个重要组成部分,民族法制监督体制建设工作促进了民族法制监督体系的深入发展,推动了以国家立法机关、行政机关、社会团体和公民特别是各民族干部群众监督为主的民族法制监督体系的初步形成。

(一) 民族立法监督

我国民族立法监督是指有权的监督主体,依照法定的职权和程序,对民族立法活动进行监督和检查的活动的总称。现行立法监督体制中,有权实施立法监督活动的主体可以分为两大类:权力机关和行政机关。

第一,立法机关的监督。民族立法监督的内容主要包括:(1) 全国人民代表大会有权改变或撤销全国人民代表大会常务委员会不适当的有关处理民族关系的决定;(2) 全国人民代表大会常务委员会在全国人民代表大会闭会期间,对全国人民代表大会制定的民族法律进行部分补充和修改,但是不得同该法律的基本原则相抵触;(3) 全国人民代表大会常务委员会有权撤销国务院制定的同宪法、法律中有关民族法的内容相抵触的行政法规、决定和命令;(4) 全国人民代表大会常务委员会有权撤销省、自治区、直辖市国家权力机关制定的与宪法和法律有关民族法的内容相抵触的地方性法规和决议;(5) 省、直辖市、设区的市以及自治州的人民代表大会及其常务委员会的地方立法不得与宪法、法律、行政法规以及上级人民代表大会制定的地方性法规中有关民族法的规定相抵触;并要经过法定的备案或批准程序;(6)自治条例和单行条例,报全国人民代表大会常务委员会批准后生效;自治州、自治县的自治条例和单行条例,报省或自治区的人民代表大会常务委员会批准后生效,并报全国人民代表大会常务委员会和国务院备案。

第二,行政机关的立法监督。国务院的立法监督职权主要有:有权改变或撤销其所属各部门发布的不适当的命令和指示;有权改变或撤销地方各级国家行政机关的不适当的决定和命令;有权改变或撤销不适当的部门规章和地方政府规章;制定地方性法规要以不同宪法、法律、行政法规相抵触为前提;部门规章规定的事项应当属于执行法律或国务院的行政法规、决定、命令的事项;地方政府规章规定的主要事项之一应当属于执行法律、行政法规、地方性法规的事项;部门规章之间、部门规章与地方政府规章之间对同一事项的规定不一致时,由国务院裁决;地方性法规、自治条例和单行条例、部门规章和地方政府规章,均应当报国务院备案。国务院在中国立法体制中的地位,决定了国务院的立法监督权在中国这样的单一制国家对保持法制统一特别是立法的统一,有重要的意义。从监督方式上看,"改变"和"撤销",是事后监督法律文件的不同的两种方式。而"批准"和"备案",是事先审查法律文件的不同的两种方式。2001 年修正的《民族区域自治法》增加了自治州、自治县的自治条例和单行条例向国务院备案的规定。

（二）行政监督

我国《宪法》规定了国务院有"领导和管理民族事务,保障少数民族的平等权利和民族自治地方的自治权利"的职权。可以说长期以来,民族法制的实施效果并不是十分理想,除了立法等原因外,缺乏外部的检查监督也是一个极为重要的原因。民族法的执法检查工作通过汇聚各地贯彻实施《民族区域自治法》《草原法》等的成功经验,发现存在的各种问题,听取各方面意见和建议,并通过执法检查对民族地区的群众进行民族政策、民族法律知识宣传教育,增强当地群众的民族法治意识,民族法的执法检查工作为民族法的立法工作、民族法的贯彻实施、完善民族法律实施监督检查机制等方面积累了大量的素材和依据。执法检查工作旨在发现和解决民族地区的法律、法规在实施当中存在的突出问题,对《民族区域自治法》及其配套法规的贯彻落实形成极大的促进和推动。但是我们也要看到,执法检查的内容仅限于诸如《草原法》及散居少数民族权利保障等特定方面,涉及的规模和领域还比较窄,监督的力度不强,威慑力也不高。

（三）司法监督

民族法的司法监督,主要由人民法院和人民检察院对违反民族区域自治法律、法规的案件,依法起诉,依法审理。人民检察院是国家的法律监督机关,受理破坏民族法制的案件,受理有关公民对违反《民族区域自治法》的单位和个人提出的控告,行使检察权;人民法院是国家审判机关,通过审理违反《民族区域自治法》的案件,教育公民自觉地遵守《民族区域自治法》。在这一时期,民族地区各级司法机关采取了各项有力措施,对破坏民族区域自治制度的犯罪活动予以严厉打击,同时,在处理民族地区民族纠纷过程中,坚持原则性和灵活性的统一,从团结的愿望出发,向群众宣传民族宗教政策,宣传法律,注意联系当地特点,把民事纠纷、刑事案件与民族、宗教问题区分开来,注重对这类纠纷的调解,发生在民族地区的严重刑事犯罪活动既不是民族问题,也不是宗教问题,应当依其性质依法打击。这些举措极大地维护了民族地区的社会稳定,保障了人民生产生活秩序。

(四) 社会监督

社会监督范围不断扩大,人民法律意识不断增强。民族法涉及社会关系的各个方面,民族法的社会监督机制是人民群众对民族法实施的监督,但这种监督的作用是不容忽视的,民族法的社会监督是国家机关民族法监督机制的必要补充。民族法的社会监督主体主要包括社会团体、大众传媒和公民个人等。他们对民族法制的实施进行监督的内容有:向有权国家机关提出批评、建议、申诉、控告、检举和起诉,进而促使行政机关依法行政;揭露和曝光违法行为,为有权国家机关的监督提供信息,使之采取有法律效力的监督措施和监督行为,进而实现对国家机关及其工作人员的有效监督。

民族法的监督是多样化的。既有权力机关的监督,通过各级人民代表大会及其常务委员会的活动,对民族法的实施进行有效的监督;还有行政监督,通过行政机关的活动进行监督,特别是人民群众的参与所进行的社会监督。同时,从法律监督层次讲,有宪法监督,还有《民族区域自治法》和相关配套法律的法律监督;从监督方式讲,有"批准""备案""改变""撤销"等方式。可以说我国民族法的监督体系已初步形成。

四、民族法的执法检查

民族法实施监督是我国法制监督的重要组成部分,对于民族法的有效贯彻落实具有重要作用,而执法检查又是民族法实施监督的最重要的手段之一。根据《国务院机构改革方案》(1988 年)和《国务院关于机构设置的通知》(国发〔1998〕5 号)的规定,1998 年设置了国家民族事务委员会,主要职能是主管国家民族事务,其中最重要的一项具体职能就是:监督实施和完善民族区域自治制度建设,监督办理少数民族权益保障事宜,组织指导民族自治地方逢 10 周年庆祝活动;同时《国家民族事务委员会"三定"方案》(1998 年)规定了国家民委有"管理有关民族区域自治制度的建设和贯彻实施《民族区域自治法》的事宜",并"会同有关部门……检查民族政策、法律的执行和实施情况”的职责。① 按照上述规定,国务院和国家民委多次深入民族地区进行视察和检查工作。执法检查、听取和审议专题工作报告,是国家行政机关监督的主要形式。为了及时发现民族区域自治法实施中的问题及听取修订的相关意见,1998 年,全国人大民族委员会组成 7 个视察组到 10 个省、自治区检查《民族区域自治法》的贯彻实施情况,同时,召开座谈会,征求了这 10 个省、自治区及其所辖的 15 个自治州、17 个自治县对《民族区域自治法》的修改意见。

2006 年,全国人大常委会 22 年来首次检查《民族区域自治法》实施情况,标志着民族法实施监督工作迈上新台阶,是我国民族法实施监督的里程碑。以全国人大常委会首次检查《民族区域自治法》实施情况为契机,加强和完善民族法实施监督,为少数民族和民族地区全面建设小康社会、构建和谐社会和建设社会主义新农村提供强有力的民族法制保障。

国务院各有关部门针对执法检查报告所提问题和建议,结合本部门职责,提出了许多具体的改进措施,主要有:关于民族地区配套资金减免;关于财政转移支付;关于资源开发补偿;关于生态建设和环境保护补偿,关于扶贫开发;关于教育、卫生和社会保障等事业发展;关于公务员招考;关于制定实施自治法和《若干规定》配套规章和政策文件。2007 年 7 月 27 日,国家民委对前述工作进行了总结,形成“关于落实全国人大常委会检查组对《民族区域自治法》实施情况意见和建议的报告”,通过国务院办公厅向全国人大常委会办公厅进行了汇报。2015 年 6 月,全国人大常委会又针对内蒙古、吉林、广西、贵州、云南、西藏、甘肃、青海、宁夏、新疆等 10 省区开展了第二次关于《民族区域自治法》的执法检查。

第五节 民族法律责任

如果对我国现行《民族区域自治法》进行分析,就会发现,目前我国《民族区域自治法》无论在形式上还是在内容上,都不足以实现现代法治目标。就其法律责任制度而言,我国《民族区域自治法》虽然广泛赋予民族自治地方自治权,但却没有规定违法行为以及违法行为应承担的法律责任。从《民族区域自治法》法律关系的主体来看,它包括民族自治地方自治机关、民族自治地方的人民法院和人民检察院、上级国家机关、少数民族和少数民族公民以及国家。这些主体在《民族区域自治法》中享有不同的权力或权利,对于民族自治地方、人民法院和人民检察院、上级国家机关和国家而言,其权力的行使严格受到法律的制

---

① 《国家民族事务委员会“三定”方案》,载《民族团结》1998 年第 8 期。

约,不仅不能转让,而且不能抛弃和懈怠。

一、刑事责任

《刑法》第 249 条规定了煽动民族仇恨、民族歧视罪,第 250 条规定了出版歧视、侮辱少数民族作品罪,第 251 条规定了非法剥夺公民宗教信仰自由罪和侵犯少数民族风俗习惯罪。这些都是从国家刑事立法的角度规定的对侵害少数民族权利的行为进行惩处,也是从事后惩罚与补救的角度规定对少数民族权利的保障。此外,《出版管理条例》第 25 条中规定了任何出版物不得含有煽动民族仇恨、民族歧视,破坏民族团结,或者侵害民族风俗、习惯以及危害民族优秀文化传统的内容。第 62 条中规定了对上述行为及其相关行为的具体惩罚措施。

案例分析

2000 年 12 月 8 日,山东省阳信县河流镇发生一起违反民族政策、伤害回族群众感情的事件。12 月 12 日,在少数人的串联、组织下,河北省孟村回族自治县数百名回族群众乘车前往阳信县,在阳信县境内与劝阻民警发生冲突。冲突中,有 6 名群众死亡,19 人受伤,13 名民警受伤。事件发生后,党中央、国务院指示全力抢救伤员,妥善处理善后,尽快查明事实真相,依法严肃处理。公安部当日即派员赶赴现场调查。山东、河北省委、省政府立即组织救治伤员,处理善后,并依法对事件进行调查。死者已按回族习俗安葬,受伤人员全部得到有效治疗。群众情绪稳定,社会秩序正常。

有关司法机关和纪检监察部门在认真调查的基础上,分别对有关责任人员进行了处理,负有领导责任和直接责任的阳信县委副书记吕耀珍、公安局局长王天河、公安局副局长吴保利,刑警队教导员王秀东,孟村县县长韩恩来、县委副书记张洪基,以及煽动组织非法游行示威的孟村县村民冯元申被依法追究刑事责任,对负有领导责任的滨州市委副书记贾崇福、市公安局局长王兴发,阳信县委书记刘成文、县长王力,孟村县委书记赵国权等人给予了党纪政纪处分,对直接责任人员追究了刑事责任。

二、民事责任

在民族法的民事责任方面,我们特别需要加强,尤其是在少数民族传统文化开发中的利益分配方面要强化相关主体的民事责任。在《乌苏里船歌》案中,

2002 年 12 月,北京市第二中级人民法院依照《民法通则》第 4 条、第 134 条第 1 款第 9 项和修正前的《著作权法》第 12 条之规定,对黑龙江省饶河县四排赫哲族乡政府诉郭颂、中央电视台、北京北辰购物中心侵犯民间文学艺术作品著作权纠纷,作出认定《乌苏里船歌》系根据赫哲族民间曲调改编而成的一审判决,主要内容包括:郭颂、中央电视台以任何方式再使用音乐作品《乌苏里船歌》时,应当注明"根据赫哲族民间曲调改编";郭颂、中央电视台于本判决生效之日起 30 日内在《法制日报》上发表音乐作品《乌苏里船歌》系根据赫哲族民间曲调改编的声明;北京北辰购物中心立即停止销售任何刊载未注明改编出处的音乐作品《乌苏里船歌》的出版物;郭颂、中央电视台于本判决生效之日起 30 日内各给付黑龙江省饶河县四排赫哲族乡人民政府因本案诉讼而支出的合理费用 1500 元;驳回黑龙江省饶河县四排赫哲族乡人民政府的其他诉讼请求。被告郭颂及中央电视台不服一审判决,提出上诉。2003 年 12 月 17 日,北京市高级人民法院终审维持了北京市第二中级人民法院的一审判决。①

该判决主要是确认了赫哲族对《乌苏里船歌》的著作权,同时要求被告方赔礼道歉、恢复名誉、消除影响,但并没有支持原告方诉讼请求的第二项:关于经济赔偿的诉讼请求,即赔偿原告经济损失人民币 40 万元,精神损失人民币 10 万元。

三、行政责任

按照行政责任的一般分类,主要有惩罚性行政责任和补救性行政责任两种。前者包括行政处分、行政处罚,后者包括承认错误赔礼道歉、恢复名誉、消除影响、履行职务、撤销违法、纠正不当、返还利益、恢复原状、行政赔偿等。② 在民族法律责任研究的范畴中,上述行政责任类型自然不可能完全涉及,在此谨举数例以为管窥。

《治安管理处罚法》第 47 条规定:"煽动民族仇恨、民族歧视,或者在出版物、计算机信息网络中刊载民族歧视、侮辱内容的,处十日以上十五日以下拘留,可以并处一千元以下罚款。"这主要体现为行政处罚的行政责任承担形式。

《商标法》第 10 条第 1 款规定:"下列标志不得作为商标使用:……(六) 带有民族歧视性的……"针对违反此条的责任问题,《商标法》第 52 条明确规定:"将未注册商标冒充注册商标使用的,或者使用未注册商标违反本法第十条规定的,由地方工商行政管理部门予以制止,限期改正,并可以予以通报,违法经营额五万元以上的,可以处违法经营额百分之二十以下的罚款,没有违法经营额或

---

① 参见《饶河县四排赫哲族乡政府诉郭颂等侵犯民间文学艺术作品著作权纠纷案》,载《中华人民共和国最高人民法院公报》2004 年第 7 期。

② 参见熊文钊:《现代行政法原理》,法律出版社 2000 年版,第 562 页。

者违法经营额不足五万元的,可以处一万元以下的罚款。"这主要体现为行政处罚的行政责任承担形式。

《中华人民共和国文物保护法》(以下简称《文物保护法》)第 2 条第 1 款规定:"在中华人民共和国境内,下列文物受国家保护:……(五) 反映历史上各时代、各民族社会制度、社会生产、社会生活的代表性实物。"与之相对应,该法在"法律责任"的章节,则规定了行政处罚等多种行政责任承担方式。

需要指出的是,总的来说,目前涉及民族法问题规制的行政法规范对于法律责任的设置都稍显单薄,但这并不意味着违反这些规范的行政相对人就能够逃脱对相关行政责任的承担。而作为行政法律责任的重要组成部分之一,行政责任规范的完善则无疑是强化行政责任规制功能的核心路径。

第四章　中国历史上的民族法

第一节　中国古代民族法

一、古代民族法的历史演进

中国古代民族法是指从多民族中国诞生之日直至清末,历代王朝为实现其有效统治和管理各民族的需要而制定和形成的调整民族关系的法律规范的总称。自古以来中国就是一个统一的多民族国家,民族问题是萦绕于中华大地的亘古话题。四千年的历史长河中,民族问题始终是历朝政权面对的难题,为了确保政权的长治久安,各民族执政者依据当时的不同民族态势和势力对比,采取和制定与之相对应的调整民族关系的政策与法律。在多元一体的民族格局下,调处民族关系的政策和法律的成败得失,将直接关系到各民族之间的友好往来,民族地区的安定团结乃至王朝政府的兴衰存亡。慎终追远! 稽古鉴今! 认真梳理古代民族法制历程,对于研究当代中国民族法制的前世今生、所向何方具有重要价值。

中国古代民族法历史悠久、推陈出新、形式多样、内容丰富,但又陈陈相因、脉络清晰、自成一体、有章可循,在沧桑历史画卷上勾勒出一条从低级到高级、从简单到复杂、从模糊到规范、从零散到完备的演进轨迹。就其整个历史发展进程而言,大致可以划分为以下六个阶段:

(一) 先秦时期的民族法

史籍上华夏诸部对周边民族开拓征服的记载俯拾皆是。为了争夺黄河中下游的控制权,炎黄部落与东夷蚩尤部落激战于涿鹿之野;尧舜禹时期也曾频繁对少数民族用兵,史载"流共工于幽州,放欢兜于崇山,窜三苗于三危,殛鲧于羽山,四罪而天下咸服"[1],并且舜在命皋陶制刑时就明确道出其目的在于防范"蛮夷猾夏,寇贼奸宄"[2];商朝常年对北方民族大举征伐,甲骨卜辞中有不少关于商王征讨夷方、鬼方、尸方等诸部族的记载;周武灭商,东方徐、奄、蒲姑等少数民族助武庚叛周,周公两次东征予以清剿。除刑之外,上古民族法的另外一种表现形式是礼。礼最初只是用来规范本民族内部成员行为的,后来随着华夏部族的崛起,四周民族纷纷内附,礼随之发生外移,也用以规范外族与中央王朝的关系了。

---

[1] 《尚书·舜典》。
[2] 同上。

史载大禹"施之以德,海外宾伏,四夷纳职"①,"合诸侯于涂山,执玉帛者万国"。②

夏王朝建立后,实现了"九州攸同,四奥既居"③,统治者从而创造了以各地区土壤好坏与物产不同来确定贡赋等级,用赋税多少来调整中原王朝与周边民族的"五服"制度,其中明确规定"蛮夷要服,戎狄荒服"④。到了西周,"五服"制度得到了进一步发展完善:"甸服者祭,侯服者祀,宾服者享,要服者贡,荒服者王。日祭,月祀,时享,岁贡,终王。先王之训也,有不祭则修言,有不享则修文,有不贡则修名,有不王则修德,序成而有不至,则修刑。于是乎有弄不祭,伐不祀,征不享,让不贡,告不王。于是乎有刑罚之辟,有攻伐之兵,有征讨之备,有威让之令,有文告之辞。布令陈辞而又不至,则增修于德而无勤民于远,是以近无不听,远无不服"⑤。从中可见,要服者必须向周王室进贡,荒服者应当承认周天子的"共主"地位,周边少数民族不贡不朝者,经过"修言""修文""修名""修道"之后仍然执意违背,则将"修刑"乃至"攻伐征讨"。由此可见,关于祭祀、朝拜、纳贡方面的"礼法",关于甲兵、征伐方面的"大刑"以及"五服"制度,是上古民族法的主要内容。

除此而外,先秦时期中原王朝已设有专门负责处理周边民族事务的机构。商代在中央设置"宾",专司诸侯酋领进京朝觐、进贡和受封等事宜。周代设立"小行人"总司民族事务,下设通民族语言的"象胥"、负责款待的"掌客"、执掌民族识别和物产的"职方氏"等。⑥但需要指出的是,先秦时期王朝政权对周边民族主要实行"修其教不易其俗,齐其政不易其宜"⑦的政策,周边民族并不受中原王朝的直接管辖,中原王朝也不过问其内部事务,皆由其自行处理。

（二）秦汉时期的民族法

秦汉是中国古代民族法的形成时期。秦首创了中央集权制的国家模式,推行科层式行政官僚体制和全国性统一法律。在行政体制上,秦在中央设置典客与典属邦之职,"掌诸归义蛮夷"⑧;在民族地区设立专门的政权机关——道,"邑有蛮夷曰道"⑨,区别于内地的郡县制管理。在法律方面,秦制定实施了我国迄今为止可考的最早成文民族立法——"属邦律"。此外,云梦秦简《法律答问》中

① 《尚书·大禹谟》。
② 《春秋左传正义》卷五十八。
③ 《史记·夏本纪》。
④ 《尚书·禹贡》。
⑤ 《国语·周语上》。
⑥ 李鸣:《中国民族法制史论》,中央民族大学出版社 2008 年版,第 16 页。
⑦ 《礼记·王制》。
⑧ 《汉书·百官表》。
⑨ 同上。

亦有不少关于少数民族权利和义务的官方法律解释。秦"属邦律"开创了王朝政权运用法律手段治理少数民族的先例,其中确立的中央监督下的民族"自治"、保障少数民族酋领法律特权、和亲通婚以及民族同化等成为历代王朝制定民族法律所遵循的基本原则和制度框架。

汉承秦制,并有所损益。首先,汉庭将典客更名大鸿胪,"掌诸侯及四方归义蛮夷"。① 下设三名属官:译官,执掌翻译;别火,执掌伙食;郡邸长丞,执掌住宿。其次,汉代在秦郡县制的基础上有所发展,在少数民族聚居区设立道、边县、边郡,主要参酌变通汉法约束管理。同时,对于势力较大的归附民族推行属国制,存其国号君长,各依其民族习惯法治理,并专设护乌桓校尉、护羌校尉、匈奴中郎将、属国都尉等进行警戒和统驭,可谓开后世羁縻制度之先河。最后,对北方实力强大的匈奴诸部,汉庭在国力不济时,往往采取和亲、交质等保守政策,待国力强盛之时,则坚决予以武力涤荡,形成"恩宠"与"专杀"两种对立并用的民族政策法制原则。② 而对于相对分散弱小的南方民族,汉代专门颁行"蛮夷律"进行政治统治与经济控制。汉代这种基于民族态势不同而在民族法制上采取"南北异制"的做法对后世王朝产生了深远影响。

（三）魏晋南北朝时期的民族法

公元 2 世纪末至 6 世纪末长达四百年的时间,天下分裂、战乱不息,除东西晋昙花一现外,长期形成地方割据政权对峙的局面。由于当时政权更迭频繁,社会动荡不安,故而稳定且成体系化的民族法制难以出现,但在民族大融合的历史背景下北方少数民族纷纷入主中原,民族文化大放异彩,极大地丰富了古代民族法的内涵。

三国时期各政权对边远民族多采取笼络抚慰政策使之宾服,其中最为成功的当属蜀汉诸葛亮对南中诸部族的经略。史载诸葛亮平定南中叛乱后,复用其渠帅,深得民心,终亮之世南中不复叛,而且成为蜀国稳定的兵粮基地。唐人张柬之对这种"使其渠率自相统领,不置汉官,亦不留兵镇守"的民族政策大为称赞,认为其"妙得羁縻蛮夷之术"。③ 晋代因之,对周边民族亦采取恩威并济的政策,对臣服民族上层授予爵禄封号笼络之。西晋南迁后逐步在蛮越聚居之地设立左郡、左县,宋齐梁陈四朝承袭之。确立此制其义有二,一则冠之以郡县之名,表明蛮越之地已非"化外"之域;二则加"左"字,表明其具体管理又与正式郡县不同,享有财税减免等诸多方面的优惠。④ 与南朝对峙的北方少数民族政权在

---

① 《后汉书》卷三十五《百官志》。
② 李鸣:《中国民族法制史论》,中央民族大学出版社 2008 年版,第 3 页。
③ 《旧唐书·张柬之传》。
④ 张冠梓:《浅论中国古代的民族法制及其精神》,载《学术界》2003 年第 5 期。

法制革新方面贡献卓著,所谓"南北朝诸律,北优于南"。① 北朝政权不仅大刀阔斧地进行立法改革和制度创新,加速推动自身封建化和"导礼入律"的历史进程,而且在民族法制方面也匠心独具,根据统治需要和不同民族情势因地制宜地采取不同的羁驭策略。一种基于"黎元应抚,夷狄应和"②的民族同化主张,审慎处理民族矛盾,在政治法律方面全面"汉化"。推行"汉化"政策的主要有氐人的前秦政权、羌人的后秦政权以及鲜卑族所建的北魏、北齐政权;另一种则采取"胡汉两制"的民族分治政策,即"以汉地官制治汉,以单于台制治胡",首创二元化民族管理模式,如匈奴的汉赵政权和羯人创立的后赵政权。

（四）隋唐时期的民族法

隋唐时期不仅是中国古代法制的完备和定型阶段,同时亦是古代民族法制发展的重要节点,奠定了运用法制手段调控民族关系的初步基础。其一,确定了相对平等的民族法制指导思想。其二,在职官设置方面,隋唐仿魏晋旧制,中央专设鸿胪寺"掌宾客及凶仪之事",并设典客署掌"四夷归化在藩者之名数"。③同时,唐令规定汉人到民族地方任职,须"达蕃情识利害",避免因地方大员不通蕃务而激发民族矛盾。其三,唐廷在承袭秦汉属国制度的基础上,对归附民族推行一套"怀柔远人,义在羁縻"④制度化的羁縻府州体制。终唐之世,唐廷共设羁縻府州856处⑤,规模庞大、地域广袤。这一制度主要包括三项内容:(1)羁縻府州的都督、刺史、县令均由归附民族酋领担任,且职位由其子孙世袭,但须经朝廷"诏册立其后嗣"。⑥(2)各羁縻府州隶属大唐版图,应对唐廷履行相应的法律义务。政治上,奉唐"正朔"并遵守朝廷纲纪;经济上,定期向中央进奉朝贡;军事上,俱负守土之责,军队须服从唐廷调遣与节制。(3)羁縻府州在政治、财税、司法方面享有较大的自治权,可依本部族的传统方式处理内部事务。以税赋为例,唐代对内附民族实施特惠政策。在征税方式上,区别于汉地的计丁征税,推行按户征缴。唐令规定"诸国蕃胡内附者,亦定为九等,四等已上为上户,七等已上为次户,八等已下为下户。上户丁税钱十文,次户五文,下户免之"。⑦此外,在征税额度方面明确规定"夷僚之户皆从半输(减半)"。⑧其四,对迁居内地的散居少数民族,唐律体现了对其习俗规范的充分尊重。《唐律疏议》规定:"诸化外人同类自相犯者,各依本俗法;异类相犯者,以法律论。"

---

① 程树德:《九朝律考》。
② 《晋书》卷一百一十三。
③ 《旧唐书·职官志三》。
④ 《册府元龟·帝王部》卷一百七十。
⑤ 《新唐书·地理志七下》。
⑥ 《通典》卷二百。
⑦ 《唐六典》。
⑧ 《通典》卷六。

（五）宋元时期的民族法

宋朝统治者为防止重蹈唐末"尾大不掉"的藩镇乱局,在立国之初便采取"强干弱枝""务内虚外"强化中央集权的措施,着意削减地方的事权、财权和兵权,终而酿成"积贫积弱"之困局。囿于国力,宋代的民族法制"南北异制"的特征十分突出。面对北方强大的游牧民族政权,宋廷屡战屡败之下转而采取妥协退让、屈全邻好的策略,先后与辽、西夏、金等少数民族政权订立盟约、岁岁输银。而对于南方弱小民族,宋廷除沿用唐代"以夷制夷"的羁縻制度外,还刻意颁行调处民族关系的专门立法,如《蛮夷门》《蕃官法》《蕃兵法》《蕃丁法》《茶马法》等。稳定的法典律文而外,有宋一朝普遍适用的具有机动灵活、因事制宜优势的"敕令格式"和"条法事类"也成为当时民族立法的重要形式。如太宗雍熙元年(984)颁敕"黔南言溪峒夷獠疾病,击铜鼓、沙锣以祀鬼神,诏释其铜禁"。①

公元 10 世纪中原陷入"五代十国"的混乱纷争中,北方民族乘机崛起,契丹、党项、女真先后建立割据政权。各民族在对峙和交往过程中,一方面极力推行民族分治政策,另一方面则积极吸收中原文明,加速自身法律的封建化进程。辽国疆域广阔,地跨农牧两个生态区域,"长城以南,多雨多暑,其人耕稼以食,桑麻以衣,宫室以居,城郭以治;大漠之间,多寒多风,畜牧畋渔以食,皮毛以衣,转徙随时,车马为家"。②因此辽在立国之初便采取因俗而治的二元化民族法制模式。具言之,在政权组织上"官分南北,以国制治契丹,以汉制待汉人"③;在法律上"律用番汉",用契丹习惯法约束部族,用唐律统驭汉民。西夏仁宗时期制定的《天盛改旧新订律令》成为这一时期少数民族法律"汉化"的集大成者,此律以汉法为蓝本,结合党项民族自身特点,体系完备、内容丰富,可与唐宋法典比肩。

统一始终是中国历史的主旋律,13 世纪兴起于斡难河流域的蒙古族用了80年的时间缔造了第一个由少数民族执政且创版图之最的全国性政权。由于蒙古人口稀少,即使鼎盛时亦不过百万之众,面对"土宇旷远,诸民相杂"④的国情,统治者在民族法制上不遗余力地推行民族歧视和分治策略。(1)公开确认和维护民族间的不平等,元廷将国人划分为四等:蒙古人、色目人、汉人、南人,赋予蒙古人优厚的法律特权,达到其"分而治之"的目的。(2)官吏擢用方面刻意维护蒙古贵族对权力的垄断。中书省、枢密院、御史台最高长官"非国姓不以授",地方政府均设蒙古掌印"达鲁花赤"为监临官执掌权柄。(3)在司法上实行蒙汉区别管辖。汉人、南人犯罪官府均可鞫讯,而蒙古人、色目人犯法则须专司劾查,地

① 《宋史·蛮夷列传一》。
② 《辽史·营卫志中》。
③ 《辽史·百官志一》。
④ 《鲁斋遗书》卷七。

方交由各级"达鲁花赤"，京师交付大宗正府审理。（4）律法上蒙汉民族同罪异罚。元律"禁汉人聚众与蒙古人斗殴"①；蒙古人殴打汉人，汉人不准还手，违者科以刑律；汉人打死蒙古人即处死刑，并责令家属赔付烧埋银，而蒙古人"因争及乘醉殴死汉人者"，只需"全征烧埋银"。②（5）"联夷制汉"，在边远民族地区推行土官制度，争取当地豪酋听命中央，以维护蒙古天下共主之地位。

（六）明清时期的民族法

元廷的黑暗窳败和民族高压政策使其不及百年寿终正寝，继之而起的朱明王朝以元为鉴，开国之初便"刑用重典"严惩贪墨，在民族法制上拨乱反正，转而采取抚和恩惠的和缓政策。首先，明沿袭隋唐旧制设羁縻府州72处。其次，明代在前元土官制的基础上对西南民族推行充实而完善的土司制度，凡218所。明王朝为了征得民族地区的人力与财富，采用封建分封的方式，充分利用民族地区既有政治资源，赐其名爵封号充任当地长官，依其旧俗统辖属民。这样既"抚绥得人"，保留世居民族酋领的权威和旧有统治方式，同时又"恩威并济"，将官衙的编制、称谓以及土司的任免、升迁、奖惩等诸方面逐步纳入国家正式官僚体制，并留兵震慑防止少数民族离心叛乱。后人称赞明代土司制度使西南诸族"谨守疆土，修贡职，供征调，无相携贰"。③

清政府是中国历史上由少数民族缔造的第二个全国性政权，古代封建法制在清代发展到顶峰阶段，民族法制亦是其中不可或缺的重要组成部分。在行政制度方面，中央设立理藩院，成为管理少数民族政治、法律事务的最高国家机关；此外，中央向民族地方派驻大臣、将军、都统等官员，与民族酋领共执权柄。鉴于王朝力量的勃兴，清廷决定"改土归流"，逐步废除土司制度，推行"保甲制"，将民族地方划分为若干里，里下设甲，作为基层行政单位，直接隶属各地州县。"改土归流"，以流官取代世袭土司之制基本上消弭了土司间割据混战、横征暴敛的状态，加强了中央对边疆的控制，密切了民族地区与内地的经济文化联系，有力地保障了少数民族的社会安定。在民族立法方面，清代坚持法制统一原则，"凡化外人犯罪者，并依律拟断"④，即便少数民族也一律适用大清律。但与此同时，清廷又在不违背国家纲纪法则的前提下，博采各民族习惯规范，先后制定施行于各民族地方的单行法，形成了以《理藩院则例》为基本，集《蒙古律例》《钦定西藏章程》《钦定回疆则例》《西宁青海番夷成例》《苗律》于一体，数量众多、内容庞杂、结构完备、体系严谨的民族法律体系，达到了古代民族立法的最高水平。

---

①　《元史·世祖本纪四》。
②　《元史·刑法志四》。
③　《明史·职官志五》。
④　《大清律例·名例律下》。

二、古代民族法的精神特质

通观上启三代、下迄明清四千余年的古代民族法,历代王朝从未放弃对少数民族的政治影响和针对民族地方的法制实施。虽然由于时代背景不同、民族态势各异,加之民族关系的敏感复杂性,各朝对待民族问题的具体法制政策略有差异。但总体而言,稳定而连续的古代民族法演进历程中突出体现了以下一些普遍而鲜明的精神特质。

（一）维护多民族国家统一的立法精神

早在先秦时期,古老中国就形成了以华夏族为核心融合周边各部族松散式的多民族统一国家的雏形,三代之族源虽然各异,但都承认自己是黄帝的后裔,表明三支不同族源的人们开始形成共同的民族意识。“华夷一统”的观念渐次孕育萌发,到西周有了“普天之下,莫非王土;率土之滨,莫非王臣”①的“中华一体”观念,秦汉中央集权制的正式确立使得“天下一家”的思想更加丰富和完善,集中反映汉代统治政策的《盐铁论》将胡汉关系贴切形象地描述为唇齿相依的关系,“中国与边境,犹支体与腹心也……唇亡齿寒,肢体伤则心惨怛。故无手足则肢体废,无边疆则内国害”②。秦汉以后的漫长历史长河中,不论是何民族统御宇内都以中华正统自居,自觉把维护国家统一和主权完整作为王朝民族法制的首要精神。诸葛亮“隆中对”提出“西和诸戎,南抚夷越”的最终目标仍是北抗曹操,以图中原。③ 十六国时期,创建大夏国的匈奴人赫连勃勃自称禹的后裔,立志扫清六合、一统中原。北魏皇室拓跋氏亦认为鲜卑源自黄帝一脉,素怀统一中国的强烈愿望。清康熙帝也以“卜世周垂历,开基汉启疆”④的诗句祭祖诰天,明言大清乃承继三代、汉唐之正统。所谓“华夷一统”落实到具体制度上,就是要求国内各民族承认皇权至高无上的统治权威和自身的藩属或从属地位,谨遵中央的纲纪法令,享有和履行自己在统一政治实体内诸如爵禄、和亲、赏赐、优抚、纳贡、赋税、兵役等法定权利和义务。⑤ 从三代的五服制、两汉的“蛮夷律”,到唐宋的羁縻政策、明清的土司制度,无不渗透着浓厚的“中华一体”的民族统一观。总之,历代王朝都恪守天下一统的职责,始终把凝聚各民族力量、培育中华民族向心力放在国家统一的重要战略地位上,这是古代民族立法始终不渝的主导精神和根本准则。

（二）坚持各民族不平等的立法原则

历史时代、阶级局限和封建政权本质等诸多原因,决定了无论哪一民族攫取

---

① 《诗经·小雅·北山》。

② 《盐铁论·诛秦》。

③ 《三国志·诸葛亮传》

④ 《康熙御制文》卷三十六。

⑤ 张冠梓:《浅论中国古代的民族法制及其精神》,载《学术界》2003 年第 5 期。

了最高统治权力,其奉行民族政策法制的基本出发点俱是维护民族间的不平等并将其合法化。汉族居于统治地位之时,凭借自身社会文明进程的发达,对四方蛮荒民族嗤之以鼻,"尊夏贱夷"的民族歧视观念随之而生,所谓"内诸夏而外夷狄"①,"戎狄豺狼,不可厌也,诸夏亲昵,不可弃也"②都是其具体体现。在这种观念支撑下,只要国力充实,统治者便奉行"刑以威四夷"的武力征服政策。秦汉北定匈奴、南平百越以及对西域诸部的经略,隋唐征高丽、破突厥都是历史上宣武政策的持续。除武力而外,立法上亦坚持华夷不平等,诸如:政治上汉主夷藩,少数民族须向中央王朝称臣纳贡;经济上极力盘剥民族地区的人力财力和奇珍异宝;文化上奉儒学为宗,实行民族同化政策。而当少数民族九五称尊、雄霸天下之时,鉴于自身种群数量有限,为了确保统治秩序的稳固,同样把维护本民族特权作为民族立法的根本原则。"五胡乱华"政权更迭时的民族仇杀,胡汉两制的民族分治政策,元代公开宣布的"四等人"制度其实质都是为了巩固本民族的统治优势。到了清代,歧视性民族政策更是发展到登峰造极的地步,清军入关后旋即推行"崇满抑汉"的政策。政治上"以满为宗",央地决策、行政、监督、军事等核心权力均由满人执掌;文化上大兴文字狱,对文人中存在的反清情绪和民族意识予以严酷镇压;生活方式上强迫其他民族一律着满族服饰,剃发蓄辫,并颁布"留头不留发,留发不留头"血淋淋的"剃发令";司法方面专设管辖旗人案件的机构,并赋予旗人诸多的司法特权,《大清律例》规定旗人犯罪享有"换刑"(换重为轻)、"减等"(量刑例减一等)之特权,且在刑罚执行上也区别对待,旗人有罪不入监狱,平头小民入内务府监所,宫室亲贵则入宗人府空房。③

(三) 因俗而治的民族法特色

中国疆域历来辽远广阔,生息繁衍其间的各民族生产生活方式和风俗习惯各异,政治经济文化发展水平参差不齐,若"遽欲改其习性,同此华风,于事为难,理必不可"。④ 基于此种国情,王朝政权难以在民族地区推行与内地统一化的科层官僚体制和整齐划一的法制模式,于是乎"以夷制夷""因俗而治"便成为实现民族有效治理最为经济的方式和基本指导原则。汉族统治者对于势力强大的北方诸族或地处偏远少数民族的治理采取"分命行人,就申好睦"⑤间接式的羁縻统治,即中央政府尊重其世袭酋领的政治地位,授予其官禄名爵,使其"复长其民",因其故俗而治,保持部族原有的社会结构、语言习俗、宗教信仰与社会规范,以避免发生类似新莽政权试图以强力在民族地方推行"王化"而激起匈

---

① 《春秋公羊传·成公十五年》。
② 《左传·闵公元年》。
③ 曾代伟主编:《中国法制史》,法律出版社2001年版,第214—215页。
④ 《唐会要》卷七十三。
⑤ 《册府元龟·帝王部》卷一百七十。

奴、西南诸夷的强烈反抗,终而倾覆的历史悲剧。另一方面,借鉴汉家典章制度,少数民族政权也广泛运用羁縻手段解决民族问题,只不过适用对象转变为其域内统属的汉族及其他少数民族。魏晋时期的胡汉分治政策、辽国"定治契丹及诸夷之法,汉人则断以律令"①的二元化民族法制、辽金西夏的藩汉官制皆是"因俗而治"民族法制原则的生动体现。时至清代,"汉夷两制""分而治之"的原则被进一步法制化,清廷通过颁行专门立法针对不同民族地区实施不同的行政法制,如西南诸族的土司制度、蒙古的盟旗制度、回疆的伯克制度和头人制度以及西藏的达赖、班禅和驻藏大臣制度。

(四) 政策和法律并用的羁控模式

政策和法律是古代王朝调处民族关系的两种主要手段,二者有机统一于"因俗而治"的羁縻制度中。之所以如此,主要基于两方面考虑:一是基于少数民族社会形态的多样性及其与中原文化的巨大差异,加之当时王朝政权统驭能力有限,对边远民族往往鞭长莫及,重重主客观因素的叠加致使统治者难以在民族地区实施周密详尽的法制化管理。二是中原王朝与周边民族的实力对比经常处于剧烈的变动之中,如果出台细致严密的民族立法,可能会因民族态势格局的变化而出现民族法制与之不相适应的境况,这既不利于朝廷至高权威的维护,也会造成中央对少数民族羁控方式上的"作茧自缚"。而若将政策与法制两种调控手段优化组合、合理衔接,在不背离既定民族法制原则的基础上,结合不同时期、不同地域的具体民族情势充分发挥政策调控迅即、灵活、机动的特点,则更便于在民族治理实践中取得最佳的羁控实效。但随着王朝中央权势的膨胀和统治经验的丰富,其对民族地方的管理和对民族事务的处理也逐步走向制度化。就管理模式而言,在"五服制—属国制—羁縻制—土司制—改土归流"的演进历程中,中央和少数民族的法定权利义务关系不断得以明晰与强化;就法律适用而言,先是奉行属人主义的"各依本俗法",继而是属地主义的"并依律拟断",最后发展到中央政府对民族地方专门立法,可见王朝法制对少数民族的渗透影响不断加深。概言之,政策和法律在规制古代民族关系、发挥有效羁控功能方面功不可没,与此同时,政策制度化和法律化趋势也成为古代民族法制进程中不可逆转的历史潮流。

(五) 兼收并蓄、多元一体的民族法格局

经过数千年的碰撞整合,中华民族早已形成以汉族为主体,与其他少数民族血脉相通、多元一体的架构格局。中华民族族源的多重性深刻决定了中国文化的多元共存,"兼收并蓄""海纳百川"自古就是华夏文明的显著特征,并成为其持续发展的主要推动力。不言而喻,作为传统文化重要组成部分的古代法律文

---

① 《辽史·刑法志上》。

明亦是各民族法律文化相互影响和共同智慧的结晶。少数民族对璀璨瑰丽的中华法系和古代民族法制的形成发展作出了巨大贡献。其一,少数民族法文化是古代法律文明的重要渊源,某些典型法律制度直接发轫于民族习惯法。上古时代,苗蛮部落较早地掌握了冶铁技术,并发明了残酷的肉刑,激起民怨,史载"苗民弗用灵,制以刑,惟作五虐之刑曰法。杀戮无辜,爰始淫为劓、刵、椓、黥"①,于是尧率华夏部落乘机荡平苗蛮,灭其族而用其刑,奠定了古代奴隶制五刑(墨、劓、刖、宫、大辟)的基础。进入国家形态后,中原文明持续领先,但也不乏向周边民族借鉴法律文化之举,赵武灵王"胡服骑射"学习戎狄兵制就是其中典型事例。其二,少数民族法制度是古代民族法的有机组成部分。中国古代长期奉行"因其习俗抚驭之"的羁縻政治和国家法、民间法二元并行的法律格局,为少数民族法律发展提供了广阔空间。少数民族割据政权的民族法制、民族地方政府的"自治"立法以及偏远部族习惯法层出不穷,极大地丰富了古代民族法的内容和范畴。其三,少数民族对加速中华法系的形成和定型居功至伟。从历史上看,每一次民族大融合都有力地推动了中华法制的革新进程。春秋时期的民族融合开创了古代成文立法的新纪元;魏晋南北朝少数民族法律封建化对古代律学思想、立法技术、法典编撰体例和律典内容均产生了深远影响,基本上完成了中华法制的儒家化;宋元明清的民族融合更是实现了古代民族法从二元法制到一体多元的历史性飞跃。因此,不了解古代民族法制历史,就无法揭示中国传统法律的全貌,更不可能深刻理解中华法系的多元化特色。

通过对四千年古代民族法发展历程的钩沉及其精神特质的总结提炼,我们不难发现:中国古代民族法制既形成自己别具一格的独特发展轨迹,又有机统一于多元一体的中华法制体系之中;既充分尊重和发掘少数民族自身的法律文化,又强调民族凝聚力和国家领土、主权的统一;既注重政策和法律双重羁控手段的优化配置,又极力促使对民族地方的制度化法制管理;既赋予少数民族宽泛的"自治"权利,又逐步推进国家法律在民族地区的渗透实施。总之,古代民族法有效地维护了边疆民族地区的稳定,加强了各民族之间的经济文化交往,对实现多民族古代中国的安定团结、繁荣昌盛裨益良多。

第二节　中国近代民族法

近代中国解决民族问题的历史任务有二:一是打倒帝国主义野蛮的殖民压迫,赢得中华民族整体的独立解放和多民族国家主权的完整统一;二是推翻国内封建专制政制和民族歧视政策,实现各民族间的真正平等,充分赋予少数民族自

---

① 《尚书·吕刑》。

我管理的民族自治权。

与此同时，近代民族理论也因现实需要应运而生，并根据民族实践发展不断修正完善，经历了从"驱逐鞑虏，恢复中华"到"五族共和"，从"单一民族"到"三民主义边疆政策"、从"民族自决"到"联邦制"再到"民族区域自治"的复杂变迁历程，经过几代仁人志士前赴后继的摸索矫正，中国近代民族理论逐步从模糊走向清晰、从幼稚走向成熟、从偏颇走向完善。[①] 民族理论与政策的推陈出新、"西学东渐"下民族权利意识的滋生萌发、民主宪政困局中的艰难求索，共同推动着近代民族自治法制的实施进程，其间虽几多波折、几多遗憾，却也有所建树、收获颇多，为以后新中国民族法制实践积累了宝贵经验、奠定了坚实基础。

一、清末的民族法

清代前中期历代帝王"能够以一种全新的角度和视野对待和处理少数民族问题，比任何其他王朝都重视民族自治法规的制定、推行和完善，19 世纪上半叶清朝对蒙古、新疆、西藏等民族地区的统治达到全盛时期"[②]。但从鸦片战争开始，在西方"炮舰政策"的威逼下，中国门户次第洞开，边疆民族地方也难以幸免，日益严重的民族情势使得原先制定的民族立法渐次失效。因而清末仿行立宪、革新官制和修订法律之时，清廷着手针对民族问题展开新兴立法，虽然这些民族法规几乎未曾得以实施，但毕竟迈出了民族法制近代化的第一步，客观上起到了挽救民族危亡、维护国家主权的积极作用。清末政府在革新民族法制方面作出的努力主要有：

首先，道光二十四年（1844）颁行《酌拟裁禁商上积弊章程二十八条》。这是继《钦定藏内善后章程二十九条》之后清廷颁布的又一部治藏基本法规，重新界定了中央与西藏地方政府的关系，其主要内容有：（1）政治上规定驻藏大臣与达赖、班禅平等，而非与代办的呼图克图平等；（2）外交上鉴于"西藏地方与廓尔喀、布鲁克巴、哲孟雄、洛敏达、拉达克各部落接境，外番人等或来藏布施，或遣人通问，事所常有……均呈明驻藏大臣代为酌定发给，不准私自接受"；（3）人事上规定驻藏大臣不得保奏达赖的正、副师傅，而且规范了官品升补的程序；（4）经济上放弃清廷和驻藏大臣对西藏商上财政权的监督；（5）军事上中央放弃了驻藏大臣的巡边权，将部分军事指挥权让与地方。[③] 制定该章程的主要目的原本是削弱商上在西藏事务中的控制权，革除当时清政府西藏统治政策的弊端。但由于琦善的妥协，清廷放弃了驻藏大臣的一些重要职权，西藏地方政府特

---

① 李鸣编著：《中国近代民族自治法制研究》，中央民族大学出版社 2008 年版，第 4 页。
② 〔美〕费正清编：《剑桥中国晚清史：1800—1911 年》，中国社会科学院历史研究所编译室译，中国社会科学出版社 1985 年版，第 343 页。
③ 孙镇平：《清代西藏法制研究》，知识产权出版社 2004 年版，第 281—282 页。

别是商上喇嘛通过章程获得了较大自治权利。

其次，在民族地区推行"新政"。光绪二十七年（1901），清政府迫于边疆地区民族危机日渐加深的重重压力，决定改弦易辙，宣布在民族地区推行"新政"，为清末民族法制留下了浓墨重彩的一笔。清王朝在民族地区推行"新政"的主要内容有二：一是"招民放垦"。清廷撤销对蒙古地区的封禁令，开放蒙地、移民实边，剥夺蒙旗传统的自主权益。二是建省置县。清王朝坚持拥有对边疆民族地区的主权，并陆续废除新疆、台湾、东三省原先的政治体制，设立与内地一致的行省制度。①

光绪三十二年（1906）清廷厘定官制，改"理藩院"为"理藩部"，增设调查、编纂两个附属局，着手筹办"藩部"新政事宜，提出包括牧政、开垦、铁路、矿产、森林、渔业、盐务、学校、兵制、商务等十四项内容的调查提纲，组织派员对蒙旗进行政治、经济、军事、文化教育等诸方面的调查，以期为新形势下的民族立法提供一手参考资料。同年，清廷派肃亲王善耆到蒙古东部地区进行实地考察，之后以"经营之策"八条向朝廷提出在蒙古施行新政的具体建议。中央还指令京城政要、边省督抚和各路办事大臣、将军、都统以及蒙古王公等，根据民族地区的实际情况，向朝廷上报施行新政的革新方案。光绪三十二年，内阁中书钟镛提出"蒙古事宜十四条"，具体包括建议会、移建理藩院、变通理藩院官制、行殖民策、移八旗兵饷于蒙古、复围猎之制、借债筑路、开设银行、铸造银铜元、兴矿产之利、屯垦之利、畜牧之利、森林之利、榷盐之利。② 光绪三十四年（1908），内蒙古卓索图盟喀喇沁扎萨克多罗都楞郡王贡桑诺尔布提出八条新政措施，包括设立银行、速修铁路、开采矿山、整顿农工商、普及教育、编练新军、创办巡警等内容。③

最后，制定《新治藏政策大纲十九条》等民族法规。光绪三十二年，清廷派张荫棠"领副都统衔"，以查办大臣的身份进藏"查办藏事"，提出"治藏大纲二十四款"，次年清廷在此基础上制定《新治藏政策大纲十九条》。该法的主要内容有：（1）仿照印度藩王制，优待达赖喇嘛，恢复藏王体制，以汉官监之；（2）加强中央对西藏地方的控制，废除驻藏大臣之职，以行部大臣代之，"所有达赖、班禅等，均归节制"④；（3）设银行，收回地方铸币权；（4）改革司法制度；（5）增设税关、酌定税则等。

总体而言，由于边疆民族地区不具备实施新政各种充分的主客观条件，"新政"说得热闹，实际上没有多少成效。值得一提的是，在光绪三十四年和宣统三年（1911）清廷先后颁布的《钦定宪法大纲》与《重大信条十九条》两部宪法性文

---

① 孙镇平：《清代西藏法制研究》，知识产权出版社2004年版，第281—282页。
② 《清德宗实录》卷五百五十五。
③ 《清德宗实录》卷五百六十八。
④ 《使藏纪事》卷五。

件中,没有就民族问题作出任何规定。由此可见,清末"新政"与立宪,并没有使广大少数民族民众的社会地位和生活境况得到改善。

二、南京临时政府时期的民族法

1912 年 1 月 1 日中华民国临时政府在南京成立,孙中山就任临时大总统。孙中山一贯主张废除清朝政府的民族歧视和民族压迫政策,全国各族人民一律平等。宣布:"合汉、满、蒙、回、藏诸地为一国,即合汉、满、蒙、回、藏诸族为一人,是谓民族之统一"。① 还宣称:"从今以后,五大民族,同心协力,共策国家之进行","相亲相爱,如兄如弟,以共享共和之幸福"。这一时期,民族法制的主要内容包括:

首先,制定《中华民国临时约法》(以下简称《临时约法》),首次在宪法性文件中详尽阐明资产阶级民族法制观念。其一,确定中华民国为资产阶级民主共和国。第一章"总纲"明确宣告:"中华民国由中华人民组织之。"(第 1 条)"中华民国之主权,属于国民全体。"(第 2 条)其二,确定中华民国是一个主权独立的统一多民族国家。第一章"总纲"在中国领土问题上采取列举主义原则作出规定:"中华民国领土,为二十二行省、内外蒙古、西藏、青海。"(第 3 条)肯定主要由少数民族居住的内外蒙古、青海、西藏都是中华民国领土不可分割的部分,同时又承认其是与一般行省不同的具有特殊性的部分。强调了反对侵略、反对分裂,坚持民族团结、国家统一的严正立场。其三,确定了民族平等权利和少数民族政治权利。《临时约法》充分强调了民族平等权和少数民族参政议政的权利,并明确规定这两项权利不得以任何理由或条件加以限制和剥夺。第二章"人民"规定:"中华民国人民,一律平等,无种族、阶级、宗教之区别。"(第 5 条)承认各民族人民一律平等,少数民族平等享有国民应享有的一切权利。第三章"参议院"规定:"参议员,每行省、内蒙古、外蒙古、西藏各选派五人,青海选派一人;其选派方法,由各地方自定之。参议院会议时,每参议员有一表决权。"(第18 条)按照《临时约法》的规定,国家立法权归属参议院,参议员由地方选派,民族地区也享有法定代表名额,参与国家政治。民族平等权和参政权是历代封建王朝所忽略与排斥的,针对这一现状,《临时约法》对此加以肯定和强调,这正是南京临时政府民族法制的创新之处,其意义非同一般。

《临时约法》是中国近代民族立法史上一座不朽丰碑,它首次将民族关系作为国家根本大法的一项内容。尽管《临时约法》没有民族自治条款的陈述,但统一的多民族国家格局、民族平等权、少数民族参政权的确立不失为民族自治奠定

---

① 中国第二历史档案馆编:《中华民国史档案资料汇编》(第 2 辑),江苏人民出版社 1981 年版,第1—2 页。

了前提和基础。在中国制宪史上,《临时约法》首次涉及少数民族的权利问题,尽管少数民族享有的平等权、参政权以及风俗习惯、宗教信仰被尊重的权利十分有限,但毕竟标志着对少数民族权利的宪法保护之路从此扬帆起程。

其次,颁行优待清朝皇室以及前清各族王公世爵的法律文件,如《关于大清皇帝辞位之后优待之条件》《关于清皇族待遇之条件》《关于满、蒙、回、藏各族待遇之条件》等。① 这些文件主要规定清帝逊位后民国政府保护皇室贵族与各族公爵享有原有的礼仪、经济条件和生活待遇,以稳定这部分人的情绪,力图稳定当时政局。同时也蕴含了倡导民族平等、取消民族歧视、尊重少数民族宗教信仰等进步主张。

最后,1912 年 4 月 1 日,临时大总统公布《参议院法》。② 该法进一步保障民族地区享有的参议员分配名额,确保各少数民族与汉人享有同等的立法权和参政权。同时,考虑到民族地区地处偏远、交通不便,《参议院法》还特别规定:"参议员必须于选定到院后的六十天内报道,不报到者,应即取消,由院咨请另选。甘肃、新疆、西藏、青海、内外蒙古各处参议员,不在此限。"(第 7 条)以示对民族地区的特殊照顾。

三、北洋政府时期的民族法

从 1912 年 4 月袁世凯篡权直至 1928 年 6 月张作霖退出北京,北洋军阀统治中国长达 16 年。北洋政府统治期间,内战频发,民不聊生,民族矛盾日渐尖锐,给近代中国带来了深重灾难。北洋政府在处理民族问题时表面上因循孙中山提出的民族理论,事实上却是以"民族平等"为幌子奉行民族压迫政策,加之缺乏权利的实施保障机制和相关物质基础,少数民族难以真正享受到民族立法中所许诺的种种空头权利。北洋政府统治时期民族方面的相关立法主要包括:

第一,制宪过程中沿袭《临时约法》关于国家政体和民族问题的原则立场。

第二,在制定国会选举法时,注意吸纳少数民族代表参政议政。

第三,制定了大量的民族法规。如 1912 年《蒙藏事务局官制》。③

总体而言,北洋政府统治时期的民族立法是在孙中山"五族共和"民族理论的影响下,在"共和政体"的制约下,认识到边疆民族地区是国家不可分割的一部分,为增强边疆少数民族的凝聚力和向心力,保证民族地区的稳定,维护国家主权统一而制定的。与帝制时代的民族法制政策相比的确成绩斐然,但不容否

---

① 中国第二历史档案馆编:《中华民国史档案资料汇编》(第 2 辑),江苏人民出版社 1981 年版,第73—75 页。

② 同上书,第 122—131 页。

③ 1912 年 7 月 24 日,经参议院决定,将蒙藏事务处改为蒙藏事务局并公布官制。

认,北洋政府的民族立法也存在某些明显缺陷。其一,它赋予少数民族诸多法定权利但同时又附加种种限制条件,导致这些权利在实践中难以为广大少数民族民众充分享有,体现了其民族法制的虚伪性和肤浅性;其二,它希冀通过给予蒙古、西藏上层僧俗贵族某些特权,使其在政治上倒向政府而不去投靠外国势力,从而忽视了对少数民族普通民众的权利保障;其三,北洋政府的民族法制政策是近代国内外激烈民族矛盾斗争最终妥协的产物,它缺乏长远的政治目标和清晰的纲领规划,从而在实践中更多地表露出政治上的欺骗性和政策上的摇摆性。

四、南京国民政府时期的民族法

1927 年 4 月南京国民政府成立,其民族理论由孙中山的民族自决、民族解放原则转向坚持奉行一个"国族"的原则,并在此基础上提出"三民主义边疆政策"。在该政策的指导下,南京国民政府在民族立法方面积极有为、颇多建树:

首先,在历次制宪活动中,形式上拥护共和政体、推行民族平等原则,肯定少数民族参政权利,积极探索民族地方自治模式。

其次,制定国民代表大会选举法时积极吸纳少数民族代表参与国政。1947年国民政府公布的《国民代表大会选举罢免法》中规定:"(国民代表大会代表)蒙古各盟旗选出者,共 57 名;西藏选出者,共 40 名;各民族在边疆选出者,共 17名;……内地生活习惯特殊之国民选出者,共 10 名。"(第 4 条第 1 款)"选举票及选举公告,在边疆各地得兼载各该地通用文字。"(第 27 条)

最后,国民政府及其相关部门也制定了一些民族法规、规章。如:1929 年《待遇蒙藏学生章程》;1930 年司法院训令司法行政部公布的《改进蒙古司法办法大纲》;1931 年《修正蒙藏委员会组织法》《蒙古喇嘛寺庙监督条例》《蒙古盟部旗组织法》;1933 年《西陲宣化使公署组织条例》《蒙古自治办法原则》;1936年蒙藏委员会公布的《喇嘛转世办法》等。

五、新民主主义革命时期的民族法

中国共产党领导下的新民主主义革命政权十分重视国内少数民族问题,从建党伊始陆续提出民族自决、民族联邦制和民族区域自治等解决民族问题的一系列纲领、政策,并在此基础上颁布一系列宪法性文件、法令,开启了中国民族立法史上新的一页。新中国成立之前革命根据地的民族法制是中国共产党民族区域自治政策的努力探索和积极实践,为新中国民族区域自治制度的最终创立积累了宝贵经验。

(一) 土地革命战争时期

这一时期是中国共产党领导的新生工农革命政权解决旧中国民族问题的初步摸索阶段。早在建党之初,中国共产党就密切关注解决国内民族矛盾的重要性,所以在党的历次重大会议上都提及如何认识和解决当时中国面临的突出民族问题。但由于受苏联、第三国际和党内"左"倾错误路线的影响,革命政权的宪法性文件中采用了民族自决和民族联邦的理论,主张对蒙古、西藏、新疆采取民族自决和联邦制的方式来解决各民族事实上的不平等,在解决国内民族问题上照搬"苏联经验",出现了脱离中国实际的偏差。

1922 年 7 月中国共产党第二次代表大会通过《关于"国际帝国主义与中国和中国共产党"的决议案》,首次提出自己解决国内民族问题的纲领:"统一中国本部(包括东三省在内)为真正民主共和国;蒙古、西藏、回疆三部实行自治,为民族自治邦;在自由联邦制原则上,统一联合蒙古、西藏、回疆,建立中华联邦共和国。"①

1928 年中国共产党第六次全国代表大会《政治决议案》提出:"统一中国,承认民族自决权。"②"在苏维埃政权领域内,工人、农民、红色战士及一切劳苦大众和他们的家属,不分男女、种族(汉满蒙回藏苗黎和在中国的台湾、高丽、安南人等)、宗教,在苏维埃法律面前人人平等的,皆为苏维埃共和国的公民。"

1931 年 11 月 7 日中华苏维埃第一次全国代表大会通过《关于中国境内少数民族问题的决议案》,这是革命政权制定的有关民族法制方面的首个专门性法律文件。文件指出:"中华苏维埃共和国绝对地无条件地承认这些少数民族自决权。这就是说,蒙古、西藏、新疆、云南、贵州等一定区域内,居住的人民有某种非汉族而人口占大多数的民族,都由当地这种民族的劳苦群众自己去决定:他们是否愿意和中华苏维埃共和国分离而另外成立自己的国家,还是愿意加入苏维埃联邦或者在中华苏维埃共和国之内成立自治区域。"③"自治区域"概念的提出是中国共产党人对马克思主义民族法制理论的一个重要贡献。

1934 年 1 月第二次全国工农兵代表大会通过《中华苏维埃共和国宪法大纲》。在首部红色宪法中进一步确立:"中华苏维埃政权承认中国境内少数民族的民族自决权,一直承认到各弱小民族有同中国脱离,自己成立独立的国家的权利。蒙古、回、藏、苗、黎、高丽人等,凡是居住在中国的地域的,他们有完全自决

---

① 中共中央统战部编:《民族问题文献汇编(一九二一·七——一九四九·九)》,中共中央党校出版社 1991 年版,第 18 页。

② 中央档案馆编:《中国共产党第二次至第六次全国代表大会文件汇编》,人民出版社 1981 年版,第 56 页。

③ 中共中央统战部编:《民族问题文献汇编(一九二一·七——一九四九·九)》,中共中央党校出版社 1991 年版,第 166 页。

权,加入或脱离中华苏维埃联邦,或建立自己的自治区域。中华苏维埃政权在现在要努力帮助这些弱小民族脱离帝国主义、国民党、军阀、王公、喇嘛、土司的压迫统治而得到完全自主。苏维埃政权,更要在这些民族中发展他们自己的文化和民族言语。"①

1935 年 12 月 20 日和 1936 年 5 月 25 日中华苏维埃政府分别发布《中华苏维埃中央人民政府对内蒙古人民宣言》和《中华苏维埃中央人民政府对回族人民的宣言》,两个宣言着重宣传中国共产党和苏维埃政权团结各少数民族共同抗战的民族政策,既强调民族自决,建立民族独立自主的政权,又提出建立民族自治政府,自己管理自己民族内部的事务。1936 年 10 月,中国历史上第一个县级自治政权——陕甘宁省豫海县回民自治政府成立,同时颁布了首部民族自治法规——《豫海县回民自治政府条例》。这表明党在民族理论和具体法制实践方面前进了一大步。

(二) 抗日战争时期

第二次国共合作期间,出于统一战线的考虑,抗日民主政权奉行团结一切力量共同抗日的政策,于是在民族法制内容上作出了某些合乎实际的相应变化。

1937 年 8 月中国共产党发布《抗日救国十大纲领》,提出:"动员蒙民、回民及其他少数民族,在民族自决和自治的原则下,共同抗日。"②

1938 年 9 月毛泽东在中央六届六中全会上作了题为《论新阶段》的报告,该报告从国内民族的实际情况出发,找到了解决民族问题的正确途径和对策,放弃"联邦制",主张在国家统一的前提下推行民族区域自治政策。随后,陕甘宁边区和其他根据地内的少数民族聚居区纷纷建立起不同级别的民族自治区。

1941 年 5 月中共中央政治局批准《陕甘宁边区施政纲领》(以下简称《纲领》)。《纲领》第 17 条规定:"依据民族平等原则,实行蒙、回民族与汉族在政治、经济、文化上的平等权利,建立蒙、回民族的自治区,尊重蒙、回民族的宗教信仰与风俗习惯。"③并根据蒙、回自治区的要求,先后在盐池、定边、新正、靖边县和三边、陇东专属的回民聚居区建立了民族自治乡(镇)。

(三) 解放战争时期

解放战争时期是中国共产党民族区域自治理论的初步形成和快速发展时期,这一阶段人民民主政权民族法制建设取得了不少成绩。

1945 年 4 月 24 日毛泽东在中国共产党第七次代表大会上通过的政治报告

---

① 中共中央统战部编:《民族问题文献汇编(一九二一·七——一九四九·九)》,中共中央党校出版社 1991 年版,第 209 页。

② 《毛泽东选集》(第 2 卷),人民出版社 1991 年版,第 355 页。

③ 中共中央统战部编:《民族问题文献汇编(一九二一·七——一九四九·九)》,中共中央党校出版社 1991 年版,第 678 页。

《论联合政府》中明确提出:"要求改善国内少数民族的待遇,允许各少数民族有民族自治的权利。"①

1945年9月发布的《晋察冀边区行政委员会施政要端》中规定:"对边区境内蒙、回、藏少数民族一律平等待遇,并帮助其在政治上、经济上、文化上的解放和发展,尊重其语言、文字、风俗、习惯及宗教信仰。"

1946年4月陕甘宁边区第三届参议会第一次会议通过的《陕甘宁边区宪法原则》中规定:"边区人民不分民族,一律平等。""边区各少数民族,在居住集中地区,得划分民族区,组织民族自治政权,在不与省宪抵触原则下,得订立自治法规。"②在中国民族立法史上首次提出"自治法规"的概念,是人民民主政权的伟大创举。

1947年4月27日内蒙古人民代表会议通过《内蒙古自治政府施政纲领》和《内蒙古自治政府暂行组织大纲》,4天之后内蒙古自治政府宣告成立,成为中国共产党民族区域自治政策及其法制的首次成功预演。

1949年9月29日中国人民政治协商会议第一届全体会议通过《共同纲领》,其中专列"民族政策"一章对民族区域自治制度作出明确部署,其中规定:"中华人民共和国境内各民族一律平等,实行团结互助,反对帝国主义和各民族内部的人民公敌,使中华人民共和国成为各民族友爱合作的大家庭。反对大民族主义和狭隘民族主义,禁止民族间的歧视、压迫和分裂各民族团结的行为(第50条)。各少数民族聚居的地区,应实行民族的区域自治,按照民族聚居的人口多少和区域大小,分别建立各种民族自治机关。凡各民族杂居的地方及民族自治区内,各民族在当地政权机关中均应有相当名额的代表(第51条)。中华人民共和国境内各少数民族,均有按照统一的国家军事制度,参加人民解放军及组织地方人民公安部队的权利(第52条)。各少数民族均有发展其语言文字、保持或改革其风俗习惯及宗教信仰的自由。人民政府应帮助少数民族的人民大众发展其政治、经济、文化、教育的建设事业(第53条)。"这些规定把中国共产党在新民主主义革命时期一贯坚持的切合实际且行之有效的民族政策,用法律的形式固定下来,更便于在实践中遵守和依循。

综上所述,在近代"五朝"政府(清末政府、南京临时政府、北洋政府、南京国民政府、新民主主义革命政权)半个多世纪民族法制沿革历程中,为了应对极其复杂的政治局势,执政者在民族理论方面不断"更古附新",在民族法制方面争先鼓吹"平等""自由"与"自治",无奈多是闻其声响如震雷,观其行静若磐石,

---

① 中共中央统战部编:《民族问题文献汇编(一九二一·七——一九四九·九)》,中共中央党校出版社1991年版,第742页。

② 同上书,第1047页。

几无实效。相形之下,共产党领导的新民主主义革命政权始终为谋求中华民族的独立解放进行着艰苦卓绝的抗争,始终为实现国内各民族间的真正平等和少数民族诸项权利的充分享有苦苦求索,在为帮助少数民族实现自我管理和引导其迅速走上繁荣发展道路的摸索中创造性地创立了符合中国国情的民族区域自治制度。

第三节　中国当代民族法

一、新中国民族法制的发展历程

中国共产党十分重视国内少数民族问题的解决,把民族问题视为整个中国革命和建设进程中的重要组成部分。新中国成立后,党和政府开始了运用法制这一更高层次文明的国家治理方略创造性地解决民族问题的伟大实践,注重运用法律形式保障少数民族的诸项权益,不断推进民族法制建设的发展。新中国的民族法制之路并不平坦,其间有曲折、有教训,但"阳光总在风雨后",乘着改革春风民族法制走上自身良性发展的轨道,奔向更加灿烂辉煌的明天。鉴于往事,有资于治道。新世纪新的历史阶段,认真梳理新中国民族法制整整一甲子的艰难历程,深刻总结其中的经验和教训,对于进一步繁荣民族法制,推进依法治国的整体进程,推动广大民族地区政治经济文化事业的全面进步,具有重大的理论价值和深远的现实意义。

七十多年来,我国的民族法制建设走过了一条从初步创立、曲折前进到逐步萧条、陷于停滞,最终恢复重建、走向完善的不平凡的发展历程。

（一）初步创立时期(1949 年 10 月—1956 年 8 月)

1949 年 9 月,在当时通过的起临时宪法作用的《共同纲领》中就明确废除了延续数千年的民族歧视和剥削、压迫制度,推行国内各民族"均有平等的权利和义务"的原则,开辟了民族平等、团结、互助的新型社会主义民族关系的新时代,并把民族区域自治政策确立为解决我国民族问题的一项政治制度。但由于多重原因,当时的民族成分及其分布情况混杂不清,全国各地所报自称或他称的民族名称多达 400 余个[①],这种状况严重制约着民族法制的制定实施。为此,在《共同纲领》指导下,1950 年起在全国开展了大规模的民族调查和民族识别工作。经过认真识别,截至 1953 年我国先后确认了 38 个少数民族[②],为当时的民族立法和民族区域自治政策的落实提供了现实依据。

---

① 费孝通主编:《中华民族多元一体格局》(修订本),中央民族大学出版社 1999 年版,第 355 页。
② 至 1979 年,我国又新确认单一少数民族 17 个,至此全国被确认的民族族称共计 56 个,民族识别工作基本完成。

　　随着社会主义民族关系的确立巩固和民族识别工作的顺利展开,中央在推行各种有效政策措施的基础上先后制定一系列民族法令保障少数民族广泛权益的实现。如:政务院 1950 年批准《培养少数民族干部试行方案》和《筹办中央民族学院试行方案》,随后颁行《政务院关于伊斯兰教的人民在其三大节日屠宰自己食用的牛羊应免征屠宰税并放宽检验标准的通令》;1951 年发布反对民族歧视的《政务院关于处理带有歧视或侮辱少数民族性质的称谓、地名、碑碣、匾联的指示》,推动民族贸易的《政务院关于批准中央贸易部民族贸易会议报告并通知执行的指示》;1952 年又通过《各级人民政府民族事务委员会试行组织通则》(已失效)、《政务院关于地方民族民主联合政府实施办法的决定》(已失效),这些法令的出台彻底涤荡了旧社会遗存下来的种种民族歧视,有力地改善了少数民族的政治待遇和社会境况。

　　新中国成立初期,我国在民族法制建设方面取得的主要成果包括以下五项①:一是 1952 年 8 月 8 日中央人民政府委员会批准通过《实施纲要》,首次对民族自治区的设立、区划、行政地位,自治机关的组成和隶属关系,自治机关的自治权利,调整民族自治区内的民族关系原则以及上级政府对民族自治区的领导原则等方面作出规定,迈出了我国民族区域自治法制化的坚实一步。二是 1952 年 2 月发布的《政务院关于保障一切散居的少数民族成分享有民族平等权利的决定》,首次提到一切成分的人民均与当地的汉族人民享有平等的权利,并享有加入当地各种人民团体及参加各种职业的权利等,弥补了民族区域自治在维护散杂居少数民族权利方面的遗漏,使少数民族权利保护的领域更加宽阔。三是 1953 年 2 月中央人民政府委员会颁行《选举法》(1953),其中专列第四章"各少数民族的选举",对全国人大少数民族代表名额的分配及其比例、民族自治地方和散杂居少数民族代表的产生办法作了专门规定。根据该选举法选出的第一届全国人大少数民族代表 177 人,占代表总数的 14.44%,这一比例是当时少数民族人口占全国总人口比例 6% 的两倍还多。四是 1954 年制定的新中国首部宪法对有关民族问题作出明确的根本法规定。《宪法》"总纲"规定:"中华人民共和国是统一的多民族的国家","各民族自治地方都是中华人民共和国不可分离的部分";《宪法》还进一步规范了民族区域自治制度,将原先的五级民族自治地方修改为自治区、自治州(盟)和自治县(旗)三级;同时要求各级政府尽力扶持少数民族政治、经济、文化各项事业,不断推进民族地区的政治改革和社会变革。五是 1955 年《国务院关于建立民族乡若干问题的指示》,要求"凡是相当于乡的少数民族聚居的地方,应该建立民族乡",并对民族乡的建立条件、相关程序和职权行使时应注意的问题作了相应规定。

――――――――――

① 李鸣:《新中国民族法制史论》,九州出版社 2010 年版,第 14 页。

　　此外,各自治区和多民族省份也根据 1954 年《宪法》和《实施纲要》的规定,颁布一系列调处民族事务的法令、条例和单行法规,具体包括民族自治区人民政府的施政纲要或施政方针,民族自治区各界人民代表会议、各界人民代表会议协商委员会、人民政府的组织条例、单行条例和实施细则、办法等。① 这些地方性民族法令的颁布实施有效地调整了当地民族关系,有力地推动了民族区域自治在民族地方的深化落实。

　　(二) 萧条停滞时期(1956 年 9 月—1976 年 9 月)

　　1956 年 9 月中共八大在北京胜利召开,会议适应国内主要矛盾的变化提出解决民族问题的关键在于促进其经济和文化上的全面进步,渐次消除民族间事实上的不平等现象,为此需要进一步加强"人民民主的法制""逐步地系统地制定完备的法律"。② 八大对于我国民族问题的本质、民族工作主要任务和加强民族法制建设的认识无疑是正确的。

　　此后,社会发展经历了一定的曲折,但即便如此,在广大民族干部的辛勤工作下,民族法制工作仍在逆境中曲折前行。民族自治地区仍在新建,1959 年至 1965 年,国家先后成立包括西藏自治区在内的 10 个自治地方。此外,这一时期,全国人大常委会批准自治地方组织条例 48 件(其中自治区 6 件、自治州 22 件、自治县 20 件)③,一批组织条例的实施一定程度上保障了自治机关的正常运转。中央政府也制定了为数不多的民族法规,如 1958 年 6 月国务院发布的《民族自治地方财政管理暂行办法》等。总之,从八大到"文革"前夕十年之中,国家民族立法数量极少,且类型同一、范围较窄、内容相近,正常的民族法制发展进程受到一定干扰。

　　(三) 拨乱反正时期(1976 年 10 月—1984 年 5 月)

　　1976 年 10 月粉碎"四人帮"之后,通过在民族工作领域进行全面拨乱反正,民族事务机构全面重建,大量冤假错案得到平反,重新恢复了"文革"前民族地区的行政区划,党和国家重申了原先正确的民族政策,确认"各民族间的关系都是劳动人民间的关系"④。1978 年 12 月党的十一届三中全会深切总结新中国成立以来社会主义法制建设正反两方面的经验和教训,提出加强社会主义法制建设的战略任务,新中国民族法制建设迎来新的曙光,步入了重建与恢复阶段。这一时期,国家除紧锣密鼓地发布《国家民委关于做好杂居、散居少数民族工作的

---

　　① 戴小明:《新中国民族法制建设:世纪之交的回顾与前瞻》,载《民族研究》1999 年第 5 期。

　　② 中共中央文献研究室编:《建国以来重要文献选编》(第 9 册),中央文献出版社 1994 年版,第 350—351 页。

　　③ 全国人大常委会秘书处秘书组、国家民委政法司编:《中国民族区域自治法律法规通典》,中央民族大学出版社 2002 年版,第 197 页。

　　④ 国家民族事务委员会、中共中央文献研究室:《新时期民族工作文献选编》,中央文献出版社 1990 年版,第 34 页。

报告的通知》《全国民族贸易和民族用品生产工作会议纪要》和《国务院关于建立民族乡若干问题的通知》（已失效）等大量政策性文件推动民族工作外，民族立法也呈现出一派生机盎然的景象。1979 年 7 月第五届全国人大第二次会议通过的《中华人民共和国地方各级人民代表大会和地方各级人民政府组织法》《选举法》《刑法》《刑事诉讼法》《中华人民共和国人民法院组织法》《中华人民共和国人民检察院组织法》六部法律以及 1980 年的《中华人民共和国婚姻法》（以下简称《婚姻法》）等，①明文规定了依法保障少数民族民主选举、语言文字、风俗习惯和宗教信仰等方面的诸多权利。

为适应新形势的需要，1982 年我国对宪法进行了全面修改，其中对民族区域自治作了更为详细的规定，不仅恢复了 1954 年《宪法》有关民族区域自治的重要原则和制度，而且增加了一些富有时代特征的崭新内容。1982 年《宪法》关于民族自治地方领导的民族成分、国家对民族地方的帮扶以及更为广泛自治权利的赋予等方面的明确规定，充分体现了国家对少数民族自主管理本民族内部事务的权利的尊重和保障，为民族区域自治制度重要地位的恢复与重建奠定了宪法基础。

民族区域自治制度的法律化是新时期民族法制建设的重中之重。1984 年 5 月 31 日第六届全国人大第二次会议审议通过《民族区域自治法》，这部法律的制定前后历时 30 载，改易 22 稿，可谓来之不易。《民族区域自治法》进一步扩大了民族自治地方的自治权，完善了民族区域自治制度，是我国解决民族问题和调处民族关系的基本法律依据。该法是新中国成立以来首部规范民族区域自治的专门性法律，它以基本法的形式把民族区域自治政策固定下来，是民族区域自治法制建设的重大成就。为了保障《民族区域自治法》的真正落实，1991 年 12 月发布了《国务院关于进一步贯彻实施〈中华人民共和国民族区域自治法〉若干问题的通知》。通知从增加投入、特殊措施和优惠政策、自治权限、对外贸易和经济技术合作、信贷资金、温饱问题、科技进步、民族教育、文化事业、机构建设、马克思主义民族观与爱国主义和社会主义教育等 11 个方面提出了全面、系统的具体实施措施，进一步夯实了民族区域自治法制。

（四）发展完善时期（1984 年 5 月至今）

随着我国社会主义市场经济体制的确立和融入全球化进程的加速，制定于计划经济时代的《民族区域自治法》的某些条款已不适应新的情势，国家对民族地方的扶持照顾政策亟待调整。为适应民族地方社会主义现代化建设的新形势，2001 年 2 月 28 日第九届全国人大常委会第二十次会议通过《全国人民代表

---

①　本小节所引用的法律法规名称、具体条文以及不同法律位阶民族立法数目的统计，除特别注明外，均源自全国人民代表大会民族委员会编：《中华人民共和国民族法律法规全书》，中国民主法制出版社 2008 年版。

大会常务委员会关于修改〈中华人民共和国民族区域自治法〉的决定》。《民族区域自治法》的修改充分反映了21世纪民族地区鲜明的时代特色,把上级机关帮助少数民族和民族地区加快经济和社会发展摆在了突出重要的位置。《民族区域自治法》修改公布后,制定贯彻实施的行政法规便成为一项重要而又紧迫的任务。2005年5月19日颁布了《国务院实施〈中华人民共和国民族区域自治法〉若干规定》。该规定共35条,主要从加快民族地区经济社会发展、培养各类人才、维护民族团结、明确法律责任和建立监督机制等方面作了具体规定,其中某些内容是我国民族法制建设的新创举和新突破。譬如:首次规定了违反民族法制的个人和法人的法律责任;明晰和细化了上级政府帮助和扶持民族地方加快发展的各项具体措施。

　　除民族区域自治法制以外,散杂居少数民族权益保护也是我国民族法制建设的重要内容。随着各民族间交往的日益频繁,保障散杂居和流动少数民族权益成为维护民族团结和社会稳定的重要任务。1993年8月29日国务院批准《城市民族工作条例》,条例对加强城市民族工作,保障城市少数民族的合法权益,促进适应城市少数民族需要的经济、文化、教育事业的发展等方面作了明确规定。与《城市民族工作条例》同日获得批准的《民族乡行政工作条例》对促进民族乡发展经济、教育、科技、文化、卫生等事业,保障少数民族合法权益,增强民族团结等方面也作了原则规定。上述两条例以行政法规的形式,为新形势下我国散杂居民族工作提供了切实的法制保障。截至2007年年底,除《宪法》《民族区域自治法》外,全国人大及其常委会制定和修改调处民族关系的全国性法律共计94件之多。

　　改革开放以来,国务院根据民族自治地方社会发展的现实需求,积极履行《宪法》赋予的“领导和管理民族事务,保障少数民族的平等权利和民族自治地方的自治权利”职责,制定颁行了一系列关于民族问题的行政法规。特别是步入21世纪以后,为进一步细化支持民族地区加快发展的各项举措,使扶助措施更为具体、更具操作性,国务院相继发布《少数民族事业“十一五”规划》(已失效)、《少数民族事业“十二五”规划》(已失效)、《兴边富民行动“十一五”规划》《兴边富民行动规划(2011—2015年)》(已失效)和《国务院关于进一步繁荣发展少数民族文化事业的若干意见》等,从项目、资金、政策等多方面加大对少数民族和民族地区的支持力度。

　　少数民族的权益保障不仅是内国法律问题,同时也是国际人权领域的重要内容。十一届三中全会以来,为适应形势发展的需要,我国陆续加入多个少数民族国际人权保护公约,积极参与国际少数民族人权保护的交流与合作。1982年加入《消除一切形式种族歧视国际公约》;1983年加入《禁止并惩治种族隔离罪行国际公约》和《防止及惩治灭绝种族罪行公约》,并多次向联合国有关机构提交该公约在中国的执行情况报告;积极参与起草《在民族或族裔、宗教和语言上属于少数群体的人的权利宣言》;此外中国政府还先后签署《经济、社会、文化权利国际公约》(1997年)与《公民权利及政治权利国际公约》(1998年)。这些国际人权保护公约的签署和加入,对于拓宽我国少数民族人权保护的领域范围,加大我国少数民族人权保障的扶持力度,健全和发展有中国特色少数民族人权保护制度方面具有重要意义。①

二、新中国民族法制的历史成就

(一) 民族区域自治成为国家一项基本政治制度

中国共产党在总结新民主主义革命时期民族工作经验的基础上,抛弃了"民族自决"和"联邦制"原则,也未简单采取"地方自治"和"文化自治"的方式,而是将马克思主义民族理论与中国具体实际紧密结合创造性地实行了民族区域自治。即在最高国家机关的统一领导下,各少数民族人民依照《宪法》和《民族区域自治法》的规定,在其聚居的区域内建立民族自治地方,设立自治机关,并按照民主集中制原则行使各项自治权,自主管理本民族内部事务和本地方社会事务,行使当家作主权力的一种政治制度。1984年《民族区域自治法》"序言"总结近半个世纪民族区域自治发展历程后指出:"民族区域自治是中国共产党运用马克思列宁主义解决我国民族问题的基本政策,是国家的一项基本政治制度"。在1997年党的十五大上,民族区域自治制度和全国人民代表大会制度、中国共产党领导的多党合作与政治协商制度一道被列为我国三大基本政治制度。2005年5月,胡锦涛在中央民族工作会议上进一步强调:"实践证明,这一(民族区域自治)制度符合我国国情和各族人民的根本利益,具有强大生命力。民族区域自治,作为党解决我国民族问题的一条基本经验不容置疑,作为我国的一项基本政治制度不容动摇,作为我国社会主义的一大政治优势不容削弱。"②在2014年9月召开的中央民族工作会议上,习近平总书记再次对前述基本立场予以重申。

截至目前,全国共建立5个自治区、30个自治州(盟)、120个自治县(旗),共155个少数民族自治地方。全国55个少数民族中,已有44个实行了民族区域自治,民族自治地方面积占全国国土总面积的64%,实行区域自治的少数民族人口占全国少数民族总人口的71%。③ 同时,作为民族区域自治的重要补充,

---

① 李鸣:《新中国民族法制史论》,九州出版社2010年版,第159页。
② 胡锦涛:《在中央民族工作会议暨国务院第四次全国民族团结进步表彰大会上的讲话》(2005年5月27日),载《人民日报》2005年5月28日,第1版。
③ 中华人民共和国国务院新闻办公室:《中国的民族区域自治》(2005年2月·北京),载《人民日报》2005年3月1日,第10版。

国家还在散杂居民族地区建立了1125个民族乡,建乡少数民族达到47个。① 通过实行民族区域自治,使我国人口多寡不一的各少数民族建立了不同行政区划的自治地方,设立了相应的自治机关行使自治权。民族区域自治将民族自治与地方自治相结合,体现了国家对少数民族管理本民族、本地区内部事务权利的尊重。实践证明,民族区域自治是符合我国国情的解决民族问题的正确选择,为世界其他国家和地区提供科学处理国内民族矛盾可资借鉴的成功典范。

（二）中国特色社会主义民族法制体系初步形成

经过70多年的艰辛探索与实践,我国的民族法制以自己独特的调整对象、立法原则和程序初步形成了以《宪法》为基础、以《民族区域自治法》为主干,包括各项国家调整民族关系的法律、行政法规和规章以及地方性法规、民族自治条例、单行条例、变通规定、补充规定和有关规范性文件在内的民族法制体系。这个体系在内容上涉及少数民族的政治、经济、文化、教育、科技、卫生、体育等社会生活领域各个方面;在调整对象上有适用于全国范围的法律法规,有适用于民族自治地方的法律法规,也有适用于散杂居少数民族的法律法规;从制定主体来看,有中央层面的基本法律法规,也有地方各级立法主体制定的地方性法律文件。中国特色社会主义民族法制体系的初步形成,有力地保障了少数民族平等权利与合法权益的实现,促进了少数民族和民族地区各项社会事业的快速发展,对于维护国家统一和民族团结,巩固平等、团结、互助、和谐的社会主义民族关系发挥着重要作用。

（三）全社会民族法制意识不断提升

民族法制的有效实施离不开公民民族法制意识的普及。改革开放以来,随着法律权威的重新确立,国家在全国范围内广泛开展了以《宪法》为基础、以《民族区域自治法》等法律为主要内容的法制宣传教育活动。1987年司法部还专门针对民族地区开展普法工作,分别召开了东北、西北、华北和西南地区少数民族法制宣传教育座谈会和经验交流会。1996年11月,根据中央精神并结合民族地区法制宣传教育实际,国家民委又制定实施《全国民委系统法制宣传教育第三个五年规划(1996—2001)》。经过二十多年的普法教育,全国8亿多人民群众参加了民族法律法规的学习,这为中国特色民族法律法规的实施打下了坚实的观念基础,创造了良好的社会环境。

（四）民族法制实施监督机制不断强化

党和国家重视民族立法的同时高度关注民族法制实施监督机制的建设,到

---

① 参见国家民族事务委员会经济发展司、国家统计局国民经济综合统计司编:《中国民族统计年鉴(2007)》,民族出版社2008年版。

目前为止初步形成了以国家机关监督、社会舆论监督和人民群众监督为主的中国特色民族法制实施监督体制。胡锦涛同志在 2005 年中央民族工作会议上强调,要经常检查《民族区域自治法》贯彻执行情况,有针对性地研究和解决存在的问题。同年 5 月颁布的《国务院实施〈中华人民共和国民族区域自治法〉若干规定》更明确规定:"各级人民政府民族工作部门对本规定的执行情况实施监督检查,每年将监督检查的情况向同级人民政府报告,并提出意见和建议。"为此国家不断加大执法检查力度。2006 年 7 至 9 月,全国人大常委会专门组成执法检查组,分别由 4 位副委员长带队赴内蒙古、宁夏、新疆、青海、甘肃、广西、贵州、云南、西藏、四川等 11 省区检查《民族区域自治法》的实施情况;对没有安排实地检查的另外 9 个省市,委托当地省市人大常委会在辖区内自行检查。此外,全国人大民委又分别组织 6 个小组赴国务院 14 个部委进行部门规章制定情况和落实《民族区域自治法》情况的执法检查。这次执法检查是《民族区域自治法》(1984 年)实施 22 年来,首次由最高国家监督机关组织开展的执法检查,有力地推动了各项民族法律法规的贯彻落实。① 2015 年 6 月,全国人大常委会再次针对内蒙古、吉林、广西、贵州、云南、西藏、甘肃、青海、宁夏、新疆等 10 省区开展了第二次关于《民族区域自治法》的执法检查。

　　总之,新中国成立以来我国的民族法制建设取得了巨大成就。民族区域自治制度发展成为我国的一项基本政治制度;人民群众民族法制意识不断提高,民族法已成为调整我国新型民族关系、处理民族地区重大事件的主要手段;有中国特色的民族法律法规体系初具规模,民族法的实施监督机制不断加强;民族法制体系框架的初步形成有力地促进了民族地区各项事业的发展,极大地保障了少数民族的各项权益;少数民族的人权保障事业取得了长足进展。回顾新中国 70多年发展历程,民族法制走出了一条从无到有、从简单粗糙到相对完善、由政策调整到法律调整的不平凡道路。历史雄辩地证明,在第三次民族主义浪潮风起云涌,西方敌对势力加紧"和平演变"的复杂国际形势下,我们国家之所以能够成功地处理好各种民族问题,实现中华民族的伟大复兴,关键在于党和国家一贯坚持民族平等团结、共同繁荣的基本原则,始终不渝地健全和完善有中国特色的社会主义民族法制。实践表明,我国的民族法制在理论上是成熟的,实施上是成功的,是适合当代中国国情和世界发展趋势的。我们坚信在党和国家的正确领导下,中国特色社会主义民族法制将会更加健全和完备,少数民族公民所享有的各项权益将会更为广泛和充分。

---

　　① 朱玉福:《新中国民族法制建设 60 年》,载《广西民族研究》2009 年第 4 期。

三、新中国民族法制发展的历史经验

(一)　雄关漫道:曲折发展的新中国民族法制

纵观中国民族法制发展的 70 多年历程,主要呈现出但不限于如下四点突出特征。

首先,道路曲折,命运多舛。实际上,早在革命战争时期,在中国共产党的领导下,就已经开始了相对系统的民族法制探索。[①] 但一般认为,新中国民族法制以 1949 年的《共同纲领》为正式起点。如,序言明确:"由中国共产党、各民主党派、各人民团体、各地区、人民解放军、各少数民族、国外华侨及其他爱国民主分子的代表们所组成的中国人民政治协商会议,就是人民民主统一战线的组织形式";第 9 条规定:"中华人民共和国境内各民族,均有平等的权利和义务"。这些都为新中国民族法制奠定了基调。而《共同纲领》作为民族法规范起点的历史价值,更是集中体现在第六章"民族政策"的 4 个条文中,其不仅构建了新中国处理民族关系的基本原则(第 50 条),更塑造了中国特色的民族区域自治制度的基本雏形(第 51—53 条)。1952 年的《实施纲要》、1954 年《宪法》以及一系列政策文件等的颁行,基本奠定了中国民族法制的主要格局。然而随着反右思潮的兴起,尤其是 1966 年开始的十年"文化大革命",建国初期所取得的建设成绩逐渐丧失。在规范层面上,这集中体现为 1975 年《宪法》对民族区域自治制度的忽视、1978 年《宪法》对该制度的空泛规定等。随着党的十一届三中全会的召开,国家各方面事业发展的路线得到彻底的拨乱反正,民族法制建设重新回归正常的发展轨道。横亘在民族法制建设者面前的,不仅是二十年法制发展的停滞颓势,更是世界少数族群政治治理理念的深度变革和格局重构。1982 年,现行《宪法》的修订为当代中国民族法制的重新起航提供了坚实的根本法基础;1984 年正式颁布实施的《民族区域自治法》更为民族法制体系的建构提供了关键的"规范凝结核"。随后,1993 年国务院《城市民族工作条例》和《民族乡行政工作条例》的出台,为散居少数民族法制夯实了基础性规范;2001 年的世纪之交,《民族区域自治法》在加入 WTO、"十五"规划等多重时代背景的深刻影响下实现了全面的修订;2005 年《国务院实施〈中华人民共和国民族区域自治法〉若干规定》的施行填补了《民族区域自治法》配套实施规范的重要空白,中国民族法制也由此迎来了迅速恢复和深远发展的关键时期。但是,随着 2011 年"第二代民族政策"的"风乍起",长期波澜不惊的民族区域自治研究被"吹皱一池春

[①]　如我国第一个自治区内蒙古自治区于 1947 年 5 月 1 日正式成立,说明民族区域自治制度的正式实践早于新中国的成立。

水"，一时间民族区域自治的去留之争和存废之议"你方唱罢我登场"，①以民族区域自治法制作为核心内涵的民族法制局面也随之产生动荡。2013 年党的十八届三中全会"坚持和完善民族区域自治制度"的提出，2014 年党的十八届四中全会和第四次中央民族工作会议的胜利召开，以及中共中央、国务院《关于加强和改进新形势下民族工作的意见》的印发，不仅在顶层设计层面"定分止争"，更为新时代民族法制的发展提出了新思路、新要求。中国民族法制逐渐驶入跨越式发展的快车道，在"弯道超车"的同时也迎来了前所未有的发展机遇。

其次，与国家民族政策密切相关，高度匹配。在中华人民共和国成立之初，民族法制能够得到一个较好的开局，在相当程度上得益于相关民族政策的正确指导和顺利推行。如，中央在 20 世纪 50 年代初开展的大规模民族识别、民族语言调查和少数民族社会历史调查，不仅为我国民族法制提供了客观基础——民族自治地方的建立、民族区域自治制度的实施等建国初期取得的一系列民族法制重要成果无不以之为前提，更为社会主义民族法制的探索提供了直接的分析样本和素材——在少数民族社会历史调查中对各民族风俗习惯和习惯法的收集整理即为其中典型代表。在经历了中华人民共和国成立之初的良好开局后，民族法制发展迎来历史上最大的低谷时期，其本质上就是以国家指导思想的"左倾"以及十年"文革"等宏观因素为深刻背景的。可以说，民族政策的失准直接酿成了民族法制发展的"失速"。在经历中华人民共和国建立初期的迅速发展和十年"文化大革命"的历史反复之后，1978 年党的十一届三中全会直接在政策层面开启了拨乱反正的大幕，其对民族法制的影响则首先体现为 1979 年 4 月中央边防工作会议提出的："一定要认真执行民族区域自治政策，民族区域自治，是解决中国民族问题的基本政策。在实现社会主义现代化建设的过程中，民族自治地方必须加强，不能削弱，更不能取消。"由此，民族法制的全面恢复和深入发展历程得以与 40 年的改革开放周期几乎同步，这并非历史的巧合，而是民族政策与民族法制建设紧密关联的结果。1981 年，邓小平同志在视察新疆工作时发表重要讲话强调："要把我国实行的民族区域自治制度用法律形式规定下来，要从法律上解决这个问题，要有民族区域自治法"，而 1984 年 10 月 1 日《民族区域自治法》的正式实施同样为民族法制与民族政策的高度匹配提供了生动的注脚。类似的情况还如，1997 年党的十五大报告将坚持和完善民族区域自治制度，同坚持和完善人民代表大会制度和共产党领导的多党合作、政治协商制度，一起纳入党在社会主义初级阶段的基本纲领，这又直接促成了 2001 年修改后的《民族区域自治法》序言第一段将民族区域自治明确为"国家的一项基本政治制

---

① 郑毅：《论民族区域自治法治发展的"因地制宜"和"与时俱进"》，载《云南社会科学》2019 年第 6 期。

度"。2011 年兴起的"第二代民族政策"对民族区域自治法制的实施造成消极影响,2013 年党的十八届三中全会通过的《中共中央关于全面深化改革若干重大问题的决定》以一句简短却掷地有声的"坚持和完善……民族区域自治制度",再次从政策的层面纠正误解,为民族法制深入发展重新创造了稳定的顶层环境。在民族法制发展新时代,以第四次中央民族工作会议、第二次中央新疆工作会议、《关于加强和改进新形势下民族工作的意见》以及党的十九大、十九届四中全会、习近平新时代中国特色社会主义思想等为代表的重要政策和思想,又为中国民族法制的可持续、跨越式发展提供了重要的方针指引。这集中体现在 2018 年 12 月 10 日,全国政协主席汪洋在广西壮族自治区成立 60 周年庆祝大会上的讲话中:"民族区域自治作为一项基本政治制度决不能动摇,具体的政策举措和实现形式要因地制宜、与时俱进,更好做到统一和自治相结合,民族因素和区域因素相结合。要坚持把民族团结作为各族人民的生命线,尊重差异、包容多样、增进一体,扩大交往交流交融,创造各民族共居、共学、共事、共乐的社会条件,使汉族离不开少数民族、少数民族离不开汉族、各少数民族之间也相互离不开的思想更加深入人心。要坚持用法律保障民族团结,促进民族进步。各族人民要牢固树立正确的祖国观、历史观、民族观,不断铸牢中华民族共同体意识,汗流在一起,情融在一起,像石榴籽一样紧紧抱在一起。"[1]这实际上为新时代民族法制的发展再次指明了政策方向。可见,与国家民族政策的协同发展和良性配合,已经成为中国民族法制建构、运行与深入完善的重要特征和宝贵经验。

再次,中国民族法制一直都是、并将继续作为中国特色社会主义法治的重要构成元素。中国民族法制的建设史,正是整个中国特色社会主义法制从无到有、由弱变强、日趋深化的发展史,更是管窥、描述、总结、评价中国法治进程的重要视角之一。易言之,中国民族法制一直作为国家法制的核心要素之一见证了中国特色社会主义法制运行全过程。在中华人民共和国成立初期,中国民族法制即作为国家社会主义法制的重要内容共同起步,从 1949 年《共同纲领》到 1954 年第一部《宪法》诞生,民族法制无论在规范文本上还是制度实践中,均扮演着重要的构成性角色。在党的十一届三中全会开启拨乱反正大幕之后,在作为新中国迄今最好的一部宪法的 1982 年《宪法》中,民族法制条款的规定无论从理念上、规模上抑或立法质量上,也均达到了前所未有的高度。2011 年,时任全国人大常委会委员长的吴邦国宣布社会主义法律体系已经形成。在象征着"有法必依"问题基本解决的《中国特色社会主义法律体系》(2011 年 10 月)白皮书中,三大层次、七大部门的法律体系结构横空出世,《民族区域自治法》成为唯一

---

① 载中国人民政治协商会议全国委员会网站,http://www.cppcc.gov.cn/zxww/2018/12/11/ARTI1544508493667366.shtml,最后访问日期:2020 年 4 月 30 日。

一部被单段论述的"宪法相关法"，在国家法制建设取得重要阶段性成果的同时，民族法制也迎来了自己的"高光时刻"。在 2014 年党的十八届四中全会《中共中央关于全面推进依法治国若干重大问题的决定》提出"建设中国特色社会主义法治体系、建设社会主义法治国家"总目标后，以"坚持和完善民族区域自治制度"为代表的民族法制话语继续伴随发展、同步深化。尤其是党的十八届四中全会提出："高举民族大团结旗帜，依法妥善处置涉及民族、宗教等因素的社会问题，促进民族关系、宗教关系和谐"，更是直接凸显了社会主义法治国家建设与新时期民族工作的深化之间的"最大公约数"。2014 年 12 月中共中央、国务院印发《关于加强和改进新形势下民族工作的意见》，在进一步强调"要依法妥善处理涉及民族因素的问题，坚持在法律范围内、法治轨道上处理涉及民族因素的问题，不能把涉及少数民族群众的民事和刑事问题归结为民族问题，不能把发生在民族地区的一般矛盾纠纷简单归结为民族问题"的基础上①，更是提出了相对具体和系统的民族法制发展目标："加强民族工作法律法规建设，认真贯彻落实民族区域自治法，修订完善有关民族工作的法规条例"，为未来一段时期民族法制领域对全面推进依法治国总目标的具体落实指明了方向。

最后，民族法制建设成果斐然，新时代提速趋势明显。新中国成立 70 余年来，我国已经在民族法制发展的道路上走出了一条适合自身国情且具备相当程度的比较优势的中国特色道路。一方面，就纵向而言，已经形成了囊括《宪法》中的民族条款、基本法律、相关法律、行政法规、规章、省级或市级地方性法规、地方政府规章以及自治条例和单行条例的完整的民族立法体系；另一方面，从横向来看，我国已经形成以《宪法》中的民族条款为引领，以《民族区域自治法》为代表的民族法律规范为核心，兼有民族区域自治制度和散居少数民族权益保障制度、专门民族法律规范和相关法律规范、民族法制基础规范和变通规范、一般地方立法中的民族法规范和自治立法规范等多结构、多维度、多元化的复合型法律体系。近年来，随着各方面事业发展的不断深化，尤其是习近平新时代中国特色社会主义思想的科学指导效用不断凸显，民族法制的建设也随之进一步提速。如，2015 年对《立法法》的修改赋予所有设区的市地方性法规和地方政府规章制

---

① 据此，传统意义上一概敏感的"民族问题"被进一步解构为民族政治问题和民族法律问题（即所谓"涉及民族因素的法律问题"）。对于前者，无疑仍应保持高度的政治敏感性，仍须主要通过政策手段加以应对和解决；而对于后者，由于其本质上属于法律问题，民族性因素在其中仅扮演非结构性的附加角色，因此必须强调以法律为解决策略的核心路径。这种内涵上的畛域界分最直接的目的在于，为通过法律手段解决民族问题营造充分的制度空间，以从本质上回应"全面推进依法治国"的核心战略在民族事务这一传统政治领地的"落地问题"，为新时期全面实现"民族事务法治化"的目标提供了坚实的顶层设计基础和相对明确的实施指引。参见郑毅：《论宪法实施机制的"双核化"——以民族区域自治法制为例》，载《中国法律评论》2017 年第 3 期。

定权,同时根据《民族区域自治法》第 4 条第 2 款"自治州的自治机关行使下设区、县的市的地方国家机关的职权,同时行使自治权"的规定,正式赋予 30 个自治州制定地方性法规和地方政府规章的权力,使自治州在立法权配置结构上与自治区趋同。这不仅意味着自治州由此告别了长期以来通过"滥用单行条例制定权"的方式实现地方法治建设粗犷式发展的时代,丰富了可资调用的立法资源,更能通过二元立法权结构科学运行的相关实践为一直虚置的自治区自治立法的出台积累经验、创造契机。① 又如,在 2018 年《宪法》修改的过程中,不仅通过加入"中华民族"的表述终结了长期以来广义的"民族"表述缺乏宪法文本的明确确认以及由此导致的民族认同对象不够鲜明的痼疾,更将"和谐"正式列入社会主义民族关系的内涵,使其与传统的"平等团结互助"共同成为新时代实现中华民族伟大复兴、推动构建人类命运共同体建设的重要基础。新中国的民族法制虽然从模仿苏联的相关制度起步,但却能够根据本国实际情况和需求迅速调整,真正走出了具有深刻中国特色的发展道路,不仅在 20 世纪末的东欧剧变的对比过程中充分验证了自身的前瞻性与科学性,即便在今天,当英国的苏格兰、西班牙的加泰罗尼亚等西方国家民族法制面临重大考验之时,中国的民族法制仍然焕发出难能可贵的比较优势,作为中国特色社会主义法治的重要组成部分,为祖国统一、民族团结、社会和谐发挥了应有的积极作用,更为世界上其他国家民族法制发展提供了典型而可贵的借鉴样本与制度标杆。

(二) 中流击水:新时代中国民族法制的新发展

进入新时代以来,随着国内各方面改革的提速以及国际形势的多变,中国民族法制建设在保持快速发展的同时,也进入了关系更为错综、局面更加复杂的"深水区"。习近平总书记曾将这一"深水区"的特征精准而深刻地概括为"五个并存":改革开放和社会主义市场经济带来的机遇和挑战并存,民族地区经济加快发展的势头和发展低水平并存,国家对民族地区支持力度持续加大和民族地区基本公共服务能力建设仍然薄弱并存,各民族交往交流交融趋势增强和涉及民族因素的矛盾纠纷上升并存,反对民族分裂、宗教极端、暴力恐怖斗争成效显著和局部地区暴力恐怖活动活跃多发并存。

相应的,作为民族法制主要调整对象的民族法律关系,也从之前相对单一的民族平等、民族团结等,拓展到更为宽泛的少数民族文化权利的保障②、民族地

---

① 参见郑毅:《期待修改后的〈立法法〉引领民族法治新进程》,载《中国民族报》2015 年 3 月 13 日,第 1 版。

② 详见《国家民委"十三五"少数民族语言文字工作规划》,载国家民委网站,http://www.neac.gov.cn/seac/xxgk/201704/1074072.shtml,最后访问日期:2020 年 4 月 30 日;《国家民委:凝心聚力推进〈全国少数民族古籍保护工作"十三五"规划〉》,载中华人民共和国中央人民政府网站,http://www.gov.cn/xinwen/2018-01/25/content_5260397.htm,最后访问日期:2020 年 4 月 30 日。

区和少数民族群体经济发展与民生改善等。① 在国家民委 2011 年发布的《民族法制体系建设"十二五"规划(2011—2015 年)》中,民族法制体系的发展目标被界定为:"建立科学规范的立法机制,推动涉及民族方面的立法工作,不断完善体现中国特色、符合科学发展要求的民族法律法规体系。全面提高依法管理民族事务的能力,提高民族工作的法制化水平。建立健全民族法律法规监督检查的体制机制,推动民族法律法规全面实施。加强民族法制宣传教育,不断提高行政机关工作人员依法行政能力和遵守执行民族法律法规的自觉性,提高各族群众依法维护合法权益和遵守法定义务的意识,提高全社会对民族法律法规的认知程度。加强民族法制理论研究,完善民族法制理论体系。"其中,推动涉及民族方面的立法工作、强化民族法律法规执行的监督检查、推进民族事务依法管理、推进民族法制的宣传教育与普及工作、加强民族法制理论创新研究等成为细化的民族法制工作目标。② 事实上,在作为"十四五"开局之年的 2021 年,这些目标设置仍然具有较强的现实指导意义。

概括说来,新时代民族法制的新发展可从如下三个方面简要总结。

首先,民族事务治理视角下的民族法制发展。最集中的精神阐释首先体现于 2014 年召开的第六次中央民族工作会议:其一,对国家民族工作提出了新判断,如"党的民族理论和方针政策是正确的,中国特色解决民族问题的道路是正确的,我国民族关系总体是和谐的,我国民族工作做得是成功的",等等;其二,科学回答了民族工作中一系列重大理论和实践问题,涵盖民族区域自治制度、民族理论政策、少数民族优惠待遇、反对"两个主义"、民族识别等;其三,深入探索了民族工作的新理念新方法,如民族平等是立国原则、民族工作关键是争取人心搞好团结等;其四,对加强和改进民族工作提出了新要求,如加快全面建成小康社会、构筑各民族共有的精神家园、积极培养中华民族共同体意识、培育和践行社会主义核心价值观、繁荣发展各民族文化等。其中,"依法管理是做好城市民族工作的基本方法""用法律来保障民族团结"等更是直接为民族法制的发展明确了重要的时代目标。③ 2014 年年底中共中央、国务院印发的《关于加强和改进新形势下民族工作的意见》在某种意义上可视作对第四次中央民族工作会议重要精神的确认与实施,其专设"提高依法管理民族事务能力"部分,从三个方面作出明确要求:一是针对民族法制的核心制度民族区域自治,提出"要加强民族

---

① 在 2014 年中央民族工作会议上,习近平总书记明确指出:"落实民族区域自治制度,关键是帮助自治地方发展经济、改善民生。"2018 年 12 月 10 日全国政协主席汪洋《在广西壮族自治区成立 60 周年庆祝大会上的讲话》中又对"坚持在发展中保障和改善民生"进行了详细阐释。

② 《民族法制体系建设十二五规划(2011—2015 年)》的内容可参见国家民委网站,http://www.neac.gov.cn/seac/xxgk/201108/1073902.shtml,最后访问日期:2020 年 4 月 30 日。

③ 第四次中央民族工作会议的引述和分析详见丹珠昂奔:《沿着中国特色解决民族问题的道路前进——中央民族工作会议精神学习体会》,载《中国民族报》2014 年 11 月 7 日,第 5 版。

工作法律法规建设,认真贯彻落实民族区域自治法,修订完善有关民族工作的法规条例";二是针对散居少数民族工作,提出"要做好城市和散居地区民族工作,加强少数民族人口信息资源整合,构建服务管理信息化平台,完善工作机制,推进城市和散居地区民族工作制度化、规范化、精细化";三是针对全面依法治国背景下对民族法制与政策、法律手段和政治手段之间的关系,在十八届四中全会的基础上进一步细化为"要依法妥善处理涉及民族因素的问题,坚持在法律范围内、法治轨道上处理涉及民族因素的问题,不能把涉及少数民族群众的民事和刑事问题归结为民族问题,不能把发生在民族地区的一般矛盾纠纷简单归结为民族问题"。此外,2015 年召开的第六次全国民族教育工作会议及会后印发的《国务院关于加快发展民族教育的决定》(国发〔2015〕46 号)、2016 年召开的全国城市民族工作会议以及 2017 年的第六次全国对口支援新疆工作会议和 2019 年的第七次全国对口支援新疆工作会议等,则象征着在各具体领域对相关民族法制建设的任务和目标分别予以明确。如《国务院关于加快发展民族教育的决定》即要求:"坚持依法治教,依据国家法律法规,运用法治思维和法治方式深化民族教育综合改革,扎实推进教育行政部门依法行政、学校依法治校,加强法治教育,增强各民族师生法律意识。"全国城市民族工作会议则提出:"加强少数民族流动人口服务管理工作,推动建立相互嵌入式的社会结构和社区环境,依法加强对城市民族事务的管理,促进各民族交往交流交融"①;凡此种种,不一而足。

其次,法治建设视角下的民族法制发展。2013 年党的十八届三中全会通过的《中共中央关于全面深化改革若干重大问题的决定》将"推进法治中国建设"列为十六项具体的改革领域之一,初步构建了法治作为其他改革目标实现保障路径的逻辑关系,并原则性明确:"建设法治中国,必须坚持依法治国、依法执政、依法行政共同推进,坚持法治国家、法治政府、法治社会一体建设。"而作为新时代全面依法治国深入推进的总纲领,2014 年党的十八届四中全会通过的《中共中央关于全面推进依法治国若干重大问题的决定》亦对民族事务的依法治理给予了充分的重视:一是原则性重申"坚持和完善民族区域自治制度"的基本立场,凸显深化《民族区域自治法》实施在新时代民族法制工作中的核心地位;二是要求"高举民族大团结旗帜,依法妥善处置涉及民族、宗教等因素的社会问题,促进民族关系、宗教关系和谐",通过对有别于传统"民族问题"的"涉及因素的社会问题"的提法的强调,突出民族法制对民族关系调整的独特价值;三是提出"加强边疆地区、民族地区法治专门队伍建设",对民族法治人才的培养提出新要求。2017 年党的十九大对民族问题给予了充分关注。除了对诸如"坚

①　参见江莉:《湖北召开会议贯彻落实全国城市民族工作会议精神》,载《民族大家庭》2017 年第 1 期。

持和完善民族区域自治制度""坚决反对一切分裂祖国、破坏民族团结和社会和谐稳定的行为""加大力度支持革命老区、民族地区、边疆地区、贫困地区加快发展""严密防范和坚决打击各种渗透颠覆破坏活动、暴力恐怖活动、民族分裂活动、宗教极端活动"等予以重申和强调外,更明确提出"深化民族团结进步教育,铸牢中华民族共同体意识,加强各民族交往交流交融,促进各民族像石榴籽一样紧紧抱在一起,共同团结奋斗、共同繁荣发展"作为中华民族伟大复兴过程中的重要一环。不仅将2014年习近平总书记关于"各民族像石榴籽那样紧紧抱在一起"的表述上升为党中央文件的正式提法的基础上,进一步将其与习近平新时代中国特色社会主义思想中的"明确全面推进依法治国总目标是建设中国特色社会主义法治体系、建设社会主义法治国家"紧密关联,实际上确立了民族法制在促进民族团结乃至最终促成中华民族伟大复兴宏伟目标过程中的重要角色。2019年党的十九届四中全会通过的《中共中央关于坚持和完善中国特色社会主义制度推进国家治理体系和治理能力现代化若干重大问题的决定》将未来一段时期国家民族工作的目标设定为:"坚定不移走中国特色解决民族问题的正确道路,坚持各民族一律平等,坚持各民族共同团结奋斗、共同繁荣发展,保证民族自治地方依法行使自治权,保障少数民族合法权益,巩固和发展平等团结互助和谐的社会主义民族关系。坚持不懈开展马克思主义祖国观、民族观、文化观、历史观宣传教育,打牢中华民族共同体思想基础。全面深入持久开展民族团结进步创建,加强各民族交往交流交融。支持和帮助民族地区加快发展,不断提高各族群众生活水平。"在谋篇布局上,紧随其后的内容则是"坚持和完善中国特色社会主义法治体系,提高党依法治国、依法执政能力"。这种篇章结构的安排与其说是出于一种巧合,毋宁说暗含了经由中国特色社会主义法治深入发展民族关系、处理民族事务的深远考量。此外,在实践中,2015年最高人民法院、国家民族事务委员会联合印发《关于进一步加强和改进民族地区民汉双语法官培养及培训工作的意见》,要求进一步加强和改进民族地区民汉双语法官培养及培训工作,着力解决民族地区人民法院双语法官短缺问题,依法保障民族地区公民的基本权利和诉讼权利。最高人民法院同时印发通知,要求各级人民法院特别是民族地区法院深刻认识双语法官培养及培训工作的极端重要性和紧迫性,采取有力措施确保完成意见确定的各项工作任务。2016年,国家民委和最高人民法院又在中央民族大学、西南民族大学和西北民族大学设立首批全国双语法官培训基地。这同样是民族法制建设具体领域直接发力的典型例证。

最后,民族法制发展的规范体现。前述顶层设计层面的新发展和新要求,无论从民族事务治理的视角抑或民族法治建设的视角,最终均须通过民族法律规范的完善确认、呈现和实施。其中最为集中的体现当属2018年《宪法》的修改,本次修改从三种方式展现了民族法制发展的具体议题。其一,对相关条款的直接修改。如,在学界长期呼吁、论证之后,"中华民族"终于作为一个根本法概念正式入宪。一方面,在规范上,这终结了《宪法》文本长期以来将"中华民族"的广义"民族"和"各民族"的狭义"民族"共同采用"民族"这一表述形式所引发的认知和甄别困境;另一方面,在逻辑上,回应并发展了"各民族像石榴籽那样紧紧抱在一起"的表述——象征各民族的"石榴籽"抱在一起之后组成的中华民族的"石榴果"的规范形象呼之欲出。又如,1982 年《宪法》和《民族区域自治法》对社会主义民族关系内容的传统表述是平等、团结、互助①,2018 年修宪则又加入"和谐",目的是"铸牢中华民族共同体意识,加强各民族交往交流交融,促进各民族和睦相处、和衷共济、和谐发展"。② 基于国家民族的根本性,"和谐"在社会主义民族关系的四类特征中显然具有某种超然地位。易言之,平等是团结的基础,团结是平等的实现;③平等是互助的条件,互助是平等的充实;团结是互助的前提,互助是团结的发展;而和谐则是平等、团结、互助的有机整合。由此,对民族团结的解释应以平等、互助为条件,以和谐为终极目标。其二,关联性条款的增补。如,《宪法》序言第 12 段增加了"推动构建人类命运共同体"的表述,这在形式上虽然并未直接提及民族或民族法制问题,但根据对近年来中央精神的解读可知,所谓的"人类命运共同体"的基础之一,其实首先就在于"中华民族的命运共同体",这与习近平"命运共同体思想"一脉相承。正如有学者指出的:"习近平命运共同体思想在从中华民族命运共同体到人类命运共同体的构建过程中得到了升华,习近平'命运共同体思想'把中国与亚非拉发展中国家命运、与世界各国人民共同发展的人类命运紧紧联系在一起,把中国的发展与世界各国的发展置于休戚与共、命运攸关的地位,为真正实现各国人民和合共商共建共享、建设世界大同指明了发展方向。"④其三,既有条款的时代诠释。如,无论是"中华民族命运共同体"抑或是"各民族像石榴籽那样紧紧抱在一起",虽然表述更新,但其精神内核则始终指向民族团结这一社会主义民族法制的根本目标之一。由此,聚焦民族团结义务的《宪法》第 52 条虽然条文表述本身并无变化,但显然具有在新时代背景下予以重新全面诠释的必要性。可见,对于既有条文的

---

① 我国最初对民族关系的描述见于 1954 年 3 月 23 日陈伯达在宪法起草委员会第一次全体会议上所作的《关于〈中华人民共和国宪法草案(初稿)〉起草工作的说明》:"保证国内各民族在平等的基础上的友好、互助、合作。"许崇德:《中华人民共和国宪法史》(第 2 版),福建人民出版社 2005 年版,第 119 页。

② 王晨:《关于〈中华人民共和国宪法修正案(草案)〉的说明——2018 年 3 月 5 日在第十三届全国人民代表大会第一次会议上》,载中国人大网,http://www.npc.gov.cn/zgrdw/npc/dbdhhy/13-1/2018-03/06/content_2042421.htm,最后访问日期:2020 年 4 月 30 日。事实上,在修宪之前,相关立法已经将"和谐"作为社会主义民族关系的新内涵列入(如 2015 年的《中华人民共和国国家安全法》第 26 条),但《民族区域自治法》的相关表述却一直未变。

③ 1999 年 9 月国务院新闻办公室发布的《中国的少数民族政策及其实践》白皮书就明确指出:"中国政府历来认为,民族平等是民族团结的前提和基础,没有民族平等,就不会实现民族团结;民族团结则是民族平等的必然结果,是促进各民族真正平等的保障。"

④ 汪守军:《习近平"命运共同体"理念的升华:从构建"中华民族命运共同体"到构建"人类命运共同体"》,载《云南社会主义学院学报》2019 年第 1 期。

"旧瓶装新酒",其重要性和理应给予的理论关注在某种意义上并不亚于修改条款,而这恰恰是容易被忽略之处。

(三) 继往开来:新时代民族法制发展的新跨越

2019 年 10 月 1 日上午,中华人民共和国成立 70 周年大会在北京隆重举行。习近平总书记《在庆祝中华人民共和国成立 70 周年大会上的讲话》中强调"全国各族人民要更加紧密地团结起来"①。在随后举行的盛大的群众花车巡游活动中,由中央民族大学师生为主体组成的民族团结方阵簇拥着以巨大石榴造型为特色的花车庄严通过天安门广场,向全世界集中展现了中国民族事业砥砺前行 70 载所取得的令人瞩目的伟大成就。之所以采用巨大的石榴作为民族团结花车的主体形象,源于 2014 年第二次中央新疆工作会议上,习近平总书记就曾明确指出:"各民族要相互了解、相互尊重、相互包容、相互欣赏、相互学习、相互帮助,像石榴籽那样紧紧抱在一起"。此后,2017 年的十九大报告则正式将其作为新时代民族关系的核心表达。一个生动的"抱"字,使"石榴籽"之喻的"民族团结"的制度形象跃然纸上,这就"确立了多元一体的中华民族大家庭和睦相处的'家规'、和衷共济的'家教'、和谐发展的'家风',展示了中国各民族大团结的新境界"。②

伴随我国民族事业不断深化的,是新中国民族法制的跨越式发展。虽然起步较晚、命运多舛,但中国民族法制从未缺席国家民族事务的治理,更见证了中国特色民族事务治理现代化的所有"高光时刻"。可以说,70 载国家民族事务治理的发展史就是中国民族法制从无到有、由弱到强的进化史,尤其在党的十八届四中全会作出"全面推进依法治国"的重大战略部署、党的十九大再次将其总目标明确强调为"建设中国特色社会主义法治体系、建设社会主义法治国家",以及十九届四中全会"以马克思列宁主义、毛泽东思想、邓小平理论、'三个代表'重要思想、科学发展观、习近平新时代中国特色社会主义思想为指导,增强'四个意识',坚定'四个自信',做到'两个维护',坚持党的领导、人民当家作主、依法治国有机统一,坚持解放思想、实事求是,坚持改革创新,突出坚持和完善支撑中国特色社会主义制度的根本制度、基本制度、重要制度"的复合时代背景下,在国家改革事业进入深水区、国内外环境日益复杂、时代挑战与机遇并存的当今,在对中国特色民族法制建设的经验和教训进行系统展望的基础上,科学展望作为中国特色社会主义法治重要内涵之一的国家民族法制的发展趋势,号准民族法制发展的新时代脉搏,就在相当程度上决定了中国民族法制发展的方向和光明前景。

---

① 习近平:《在庆祝中华人民共和国成立 70 周年大会上的讲话》(2019 年 10 月 1 日),载中华人民共和国中央人民政府网站,http://www. gov. cn/xinwen/2019-10/01/content_5435785. htm,最后访问日期:2021 年 8 月 5 日。

② 郝时远:《各民族像石榴籽一样紧紧抱在一起》,载《人民日报》2018 年 3 月 2 日,第 7 版。

第二编 中国民族区域自治制度

　　我国在长期的历史发展过程中,各民族频繁迁徙,逐渐形成了大杂居、小聚居的分布格局。从我国民族分布、居住的状况考察,大体存在着四个方面的民族关系,即少数民族和汉族之间的关系;实行区域自治的民族间的关系,包括各个不同的实行民族区域自治的地方的民族之间的关系,某一民族自治地方内高一级的民族自治地方含有低一级的民族自治地方的不同少数民族之间的关系,在同一个民族自治地方中,同级的其他民族的自治地方的民族之间的关系,共同建立自治地方、联合实行自治的民族之间的关系;实行自治的民族与未实行自治的少数民族之间的关系;未实行自治的少数民族相互之间的关系。在社会主义革命和建设的过程中,我国各民族形成了平等、团结、互助、和谐的社会主义民族关系。马克思主义认为,坚持民族平等是实现民族团结的前提和基础,没有民族间的平等,就不可能有真诚的民族团结。民族团结是实现民族平等的客观要求,也是民族平等关系发展的必然结果。民族团结反过来又是促进民族平等发展,争取革命胜利,实现各民族共同发展繁荣和进步的基本保证。"民族区域自治在中国的诞生,是中国共产党运用马克思主义原理,同时又结合了中国基本国情的产物。1949 年《共同纲领》的颁布,标志着民族区域自治在新中国以宪法性文件正式确立下来。民族区域自治的制度特色主要体现在三个方面:第一,民族区域自治是统一的国家宪法框架下的一项基本政治制度;第二,民族区域自治是民族自治与区域自治的有机结合;第三,民族区域自治是民族内部事务与地方性事务的统一。这种制度特色的最终形成,体现了中国共产党的探索创新和深思熟虑。它既赓续了中国历史上'大一统而又因俗而治'的政治传统,又从现代性的'民族自治'与'地方自治'原则当中吸收其中的合理因素。"①

---

① 熊文钊、王楚克:《试论民族区域自治的制度特色与理论创新》,载《中央社会主义学院学报》2019年第3期。

第五章 民族区域自治制度概述

第一节 民族区域自治的基本范畴与基本理论

一、民族区域自治的定义

1954 年召开的第一届全国人民代表大会把民族区域自治制度载入了《宪法》之中。此后,我国历次宪法修改,都载明坚持实施这一基本政治制度。2001年修改颁布的《民族区域自治法》则明确规定:民族区域自治制度"是国家的一项基本政治制度"。作为我国解决民族问题的一项基本政策和基本政治制度,《民族区域自治法》序言中指出:"民族区域自治是在国家的统一领导下,各少数民族聚居地方实行区域自治,设立自治机关,行使自治权。"因此,民族区域自治包含以下几个因素:

第一,民族区域自治的前提是国家的统一领导。

国家统一是实行民族区域自治的前提条件,少数民族在统一国家内实行区域自治,建立民族自治地方,这是党长期以来坚持建立民族自治地方的一个根本性原则。我国《宪法》和《民族区域自治法》明确规定,各民族自治地方都是中华人民共和国不可分离的部分,将国家统一建立民族自治地方的原则法制化。1991 年 12 月 8 日《国务院关于进一步贯彻实施〈中华人民共和国民族区域自治法〉若干问题的通知》明确指出:"在我国,国家统一是实施民族区域自治的前提。"①由于中国是全国各族人民共同缔造的统一的多民族国家,单一制是国家结构的根本特点之一,民族自治地方与国家的关系是部分与整体的关系。民族自治地方是整个国家的有机组成部分,国家在各民族自治地方行使主权,维护国家统一和领土完整,而各民族自治地方的自治机关是地方国家机关,接受中央国家政权机关的统一领导,担负维护国家统一和领土完整,保证宪法、法律和总的方针、政策等在本地方的遵守和执行,完成中央和上级机关下达的各项任务的职责。

第二,民族区域自治的自治主体是各少数民族。

汉族作为中国占人口绝大多数的主体民族,不论其居住的地理条件能否满足建立民族自治地方的条件,都不享有民族自治的权利。也就是说,中国的民族

---

① 中共新疆维吾尔自治区委员会党史研究室编:《中国共产党与民族区域自治制度的建立和发展》(上册),中共党史出版社 2000 年版,第 270 页。

区域自治制度是保障除汉族之外所有 55 个少数民族自治权利的制度。我国共有 55 个少数民族,根据 2020 年第七次全国人口普查,在 55 个少数民族中,有 40 多个建立了民族自治地方,实行区域自治的少数民族人口占少数民族总人口的 70% 左右,民族自治地方的面积占全国国土总面积的 60% 左右。之所以只有一部分少数民族实行了区域自治,而另一部分少数民族却没有实行区域自治,完全是由建立民族自治地方的地理区域条件决定的,绝不存在对任何少数民族在自治权利方面的歧视状况。鉴于中国的一些少数民族聚居地域较小、人口较少且分散等情况,其不宜建立自治地方,《宪法》规定通过设立民族乡的办法,使这些少数民族也能行使各民族共同当家作主、共同管理民族事务的权利。1993 年,我国颁布了《民族乡行政工作条例》,以保障民族乡制度的实施,根据 2019 年行政区划统计,我国共建立了 966 个民族乡。

第三,实施民族区域自治的载体是聚居区域。

实行自治并非将自治权抽象地赋予每一个少数民族,而是必须有地域载体。"离开了民族,民族区域自治当然无从谈起。但是区域也是必定要有的。否则,自治就成了空中楼阁。"①在一个国家的政治实体内,尤其是在一个错综复杂的多民族共同生活的格局内,民族区域自治实施起来绝非易事,要真正地实现民族区域自治,必须辅之以其他条件,其中最便利的条件之一,就是与地域结合起来,在某一个具体的地域范围内,建立自治机关,通过自治机关来实际行使自治权。因此,民族区域自治是民族自治与区域自治相结合的制度。民族区域自治,既有民族自治的因素,也有区域自治的因素。在长期的历史发展中,形成各民族大杂居、小聚居的分布格局。各少数民族大多有本民族范围大小不等的聚居地区。他们各自以自己的聚居地区为基础实行区域自治。因此,"区域"并不是一般意义上的地理概念,而是有特定条件的,即在"各少数民族聚居的地方实行区域自治",可见"聚居"就是"区域"的特定限制条件。只有达到一定绝对或相对密集人口的民族地区,才能建立民族自治地方,实行区域自治。

第四,民族区域自治制度的核心要素是"自治权"。

"自治权"是民族区域自治的核心问题,是各民族人民共同当家作主、共同管理民族事务的标志,是衡量民族区域自治实施程度的根本尺度,也是实现民族平等、团结的重要手段和加速发展少数民族经济文化、实现民族共同繁荣的根本保证。自治权是民族自治地方的自治机关依照我国《宪法》《民族区域自治法》和其他法律规定的权限,根据本地方的实际情况,贯彻执行国家的法律、政策,自主地行使管理本地方经济文化建设事业和本民族内部事务的权利。行使自治权的主体是民族自治地方的自治机关,即人民代表大会和人民政府。在民族自治

---

① 王天玺:《民族法概论》,云南人民出版社 1988 年版,第 225 页。

地方,只有自治机关才具有行使自治权的资格,才能行使自治权,其他机关、单位、团体和个人均不具有行使自治权的资格,不能行使自治权。各族人民管理本地方内部的事务和实行区域自治的民族管理本民族内部的事务的权利,是通过自治机关行使的。自治机关的自治权是法定的权利,即国家《宪法》《民族区域自治法》和其他法律所赋予的权利,包括法律授予的权利和法律委托的权利,民族自治地方的自治机关不存在也不允许有超越法律规定权限的自治权。

第五,民族区域自治是民族自治与区域自治的有机结合。

在统一的多民族国家内部,民族自治意味着各少数民族相对于主体民族而言,能够自我管理本民族内部事务。这一点对于苏联而言比较容易操作。由于苏联国内不同民族相对处于各自封闭、独立的状态,因此民族边界与区域边界的相对一致性有助于苏联实行联邦制国家结构形式下的民族区域自治。但是,中国的国情却与苏联有所不同。无论历史与现实,中国各民族基本上都是处于杂居的状态。这就使得单纯的民族自治在中国变得不太现实,实践起来也具有一定的难度。基于中国特殊的民族格局,"要真正地实现民族自治,还必须辅之以其他的条件,其中最便利的条件之一,就是同地方自治结合起来,把超界域的民族自治变成民族区域自治。"[①]所谓区域自治既包括了一般性的地方行政事务,也包括针对特定民族群体的事务。可见,在后一种情况下,区域自治能够与民族自治有机地结合起来。

第六,民族区域自治是民族内部事务与地方性事务的统一。

在宪法意义上,民族内部事务一般被狭隘地理解为最能体现该民族特色的事务,比如民族语言、宗教、习俗、节庆等(也即"自治权")。[②]这样的归类将民族地方性的事务,比如政治、经济、社会等事务留给民族自治地方自治机关的一般地方性国家机关的职能去治理。[③]例如,现行《宪法》第 115 条规定:"自治区、自治州、自治县的自治机关行使宪法第三章第五节规定的地方国家机关的职权,同时依照宪法、民族区域自治法和其他法律规定的权限行使自治权,根据本地方实际情况贯彻执行国家的法律、政策。"从民族区域自治地方的这种双重职能体系来看,民族内部事务和地方性事务之间存在着共同的交叉部分,即"行政性事

① 陈云生:《宪法人类学:基于民族、种族、文化集团的理论建构及实证分析》,北京大学出版社 2005 年版,第 555 页。

② 实际上,民族区域自治地方的"自治权"至少包含三层含义:第一,民族权利(具体又可分为民族自治地方内各民族的权利和实行区域自治的民族和其他少数民族的权利两种)。第二,民族自治地方的权利。第三,自治机关的自治权力。加上一般地方相应国家机关能够行使的权力,民族区域自治地方总共具有四种权力/权利形态。参见朱智毅:《中央与民族自治地方关系研究的二元视角——从民族区域自治权的性质谈起》,载《研究生法学》2013 年第 3 期;沈寿文:《自治机关"自治权"与非"自治权"关系之解读》,载《湖北民族学院学报(哲学社会科学版)》2013 年第 3 期。

③ 参见陈云生:《宪法人类学:基于民族、种族、文化集团的理论建构及实证分析》,北京大学出版社 2005 年版,第 555 页。

务"。这也从另一个层面表明,我国的民族区域自治排除了司法权的自治。① 很显然,民族区域自治地方也不具备制定和修改《宪法》的"立法"或"修法"事务。② 以上制度特色表明,民族区域自治必须从统一的国家权能视角来予以理解。

二、民族区域自治与民族自决、民族自治的比较

(一) 民族区域自治与民族自决

我国是一个历史悠久的多民族国家,如何解决民族问题是历代王朝的政治核心任务。中国共产党成立后,在解决国内民族问题的过程中经历了由"民族自决"到"民族区域自治"的历史发展过程。中国共产党在建党初期受共产国际的影响,提出并实行了"民族自决",建立"联邦共和国"的主张,以此作为解决中国民族问题的纲领,这一纲领几乎贯穿于整个新民主主义革命过程之中。但随着革命斗争形势的发展变化,中国共产党对中国民族问题的认识逐渐成熟,开始把马克思主义民族理论与中国实际相结合,根据中国的具体国情实事求是地分析中国的民族问题,逐步放弃了"民族自决"、建立"联邦共和国"制度的构想,相应地提出了解决中国民族问题的"民族区域自治"政策。

关于什么是民族自决,列宁作了明确的解释:"马克思主义者的纲领上所谈的'民族自决',除了政治自治、国家独立,建立民族国家以外,不能有什么别的意义。""所谓民族自决权就是民族从异族集体的国家分离,就是组织独立的民族国家。""民族自决权,即在政治上同压迫民族自由分离的权利,组织独立国家的权利。"但是,斯大林认为,"不应当把分离的权利理解为分离的义务,分离的责任。每个民族都可以行使这种分离权,但是也可以不行使这个权利。"以上资料表明,对于民族自决的含义有过多种不同的解释。但从列宁、斯大林对民族自决的解释,我们可以概括为,民族自决就是各民族有自己决定自己的命运,可以自由分离成立独立国家的权利。

19世纪末,部分殖民地民族解放斗争日益兴起,部分无产阶级政党出于民族解放斗争的需要,明确承认了民族自决原则。但是,对民族自决我们应当有清醒的认识。随着实践的发展,民族自决当前在我国已经失去了存在的基础与空间,取而代之的民族区域自治制度才是我们应当建设与维护的处理民族关系的

---

① 民族自治地方的自治机关是地方人大和地方政府,不包括民族自治地方的司法机关。可见,司法事务属于中央事权,民族区域自治不享有地方司法事权。陈云生据此认为,民族区域自治在本质上是民族内部事务和地方性事务的"行政自治"。参见陈云生:《宪法人类学:基于民族、种族、文化集团的理论建构及实证分析》,北京大学出版社2005年版,第555—556页。

② 参见陈云生:《宪法人类学:基于民族、种族、文化集团的理论建构及实证分析》,北京大学出版社2005年版,第556页。

基本政治制度。我们的民族区域自治制度是根据中国历史发展和民族状况,从各民族的根本利益出发,在统一的国家里实行民族区域自治,实现各民族共同当家作主,这是两者的根本区别。

（二）民族区域自治与民族自治

我国民族区域自治制度是指在国家统一领导下,根据宪法或法律规定的自治权力,在各少数民族聚居的地方实行区域自治,设立自治机关,行使自治权的制度。民族区域自治制度是我国的基本政治制度之一,是建设中国特色社会主义政治的重要内容。

民族区域自治是民族自治与区域自治的结合,其不等同于单纯的区域自治或民族自治。主要内容包括:

第一,民族区域自治是民族自治与区域自治的结合,即只有聚居在一定区域内的少数民族才能实行民族自治,不是分散居住的少数民族人口实行的民族自治,也不是一般意义上的与民族聚居无关的地方自治。民族区域自治制度必须以少数民族聚居区为基础,同时考虑民族和区域因素。这也就是说,只要有一定数量的少数民族人口聚居,就可以实行民族区域自治;民族区域自治也必须在少数民族聚居区内实行。而民族自治是以民族作为主导要素建立的,其主要强调的仅仅是以某一民族作为建立自治单位的要素。

第二,民族区域自治以国家统一、领土完整为前提。民族自治地方是中华人民共和国不可分离的一部分,其自治权属于特殊的地方国家权力,与苏联的加盟共和国不同,不享有脱离国家而独立的权利。民族自治地方是我国单一制国家结构条件下的一种地方政权形式,要在中央统一领导下行使自治权,管理本地区的和本民族的内部事务。而民族自治,单纯地强调各少数民族的自治而忽略了区域要素,既不利于国家统一、领土完整,更不具有可操作性。

第三,建立民族自治地方的目的是保护少数民族的权利。民族区域自治制度是在承认民族差异的基础上为了实现各民族人民共同当家作主的权利,使之能共同管理民族事务而建立的,能够充分保护各少数民族的权益;而单纯的民族自治,由于部分弱小民族人数太少、自治能力不足等,反而不能保护好少数民族的权益。少数民族作为我国人民中的一部分,享有的共同当家作主权利具有民族性。一方面,少数民族作为国家主人,他们在政治、经济,特别是文化上的要求应得到保护;另一方面,少数民族在任何时候都享有民族的生存权和发展权。所以,在少数民族传统定居的地方实行民族自治,行使自治权是保障各民族共同当家作主权利的关键。可以说自治权是民族区域自治制度的核心,否则,民族区域自治制度也就名存实亡了。

民族区域自治制度的实质是要在统一的多民族的社会主义国家内,使有着一定的聚居区的少数民族,有共同当家作主、共同管理民族地方性事务的权利,保障少数民族的平等地位,充分发挥他们的积极性,保证少数民族按照自己的政治、经济和文化的特点,发展经济文化事业,促进民族发展和繁荣,巩固祖国的统一和各民族的团结。

三、民族区域自治制度形成与发展的基本逻辑①

为什么要坚持民族区域自治制度? 坚持什么样的民族区域自治制度? 民族区域自治制度的未来走向和发展趋势如何? 这是我们理解和实践民族区域自治制度时所要解决的重要问题意识。只有从理念上首先廓清了民族区域自治制度的基本价值内涵,明确了民族区域自治制度的根本使命所在,才能彰显出这一基本政治制度在推进新时代中国特色社会主义伟大事业征程中的制度优势和重要意义。本书从科学社会主义原理和历史唯物主义观点出发,分别从历史逻辑、理论逻辑、实践逻辑和时代逻辑等维度,对我国民族区域自治制度的形成和发展轨迹进行阐发。

(一) 历史逻辑:民族区域自治制度根植于中国的政治传统

一直以来,国内外学者以国家结构形式为主要视角展开对民族区域自治制度的探讨和研究。这一视角可以说切中要害,把握住了统一多民族的国家如何建构国家结构这一重要的问题意识。通览我国《宪法》全文,涉及民族的规范条款总共达到《宪法》总条款的 17.5% 以上,这与我国《宪法》将特别行政区制度作为"嵌入式"的宪制安排之间形成了鲜明的对比。正因为新中国中央与地方"多元一体"的关系格局和结构特征,我国《宪法》文本本身对国家结构形式并没有作出明文规定。宪法学或者国家学关于单一制抑或联邦制的经典式国家结构的划分,对于客观概括我国这样一个统一的多民族国家而言的确捉襟见肘。我国的国家结构形式虽然具有不同的实践模式,但其根本目的都在于实现祖国的统一、各民族的团结和整个中华民族的繁荣强盛,只是在实现方式上有所差别而已。

民族区域自治制度在我国宪法结构中占据如此重要地位,乃是因为民族区域自治制度的宪法源流因袭于中国历史上的政治传统。两千多年来,不论封建王朝如何更迭,也不管哪个民族是统治民族,中国基本上都是作为一个统一的多民族国家而存在于世界。在长期的"大一统"过程中,政治、经济、文化把中国各个民族紧密地联系在一起,从而形成了各民族相互依存、相互促进、共同发展的基本关系。因此,与西方历史相比较,由中国整个历史发展过程呈现出来的"深层结构"就表现为一个"超稳定体系"的形态。这个历史传统也很好地说明了中华人民共和国成立初期之所以没有完全趋从国际上比较流行的联邦制与民族自决的道路,就是因为在很大程度上尊重了中国社会发展的历史逻辑。具体到国家结构形式上,"大一统而又因俗而治"的理念以及背后凸显的历史文化意识,促使我国开国领袖们创造性地在新中国历史上实行了将国家统一与民族自治相结合的民族区域自治制度。由此,通过民族区域自治的宪制设计,中华人民共和国一方面赓续了"大一统而又因俗而治"的政治传统,另一方面也使得这一制度安排发挥了多元整合的国家建构功能。

(二) 理论逻辑:民族区域自治制度贯穿着科学社会主义的主线

民族区域自治制度除了遵循中国社会发展的历史逻辑以外,还遵循了科学社会主义的理论逻辑。这是因为,我国民族区域自治制度同西方式民族区域自治制度的根本区别在于其鲜明的社会主义特征。早在红军长征时期,中国共产党就怀揣着共产主义的理想和信念,同边区少数民族建立起了深厚的关系。从民族区域自治制度设立的初衷来看,中国共产党作为科学社会主义最坚定的践行者以及民族区域自治制度的设计者,始终将共产主义的立党宗旨作为其在民族地区推行民族区域自治的根本方向。民族区域自治制度的诞生,起初就是共产主义最高理想和社会主义初级阶段的基本纲领相统一的产物。

这一目标亦在我国《民族区域自治法》的价值理念当中得到明确的体现。1984 年《民族区域自治法》的正式颁布实施,标志着中国共产党长期以来实行的民族政策,在国家层面从此得到了强有力的法律保障。新颁布的《民族区域自治法》是和《宪法》一样有"序言"的一部法律。在《民族区域自治法》的序言部分,宣告了这部宪法性法律的根本主张:

> 中华人民共和国是全国各族人民共同缔造的统一的多民族国家。民族区域自治是中国共产党运用马克思列宁主义解决我国民族问题的基本政策,是国家的一项基本政治制度。
>
> 民族区域自治是在国家统一领导下,各少数民族聚居的地方实行区域自治,设立自治机关,行使自治权。实行民族区域自治,体现了国家充分尊重和保障各少数民族管理本民族内部事务权利的精神,体现了国家坚持实行各民族平等、团结和共同繁荣的原则。
>
> 实行民族区域自治,对发挥各族人民当家作主的积极性,发展平等、团结、互助的社会主义民族关系,巩固国家的统一,促进民族自治地方和全国社会主义建设事业的发展,都起了巨大的作用。今后,继续坚持和完善民族区域自治制度,使这一制度在国家的社会主义现代化建设进程中发挥更大的作用。
>
> 实践证明,坚持实行民族区域自治,必须切实保障民族自治地方根据本地实际情况贯彻执行国家的法律和政策;必须大量培养少数民族的各级干

部、各种专业人才和技术工人;民族自治地方必须发扬自力更生、艰苦奋斗精神,努力发展本地方的社会主义建设事业,为国家建设作出贡献;国家根据国民经济和社会发展计划,努力帮助民族自治地方加速经济和文化的发展。在维护民族团结的斗争中,要反对大民族主义,主要是大汉族主义,也要反对地方民族主义。

民族自治地方的各族人民和全国人民一道,在中国共产党的领导下,在马克思列宁主义、毛泽东思想、邓小平理论的指引下,坚持人民民主专政,坚持改革开放,沿着建设有中国特色社会主义的道路,集中力量进行社会主义现代化建设,发展社会主义市场经济,加强社会主义民主与法制建设,加强社会主义精神文明建设,加速民族自治地方经济、文化的发展,建设团结、繁荣的民族自治地方,为各民族的共同繁荣,把祖国建设成为富强、民主、文明的社会主义国家而努力奋斗。

《中华人民共和国民族区域自治法》是实施《宪法》规定的民族区域自治制度的基本法律。

一部法律的序言主要旨在宣告其立法目的和根本任务。从这部具有纲领性质的《民族区域自治法》的序言内容来看,民族区域自治制度作为中国共产党科学社会主义事业的重要组成部分,对于加快民族地区社会主义改造有着非凡意义和特殊使命。《民族区域自治法》关于国家统一、民族平等、民族团结,共同发展、共同繁荣,加速社会主义现代化建设等价值理念的伸张,使得其与非社会主义类型的民族区域自治制度相区别开来。"革命理想高于天。"民族区域自治从确立民主改革到社会主义现代化事业建设,再到当前两个一百年奋斗目标和中华民族伟大复兴的阶段性任务中,始终都贯穿了一条鲜明的主线,即科学社会主义的崇高理想。因此,作为科学社会主义愿景的产物,我国民族区域自治制度由此而来,也必将延续和贯穿科学社会主义运动的主线。这是由民族区域自治制度的本质特性及其特殊任务所决定的。"共产主义绝不是'土豆烧牛肉'那么简单,不可能唾手可得、一蹴而就。"社会主义的最终胜利"必然是一个很长的历史过程",而坚持和完善民族区域自治制度我们还有许多事情要做好。回溯共和国诞生70多年的光辉岁月不难发现,我国民族区域自治制度取得了伟大成就,这些成就无不得益于马克思主义理论在解决民族问题上的价值指引。正是科学社会主义的崇高理想凝聚了中华各族儿女紧紧地团结在中国共产党的坚强领导下,并且通过不断夺取社会主义伟大胜利,共同致力于共产主义的大同理想。也是在这个意义上,民族区域自治制度不断实现着其在价值理念上的更新和超越。

(三)实践逻辑:自改革开放以来民族区域自治制度与时俱进获得了新的发展

任何制度的运作都不是一帆风顺的。进入21世纪以来,伴随全球化内在矛盾的持续上演,我国民族地区的现代化建设不免受到了一定的影响。其中,国际恐怖主义事件对民族区域自治制度的本土实践造成了一定的挑战。总体来看，这些挑战既有"外国反华势力策动"等外部原因，也有内在原因。有些原因是与民族问题本身无关的，比如经济发展的区域失衡以及发展成果的分配不均。而其他一些原因则与我国的民族法治与政策相关，其中最主要的就是行政、执法层面上对《宪法》确立的民族区域自治制度的消解。历史发展进入新时代以来，以习近平同志为核心的党中央统揽全局，审时度势，在推进民族事务治理能力现代化方面采取了一系列行之有效的举措。那些破坏民族地区社会经济发展与民族关系的各类犯罪分子不仅受到了国家法律的严惩，民族自治地方的生产生活状态也逐渐恢复正常。可以说，我国民族区域自治制度在实践过程中虽然受到了这样或那样的影响和挑战，但总体而言，自改革开放以来这项重要政治制度与时俱进地获得了新的发展。

一方面，民族自治地方伴随国家政策的优惠和照顾，进一步缩小了与改革开放之前的社会经济总体发展水平之间的距离；另一方面，新的社会矛盾正在取代原来的社会主要矛盾，并且突出地表现为民族地区人民日益增长的美好生活需要和不平衡不充分的发展之间的矛盾。首先，经过改革开放40多年的发展，我国民族自治地方的社会生产力水平明显提高，"落后的社会生产"的提法已经不能真实地反映大部分民族地区取得的成绩。其次，民族自治地方的人民生活水平显著改善，当地人民不仅对物质文化生活提出了更高要求，而且在民主、法治、公平、正义、安全、环境等方面的要求日益增长。再次，随着民族自治地方人民生活水平的不断提高，当地人民群众的生活需要也呈现出多样化、多层次、多方面的特点，比如，期盼有更好的教育、更多稳定的工作、更满意的收入、更可靠的社会保障、更高水平的医疗卫生服务、更舒适的居住条件、更优美的环境、更丰富的精神文化生活，等等。与此同时，当地人民群众的民主意识、公平意识、法治意识、参与意识、监督意识、维权意识也在不断增强。最后，民族自治地方的各民族人民对伟大祖国、对中华民族、对中华文化、对中国共产党和对中国特色社会主义的认同也得到空前的强化。

（四）时代逻辑：新时代更加突出"以人民为中心"的发展理念

党的十九大报告指出，中国特色社会主义进入新时代以后，我国的社会主要矛盾已经转化为人民日益增长的美好生活需要和不平衡不充分的发展之间的矛盾。伴随民族地区社会主要矛盾的转化，我国民族区域自治制度的主要任务也实现了必要的调整。增进各民族人民对美好生活的向往，是民族区域自治制度的实践在更高层次上的目标追求。

然而，我国民族地区仍处于并将长期处于欠发达地区的基本社会面貌没有变，我国长期处于社会主义初级阶段的特征在民族地区依然明显。从党中央历来关于民族工作的论述来看，把牢民族工作的中心任务，关键还在于认清民族地区的发展问题,也就是要帮助民族自治地方发展经济、改善民生。为此,围绕我国民族工作的中心任务,需要把握好民族自治地方在发展上的层次性问题。

首先,国家统一、民族团结、社会稳定是民族自治地方各民族人民追求美好生活的基本前提。没有国家统一、民族团结和社会稳定,民族区域自治也就失去了其发挥宪制功能的基础。其次,民族地区的中心工作在现实的针对面上也不尽相同。民族自治地方历史欠账多,经济发展基础薄弱,导致其如期全面建成小康社会的任务十分艰巨。因此,如何在消除绝对贫困的基础之上,不断满足少数民族人民对于多样化生活层次的需要,要求民族自治地方自治机关深刻把握当地人民的需求特点,因地制宜地落实好各类具体的自治权,特别是要处理好"统一性"与"特殊性"的关系。纵观过去一段时间内的变化,我国的民族工作在中心任务上已经探索出了一些新的路子。譬如,针对民族自治地方的阶段性发展特点,党和国家在提升民族地区社会发展和人权福祉层面提出了多项具体性的战略部署。"全面实现小康,少数民族一个都不能少,一个都不能掉队","要坚持在发展中保障和改善民生,在幼有所育、学有所教、劳有所得、病有所医、老有所养、住有所居、弱有所扶上不断取得新进展,保证全体人民在共建共享发展中有更多获得感"等目标,既高度契合于《民族区域自治法》的立法目的和根本任务,同时也为今后推进民族区域自治制度的实践确立了重要面向。在决胜全面建成小康社会,夺取新时代中国特色社会主义伟大胜利的历史进程当中,增进民族自治地方各民族人民对美好生活的向往,已经成为推进民族区域自治实践的重要价值理念。

习近平总书记在党的十九大报告中把坚持以人民为中心作为新时代坚持和发展中国特色社会主义道路的重要原则。他强调:"人民是历史的创造者,是决定党和国家前途命运的根本力量。必须坚持人民主体地位,坚持立党为公、执政为民,践行全心全意为人民服务的根本宗旨,把党的群众路线贯彻到治国理政全部活动之中,把人民对美好生活的向往作为奋斗目标,依靠人民创造历史伟业。"作为社会主义国家,我国民族自治地方自治机关落实好民族区域自治制度,需要将民族区域发展的需要同国家总体目标协调起来。当前而言,立足党和国家的战略性规划和部署,要求我国民族区域自治制度坚持以人民为中心的发展理念,必须在统筹推进"五位一体"总体布局和协调推进"四个全面"战略布局中,找准民族自治地方发展劣势,补齐民族自治地方发展短板,聚焦民族地区社会主要矛盾变化,以"两个一百年"奋斗目标作为重点任务,奋力实现民族自治地方跨越式发展和中华民族伟大复兴。

第一,民族区域自治要确保集中统一领导。民族自治地方自治机关作为国家的地方政权机关,要保证有效实施党中央方针政策,维护国家法制统一、政令统一以及市场统一。《民族区域自治法》第 7 条规定"民族自治地方的自治机关要把国家的整体利益放在首位,积极完成上级国家机关交给的各项任务。"以国家法制统一来说,《民族区域自治法》主要作为一部"执行性导向的法律",其各类自治权的落实要更好地追求社会主义法制体系的内在统一性;以市场统一来说,民族自治地方的经济建设应进一步向市场经济开放,促进民族地区经济产业深度"融入"到现代化经济体系当中。

第二,民族区域自治重在激发人民当家作主意识。国家的一切权力属于人民。坚持人民当家作主作为新时代坚持和发展中国特色社会主义基本方略之一,彰显了我国社会主义民主是维护人民根本利益的最广泛、最真实、最管用的民主。"人民"具有多民族性。民族自治地方内的各民族人民是民族自治地方进行社会主义现代化建设的主力军,只有动员和依靠他们,才能焕发当地人民建设美好生活的热情。一是完善基层民主制度,依法保障当地人民知情权、参与权、表达权、监督权;二是推进协商民主发展,推动协商民主广泛、多层、制度化发展,做到区域内重大决定同各民族人民代表充分协商。

第三,国家加大对民族自治地方的投入与支持力度。"促进民族地区发展,从根本上要依靠民族地区自身努力,同时,突破发展条件和瓶颈制约,尽快缩小与发达地区的差距,实现跨越式发展,还需要中央强有力的政策支持和各方面的帮扶。"加快民族自治地方经济社会发展既是中央的基本方针,也是国家的重要义务。我国《民族区域自治法》第六章专门以"上级国家机关的职责"为内容课以国家 19 项法定职责,这些法定职责有别于国家对一般地方国家机关的职责。一要尊重民族自治地方自治机关有效实行自治权;二要支持和帮助发展少数民族经济和文化;三要帮助支持和培养少数民族干部和人才。

第四,民族自治地方要加强权力监督、优化权力配置。民族自治地方政权既行使一般国家政权机关的权力,同时也行使广泛的自治权。这种双重结构的权力运行机制容易滋生权力腐败与权力滥用、权力不作为等现象,同时也容易造成机构臃肿、人浮于事的局面。一要完善权力运行的制约和监督机制,通过科学配置权力,厘清不同权力结构之间的关系,防止权力越位、错位、失位,形成权责相统一的制度安排。二要以新一轮党和国家机构改革为契机,破除民族自治地方国家机构职能体系中存在的障碍和弊端,通过简政放权,优化地方机构设置和职能配置,构建简约高效和直接面向人民群众的基层管理体制。

纵观民族区域自治制度的形成与发展过程,它在历史逻辑上根植于中国的政治传统,是中华政治文明内生性演化的结果;在理论逻辑上贯穿着科学社会主义的主线,同时也必将沿着科学社会主义的方向发展;在实践逻辑上自改革开放以来与时俱进地获得了新的发展,其发展的重心由此也实现新的调整;在时代逻辑上更加突出"以人民为中心"的发展理念,使增进各民族人民对美好生活的向往成为推进民族区域自治实践的重要价值目标。立足新时代中国特色社会主义的总任务和总目标,民族区域自治制度应当坚定道路自信、理论自信、制度自信和文化自信,做到不忘初心、继续前行,坚持好、完善好、落实好民族区域自治制度。与此同时可以预期的是,在科学社会主义运动相当长的时期内,民族区域自治制度仍将继续焕发出其顽强的生命力和巨大优势。诚然,民族问题同社会主义革命事业相比,它只有从属的意义。民族问题也只是社会革命总问题的一部分。按照新中国民族政策的主要设计者之一李维汉的思考,民族问题在"未来逻辑"上最终将在世界大同的图景中得到彻底解决,"首先经过彻底的民族民主革命,然后进行彻底的社会主义革命,完成社会主义建设,过渡到共产主义社会,进而逐步地互相融合为一体,走向世界大同"。

第二节 民族区域自治制度的制度特色与理论创新

实行民族区域自治,对发挥各族人民共同当家作主的积极性,发展平等、团结、互助、和谐的社会主义民族关系,巩固国家的统一,促进民族自治地方和全国社会主义建设事业的发展,都起了巨大的作用。

一、民族区域自治制度是我国一项基本政治制度

民族区域自治制度是我国的一项基本政治制度。1954年《宪法》正式确立其为我国一项基本政治制度,且2001年修改颁布的《民族区域自治法》亦明确规定民族区域自治制度是国家的一项基本政治制度。2014年9月召开的中央民族工作会议再次明确指出,民族区域自治制度是我国的一项基本政治制度,是中国特色解决民族问题的正确道路的重要内容和制度保障。民族区域自治制度作为我国一项基本政治制度,具有以下重要作用:

(一) 有利于维护国家安全统一

20世纪八九十年代,由于国家控制力下降、地区发展不平衡以及境外敌对势力的煽动等多种因素影响,国际社会民族主义思潮高涨,以致苏联、南斯拉夫、捷克斯洛伐克等国解体分裂,这给我们的国家安全稳定敲响了警钟。就我国而言,从新中国成立以来,我国坚持民族区域自治制度,逐步发展形成了平等、团结、互助、和谐的社会主义民族关系,促进了民族地区的繁荣和发展,迎来了祖国稳定统一的大好局面。

纵观中国古今历史,国家统一是历朝历代最高的政治夙愿,也是各族人民最高利益。《宪法》规定中华人民共和国公民有维护国家统一的义务,《民族区域自治法》也规定民族自治地方的自治机关必须维持国家的统一。我国的民族区域自治制度坚持统一和自治相结合,这里的自治属于行政自治而非政治自治。国家统一是实行民族区域自治的前提和基础,没有国家统一就谈不上民族区域

自治。同时,国家统一也是实行民族区域自治制度的根本目的,我国坚持和完善民族区域自治制度的目的就在于保护民族地区群众的利益,加强民族团结,维护国家统一。按照《宪法》和《民族区域自治法》的规定,中华人民共和国是一个统一的多民族国家,而民族区域自治是在国家统一领导下实行的。这就是说各民族自治地方都是中华人民共和国的一部分,并且是不可分割的一部分,都要接受国家统一的领导,各民族自治地方既要保证国家的法律、方针、政策在本地方贯彻执行,又享有宪法和法律赋予的各种自治权利。

这种原则,就把国家的集中统一和民族的自主、平等结合起来,从制度上保证了国家的统一。同时,《民族区域自治法》的实施,使各少数民族人民真正感到自己既是本民族的主人,又是国家的主人,从而激发他们热爱自己民族、热爱自己祖国的深厚感情,使国家的统一从根本上得到了保证。与当代一些民族动乱和民族战争频发的多民族国家形成强烈反差的中国,正是由于民族区域自治制度的制定与实施,才形成统一、安定、民族团结的大好局面,这是值得中国各民族人民骄傲和珍惜的宝贵财富。因此,新时代继续强调坚持和完善民族区域自治制度,促进民族平等、民族团结和各民族共同繁荣,对维护祖国安全统一尤为重要。

(二) 有利于发展平等团结互助和谐的社会主义民族关系

民族平等团结是社会主义民族关系的基本特征和核心内容之一,是中国民族政策体系的重要组成部分。民族平等团结不仅事关各民族的共同繁荣发展,而且更事关国家的安全统一和中华民族伟大复兴。但在半殖民地半封建的旧中国,少数民族长期遭受民族歧视和压迫。清政府对各民族实行"怀柔羁縻"。在羁縻政策指导下,古代中央政府既通过军事、政治手段对边疆地区进行威慑和控制,又通过物质利益、经济交换等手段对边疆民族进行安抚。"分而治之""以夷制夷"等民族压迫政策,既镇压民族反抗,又制造民族矛盾以实现民族相互牵制。国民政府对少数民族亦实行民族压迫政策,否认中国少数民族存在的事实,并以课以沉重杂税、强行推行"国语"、诋毁少数民族习俗等手段,进行民族剥削和压迫。中国近代反动统治所实施的民族压迫政策,使各民族处于完全不平等的地位,在民族之间制造了藩篱,极大阻碍了民族团结。

中国共产党自成立以来,一直坚持以马克思主义民族问题理论为指导,坚持主张民族平等,反对民族歧视和压迫,尊重一切少数民族的权利。带领团结各民族,逐步推翻封建主义、官僚资本主义、帝国主义三座压迫各族人民的大山,建立代表独立自由平等的新中国,并实行民族区域自治制度,保障少数民族各项权利,在各民族之间建立了平等、团结、互助、和谐的社会主义民族关系。

现阶段,全国范围内虽整体上实现了各民族的平等大团结,但仍有部分敌对分子抱有民族分裂思想,不断在思想上鼓吹民族压迫,煽动民族分裂,破坏民族团结。为此,我们要继续牢固坚持和完善民族区域自治制度,保障和维护各少数民族的权益,深入推进各民族平等团结互助和谐的民族关系发展。

(三) 有利于促进民族自治地方和全国社会主义建设事业的发展

21世纪,世界范围内局部地区战争虽仍有发生,但和平与发展仍是当今世界的两大主题。和平讲的是政治问题,发展讲的是经济问题,其互为条件,相互联系和影响。和平是发展的前提和基础,发展又是维护和平的有力保障。习近平总书记指出,没有稳定的社会政治环境,一切改革发展都无从谈起,再好的规划和方案都难以实现,已经取得的成果也会失去。可见,社会的基本稳定是各项事业顺利发展的前提和基础,我国现代化建设离不开稳定的社会环境。而多年的实践证明,民族区域自治制度有利于维护民族地区的社会稳定,有利于促进民族自治地方和全国社会主义建设事业的发展。

中华人民共和国成立70年来,特别是改革开放以来,少数民族和民族地区的经济社会发展步伐明显加快,各族群众生活水平日益提高。民族八省区地区生产总值由1978年的324亿元增至2017年的84 899亿元;贫困人口从2010年的5040万下降到2017年的1032万,累计减贫4008万人,贫困发生率从34.5%下降到6.9%。巨大的发展成就彰显了民族区域自治在促进民族地区经济社会发展和民生改善方面的制度优势。因此坚持和完善民族区域自治制度不仅要坚持民族平等和民族团结,更要坚持各民族共同繁荣。促进和实现各民族共同繁荣始终是党和国家的奋斗目标,也是各族人民的热切期盼。

多年来,党和国家始终坚持支持民族地区,并采取多项重大措施加快民族地区发展。民族区域自治制度赋予了民族自治地方自治机关丰富的经济类自治权,允许其自主地管理和发展本地经济事务,其主要包括经济管理、财税管理、对外贸易管理、环境资源管理等多种经济类自治权。民族区域自治制度赋予民族地方经济类自治权,加快民族地方经济发展,最终实现各民族共同繁荣。2021年是"十四五"规划和二〇三五年远景目标开局之年,社会持续稳定关乎我国"十四五规划"和二〇三五年远景目标的顺利实现,是未来我国经济稳定快速发展的重要保障。而现阶段我国社会的稳定状况又很大程度上取决于民族地区的社会稳定状况。因此,我们需要继续坚持和完善民族区域自治制度,进一步夯实民族团结基础,实现社会局势的持续稳定、长期稳定、全面稳定,为未来我国经济的稳定快速发展创造良好的环境条件。

二、民族区域自治制度建立符合我国的国情

中国没有以联邦制作为国家的政体结构形式,而是采用了民族区域自治制度来解决我国的民族问题。该制度既是中国共产党解决我国民族问题的一项基本政策,同时也是我国的基本政治制度之一。民族区域自治制度是历史和人民的选择,其建立符合我国的国情。

（一）统一多民族国家的历史传统

从两千多年前的秦汉以来,统一的多民族的中央集权国家就已建立。此后虽有战乱和分裂,但国家的统一仍然是主流,统一的多民族国家的格局一直没有改变。纵观数千年中华史,国家统一一直是各朝君主最高的政治理想和抱负。秦汉之后,又有隋、唐、宋、元、明、清等朝代,东征西伐消灭割据,巩固边疆,统一中华。可见,"大一统"思想历经千百年的传承,已经融入中华各族人民的骨髓。

（二）多元一体的民族格局

在长期的历史发展中,各民族通过政治、经济、文化的频繁交流,在人口的分布上形成了"中华民族多元一体"的格局,汉族和少数民族以及少数民族之间结下了离不开的血肉关系,形成了"大杂居,小聚居"的民族人口分布特点。这一情况是历史上各民族迁徙、交往等原因造成的。同时,这种人口分布状况表明,任何一个民族都不可能从地理环境、分布空间、经济生活等方面自成体系。尤其是我国资源分布、生产力发展程度极不平衡,少数民族与汉族在经济上必须相互补充、相互协作,这就决定了56个民族合则有利、分则有害。这种你中有我、我中有你、相互依存的分布状况决定了,以少数民族聚居的地方为基础,建立不同类型和不同行政地位的民族自治地方,有利于民族关系的和谐稳定和各民族的共同发展。

（三）多样化的民族政策

由于我国56个民族经济发展水平和文化风俗习惯存在多样性和差异性,在始终保持政治上的领导权和国家统一的基本前提下,历代中央政权对少数民族和民族地区采取了不同于汉族地区的管理方式,如"属邦""羁縻""因俗而治""因俗设官""和亲"等特殊政策。这在客观上保持了民族地区、边疆地区稳定,维护了多民族国家的统一。

（四）各民族人民的爱国主义精神

各民族在维护国家统一,反对殖民主义、帝国主义侵略的斗争中并肩战斗,结成了休戚与共、命运攸关的紧密关系,形成了以爱国主义为基础的政治一致性。特别是在中国共产党的领导下,各民族人民爱国主义精神被高度激发和凝聚,并展现得淋漓尽致。中华民族共同体意识不断升华,爱国主义精神发扬光大,达到前所未有之高度,这是我们实行民族区域自治的重要基础。

（五）平等、团结、互助、和谐的社会主义民族关系

经过民主改革和社会主义改造,我国各民族跨越了不同的发展阶段,走上了社会主义道路,结成了平等、团结、互助、和谐的社会主义民族关系。保持国家的集中统一,促进交流合作,是各民族的共同愿望和一致要求,具有强烈的认同感和向心力。正如邓小平同志所指出的,"解决民族问题,中国采取的不是民族共

和国联邦的制度，而是民族区域自治的制度。我们认为这个制度比较好，适合中国的情况。"

三、民族区域自治的制度特色与理论创新

当今世界上的 2000 多个民族分布在近 200 个国家和地区，而绝大多数国家又是多民族国家。① 中华人民共和国是全国各民族共同缔造的统一的多民族国家。1949 年 9 月 29 日《共同纲领》第 51 条规定："各少数民族聚居的地区，应实行民族的区域自治，按照民族聚居的人口多少和区域大小，分别建立各种民族自治机关……"自此以后，民族区域自治作为新中国的一项基本政治制度，以宪法性文件正式确立下来，并在我国历部《宪法》文本中都得到了一以贯之的继承。

（一）中国共产党是全国各族人民根本利益的忠实代表，创造性地提出了民族区域自治的伟大理论

我国的民族区域自治同西方式民族区域自治的根本区别在于其鲜明的社会主义特征。早在革命战争时期，中国共产党就怀揣着共产主义的理想和信念，同边区少数民族建立了深厚的关系。② 中国共产党领导中国各族人民取得新民主主义革命胜利以后立马就意识到，在处于民族地区进行民主改革和社会主义改造并非易事。例如，民族地区仍然处于不同的人类社会发展阶段；仍有不少民族地区未得到解放；少数民族与汉族之间的矛盾和隔阂依然存在；民族地区社会主义事业建设缺乏能干的少数民族干部；等等。对此，民族工作领导人乌兰夫同志深刻地体察到，民族地区的民主改革和社会主义改造，必须充分根据各民族的不同特点和特殊情况去进行。我国改革开放的总设计师邓小平同志也有相同的认识，他认为在民族杂居区实行区域自治是进行社会主义改造的重要条件。③ 从民族区域自治设立的初衷来看，中国共产党无疑创造性地提出了民族区域自治的伟大理论。

中国共产党探索民族区域自治的历程大致经历了三个历史阶段。④

第一阶段是从 1922 年 7 月至 1936 年 5 月。这一时期的中国共产党作为国际共产主义的一个支部，在民族问题的解决思路上主要受到了马克思主义经典理论的直接影响。例如，1922 年 7 月中国共产党第二次全国代表大会提出建立民主共和国时，主张以自由联邦形式建立中华联盟共和国。不难发现，这样的民

---

① 敖俊德：《中华人民共和国民族区域自治法释义》，民族出版社 2001 年版，第 1 页。
② 参见中共中央党史研究室科研管理部、国家民族事务委员会民族问题研究中心编：《中国共产党民族工作历史经验研究》（上），中共党史出版社 2009 年版，第 72—88 页。
③ 李成武：《中国少数民族地区的民主改革和社会主义改造》，载张星星主编：《当代中国成功发展的历史经验——第五届国史学术年会论文集》，当代中国出版社 2007 年版，第 404—413 页。
④ 参见敖俊德：《中华人民共和国民族区域自治法释义》，民族出版社 2001 年版，第 2—3 页。

族纲领当时还带有苏联民族区域自治理论的明显"印记",特别是 1931 年 11 月《中华苏维埃共和国宪法大纲》第 14 条规定,"中国境内少数民族……有完全自决权:加入或脱离中国苏维埃联邦,或建立自己的自治区域。"这一阶段的中国共产党的民族区域自治理论虽然只处于萌芽阶段,未能对苏联和中国的国情进行适当的区分,但是它将马克思主义的"民族平等"原则第一次尝试性地用来解决中国多民族国家的民族问题,因此体现出了历史的进步意义。

第二阶段是从 1936 年 5 月至 1945 年 9 月。这一时期的民族区域自治理论伴随着中国共产党对中国多民族国情认识的逐步加深而开始了本土化的实践。1934 年,红军被迫实行万里长征。红军的长征不仅使中国共产党同边区少数民族建立了深厚的友谊,同时也促进了中国共产党对中国多民族基本国情的深入认识。1935 年 10 月,中共转战陕北以后,首先将党的民族政策适用于蒙古族地区和回族地区。1936 年在宁夏南部成立的预海回民自治政府,成为中国共产党用民族区域自治形式解决民族问题的最初实践。1941 年颁布的《陕甘宁边区施政纲领》又促成陕甘宁边区建立了 5 个回民自治乡和 1 个蒙民自治区(乡)。①

第三阶段是从 1945 年 9 月至 1949 年 9 月。这一时期的民族区域自治发展经过中国共产党内部的充分讨论和认真研究以后,在国家层面实现了民族区域自治的宪法化。② 1947 年 5 月,中国共产党领导下的第一个省级民族自治地方——内蒙古自治政府——正式建立。1947 年 9 月,《共同纲领》在认真汲取以往制宪经验的基础之上,规定"各少数民族聚居的地区,应实行民族的区域自治,按照民族聚居的人口多少和区域大小,分别建立各种民族自治机关。"至此,民族区域自治作为多民族国家解决民族问题的一大宪制安排,在新中国获得宪法性文件的确认和巩固。以上历史表明,民族区域自治在中国的诞生,是中国共产党坚持马克思主义原理,同时又结合了中国基本国情的产物。③ 民族区域自治的制度选择最适合我国国情。

我国作为一个统一的多民族国家,疆域辽阔、民族多元。这样的国情决定了中国实行民族区域自治的必然性。首先,与苏联加盟共和国不同的是,新中国成立以来的民族区域自治是统一的国家宪法框架下的一项基本政治制度;其次,民族区域自治是民族自治与区域自治的有机结合;最后,民族区域自治也体现了民

---

① 参见阙成平:《论宪法确立民族区域自治制度的历史必然性》,载《贵阳学院学报(社会科学版)》2018 年第 4 期。

② 参见张维达、迟云飞:《解放战争时期中国共产党对民族区域自治制度的宪法化探索》,载《黑龙江民族丛刊》2018 年第 4 期。

③ 杨虎德教授将中国共产党民族区域自治制度的形成与发展阶段分为以下三个阶段:第一,中共"二大"到"九一八"事变前是民族区域自治政策的萌芽时期;第二,抗日战争到解放战争时期,是民族区域自治政策形成阶段;第三,中华人民共和国成立后,民族区域自治制度不断完善,并逐步走上法制化道路。参见杨虎德:《论中国共产党民族区域自治制度的形成与发展》,载《青海民族研究》2004 年第 3 期。

族内部事务与地方性事务的统一。这些不同的特征,确保了民族区域自治的制度选择最适合于我国国情。

（二）民族区域自治体现中国共产党的探索创新和深思熟虑

新中国实行民族区域自治为什么没有趋向苏联模式?如何理解中国共产党的民族区域自治政策?中国的民族区域自治又与世界其他国家的民族区域自治具有哪些本质区别?对这些问题的探讨,在最根本的问题上涉及中国共产党对民族区域自治的理论创新。第一,民族区域自治赓续了中国历史上"大一统而又因俗而治"的政治传统,但它又不是对原有旧传统不加批判地继承;第二,民族区域自治理论也吸收了近现代意义上"民族自治"与"地方自治"原则中的合理因素,从而使其体现出历史的进步意义。

1. 民族区域自治赓续了中国历史上"大一统而又因俗而治"的政治传统

民族区域自治在世界范围内有多种实践模式。我国民族区域自治的本质特征在于其受到国家统一这个根本前提的制约。也就是说,我国的民族区域自治是单一制国家结构形式下的民族区域自治。这也与苏联式民族区域自治存在本质区别。中国共产党实行这样一种民族政策,与中国共产党自身担负的历史使命具有根本关系。首先,中国共产党之所以能够带领中国各族人民取得新民主主义革命胜利和建立中华人民共和国,是因为其一方面代表了工人阶级,构成工人阶级(无产阶级)的先锋队;另一方面也在于其代表了中华民族共同体,构成了中国"大一统"历史传统的担纲者。对于彼时的中国共产党而言,民族区域自治政策的提出,既要通过无产阶级的革命运动解放各族劳动人民,同时也要通过这样一种政策理念来维护和继承中国历史上业已存在的普遍主义秩序文明(天下体系)。

中国共产党"解放人类"的政治使命比较容易理解。但是相比而言,中国共产党作为中华文明秩序的再造者这一点①,需要稍作论述。众所周知,中国清末以来的现代国家转型,在整体上是继承了中国"大一统"的历史遗产,而《清帝逊位诏书》在宪制意义上完成了这一历史过程的和平转移。清朝作为中国最后一个封建王朝,其向现代中国的和平过渡表明了民族共同体的内在统一性具有非常稳固的基础。从历史来看,这样的政治基础主要表现为全国各地共同接受以"天子"为中心的中央权威的统一管理,中央集权制是其主要的政治特色。但是"大一统"的政治秩序内部也并非均质化的统一管理模式。由于古代中国疆域非常辽阔,因此中国历史中的封建王朝在对待不同地区时,采取了完全不同的政治管理体制。例如,在管理中原内地等距离上与中央比较相近的地区时,主要通

---

① 参见喻中:《华夏文明秩序的再造——党章总纲中的先锋队及其法理意蕴》,载《法学论坛》2019年第1期。

过行省制度(郡县制)来强化中央的控制能力;而在稍远的边疆地区,则是通过建立朝贡体系(或者分封制)来维系中央与边远地区的政治关系。中央在民族边疆地区的统治方式主要就表现为一种"因俗而治"的管理模式。也就是说,他们过去在地方层面相对处于一定的自治状态。

中国共产党在建国方案中采取民族区域自治时,正是尊重和继承了这一历史传统。民族边疆地区实行民族区域自治,在历史的深层结构上受到了"大一统而又因俗而治"的政治理念的内在约束。具体来讲,新中国的主权统一对应了"大一统"的政治传统,而民族区域自治又对应于"大一统"理念下的"因俗而治"理念。没有"大一统"政治传统这个前提,民族区域自治就脱离了政治母体,也将难以焕发出强而有力的生命力。对于新中国的建国方案来说,从中华传统文明的普遍主义秩序当中寻找建构民族区域自治的正当性基础,能够在各民族代表中达到普遍的共识,从而也是有利于中国各民族的共同利益。这也是中国共产党作为中华民族的先锋队,没有完全趋从苏联模式的历史原因。

但是需要说明的是,中国共产党并不是将古代中国的政治传统不加批判地直接拿来使用,民族区域自治也并不是"大一统而又因俗而治"的政治传统的现代翻版。毕竟从历史演化的阶段上来看,"大一统而又因俗而治"政治传统代表的是封建王朝时期的政治理念,它适应于当时的历史发展阶段。然而,新中国从中华民国的资产阶级革命,再到社会主义国家的建立,历史的车轮已经迈出了巨大的进步。中国共产党代表了历史前进的发展方向,其在新中国历史阶段开创的民族区域自治政策,已经在历史发展阶段上全面超越了"大一统而又因俗而治"的政治传统。民族区域自治作为新中国的一项根本性民族政策,既有对"大一统而又因俗而治"的政治传统的内在继承,也有对"大一统而又因俗而治"的政治传统的全面超越。① 这种超越性主要表现在"人民民主"与"社会主义"这样两个最重要的现代性原则当中。1954 年《宪法》作为新中国的第一部正式宪法,在规定民族区域自治政策时正是受到了这两个原则的约束。此外,合理、辩证地吸收"民族自治"与"地方自治"原则中的有益因素,也是民族区域自治超越传统从而体现理论创新的一个重要方面。

2. 民族区域自治吸收了"民族自治"与"地方自治"原则中的合理因素

民族区域自治是"民族自治"与"地方自治"原则的合理结合。首先,就"民族自治"来说,它是马克思主义民族平等原则的重要体现。民族无论大小、强弱、人口多少都应当是平等的。而这种平等的前提是一个民族首先应当摆脱其他民族对它的压迫与剥削。客观地讲,封建王朝时期是不存在民族平等的。无

---

① 参见国家民族事务委员会编:《中央民族工作会议精神学习辅导读本》,民族出版社 2015 年版,第 73 页。

论汉族还是少数民族处于中国的正统地位,都曾实行过这样或那样的民族歧视与民族压迫,因此历史遗留的民族隔阂成为新中国建构国家主权时必须克服的一大问题。毛泽东在1954年《宪法(草案)》的审议过程中指出,"只有工人阶级和它的先锋队共产党领导下的国家,才能真正解决国内各民族之间的矛盾和冲突。没有工人阶级领导的人民民主国家,民族矛盾就不可能得到解决。自中华人民共和国成立以来,我国的民族关系一天一天好起来。"①当然,这又涉及对"民族自治"更为深层的理论考察。

从其产生的渊源来讲,"民族"是带有历史进步意义的。民族是民族主义的产物。民族主义相比于封建历史时期,具有解放的功能和意义。这一点在民族学理论中已经得到了很多的阐述。② 新中国从封建王朝向现代主权国家转型的过程中,促进了中华民族与各民族的"双重建构"。③ 这意味着,中华民族在国家主权意义上首先是一个"nation",中华民族的国家主权必然不容分割。但与此同时,组成中华民族之各民族也得到了一并建构,它在主权国家内部理应获得相应的政治和法律地位。如此,历史的进步意义既体现在国家的进步上,也体现在各民族的进步上。这是现代性的一条普遍性要求。为了消解民族"双重建构"可能带来的内在冲突,也为了尊重和延续中国是一个统一的多民族国家的历史传统,新中国就选择了民族区域自治的宪制方案。这一方案的意义体现在其一方面维护了国家主权的统一性与完整性,另一方面也安顿了国内不同民族在政治与法律上的诉求。

民族区域自治同样吸收了"地方自治"原则中的合理因素。中国语境中的"地方自治",并不是西方历史上的城邦国家所实行的那种"地方自治",它与国际社会关于"地方自治权"的相关界定也具有一定的差别。④ 在宪法上,"地方自治"常常与地方分权、地方自主等词语交叉使用,其实这些概念之间既有相似性但又不完全相同,它们分别在不同的角度和意义上使用。例如,地方分权与中央集权相对,指国家权力不仅仅集中在中央,一定程度上也分散在地方,或者将原属于中央职权范围内的事务,划分给地方办理。"地方自治"则是指凡属于中央职权范围内的事务,虽在地方,仍由中央行使,地方所能够行使的,仅以《宪法》授权的地方自治事项为限。地方自主则更多地是指地方很少受到中央法令之拘

<hr>

① 韩大元编著:《1954年宪法与中国宪政》(第2版),武汉大学出版社2008年版,第172—173页。

② 参见〔美〕里亚·格林菲尔德:《民族主义:走向现代的五条道路》,王春华等译,上海三联书店2010年版。

③ 参见陈建樾:《单一民族国家还是多民族国家:近代中国构建现代国家的解决方案之争》,载《清华大学学报(哲学社会科学版)》2018年第5期;《"中华民族"入宪具有里程碑式的意义——专家学者谈"中华民族"入宪》,载《中国民族报》2018年4月27日,第6版。

④ 参见任新民、沈寿文:《我国民族区域自治"自治权"与国际社会"地方自治权"研究》,载《云南民族大学学报(哲学社会科学版)》2010年第2期。

束与监督,其权力行使体现出一定的排他属性。① 民族区域自治之"地方自治"属性,首先是因为中国历史上的边疆民族一直处于自治的状态,所谓"因俗而治"就是在前现代意义下理解的一种"地方自治"。譬如,历代王朝的"羁縻统治""以夷治夷"等政策都给予当地民族以一定的地方自治权。其次,现代意义上的"地方自治"原则,主要是寓于人民民主理念之中。人民民主理念体现了历史的进步意义。② 它是广大人民群众自我立法、自我管理和自我监督地方事务的价值基础。"一个民族成分复杂的大国只有通过区域自治才能够实现真正的民主的中央集中制。"③但是,"地方自治"也有其内在局限性。"地方自治"如若不受国家法令的约束,完全凭借自己的意思处理地方事务,就会演化为一种地方割据,而割据者往往也会无视地方民意。④ 中国历史上,这样的教训是非常深刻的。中国共产党在解放战争时期,曾用"地方自治"来解决民族地区的政权建设问题。但是到了新中国成立以后,就改用民族的"区域自治"来解决民族问题。"区域自治"体现了"地方自治"的基本内涵,又是对"地方自治"形式的一种创新。由上可知,民族区域自治承袭于中国历史上"大一统而又因俗而治"的政治传统,但又吸收了"民族自治"与"地方自治"原则中的合理因素,最终使其融汇成独具中国特色的"民族区域自治"。

总的来说,中国民族区域自治的制度特色在法权意义上同西方国家和苏联的民族区域自治制度不尽相同。中国共产党作为民族区域自治的设计者,起初以"解放人类"的政治使命团结和带领全国各族人民建立起了牢固的革命统一战线。民族区域自治的最初实践也是在这个意义上扎根于中国社会。但是伴随中国共产党的逐渐壮大和对中国多民族国情的深入认识,马克思主义的民族理论亟待实现"中国化"的改造。民族区域自治在建国方案中对"民族自决"原则和"联邦制"国家结构形式的扬弃,正是中国共产党探索符合中国国情的民族区域自治道路的历史选择。首先,民族区域自治是国家统一宪法框架下的基本政治制度。它以国家宪法作为民族区域自治实践的效力来源。其次,民族区域自治体现"民族自治"与"地方自治"原则的结合。"民族自治"代表了社会主义制度的优越性,但它在中国只能辅之以"地方自治"才能得以实践,这是由中国多民族杂居的历史现状所决定的。最后,民族区域自治集民族自治权与一般国家地方职权的双重属性,由此决定了它的本质特色主要体现于"行政自治"领域,

---

① 参见熊文钊主编:《大国地方——中央与地方关系法治化研究》,中国政法大学出版社 2012 年版,第 13 页。

② 实际上,"民族主义"的题中之义就是"民主主义",无"民主"则不"民族"。参见〔美〕里亚·格林菲尔德:《民族主义:走向现代的五条道路》,王春华等译,上海三联书店 2010 年版。

③ 郝时远:《中国共产党怎样解决民族问题》,江西人民出版社 2011 年版,第 101 页。

④ 参见田芳:《地方自治法律制度研究》,法律出版社 2008 年版,第 27 页。

即民族事务与民族地方性事务中的行政事务方面的自治。

当然,理解民族区域自治的制度特色,还应当正视中国共产党对于民族区域自治的理论创新。具体来讲,中国共产党作为代表全国各族人民根本利益的忠实代表,它在革命时期就肩负着再造中华文明的历史担当。这个属性,使中国共产党在探索民族区域自治理论与实践的过程中,并没有将现代中国与历史中国的内在关联割裂开来,而是通过建立主权国家以及在国内实行民族区域自治来赓续中国历史上"大一统而又因俗而治"的政治传统。这一历史的内在规定性是民族区域自治能够在中国大地上"落地开花"的历史原因。但是必须指出的是,民族区域自治又是对"大一统而又因俗而治"的政治传统的超越,它是中国共产党探索创新和深思熟虑的伟大创举。这种探索创新和深思熟虑的一个重要体现就是吸收了现代"民族自治"与"地方自治"原则中的合理因素。第一,中国共产党作为马克思主义政党,决然告别了历史上的民族压迫与民族歧视政策,并且通过在多民族聚居区实行民族区域自治以促进其多重宪制功能的发挥;第二,民族区域自治保障人民当家作主,有助于激发各族人民建设社会主义国家的积极性。中国特色解决民族问题的正确道路在民族区域自治的理论与实践当中得到了最大程度的彰显。在这个意义上,民族区域自治的制度特色和理论创新,有助于回答我国当前以及未来应当坚持和完善什么样的民族区域自治的必然性诘问。

第三节　民族自治地方的建置

一、民族自治地方的类型

(一) 以民族自治地方的行政区划为标准

行政区域划分是国家为了进行分级管理而实行的国土和政治、行政权力的划分。根据《宪法》第 30 条和《民族区域自治法》第 2 条的规定,我国的民族自治地方分为三级:

1. 自治区

自治区是与省、直辖市平行级别的行政单位。目前,我国共有 5 个自治区。1947 年,在中国共产党领导下,已经解放的蒙古族地区建立了中国第一个省级少数民族自治地方——内蒙古自治区。中华人民共和国成立后,中国政府开始在少数民族聚居的地方全面推行民族区域自治。1955 年 10 月,新疆维吾尔自治区成立;1958 年 3 月,广西壮族自治区成立;1958 年 10 月,宁夏回族自治区成立;1965 年 9 月,西藏自治区成立。

2. 自治州

自治州是中国行政区划中为保证少数民族的平等权利而划分的一种特殊形式。三级民族自治地方中有些有对应的普通行政区划,如自治区是与省、直辖市平行级别的行政单位。而自治州则有一点特殊性,没有完全对应的普通行政区划单位。在实际工作中,通常把它与地区并列,其实两者是不同的。地区行政区划单位是省级人民政府的派出机构,不是一级政权组织。从我国整个行政区划的设置来看,我国是三级行政区划单位,即省、县、乡,自治州则是一种比较特殊的区划单位,是适应聚居少数民族建立相应自治地方的需要而设置的,是省级以下,县一级以上的行政区划,相当于省内行政公署一级。因为有些聚居的少数民族,组建一个自治区不够,建立自治县又太大,自治州则照顾到了这种情况,它体现了国家对聚居少数民族实现自治的充分考虑。

3. 自治县

自治县是和县平行的一级行政区划单位。按照《宪法》的规定,自治县与一般县相比具有更多的自治权限。一个民族有多处大小不同的聚居区,可以建立多个不同行政地位的自治地方,如回族在全国建立有宁夏回族自治区、甘肃省临夏回族自治州、河北省孟村回族自治县等多个不同行政地位的民族自治地方。

另外,除上述三类民族自治地方类型外,民族乡并不属于民族自治地方,而是民族区域自治的一种补充形式。民族乡是与普通乡同级的特殊基层地方政权,是现行《宪法》中提出的概念,民族乡比普通乡有更多的自主权或特殊的职权,设置民族乡的目的就是要更好地保障少数民族的平等权利。现行《宪法》第99条第3款规定:"民族乡的人民代表大会可以依照法律规定的权限采取适合民族特点的具体措施。"1993年9月15日,国务院批准、国家民委发布《民族乡行政工作条例》,对民族乡的成立、运转、自主权以及相关扶持政策进行了规定,赋予了民族乡特殊的自主权。因此,民族乡虽然不属于民族自治地方,但它是我国民族区域自治的补充形式,是保障杂散居少数民族平等权利的一种途径,保障了少数民族的自主权,是一种特殊的政权形式。

(二) 以民族自治地方的民族组成为标准

第一,以一个少数民族聚居区为基础建立的自治地方。

如宁夏回族自治区是以回族为基础建立的自治区,西藏自治区是以藏族为基础建立的自治区,另外如临夏回族自治州、凉山彝族自治州、伊犁哈萨克自治州、昌江黎族自治县、孟村回族自治县、宽城满族自治县、长白朝鲜族自治县等。其主要特点是实行区域自治的少数民族只有一个。在这一类民族自治地方内,虽然是以一个少数民族为实行民族区域自治的自治民族,但也包括汉族或其他少数民族人口。

第二,以一个人口较多的少数民族聚居区为基础建立的民族自治地方或几个人口较多的少数民族聚居区为基础建立的民族自治地方中,包含以一个或几个人口较少的其他少数民族聚居区为基础建立的民族自治地方。

一个民族自治地方内其他少数民族聚居的区域,可以建立相应的自治地方,如新疆维吾尔自治区是以维吾尔族为基础建立的自治区,但在自治区范围内还包括伊犁哈萨克族自治州;博尔塔拉蒙古自治州;昌吉回族自治州;克孜勒苏柯尔克孜自治州;巴音郭楞蒙古自治州等5个以其他少数民族为基础建立的自治州。红河哈尼族彝族自治州还包括河口瑶族自治县、屏边苗族自治县、金平苗族瑶族傣族自治县三个自治县。黔南布依族苗族自治州境内建立有一个三都水族自治县。

第三,以两个或多个少数民族聚居区为基础联合建立的自治地方。

如恩施土家族苗族自治州,是以土家族、苗族两个民族的聚居区为基础联合建立的一个自治地方;海西蒙古族藏族自治州,是以蒙古族、藏族两个民族的聚居区为基础联合建立的自治州;琼中黎族苗族自治县是以黎族、苗族两个民族的聚居区为基础联合建立的自治县;双江拉祜族佤族布朗族傣族自治县是以拉祜族、佤族、布朗族、傣族四个少数民族的聚居区为基础联合建立的自治县。

二、民族自治地方的名称

《民族区域自治法》第13条规定:"民族自治地方的名称,除特殊情况外,按照地方名称、民族名称、行政地位的顺序组成。"也就是说,民族自治地方的名称一般包括三个因素,即地方名称、民族名称、行政地位,而这三者的排列顺序是法定的,不可随意更改。按照《民族区域自治法》第13条的规定,民族自治地方的名称,除了一般按照地方名称、民族名称、行政地位的顺序组成外,还有一些特殊情况采取的特殊命名,现实存在,也为法律所允许,大致包括如下几种情况:

其一,按照地方名称、民族名称、行政地位顺序组成民族自治地方的名称,但族名省略了"族"字。如新疆维吾尔自治区巴音郭楞蒙古自治州、博尔塔拉蒙古自治州、克孜勒苏柯尔克孜自治州、伊犁哈萨克自治州、鄂伦春自治旗等。其二,没有地方名称,只有民族名称和行政地位。没有地方名称的有两种情况:一种是族名由地名演变而来的,族名与地名统一。如"东乡族自治县"中的"东乡"既是地名,又是族名;另一种根本不包含地名,如鄂温克族自治旗、鄂伦春自治旗都属于这种情况。因为这些民族居住比较集中,而且在全国本民族也只建立了一个自治地方,不存在和别的同一民族自治地方区别的问题。为了简明起见,这些自治地方只标明县、旗名,不用地名。其三,在历史上地方名称和民族名称已经合一,只用地方名称,不加民族名称,人们也清楚包含民族名称,如"内蒙古自治区"和"西藏自治区"两个民族自治地方名称中的"内蒙古"作为地名也含有蒙古族的族名,"西藏"作为地名也含有藏族的族名。如果再加族名,反而显得有些累赘。其四,内蒙古自治区内的三个县级民族自治地方(包括鄂伦春自治旗、鄂温克族自治旗和莫力达瓦达斡尔族自治旗)的名称中的行政地位,不称"自治县"而采用"自治旗",这是因为自治区建立后,各民族地区的县级地方建制的名称都采用了历史沿袭下来的"旗"的称谓。在上述特殊情况下,民族自治地方的命名,或者借鉴历史传统和习惯称谓,或者出于少数民族的意愿。因此,《民族区域自治法》作为特殊情况予以确认,这充分体现了国家把原则性和灵活性结合起来,对历史传统习惯和少数民族意愿的尊重。

《民族区域自治法》第 14 条第 1 款规定:"民族自治地方的建立、区域界线的划分、名称的组成,由上级国家机关会同有关地方的国家机关,和有关民族的代表充分协商拟定,按照法律规定的程序报请批准。"民族自治地方的名称的确定同样要严格按照法定的程序进行,不能随意确定或更改。

三、民族自治地方建立及区域变动的原则、条件和程序

(一) 民族自治地方建立的条件

《民族区域自治法》第 12 条规定:"少数民族聚居的地方,根据当地民族关系、经济发展等条件,并参酌历史情况,可以建立以一个或者几个少数民族聚居区为基础的自治地方。民族自治地方内其他少数民族聚居的地方,建立相应的自治地方或者民族乡。民族自治地方依据本地方的实际情况,可以包括一部分汉族或者其他民族的居民区和城镇。"根据这一法律规定,民族自治地方建立的条件是:

第一,民族自治地方必须建立在少数民族聚居的地方。

这是实行民族区域自治的前提和基础。我国的民族区域自治不是单纯以民族作为自治单位,也不是单纯以地域作为自治单位,而是二者的有机结合。所谓聚居是指集中居住在一定区域。长期以来,我国形成了"大杂居、小聚居"的民族居住状况,各少数民族都有其相对集中的聚居区。建立民族自治地方的少数民族聚居区,必须有一定的规模,即具备自治所必需的人口、地域、经济等基本要素。规模太小的民族聚居区,不能建立民族自治地方。

以少数民族聚居区为基础,并不能简单地认为是以某一个或某几个少数民族在当地人口中所占的比例为基础。由于我国大杂居、小聚居的人口分布状况,以及有些少数民族人口很少或特少的人口特点,有些少数民族人口在当地总人口中所占的比例很小。如果简单地以人口比例为基础,那么,就有不少的少数民族不能建立自己的民族自治地方。从保障所有的少数民族平等地享有区域自治权的目的出发,尽管有些少数民族的人口在当地占很小的比例,但只要具备一定的条件,就应当为该民族建立相应的自治地方。

第二,有利于处理民族关系。

民族关系是指在少数民族聚居区的民族构成、民族特点和当地各个民族之间在政治、经济、文化和社会生活等各方面的相互关系。根据当地的民族关系状况,包括两个方面:一是要充分考虑拟建立民族自治地方的少数民族聚居区的民族关系的历史状况。二是要综合考虑民族自治地方建立后有利于巩固和发展民族平等、民族团结、共同繁荣的民族关系。在历史上,一定行政区域内的各族人民共同劳动、共同生活、互相交往,结成了密切的关系,在建立民族自治地方时,就要尊重历史事实以及该地区各族人民的意愿,使他们在新的社会条件下共同行使区域自治权。

第三,有利于当地经济的发展。

实行民族区域自治,建立民族自治地方,其目的就是保障民族平等,加速发展民族地区的经济,促进民族地区政治、经济、文化和社会的全面进步,促进各民族的共同繁荣。建立民族自治地方,在确定它的区域界限时,一定要从当地的地理环境、自然资源分布、交通运输和经济结构状况出发,以便有利于自治地方经济、社会和文化的发展,同时也要有利于整个国家的经济管理和经济布局。

第四,要参酌历史情况。

在建立民族自治地方时,一定要参酌和尊重该地区历史上的政治、经济、文化等社会各方面的问题。我国各民族在漫长的历史过程中,虽然存在过民族压迫和民族剥削制度,有些民族间存在隔阂,甚至彼此间发生过战争,但从主流上看,各民族在经济、文化和政治上的相互接触,相互帮助,从未中断过,这促进了边疆和中原地区的经济发展。主要表现为:在历史上形成的行政隶属关系、行政管理模式;在多民族共同体中各民族所处的地位和发挥的作用;在共同的生产和生活实践中形成的比较稳定的经济关系、民族语言和习惯,以及宗教信仰等。全面考量这些因素,对于民族自治地方的设立,是非常必要的。

(二) 民族自治地方建立的程序

《民族区域自治法》第14条第1款规定:"民族自治地方的建立、区域界线的划分、名称的组成,由上级国家机关会同有关地方的国家机关,和有关民族的代表充分协商拟定,按照法律规定的程序报请批准。"这是《民族区域自治法》对民族自治地方建立的程序规定。包括两道程序:

一是协商拟定。民族自治地方的建立不仅关系国家政权的建设,而且直接关系当地各民族人民共同当家作主、共同管理本地方内部事务,发展本地方经济事业,与各民族的切身利益密切相关。因此,在建立什么样的自治地方等一系列重大问题上,必须与当地有关民族代表充分协商,征求各民族的意见,然后作出决定。此外,在确定民族自治地方区域界线的时候,往往涉及该民族自治地方与其他地方的关系,这也需要通过协商,取得相邻地方的谅解和支持。由于中国各民族杂居情况特别显著,绝大多数少数民族都与其他少数民族和汉族交错居住,建立民族自治地方时,必须认真贯彻民族平等原则,与各民族代表充分协商,慎重处理好民族关系,做到各民族的自愿联合,这样才能加强民族团结,齐心协力,共建民族自治地方。

二是依法报请批准。民族自治地方是国家的一级地方政权建置,因此在共同协商拟定的基础上,还要按照法律规定的程序报请批准。不同级别的民族自治地方的建立,审批的主体各不相同。《宪法》第 62 条和第 89 条分别规定,全国人民代表大会"批准省、自治区和直辖市的建置",国务院"批准省、自治区、直辖市的区域划分,批准自治州、县、自治县、市的建置和区域划分"。可见,自治区建置审批权归属全国人民代表大会,自治州、自治县的建置审批权归属国务院。而三级自治地方的区域划分审批权都由国务院行使。至于申报主体,则分别为:有关自治区建置的申请,由国务院向全国人民代表大会上报;有关自治州、自治县的建置和区域界线划分的申请,由该自治州、自治县所在的省、自治区、直辖市向国务院上报。

值得一提的是,在 2014 年 9 月召开的中央民族工作会议上,习近平总书记明确指出:"开展民族识别和建立民族自治地方的任务已经基本完成,不存在继续推进的问题,不要在这个问题上继续做文章了。"这表明,我国 155 个民族自治地方的格局已经基本确立,新建民族自治地方的历史任务已经完成。

(三) 民族自治地方区划变动的原则和程序

1. 民族自治地方区划变动的原则

《民族区域自治法》第 14 条第 2 款规定:"民族自治地方一经建立,未经法定程序,不得撤销或者合并;民族自治地方的区域界线一经确定,未经法定程序,不得变动;确实需要撤销、合并或者变动的,由上级国家机关的有关部门和民族自治地方的自治机关充分协商拟定,按照法定程序报请批准。"

首先,民族自治地方及其区域界线一经确定后,必须保持相对的稳定性。原因在于:一是为保障民族自治地方的正常生产和正常秩序的需要,是国家政治、经济建设的需要。因此民族自治地方区域的稳定性,必须通过法律的稳定性来加以保障。二是针对历史教训而作的法律上的规定。三是民族自治地方的确立,区域界限的划分,是依据《宪法》的规定,按照法定的程序报请批准的;民族自治地方报经批准建立,区域界限的划定被确定后,就受到国家法律的保护。非经法律程序批准,任何组织和个人都不得随意变更,否则就侵犯了民族自治权益的法律规定。其次,变动的前提是"确实需要撤销、合并或者变动"。也就是说,在相对稳定的原则下,根据需要是可以变动的。这种变动一是根据国家建设的需要,二是有利于少数民族发展繁荣的需要。

2. 民族自治地方区划变动的程序

在地方区划变动时,上级国家机关必须与民族自治地方的自治机关进行充分的协商,协商的主体为上级国家机关的有关部门和民族自治地方的自治机关。上级国家机关的有关部门为按照区划变更的相关程序的有关部门,这在下面的法定程序讲解中有所涉及,而民族自治地方的自治机关则是指民族自治地方的人民代表大会和人民政府,自治机关是行使民族自治权力的机关,协商的结果是要取得该民族地区各民族的自愿和最高程度的共识。在协商的过程中,要避免形式主义、走过场、违背民主原则,也不要久议不决,通过协商,要认真处理好当地的民族关系,确保该地区的稳定,促进该地区的发展。

知识拓展

民族自治地方的区划改革

一、我国民族地区行政区划的基本形成为新时期民族政策的实施提供了平台

新中国成立至今70多年间,我国民族地区行政区划经历了多次调整,从一律称为自治区到自治区、自治州、自治县和民族乡多级模式,有些民族自治地方还经历了从设立到撤销再到设立多次调整的过程。自进入21世纪后,我国民族地区的行政区划趋于稳定,变化不大,可以认为具有中国特色的民族地区行政区划已经基本形成。民族地区行政区划的基本确立为党和国家民族政策的实施提供了平台。

二、现阶段出现的撤自治县设市(区)暴露了民族地区行政区划体系中存在的问题

我国现行《宪法》和《民族区域自治法》规定民族自治地方由自治区、自治州、自治县组成,没有有关"民族自治市"的设置。1993年5月国务院批准了民政部《关于调整设市标准的报告》(国发〔1993〕38号),该份文件对于由县改为县级市,县级市改为地级市的要求作了详细说明。自治县属于县级市,因此自治县有改为县级市的权利。有些自治县在达到了国家规定的设市标准后,采取了撤销自治县设市的方式。民族自治地方撤县设市(区)的原因主要有两种,一种是自治地方经济和社会发展到一定程度,达到了国家规定的撤县设市的标准,主动提出要撤县设市(区);另一种是被动接受行政区划调整的需要,服从上级领导安排进行撤县设市(区)。

我国目前处于社会主义初级阶段,也是社会转型时期,在当前和今后相当长的时期内,我国的政治、经济、社会发展的趋势及特征主要体现在政治民主化、经

济市场化和乡村城市化。城市化是社会经济发展的必然产物,是社会文明的标志,是各个国家和民族现代化的必由之路。目前,发达国家早已完成了这个历史过程。由于特定的社会经济条件和历史原因,我国城镇化进程相对比较缓慢,且发展极不平衡。民族自治地方作为我国城市化的重要主体之一,其城市化水平相对于东部发达省区乃至全国平均水平有着不小的差距。因而,有学者提出,城市化是民族地区发展的必然趋势,民族地区要加快城市化进程,应该创新民族区域自治制度的实现形式,在对"民族自治市"的问题进行充分立法研究的基础上,在宪法和相关法律中增设"民族自治市"行政建制。

第四节　民族自治地方的自治机关

一、民族自治地方自治机关概述

（一）民族自治地方自治机关的概念

聚居少数民族实行区域自治,是通过设立自治机关,行使自治权来实现的。《民族区域自治法》第 3 条第 1 款规定:"民族自治地方设立自治机关,自治机关是国家的一级地方政权机关。"民族自治地方自治机关是指在民族自治地方设立的,能够行使法律所赋予的自治权的一级地方政权机关。《宪法》第 112 条规定:"民族自治地方的自治机关是自治区、自治州、自治县的人民代表大会和人民政府。"《民族区域自治法》第 15 条也作出了同样的规定。"自治机关"是民族区域自治制度下的专有名词。也就是说,只有在建立民族区域自治的地方,才可以设立自治机关。自治机关由代表机关和执行机关共同构成,缺一不可。中国政权的基本组织是议行合一,上述规定就是从这一原则出发的,包括了决议和执行两个机关。除了民族自治地方的人民代表大会和人民政府之外,其他机关都不享有法律规定的自治权,都不属于自治机关。民族自治地方的人民法院和人民检察院不存在自治的问题。

（二）民族自治地方的自治机关实行民主集中制原则

《民族区域自治法》第 3 条第 2 款规定:"民族自治地方的自治机关实行民主集中制的原则。"自治机关和其他国家机构一样,实行民主集中制的原则。我国《宪法》第 3 条第 1 款规定:"中华人民共和国的国家机构实行民主集中制的原则。"这里的国家机构既包括了中央国家机关,又包括了地方国家机关,因此民族自治机关也要贯彻执行这一原则。民主集中制是指在民主基础上的集中,在集中指导下的民主,是民主和集中的辩证统一。全国人民代表大会和地方各级人民代表大会都由民主选举产生,对人民负责,受人民监督。国家行政机关、审判机关、检察机关都由人民代表大会产生,对它负责,受它监督。中央和地方的国家机构职权的划分,遵循在中央的统一领导下,充分发挥地方的主动性、积极性的原则。

（三）民族自治地方自治机关的性质

《宪法》第115条规定:"自治区、自治州、自治县的自治机关行使宪法第三章第五节规定的地方国家机关的职权,同时依照《宪法》《民族区域自治法》和其他法律规定的权限行使自治权,根据本地方实际情况贯彻执行国家的法律、政策。"《民族区域自治法》第4条规定:"民族自治地方的自治机关行使宪法第三章第五节规定的地方国家机关的职权,同时依照宪法和本法以及其他法律规定的权限行使自治权,根据本地方的实际情况贯彻执行国家的法律、政策。"

国家法律赋予了民族自治地方自治机关双重职权,我国民族区域自治的特点决定了自治机关的双重性。这种双重性是在一般性和特殊性、民族性和地方性的统一的基础上确定的。表现在:一方面,它们是国家的一级地方政权机关,在各级人民代表大会和人民政府的组织和活动原则、产生、任期、职权、工作制度、派出机构和领导机制的设置等方面,与普通行政地方的人民代表大会和人民政府基本相同;另一方面,它们又是民族自治地方的自治机关,依法行使自治权。现行《宪法》和《民族区域自治法》对于民族自治地方的自治机关的组成、自治权等都作了专门的规定,以利其行使自治权。

二、民族自治地方的人民代表大会

《民族区域自治法》第15条第2款、第3款规定:"民族自治地方的人民政府对本级人民代表大会和上一级国家行政机关负责并报告工作,在本级人民代表大会闭会期间,对本级人民代表大会常务委员会负责并报告工作。各民族自治地方的人民政府都是国务院统一领导下的国家行政机关,都服从国务院。民族自治地方的自治机关的组织和工作,根据宪法和法律,由民族自治地方的自治条例或者单行条例规定。"

自治区、自治州和自治县的人民代表大会是我国民族自治地方的国家权力机关。它是实行区域自治的民族人民和居住在本行政区域的各民族人民管理国家事务和本民族内部事务最好和最重要的组织形式。它同一般地方各级人民代表大会和全国人民代表大会构成我国权力机关系统。自治区、自治州和自治县的人民代表大会常务委员会是本级人民代表大会的常设机关,是本级人民代表大会闭会期间行使民族自治地方国家权力的机关,是本民族自治地方权力机关的组成部分,从属于同级人民代表大会,向本级人民代表大会负责并报告工作。

自治区、自治州的人民代表大会由下一级人民代表大会选举代表组成,这和普通的省、市相同,是间接选举。自治县的人民代表大会的产生和普通县一样,由选民直接选举代表组成。由于民族自治地方民族成分一般都比较复杂,除了实行区域自治的民族外,都包括一定数量的汉族和其他少数民族。因此,在民族自治地方的人民代表大会中,实行区域自治的民族代表必须有相当比例。同时还应当包括本自治地方的各民族的代表。人口特少的少数民族,其代表名额和比例分配,应当得到适当照顾,至少应有一名代表。各级民族自治地方人民代表的名额,以及实行区域自治的民族和其他少数民族代表的名额和比例,根据法律规定的原则,由省、自治区的人民代表大会常务委员会决定,报全国人民代表大会备案。

民族自治地方人民代表大会常务委员会由主任一人、副主任若干人、秘书长和委员若干人组成。他们由同级人民代表大会从代表中选举产生。自治地方的人民代表大会常务委员会,按《宪法》和《民族区域自治法》的规定,应当由实行区域自治的民族公民担任主任或者副主任。自治区、自治州、自治县人民代表大会每届任期5年。人民代表大会常务委员会的任期和本级人民代表大会相同。

总之,自治区、自治州、自治县人民代表大会作为实行区域自治的地方国家权力机关,享有双重性质的职权。一方面要行使一般地方国家权力机关的职权,主要是保障宪法、法律、行政法规在本行政区域内的贯彻执行;决定本行政区域内的各种重大事项以及监督本级人民政府、人民法院和人民检察院的工作等。另一方面,又依照《宪法》和《民族区域自治法》享有广泛的自治权。这两种性质的职权在行使的过程中是密切联系在一起的,也是和民族自治地方国家权力机关的性质和地位相适应的。

三、民族自治地方的人民政府

民族自治地方各级人民政府作为地方国家行政机关,行使同级地方人民政府的职权,主要是执行本级权力机关的决议和上级行政机关的决定、命令;管理本地方经济、教育、科学文化、城乡建设、民政、公安、民族事务、司法行政、监察等工作;领导所属工作部门和下级人民政府的工作等。作为民族自治地方的自治机关,又依法享有自治权。

民族自治地方的人民政府对本级人民代表大会及上级国家行政机关的负责关系适用我国普通人民政府对本级人民代表大会及上一级国家行政机关之间的负责关系。按照《民族区域自治法》第15条的规定,民族自治地方的人民政府对本级人民代表大会和上一级国家行政机关负责并报告工作,在本级人民代表大会闭会期间,对本级人民代表大会常务委员会负责并报告工作,各民族自治地方的人民政府都是国务院领导下的国家行政机关,都服从国务院。

民族自治地方人民政府每届任期和本级人民代表大会相同。自治区、自治州、自治县人民政府每届任期5年;民族自治地方的人民政府实行自治区主席、自治州州长、自治县县长负责制,即分别由主席、州长、县长主持民族自治地方各级人民政府的工作。

知识拓展

民族自治地方的司法机关

《民族区域自治法》第四章专门就民族自治地方的人民法院和人民检察院作了规定。

第46条　民族自治地方的人民法院和人民检察院对本级人民代表大会及其常务委员会负责。民族自治地方的人民检察院并对上级人民检察院负责。

民族自治地方人民法院的审判工作,受最高人民法院和上级人民法院监督。民族自治地方的人民检察院的工作,受最高人民检察院和上级人民检察院领导。

民族自治地方的人民法院和人民检察院的领导成员和工作人员中,应当有实行区域自治的民族的人员。

第47条　民族自治地方的人民法院和人民检察院应当用当地通用的语言审理和检察案件,并合理配备通晓当地通用的少数民族语言文字的人员。对于不通晓当地通用的语言文字的诉讼参与人,应当为他们提供翻译。法律文书应当根据实际需要,使用当地通用的一种或者几种文字。保障各民族公民都有使用本民族语言文字进行诉讼的权利。

第六章　民族自治地方的自治权

民族自治地方的自治权是民族区域自治制度的核心。我国法律赋予了民族自治地方广泛的自治权,内容涉及民族自治地方的政治、经济、文化及其他社会领域。民族自治地方要充分行使自治权,发展民族地方的经济、文化等各项事业;要正确行使自治权,为民族团结、繁荣、进步作出应有的贡献。

第一节　民族区域自治权概述

一、民族区域自治权的含义、特点

(一) 含义

民族区域自治权即民族自治地方的自治权(以下简称自治权),是民族自治地方的自治机关依照宪法和法律的规定,根据当地民族的政治、经济和文化的实际,自主地管理本地方、本民族内部事务的一种特定权力。对此可以从如下几个方面来理解:

第一,行使自治权的主体只能是"民族自治地方的自治机关"。《宪法》第115条规定:"自治区、自治州、自治县的自治机关行使宪法第三章第五节规定的地方国家机关的职权,同时依照宪法、民族区域自治法和其他法律规定的权限行使自治权,根据本地方实际情况贯彻执行国家的法律、政策。"因此,自治权的行使主体只能是民族自治地方的自治机关,而不能是一般地方国家机关或其他非自治机关。

第二,自治权的内容是"在宪法、民族区域自治法和其他法律明确规定的权限"内依法管理本地方、本民族内部事务。这里的"本民族内部事务",主要指的是区别于一般地方公共事务的民族事务,譬如,自治民族使用和发展本民族语言文字、保持或改革本民族风俗习惯、弘扬和发展本民族文化事业、保护和传承本民族历史文化(文化遗产、名胜古迹、传统医药和体育等)、维护和保持本民族社会心理和文化认同、管理本民族社会生活、延续本民族传统生计方式以及民族传统资源的利用,等等。[①] 自治权的行使,决不能超越上述法律规定的权限范围。

第三,自治权的施行客体,只能是民族自治地方的"本地方、本民族的内部

---

① 陈蒙:《民族区域自治法序言中"少数民族管理本民族内部事务权利"的法理分析》,载《青海社会科学》2019年第1期。

事务"。民族地区在经济和文化的发展上,在风俗习惯、生活习惯、人口分布、地理环境和语言文字等方面各有特点。在民族自治地方进行社会主义现代化建设,必须从那里的实际出发。民族自治地方的自治机关要根据民族自治地方的实际情况贯彻执行国家法律和政策,自主管理本民族内部的各项事务。

这三个要素相互联系、相互贯通,构成完整的具有法律效力的自治权。

(二) 特点

民族区域自治权的特点主要表现为自治权各种关系的辩证统一,具体表现为:

1. 广泛性与有限性的统一

《民族区域自治法》规定了民族自治地方的自治机关享有广泛的自治权,充分体现了自治权的广泛性。在《民族区域自治法》"自治机关的自治权"一章,规定了自治机关有十个方面的"自主权",五个方面的"自主安排权",四个方面的"自主管理权",三个方面的"自主决定权"和五个方面的"自主发展权"。民族区域自治权的广泛性充分体现了各民族共同当家作主,共同管理民族、地区内部事务的权利。但同时,自治权又是有限的,它只能在《宪法》《民族区域自治法》和其他法律规定的权限范围内行使,在管理本民族内部事务和本地区地方性事务方面行使,并在最高国家政权机关的统一领导下,为维护祖国的统一、保证国家的法律、政策在本地方遵守和执行而行使。

2. 从属性与自主性的统一

自治权是国家授予的,从属于国家权力,但自治机关在行使自治权时,也有很大的自主性,有许多管理地方性事务的自主权。自治权的从属性与自主性的统一,一方面使自治机关在行使自治权上能自觉服从国家的统一领导和监督,得到上级国家机关的领导和帮助,另一方面也使自治机关在行使自治权上能充分发挥自己的主观能动性,根据本民族自治地方的民族特点和实际需要,带领本地方各族人民,逐步把本民族地方建设成为民族团结、社会稳定、经济繁荣、文化发达、人民富裕的美好地方。

3. 民族性与地方性的统一

民族性主要是指自治权是基于民族自治地方的特点而设立的,是民族的历史因素和现实因素的综合考虑。从自治权的主体来看,自治权主要是由一个或几个少数民族占据主导地位的自治机关来行使的;从自治权的内容来看,《民族区域自治法》大部分条款都是基于民族特性而规定的,例如《民族区域自治法》第 19 条规定:"民族自治地方的人民代表大会有权依照当地民族的政治、经济和文化的特点,制定自治条例和单行条例……"从自治权的目的看,自治权主要是保障少数民族在单一制国家结构下的自主权。民族区域自治权的地方性是指它是一种仅仅适用于民族自治地方的地域性权力,只有民族自治地方的自治机关才能行使。它说明了自治权只能在民族自治地方的范围以内才具有法律效力，它所规范的是民族自治地方内本民族、本地区的政治经济文化等各种自治事务。

4. 自治权与地方国家机关职权的统一

自治机关同时是一级地方国家机关，它管理的本区域内各种事务构成一个整体，它管理这些事务的权力也构成一个整体。因此，自治权和地方国家机关的职权在实践中是结合在一起的，难以截然分开。自治机关行使自治权与行使地方国家机关职权的相互统一表明自治权不是自治机关行使地方国家机关职权之外的权力。自治机关要把行使自治权同行使地方国家机关的职权紧密结合起来，既要对国家的根本利益负责，又要对民族自治地方各族人民的利益负责。①

二、民族区域自治权的意义

民族区域自治地方自治机关自治权是民族自治地方的一种权力形态，是国家旨在促进少数民族和民族地区发展的一种公法保障机制。民族区域自治地方自治机关自治权对于加速民族自治地方政治、经济、文化、社会和环境保护事业发展具有十分重要的法治意义。

第一，民族区域自治权是各民族共同当家作主，共同管理民族、地区事务的重要标志。民族区域自治权的基本内容就是要在单一制国家体制之下，保证各少数民族根据本民族的宗教信仰、语言文字等特点来管理和处理本民族、本地区的内部事务。民族区域自治权的享有程度，从一定意义上来说就表示着少数民族在多大程度上能够享有自主权。没有广泛的现实的自治权，就无所谓民族区域自治。

第二，民族区域自治权是民族平等原则的重要体现。民族平等是指各民族不论人口多少，经济社会发展程度高低，风俗习惯和宗教信仰异同，都是中华民族的一部分，具有同等的地位，在国家和社会生活的一切方面依法享有相同的权利，履行相同的义务，反对一切形式的民族压迫和民族歧视。各少数民族在经济、文化、语言文字、生活习惯等方面存在着差异，民族区域自治权赋予各民族自治地方能够根据实际的情况来执行国家法律、法规，来组织制定本地方自治条例和单行条例，制订本地区经济发展计划等，充分体现了民族自治地方的特色和实际情况，是民族平等原则重要体现。

第三，民族区域自治权是改变民族自治地方落后面貌、实现各民族共同繁荣的重要保证。由于历史发展和自然地理条件限制等，我国各民族、各地区间的发展很不平衡，大多数民族地区还处于贫穷落后的状况。个别地区和一些少数民族发展滞后，与内地特别是沿海发达地区的发展差距，有越来越大的趋势。民族区域自治权使自治机关可以根据各民族的愿望和本地方的实际情况，贯彻执行

---

① 陈云生:《民族区域自治法:原理与精释》,中国法制出版社 2006 年版,第 230 页。

国家的法律、政策,在不违背宪法和法律的前提下,有权采取特殊政策和灵活措施,加速发展民族自治地方的经济和文化建设事业。

第四,民族区域自治权是衡量民族区域自治程度的尺度。民族区域自治,是通过在少数民族聚居的地方建立民族自治地方,设立自治机关,行使自治权来实现的。自治权权能的多少、范围的大小、运用的好坏,反映着民族自治地方实行自治的程度。自治权的权能多、范围大、运用状况良好,表明自治程度高;反之,则表明自治程度低。自治机关充分享有自治权是不断发展和完善民族区域自治制度的基础和关键。

三、民族区域自治权的分类

对自治权的划分,可以从不同角度进行。如果从存在形态上划分,有应该享有的自治权、实际享有的自治权;从行使机关上划分,有自治区的自治机关、自治州的自治机关、自治县的自治机关的自治权;从法律层次上划分,有《宪法》规定的自治权、自治法规定的自治权、自治条例规定的自治权。这里我们根据自治机关的自治权内容进行划分。根据《民族区域自治法》第三章的规定,可以归纳为四个方面:

（一）政治类自治权

政治类自治权是指自治机关管理本地区的政治性事务的自治权,包括:立法自治权,即制定自治条例和单行条例的权力及自治地方人民政府对上级国家机关决议、决定、命令和指令的变通执行和停止执行权;语言文字方面的自治权;人事管理方面的自治权;组织地方公安部队的自治权。

（二）经济类自治权

经济类自治权是指自治机关管理本地区的民族经济建设、财政税收等经济方面的自治权,包括:经济管理自治权、自然资源管理自治权、地方财税管理自治权等。

（三）文化类自治权

文化类自治权是指自治机关对本地区民族文化教育事业方面的自治权,包括:民族教育管理自治权、民族文化管理自治权、科技管理自治权、民族医药卫生管理自治权、民族体育管理自治权及对外文化交流自治权等。

（四）其他类自治权

其他类自治权主要包括流动人口管理自治权、计划生育管理自治权、环境管理自治权等。

四、自治权行使的基本原则

（一）维护国家统一原则

民族区域自治是指在国家统一领导之下,在少数民族聚居的地方,设立自治机关,行使自治权,让各民族共同当家作主、共同管理民族事务。这种自治在《宪法》上体现为"自治区、自治州、自治县的自治机关行使宪法第三章第五节规定的地方国家机关的职权,同时依照宪法、民族区域自治法和其他法律规定的权限行使自治权,根据本地方实际情况贯彻执行国家的法律、政策"。因此,行使民族区域自治权必须维护国家统一。这种"统一"在《宪法》上体现为"中华人民共和国是全国各族人民共同缔造的统一的多民族国家"。各个民族自治地方是中华人民共和国不可分割的一部分。没有国家的统一,会导致国家的分崩离析,更谈不上民族的区域自治。这也是《民族区域自治法》规定"民族自治地方的自治机关要把国家的整体利益放在首位,积极完成上级国家机关交给的各项任务"的原因所在。

（二）坚持发展的原则

社会主义现代化建设的根本目的是满足人民群众日益增长的物质和文化需求,当然包括民族自治地方的少数民族的合法利益。但历史的、自然的、社会的原因造成的地区差异、民族差异是客观存在的,正是考虑到这些差异,所以要实行民族区域自治制度,赋予民族自治地方政治、经济、财政税收、文化、体育、卫生等广泛的自治权。自治机关行使自治权应当遵循发展的原则,民族自治地方的自治机关领导各族人民集中力量进行社会主义现代化建设。为此民族自治地方的自治机关可根据本地方的情况,在不违背宪法和法律的原则下,有权采取特殊政策和灵活措施,加速民族自治地方经济、文化建设事业的发展。民族自治地方的自治机关在国家计划的指导下,从实际出发,不断提高劳动生产率和经济效益,发展社会生产力,逐步提高各民族的物质生活水平。

总之,确立民族区域自治制度,授予自治机关自治权就是使自治机关能够更好地制定符合本民族、本地方实际情况的方针政策,促进各少数民族社会、经济、文化等方面的全面发展,达到各民族共同繁荣的目的。行使民族区域自治权应当坚持发展的原则。

百家争鸣

民族区域自治权的法律属性[①]

关于民族区域自治权的法律属性,学界有不同看法,主要有:

——民族权利派生说。认为自治机关的自治权,是基于民族权利派生的。民族权利则源远流长,著名法学家、思想家梅因在其著作《古代法》中写道:"我

---

① 张文山:《论自治权的法理基础》,载《西南民族学院学报(哲学社会科学版)》2002 年第 7 期。

们在社会的幼年时代中,发现有这样一个特定的团体成员。……他们的个性为其'家族'所吞没了。……一个'家族'在事实上是一个法人,而他就是它的代表,或者我们甚至可以称他为它的'公务员'。他享有权利,负担义务,但这些权利义务在同胞的期待中和在法律的眼光中,既作为他自己的权利和义务,也作为集体组织的权利和义务。"在以群体民族权利为本位的法律制度中,个体民族权利只是群体民族权利的延伸,群体民族权利是个体民族权利的前提和基础。所以,承认民族区域自治权利是民族权利的一种,而民族的产生与存在先于民族国家产生,多民族国家所面临的国家结构形式,即负有处理民族关系的权利和义务。因此,民族自治权利是民族权利派生的。

——国家权力派生说。认为自治机关的自治权,实际上是一种国家权力,不存在民族利益的属性,即国家利益是第一位的,而民族利益是第二位的。民族利益必须服从国家利益,国家利益决定民族利益,只有国家主权的存在,才有民族利益的存在。多民族国家应该是保障民族权利的基础。因此,民族自治权利是国家权力派生的。

——特殊利益与特殊权力说。认为《民族区域自治法》是一部特殊法,即是规范一般与特殊的社会关系,调整一般与特殊利益的基本法律。它是民族权利与自治权利的特殊表现,是国家权力在民族自治地方的一种特殊形式,也是多民族国家调整民族关系和处理民族问题的一种特殊方式。因而自治权是一种特殊利益与特殊权力。

——特别授权说。认为自治机关的自治权,是一种国家特别授权。理由是在现行的一些法律中,在很多条文中规定了自治机关自主行使自治权的特别职权,而一般地方国家机关却没有得到授权。

——国家权力地方分权说。认为自治机关的自治权,是一种国家权力的地方分权。当然,不同意此种意见的认为,分权是属于联邦制国家结构形式的属性,并不是单一制国家结构形式下的民族区域自治制度的属性。

——民族性与区域性说。认为民族区域自治,是民族自治与区域自治的结合。把自治权单纯地归结为民族自治或区域自治都是不正确的。民族性与区域性的有机结合体现了国家尊重少数民族自主管理本民族内部事务权利的精神,它有利于民族自治地方的经济和文化建设的发展。

——历史性与现实性说。认为民族自治地方的自治权,是基于我国历史传统和现实因素的充分体现,即民族区域自治是缩小民族差距的一项政治制度,是国家解决国内民族问题的基本政策,同时也是我国民族工作的基本任务。

第二节　政治类自治权

一、立法自治权

立法自治权是指民族自治地方的自治机关依照宪法和法律的规定,按照社会主义的法制原则,根据本自治区域的实际情况,制定民族自治地方自治法规的一种立法权力。《宪法》《民族区域自治法》都把立法自治权放在首要位置,是自治权力体系中重要的组成部分,立法自治权是否充分行使是检验自治权落实情况的重要标准。同时,民族自治地方立法为民族自治地方享有其他自治权提供必要的法律保障,为其他自治权行使提供可靠的制度环境。

(一) 制定自治条例和单行条例的自治权

民族自治地方自治机关的立法自治权,首先就是制定"自治条例"和"单行条例"的自治权。《民族区域自治法》第19条规定:"民族自治地方的人民代表大会有权依照当地民族的政治、经济和文化的特点,制定自治条例和单行条例。自治区的自治条例和单行条例,报全国人民代表大会常务委员会批准后生效。自治州、自治县的自治条例和单行条例报省、自治区、直辖市的人民代表大会常务委员会批准后生效,并报全国人民代表大会常务委员会和国务院备案。"详细内容请参见本书第二章。

(二) 变通执行和停止执行的自治权

1. 概念及法律依据

变通执行和停止执行的自治权是指自治机关对于不适合本地方实际情况的上级国家机关的规范性文件,在征得上级国家机关同意后,可以变通执行或停止执行的权力。变通执行是通过对上级国家机关的规范性文件的变更、修改,使其符合民族自治地方的特点和实际。停止执行就是一种结果上的不执行,不存在变更、修改的问题,但须经过一定的法律程序完成。该项权力来源于《民族区域自治法》第20条的规定:"上级国家机关的决议、决定、命令和指示,如有不适合民族自治地方实际情况的,自治机关可以报经该上级国家机关批准,变通执行或者停止执行;该上级国家机关应当在收到报告之日起六十日内给予答复。"

2. 程序

依据《民族区域自治法》第20条的规定,自治机关行使变通执行或停止执行自治权的程序基本可分成两个阶段:提出变通执行或停止执行的申请阶段,以及审查批准阶段。

第一,提出变通执行或停止执行的申请阶段。在该阶段,自治机关根据上级国家机关的决议、决定、命令和指示,结合本民族自治地方的实际情况,具体分析该规范性文件的适宜性，决定是否需要变通执行或停止执行。如经过分析研究，自治机关决定变通执行或停止执行，就需要制作变通执行或停止执行的申请报告书，写明变通执行或停止执行的事实和理由。如果是变通执行的，还需要提出具体的变通方案或意见。

第二，审查批准阶段。制定决议、决定、命令和指示的上级国家机关，在接到自治机关提出的变通执行或停止执行的申请报告后，要认真审查变通执行或停止执行的事实和理由，必要时应及时派出工作组深入到民族自治地方进行调查研究。在此基础上，上级国家机关应对自治机关提出的具体请求事项作出合理的答复。为了切实有效地行使此项自治权，法律明确规定上级国家机关对于民族自治地方请求变通执行或停止执行该上级国家机关的决议、决定、命令和指示的答复期限为 60 日，即在收到自治机关申请书后 60 日内给出是否批准变通执行或停止执行的答复。

二、语言文字自治权

（一）概念及法律依据

语言文字自治权是指自治地方的自治机关在执行职务时使用当地通用的一种或几种语言文字的权力。根据一般的看法，我国少数民族语言有 80 种以上，分属汉藏语系、阿尔泰语系、南岛语系、南亚语系、印欧语系等 5 个语系，其中共有约 20 个少数民族的 30 种文字。语言文字是人们交际的重要工具，是民族文化的载体，是民族文化底蕴的重要部分和民族特征。所以，在使用多民族语言文字的国家和地区，民族语言文字工作在调整民族关系、维护民族团结和社会稳定、促进民族发展进步方面有重要的作用，为此我国《宪法》第 121 条规定："民族自治地方的自治机关在执行职务的时候，依照本民族自治地方自治条例的规定，使用当地通用的一种或者几种语言文字"；《民族区域自治法》第 21 条规定："民族自治地方的自治机关在执行职务的时候，依照本民族自治地方自治条例的规定，使用当地通用的一种或几种语言文字；同时使用几种通用的语言文字执行职务的，可以以实行区域自治的民族的语言文字为主。"这些法律规定明确赋予了民族自治地方语言文字自治权。

（二）与语言文字自由权的关系

语言文字自治权是民族自治地方的自治机关在执行职务时使用民族语言文字的法定权利。语言文字自由权是各民族公民自由地使用和发展自己的语言文字的法定权利，来源于《宪法》第 4 条规定，即"各民族都有使用和发展自己的语言文字的自由"，两者既有区别也有联系。它们的区别主要体现在：

第一，权利行使的主体不同。语言文字自治权的行使主体是民族自治地方的自治机关，也就是自治区、自治州、自治县的人民代表大会和人民政府；而语言文字自由权的行使主体是各民族及其公民。比如,《民事诉讼法》等法律规定的"各民族公民都有用本民族语言、文字进行民事诉讼的权利"就是语言文字自由权的体现,而不是语言文字自治权。

第二,权利的性质不同。语言文字自治权既是自治机关的职权也是职责,也即自治机关在执行职务过程中,必须依照本民族自治地方自治条例的规定,使用当地通用的一种或几种语言文字;而语言文字自由权有一定的随意性,比如,在日常生活中,公民可以使用民族语言也可以不使用民族语言。

第三,权利行使的范围不同。自治机关行使语言文字自治权必须是在其职权范围内,并且是执行职务时;而各民族公民只要在中华人民共和国领域内,在任何时间都可以广泛地行使语言文字自由权。

第四,权利产生的条件不同。民族语言文字自治权是在法定程序中产生的;而民族语言文字自由权是在民族语言文字的基础上产生的。

它们的联系主要表现在:语言文字自由权是语言文字自治权的基础,语言文字自治权是语言文字自由权的保障。如果一个民族连使用、发展自己的语言文字的自由都没有,何来语言文字的自治权? 同时,如果没有语言文字自治权,一个民族发展、使用自己的语言文字就缺少了法律保障。

(三) 主要内容

鉴于我国多民族语言文字的现状,自治地方的自治机关应当慎重、民主和务实地行使语言文字自治权。语言文字自治权主要体现在三个方面:

第一,自治机关在执行职务时所选定的语言文字必须以该民族自治地方自治条例的形式加以确定。因为自治条例是由自治地方的人民代表大会制定和通过,并报省或自治区或直辖市以及全国人民代表大会常务委员会批准后生效的,所以它所确定的内容具有权威性、代表性、民主性和法律效力。

第二,自治机关在执行职务时所选定的语言文字必须是当地通用的语言文字。由于我国有 56 个民族,而且他们多属小聚居,交错杂居,所以民族自治地方的民族成分是多元的。为了便于行使职权,履行职责,自治地方的自治机关本着民族平等与务实的态度,必须在执行公务时使用"当地通用"的语言文字。

第三,自治机关在执行职务时所选定的语言文字必须体现在自治机关职务活动的各个方面。它必须涵盖民族自治地方的自治机关行使职权、履行职责的所有工作方式或活动——制作发布各种文件,召开各种会议,进行调查研究、考察、视察活动,接待人民群众来信来访等。此外,法律规定的"执行职务",还包括自治机关组成人员和机关工作人员的职务行为,如发表谈话、接待群众、参加上级国家机关召开的会议、举办的各种活动,以及其他公务活动等。

三、人事管理自治权

（一）概念及法律依据

自治机关的人事管理自治权，是指民族自治地方的自治机关依照法律规定，自主地采取各种措施，从当地民族中大量培养和充分使用各级干部、各种专业人才和技术工人，自主地依法按照适当照顾的政策，采取特殊措施，优待和鼓励各种专业人员，参加本地方各项建设事业的一种法定权力。这些权力来源于《民族区域自治法》第22条、第23条的规定。民族自治地方人事管理自治权是国家人事管理制度的重要内容之一。民族自治地方的自治机关在行使其人事管理自治权时，只要不违背有关原则和规定，一般都享有对各类人员进行自主选拔、聘任、调动、调配、定岗定编、晋职降职等各种人事安排的权力。当然，自治机关的人事管理自治权是我国政府旨在重点培养少数民族干部和人才的人事管理权力。

（二）主要内容

人事管理自治权主要包括如下内容①：

第一，民族自治地方的自治机关有权采取各种措施，从"当地民族"中大力培养和使用各级干部和各种专业人才（包括少数民族妇女干部和人才）。民族自治地方的自治机关有权根据当地实际和各项事业发展的需要，通过不同渠道，采取各种措施，大力举办不同层次、不同种类的学校，培养少数民族各级干部和各类专业人才。譬如举办民族师范学校、民族中等职业学校、民族职业学校、民族干部进修学院、民族教师进修学院、民族学院、民族大学等，也可以争取国家和外地的帮助，在全国的一些重点大学和某些外地的高等院校，举办民族班、民族预科班、少数民族研究生班，专门招收民族自治地方的少数民族学生，并采用定向招生、定向分配等办法，为民族自治地方的政治、经济、文化等各项事业的发展，提供各级干部和各类专业人才。

第二，民族自治地方的自治机关有权优先招收少数民族人员。《民族区域自治法》规定，民族自治地方的企业、事业单位在招收人员的时候，要优先招收少数民族的人员，并且还可以放宽条件，到农村和牧区少数民族人口中去招收。优先招收少数民族人员是一种法定的特权，它并不违反民族平等的原则。这是因为无论从全国范围来看，还是从多数民族自治地方来看，少数民族干部和专业人才以及职工队伍占本民族总人口的比例还比较低。要从根本上改变这种情况，就必须对少数民族采取优惠照顾的政策和措施，否则就不利于少数民族的长足发展，从全局上看，也不利于全国的整体快速发展。所以优先招收少数民族人

---

① 吴宗金主编：《中国民族区域自治法学》（第2版），法律出版社2004年版，第99—101页。

员,拓宽少数民族干部和职工队伍的来源渠道,不但不违反民族平等的原则,而且体现了党和国家的民族平等政策。

第三,民族自治地方的自治机关有权采取特殊鼓励措施引进并优待各种专业人才。由于民族自治地方经济发展和文化建设都相对落后,通过自己努力培养出来的各种专业人才也相对较少,因而也就更加需要留住本地人才,引进外地各种专业人才来参加民族自治地方的各项建设。党中央作出的西部大开发的战略决策,从政策、措施等各个方面向西部地区倾斜,少数民族比较集中而又贫困落后的西部地区,正面临着前所未有的大发展机遇。西部各民族自治地方的自治机关,应当按照《民族区域自治法》赋予的特殊优待、鼓励措施等权利和政策,想方设法地留住人才、吸引人才,为各种人才的合理调配和使用创造有利条件,进而为西部大开发从人力资源上提供保障。

四、组织地方公安部队的自治权

(一) 含义及法律依据

民族自治地方组织地方公安部队的自治权是指自治机关依照国家的军事制度和当地的实际需要,组织本地方维持社会治安的公安部队的自治权。我国现行《宪法》第120条规定:"民族自治地方的自治机关依照国家的军事制度和当地的实际需要,经国务院批准,可以组织本地方维持社会治安的公安部队。"《民族区域自治法》第24条对《宪法》的规定进行了再次重申。该项权力是民族自治地方自治机关的一项重要的也是专有的权力。它来源于1949年起临时宪法作用的《共同纲领》第52条,即:"中华人民共和国境内的各少数民族,均有按照统一的国家军事制度,参加人民解放军及组织地方人民公安部队的权利。"1954年《宪法》第70条第3款规定:"自治区、自治州、自治县的自治机关依照国家的军事制度组织本地方的公安部队。"但1975年《宪法》取消了这一规定,1982年《宪法》重新恢复了1954年《宪法》的规定。我国许多民族自治地方都处于祖国的边陲,地处国防前线,建立民族地方的公安部队,可以协助国家保卫边疆,抵抗侵略。我国历史上内蒙古、新疆等曾组建过本地方的公安部队。

目前通说认为,民族自治地方组织公安部队的思想渊源于1945年毛泽东《论联合政府》中提出的"共产党人必须积极地帮助各少数民族的广大人民群众……成立维护群众利益的少数民族自己的军队"的判断。

(二) 主要内容

依据法律的规定,自治机关组织地方公安部队自治权主要包括几个方面的内容:一是要根据当地的实际需要来决定是否组织地方公安部队,也即只有有实际需要时才可组建地方公安部队,如果没有实际需要就不得组建;二是自治机关如果初步决定要组建地方公安部队,必须报国务院,由国务院最终决定是否需要组建地方公安部队,自治机关没有独立的决定权;三是在确定要组建地方公安部队的前提下,民族自治地方的自治机关必须依照国家的军事制度来组织地方公安部队,不得任意创设公安部队的制度;四是自治机关组建的地方公安部队是用来维护社会治安的,是保障本地方社会主义现代化建设事业顺利进行的。

(三) 民族自治地方组织的公安部队的性质及特点

1. 民族自治地方依法组织的公安部队是依据国家军事制度组织的,是我国武装力量的组成部分

民族自治地方公安部队的组织依据是"国家的军事制度"。其中《中华人民共和国国防法》对国家的军事制度作出了明确的规定。第 5 条规定,国家对国防活动实行统一的领导。第 22 条规定,中华人民共和国的武装力量,由中国人民解放军现役部队和预备役部队、中国人民武装警察部队、民兵组成。我国的军事制度要求必须坚持党对军队的绝对领导,必须坚持军事权集中统一。民族自治地方依法组织的公安部队是我国武装力量的组成部分,虽然与主体的武装力量有所不同,但从性质上绝不是地方武装,必须坚持国家的统一领导。《宪法》中规定它的组织必须经过国务院的批准就是坚持国家的统一领导的一种体现。它也必须执行我军的条例、条令和相关的法律。民族自治地方依法组织公安部队的规定是我国坚持国家统一的原则性和民族自治地方的灵活性相结合的产物,是自治与统一原则的体现。

2. 民族自治地方依法所组织的地方公安部队属于中国人民武装警察部队

中国人民武装警察部队是中国武装力量的重要组成部分。它创建于 1950 年,历称中国人民公安部队、中国人民解放军公安军、中国人民解放军独立师等。制定 1982 年《宪法》时,中国人民武装警察部队被列为中国人民解放军的组成部分,没有作出单独的规定。《关于〈中华人民共和国兵役法〉(修改草案)的说明》明确指出,中国人民武装警察部队,包括按照《宪法》第 120 条组织的民族自治地方公安部队。因此民族自治地方依法组织的公安部队,属于中国人民武装警察部队,应当由中国人民武装警察部队按照规定对民族自治地方的公安部队进行管理。不同层次的民族自治地方所组建的公安部队应当纳入现行武装警察部队的组织体系,进行管理。

3. 民族自治地方的公安部队有其不同于中国人民武装警察部队的特点

虽然民族自治地方依法组织的公安部队从性质上看属于中国人民武装警察部队,但它有其自身的特点:从地域分布上看,民族自治地方的公安部队只能在民族自治地方组织;从组织的主体来看,民族自治地方的公安部队的组织主体是民族自治地方的自治机关;从任务上看,民族自治地方依法组织的公安部队的任务明确而单一,就是维护社会治安。

拓展阅读

新中国成立前的少数民族地方武装及其后的归宿

一般认为,新中国成立前的民族武装大致包括回民抗日武装、内蒙古人民自卫军、西藏民族武装、凉山彝族武装等。兹举例论述。

例一,内蒙古人民自卫军。内蒙古民族武装最早可追溯到 1936 年 2 月 21 日百灵庙起义。1946 年,内蒙古地区的民族武装部队统一改编为内蒙古人民自卫军,成为我国民族自治地方组织本地方自卫部队的初次尝试。1947 年 4 月 27 日内蒙古人民代表会议通过的《内蒙古自治政府施政纲领》专门提出要建设与发展内蒙古人民自卫军。1948 年 1 月 1 日内蒙古共产党工作委员会发布的《中共内蒙古工作委员会关于改变内蒙古人民自卫军称号的决定》提出:"内蒙古人民自卫军的称号,一律废除,改成内蒙古人民解放军。"1949 年,内蒙古民族武装被正式改编入中国人民解放军序列。

例二,西藏民族武装。西藏民族武装渊源有二。一是新中国成立前即存在的藏军。根据 1951 年 5 月 23 日签订的《中央人民政府和西藏地方政府关于和平解放西藏办法的协议》,西藏军队逐步改变为人民解放军,成为中华人民共和国国防武装的一部分。但鉴于西藏问题的复杂性,中央政府对于西藏民族武装的改编是非常谨慎的。二是新中国成立后依中央指示建立的民族武装。1950 年 9 月,中共中央西南局在给西康区党委的复示中指出:"在军事上如果条件具备,创造一个由我党干部及先进分子掌握的藏族武装是必要的,这个武装属于人民解放军的一部分,待遇与解放军相同,它既是军队,又是生产队,培养干部的学校。"同年 11 月,经西康省藏族自治区第一届各族各界人民代表会议协商一致赞同建立民族武装。1951 年 7 月 23 日,人民解放军第一支藏族部队"中国人民解放军西南军区 6 团(即藏民团)"成立。与藏军不同,这类藏族部队在成立伊始就属于中国人民解放军战斗序列。

例三,凉山彝族武装。新中国成立初期,尤其是在民主改革的过程中,凉山彝族地区多次发生武装叛乱。1956 年,凉山彝族自治州第三届人民代表会议第一次会议通过的《凉山彝族自治州剿匪治安武装自卫队暂行办法》将治安武装自卫队的任务规定为:"搜捕潜藏匪特,镇压反革命活动,配合人民解放军及公安部队剿灭匪患及反革命叛乱,维护社会治安,保卫各族人民群众生命财产的安全,巩固人民民主专政。"鉴于该民族武装在剿匪过程中发挥的积极作用,1965 年 8 月 6 日第三届全国人民代表大会常务委员会第十四次会议批准的《四川省凉山彝族自治州各级人民代表大会和各级人民委员会组织条例》,其第 35 条关于自治州人民委员会在自治州内行使的职权中即包括"依照国家的军事制度,组织和管理公安部队;管理群众武装工作;管理兵役工作"。直到 1987 年,凉山彝族自治州第五届人民代表大会第二次会议通过并由四川省第六届人民代表大会常务委员会第二十六次会议批准的《凉山彝族自治州自治条例》才正式取消了本地方公安部队的相关规定。

第三节　经济类自治权

一、经济管理自治权①

民族自治地方的经济管理自治权,就是民族自治地方的自治机关在国家计划的指导下,根据地方特点和需要,依法自主管理和发展本地方经济事务的权力。经济管理自治权是民族自治地方加快经济建设事业发展的根本保证,是自治机关各项自治权的重心。它对于调动民族自治地方经济建设的主动性,加快民族地方经济事业的发展,实现各民族共同繁荣,增强民族团结,保持社会稳定,维护祖国统一有着重要的意义。经济管理自治权的内容非常丰富,主要包括如下几个方面:

(一) 自主安排和管理本地方经济建设事业权

自主安排和管理本地方经济建设事业权是指自治机关在国家宏观计划的指导下,根据本地方的实际情况制定国民经济和社会发展规划,以及在执行国民经济和社会发展计划中制定各种具体的落实办法和措施的权力。发展经济建设事业的大计,当首推制定正确的经济建设的方针、政策和计划。对于发展民族自治地方的经济建设事业也不例外。所以我国《宪法》第 118 条第 1 款规定:"民族自治地方的自治机关在国家计划的指导下,自主地安排和管理地方性的经济建设事业。"《民族区域自治法》第 25 条也规定:"民族自治地方的自治机关在国家计划的指导下,根据本地方的特点和需要,制定经济建设的方针、政策和计划,自主地安排和管理地方性的经济建设事业。"由于民族自治地方的国民经济和社会发展计划,事关当地一定时期内经济建设所要达到的总目标和各项建设的具体目标,以及实施的阶段、步骤、措施等重大问题,因而也是民族自治地方的自治机关经济管理自治权最重要的实施对象,是其经济管理自主权是否得到充分体现的主要表现。

---

① 本部分参考宋才发等:《中国民族自治地方经济社会发展自主权研究》,人民出版社 2009 年版,第 250—276 页。

（二）市场经济发展自治权

市场经济发展自治权是指自治机关根据市场经济发展的要求，结合本地方的实际调整生产关系和经济结构的权力。对此，《民族区域自治法》第 26 条规定："民族自治地方的自治机关在坚持社会主义原则的前提下，根据法律规定和本地方经济发展的特点，合理调整生产关系和经济结构，努力发展社会主义市场经济。民族自治地方的自治机关坚持公有制为主体、多种所有制经济共同发展的基本经济制度，鼓励发展非公有制经济。"

合理调整生产关系和改革经济管理体制，是每一个地方都拥有的职权。但是对民族自治地方来说，由于受多种因素影响，长期形成的生产关系和经济管理体制上的痼疾较多，"调整"与"改革"的难度与一般地方不同，概括地说主要体现在如下几个方面：（1）针对解决农民和农村问题是民族地区发展的根本问题这一实际，深化山区、田区、林区和牧区的农村生产关系和经营体制改革。（2）改变公有制经济比重过大、牵涉面过广，其他经济成分比重偏低的所有制结构，大力发展多种经济成分，放手让其进行公平竞争。（3）调整与转化产业结构。经济的快速发展是与其产业结构的不断适时调整、优化和升级分不开的。就已经实行沿边、沿江开放的自治地方来说，一是要将长期奉行的以农、林、牧为主的传统产业，逐步改变为走农工贸、林工贸、牧工贸三位一体发展的新路子。否则，仅凭单调的产业和产品，很难进行交换而形成市场。二是在加快资源开发的同时，发展加工工业，提高加工深度，把附加值较低的产业变为附加值较高的产业，变原料供应地为现代的工业区。此外，在各民族自治地方，人们对投资体制、价格体制和企业经营机制等也在进行逐步的改革和完善。

（三）基本建设项目管理自治权

基本建设项目管理自治权是指自治机关自主安排本地方基本建设项目的权力。基本建设项目是社会经济发展的基础条件，是该地区经济建设的基础性工程。民族地区的基本建设规模大小，在很大程度上影响到当地经济未来发展的规模、速度和后劲。一方面，民族地区的基本建设非常薄弱，无论交通、邮电、工业基本设施、企业技改程度，还是农田水利、市政设施等，都远远落后于中东部发达地区。另一方面，民族地区能为基本建设投入的财力、物力都极其有限。为此《民族区域自治法》第 29 条规定："民族自治地方的自治机关在国家计划的指导下，根据本地方的财力、物力和其他具体条件，自主地安排地方基本建设项目。"

当然，民族地区的基本建设必须与国家的宏观调控相协调。国家计划体现着国家的全局利益、长远利益和根本利益，民族自治地方进行基本建设要根据本地方的财力、物力和其他具体条件，要自觉地接受国家计划的指导，避免重复建设和其他浪费。同时民族自治地方的自治机关应当依法积极争取上级国家机关的理解和支持，在法律允许的范围内千方百计地多从事基本建设项目的建设。

民族地区在运用基本建设自主权方面,已做了大量的工作,为民族地区的经济腾飞和进一步发展奠定了坚实的基础。此外,在国家的重点帮助和扶持下,举世闻名的三峡工程、西气东输工程、南水北调工程、青藏铁路建设等基础设施建设项目,基本上也都与民族地区有着密切的关联。这些工程的建成及投入使用,不仅带动了民族地区的经济建设快速发展,而且也带动了我国整个国民经济的快速发展。

(四) 企业、事业管理自治权

企业、事业管理自治权是指自治机关享有的对隶属于本地方的企业、事业单位自主管理的权力。对此,《民族区域自治法》第30条明确规定:"民族自治地方的自治机关自主地管理隶属于本地方的企业、事业。"这部分内容在《民族区域自治法》的"上级国家机关的职责"一章中也有相应规定。但是,在过去相当长的一段时期内,一些民族自治地方的上级国家机关对自治地方的自治机关的自治权尊重不够,对隶属于民族自治地方的企业、事业干涉过多,甚至把民族自治地方的盈利企业收上去,而把亏损的企业放下来,严重地影响了民族自治地方的自治机关管理企业、事业的积极性。民族自治地方的企业、事业是自治地方社会经济发展的重要活动主体。只有当民族自治地方对这些企业、事业拥有自主管理权时,民族自治地方才能在国家计划的指导下,根据地方的实际制定出切实可行的社会经济发展方针、政策和措施,才能充分发挥自治地方的积极性和主动性。落实自治地方企业、事业管理的自治权,可以使之充分利用本地方的经济优势,大力挖掘经济潜力,活跃市场,增加商品生产和财政收入,从而推动经济发展;可以使民族自治地方有针对性、有选择地发展本地方急需、适合本地特点的教育、文化、医药卫生等各项社会事业,以实现社会的全面发展。为了保障自治机关自主地管理隶属于本地方的企业、事业的自治权,《民族区域自治法》第68条还明确规定:"上级国家机关非经民族自治地方自治机关同意,不得改变民族自治地方所属企业的隶属关系。"

(五) 对外经济贸易管理自治权

1. 概念及法律依据

所谓对外经济贸易管理自治权是指自治机关依照国家规定开展对外经济贸易活动和在对外经济贸易活动中享受国家政策优惠的权力。对外经济贸易是国民经济的推进器。一个地方的对外贸易状况与当地经济建设发展有着密切关系,我国也非常重视少数民族自治地区的对外贸易。为此《民族区域自治法》第31条规定:"民族自治地方依照国家规定,可以开展对外经济贸易活动,经国务院批准,可以开辟对外贸易口岸。与外国接壤的民族自治地方经国务院批准,开展边境贸易。民族自治地方在对外经济贸易活动中,享受国家的优惠政策。"正式确立了民族自治地方的对外贸易管理的自治权。我国实行全方位的对外开放——包括实施沿边大开放的条件已经成熟,我国绝大多数陆地边境和部分海岸线都在民族地区。民族自治地方开展对外贸易、边境贸易活动具有天时、地利、人和以及政策与法律上的诸多有利条件。

2. 主要内容

该项权力的主要内容包括:(1) 开辟对外贸易口岸自治权。根据《中华人民共和国对外贸易法》第 2 条的规定,对外贸易包括货物进出口、技术进出口和国际服务贸易。民族地区本身的商品、资金、技术、管理的有限性,意味着它与外界存在着很大的互补性;同时也决定了它对外开放、加强交流以及在交流中求发展的必然性。对于地处边境的民族地区来说,开展以边贸为主的对外贸易,还具有兴边富民的重要意义。(2) 开展边境贸易自治权。边境贸易既可以带来地方的经济效益和其他积极作用,也可能因管理不到位或者其他境内外因素,给边境秩序和国家安全带来威胁,甚至会影响到边防的巩固。所以,与外国接壤的民族自治地方凡需要开展边境贸易的,都必须报经中央人民政府批准。我国 80% 以上的少数民族和 95% 以上的民族自治地方,都分布在沿边地区,凭借这一天然优势,可以开展以"边贸"为先导,进而放开"地贸",再进一步促进"国贸"的对外贸易活动,并争取在当地产生连锁的积极效应。(3) 享受国家优惠政策的贸易管理权。《民族区域自治法》第 61 条还以"上级国家机关的职责"的形式规定:"国家制定优惠政策,扶持民族自治地方发展对外经济贸易,扩大民族自治地方生产企业对外贸易经营自主权,鼓励发展地方优势产品出口,实行优惠的边境贸易政策。"《民族区域自治法》的这些规定,不但赋予了民族自治地方对外贸易管理自治权,而且使民族自治地方享有的民族对外贸易优惠政策具体化、扩大化,并且获得了有效的法律保障。同时,在具体政策层面,国家相关部门还制定许多具体的税收政策和措施,对民族自治地方的对外贸易发展起到了极其重要的推动作用。

(六) 金融建设管理自治权

金融建设管理自治权是指自治地方依法设立管理地方金融机构的权力。为此《民族区域自治法》赋予了民族自治地方金融建设管理自治权。《民族区域自治法》第 35 条规定:"民族自治地方根据本地方经济和社会发展的需要,可以依照法律规定设立地方商业银行和城乡信用合作组织。"为保障金融管理自治权的行使,《民族区域自治法》第 57 条进一步进行了阐释。《国务院实施〈中华人民共和国民族区域自治法〉若干规定》第 11 条也从国家机关职责的角度规定:"国家帮助民族自治地方拓宽间接和直接融资渠道,加大对民族自治地方的金融扶持力度。国家合理引导金融机构信贷投向,鼓励金融机构积极支持民族自治地方重点建设和农村发展。上级人民政府安排的国际组织和国外政府赠款以及优惠贷款,在条件许可的情况下,向民族自治地方倾斜。"

目前,民族自治地方金融发展面临着以下困难:一是发展经济的资金匮乏。表现在资本市场发育滞后、储蓄资金短缺以及外资流入很少。二是资金流失严重。随着市场化进程的加快,各种生产要素开始打破地域、行业和企业的界限,遵循市场经济规律流向效益高的地方。东部沿海地区资本的收益高于民族自治地方,使得民族自治地方的资金在短缺的同时,又出现了严重的流失现象。三是金融体系不合理,信贷资产质量较低,信用环境较差。民族自治地方金融业务大量集中于国有商业银行,中小金融机构和股份制商业银行所占市场份额较少,信贷资金潜在风险大,制约了金融支持的力度。

我国民族自治地方金融发展落后的现状严重阻碍了民族自治地方市场经济的全面、协调、可持续发展。我们要以多种手段来保障民族自治地方深化金融发展战略的实施,要以多种方式来创新和完善民族自治地方金融管理法律制度。

二、自然资源管理自治权

(一) 概念及法律依据

自然资源管理自治权是指自治机关依法管理、保护和合理利用本地方草场、森林等自然资源的权力。自然资源是社会生产发展和布局的基础,是国家实现经济现代化的物质条件,它关系着民族的生存和社会的发展。保护和合理开发利用自然资源,几乎是所有国家都特别重视的问题,各国都通过立法加以规范,使自然资源的开发利用趋于合理。为了使民族自治地方的自然资源能够得到有效的保护和充分的开发利用,《民族区域自治法》第 27 条规定:"民族自治地方的自治机关根据法律规定,确定本地方内草场和森林的所有权和使用权。民族自治地方的自治机关保护、建设草原和森林,组织和鼓励植树种草。禁止任何组织或者个人利用任何手段破坏草原和森林。严禁在草原和森林毁草毁林开垦耕地。"第 28 条规定:"民族自治地方的自治机关依照法律规定,管理和保护本地方的自然资源。民族自治地方的自治机关根据法律规定和国家的统一规划,对可以由本地方开发的自然资源,优先合理开发利用。"赋予了自治地方自然资源管理自治权。

(二) 主要内容

自然资源管理自治权主要包括如下内容:

1. 确定本地方自然资源的所有权和使用权

我国《宪法》第 9 条第 1 款规定:"矿藏、水流、森林、山岭、草原、荒地、滩涂等自然资源,都属于国家所有,即全民所有;由法律规定属于集体所有的森林和山岭、草原、荒地、滩涂除外。"《中华人民共和国民法典》第 247 条规定:"矿藏、水流、海域属于国家所有。"第 250 条规定:"森林、山岭、草原、荒地、滩涂等自然资源,属于国家所有,但是法律规定属于集体所有的除外。"第 260 条规定:"集体所有的不动产和动产包括：（一）法律规定属于集体所有的土地和森林、山岭、草原、荒地、滩涂；（二）集体所有的建筑物、生产设施、农田水利设施；（三）集体所有的教育、科学、文化、卫生、体育等设施；（四）集体所有的其他不动产和动产。"第262条规定："对于集体所有的土地和森林、山岭、草原、荒地、滩涂等，依照下列规定行使所有权：（一）属于村农民集体所有的，由村集体经济组织或者村民委员会依法代表集体行使所有权；（二）分别属于村内两个以上农民集体所有的，由村内各该集体经济组织或者村民小组依法代表集体行使所有权；（三）属于乡镇农民集体所有的，由乡镇集体经济组织代表集体行使所有权。"第263条规定："城镇集体所有的不动产和动产，依照法律、行政法规的规定由本集体享有占有、使用、收益和处分的权利。"第265条第1款规定："集体所有的财产受法律保护，禁止任何组织或者个人侵占、哄抢、私分、破坏。"也就是说，有些自然资源可以由少数民族群体享有所有权；有些自然资源虽然归国家所有，但可由其他单位使用。考虑到森林和草场等自然资源是少数民族和民族地区公民的重要的生产资源和生活源泉，因而确定民族自治地方自然资源的所有权和使用权，对民族自治地方和少数民族的发展关系极大。它不仅关系到森林与草场的保护，关系到国家森林工业和畜牧业的发展，而且还关系到林区和牧区少数民族人民的生产和生活，关系到林业和畜牧业的经济发展水平和少数民族人民生活水平的提高。

2. 对本地方自然资源的优先使用权

民族自治地方的自治机关对可以由本地方开发的资源，有优先开发利用的权利，这与自治机关充分"发挥本地方优势"，组织管理经济建设的法律原则是相吻合的。要变资源优势为经济优势，民族自治地方的自治机关可以根据法律规定和国家的统一规划，优先合理开发利用可以由本地开发的自然资源，但不能在开发利用自然资源时破坏和浪费自然资源。

3. 管理、保护本地方自然资源

民族地区的矿产、林业、水利、草原、森林以及旅游等资源，均在全国占有极其重要的地位。管理好、保护好本地方的自然资源，既是这些资源得以开发利用的先决条件，也是自治机关合理开发利用资源的题中应有之义。

三、地方财税管理自治权

地方财税管理自治权是指在现行的国家财税体制下，民族自治地方依法享有国家财政优待，并由自治机关依法自主管理本自治地方财税事务的权力。它是民族自治地方自治权的重要内容，是民族自治地方政治、经济、文化等各方面健康发展的关键。依照我国法律的有关规定，该权力主要包括如下内容：

（一）制定适合本地方的财政制度和政策

由于民族自治地方在许多方面具有自己的特殊性,通行全国的各项财政制度和政策,往往并不完全适合民族自治地方的特殊情况。为了充分照顾民族地区的特殊性,使各项财政制度和政策更适合民族自治地方的实际情况,《民族区域自治法》第 33 条规定:"民族自治地方的自治机关对本地方的各项开支标准、定员、定额,根据国家规定的原则,结合本地方的实际情况,可以制定补充规定和具体办法。自治区制定的补充规定和具体办法,报国务院备案;自治州、自治县制定的补充规定和具体办法,须报省、自治区、直辖市人民政府批准。"

当然,由于开支标准、定员、定额等涉及国家的财政支出、机构编制、经营管理体制等一系列问题,所以规定了必要的报批和备案程序。自治区制定的补充规定和具体办法,须报国务院备案;自治州、自治县制定的补充规定和具体办法,须报省、自治区、直辖市人民政府批准。

（二）自主安排属于本地方的财政收入

国家财政是发展国民经济,满足文化、教育、科学、卫生等事业发展的需要,保障国家建设和行政管理需要的重要手段。为了发展民族自治地方的政治、经济、文化等事业,就有必要在民族自治地方建立一级地方财政,并使民族自治地方的自治机关享有管理地方财政的自治权。因此《宪法》第 117 条规定,民族自治地方的自治机关有管理地方财政的自治权。凡是依照国家财政体制属于民族自治地方的财政收入,都应当由民族自治地方的自治机关自主地安排使用。《民族区域自治法》第 32 条作出了细化的规定。依据这些规定,民族自治地方的自治机关享有管理地方财政自治权主要体现在:

第一,凡是依照国家财政体制属于民族自治地方的财政收入,就应当由自治机关自主地安排使用。对于这一部分财政收入,上级国家机关不应随意下达支出指标,以免加重民族自治地方的财政负担。

第二,民族自治地方的财政收入和财政支出的项目,由国务院按照优待民族自治地方的原则规定。这是指在划分中央和地方,以及地方之间的财政收支时,对哪些项目的收入和支出划给民族自治地方,由国务院按照优待原则确定,以保证民族自治地方的自治机关管理财政收支的范围大于一般地区。

第三,民族自治地方依照国家财政体制的规定,财政收入多于财政支出的,定额上缴上级财政,上缴数额可以一定几年不变;财政收入不敷支出的,由上级财政机关补助。

第四,民族自治地方的财政预算支出,按照国家规定,设机动资金,预备费在预算中所占比例高于一般地区。按照国家规定,自治区、自治州、自治县的预备费分别按支出预算总额的 5%、4%、3% 计算,分别比一般省、地、县高 2 个百分点。

　　第五,对于执行财政预算过程中收入的超收和支出的结余资金,则由民族自治地方的自治机关自行安排使用。上级国家财政机关不得随意收缴。

（三）税收项目减免自治权

　　税收是财政收入的主要来源,同时也是调节经济的重要杠杆。为了增加民族自治地方的财政收入,刺激民族经济,特别是民族工业的发展,国家对民族自治地方实行特殊的税收政策,并让民族自治地方的自治机关掌握一定的减税或者免税权,是完全必要的。为此,《民族区域自治法》第 34 条规定:"民族自治地方的自治机关在执行国家税法的时候,除应由国家统一审批的减免税收项目以外,对属于地方财政收入的某些需要从税收上加以照顾和鼓励的,可以实行减税或者免税。自治州、自治县决定减税或者免税,须报省、自治区、直辖市人民政府批准。"

　　行使税收项目减免自治权要注意如下几点:一是只能针对属于地方财政收入的项目;二是针对的项目有照顾和减免的必要,比如对于那些关系到本地方经济发展的重点工商业、农牧业、急需扶植和发展的民族生产、生活特有的手工业、商业等,可以实行减税或者免税;三是要履行法定的程序,自治州、自治县决定减税或者免税,须报省、自治区、直辖市人民政府批准。

第四节　文化类自治权

　　民族自治地方的全面发展和繁荣,是物质文明和精神文明的高度发展和繁荣。民族自治地方在大力发展经济的同时,必须大力发展科技、教育和文化事业,只有物质文明和精神文明建设齐头并进,相互促进,才能加速民族自治地方现代化进程。为此,《宪法》第 119 条规定:"民族自治地方的自治机关自主地管理本地方的教育、科学、文化、卫生、体育事业……"赋予民族自治地方广泛的文化方面的自治权。

一、民族教育管理自治权

（一）概念及法律依据

　　所谓民族自治地方民族教育管理自治权,是指民族自治地方的自治机关依照法律的规定,遵循国家的教育方针,结合本地方的实际,在国家大力支持下,自主管理和发展民族教育的权力。民族教育是我国教育事业的重要组成部分,也是民族工作的重要内容。发展民族教育,对于提高少数民族人口素质,促进民族地区社会经济文化的全面发展,增强民族团结,维护祖国统一,都具有重要的作用。为此,《民族区域自治法》第 36 条规定:"民族自治地方的自治机关根据国家的教育方针,依照法律规定,决定本地方的教育规划,各级各类学校的设置、学制、办学形式、教学内容、教学用语和招生办法。"第 37 条对发展民族教育也作了规定。可见,法律规定赋予了自治地方民族教育管理自治权。

(二)主要内容

根据我国法律的相关规定,民族教育管理自治权主要包含如下内容:

第一,自治机关可以根据国家的教育方针和法律规定,决定本地方有关教育的一切事项,如本地方的教育规划,各级各类学校的设置、学制、办学形式、教学内容、教学用语和招生办法等。这是民族教育管理的基本方面。虽然国家对教育制度已经制定了很多法律,但由于民族地区的实际情况,民族地区的教育必须采取针对本地方民族特点的措施,制定适应本地方需要的教育制度。

第二,民族自治地方的自治机关自主地发展民族教育,扫除文盲,举办各类学校,普及九年义务教育,采取多种形式发展普通高级中等教育和中等职业技术教育,根据条件和需要发展高等教育,培养各少数民族专业人才。这是《民族区域自治法》第 37 条第 1 款规定的内容,也是民族教育的一项基本任务。主要包括两方面:一是普及九年义务教育,扫除文盲;二是举办各类学校,发展高中、中等职业技术教育和高等教育,培养少数民族人才。

第三,民族自治地方的自治机关为少数民族牧区和经济困难、居住分散的少数民族山区,设立以寄宿为主和助学金为主的公办民族小学和民族中学,保障就读学生完成义务教育阶段的学业。这是《民族区域自治法》第 37 条第 2 款规定的内容。该条款规定了发展民族教育的特殊形式,即为少数民族牧区和经济困难、居住分散的山区,设立寄宿为主和助学金为主的公办民族小学和民族中学。为了有效贯彻这一规定,《民族区域自治法》同条还规定:"办学经费和助学金由当地财政解决,当地财政困难的,上级财政应当给予补助。"这就从经费上提供了法律保障。

第四,招收少数民族学生为主的学校(班级)和其他教育机构,有条件的应当采用少数民族文字的课本,并用少数民族语言讲课;根据情况从小学低年级或者高年级起开设汉语文课程,推广全国通用的普通话和规范汉字。这是《民族区域自治法》第 37 条第 3 款规定的内容。该条款规定了实行双语教学,发展民族教育。

第五,为了保证教学中教学资料的运用,各级人民政府要在财政方面扶持少数民族文字的教材和出版物的编译和出版工作。

二、民族文化管理自治权

(一)概念及法律依据

所谓民族自治地方民族文化管理自治权,是指民族自治地方的自治机关依照法律的规定,结合本地方的实际,在国家大力支持下,自主管理和发展具有民族特点的少数民族文化事业的权力。民族文化在民族社会结构中所占比重的大小,民族文化发展程度的高低,民族文化社会功能的强弱,都直接关系到一个民族的进步和发展。因此,民族文化是衡量民族素质的一个重要标志。为此《民族区域自治法》第38条规定:"民族自治地方的自治机关自主地发展具有民族形式和民族特点的文学、艺术、新闻、出版、广播、电影、电视等民族文化事业,加大对文化事业的投入,加强文化设施建设,加快各项文化事业的发展。民族自治地方的自治机关组织、支持有关单位和部门收集、整理、翻译和出版民族历史文化书籍,保护民族的名胜古迹、珍贵文物和其他重要历史文化遗产,继承和发展优秀的民族传统文化。"

（二）主要内容

民族自治地方民族文化管理自治权主要包括如下内容:

1. 发展民族文化事业

少数民族文化的内容包括少数民族的文学艺术、新闻出版、广播影视等。新中国成立后,国家制定一系列旨在提高各民族文化素质,弘扬民族优秀传统文化的民族文化政策。自治机关应坚持弘扬民族优秀传统文化的原则,通过各种渠道,大量而快速培养少数民族的文化人才和文化干部,为弘扬和繁荣民族优秀传统文化造就一支生力军和后备力量;加大自治地方文化事业的经费投入,重点解决文化设施建设问题,改善本地区的文化基础设施,建立民族文化网络基地,为提高人民群众的文化生活水平,促进民族文化事业的发展,创造物质基础;积极保护和合理开发民族文化资源,一方面,对民族传统文化,特别是对那些即将消失或濒临灭绝的民族优秀文化进行保护和抢救,另一方面,鼓励民族地区合理利用和开发其独特的民族文化资源和文化生态环境。

2. 保护民族优秀传统文化遗产

自治机关要充分重视民族古籍的保护工作,并在人力、物力、财力等方面给予大力支持。一是加强对少数民族古籍的搜集和整理,并设立专门机构,组织专业人员对重要古籍进行科学研究;二是对各民族的古代文物、考古文物、近现代文物、革命文物以及代表民族优秀历史文化传统遗产的著名建筑物进行抢救和保护;三是编纂和出版民族优秀传统文化书籍,为深入研究中国民族文化遗产提供翔实、完整的资料;四是促进少数民族文化遗产特别是非物质文化遗产的保护与传承。

（三）行使原则

民族文化是各民族人民在社会实践中创造出来的,弘扬民族优秀传统文化是繁荣和发展民族文化事业的基础,是丰富社会主义新文化的需要。自治机关应当把尊重、继承、保护和弘扬少数民族优秀传统文化与传承和建设各民族共享的中华文化有机结合起来,加强对本地方各项文化事业的管理,大力弘扬各民族优秀传统文化,具体原则是:维护国家统一和民族团结,不能借口所谓"民族形式""民族特点"进行非法活动,更不允许一小撮民族分子以发展"民族文化"为名,进行分裂国家、破坏民族团结的活动;坚持民族平等原则,尊重、理解、支持和发展各民族文化;对待民族传统文化强调批判性的继承原则,取其精华,去其糟粕;在尊重少数民族群众意愿的条件下,推陈出新,对一些民族传统文化进行改革和创新,使民族文化无论在艺术内容和表现形式上都逐渐趋于成熟和完美,使民族各项文化事业百花齐放、百家争鸣。

三、科技管理自治权

（一）概念及法律依据

所谓民族自治地方科技管理自治权,是指民族自治地方的自治机关依照法律的规定,结合本地方的实际,在国家大力支持下,自主管理和发展民族自治地方的科学技术的权力。为此,根据《宪法》第20条的精神,《民族区域自治法》第39条规定:"民族自治地方的自治机关自主地决定本地方的科学技术发展规划,普及科学技术知识。"即赋予了自治机关科技管理自治权。民族自治地方由于诸多因素影响,科学技术发展状况普遍比较落后,工业化程度低,农业经济发展的程度也不高。因此,民族自治地方大力发展科学技术,普及科学技术知识,比全国一般地方显得更为重要和迫切。民族自治地方和自治机关加强科学技术知识的普及工作,这是改变民族自治地方科学技术落后状况的根本途径。

（二）主要内容

科技管理自治权主要包括如下内容:

1. 制订本地区科技发展规划

由于我国民族自治地方存在着自然、社会、历史、文化、族群等方面的差别,因而,自治机关在制订本地区科学技术发展规划时,一定要实事求是,因地制宜。从宏观的角度来看,自治机关制订本地方科技发展规划主要涉及以下几方面的内容:一是制订实施科学技术发展中长期计划和规划。二是运用科技力量,促进本地区经济发展。三是发展高新技术产业,加快科技成果转化,使科学技术真正成为现实生产力。自治地方要发展高新技术,并实现其产业化,培植高新技术产业增长点,使高新技术产业的管理逐步走上科学化、法制化和规范化的道路。四是继续深化改革,大幅度增加全社会科技投入,建立有利于经济发展和科技进步的新体制。五是加快科技队伍的建设,扩大国内外的科技合作与交流。

2. 加强科技知识的普及工作

加强科学技术的普及工作,增强全社会科技意识,提高科技决策地位和公民的科学文化素质,是实施"科教兴国"和"可持续发展"战略,推动经济发展和社会进步的重要环节,是社会主义物质文明和精神文明建设的重要内容。从宏观角度看,自治机关对科普工作的管理主要有以下几方面的内容:(1)加强和改善对科普工作的领导,使科普工作规范化和法制化。各级自治地方应根据《宪法》和《中华人民共和国科学技术普及法》等国家法律法规,制定本地区专项法规或实施细则,加快科普工作立法的步伐,使科普工作尽快走上规范化、法制化、制度化的轨道。(2)科普工作要讲求时效。根据民族自治地方经济、社会发展的具体情况,当前科普工作的重点应放在两个方面。一方面,从科普工作的内容上讲,要从科学知识、科学方法和科学思想的教育普及三个方面推进科普工作。另一方面,从科普工作的对象上讲,要把重点继续放在青少年、农村干部群众和各级领导干部身上。(3)促进科普工作的体制改革,鼓励全社会兴办科普公益事业。(4)加强对科普工作的监督管理。各级文化、宣传部门要进一步加强对新闻出版等大众传媒中科技内容的监督管理,创造科学、文明的社会氛围。

四、民族医药卫生管理自治权

(一)概念及法律依据

民族医药卫生管理自治权是指民族自治地方的自治机关自主管理本地方医药卫生事务尤其是发展民族传统医药的权力。医学是人类生存智慧的体现,是人类文化的重要组成部分。我国民族传统医药有着悠久的历史和理论体系,如回族、藏族、蒙古族、傣族、维吾尔族等民族医药学都具有鲜明的民族特色和地方特点,形成了自己较为系统的医学理论和丰富的临床经验。这些民族医药学与汉族医药学构成了博大精深的中华民族传统的中医药学,成为宝贵的人类文化遗产,在世界医药迅速发展的今天,显示出其特有的科学价值和发展前景。

(二)主要内容

首先,加强民族医药学的科研工作,发掘和整理民族医药经典著作。在我国历史上,民族医药为民族地区的繁荣和发展作出了重要的贡献,并留下了许多经典著作。为继承民族医药学的宝贵遗产,加强民族医药学的科学研究工作,发掘、整理、编译出版这些历史悠久、典籍浩瀚、诊疗独特、自成体系的民族医药经典著作就成为当务之急。近年来,全国建立了多所民族医院,少数民族聚居的省(区)也相继建立了一批民族医药科研机构,并成立了一些高中等民族医药专科学校,培养出一批民族医药专业人员和研究人员。民族医药学的科学研究不断深入,内容日益广泛,研究涉及本草学、生药学、植物学、化学、药剂学、药理学等学科和领域,例如对回族的"汤瓶八诊"的研究等。与此同时,各地加强对古代医疗经典著作的整理和翻译工作,抓紧名医论著的选编和民间验方的搜集和整理,出版了一批有影响的民族医药历史文献,如藏族的《晶珠本草》,蒙古族的《四部医典》,维吾尔族的《维吾尔药志》,傣族的《档哈雅》,等等。

其次,开发和利用民族医药。我国民族地区很多是著名的"植物王国""动物王国"和"基因宝库",具有生态环境多样性、资源多样性、民族多样性、医药文化多样性的特点,发展民族医药产业有着得天独厚的优势。自治机关应积极扶持对本地区民族医药的开发和应用,建立民族医药产业发展专项计划和发展资金,采取拨款补助、贴息贷款、国家项目配套等方式,鼓励和支持对民族医药产业的科技投入,促进民族医药技术创新和产业化,使之成为民族自治地方新的经济增长点。

再次,推动传统民族医药现代化。民族医药现代化的内涵十分丰富,既有理论问题,也涉及标准、方法、工程技术等实践问题,既有医学问题,也有药学、农业科学问题,也有资源保护、产业化和可持续发展等战略问题。对这样一个复杂的问题,必须进行深入探索和大胆实践。推动民族医药现代化有几个切入点:中药材的标准化种植;中药提取物的产业化、商品化及扩大出口;用新技术改造名优中成药传统工艺,按现代药学理论制定新的质量标准;推广免煎饮片;利用生物技术,生产濒危和稀缺中药材。政府相关部门应组织民族医药现代化专项,从各个方面落实重点新产品的试产、重大技术创新和重点技术项目的改造,促进民族医药的快速发展。

最后,做好预防保健工作。我国民族地区是一些地方病、传染病的高发区,如地甲病、克丁病、氟中毒、大骨头节病、布氏杆菌病、鼠疫、地方肝炎、肺结核以及高原病等,主要发生在民族地区。因此,要加强预防控制,做好预防保健的科普工作。同时,做好妇幼卫生保健工作,倡导优生优育,提高人口素质。

五、民族体育管理自治权

(一) 概念及法律依据

民族体育管理自治权是指民族自治地方的自治机关自主管理本地方体育事业、发展民族传统体育的权力。民族传统体育是我国体育事业的重要组成部分,是中华民族宝贵的文化遗产。民族传统体育运动把竞技与娱乐巧妙地结合起来,既是群众性的文化娱乐活动,又能增强人们的体质,同时还蕴含着丰富的中国传统哲学、美学、伦理、医学、民俗、宗教、文学、历史与军事等方面的基本理论与基本知识,因此,它深受各族人民的喜爱,成为少数民族传统文化的重要组成部分。为此,根据《宪法》第21条的精神,《民族区域自治法》第41条规定:"民族自治地方的自治机关自主地发展体育事业,开展民族传统体育运动,增强各族人民的体质。"该条款包括两方面内容:一是民族自治地方的自治机关有权依据本地区实际情况自主地发展体育事业;二是民族自治地方的自治机关应大力发展群众喜闻乐见的民族传统体育运动,把世界通行的现代竞技体育运动和少数民族特有的民族传统体育运动有机结合起来,丰富人们的生活,增强人们的体质。

（二）主要内容

首先,保护和发展少数民族传统体育运动。总的来说,民族体育工作的任务是:积极开展民族传统体育和现代体育活动,提高少数民族的健康水平和体育运动水平,活跃群众文化生活,促进民族团结,建设社会主义精神文明,为社会主义现代化服务。自治机关应结合地方特点和民族特点,制订发展体育事业的规划,大力开展少数民族传统体育和现代体育活动。同时,应建立相应的民族体育工作机构和研究机构,积极培养少数民族体育人才,加强民族传统体育运动研究,剔除某些不科学、具有迷信色彩的成分,弘扬传统养生、娱乐健身、健康向上、科学合理的优秀文化内涵,并赋予其新时代竞争与奋进的精神内涵,积极向学校体育及大众健身娱乐推广,使其在广泛开展的基础上走向完善发展的道路,最终成为现代体育的有机组成部分及现代社会文化交流的重要形式。

其次,举办少数民族传统体育运动会。举办少数民族传统体育运动会是保护、继承和发展少数民族传统体育文化的重要措施之一。

最后,发挥民族传统体育运动的综合作用。在知识经济时代,人类体质面临急剧下降的危险,人类有意识地用体育来维护自身的体质和健康已成为不可逆转的事实。因此,发展民族传统体育,提高体育文化素养,促进体育意识与习惯的形成,这对于实现全民健身战略和体育强国目标都有积极作用。随着市场经济的发展,民族传统体育作为民族传统文化的一部分,它还带动了民族地区经济、旅游、商贸的综合发展,促进了民族地区社会经济的繁荣。

六、对外文化交流自治权

（一）概念及法律依据

对外文化交流自治权是指民族自治地方的自治机关在教育、科学、文化、卫生等方面和其他地方或外国开展交流协作的权力。加强民族文化的交流和传播,激励不同文化的碰撞和改革,使民族文化在交流中相互吸收、交融、变异,以促进民族文化的发展繁荣,这是文化发展的必然规律。尤其是在全球化的今天,要加快社会各项事业的发展步伐,文化交流尤为重要。为此《民族区域自治法》第42条规定:"民族自治地方的自治机关积极开展和其他地方的教育、科学技术、文化艺术、卫生、体育等方面的交流和协作。自治区、自治州的自治机关依照国家规定,可以和国外进行教育、科学技术、文化艺术、卫生、体育等方面的交流。"赋予了民族自治机关对外文化交流自治权。

（二）主要内容

自治机关对外文化交流自治权从地域上看,有如下两个部分:一是民族自治地方,包括自治区、自治州、自治县,都可以与其他地方在教育、科学技术、文化艺术、卫生、体育等方面,开展广泛的交流,互相学习,取长补短;二是民族自治地方,包括自治区、自治州、自治县,都可以与国外进行教育、科学技术、文化艺术、卫生、体育等方面的交流。从交流内容上看,包括教育交流、科技交流、医药卫生交流、体育交流等。自治机关应根据本地区社会各项事业的发展实际和优势特点,扩大与国内外互相交流的领域和范围,彻底改变长期以来民族地区的封闭或半封闭状态,学习、吸收其他民族的精华,同时也向世人展示本民族、本地区在教育科技、文化艺术、卫生体育等方面先进和优势的一面,取长补短,开拓创新,持续发展。开展丰富多样的文化交流活动,如:文化节、文化周、艺术周、电影周、电视周、文物展、博览会以及各类演出、展览等,进一步提升少数民族文化国际影响力。大力推动少数民族文化与海外华人华侨、港澳台同胞的交流,增强中华文化的认同感,为促进国家和平统一服务。

第五节　其他类自治权

一、流动人口管理自治权

(一) 概念及法律依据

所谓流动人口管理自治权,是指民族自治地方的自治机关依照法律的规定并结合本地方的实际,制定管理流动人口办法并管理流动人口的权力。我国人口分布很不平衡,民族自治地方地广人稀,我国人口流动的总的趋势,是沿海和内地人口稠密地区的汉族人口向地广人稀的民族自治地方流动。向民族自治地方流动的人口大致有两种方式:一种是我国有计划地组织的移民,包括人口稠密地区的农民、灾区的灾民、复员退伍的军人和城市知识青年,这部分人占少数。另一种是自行流动人口,这部分人占绝大多数。事实上,庞大的流动人口就像一把双刃剑,在为民族地区的发展和壮大作出突出贡献的同时,也给流动人口的管理带来了巨大的挑战。因此,《民族区域自治法》第43条规定:"民族自治地方的自治机关根据法律规定,制定管理流动人口的办法。"国家赋予了民族区域自治机关流动人口管理的自治权。

(二) 主要内容

自治机关流动人口管理自治权主要包括如下内容:

首先,自治机关必须根据法律规定制定管理办法。意味着自治机关制定的管理办法必须符合现行法律法规和政策的基本原则。我国现阶段已经形成了一套比较完整的规章制度。如国家颁布的《中华人民共和国居民身份证法》《中华人民共和国公民出境入境管理法》,国务院颁布的《流动人口计划生育工作管理办法》(已失效)、《中共中央、国务院关于进一步加强社会治安综合治理意见》,公安部颁布的《公安部关于城镇暂住人口管理的暂行规定》(已失效)、《暂住证申领办法》(已失效)、《公安部关于处理户口迁移的规定》等重要法律法规。自治机关在制定流动人口管理办法时要依据或参考这些规范性文件。

其次,自治机关有制定管理流动人口办法的权力。这是要求自治机关根据本地的实际情况,以促进民族地区稳定与发展为目的,制定符合本地实际的且行之有效的管理办法。制定符合规定的管理办法的同时,还要考虑以下几个问题:

一是要严格执行民族政策,尤其是民族平等问题。民族地区本身就有许多民族,再加上不断流入的人员,民族成分更加多元化。各民族在相互联系和交往中,难免会有摩擦,加上文化、宗教信仰等方面的差异,使民族关系更为复杂。而且有些民族关系一开始并不直接表现为民族关系问题,而可能表现为不同民族成员间的一般摩擦,若处理不当,也往往成为影响民族关系的不稳定因素。所以自治机关在制定管理办法时应尽量考虑到语言文字、风俗习惯和宗教信仰等差异,坚持依法妥善处理涉及民族因素的矛盾纠纷,坚持是什么问题就按什么问题处理,不把一般的民事、行政、刑事等法律问题与民族问题相混淆。

二是注意"流入"与"流出"人口的比例,实现有序合理的人口流动。我国的民族地区由于历史经济等多重因素,一般属于经济较落后的地区。这样就会不可避免地出现两种流动,一方面民族地区的一些人才流向经济发达地区,另一方面由于城乡差别,大量的外地农村剩余劳动力可能会盲目涌入民族地区。这样不仅会影响民族地区的整体人口素质结构,使原本就缺乏人才的民族地区人力资源更为缺乏,还会给民族地区带来一些预想不到的负担和后果。所以自治机关一方面要严格控制不正常的人才外流并要尽量保证合理外流的人才返回民族地区,另一方面也要严格管理进入民族地区的外地农村剩余劳动力,不使民族地区人满为患。除此以外,由于改革开放对民族地区的一些优惠政策以及民族地区的沿边地理优势,各种投资商也会到民族地区投资办场、开发资源,自治机关要结合流入流出的比例、民族地区的承载能力及可持续发展的能力等情况,慎重考虑和筛选,不能盲目发展。

三是强化政府管理职能,增强管理,减少盲目流动。把流动人口的权益保障和管理的责任落实到流出地、流入地政府。流出地政府要对本地的劳动力资源进行认真分析,尽可能科学安排一些劳动力就地择业。对外出人员要依靠农村组织及时登记,掌握外流数量、基本流向和个人情况等。收集外地劳动力需求信息,并对外出人员开展必要的劳动技能、法律知识和城市生活常识培训,提高就业能力和流动的组织化程度。流入地政府要针对本地流入人员的数量,利用本地资源,及时发布用工信息,为外来人员提供就业服务。同时,作为流动人口创造价值的主要受益者,流入地政府还要以科学发展观为指导,加强管理,为确保外来人员的生存和发展支付必要的社会成本,协调利益关系,构建和谐相处环境。特别是针对我国业已进入各民族跨区域大流动的活跃期的现状,流出地政府和流入地政府还要通过建立嵌入式社会结构和社区环境,加强配合,增加信息交流,让少数民族群众更好融入城市。

四是建立健全法律法规,依法保障流动人口的合法权益。法律是维护社会秩序的有力武器,也是保障公民权利实现的最后一道防线。自治机关要结合《民族区域自治法》,制定相关的规章及管理办法,对流动人口入住、子女教育、权利保障、计划生育、社会治安和享有政治权利等方面的权利和义务以法律的形式予以明确。提高立法层次,规范管理行为,使流动人口正确行使个人权利,履行个人义务。要对各自治区针对流动人口的政策和法规进行清理,及时废除过时的法规,保证社会各方面的协调有序。

自治机关应当建立和完善流动人口的权益保障机制、社会保障体系和公共服务网络,在编制城乡规划,建设公用设施,制定劳动就业、社会保险、义务教育、疾病预防控制、妇幼保健、计划生育、法律服务等公共政策方面保障流动人口的合法权益。

二、计划生育管理自治权

(一) 概念及法律依据

所谓计划生育管理自治权,是指自治机关依照法律的规定并结合本地方的实际,制定实行计划生育办法的权力。当今世界,人口问题已经受到人们的普遍重视。中华人民共和国成立以来的经验证明,我们在发展经济的同时,必须有计划地控制人口增长,使人口的发展与经济和社会发展相适应。我国是一个多民族国家,55 个少数民族和汉族一样,也存在着程度不同的人口与计划生育管理问题。因为历史、地理、经济、文化以及风俗习惯等方面的原因,少数民族在人口与计划生育管理方面的问题更为复杂。同时,由于少数民族人口与计划生育问题关系到各民族自治地方的现代化建设,更关系到各民族的兴旺发达,因此,为了对民族自治地方的人口与计划生育进行有效管理,《民族区域自治法》第44条明确规定:"民族自治地方实行计划生育和优生优育,提高各民族人口素质。民族自治地方的自治机关根据法律规定,结合本地方的实际情况,制定实行计划生育的办法。"赋予了民族自治地方的自治机关计划生育管理自治权。

(二) 主要内容

计划生育管理自治权主要包括如下内容:

首先,民族自治地方必须实行计划生育。计划生育是我国的一项基本国策。《宪法》第 25 条规定:"国家推行计划生育,使人口的增长同经济和社会发展计划相适应。"民族自治地方也应当实行计划生育。这样做,不仅对控制民族自治地方少数民族人口数量、提高民族素质具有重要意义,而且有利于实现劳动力与生产资料的结合,在民族自治地方建立起良性经济循环。

其次,根据实际情况进行计划生育管理。相对于非民族自治地方计划生育管理而言,民族自治地方的计划生育管理有其特殊性。这是由于千百年来我国少数民族形成了各具特色的民族文化,其中包含着大量人口与生育文化的内容。这些民族文化在产生和发展过程中形成了物质的、精神的、社会的多层面的完整复合体,是其生存方式、思维方式、信仰方式、道德习俗的历史积淀和知识系统,对各少数民族具有重要的影响力,甚至成为某一少数民族共同的价值取向和潜意识中的社会心理趋势。因此,计划生育管理应从各少数民族和民族自治地方的实际情况出发,充分考虑并照顾各民族不同的人口与生育文化背景、风俗习惯和宗教信仰因素,因地制宜、因族制宜进行管理。

最后,要制定计划生育管理办法。民族自治地方的自治机关应当根据国家关于计划生育管理的相关法规,在其职权范围内,为落实民族区域自治法规定的民族自治地方人口与计划生育管理自治权分别制定相应的管理规章、具体措施和办法。总之,没有民族自治地方人口与经济、社会、资源、环境的协调和可持续发展,就不可能实现全国人口和计划生育工作的稳定、健康发展;也不可能实现人口增长与经济和社会协调发展。

三、环境管理自治权

(一) 概念及法律依据

环境管理自治权是指自治机关管理和保护民族自治地方生活环境和生态环境的权力。《宪法》第 26 条第 1 款规定:"国家保护和改善生活环境和生态环境,防治污染和其他公害。"作为一级地方国家机关的自治机关也有责任和义务保护和改善生活环境和生态环境,防止污染和其他公害。这是从一般情况来说的。从特殊情况来讲,民族自治地方地大物博,地上地下自然资源非常丰富。随着我国社会主义现代化建设事业的发展,这些资源必将得到广泛的开发利用。在开发利用这些资源的时候,就有一个如何保护和改善生态环境,防治污染及其他公害的问题。为此《民族区域自治法》第 45 条规定:"民族自治地方的自治机关保护和改善生活环境和生态环境,防治污染和其他公害,实现人口、资源和环境的协调发展。"《民族区域自治法》第 27 条第 2 款也就草原和森林作出规定:"民族自治地方的自治机关保护、建设草原和森林,组织和鼓励植树种草。禁止任何组织或者个人利用任何手段破坏草原和森林。严禁在草原和森林毁草毁林开垦耕地。"赋予了民族自治地方管理本地区环境的自治权。

(二) 主要内容

归纳起来,环境管理自治权的内容主要有以下几项:

1. 环境规划自治权

环境规划是指根据国家和本民族地方的环境资源状况和社会经济发展的需

要,对一定时期和一定范围内的生态资源的开发、利用、保护和改善活动的安排。这样就可以做到合理利用环境和资源,协调人口、资源、环境三者间的关系。生态环境规划的主要内容包括:土地利用规划、自然资源开发利用规划、生态环境保护和建设规划。

2. 制定民族自治地方环境资源标准权

环境标准是为了保护人体健康、社会物质财富和维持生态平衡,对大气、水、土壤等环境质量、污染源、监测方法等,按照一定程序制定和批准发布的各种标准的总和。主要包括环境质量标准、污染物排放标准、环境监测方法标准等。制定和执行这些标准,才能建设良好的生活环境,保障人民的健康。

3. 环境监督权

自治机关可通过环境保护行政主管部门或者其他授权的部门,根据当地经济建设和社会发展情况编制环境影响报告书,监督执行建设项目"三同时"制度;征收环境资源税费(自然资源税、自然资源费、排污费等);发放与生态环境管理有关的许可证如林木采伐许可证、采矿许可证等。通过这些手段监督、督促自治区域内的企业、个人改善环境,防止污染环境和破坏生态。

(三) 行使环境管理自治权的原则和方法

自治机关行使环境管理自治权必须坚持如下原则和方法:

1. 可持续发展原则

可持续发展原则是指在环境管理中应当将实现人类社会、经济的可持续发展作为所要实现的理想目标,使人类的思想和行为着眼于未来的发展而不是当下的发展、持续的发展而不是一时的发展。与传统的"发展"观念相比,可持续发展在对发展概念的理解上更强调更新人类伦理道德和价值观,从而更新人类的生产、生活方式。可持续发展观将环境与发展统一起来,既迎合了许多需要发展的意愿,同时也符合环境与资源保护这一全人类的长远利益。

2. 建立完善的利益补偿机制

《民族区域自治法》第 66 条第 2 款规定:"民族自治地方为国家的生态平衡、环境保护做出贡献的,国家给予一定的利益补偿。"该条确立了我国少数民族自治地方获得补偿的制度。2005 年《国务院实施〈中华人民共和国民族区域自治法〉若干规定》第 8 条第 2、3 款规定:"国家征收的矿产资源补偿费在安排使用时,加大对民族自治地方的投入,并优先考虑原产地的民族自治地方。国家加快建立生态补偿机制,根据开发者付费、受益者补偿、破坏者赔偿的原则,从国家、区域、产业三个层面,通过财政转移支付、项目支持等措施,对在野生动植物保护和自然保护区建设等生态环境保护方面做出贡献的民族自治地方,给予合理补偿。"目前,我国对少数民族自治地区的生态补偿主要有三种形式:一是国家财政补偿;二是征收生态环境补偿税费;三是重点项目支持,如退耕还林工程、生态公益林补偿项目、退牧还草工程等。虽然《生态补偿条例》已加快了立法步伐,但目前还没有正式出台。对民族地区的生态补偿涉及很多环境保护法律和地方法律,这些法律对生态补偿的利益主体和责任主体的界定尚不清晰。当前,完善对民族地区的生态补偿,还要在完善立法、国家资金投入、调整少数民族区域产业结构等方面进一步努力,真正实现生态补偿规范化、标准化、动态化。

3. 科学合理开发利用环境资源

资源开发导向型的经济增长缓慢,我国民族自治地方自然资源型经济的比重比较大,产业技术层次低,这是经济发展缓慢、环境问题突出的重要原因。民族自治地方要发展社会经济建设事业,首先要对本地区的资源环境状况进行全面的勘察和统计,并科学地制定开发、利用和保护的规划、政策;其次要有重点、有选择地开发环境资源,依靠科学技术促进产业升级,推行清洁生产,实现经济效益和环境效益的结合;最后要建立多元化的开发利用保护机制,按照"谁投资谁受益"的原则,鼓励和吸引社会资本、国外资本投资环境资源的开发、利用、保护和建设项目。

此外,还要完善有关环境保护和管理方面的立法,将一些成功的做法、经验及政策法律化,做到环境保护有法可依。

第七章 上级国家机关的职责

第一节 上级国家机关职责的概述

中华人民共和国建立后,中国的少数民族获得了新生,在政治上取得了平等的权利。经过70多年的建设,民族地区的经济和文化事业取得了巨大进步,各民族人民的物质文化生活水平显著提高。但是,由于历史的原因,民族地区的经济和文化等事业仍然赶不上先进地区的发展水平。为了尽快改变这一现状,消除这种历史遗留的民族间的事实上的不平等,除了各民族发扬自力更生、艰苦奋斗的精神外,还必须有国家的大力帮助。

因此,为了保障少数民族的平等权利,巩固和发展良好的民族关系,发展民族地区和全国范围内的经济、文化等事业,上级国家机关有责任加强领导并帮助民族自治地方的建设。《民族区域自治法》第六章就是从法律上确认了上级国家机关的职责,也体现了《民族区域自治法》的重要特点。

一、"职责"的法理分析

目前,学界普遍认为,"职责"是公职系统内一定职务所要履行的责任。职责与职权相伴而生,并且职责随职权的变更而发生变化,随职权的消灭而消灭。职责属于公务员的义务,但仅限于执行公务、行使职权时的义务,公务员的义务范围大于职责的范围。在执行公务、行使职权之外,公务员还必须履行其他法定的义务,比如不得兼职、不得经商等。职责包括作为的责任和不作为的责任,公务员的职责散见于行政法律法规之中,归纳起来主要有五个方面:(1) 履行职务、不失职;(2) 遵守权限,不越权;(3) 行为符合法定目的,不滥用职权;(4) 遵循程序、避免瑕疵;(5) 公务合理、避免失当。其核心是"依法执行公务"。职责作为一种义务不能抛弃,否则要承担相应的法律或纪律责任。①

从上可以看出,"职责"是"职权"的对称,是国家机关及其公职人员依照法律规定必须履行的责任。职责与职权是相互联系的,一定的职责是以一定的法定职权为前提的,职责又是行使职权的体现。没有无职权的职责,也没有无职责的职权。例如,法官有法律赋予的判决案件的职权,而这种职权只有通过具体审

---

① 肖蔚云、姜明安主编:《北京大学法学百科全书:宪法学·行政法学》,北京大学出版社1999年版,第707页。

理案件的行为才能得到实现。可见,法官对案件进行依法审判又是法官的职责,如果不审判案件或者枉法裁判就是未尽职责,而不尽职责也就使其职权失去了意义。未尽职责,或者尽责不善,就要依法承担相应的责任或后果。

二、"上级国家机关职责"的法律属性

如上所述,职责是职权与责任的结合。国家机关在履行管理国家事务和各项社会事务的过程中,必须具有相应的职权,否则,其权力的行使将缺乏法律权威和政治权威而难以开展。但在行使职权的同时,国家机关又须承担相应的责任。

第一,在《民族区域自治法》中,所谓上级国家机关是有所特指的。《民族区域自治法》第55条第3款规定:"上级国家机关在制定国民经济和社会发展计划的时候,应当照顾民族自治地方的特点和需要。"从这一条文来看,上级国家权力机关理所当然包含在"上级国家机关"之中。《民族区域自治法》第六章的其余条款则基本上以规定上级国家行政机关的职责为主,没有出现上级国家司法机关负有什么样的职责的规定。也就是说,上级国家机关仅仅包括权力机关和行政机关,而无司法机关。①

第二,主体的特定性和内容的确定性是上级国家机关职责的两个重要特征。《民族区域自治法》中的上级国家机关职责有确定的指向——民族自治地方,有确定的内容——各民族自治地方的经济、教育、科学技术、文化、卫生、体育等事业。

因此,上级国家机关的职责与一般意义上的国家机关的职责是有区别的:一是在主体和内容上,前者较后者要窄;二是在程序上,前者需经民族自治地方的自治机关这一中间环节将上级国家机关的帮助落到实处,而后者可以依照法定职权范围和程序履行自己的职责。

此外,在强调上级国家机关职责的同时,不应忽略上级国家机关的职权。其职权既是它履行帮助义务的必然要求,又是在帮助的过程中监督民族自治地方将帮助的事项化为行动的法定权力来源。因此,上级国家机关帮助在法律属性上是一种国家帮助义务和监督权力的结合。

三、对"上级国家机关职责"规定的简要评价

2001年2月28日第九届全国人民代表大会常务委员会第二十次会议通过了《全国人民代表大会关于修改〈中华人民共和国民族区域自治法〉的决定》。

---

① 王森:《从法理角度看自治法中上级国家机关的职责》,载《中国民族报》2004年12月24日,第6版。

其中有关经济社会发展方面条文的修改,主要集中在"上级国家机关的职责"一章中。该章原来共有 13 条,这次有 7 条作了删除性修改,同时又新增写了 6 条。该章的标题也由原来的"上级国家机关的领导和帮助",修改为"上级国家机关的职责",强调了上级国家机关帮助民族自治地方的法律责任,明确规定了经济发达地区必须对口支援民族自治地方的具体要求。

《民族区域自治法》将原第六章的名称"上级国家机关的领导和帮助"修改为"上级国家机关的职责",使上级国家机关的义务得以法定化,在弱化上级国家机关帮助的道德义务的同时,突出其义务的法律强制性内涵。应当说这样的修改是与我国政治文明的进程相适应的:去除了原有规定的模糊性,新的规定使国家机关职责更为明晰;原有规定主要突出的是上级国家机关的权威,重在领导,是否给予帮助则有很大的随机性,而新规定则使上级国家机关的帮助成为一种稳定的制度。

上级国家机关帮助的实现主要在于上级国家机关切实履行《民族区域自治法》规定的职责。但这也并不是说仅此就可以实现立法目标,使民族自治地方的各项事业都顺利地发展起来。还有几个因素是我们应当考虑的:一是民族自治地方的积极进取。二是上级国家机关的帮助还须与民族自治地方的经济发展水平和人才现状相适应。如长期以来,在基础建设方面,上级国家机关往往要求民族自治地方承担一定的配套资金,但由于一些民族自治地方的经济发展滞后,自有可供支配资金极其有限,加之一些投资项目周期长、见效慢,地方官员也缺乏积极性,结果是发达地方反而更易从上级国家机关的帮助中获得实惠。三是立法本身存在的不足。修订后的《民族区域自治法》在多方面取得了进展,但也存在不足之处,主要表现在法律规范的逻辑结构不完整。这一点在《民族区域自治法》第六章中表现得尤为明显。细细考察起来,《民族区域自治法》中法律规范的模式主要有两种,即禁止型和命令型,其中以命令型为主。但这些规定只有行为模式,如"上级国家机关应当帮助民族自治地方怎样"或"上级国家机关不得怎样",却没有不帮助或不应为而为之时如何处理的规定,缺乏对法律后果的设定,这就使上级国家机关职责有落空的危险。①

第二节　上级国家机关的履职原则

一、坚持从民族自治地方的实际情况和特点出发的原则

实事求是,一切从实际出发,这是我们党和国家的思想路线,在国家的民族

---

① 王淼:《从法理角度看自治法中上级国家机关的职责》,载《中国民族报》2004 年 12 月 24 日,第 6 版。

工作中,也必须认真贯彻执行这条思想路线。在《民族区域自治法》出台前的一段时间内,国家在帮助民族地区发展经济的过程中,一度忽视了我国各民族地区的政治、经济、文化、语言、生活习惯、资源分布以及地理环境等情况的不同特点,同时缺乏对于各项经济计划、经济政策、经济措施的可行性研究,从而影响了民族地区经济的快速发展,给民族自治地方的工作造成被动甚至招致损失。这种情况应该坚决避免。因此,《民族区域自治法》规定上级国家机关在履行职责的过程中,必须注意调查研究,从少数民族的实际情况和特点出发,因地制宜、扬长避短,不搞"一刀切"。

如《民族区域自治法》第 54 条规定:"上级国家机关有关民族自治地方的决议、决定、命令和指示,应当适合民族自治地方的实际情况。"上级国家机关在作出有关民族自治地方的决议、决定、命令和指示的时候,一定要充分考虑有关民族的特点和民族自治地方的实际情况,使有关的决议、决定、命令和指示尽可能地适合当地情况。同时,他们的负责人一定要不断提高自己对于民族政策的理解,加强调查研究,使自己作出的决议、决定、命令和指示,尽量适合民族自治地方的实际情况。

在《民族区域自治法》的第 55 条、第 57 条、第 60 条,也有类似的规定,即上级国家机关在制定国民经济和社会发展计划的时候,应当照顾民族自治地方的特点和需要。国家根据民族自治地方的经济发展特点和需要,综合运用货币市场和资本市场,加大对民族自治地方的金融扶持力度。上级国家机关根据国家的民族贸易政策和民族自治地方的需要,对民族自治地方的商业、供销和医药企业,从投资、金融、税收等方面给予扶持。

上级国家机关涉及民族自治地方的决策,应当适合民族自治地方的实际情况。但是,如果他们作出了不适合甚至完全不适合民族自治地方实际情况的决策,应该如何处理呢?《民族区域自治法》第 20 条对此确定的法律救济形式是:上级国家机关的决议、决定、命令和指示,如有不适合民族自治地方实际情况的,自治机关可以报请该上级国家机关批准,变通执行或是停止执行;该上级机关应当在收到报告之日起 60 日内给予答复。

二、坚持上级国家机关的帮助与民族地区自力更生相结合的原则

履行"上级国家机关职责"应防止两种错误倾向:一是上级国家机关包办代替,二是民族自治地方的等、靠、要思想。坚持国家利益与少数民族利益相结合的原则。我国民族地区的经济和文化发展水平较低,这是历史遗留的民族之间的事实上的不平等。要尽快改变这一状况,就必须有上级国家机关的大力帮助。这种帮助不论过去、现在和将来都非常重要。但是,也应该指出,改变少数民族经济和文化事业不发达的状况,首先需要依靠民族地区人民的共同努力。这是

因为,一个民族的发展进步,归根结底,还是要靠本民族人民的自力更生和艰苦奋斗。经济文化发展先进的民族对经济发展后进的民族的帮助,不是包办代替,也不是慈善性质的"帮助"而主要是帮助该民族提高自力更生的能力。同样,对于经济文化发展后进民族来说,要赶上经济文化发达的民族,就要奋发图强、自力更生。一切民族自古以来的生存和发展,靠的都是自力更生。社会主义的民主制度,社会主义的民族关系,已经并将继续为各民族更充分地发挥自力更生的能力提供更好的条件。一个民族不会用自己的脚走路,这个民族是不会得到发展的。正如斯大林同志所指出的:"学会用自己的脚走路"——实行民族区域自治的目的就在这里。

中华人民共和国成立以来,国家从财政、金融、物资、技术和人才等方面大力帮助和扶持民族地区的经济和文化等事业的发展,其目的就是提高民族地区自力更生的能力。如果没有少数民族人民自力更生、艰苦奋斗的革命精神,即使国家的援助力度再大,也不可能取得应有的经济效益,民族地区经济和文化等事业持续、深入地发展更加无从谈起。因此,《民族区域自治法》在规定上级国家机关对民族地区的帮助的同时,在第6条第1款还规定:"民族自治地方的自治机关领导各民族人民集中力量进行社会主义现代化建设。"在序言中也强调:"民族自治地方必须发扬自力更生、艰苦奋斗精神,努力发展本地方的社会主义建设事业,为国家建设作出贡献。"总之,加快发展民族地区经济文化建设,必须坚持实行上级国家机关帮助和民族地区自力更生相结合的原则。

三、履行"上级国家机关职责"应立足全局、统筹兼顾

履行"上级国家机关职责"应立足全局、统筹兼顾。上级国家机关在行使帮助职责时要立足全局,统筹兼顾。一方面应当从加入WTO、西部大开发战略和民族自治地方的经济结构现状出发,在实施帮助时有所为,有所不为。另一方面,又要在东部地区做好宣传工作,使群众认识到上级国家机关对民族自治地方进行帮助不仅仅是还历史欠账,更是实现可持续发展的必然抉择,而不是以牺牲东部地区的发展来换取民族自治地方的发展,在加速民族自治地方发展的同时,推进东部地区的发展,保证综合国力的提升。

加快少数民族和民族地区发展,关键是要以科学发展观统领经济社会发展全局,按照"五个统筹"的要求,科学确定发展思路和发展目标,充分发挥自身优势,走民族地区各具特色的加快发展的新路子。《民族区域自治法》在规定"国家机关的职责"的时候,始终注意体现出立足全局、统筹兼顾的原则,坚持国家利益与少数民族利益相结合。

一是履行职责时,始终坚持以经济建设为中心,努力把民族地区经济搞上去。在《民族区域自治法》的"上级国家机关的职责"这一章里,不管是在制定经

济发展战略,还是安排基础设施建设,以及运用货币、金融、财政、税收政策等方面,都提出,应加快民族地区经济的发展。同时,还提出要调整和优化产业结构,大力发展特色经济和优势产业。有特色、有优势,才有竞争力。此外,还格外突出抓好民族地区的扶贫开发工作的要求。

二是履行职责时,始终坚持实施可持续发展战略,促进人与自然协调发展。良好的生态环境,是实现可持续发展和提高各民族人民生活质量的重要基础。民族地区要实现生产发展、生活富裕、生态良好,就必须彻底改变以牺牲环境、破坏环境为代价的粗放型增长方式,决不能以牺牲环境为代价换取暂时的经济增长。良好生态环境是实现中华民族永续发展的内在要求,是增进民生福祉的优先领域。为深入学习贯彻习近平新时代中国特色社会主义思想和党的十九大精神,决胜全面建成小康社会,全面加强生态环境保护,打好污染防治攻坚战,提升生态文明,建设美丽中国,应严格遵守《民族区域自治法》根据《宪法》的原则制定的第65条第1款规定即,"国家在民族自治地方开发资源、进行建设的时候,应当照顾民族自治地方的利益,作出有利于民族自治地方经济建设的安排,照顾当地少数民族的生产和生活。国家采取措施,对输出自然资源的民族自治地方给予一定的利益补偿。"

三是履行职责时,坚持实施科教兴国战略,大力发展教育事业。教育在民族地区发展中具有基础性、先导性作用。《民族区域自治法》第71条中明确提出,国家不仅要加大对民族自治地方的教育投入,加强民族地区师资队伍建设,积极引导和鼓励其他地区的教师和师范院校毕业生到民族地区基层中小学任教和支教。办好在内地举办的各类民族班(学校),积极促进民族地区职业技术教育和高等教育,办好民族院校,对少数民族考生适当放宽录取标准和条件,对人口特少的少数民族考生给予特殊照顾。

四是履行职责时,坚持改革开放,以改革开放促发展繁荣。改革开放是加快民族地区发展的强大动力。通过进一步扩大对内对外开放,依托重点工程、优势产业和特色经济,吸引外商以及国内发达地区企业到民族地区投资,支持民族地区充分发挥地缘优势,发挥同一民族、语言相近等优势,扩大与周边国家的经贸往来和区域经济合作。要对商贸、投资、金融等方面提供支持,鼓励民族地区的企业"走出去"。如《民族区域自治法》第61条规定,国家制定优惠政策,扶持民族自治地方发展对外经济贸易,扩大民族自治地方生产企业对外贸易经营自主权,鼓励发展地方优势产品出口,实行优惠的边境贸易政策。

四、民族事务治理法治化原则

长期以来,民族政策一直是处理我国实然民族事务的核心路径。自1949年《共同纲领》以根本法的形式对民族规范进行制定以来,在中国共产党的领导下经历了有益的实践与探索,政策因其效率、灵活等优势为社会主义民族关系的发展贡献了行之有效的制度支持,但仅依据民族政策处理民族事务也会存在因稳定性、可行性、规范性的缺失而产生的诸多问题。民族事务治理的法治化要求是处理民族事务的根本要求与应有之义,也是实现国家治理能力现代化的必由之路。

民族治理现代化是国家治理体系现代化的重要组成部分,民族工作事务法治化也是新时代民族工作实现跨越式发展的应有之义。在推进民族事务治理现代化过程中全面实现依法治理民族工作事务不仅是民族工作事务治理现代化的重要保障,也是民族工作事务治理现代化的本质要求。①

一是把握时代脉搏,在社会主义事业的建设中,在国家治理现代化层面不断推进民族事务治理法治化原则。中国共产党的十九大对中国特色的社会主义现代化建设进入新时代进行了精准定位,明确指出"我国社会主要矛盾已经转化为人民日益增长的美好生活需要和不平衡不充分的发展之间的矛盾",这为中国特色社会主义在新时代的建设指明了方向。② 然而,当今正处于世界未有之大变局,我国处于并将长期处于社会主义初级阶段,必须坚持和完善中国特色社会主义制度,推进国家治理体系和治理能力现代化建设,党对中国特色社会主义现代化的判断为民族工作事务现代化提供了方向。

二是规范认知,在宪法规范的制定层面坚持民族事务法治化原则。我国民族法制建设始于 1949 年中华人民共和国成立伊始在《共同纲领》这一根本法的层面制定民族规范;在随后的国家制度体系的建设中不断通过立法程序完善《宪法》、法律及法规。在党和国家领导全国各族人民治理民族工作事务中,党以党的章程、基本法规及基本工作路线,以及以《宪法》为核心和《民族区域自治法》为主体所建构起来的具有体系的法律制度,具体来看就是以民族区域自治制度为轴心的庞大关涉民族工作事务的法律体系。当然,对法治手段的强调并不意味着对政策手段的忽视甚至否定。一方面,这种强调基于法律对政策必要的支撑作用,主要包括对制度立场的确认、对责任机制的强化、对规范位阶的升华等;另一方面,政策对于法律的塑成作用亦同样不容忽视,包括政策引领法律、政策配合法律、政策发展法律等,二者相辅相成,使得民族工作事务治理制度具有权威性、长效性和稳定性,保证民族工作事务长治久安。

三是保障实施,在宪法以及法律、法规等规范的执行层面坚持民族事务法治

---

① 习近平:《决胜全面建成小康社会夺取新时代中国特色社会主义伟大胜利——在中国共产党第十九次全国代表大会上的报告》(2017 年 10 月 18 日),载《人民日报》2017 年 10 月 19 日,第 1 版。
② 《中共中央关于坚持和完善中国特色社会主义制度推进国家治理体系和治理能力现代化若干重大问题的决定》(2019 年 10 月 31 日中国共产党第十九届中央委员会第四次全体会议通过),载《人民日报》2019 年 11 月 6 日,第 1 版。

化原则。实现民族事务治理体系的现代化在本质上就是要实现依法建立起完善的民族事务治理制度,实现民族事务治理能力的现代化就是要在治理民族事务中依法执行治理制度。在中国的现代民族国家政治制度中,民族区域自治制度从根本上解决了现代民族国家的高度凝聚和民族地区自治的关系,民族区域自治制度的制度理念、组织架构及治理实践都是在国家整合和民族自治的关系中实现的。① 在中华人民共和国成立后的 70 余年历程中,民族工作事务治理制度是中国特色社会主义制度的重要组成部分,到目前为止,民族工作事务法律体系已经建立了以《宪法》为根本以《民族区域自治法》为主干,有关民族事务法律法规为体系,包括民族自治地方的自治条例以及单行条例,民族区域自治事务治理的法律体系系统日趋完备。② 在国家治理过程中,良法善治要求国家在执行国家制度体系中必须依照法律的思维、规律及原则治理国家,使法律成为人民普遍遵从和执行的社会规范,并且变成确立和维护的制度和秩序,才能最大限度地将其作为国家治理体系的效能最大化地释放出来,解决不断发展与变化中的实际问题。③

第三节　上级国家机关的履职方式

一、政策优惠

(一) 对民族贸易的优惠政策

1. 何谓民族贸易

民族贸易,是指涉及我国少数民族和民族地区所发生的贸易活动,是商品流通在民族地区的特殊表现形式。具体是指我国沿海、内地和民族地区之间,各民族地区之间,各民族之间,以及民族内部所进行的贸易活动。民族贸易与国内一般贸易以及与对外贸易、边境贸易相比,除具有一定的共性外,还有其特殊性:一是政策性。民族贸易企业所从事的经营活动既是一种经济行为,又是党和国家民族政策的具体体现,是我国民族工作的重要内容和手段。二是民族性。民族贸易的服务对象主要是少数民族群众,民族贸易商品的品种和结构具有显著的民族特色。三是区域性。民族贸易的传统交易场所主要集中在少数民族聚居地区。

① 马大正主编:《中国边疆经略史》,武汉大学出版社 2013 年版,第 9 页。转引自陈宇:《民族工作事务治理法治化与治理现代化的互构逻辑》,载《云南民族大学学报(哲学社会科学版)》2020 年第 6 期。
② 宋全:《坚持依法治理民族事务推进民族工作领域治理体系和治理能力现代化》,载《中国民族报》2019 年 12 月 17 日,第 1 版。
③ 沈宗灵主编:《法理学》(第 2 版),高等教育出版社 2009 年版,第 346 页。

　　"十一五"期间,国家加大了对我国民族贸易县中民族贸易企业的政策优惠力度,2006年,将"十五"期间对民族贸易企业增值税"先征后返50%"的征收方式改为现今的全额免征增值税的优惠政策。后由于部分地方反映103号文件中对民族贸易企业界定存在困难,所以又出台了有关执行细则,进一步将党和国家对民族地区的扶持落到实处。相比"十一五"期间的政策,"十二五"期间,扶持民族贸易和民族特需商品生产企业优惠政策在原有基础上,有四项突破,具体体现在:增加了省级地方政府的扶持民族贸易和民族特需商品生产责任以解决生产供应中的特殊问题;扩大了民族贸易网点建设和民族特需商品生产企业技术改造贴息贷款规模;根据少数民族特需商品的特点实行增值税减免优惠政策以强化扶持主题;同时也增加和强化了民委系统在民贸民品工作中的协调力度和责任以更好实现民族政策。①　"十三五"期间,国家民委、财政部、中国人民银行出台相关政策,进一步推动和落实相关民贸民品生产的政策,主要表现在:(1) 降低民贸民品生产贷款的利率。(2) 将所有银行业存款类金融机构(除财务公司)纳入执行民贸民品生产贷款的优惠利率政策的承贷金融机构范围。

　　2. 对民族贸易优惠政策的评价

　　我国现有的民族贸易政策,是在几十年的实践中被证明有利于民族经济发展和巩固民族团结的,但是随着国家各项改革的不断推进,民族贸易和民族用品生产也遇到了许多问题和困难,包括:

　　(1) 优惠政策效果减弱。民贸优惠贷款额明显减少。一是随着四大国有商业银行改革力度加大,在民族地区大刀阔斧地撤销营业网点,在某些民族贸易县市中只有农行还设有分支机构,这一现状造成了民族贸易企业和民族用品定点生产企业资金链的大断裂,贷款难的问题非常突出。二是在2003年以后大部分企业进行了改制,由于改制后部分企业经营管理不善,不能按时归还到期贷款,信用评级低,使得其难以再获得银行类金融机构的贷款。

　　民族贸易企业利息补贴减少。随着民族贸易优惠贷款的不断萎缩,企业获得的利差补贴也相应减少。一方面优惠利率贷款政策中所规定的"优惠贷款利率不得上浮",在很大程度上制约了银行贷款的积极性,在市场经济的规则下,四大商业银行对整个民族地区的贷款数额大幅减少,而对举步维艰的民族贸易企业和民族用品生产企业更是拒之门外,这样极大地减少了民族贸易生产经营企业的贷款额,于是就相应减少了企业的利息补贴额。另一方面银行实行商业运作、效益优先的原则,因而随着利率市场化改革的不断深入,民族贸易和民族

---

　　① 国民民委网站:《"十二五"民贸和民品定点生产企业优惠政策有突破》,载中华人民共和国中央人民政府网站,http://www.gov.cn/gzdt/2011-05/03/content_1856875. htm,最后访问日期:2021年7月9日。

用品市场化贷款的各承贷行对贷款采取了有差别的灵活的利率浮动,再加上近年来,随着央行的不断加息,贷款基准利率上升较快,贴息比例没有得到相应提高,企业的贷款利息支出不断加重。[①]

享受优惠政策的民族贸易企业减少。由于民族贸易优惠贷款的不断萎缩,民族贸易企业获得的利差补贴相应减少,加之民族地区生产、生活用品趋于市场化,固有的民族特需用品逐渐减少,且不少民族贸易企业组织结构不合理、经营观念落后、资本积累和投入不足,民族贸易企业大量转产、倒闭,民族贸易网点大幅萎缩。同时,当前财政、税务、银行对原民族贸易企业和民族定点企业改革改制后产生的民营经济主体享受民族优惠政策的资格的认可存在分歧,这也使得享受优惠政策的民族贸易企业大量减少。

(2)民族贸易优惠政策执行不一。虽然对民族贸易优惠政策已有正式的文件,但各个民族地方在执行上还是有差别的,对多项政策执行的口径不一。根据财税〔2006〕103 号《财政部、国家税务总局关于继续对民族贸易企业销售的货物及国家定点生产和经销单位经销的边销茶实行增值税优惠政策的通知》(已失效)精神,这一新规定是在财税〔2001〕69 号文《财政部、国家税务总局关于继续对民族贸易企业执行增值税优惠政策的通知》(已废止)基础上延伸的,而财税〔2001〕69 号文对民族贸易企业的界定为:县级国有民族贸易企业和供销社以及县以下国有民族贸易企业和基层供销社。这两份文件的区别在于:一是"县级国有民族贸易企业和供销社实际缴纳增值税额先征后返 50%"改为免征增值税;二是执行时间由 2005 年年底止延长至 2008 年年底止。对于享受税收优惠对象并没有重新作出界定,还是"县级和县以下的民族贸易企业和基层供销社"。而根据桂国税函〔2007〕237 号的规定,享受税收优惠对象为"除石油、烟草公司以外的所有从事商贸经营的商贸企业"[②],而云南省则是对民族贸易县的所有民族贸易企业(不分县级以上和以下企业、不分国有、集体和个体私营企业)。[③] 虽然以上两个关于民族贸易优惠政策的文件均自 2006 年《财政部、国家税务总局关于继续对民族贸易企业销售的货物及国家定点企业生产和经销单位经销的边销茶实行增值税优惠政策的通知》(财税〔2006〕103 号)的颁布而废止,也可以看出在早期民族贸易优惠执行不一而产生了诸多问题,在日后发展中应当予以尽量避免,各民族地方政府应当从满足少数民族群众特殊需要出发,出台相应的政策,扶持本地民贸、民品企业发展,解决民贸、民品企业生产供应中出

---

①　张安群、段凤婷:《民族贸易优惠政策调整初探》,载《大众商务》2009 年第 10 期。

②　龙小兰:《谈民族贸易政策的深化与广西经济增长》,载《商业时代》2008 年第 24 期。

③　云南省民委经济发展处:《民族贸易和民族特需商品生产优惠政策解析》,载《今日民族》2006 年第 12 期。

现的特殊问题。①

3. 对民族地区制定贸易优惠政策的依据和调整方向

(1) 改变贴息方式。建议由人民银行间接补贴改为直接补贴给企业。经办银行可与享受优惠利率政策的企业签订一般贷款合同,执行基准利率。人民银行根据企业出示的贷款合同和付息凭证,按规定直接将贴息支付给企业。贷款到期后,在企业未出示新的贷款合同及付息证明的情况下,人民银行停止贴息。② 这样一方面可以缩短企业获得贴息的时间,有利于企业及时组织生产,另一方面在企业贷款逾期的情况下,贷款银行只需将其视为一般逾期贷款管理。

(2) 适当调整优惠利率贷款政策。一是取消"优惠贷款利率不准上浮"的规定,允许利率适当上浮,优惠利率贷款经办行根据企业资产质量、资金运营状况以及生产经营等情况自行决定贷款优惠利率浮动水平,提高经办行的贷款积极性,最大限度地落实优惠利率贷款政策,达到企业与银行互惠互利,从而支持民族地区经济发展的目的。二是鉴于民族贸易和民族用品生产企业的特殊性,适当地调整优惠利率贷款的期限,对中长期流动资金贷款也实行优惠利率政策,同时不断扩大民族地区享受优惠政策的覆盖面,加大政策的扶持力度。

(3) 加大政策的落实力度。首先,在制定优惠政策时,应注意其具体政策之间的衔接,某些可能产生冲突或是误解的地方,应有明确的说明;其次,上级国家机关的工作人员应认真准确地解读民贸政策及其运作程序,并要加大宣传力度,让相关的各级领导干部、企业管理人员等都了解国家新的政策及操作过程;最后,上级国家机关应加大督察和协调力度,人民银行要加大对各商业银行执行民族优惠政策的监管力度,财政、税务等政策执行单位应增强服务意识和"双赢"意识,增加执行政策的透明度。

(4) 提高金融机构服务水平。上级国家机关协调银行机构防范信贷风险的前提下,信贷政策应适当向民族贸易和民族用品生产企业倾斜,合理下放贷款审批权限,简化程序,提高贷款审批效率,努力满足企业发展合理的流动资金需求。

(二) 税收优惠

税收优惠是国家为了实现一定的经济目标,对某些纳税人或特定事项给予鼓励和照顾所作的一项特殊规定。作为税制构成要素,税收优惠政策不仅是改善投资环境、引导资金流向的主要杠杆,也是促进区域经济特定地区投资协调发展的重要手段。由于民族地区大多数位于我国的西部地区,各民族地区政府纷纷依照西部大开发的税收优惠政策出台了一些扶持本地行业、企业和产品发展

① 《国家对民族贸易和民族特需商品生产企业有哪些优惠政策?》,载《当代兵团》2017 年第 3 期。

② 张安群、段凤婷:《民族贸易优惠政策调整初探》,载《大众商务》2009 年第 10 期。

及适用于本地招商引资的税收优惠政策。但是,某些缺乏统一、规范、科学的税收优惠政策将会抑制民族地区经济的协调发展。

1. 对我国民族地区税收优惠政策的梳理

在所得税方面,对设在西部地区的国家鼓励类产业的内资企业和外商投资企业,在 2001 年—2010 年期间,减征 15% 的税率征收企业所得税。经省级人民政府批准,民族自治地方的内资企业可以定期减征或免征企业所得税,外商投资企业可以减征或免征地方所得税。中央企业所得税减免的审批权限和程序按现行有关规定执行。对在西部地区的新办交通、电力、水利、邮政、广播电视企业,上述项目业务收入占企业总收入 70% 以上的,可以享受企业所得税如下优惠政策:内资企业自开始生产经营之日起,第一年至第二年免征企业所得税,第三年至第五年减半征收企业所得税;外商投资企业经营期在 10 年以上的,自获利年度起,第一年至第二年免征企业所得税,第三年至第五年减半征收企业所得税。

2018 年《企业所得税法》第 25 条规定,"国家对重点扶持和鼓励发展的产业和项目,给予企业所得税优惠"。第 29 条规定,"民族自治地方的自治机关对本民族自治地方的企业应缴纳的企业所得税中属于地方分享的部分,可以决定减征或者免征。自治州、自治县决定减征或者免征的,须报省、自治区、直辖市人民政府批准。"同时,还规定了非居民企业从居民企业取得的股息、红利等权益性投资收益;环境保护、节能节水项目;小型微利企业;需要重点扶持的高新技术企业;创业投资企业等给予减税免税、投资抵免、税额扣除、加速折旧等优惠处理。

在耕地占用税方面,对西部地区公路国道、省道建设用地,比照铁路、民航建设用地免征耕地占用税。享受免征耕地占用税的建设用地具体范围限于公路线路、公路线路两侧边沟所占用的耕地,公路沿线的堆货场、养路道班、检查站、工程队、洗车场等所占用的耕地不在免税之列。

在关税、进口环节增值税方面,对西部地区内资鼓励类产业、外商投资鼓励类产业及优势产业的项目在投资总额内进口的自用设施,除《国内投资项目不予免税的进口商品目录(2012 年调整)》和《外商投资项目不予免税的进口商品目录》(2008)所列商品外,免征关税和进口环节增值税。

2. 民族地区税收优惠政策存在的主要问题

我国实行税收优惠政策,按时间、区域的不同,效果也大不相同。改革开放初期,国家首先在东部沿海地区实行税收优惠政策。开辟广东的深圳、珠海、汕头和福建的厦门作为首批经济特区,国家出台了一系列法律法规及相关政策,包括税收优惠政策。第一轮税收优惠政策的广度和力度,是空前的,也是以后出台的同类政策不能企及的。随着改革开放的深入发展,14 个沿海港口城市相继开放,海南经济特区的设立,浦东开发和沿边、沿江的开放,国家出台了第二轮税收优惠政策。随着西部大开发战略的提出,第三轮税收优惠政策也相继出台。但这一轮的税收优惠政策区域范围扩大,投资主体增多,但对企业性质更加严格,时间限定也有所缩短。新税法对税收优惠政策进行了统一,实行"产业优惠为主、区域优惠为辅",对民族地区明显不利。

概括地讲,民族地区税收优惠政策基本上只是过去对东部沿海地区优惠政策的重复,不足以构成像当年东部地区那样的税收优势。经济特区的经济管理权限远远超出民族自治地方的权限,东部经济特区和沿海地区,尤其是东部经济特区的发展占尽"天时、地利、人和"的优势,无论是市场经济的先机、"双轨制"的便利,还是经济发展的基础莫不如此。而广大西部地区,起步时已经远远落后,市场经济的先机、"双轨制"的好处已经完全不再,加之受我国已经加入 WTO 的因素影响、市场经济竞争激烈,同时面对国内国际的双重竞争,税收优惠减弱,一系列的因素形成马太效应,致使西部与东部经济发展的差距越来越大。

3. 国家对民族地区制定税收优惠政策的依据和调整方向

第一,民族地区税收优惠政策要与民族区域自治政策相协调。

自从 1994 年税制改革以来,国家税收政策中民族自治地方例外条款长期缺位,使得民族区域自治政策也长期处于空置状态。民族区域自治政府应该充分利用相关的政策措施制定有利于本地经济发展的税收优惠政策。一方面,有别于东部地区,不应该把税收优惠政策的重点集中在企业所得税的减免上,要注重优惠手段多元化。由于民族地区的企业效益欠佳,企业所得税在地方财政收入所占比例不高,而增值税所占比例相对较高,"生产型"增值税要逐步转向"消费型"增值税,所以应该注重间接税收优惠,如税额扣除、税项扣除、加速折旧等。另一方面,应扩大民族自治地方的税收管理权限。我国现行的税收管理体制,除了经济特区、特别行政区等特殊经济区域之外,民族地区仅享有有限的地方税减免权,其他税收管理权与非少数民族聚居区并无区别。实际上,民族地区是一个特殊经济区域,应该与其他经济特区享有同样的税收管理权限。

第二,民族地区税收优惠政策要与区域经济政策相协调。

区域差别的税收政策在激励投资、促进区域经济协调发展方面起到非常重要的作用,特别是在经济启动阶段,运用区域差别的税收优惠政策手段能够激活这一地区的经济竞争潜力,形成独特的经济竞争优势,达到繁荣经济的目的。在西部大开发中,税收优惠政策在适用于民族地区的同时,应该在此基础上进一步加强优惠力度,才能显现出民族地区的优势。要想尽快完成民族地区的现代化和工业化,必须依靠中央的扶持政策及与多方面进行合作,确保民族地区税收优惠政策与区域经济政策相协调。①

第三,民族地区的税收优惠政策要与 WTO 规则相协调。

由于边疆地区绝大部分是少数民族聚居区,制定民族自治边境地区的边境自由贸易区、自由港等特殊经济区的税收优惠政策的细则条款就显得非常必要。民族地区的边境贸易主要以边民互市贸易和小额贸易为主。首先,民族地区要把国家的边贸税收优惠政策落到实处,国家对边境贸易实行的税收优惠政策是海关对进口货物减半征收进口环节增值税和对边贸企业出口实行退税政策。其次,民族地区要实行更加优惠的边境贸易税收政策,要放宽对从事边境贸易企业的种种限制,落实好边境小额贸易的税收优惠政策,保证出口商品正常办理出口退税②。最后,中长期的税收优惠政策要以完善边境地区投资环境为重点,促进边境地区的区域经济技术合作,有效发挥兴边富民的效应。同时,民族地区重点选择区位条件相对较好的、特色经济发展具规模的或科技实力相对雄厚的地区设立保税区等,区内实行相应的税收优惠政策,加大民族地区的对外贸易,确保民族地区税收优惠政策与 WTO 规则相协调。

二、经济扶持

(一) 财政转移支付

我国发展民族地区经济主要通过两条途径来实现:一是赋予民族自治地方经济自治权,二是国家和民族自治地方的上级国家机关采取特殊措施帮助民族自治地方发展经济。其中,国家对少数民族省区的支持主要是通过财政转移支付制度实现的。财政转移支付是民族自治地方财政自治权中极为重要的一项。这反映在《民族区域自治法》的相关规定中。《民族区域自治法》第 32 条中规定:"民族自治地方在全国统一的财政体制下,通过国家实行的规范的财政转移支付制度,享受上级财政的照顾。"我国现行中央对地方的财政转移支付主要可分为两类:一是财力性转移支付,主要目标是促进各地方政府提供基本公共服务能力的均等化;二是专项转移支付,旨在实现中央的特定政策目标。专项转移支付是指中央或上级政府为了控制地方实现其政策目标,以及对委托下级政府代理的一些事务进行成本补偿,而设立的专项补助资金,资金接受者须按规定用途使用资金。专项转移支付将在下节中详述。

1. 财政转移支付的具体内容

分税制下民族地区财政转移支付的现状主要有如下几个方面:

---

① 谢迅:《促进我国民族经济发展的税收优惠政策研究》,华中师范大学 2008 年硕士学位论文,第 40 页。

② 张冬梅:《民族地区税收优惠政策的分析与调整》,载《延边大学学报(社会科学版)》2007 年第 6 期。

　　一是国家对民族地区实行民族优惠政策转移支付。1994 年分税制财政体制改革后,民族优惠政策转移支付是在民族地区享受了一般性转移支付的基础上额外实施的照顾性转移支付,主要包括两项照顾:一是计算财政收支标准时,充分考虑民族地区的特殊情况;二是给予民族地区民族优惠政策转移支付。此外,考虑到各个民族地区之间经济发展水平的差异性,在过渡期转移支付中,国家根据各个民族地区的财政困难程度,分档确定了民族地区民族优惠政策转移支付的补助系数。以 1995 年为例,一般性转移支付补助系数全国统一定为收支差额的 6%,而民族优惠政策转移支付补助系数则从 1% 到 4% 不等。现行民族地区转移支付制度的基本结构包括两个层面,即中央对民族地区各省区的转移支付和民族地区各省区以下转移支付。

　　二是国家对民族地区实行多种形式的转移支付。国家对民族地区的转移支付方式主要有:税收返还,体制补助,以及过渡期转移支付等。国家还给予了民族地区更多的专项补助,主要用于民族地区基础设施建设、生态环境建设、脱贫攻坚,以及机关事业单位在职职工工资和离退休人员离退休费等方面。同时,国家制定了这些专项补助资金的具体用途,其支出列入中央财政支出,下节详述。

　　三是国家给予民族地区的转移支付比重仍然偏小。虽然实行分税制以后国家财政收入有所增加,但中央财力毕竟有限,而民族地区地域广、贫困面大、数量多、自身财政收入能力较弱,还要顾及中部地区,转移支付也是僧多粥少。因此,分税制财政体制改革后中央对民族地区的转移支付补助相对于民族地区的财政困难和经济发展来说是杯水车薪,不仅绝对数量很少,而且仅有的转移支付补助在全国总补助中的比例呈下降趋势。

　　2. 上级国家机关在民族地区财政转移支付方面职责的调整

　　(1) 根据事权与财权相统一的原则保障地方政府财权。针对当前政府间在财政转移制度上的职责存在“越位”与“缺位”的现象,必须明确各级政府职责范围,以法律形式合理界定中央政府和地方政府的事权范围。其中地方政府的事权主要是履行地方政府职能和发展地区教育、文化事业、社会保障事业发展以及其他不属于中央政府管理体制的事权。应该根据这种明晰的事权划分来相应地调整财权划分。具体操作过程中,要兼顾效率和公平原则,从税收的征收入手,不断增强地方政府的财政实力,特别是经济落后、社会发展缓慢的民族地方。

　　(2) 加快立法进程,使对民族地区的财政转移支付有法可循。建立更高层次的民族地区财政转移支付法律制度。上级国家机关应积极组织制定出台如“中华人民共和国财政转移支付法”这样一些全国性法律,将专项财政转移支付制度的内容、具体用途、监督形式、法律责任等,以人大立法的形式明确下来,使针对民族地区的专项转移支付制度有法可依。与此同时,还应该加快民族地区立法,加快民族地区财政转移支付相配套的法规体系的建设。《民族区域自治法》第 73 条第 2 款规定："自治区和辖有自治州、自治县的省、直辖市的人民代表大会及其常务委员会结合当地实际情况,制定实施本法的具体办法。"辖有自治地方的省、自治区、直辖市的人大及其常委会,应当结合当地情况,抓紧制定实施《民族区域自治法》的具体办法。具体来说,民族自治地方一定要根据《宪法》和《民族区域自治法》的精神,结合当地的实际,积极进行制定或修改本自治地方有关自治条例和单行条例的工作,增强《民族区域自治法》在实际工作中的针对性和可操作性。

制裁转移支付违法行为的立法。当前,转移支付违法问题的大量出现非但影响国家机关形象,而且可能进一步加剧地方财政失衡,最终造成严重的社会问题。对违法行为作出明晰规定是财政转移支付立法的当务之急,而关键是对违法行为的种类有一些清晰的认识。应用法律条文明确列出各种情况的违法违规行为,转移支付违法违规行为应当包括转移支付资金获取过程中的违法行为。同时,还应对转移支付制度中的违法行为制定专门的处罚措施。对违法行为表现形式及其查处法律依据与处罚标准予以明确,对违规违法的一级政府或部门,进行相应的处罚;对直接责任人规定行政处分方式。与此同时建议修改刑法以及增加相关规定,对转移支付中构成犯罪的严重违法行为,规定相应的刑事处罚措施,予以严厉制裁。

(3) 设置专门机构对转移支付进行管理。我国目前各项转移支付之间目标不统一,标准不合理,没有专门机构进行统一的安排和管理,政策目标实现难以保证。根据我国实际情况,同时参考国外经验,我国可以成立一个专门机构来进行财政转移支付方案的确定和支付资金的拨付,该机构具有一定的行政职能而非纯粹的咨询机构。该机构还可负责对财政转移支付的最终效果进行调查、追踪、反馈、监督和考评,使其社会效益和经济效益尽可能统一,不断提高财政转移支付资金的使用效率。[①]

建立专门的管理机构之后,还应进一步完善财政转移支付的监督约束机制。一是提高监督人员的工作能力,包括学历、职称、所从事的专业、能力、工作年限,具备条件的要通过财政部监督人员资格考试确定任期。二是明确各级监督机构职责,制定权力、义务和监督标准,并制定监督工作量化考核办法。三是实行监督责任追究制度,对监督人员失职行为实行责任追究,监督人员调离工作岗位时,进行离任审计,对违反规定的行为进行相应处罚。同时,还要进行相应的司法和审计检查,建立比较完善的监督、约束机制,对违法者进行制裁,保证转移支付立法、司法和审计上的统一,确保转移支付的实施效果。

---

① 林红:《民族自治地方财政转移支付立法的现状分析与对策研究》,延边大学 2009 年硕士学位论文,第 42 页。

（二）专项资金和补助专款

民族地区专项资金主要是为支持民族地区的经济、文化建设，解决少数民族的某些特殊困难，在国家预算中每年安排的在正常经费以外用于解决有关少数民族一些特殊开支的专款。专项资金是一项有特定范围、投放内容的补助专款，它体现了党和国家对民族地区的关怀，扩大了党的政策的影响，增强了民族凝聚力，调动了全国55个少数民族建设社会主义的积极性，对逐步缩小各民族间事实上的不平等，有着积极的意义。

1. 民族专项资金和补助专款的具体规定

民族地区专项资金能否发挥其应有的经济和社会效益，最关键的是对其进行合法、有效的管理。对该项资金的管理，国家民委、财政部早在1962年3月就制定了《关于少数民族地区补助费分配使用的几点意见》，明确规定了补助专款的使用原则、范围。在此基础上，国家民委、财政部又于1964年2月发文，进一步明确规定了其使用原则：用于解决民族地区人民在生产、生活、文教、卫生等方面国家拨给正常经费内无法解决的某些特殊困难的补助款项，必须按照专款专用和重点安排、照顾一般的原则使用，不得挪用和顶替正常经费，应该在国家预算中归口而未归口的经费。少数民族补助费投放的重点，一般放在发展农牧业集体生产方面。

随着国家社会主义建设步伐的加快，民族地区社会生产力也得到了较快的发展，资金投入增加，各项补助增多。国家民委、财政部于1979年7月再次制定了《少数民族地区补助费的管理规定》，明确提出：（1）补助费使用的指导思想和总的要求是：在新时期总路线和总任务的指导下，照顾少数民族的特点，解决少数民族的特殊需要，体现党的民族政策，增强民族团结，调动少数民族人民的社会主义积极性，促进民族地区社会主义建设。（2）补助费的使用范围：重点用于少数民族发展生产、文化教育、医疗卫生方面的某些特殊困难的补助开支，为少数民族的生活和其他一些特殊困难的补助开支提供一般照顾。（3）每年的补助费指标，由国家民委向财政部提出建议，指标确定后，再由国家民委、财政部分配给有关省、自治区、直辖市预算数；具体的安排使用，由各省、自治区、直辖市民族事务部门提出具体方案，与财政部门协商一致，共同下达。

2. 少数民族补助费使用管理中上级国家机关职责的调整

由于种种因素，少数民族补助费使用管理中，经济效益还不理想；到期资金的回收率不高，各级民委管理人员的素质还须巩固和提高，不同程度地存在重争取、轻管理的错误倾向，部分地县的选项及产业布局均有待改进；还有相当多的地方资金到位迟，往往资金到账已是跨过了规定的年度；同时，由于资金管理牵涉两三个部门，管理程序有所不同，因而很难避免部门之间因配合不好而产生的差错。另外，个别地方，分管人员调动频繁，执行制度不严，管理偏于松懈，致使

部分项目失误或产生坏账,以致无法收回。少数民族补助费使用管理中上级国家机关职责的调整主要体现在如下方面:

一是实事求是,更新观念。民族专项资金的使用,一定要结合当地的实际情况,坚持效益优先,择优选择投资对象、力争投资见效的原则。在没有条件的民族地方,超前提出中大型项目资金投入规划,或在最急需解决温饱的地方,不解决实际问题而要先上一两个基建项目等做法,都是不符合民族地区的实际情况。

二是加强管理,提高质量。加强对民族专项资金的管理,从现实来说,具有广博深厚的内涵,需要从多棱的视角来理解和融通。综观这些年来的资金管理经验,凡对项目管理得好、抓得紧的地方,就比那些差的单位易出效益,项目的内在质量也就高于一般的水平。反之亦然。当然,项目前提条件的具备与否、诸多制度的完善程度、市场的销售状况如何,等等,无疑均是影响项目成效的重要因素,呈现纵向的展示状态。

三是相对集中,独有建树。对过去的资金运作进行一般性的分析,从中可以看到一种现象,即补助费(还有其他一些民族专项资金)的投放过程,几乎呈一种单兵作战、势单力薄的态势,既没有和其他资金的联合投入,也未形成产生综合性效益的基础,入选的项目几乎都以小、单、弱为特点。从宏观上看,资金总量投入相当可观,而从微观上分析,投放过程分散杂乱、面面俱到,难以建成对当地经济具有一定推动力的产业群体和主导企业,资金用于社会慈善的成分居多。

(三)民族机动金

民族机动金是根据1963年国务院批转财政部、国家民族事务委员会《关于改进民族自治地方财政管理的规定》(〔1963〕国财字第844号)而设立的。根据规定,为适当增加民族自治地方的机动财力,"国家在核定年度预算收支的时候,按照民族自治地方上年的经济建设事业费、社会文教事业费、行政管理费及其他事业费(不包括基本建设拨款和流动资金)的支出决算数,另加百分之五作为民族自治地方机动金"。规定并明确指出,"云南、青海两省少数民族人口较多,机动金的安排,可以比照民族自治区给予照顾"。

1980年国家财政体制改革后,财政部在《关于财政包干后民族自治地方的各项特殊照顾的通知》(〔1980〕财预字第40号)中指出:"以前有关民族自治地方的各项特殊照顾,包括比一般地区……多百分之五的机动金等,均已纳入地方包干范围。各地在编制预算时,要参照财政部和国家民委的有关规定进行安排,以利正确贯彻党的民族政策。"1984年颁布的《民族区域自治法》第33条第5款(2001年修正后的第32条第4款)规定:"民族自治地方的财政预算支出,按照国家规定,设机动资金,预备费在预算中所占比例高于一般地区。"

关于民族机动金的计算方法,1964年在《财政部关于计算民族自治地方5%机动资金的具体规定》(〔1964〕财预字75号)中,对支出项目和范围,具体规定如下：（1）经建事业费：包括工业、农垦、农牧业、林业、水利、水产、气象、交通、粮食、商业、城市公用、测绘和其他经济建设事业费等。（2）社会交通文教事业费：包括文化、教育、科学、通讯和广播、体育、卫生事业和抚恤救济费等。（3）行政管理费。（4）其他事业费：包括工业、交通、农垦、拖拉机站、水产……和文教企业的四项费用；地质勘探费和其他支出。除以上各项支出外，因灾害追加的特大防汛、抗旱经费；自然灾害救济费和医药救济费；以及支援人民公社投资、水库移民建房……职工办农场、拖拉机站和职工生活困难补助等项支出，有些是属于临时性的开支，有些是属于基本建设和流动资金性质的开支，因此，均不能包括在5％机动资金的支出数内。

三、对口支援和经济技术协作

（一）对口支援和经济技术协作的具体规定

对口支援和经济技术协作，经过几年的发展，更加趋向成熟。如果我们深入观察，就可以发现，它有如下一些特点：

1. 技术支援和协作已成为主要内容

民族地区的对口支援和经济技术协作，最初的交易形式是简单的物物交换，即相互调剂物资余缺。但是，这种形式已不能满足民族地区经济发展的需要。民族地区最急切的需要显然是先进的生产技术和管理方法。只有用这些先进技术和管理方法改造那里的老企业，开拓新的生产领域，民族地区经济才会有质的变化。这些年来，技术支援和协作在民族地区经济发展中所占据的比重一天天增大。支援和协作领域广泛，形式多样，如转让技术、技术改造、一条龙服务、技术服务队、人才交流和培训等。这些做法，投入少，效益高，极有利于改善民族地区企业素质。

2. 从简单的调剂式合作，走向联合开发经营

民族地区更多地希望资源优势转化成产品优势、商品优势，希望发达地区以技术和资金的优势同自己联合开发资源。发达地区着眼于能源、原材料的需要，也乐于从事这种开发。上海、江苏、天津、北京等许多省市同云南、广西、甘肃、新疆、内蒙古等省区已经签订不少协定，合作开发煤、磷、有色金属、畜牧、土特产、中药材等资源。这既有利于民族地区经济发展，又有利于发达地区经济发展后劲的增强。联合经营的另一种形式，便是发达地区名优产品向民族地区的转移。民族地区尽管有得天独厚的资源优势，但因为没有先进的技术和管理方法，往往不能生产出优质产品。同时，发达地区由于受能源和原材料的限制，一些名优产品不能扩大生产，因此，他们把一部分拳头产品，或耗能高的产品转向民族地区，这就拓宽了道路，带动起民族地区工业的发展。实践证明，联合开发经营是经济合作的一种好形式，这种形式，将随着对口支援和经济技术协作的发展，越来越

显示出它的强大威力。

3. 从组织形式上说,对口支援和经济技术协作已形成跨地区、跨行业、跨所有制的多形式、多渠道、多层次横向经济网络

对口支援和经济技术协作的初期,人们只把它们看成计划经济的补充形式。现在看来,远非如此,随着社会主义市场经济的发展,它冲破条块分割,行政管理的高度集中计划体制,在我国社会经济生活中成为无所不在、无处不发挥重要作用的经济活动形式。当然对口和协作不是不要领导,具有随意性,相反要在宏观上、整体上同国民经济发展相协调。

(二) 对口支援和经济技术协作的缺陷与不足

1. 对口支援和经济技术协作法律制度之间缺乏协调性

法律制度的协调性和稳定性是法律制度有效实施和发挥作用的前提。目前,对口支援和经济技术协作法律制度的体系,主要是以《民族区域自治法》《长江三峡工程建设移民条例》为主导,以国家有关部门出台的法律法规和政策性文件以及参与这项活动的省、市、区制定的规范性文件为补充。这些法律法规和其他规范性文件之间,特别是各个政府部门出台的相关规定之间还存在一些矛盾和冲突,彼此之间缺乏协调性。这种状况阻碍了对口支援和经济技术协作法律制度效能的发挥,损害了我国社会主义法制的尊严和权威。

2. 对口支援和经济技术协作法律制度在实施中具有较大的随意性

虽然《民族区域自治法》以及《长江三峡工程建设移民条例》具有较强的稳定性,但总体来说都是一些原则性的规范,实践操作性不强。

其一,对口支援和经济技术协作的资金以及物资的数量确定没有既定的规则和程序,导致数量的不确定性,对于同样的需求情况,现实中往往因负责人的意志而具有很大差异。其二,用于支援的资金和物资的筹集机制缺乏,没有形成一个稳定的资金筹集制度和政府间财政横向转移支付制度。其三,智力和人才支援上没有形成一个稳定的干部和人才的选拔机制,导致干部选拔和人才选拔上的随意性较大。其四,政府对对口支援和经济技术协作的制度安排和激励机制还不到位,致使很多发达地区的企事业单位以及有关人员参与这项活动的积极性不太高。①

3. 对口支援和经济技术协作法律制度实施的效果还不太理想

对口支援和经济技术协作实施以来,发达地区给予广大民族地区较多的资金和物资帮助,在民族地区顺利完成了一大批对口支援项目。但是,其中也存在较多问题:一是短期项目投资协作较多,长期项目投资协作较少,这就导致对民族地区经济发展的带动和促进作用十分有限。二是有很多项目在签订后却难以

---

① 杨道波:《对口支援和经济技术协作法律对策研究》,载《中央民族大学学报》2006 年第 1 期。

落实,也有很多在实施过程中夭折。这种情况在三峡库区的对口支援项目中也同样存在。① 三是有些项目在建成后没有后续服务。过去,对民族地区进行对口支援和经济技术协作的绝大部分项目是由东部发达地区财政投入并派出人员来完成的,这些项目建成后便交给民族地区政府部门管理,此后便失去了后续联系,这样往往导致在东部地区技术和管理人员撤离后不久该项目便垮掉。

（三）完善对口支援和经济技术协作的对策

1. 加强对口支援和经济技术协作的立法协调,逐步形成一套和谐统一的法律体系

目前,我国对口支援和经济技术协作法律制度体系内部存在较为严重的不协调性,它严重地制约着我国对口支援和经济技术协作法律制度的实施。所以,建立协调一致的对口支援和经济技术协作法律制度是我国社会主义法治建设的紧迫任务。(1) 应当加强《民族区域自治法》《长江三峡工程建设移民条例》以及西部开发有关法律文件之间的协调。主要是在《长江三峡工程建设移民条例》和西部开发法律文件中进一步具体落实《民族区域自治法》中的有关规定。(2) 应当加强国家各个机关如国家民族事务委员会、国家乡村振兴局等制定的规章之间的协调性,以克服政出多门、矛盾冲突迭出的情况。(3) 应当加强国家法律法规和地方政府规章及部门规章之间的协调,以保证国家有关对口支援和经济技术协作法律法规的权威性,实现国家法律法规的统一实施。

2. 建立对口支援和经济技术协作法律制度的实施机制

(1) 将这项活动纳入整个国民经济和社会发展规划,并制订具体援助计划。经济和社会发展计划是规定国家、部门和地方的经济社会发展战略目标、方向、主要任务以及实施措施的指导性文件。② 2004 年 9 月下发的《西部开发促进法(征求意见稿)》第 5 条,已经对承担对口支援任务的经济相对发达地区的省级人民政府作出了明确要求,要求这些地方政府制订专门援助计划。这些地方政府应当根据国民经济和社会发展计划,将之纳入省级经济和社会发展计划之中,然后据此制订专门援助计划。只有这样才能使对口支援和经济技术协作法律制度在纵向上更具有统一性和明确性。

(2) 上级国家机关应建立稳定的资金与物资筹集管理制度。发达地区政府对民族地区无偿援助,需要建立稳定的资金和物资筹措机制。发达地区政府对口支援的资金和物资来源主要涉及两类:一类是财政资金,另一类是社会募集资金和物资。就财政资金而言,承担对口支援的发达地区人民政府和国家有关部

① 李盛全:《三峡工程库区移民对口支援的进展、问题及对策》,载《重庆商学院学报》1998 年第 3 期。

② 漆多俊主编:《宏观调控法研究》,中国方正出版社 2002 年版,第 43 页。

门应当在本级财政中设立专项资金,专款专用。就社会募集资金和物资而言,国家有关部门以及承担对口支援的发达地区人民政府应当建立一个长期的资金和物资募集机制,设立募集机构,专门募集对口支援资金和物资,充分动员社会积极集资集物,动员海内外同胞、侨胞、华人、企业家、实业家积极赞助。无论是财政资金还是社会募集资金都要对其实行专户存储,还要建立专门的管理部门,负责资金和物资的使用和管理,确保专款专物的专用。①

(3)上级国家机关应建立完善的引导和激励制度。对口支援和经济技术协作是一种补充性制度安排,需要上级国家机关强有力的引导和鼓励。首先,对口支援和经济技术协作是一项复杂的系统工程,涉及政府、部门、企业及社会各界,横跨东中西以及从中央到地方的广大地域,必须加强统一的组织与协调,并建立相应的工作协调制度,形成领导有力、协调及时、运转有序的工作机制。其次,构筑省际协作载体,组织企业参与洽谈会、考察活动,组织企业开拓西部市场,积极配合民族地区企业在本地招商引资。最后,最为关键的就是尽快建立稳定的对口支援和经济技术协作的优惠制度。《民族区域自治法》第 64 条规定:"上级国家机关应当组织、支持和鼓励经济发达地区与民族自治地方开展经济、技术协作和多层次、多方面的对口支援……"同时第 65 条第 2 款还规定:"国家引导和鼓励经济发达地区的企业按照互惠互利的原则,到民族自治地方投资,开展多种形式的经济合作。"但是国家对向民族地区提供对口支援和经济技术协作单位的专门鼓励措施一直没有出台,只有部分文件体现了相关精神与内容。2001 年《国务院办公厅转发国务院西部开发办关于西部大开发若干政策措施实施意见的通知》,在投资融资、财政税收、产业布局、社会发展等方面,规定了一系列扶持和优惠政策,在地区经济技术协作优惠措施上提出了"比照外商投资的有关优惠政策"。

3. 建立市场化的跨地区企业协作机制和支援项目的跟踪协调制度

2004 年 3 月国务院发布的《国务院关于进一步推进西部大开发的若干意见》指出:"加强西部与东部、中部地区之间的经济交流与合作,建立市场化的跨地区企业协作机制,把东部、中部地区的资金、技术和人才优势与西部地区的资源、市场和劳动力优势结合起来,实现优势互补、互惠互利,共同发展。加大东部地区和中央单位对口支援西部地区的工作力度。"这一规定表明,市场化的跨地区企业协作机制是西部民族地区和东、中部地区企业之间经济交流与合作的重要机制,对推进对口支援和经济及技术协作有重要意义。在这种机制的建立中,东、中部与西部地区的政府应该充分发挥积极的引导作用,进一步加强政府间交流,构筑"政府搭台、企业唱戏"的平台,进一步加强本省内外企业联合会的组

---

① 杨道波:《对口支援和经济技术协作法律对策研究》,载《中央民族大学学报》2006 年第 1 期。

建,构筑企业合作平台。但政府不能越俎代庖,这项活动的主体应当是东、中部地区的企业中介组织等市场主体。只有如此,才能切实体现这种协作机制的市场化特征。对口支援和经济技术协作项目的跟踪协调制度是保证这一项目持续存在并发挥作用、避免中途夭折的重要措施。这个机制的建立主体既包括东部地区的政府和有关企事业单位,也包括西部民族地区的政府和企事业单位,但主要是东西部地区的有关政府。支援方和受援方政府应当制定专门的对口支援和经济技术协作项目的后续跟踪协调制度,明确双方在支援项目建设中、建设后的责任。在支援项目协议签订后,支援方应当积极采取各种措施,在资金、物资以及人员等各方面做好项目实施的准备,受援方应当做好相关的配套工作,积极配合项目的落实。在项目建成后,西部受援方还应当继续做好项目运转所需要的一切工作。同时,东部支援方应当做好项目交接后的技术和人员的支持,以防止出现项目建成后因没有后续服务而相继垮掉的状况。①

四、人才培养

人才作为当今世界经济和社会发展最宝贵的资源,是国家在激烈的国际竞争中立于不败之地的重要保障。实践证明,谁拥有人才,谁就拥有发展的优势。人才强国制定和实施是从当代世界和中国深刻变化着的实际出发,根据党和国家事业发展的迫切要求而作出的重大决策。人才强国战略作为一项国家的重大战略,有着丰富而深刻的科学内涵。人才强国战略的提出和实施,解决了中国人才资源发展的指导思想、方针原则、战略目标与重大问题,为中国人力资源开发提供了思想保证、组织保证和制度保证。加快少数民族人才的培养,对推动民族地区经济快速发展有着更为重要的意义。

(一) 当前民族地区人才培养的现状

改革开放以来,我国民族地区充分利用国家赋予的优惠政策,积极发展民族教育,培养了一大批少数民族人才,促进了民族地区经济建设和社会的全面发展。但由于民族地区群众思想观念落后、经济基础差等因素的影响和制约,民族教育明显滞后,主要表现在:

1. 教育思想观念落后

一些干部群众思想观念落后,没有形成正确的人才观,存在着"读书就是为了跳龙门"的传统思想。国家教育改革,实行教育并轨,读书特别是读大学、中专费用相当高。民族地区经济发展相对滞后,农业基础比较薄弱,农产品价格偏低,工业经济疲软,干部群众收入低,负担不起昂贵的读书费用。近几年进行机构改革,政府机关和事业单位基本停止进人。民族地区适龄青年就业压力大,一

---

① 杨道波:《对口支援和经济技术协作法律对策研究》,载《中央民族大学学报》2006 年第 1 期。

些大中专毕业生毕业后就业没有保障。因此,社会上产生新的"读书无用论",一些学生家长,特别是农民家长不愿送子女上学。

2. 基础教育水平低

基础教育是人才培养的起始阶段,这一阶段教育的效果如何,直接决定了人才成长的质量。目前,困扰民族地区教育发展的最大问题是经费紧缺、教育设施落后、教学质量低、优秀师资力量不足、中小学生辍学率较高、基础教育水平低。民族地区教育仍然偏重数理化等基础知识的应试教育,目标依然是上大、中专院校,这种应试教育,难以培养出更多的少数民族优秀实用人才。

3. 中等教育跟不上社会发展的要求

民族地区中等教育学校和各类职业培训中心虽然不少,培养学生也很多,但少数民族生比汉族生少得多。一些学校所设课程不紧跟时代步伐,学生往往在走上社会以后,出现"学非所用,用非所学"的现象,这与现代社会科学技术日新月异的发展形势极不协调。

4. 民族地区专业技术人员少,学科不全,科技人才青黄不接

以海南省为例,民族地区人口总数占全省人口总数的33%,而民族地区的专业技术人员总数占全省专业技术人员总数的8%,且学科不全,农林牧副渔、工交、卫生等人才奇缺。比如琼中县现有科技人员2242人,其中高级职称27人、中级职称405人、初级职称1800人,今年又有91人退休,科技人才将出现青黄不接的现象。

5. 人才培养专业知识结构不合理

民族地区紧缺化工、生物、食品加工、水产、养殖、旅游等门类的专业人才。尤其是中国加入WTO后,致力于发展出口创汇型农业的民族地区同样缺少熟知并善于运用WTO规则、精于管理和营销的人才。这一现状影响了民族地区资源的开发利用,制约了经济的快速发展。

6. 人才的培养与引进仍缺乏力度,人才流失严重

民族地区要培养少数民族人才,重要的是引进优秀复合型人才,以"传、帮、带"的形式传授各种专业知识。但由于众所周知的民族地区经济发展缓慢、待遇低、生活工作条件差、教研设备差等现实情况,民族地区在引进人才方面缺乏配套的优惠政策,导致人才引进的力度不大,且人才流失严重。以海南为例,如20世纪60年代末70年代初,琼中县共引进人才82人,80年代以后,这些人才纷纷流向本省经济发达地区和兄弟省市,目前仅有6人在琼中工作。[①]

(二) 加快民族地区人才培养的举措

1. 加大宣传力度,转变落后思想观念

① 符跃兰:《加快少数民族人才培养的几点思考》,载廖逊等主编:《亚洲人才战略与海南人才高地——海南省人才战略论坛文库》,中央编译出版社2001年版,第133—134页。

　　加大党和政府关于培养少数民族人才的方针、政策和相关法律法规特别是《中华人民共和国教育法》(以下简称《教育法》)的宣传力度,大力倡导"党以重教为先,政以兴教为本,民以助教为乐,师以执教为荣"的良好社会风尚。努力转变部分干部群众"读书无用论""读书—就业—当干部—光宗耀祖"的落后思想程式,形成"技术就是财富"的思想观念,这是民族地区发展科技事业和振兴经济的有效途径。各级领导干部要加深对少数民族人才培养重要性、必要性和紧迫性的认识,牢固树立"人才资源是第一资源"的思想,形成"技术就是财富""本领就是人才"的新观念。

　　2. 加大资金投入,改善办学条件,保证产出效益

　　民族地区经济落后,地方财政困难,投入不足,直接导致教育基础设施薄弱、师资力量不足、办学环境差等不利因素的出现。国家在资金投入上应当给予民族地区政策倾斜,增加投入,从扶贫专项资金中划出一部分作为智力发展基金,扶持贫困地区教育科技事业的发展。

　　各级政府要紧缩开支,优先保证教育投入,力求做到"三个增长"。实行特殊的扶助政策,鼓励社会各界捐资、单独或联合办学,形成社会各界参与培养少数民族人才的热潮。同时,强化资金管理,充分发挥有限资金的效益,努力改善办学条件。政府及有关部门应尽可能为贫困山区教师创造良好的工作条件,健全激励机制,给他们较为优厚的工资福利待遇,使他们安心在民族地区工作。

　　3. 坚持因地制宜,培养复合型人才

　　少数民族人才培养应以经济发展为依据,开发和配置与产业结构调整相适应的人才资源。民族地区经济的发展主要依靠农业,而农业中又以种养业为主,能否把得天独厚的农业资源优势转化为经济优势,关键是对农村的少数民族种、养技术人才进行开发和培养。为此,民族地区要端正办学思想,把贫困人口包袱变为"人才资源"。抓好教育结构的调整,实行基础教育、职业教育、成人教育"三统筹",农科教三结合,采取举办"9+1"职业培训班、"小康班"等长、中、短期相结合的培训班培养人才,尤其是培养少数民族人才。在课程的设置等教学安排上,职业教育不要分块管理。要针对当前民族地区的实际,面向市场,面向农村,以农业种养的开发与管理为主,兼顾加工、营销、管理等各类实用技术,培养一批工农业技术人才。

　　4. 创新培养方式,开发人才资源

　　民族地区开发人才资源仍存在方式单调、管理松散等落后因素。为此,一是要在培养方式上,呈多样化趋势发展。依靠优势,依托各大专院校和科研单位,引进外地科学技术人才,推进横向经济合作,使各个技术联合体既成为经济开发龙头,又成为人才培训中心。二是分期选派有一定基础的党政干部、科研人才、农村种养专业户外出到发达地区学习、考察、培训,拓宽视野。三是利用现有师

资力量和教学设施,实行分层分级培训,增大农函大、小康班、职业技术学校等育人量。同时在普通中小学开设职业技术和劳动技术课。四是通过特殊政策,扶持农民专业技术研究会、协作会的发展,充分利用他们的技术实力,开办农民技术夜校,培训农村技术人员。在管理上,要改变以往分散、缺位、重复的管理状况。各级政府要高度重视,统筹安排本地区的培训机构、基地、资金。设置专门培训机构、专业师资队伍、专门示范基地、专项周转资金,保证专人专职、专款专用,最大限度开发民族地区的人才资源。五是通过立法,为社会营造一个尊重知识、注重教育、重视人才的氛围。依据《民族区域自治法》规定的权力,结合实际,制定单项条例、法规和一系列优惠政策,为人才成长及作用发挥提供良好的工作和生活条件,使优秀人才乐意在民族地区建功立业,为民族地区的经济发展作出贡献。①

---

① 符跃兰:《加快少数民族人才培养的几点思考》,载廖逊等主编:《亚洲人才战略与海南人才高地——海南省人才战略论坛文库》,中央编译出版社2001年版,第134—135页。

第三编　中国少数民族人权保障

第八章　中国少数民族人权保障概述

第一节　中国少数民族人权的概念

一、人权的概念及其共识①

所谓人权,指的是"人仅因其为人而享有的权利"②。这种定义,实际上是以个体(个人)为基础的古典自然法学派"自然权利"的概念。从这个定义出发,任何人——不管属于任何一个种族、民族、国家,均具有与其作为"人"的属性相一致的权利。

20 世纪以来,特别是两次世界大战以及伴随着对其他民族、种族的大屠杀暴行的反思,人权的观念已经成功地波及全球——无论是真正尊重人权,还是以尊重人权为幌子的国家,都宣称重视人权,即使是后者至少在表面上也不得不表示尊重人权。正是在这个意义上,科斯塔斯·杜兹纳发现:"人权把左翼分子和右翼分子、传教士与政府官员、首相和叛乱分子、发展家与汉普斯特德和曼哈顿的自由党都联合了起来。人权已成为人们从统治和被统治中解放出来的指导原则,成了无家可归者和一无所有者重整旗鼓的呐喊,成了革命者与异议人士的政治纲领。但是人权并不只对身居窘境者具有吸引力,同样,西方社会中沉浸于花天酒地生活中的奢侈消费者、花花公子、寻欢作乐者、哈罗德的业主、吉尼斯有限公司的前总经理以及前希腊国王,也都表达他们的人权主张。人权是后现代社会的灾难,却又是我们社会的精神动力,人权为的是实现启蒙运动提出实现自身解放的口号。"③这种现象揭示了一个令人懊恼的现实:人们对于什么是人权实际上存在巨大的分歧。不过,值得欣慰的是,这些分歧的论争并不能阻止各国政府和持普遍主义立场的人们形成一些基本的共识。1948 年 12 月 10 日,联合国大会通过的《世界人权宣言》、1966 年 12 月 16 日联合国大会通过《经济、社会和文化权利国际公约》和《公民权利和政治权利国际公约》等一系列国际文件正是这种共识的明证。

---

① 沈寿文:《中国少数民族人权述评——基于政治权利的角度》,载《云南大学学报(法学版)》2007 年第 2 期。

② 〔英〕戴维·米勒、〔英〕韦农·波格丹诺、邓正来主编:《布莱克维尔政治学百科全书》(修订版),中国政法大学出版社 2002 年版,第 356 页。

③ 〔美〕科斯塔斯·杜兹纳:《人权的终结》,郭春发译,江苏人民出版社 2002 年版,第 1 页。

二、中国少数民族人权的内涵

目前,我国已加入了 25 项保障人权的国际公约,保障人权是我国的一项国际义务。现行《宪法》第 33 条第 3 款规定的"国家尊重和保障人权"是对我国过去人权保护的总结,也为进一步推进我国的人权保障提供了宪法基础。中国少数民族人权事业是中国人权事业的重要组成部分。《中国共产党尊重和保障人权的伟大实践》(2021 年 6 月)白皮书指出:"中国共产党的 100 年,创造了尊重和保障人权的伟大奇迹,谱写了人权文明的新篇章。""实行民族区域自治,从制度和政策层面保障了少数民族公民享有平等自由权利以及经济、社会、文化权利。""坚持各民族一律平等。依法保障各民族群众平等享有管理国家事务的权利。"

所谓中国少数民族人权,泛指除汉族及汉族公民外,我国 55 个少数民族群体及其个体(个人)的权利或者自由。它包括两个要素:一是权利主体,专指中国法定的 55 个少数民族的某个具体民族的集体和每一个具备某个民族身份的个体(同时也是国家的公民);二是权利的内容,指的是一切可以为中国少数民族集体或者个体所拥有或享有的权利或者自由,包括与"少数民族"这一特殊身份相关联的权利或者自由,也包括作为中华民族一员和中华人民共和国公民这一普通身份相关联的权利和自由。

第二节　中国少数民族人权的类型①

当前,主流学界一般从现行《宪法》《民族区域自治法》和其他相关法律、法规文本出发,从立法所罗列的"少数民族权利"内容的角度,对少数民族人权进行分类,由此得出少数民族的"政治权利""经济权利""文化权利"等类型。这种研究对于初步了解少数民族权利的内容无疑是有帮助的。但是,由于在法律意义上,"权利"的内涵和种类本身十分复杂,加之中文语境下"民族"内涵的多重性,因而澄清在特定法律语境下的"权利"内涵,对于"少数民族"这一特定主体"权利"的保障有着至关重要的意义。事实上,全面、细致地研究"少数民族人权类型",是明确少数民族权利和义务主体的重要前提,也是依法保障少数民族正当权利的需要。从权利主体、权利性质、权利范围三个角度,中国少数民族人权可以分为以下三种类型:

---

① 本部分主要参考沈寿文:《"少数民族权利"之类型化分析——对民族区域自治若干法律性文件文本的分析》,载《西南边疆民族研究》2012 年第 2 辑。

一、个体(个人)权利与集体权利意义上的中国少数民族人权

(一) 个体(个人)权利与集体权利划分的依据

就个体(个人)权利与集体权利看,这是以权利的归属主体为标准进行的划分。"所谓个人权利,就是指权利的享受主体是单个的人,而非某个集体,比如公民权、生命权和人格尊严等权利都只能由自然人个体享受。所谓集体权利,从主体角度解释,是指权利只能由某一些人组成的集体来享受,作为集体成员的任何个人都不能单独享受该项权利。"按照这一标准对现行《宪法》和有关法律规定的少数民族人权进行考察,作为集体意义上的"民族平等"原则、"各民族都有使用和发展自己的语言文字的自由""各民族都有保持或者改革自己的风俗习惯的自由"显然都属于集体权利范畴;而选举权和被选举权的"民族平等"、适用法律的"民族平等",少数民族身份的公民可以成为国家机关工作人员,少数民族公民的宗教信仰自由等则属于个体权利的范畴。

值得注意的是,少数民族的集体权利是立基于"民族识别"之上的,因为既然包括汉族在内的56个民族都是平等的,那么就必须首先区分这些由众多个体组成的特殊群体(民族);既然各个"民族都有使用和发展自己的语言文字的自由",那么就必须甄别这些可能操着不同语言、使用不同文字的特殊群体(民族);既然"各民族都有保持或者改革自己的风俗习惯的自由",那么就必须分清这些可能有着不同风俗习惯的特殊群体(民族)。从国家的立场上看,这种集体权利(同时也是消极的集体权利)是有意义的,它要求国家对各个民族一视同仁,要求国家不得非法干预各个民族的消极权利。然而,从各民族之间的关系上看,如何判断一个民族是否尊重另一个民族(包括对其语言文字的尊重、风俗习惯等的尊重),从法律角度上,则是一个难题:因为具备某一民族身份的公民歧视具备另一民族身份的公民,不尊重另一民族的语言文字、风俗习惯,并不能被"上纲上线"为一个民族歧视另一个民族、一个民族侵害另一个民族的语言文字、风俗习惯等。

(二) 个体(个人)权利与集体权利划分的意义

从法律角度上看,集体权利与个体权利、消极权利与积极权利的保障机制是不同的。正如有人所说的,"集体权利相对个人权利来说,其最大的特点在于它的权利主体是集体。但是集体本身并不像一个个体、一个人那样清晰可见,看得见摸得着,它必须要有一个代表,或者是一个个体,或者是少数人的集合,或者是一个稳定的组织机构来代表集体行使权利。那么如何来确定这些代表呢,这就涉及集体权利的行使主体问题。一个国家,作为一个大集体,它可以由一国政府代表行使权利;一个地区,可以由地方政府代表行使权利;一个群体,可以由群体全体成员推选出一个中央组织行使权利;一个小团体,则可以由成员推选出的某位或某几位领导代表其行使权利。相对于个人权利而言,集体权利的行使主体产生的过程比较复杂,需要法律和制度加以保障,如果集体代表滥用权利,群体中的个人利益就很可能受到侵害,造成权利冲突。对于集体代表的产生,必须有一套合理科学公正的法律和组织制度。"①然而,迄今为止,中国法律制度设计中并不存在由某一机构或者个人能够在法律上代表某一民族的状况,比如到底应该由谁(个人或者机构)来代表"汉族"或者其他少数民族? 可不可能、有没有必要由某个个人或者机构来代表"汉族"或者其他少数民族? 在实践中,极端情形下的确出现了需要由某个个人或者机构来代表某个民族参与诉讼的状况,最为典型的是"黑龙江省饶河县四排赫哲族乡政府诉郭颂等侵犯民间文学作品著作权纠纷案"。在该案中,法院认为,"四排赫哲族乡政府既是赫哲族部分群体的政治代表,也是赫哲族部分群体公共利益的代表,在赫哲族民间文学著作权可能受到侵害时,鉴于权利主体状态的特殊性,为维护本区域内赫哲族公众的权益,在体现中国宪法和特别法律关于民族区域自治法律制度的原则,且不违反法律禁止性规定的前提下,原告作为民族乡政府,可以以自己的名义提起诉讼"。尽管法院认定了四排赫哲族乡政府具备原告的主体资格,能够代表赫哲族提起诉讼;但是本案并没有也不可能从根本上解决某一个人或者机构能否在法律上代表作为一个整体的"民族"。实际上,在当今法治国家,个人权利是最为基础性的人权,个人的某种集合体(公司、企业、事业单位、政府机关等)同样都存在着"法定代表人";国家(政府)与公民往往产生直接的法律关系,并不人为地在国家(政府)与公民之间制造一个抽象的集体;换句话说,国家(政府)只与公民或者公民的某种具备"法定代表人"的集合体之间直接产生法律关系,而不是首先和一个抽象的集体交涉,然后再落实到这个抽象的集体中的一个具体个人身上。如果是这样的话,便可能人为地增加国家(政府)的治理成本,而且往往会使法律问题政治化。而没有或者无法通过法定机制确定代表的所谓的集体权利,往往是这种法律问题政治化的根源。事实上,这种所谓的集体权利,归根到底应该还原到个人权利上,这种权利才有意义。而诸如集体意义上的"民族平等"原则、"各民族都有使用和发展自己的语言文字的自由""各民族都有保持或者改革自己的风俗习惯的自由"都可以还原为每个具体民族的公民的平等权和其他相应权利或者自由;而少数民族个体意义上的人权,本身便是公民的权利和自由的应有之义。这样一来,包括少数民族消极权利和积极权利在内的所有公民权利,便对其义务主体——尤其是国家(政府)提出了要求,即:国家(政府)负有不非法干预公民的消极权利(自由)、采取积极措施保障公民的积极权利的义务。

---

① 韩缨:《浅论集体权利的若干问题》,载《长春工业大学学报(社会科学版)》2006 年第 3 期。

二、积极权利与消极权利意义上的中国少数民族人权

（一）消极权利与积极权利划分的依据

就积极权利与消极权利的划分看，这是以权利的义务人的不同为标准进行的划分。

所谓消极权利（negative right）是人民享有的权利或者自由，这种权利或者自由不受国家的非法干预，国家负有消极不作为的义务；所谓积极权利（positive right）是指人民享有的权利，需要国家采取积极措施加以保障和落实的，国家负有积极作为义务。

这种消极权利和积极权利的划分，是传统宪法学基本权利理论的重要观点，"消极权利如生命、自由、财产和人身安全权，住宅权，通信自由，迁徙自由，思想、良心和宗教自由，主张和发表意见的自由，和平集会以及结社自由等等，这些权利在国际人权公约中被概括为'公民权利和政治权利'，人们一般称之为'自由权'。从各国人权保障的历史看，这类权利最容易受到国家公权力的侵害，因而宪法对这类权利予以规定，其目的在于创造一个排除国家权力恣意介入的个人自由活动空间，所以消极权利又被称为'免于国家干涉的权利'；积极权利如工作权、休息权、生存权、社会保障权、受教育权、社会文化生活权以及对其所创作的任何科学、文学或美术作品而产生的精神和物质的利益享有受保护的权利等等。这些权利在国际人权公约中被概括为'经济、社会和文化权利'，人们一般称之为'社会权'。公民这类权利的实现需要国家权力的积极介入以提供法律上、组织上及财政上的保障，所以积极权利又被称为'免于国家匮乏的权利'。"[1]正是消极权利与积极权利在性质上的不同，带来了对政府（国家）要求的不同，因而它们的保障方式和行使规则是不同的。用霍尔姆斯和桑斯坦的话说，"消极权利禁止政府，并把它拒之门外；积极权利需要并盛情邀请政府。前者需要公职人员蹒跚而行，而后者需要公职人员雷厉风行。消极权利的特点是保护自由，积极权利的特点是促进平等。前者辟出了一个私人领域，而后者要再分配税款。前者是剥夺与阻碍，后者是慈善与奉献。如果消极权利成为我们躲避政府的处所，那么积极权利则提供我们政府的服务。"[2]

（二）积极权利与消极权利划分的意义

尽管从权利救济的角度上看，即使是消极权利，当它受到国家机关（比如行政机关）侵害时，归根到底需要另一个国家机关（比如司法机关）的救济，因而有

---

[1]　杨福忠：《消极权利与立法者的积极义务——以德国联邦宪法法院第二次堕胎判决为例》，载《北方法学》2011年第1期。

[2]　〔美〕史蒂芬·霍尔姆斯、凯斯·R.桑斯坦：《权利的成本：为什么自由依赖于税》（重排版），毕竞悦译，北京大学出版社2011年版，第23页。

人声称"自由权不仅仅是一种免除国家干预的消极权利"①;有人甚至断言"所有权利都是积极权利"。② 然而,消极权利与积极权利的划分,仍然有重要的意义,它"其实是个人对国家的不同态度和要求。前者要求国家不得干预,以保全个人的自由领域,国家处于一种合理的消极不作为状态;后者要求国家在捍卫个人尊严和自由的基础上积极作为,通过宏观调控和制度构建来保障公民社会和经济利益的增进,这里国家处于一种积极作为的状态。消极权利和积极权利体现了两种不同的立场和态度,导致的是两种不同的政策路线,也体现出国家在社会生活中的不同角色定位"。③ 而当消极权利遭到侵害——尤其是国家某一机关(比如行政机关)侵害时,需要国家另一机关(比如司法机关)予以救济,则已经转化为另一个问题了。它并不能因此而否定消极权利与积极权利划分的实践价值。这是因为:一方面,人民的消极权利在行使规则上遵循的是"法(不含宪法)无禁止即可为"的规则;与之相对应的是政府(government)的权力在行使规则上遵循的是"法(含宪法)无规定原则上不得为"的规则。而人民的积极权利则首先需要通过立法的方式予以落实。另一方面,人民的消极权利要求政府(government)没有特别正当法律依据和正当法律程序不得非法干预;人民的积极权利则必须依靠政府的积极作为(特别是立法行为)加以落实。站在消极权利与积极权利的角度上看,无论是"民族平等"原则、少数民族宗教信仰自由、"各民族都有使用和发展自己的语言文字的自由""各民族都有保持或者改革自己的风俗习惯的自由"事实上均属于传统意义上的消极权利。这些消极权利(自由)本质上是无须在宪法或者其他法律性文件中加以规定的,正如宪法和其他法律性文件无须规定"少数民族公民有呼吸空气的自由""有谈恋爱的自由""有散步的自由"那样,因为消极权利是列举不完的;反过来说,这种消极权利(自由)也不能因为宪法或者其他法律性文件没有规定便推定少数民族公民没有这种权利(自由)。然而,之所以在现行《宪法》和有关法律中规定上述这些少数民族的消极权利,原因至少有两方面:一是新政权建立后,在经济方面实施的计划经济体制、在政治上是党的一元化领导,导致政府(government)管得太多、太宽;加之"文化大革命""极左"思潮的危害,本来不该干预的事项,政府予以非法干预。二是误解了消极权利(自由)行使的规则,以为人民的权利和自由(包括少数民族的权利和自由)只有《宪法》或者其他法律性文件有规定,才有这种权利和自由,没有规定便没有。

　　值得注意的是,现行《宪法》和有关法律在民族自治地方选举活动中、人民

---

①　上官丕亮:《宪法基本权利的性质新论》,载《云南大学学报(法学版)》2008年第1期。

②　〔美〕史蒂芬·霍尔姆斯、凯斯·R.桑斯坦:《权利的成本:为什么自由依赖于税》(重排版),毕竞悦译,北京大学出版社2011年版,第19页。

③　常安、燕辉:《论作为积极权利的图书馆权利》,载《图书情报知识》2012年第4期。

代表大会代表履职和人大会议中、在司法机关(人民法院和人民检察院)的司法活动中、在民族自治地方自治机关的公务活动中进一步保障了少数民族公民语言文字的权利的行为,"少数民族代表执行代表职务时,有关部门应当在……生活习惯等方面给予必要的帮助和照顾""对少数民族罪犯的特殊生活习惯,应当予以照顾"等规定,以及"少数民族人员",尤其是"农村和牧区少数民族"人员有优先获得民族自治地方企业、事业单位招工的权利的规定,从少数民族公民的角度上,已经不属于少数民族的消极权利(自由)。

三、特殊身份权利与一般身份权利意义上的中国少数民族人权

就特殊身份权利与一般身份权利的划分看,这是以与身份关系相关联的权利范围为标准进行的划分。

(一) 特殊身份权利意义上的中国少数民族人权

所谓特殊身份权利意义上的中国少数民族人权,指的是与中国法定 55 个少数民族中的某一个少数民族身份相关联的个体或者集体的权利。按照现行《宪法》《民族区域自治法》和其他法律的规定,这些权利集中在三个方面,即:一是国家机关(尤其是民族自治地方国家机关)组成人员中的少数民族名额照顾。首先,就人大及其常委会组成人员看,人大代表和常委会委员的少数民族名额照顾,有特别的规定,这些规定散见在《选举法》第 12 条第 3 款、第 18 条、第 19 条、第 20 条、第 21 条、第 22 条等条文中;其中,"行政建制意义上的民族自治地方"[①],人大常委会"中应当有实行区域自治的民族的公民担任主任或者副主任"(《民族区域自治法》第 16 条第 3 款)。其次,就"行政建制意义上的民族自治地方"的人民政府及相关工作人员看,行政长官"由实行区域自治的民族的公民担任"、政府的其他组成人员和政府所属工作部门的干部均应当合理配备少数民族人员(《民族区域自治法》第 17 条第 1 款、第 18 条)。最后,就民族自治地方法院和检察院的领导成员和工作人员看,同样也应当配备实行区域自治的民族的人员(《民族区域自治法》第 46 条第 3 款)。二是自治机关所行使的职权的优惠照顾。这些优惠照顾,在《宪法》若干条文(第 4 条第 2 款、第 89 条第 11 项、第 115 条至第 120 条、第 122 条)中有所体现,并集中体现在《民族区域自治法》第三章"自治机关的自治权"(第 19 条至第 45 条)和第六章"上级国家机关的职

---

① 所谓"行政建制意义上的民族自治地方",是与"行政辖区意义上的民族自治地方"相对应的概念。按照这种划分,"行政建制意义上的民族自治地方"的人大常委会,指的是自治区、自治州和自治县这三个层级政权机关中的人大常委会;而"行政辖区意义上的民族自治地方"的人大常委会,指的是包括自治区、自治州和自治县这三个层级政权机关中的人大常委会,以及自治区所辖范围内其他层级人大常委会、自治州所辖范围内其他县级人大常委会。参阅沈寿文:《"民族自治地方"的两层涵义》,载《贵州民族研究》2013 年第 1 期。

责"(第 54 条至第 72 条)。无论是在一定条件下制定自治条例和单行条例(第19 条),在一定条件下变通执行或者停止执行上级的决策和命令等(第 20 条),还是民族自治地方的企业、事业单位优先招收少数民族人员(第 23 条),或者是"经国务院批准,可以组织本地方维护社会治安的公安部队"(第 24 条),开辟对外贸易口岸、开展边境贸易、对外经济贸易活动享受优惠政策(第 31 条),或者是财政、税收等的优惠照顾(第 32 条至第 34 条),以及第三章其他条文,均是在相比较其他一般地方和其他一般地方国家机关基础上的优惠照顾。第六章"上级国家机关的职责",更是专门就可以获得上级国家机关在财政、经济、教育、科学技术、文化、卫生、体育事业、人才培养等方方面面的帮助、扶持、照顾等优惠照顾作了专门的规定。三是少数民族语言文字、风俗习惯等的优惠照顾。这种优惠照顾主要体现在相互关联的两个方面:一方面,是作为具有防御功能的少数民族语言文字的自由和风俗习惯的自由。这种规定体现在《宪法》第 4 条第 4 款上。按照这一规定,这些自由可以对抗公权力的非法干预,以及当遭到其他个人和组织的非法干预时,有"获得救济权"。① 另一方面,是作为具有受益权功能的少数民族语言文字的自由和风俗习惯的自由。这种规定,体现在《宪法》第 121条和《民族区域自治法》第 10 条规定的民族自治地方自治机关的积极作为义务,《选举法》第 22 条规定的自治区、自治州、自治县相关选举组织机构的积极作为义务,《民族区域自治法》第 47 条、《民事诉讼法》第 11 条、《行政诉讼法》第9 条和《刑事诉讼法》第 9 条规定的民族自治地方的法院和检察院的积极作为义务。

　　(二) 一般身份权利意义上的中国少数民族人权

　　所谓一般身份权利意义上的中国少数民族人权,指的是中国法定 55 个少数民族及其个体,与汉族及其个体一样,作为中华民族的组成部分或者中华人民共和国公民,所应当拥有或者享有的集体或者个体(个人)的权利或者自由。这些权利和自由散见在我国的大量法律、法规、规章和规范性文件之中,也体现在对这些法律、法规、规章和规范性文件的执行之中,并反映在司法机关大量的司法实践之中。在集体权利上,正如《中国共产党尊重和保障人权的伟大实践》(2021 年 6 月)白皮书所指出的,"100 年来,中国共产党坚持人民至上,坚持将人权的普遍性原则与中国实际相结合,坚持生存权、发展权是首要的基本人权,坚持人民幸福生活是最大的人权,坚持促进人的全面发展,不断增强人民群众的获得感、幸福感、安全感,成功走出了一条中国特色社会主义人权发展道路"。在个体权利和自由上,中国少数民族人权,实质上就是中国少数民族个体的人权,也是国家公民的人权,其保障已经融入国家制度和党内法规建设之中,融入

---

① 张翔:《基本权利的规范建构》,高等教育出版社 2008 年版,第 52 页。

国家立法、执法、司法等方方面面了。正如《中国共产党尊重和保障人权的伟大实践》(2021 年 6 月)白皮书所指出的,"中国共产党将依法治国和人权保障有机结合,贯穿于社会主义法治建设全过程。在推进全面依法治国进程中,科学立法为保障人权提供了坚实的法律体系,严格执法为保障人权提供了良好的法治政府环境,公正司法为保障人权提供了有力的司法救济途径。建立了以党章为本、若干配套党内法规为支撑的党内法规制度体系,强力反腐维护人民利益"。

第九章 中国少数民族的政治权利

第一节 中国少数民族政治权利概述

一、政治权利的概念和范围

(一) 政治权利的概念

我国《宪法》和有关的法律并没有对政治权利下定义，而是采用列举的办法罗列所谓的公民的政治权利。《宪法》和法律文本本身存在对政治权利理解的局限①，导致了理论上的混乱和芜杂。比如，现行《宪法》在第 34 条规定了选举权和被选举权，第 35 条规定了言论、出版、集会、结社、游行、示威的自由之后，紧接着的第 36 条规定了宗教信仰自由；据此，有些人认为宗教信仰自由也属于政治权利。按照权威学者对《公民权利和政治权利国际公约》(CCPR) 的解读，其中所谓的政治权利，严格意义上仅指第 25 条所列举的权利②；而广义的政治权利则包含了意见自由、表达自由、信息自由、媒体自由、集会自由和结社自由等对于民主决策过程具有根本重要性的其他权利。③ 可见，理解政治权利的关键不在于《宪法》和法律文本怎么表述，而是在于政治权利对于个体和特定的集合体涉及政治参与的各种积极的和消极的自由与权利的内容，尽管有人将"政治权利"区分为"宪法文本中公民的政治权利""公民的政治权利"和"与政治有关的权利"三个不同的范畴，并且认为《宪法》第 35 条规定的公民自由"不仅可以运用于政治活动中，还可以运用于其他经济、社会和文化活动中，很难定性为政治权利，实际是'与政治有关的权利'"④，但是，正因为这六大自由同样涉及政治参与的内容，因而有必要从政治权利的角度加以探讨。诚如学者所说的，"政治自

---

① 熊文钊、张伟、鲁延法：《宪法中"政治权利"与刑法中"政治权利"的比较分析》，载明德公法网，http://www.calaw.cn/article/default.asp？id＝3577，最后访问时间：2010 年 6 月 4 日。

② 《公民权利和政治权利国际公约》第 25 条【政治权利】规定："每个公民都应享有以下权利和机会，而不受第 2 条所述的区分以及不合理的限制：(甲) 直接或通过其自由选择的代表参与公共事务；(乙) 在真正、定期的选举中选举和被选举，这种选举应是普遍的和平等的并且以无记名的方式进行，以保证选举人的意志的自由表达；(丙) 在一般的平等的条件下参加本国公务。"该公约的相关中译文见〔奥〕曼弗雷德·诺瓦克：《民权公约评注：联合国〈公民权利和政治权利国际公约〉》，毕小青、孙世彦主译，生活·读书·新知三联书店 2003 年版，第 727 页。

③ 〔奥〕曼弗雷德·诺瓦克：《民权公约评注：联合国〈公民权利和政治权利国际公约〉》，毕小青、孙世彦主译，生活·读书·新知三联书店 2003 年版，第 430—431 页。

④ 刘松山：《宪法文本中的公民"政治权利"——兼论刑法中的"剥夺政治权利"》，载《华东政法学院学报》2006 年第 2 期。

由系具有消极自由('免于国家干预的自由')与积极自由('参与国家的自由')双面性质的权利"。① 因此,本章所谓政治权利,指的是特定国家的公民或者公民的特定集合体表达政治意愿、参与政治活动和政权运作的权利。

(二) 政治权利的范围

从内容上看,政治权利包括平等权、选举权和被选举权、参政权、监督权和政治表达的自由。从行使权利的主体看,政治权利侧重于个体(公民)权利,而非集体(集合体)的权利。这是因为个体权利是集体权利的前提和基础,特殊集体的权利——如果有的话——同样应当由某些个体予以代表。在这个问题上,《公民权利和政治权利国际公约》强调的权利主体是个体(公民),我国现行《宪法》和法律文本的规定都侧重于个体权利。然而,有意思的是,在涉及中国"民族"(Ethnic Group)问题上,中国现行的《宪法》和法律又偏向于集体权利。因此,政治权利实际上包括如下两个层次:一是社会个体的政治权利;二是特定集合体的政治权利。不过,值得注意的是,这两个层次的政治权利,在范围上并不相同:个体(公民)意义上的政治权利范围包括平等权、选举权和被选举权、参政权、监督权和政治表达的自由等各项权利;集体意义上的政治权利则只包括其中的平等权和参政权,并不涉及选举权和被选举权,以及政治表达的自由。

二、中国少数民族政治权利的定义和范围

(一) 中国少数民族政治权利的定义

立基于政治权利内涵和外延的上述理解,所谓少数民族的政治权利,在我国指的是政府法定的 55 个少数民族的个体和集体,根据个体和集体各自的属性享有的相应的平等权、选举权和被选举权、参政权、监督权,以及表达的自由。

具体而言,少数民族的政治权利分为少数民族集体政治权利和个体政治权利,它们是相互区别又相互联系的两种不同层次的政治权利,深深根源于我们国家的政治法律实践中。

(二) 中国少数民族政治权利的范围

1. 集体政治权利

少数民族集体政治权利指的是我国 55 个少数民族中的每一个民族作为一个整体,享有的政治权利和自由。按照我国宪法、法律和政策,少数民族的集体政治权利主要有:

(1) 平等权。坚持民族平等,反对民族歧视和压迫,这是中国共产党民族政策的基石,也是现行《宪法》和法律的出发点。按照官方的理解,中国的民族平

---

① 〔日〕阿部照哉等编著:《宪法——基本人权篇》(下册),周宗宪译,中国政法大学出版社 2006 年版,第 338 页。

等从主体上说,是指56个民族,不论其人口多少,居住地域大小,经济发展程度如何,语言文字和宗教信仰、风俗习惯是否相同,但其社会地位一律平等,享受相同的权利,承担相同的义务。汉族和55个少数民族一律平等,55个少数民族之间也一律平等,不存在凌驾于其他民族之上的特权民族。民族平等从权利的内容来说,是指各个民族在社会生活的一切领域平等。举凡政治生活、经济生活、文化生活以及其他社会生活领域,各民族享有的权利和承担的义务一视同仁。正因如此,民族平等权在政治领域表现为各民族的政治平等权。从公法原理上看,这种政治平等权着重要求中国政府(包括执政党和各级国家机关)不得以"民族成分"为由在公权力活动中有歧视任何"民族"的行为。

(2)参政权。中国现行《宪法》和法律规定,每个民族不分大小,都是"祖国大家庭"的重要成员,都平等地参与国家和各级地方事务的管理。民族区域自治制度,是指在国家统一领导下,各少数民族聚居的地方实行区域自治,设立自治机关,行使自治权的制度。按照中国政府的态度,设立民族区域自治制度的主要目的之一就是实现各民族人民共同当家作主、参与管理公共事务的权利。按照中国的政治法律实践,就实行民族区域自治的地方,少数民族的参政权主要通过两个途径得到体现:一是少数民族公民在民族自治地方自治机关组成人员和其他干部中有一定的数量;二是少数民族公民与其他民族公民一道,通过自治机关行使自治权,管理公共事务。就非民族自治地方的散居少数民族同胞而言,实现参政权主要通过法律和政策的倾斜,确保各个少数民族整体的正当意见、愿望、要求和利益得到反映和重视。

2. 个体政治权利

少数民族个体政治权利指的是作为个人的少数民族公民,享有的政治权利和自由。在这个意义上,少数民族个体政治权利与汉族公民的政治权利一样,都属于《宪法》所强调的公民的基本权利的组成部分。具体而言,少数民族个体政治权利主要包括:

(1)平等权。少数民族的平等权是公民平等权的重要组成部分,它是指在作为一个整体的少数民族的平等权基础上,每个少数民族公民不管性别、家庭出身、职业、宗教信仰、受教育程度等都享有与其他公民同等的尊严和平等的待遇,都有免受歧视的权利。从理论上讲,似乎没有少数民族集体的平等权,也就不可能有少数民族个体的平等权;没有少数民族集体的政治平等权,也就同样不可能有少数民族个体的政治平等权。但是,有了少数民族集体的平等权(包括政治平等权),并不意味着就自然实现少数民族个体的平等权(包括政治平等权)。

（2）选举权和被选举权。按照一般的看法,选举权和被选举权是公民个体所享有的重要的政治权利,而非抽象的集体(如"人民")所能享有的权利,①因此,保障少数民族公民的选举权和被选举权,是实现少数民族公民参政的前提,也是实现少数民族作为集体的参政权的重要条件之一。按照现行《宪法》和法律的规定,选举权和被选举权是公民达到一定的年龄,依法享有的选举或者被选举为公职人员的资格或能力。② 据此,少数民族的选举权和被选举权指的是具体的少数民族公民达到法定年龄依法享有的选举或者被选举为公职人员的资格或能力。

（3）参政权。目前,人们对参政权的内涵有不同的理解:有的认为参政权指的是选举权和被选举权③;还有的认为,参政权指的是公民参加国家政治生活、参加管理国家大事和各级地方政治事务的权利,包括选举权和被选举权,以及国家事务的管理权。④ 我们认为,选举权确实属于公民参政权的重要内容,但是被选举权是公民参加国家事务管理的前提和重要条件,并不是公民参政本身,而且我国现行《宪法》和有关的法律将公民(尤其是少数民族公民)管理国家事务的权利进行了清晰的规定。因此,本章专门将少数民族的参政权单独列为一项内容进行讨论,主要指的是少数民族公民有参与国家事务和其他公共事务管理的权利。

（4）表达自由。表达自由,也称为表现的自由,指的是"人们通过一定的方式将自己内心的精神作用公之于外部的精神活动的自由"。⑤ 它包括言论、出版、集会、结社、游行和示威的自由。从政治权利的角度看,少数民族公民的表达自由,指的便是少数民族公民有依法以一定的方式表达个人或者群体的政治观点、政治诉求的自由。

（5）监督权。目前,我国《宪法》确立了公民对国家机关及其公务人员的职务行为进行监督的权利。与此相应,少数民族公民同样享有与汉族公民同等的监督权利。从中国政府的角度看,这是对民族自治地方少数民族公民行使自治权,监督自治机关及其公职人员正确行使职权的保证,以及自治机关和公职人员能够真正代表各族群众正当利益的重要权利的保障。

---

① 许崇德主编:《宪法》(第2版),中国人民大学出版社2004年版,第168—169页。

② 〔日〕芦部信喜:《宪法》,李鸿禧译,月旦出版股份有限公司1995年版,第232页。

③ 同上书,第232—236页;刘士才、邓集文:《当代中国公民的政治权利与政党政治》,载《党政干部论坛》2005年第12期。

④ 石亚洲、沈桂萍:《我国少数民族政治政策与少数民族政治参与》,载《黑龙江民族丛刊》2003年第2期。

⑤ 许崇德主编:《宪法》(第2版),中国人民大学出版社2004年版,第170页。

第二节　中国少数民族的平等权

一、少数民族集体政治平等权

　　按照马克思主义的观点,各民族不论大小,都一律平等;每个民族都是人类物质财富和历史、文明的创造者,各民族应在完全平等的基础上团结起来,坚决反对任何形式的民族歧视和民族压迫。作为以马克思主义为指导思想的政党和政府,中国共产党和中国政府从诞生之日起,即宣称自己是主张民族平等的政党和政府,并由此形成《宪法》及法律文本和制度设计的一个重要的立足点和出发点。习近平总书记在2021年8月的中央民族工作会议中强调:"必须坚持各民族一律平等,保证各民族共同当家作主、参与国家事务管理,保障各族群众合法权益。"从集体的角度看,民族平等,"就是指各民族之间在社会生活各个领域,包括政治、法律、经济等方面所享有权利和所处地位的相同性,也是各种社会权利在各个民族间的平等分配"。[①] 不过值得注意的是,集体意义上的民族平等强调的是一国范围内不同民族之间的平等,其中的少数民族集体政治平等权指的是相对于一国人数较多的民族的其他民族,享有与人数较多的民族,以及他们之间的平等的政治权利和自由。具体而言,在我国指55个政府确定的少数民族之间的平等的政治权利和自由,以及任何一个少数民族与汉族之间的平等的政治权利和自由。

　　我国《宪法》第4条第1款规定:"中华人民共和国各民族一律平等。国家保障各少数民族的合法的权利和利益,维护和发展各民族的平等团结互助和谐关系。禁止对任何民族的歧视和压迫,禁止破坏民族团结和制造民族分裂的行为。"此外,作为集中反映中国民族区域自治制度的基本法律《民族区域自治法》分别在第9条和第48条也对少数民族集体政治平等权作了规定。《民族区域自治法》第9条规定:"上级国家机关和民族自治地方的自治机关维护和发展各民族的平等、团结、互助的社会主义民族关系。禁止对任何民族的歧视和压迫,禁止破坏民族团结和制造民族分裂的行为。"《民族区域自治法》第48条第1款规定:"民族自治地方的自治机关保障本地方内各民族都享有平等权利。"

　　从《宪法》第4条的规定看,《宪法》规定了三个层次的内容:首先强调了国内各个民族平等的原则;其次表达了中国政府将保障各个少数民族的合法的权利和利益,以便维护和发展各个民族之间的平等、团结、互助、和谐关系的态度;最后强调了中国政府反对任何国家机关、组织和个人,以及任何一个民族有对其

---

　　① 龚学增、王钊冀:《民族平等新论》,载《中南民族大学学报(人文社会科学版)》2005年第4期。

他民族的歧视和压迫,或者有破坏民族团结和制造民族分裂的行为。《民族区域自治法》第 9 条所表达的两层含义中,第一层实际上将《宪法》规定的抽象的"国家"具体落实到了民族自治地方自治机关的"上级国家机关"和"自治机关"上,由这些国家机关负责"维护和发展各民族的平等团结互助和谐的社会主义民族关系";第二层重申了《宪法》的反对民族歧视和压迫、反对破坏民族团结和制造民族分裂行为的态度。而《民族区域自治法》第 48 条则就民族自治地方少数民族的自治权问题进一步规定了自治机关的职责——负责保障"本地方内各民族都享有平等权利"。因此,从总体上观察,现行《宪法》和《民族区域自治法》的上述规定,显然都是从具体少数民族的集体角度所制定的规范。

二、少数民族个体政治平等权利

由于 55 个少数民族中的任何一个民族作为一个集体是由该民族的所有成员组成的,没有具体的少数民族公民个人便不存在所谓的少数民族的集体,因此,强调少数民族集体的政治平等权,便不能忽略少数民族公民个体的政治平等权。一般而言,少数民族公民个体的政治平等权首先强调的是一国公民有参政议政机会的平等权(即形式的政治平等权),在此基础上,通过法律规范修正和弥补形式的政治平等权所可能招致的事实上的不平等。实际上,根据目前法治发达国家的实践经验,倘若一国存在弱势群体,法律规范便应当对形式上的平等加以修正,使弱势群体能够获得事实上的平等(实质的平等)。

在我国,少数民族个体政治平等权利指的是在我国法律制度框架下,公民在享有和追求政治权利的机会平等的基础上,为了达致事实上的平等,通过法律途径(比如《选举法》等)赋予少数民族公民能够真正参政议政的权利和条件。与少数民族集体政治平等权相比,少数民族个体政治平等权在《宪法》和有关法律中很少直接涉及。这是因为,这种个体政治权利实际上已经包括在作为中华人民共和国公民的政治平等权之中了;因而,我们只能从公民政治平等权的角度一并探讨少数民族的个体政治平等权。

第三节　中国少数民族的选举权和被选举权

一、少数民族选举权和被选举权的内涵

选举权和被选举权实际上是两个相互独立而又有一定关联的权利。一般而言,"选举,作为公共行为,属于政治活动范畴,一般是指享有选举权的人,按照一定的程序和方式选定代议机关(国家代表机关)的代表和某些国家公职人员

的行为"。① 而被选举权则是法定的公民按照一国宪法和法律的规定,有被选举担任民意机关代表或其他公职人员的权利。在我国,选举权是指"公民享有的选举国家代表机关代表或某些国家机关领导人的权利"②;而被选举权则是"公民享有的根据法律规定的条件被选举担任各级国家权力机关组成人员和其他公职人员的权利"。③

少数民族选举权和被选举权指的分别是少数民族公民依法享有的选举或者被选举为国家代表机关代表或国家机关领导人的权利。从这个定义看,它包括以下层次:首先,享有选举权和被选举权的公民身份特定,必须是 55 个少数民族同胞;其次,选举权和被选举权是具体公民所享有并能够行使的权利,而非抽象的集合体(如人民)所能享有的权利,因此,少数民族的选举权和被选举权指的是具体的少数民族公民享有的个体权利,而非抽象的少数民族集体权利。

二、少数民族选举权和被选举权的表现

少数民族选举权和被选举权是少数民族政治权利最为直观和最容易在法律文本和实践中操作的权利,因此,从中国共产党早期建立的政权开始,便有一系列涉及少数民族选举权和被选举权的规定。中华人民共和国成立后,从《共同纲领》到历部《宪法》和有关的法律,也都规定了少数民族公民的选举权和被选举权。《宪法》第 34 条规定:"中华人民共和国年满十八周岁的公民,不分民族、种族、性别、职业、家庭出身、宗教信仰、教育程度、财产状况、居住期限,都有选举权和被选举权;但是依照法律被剥夺政治权利的人除外。"本条规定了少数民族公民平等的选举权和被选举权原则,2020 年修正后的《选举法》第 4 条第 1 款就人民代表的选举重申了这一原则。该款规定:"中华人民共和国年满十八周岁的公民,不分民族、种族、性别、职业、家庭出身、宗教信仰、教育程度、财产状况和居住期限,都有选举权和被选举权。"

考虑到少数民族的特殊性,《选举法》从第 12 条开始,规定了一系列合理差别对待的内容。《选举法》第 12 条第 3 款规定:"自治区、聚居的少数民族多的省,经全国人民代表大会常务委员会决定,代表名额可以另加百分之五。聚居的少数民族多或者人口居住分散的县、自治县、乡、民族乡,经省、自治区、直辖市的人民代表大会常务委员会决定,代表名额可以另加百分之五。"《选举法》第 18 条规定:"全国少数民族应选全国人民代表大会代表,由全国人民代表大会常务

---

① 焦洪昌主编:《宪法学》(第 5 版),北京大学出版社 2013 年版,第 262 页。
② 赵喜臣主编:《宪法学词典》,山东大学出版社 1989 年版,第 774 页。
③ 同上书,第 668 页。

委员会参照各少数民族的人口数和分布等情况,分配给各省、自治区、直辖市的人民代表大会选出。人口特少的民族,至少应有代表一人。"《选举法》第 19 条规定:"有少数民族聚居的地方,每一聚居的少数民族都应有代表参加当地的人民代表大会。聚居境内同一少数民族的总人口数占境内总人口数百分之三十以上的,每一代表所代表的人口数应相当于当地人民代表大会每一代表所代表的人口数。聚居境内同一少数民族的总人口数不足境内总人口数百分之十五的,每一代表所代表的人口数可以适当少于当地人民代表大会每一代表所代表的人口数,但不得少于二分之一;实行区域自治的民族人口特少的自治县,经省、自治区的人民代表大会常务委员会决定,可以少于二分之一。人口特少的其他聚居民族,至少应有代表一人。聚居境内同一少数民族的总人口数占境内总人口数百分之十五以上、不足百分之三十的,每一代表所代表的人口数,可以适当少于当地人民代表大会每一代表所代表的人口数,但分配给该少数民族的应选代表名额不得超过代表总名额的百分之三十。"《选举法》第 20 条规定:"自治区、自治州、自治县和有少数民族聚居的乡、民族乡、镇的人民代表大会,对于聚居在境内的其他少数民族和汉族代表的选举,适用本法第十九条的规定。"《选举法》第 21 条规定:"散居的少数民族应选当地人民代表大会的代表,每一代表所代表的人口数可以少于当地人民代表大会每一代表所代表的人口数。自治区、自治州、自治县和有少数民族聚居的乡、民族乡、镇的人民代表大会,对于散居的其他少数民族和汉族代表的选举,适用前款的规定。"《选举法》第 22 条规定:"有少数民族聚居的不设区的市、市辖区、县、乡、民族乡、镇的人民代表大会代表的产生,按照当地的民族关系和居住状况,各少数民族选民可以单独选举或者联合选举。自治县和有少数民族聚居的乡、民族乡、镇的人民代表大会,对于居住在境内的其他少数民族和汉族代表的选举办法,适用前款的规定。"

　　此外,《宪法》关于少数民族公民平等的选举权和被选举权的规定从立宪的宗旨看,并不限于一般人民代表的选举领域,还包括国家机关领导人的选举领域。《宪法》第 113 条第 2 款规定:"自治区、自治州、自治县的人民代表大会常务委员会中应当有实行区域自治的民族的公民担任主任或者副主任。"《宪法》第 114 条规定:"自治区主席、自治州州长、自治县县长由实行区域自治的民族的公民担任。"

第四节　中国少数民族的参政权

一、少数民族参政权的内涵

　　为了进一步了解少数民族政治权利的内涵和范围,本书所指的参政权主要是指少数民族公民有参与国家事务和其他公共事务管理的权利，不包括选举权和被选举权。

　　根据我国现行体制，少数民族参政权主要通过两个途径加以落实：一是与汉族公民一样，通过人民代表大会制度这一根本政治制度、中国共产党领导的多党合作和政治协商制度、基层群众性自治制度等人民当家作主的制度体系加以实现；二是通过对少数民族聚居的地方，设立自治机关，实行民族区域自治制度加以实现。目前，以《民族区域自治法》和《国务院实施〈中华人民共和国民族区域自治法〉若干规定》为代表，实行民族区域自治的少数民族参政权的重要途径是通过自治机关行使以下几个方面的权力得到体现的：(1) 立法权；(2) 干部和技术人才的培养权；(3) 经济管理自主权；(4) 财政税收管理权；(5) 自然资源管理权；(6) 科技、文化教育、医药卫生、体育等事业的管理权；等等。

二、少数民族参政权的完善

　　不过，仅就实行民族区域自治制度的少数民族参政权观察，《民族区域自治法》和《国务院实施〈中华人民共和国民族区域自治法〉若干规定》在权力的实行主体上存在一定程度的模糊性。比如：《民族区域自治法》第三章标题是"自治机关的自治权"，但是本章从第 19 条到第 45 条共 27 个条文根据内容却可以分为三个互有联系但却由不同的主体享有的权利（或者应行使的职权）：一是自治机关的职权，具体条文有第 19—22 条，第 24—30 条，第 32 条的第 2、5 款，第 33—34 条，第 36 条，第 37 条第 1、2 款，第 38—43 条，第 44 条第 2 款；二是民族自治地方的少数民族的权利，具体条文有第 23 条；三是民族自治地方的权利，具体条文有第 31 条，第 32 条的第 1、3、4 款，第 35 条，第 37 条第 3、4 款，第 44 条第 1 款，第 45 条。这种现象，容易导致一些理论上的难题。

　　尽管民族区域自治机关在一定程度上代表了民族自治地方和民族自治地方少数民族公民和其他民族公民的整体利益，但是从法律制度的设计上，不能将三者混为一谈。这是因为：首先，从自治机关的立场上看，自治机关的自治权是一种《宪法》和法律（尤其是《民族区域自治法》）规定的职责，而职责既是一种权力，但同时也是自治机关必须履行的责任，如果自治机关不履行该职责的话，将导致一种违法失职行为。之所以强调自治机关的职权和职责的双重属性，是因为民族自治地方、民族自治地方的各民族的各项自治权主要是通过自治机关来实现的。其次，从民族自治地方的角度看，《宪法》和法律赋予民族自治地方的权利，在某种程度上讲是相对于全国和非民族自治地方而言的。正因为这样，我国实践中才强调非民族自治地方包括对口支援民族自治地方在内的一系列义务。最后，从民族自治地方少数民族的角度看，自治权强调的是一种权利，是相对于国家机关权力而言的。因此,有必要对三种不同主体的权利(权力)进行划分,这样更加有助于进一步贯彻落实少数民族的参政权。[①]

　　此外,由于少数民族公民首先是国家的公民,其参政权体现在国家制度的方方面面;因而,在理解少数民族参政权时,不能仅仅局限于民族区域自治制度的人权保障这一领域,而应结合我国的政党制度、根本制度和各项基本制度的人权保障加以理解。

---

①　参见沈寿文:《中国民族区域自治制度的性质》,法律出版社 2013 年版,第 4 章和第 6 章。

第十章　中国少数民族经济权利

第一节　中国少数民族经济权利保障概述

一、少数民族经济权利的概念

少数民族经济权利是通常意义上的经济权利在少数民族问题上的具体体现。少数民族经济权利有必要从狭义和广义两个角度进行划分。狭义的少数民族经济权利,是指统一的多民族国家依照法定形式确认和保障的、少数民族在特定经济利益关系中享有的权利总和。广义的少数民族经济权利,是指除了狭义的少数民族经济权利外,还应包括一国签署、批准和加入的世界性、区域性国际组织通过的国际宪章、公约、条约、议定书等国际法律文件确认和保障的、少数民族在世界范围内所实际或应该享有的正当权利、利益、主张、资格、要求或自由等。最广义的少数民族经济权利,是指人权意义上的少数民族经济权利,即少数民族财产权、少数民族工作权、少数民族生活保障权等,这些权利都更强调少数民族经济权利作为个人权利的一面。

少数民族经济权利具体包括哪些内容,学界有一些探索,有的学者作了较为全面的论述,比如张晓辉教授以我国的相关现行法律规定为依据,把少数民族经济权利内容概括为民族发展权、获得国家帮助权和民族自治地方的财经贸管理权。[①] 我们认为,根据我国《宪法》《民族区域自治法》等法律的相关规定,少数民族经济权利的基本内容同样应当考虑作为"普通身份"的国家公民的少数民族公民的经济权利,以及作为具有"特殊身份"的少数民族集体及个体的经济权利,这些经济权利包括两个方面:一是普通公民所享有的经济权利,少数民族公民同样享有;二是国家法律法规专门保障的经济权利,主要包括:民族经济平等权、民族经济发展权、民族经济管理自治权、获得国家帮助权等。由于各民族一律平等的原则是中国民族法制的基本原则,民族经济平等权必然是各民族平等原则在经济领域的重要体现。同时,民族经济平等权也是少数民族经济权利实现的基础和前提;民族发展权是少数民族的又一项重要经济权利,随着现代社会经济的加速发展,民族经济发展权无疑是少数民族经济权利保障体系的核心内容之一,也是少数民族经济权利实现的核心问题;民族经济管理自治权在我国法

---

①　吴宗金、张晓辉主编:《中国民族法学》(第 2 版),法律出版社 2004 年版,第 155—157 页。

律中的规定较为集中,它也是民族自治地方的一项重要法定权利,在现行《宪法》《民族区域自治法》等多个法律文件中都有多处体现;民族经济获得帮助权,对于大多数民族自治地方而言,这主要体现在《民族区域自治法》第六章的"上级国家机关的职责"规定中。

二、少数民族经济权利的划分

(一) 集体类的少数民族经济权利和个体类的少数民族经济权利

由于少数民族包含集体意义上的少数民族和个体意义上的少数民族公民,因而,少数民族经济权利相应地可以分为集体类的少数民族经济权利和个体类的少数民族经济权利。少数民族的经济管理自治权、经济发展权属于前者;少数民族(公民)财产权、少数民族(公民)工作权、少数民族(公民)生活保障权等属于后者。此外,经济平等权、获得国家帮助权等可能属于前者,也可能属于后者。

(二) 国内法规定的少数民族经济权利与国际性法律文件规定的少数民族经济权利

这种分类是以少数民族经济权利保障的国别性为根据进行的分类。在当今世界,随着全世界人权保障事业的蓬勃发展,以及二战后出于避免重蹈纳粹德国屠杀犹太人等少数民族和对其进行经济掠夺覆辙的考虑,以《世界人权宣言》《在民族或族裔、宗教和语言上属于少数群体的人的权利宣言》《发展权利宣言》等为主的一批国际法规文件,都各自有针对性地对少数民族经济权利保障问题进行了相关规定。在国内,通过中华人民共和国成立后70多年的建设发展,中国的人权保障事业获得了长足进步与发展。其中,对少数民族人权保障的力度获得了很大提升,以《宪法》《民族区域自治法》为代表的少数民族经济权利保障体系日益完善。同时,国际上一些关于少数民族经济权利的文本规定,在通过国内法定程序批准以及相应国内法转化保障情况下,这些都成为我国少数民族经济权利保障的国内法部分。

第二节　中国少数民族经济权利的内容

一、中国少数民族经济平等权

我国现行《宪法》第4条第1款规定:"中华人民共和国各民族一律平等。"第33条第2款规定:"中华人民共和国公民在法律面前一律平等。"平等权无疑是现代法治国家一项非常重要的基本权利。在少数民族经济权利体系中,民族经济平等权无疑是一个奠基性的经济权利,该权利也是民族平等原则在少数民族经济权利研究领域内的必然延伸。对民族经济平等权的探讨,不仅要关注各民族地区发展机会上的形式平等问题,更应注重发展结果上的尽量平等,以及注重缩小不同民族地区间的经济发展差距问题。

（一）中国少数民族经济平等权的主体

追求和实现平等一直是人类的美好理想和急切愿望,平等也很自然地成为人类社会的基本价值理念之一。近世以来,最早以法律形式确定平等权保障的当属 1789 年的法国《人权宣言》。该宣言规定:"法律对于所有的人,无论是施刑或处罚是一样的,在法律面前,所有的公民都是平等的,除德行和才能上的差别外,不得有其他差别。"社会主义国家的宪法、法律也不例外,也都规定了这一原则。平等权还是一项重要的国际性人权,《世界人权宣言》第 1 条规定:"人人生而自由,在尊严和权利上一律平等……"

民族经济平等权是从人人享有的平等权发展而来的。平等权也是指按照宪法、法律规定,公民在政治、经济、文化等方面与其他权利主体享有等量或相似的权利。平等权一般包括政治平等权、经济平等权、文化平等权和社会生活平等权等。民族经济平等权是指依照宪法、法律规定,在国内经济发展过程中实现少数民族与主体民族之间、各少数民族之间,以及具备少数民族身份的公民与其他公民之间平等的权利。民族经济平等权在这里无疑是一项法定权利,是少数民族依法享有的财产性权利。

（二）实现中国少数民族经济平等权的国家战略

中华人民共和国成立以来,民族地区从经济总量上来看,已经取得了相当大的经济成就。但与东部沿海汉族经济发达地区相比,民族地区的民族经济发展方式和产业结构依然比较落后,产业转型升级进程较缓慢。造成我国民族经济平等权实现过程中的诸多困难的原因是多方面的,具有历史文化、自然禀赋、区位优势等多方面的原因,如何更好地实现和维护不同民族地区间的民族经济平等权一直党和政府关注的重大问题。我国不仅通过法律明确规定各民族在形式上的一律平等,而且还努力加快缩小各民族地区经济发展方面存在的差距,实现各民族经济的共同繁荣发展。2000 年,西部大开发战略的提出和实施,便是努力缩小民族地区与经济发达地区经济发展差距,实现不同民族地区间经济平等的重大举措。随着 2013 年国家"一带一路"合作倡议的提出与加快推进,以及党的十八大以来国家开展的扶贫攻坚战略,为各民族地区的加快发展注入新的生机和活力,对实现少数民族经济平等权起到了至关重要的作用。诚如《人类减贫的中国实践》(2021 年 4 月)白皮书所说的,党的十八大以来,在以习近平同志为核心的党中央领导下,中国组织实施了人类历史上规模空前、力度最大、惠及人口最多的脱贫攻坚战;经过 8 年持续奋斗,到 2020 年年底,中国如期完成新时代脱贫攻坚目标任务,现行标准下 9899 万农村贫困人口全部脱贫,832 个贫困县全部摘帽,12.8 万个贫困村全部出列,区域性整体贫困得到解决,完成消除绝对贫困的艰巨任务;少数民族和民族地区脱贫攻坚成效显著,2016 年至 2020 年,内蒙古自治区、广西壮族自治区、西藏自治区、宁夏回族自治区、新疆维吾尔自治区和贵州、云南、青海三个多民族省份贫困人口累计减少 1560 万人。28 个人口较少民族全部实现整族脱贫,一些中华人民共和国成立后"一步跨千年"进入社会主义社会的"直过民族",又实现了从贫穷落后到全面小康的第二次历史性跨越。

二、中国少数民族经济发展权

党的十九大报告指出:"实施区域协调发展战略。加大力度支持革命老区、民族地区、边疆地区、贫困地区加快发展,强化举措推进西部大开发形成新格局,……建立更加有效的区域协调发展新机制。……加快边疆发展,确保边疆巩固、边境安全。"逐步缩小不同民族地区间的经济发展差距,促进不同区域间的经济社会协调发展,关系到不同民族地区社会成员能否共享改革开放成果,以及加快同步实现共同富裕的重大问题。它既是一个需要加快解决的经济利益问题,也是一个关系全局的重要政治议题。我国宪法、法律中虽然没有明确提出民族经济发展权的概念,但在《宪法》和《民族区域自治法》等一系列法律文件中却体现得比较明确。《宪法》序言规定:"国家尽一切努力,促进全国各民族的共同繁荣。"第 4 条第 2 款规定:"国家根据各少数民族的特点和需要,帮助各少数民族地区加速经济和文化的发展。"第 122 条第 1 款规定:"国家从财政、物资、技术等方面帮助各少数民族加速发展经济建设和文化建设事业。"《民族区域自治法》序言规定:"……加速民族自治地方经济、文化的发展……"这些相关法律规定,对于我们更好地维护和实现各少数民族的经济发展权,做大做强当地民族经济、缩小各地区发展差距都具有重要现实意义。

（一）中国少数民族经济发展权的主体

一般而言,发展权被认为是第三代人权,属于集体权利,但民族区域自治语境下的"民族经济发展权"的"民族"并不是"中华民族"意义上的"民族",而是"少数民族"意义上的"民族";因而,少数民族经济发展权,一方面强调的是少数民族作为集体享有的获得国家根据民族地区实际,引导、支持、帮助其依法参与国家经济发展进程、共享经济发展成果、不断缩小不同地区间经济发展差距的权利的总称;另一方面也注重作为具备少数民族身份的公民,与其他公民一样,有依法获得国家保障其发展的个体权利。这是因为,少数民族经济发展权的实现,与少数民族成员个体的经济发展权利实现是不能完全分开的;少数民族集体经济发展权的实现,并不必然导致民族成员个体经济发展权利的保障和实现。离开少数民族成员个体实际经济生活水平的提高,去奢谈少数民族经济发展权的实现问题在理论上有其脆弱性。联合国《发展权利宣言》第 1 条规定:每个人

"均有权参与"发展权,享受经济发展的成果。第 2 条第 1 款规定:"人是发展的主体,因此,人应成为发展权利的积极参与者和受益者。"所以,认为民族经济发展权的主体只能是少数民族的"集体"似有不妥,也很难在理论上自洽。民族经济发展权的主体理应具有双重性,既包括少数民族的集体,也包括少数民族的个人,二者同时并存,以注重民族个体经济发展权的保障为必然趋势。

(二) 中国少数民族经济发展权的实现要求

"由于民族因素的存在,发展差距涉及了各民族之间以及国家整体与民族地区局部之间的矛盾,直接关系和影响到民族的团结和社会的稳定,成为当前我国民族问题的核心症结。"①南斯拉夫、苏联解体的前车之鉴值得我们深刻汲取和总结。邓小平同志明确指出:"实行民族区域自治,不把经济搞好,那个自治就是空的。少数民族是想在区域自治里面得到些好处,一系列的经济问题不解决,就会出乱子。"②民族地区经济的快速发展,加快缩小不同民族之间的经济差距是解决中国民族问题的关键,这也是解决我国民族问题的基础性工作。

少数民族经济发展权是少数民族经济权利实现的核心,是为民族地区改善生活,不断提高生产力发展程度的物质前提保障。习近平总书记指出:"要发挥好中央、发达地区、民族地区三个积极性,对边疆民族地区、贫困地区、生态保护区实行差别化的区域政策,优化转移支付和对口支援机制,把政策动力和内生潜力有机结合起来。"③国家近些年针对民族地区的财政转移支付力度在不断加大,一些措施也取得了明显效果,使各民族的经济发展权在我国现阶段得到了不同程度的实现。为了进一步促进少数民族经济发展权的落实,除了国家统筹协调各地发展、实施国家战略外,在不违背国家宪法、法律规定的前提下,各民族地区及相关政府职能部门也应积极转变发展思路,加大内引外联力度,加快推进本地区产业的升级转型,搞好各产业间的合理规划和结构调整,加快第三产业和"互联网＋"以及新兴业态的发展进程。大力开展与东部发达地区的横向经济协作,用良好的营商环境和法治生态吸引东部的人才、资金、技术和高科技企业更多地参与西部民族地区的经济发展。在"外联"的同时,民族地区还应利用好自身地处祖国多处边境口岸的天然区位优势,在国家法律和政策允许的范围内,变封闭落后为神奇,用新思路、高效率推动我国边境贸易的发展程度和经济规模,并积极培育本地区的品牌优势,全面参与国际市场竞争、开拓国际市场空间。

---

① 张锡盛主编:《市场经济与民族法制——来自中国云南的研究报告》,云南大学出版社 2004 年版,第 8 页。
② 《邓小平文选》(第 1 卷),人民出版社 1994 年版,第 167 页。
③ 习近平总书记在 2014 年中央民族工作会议上的讲话(2014 年 9 月 28 日)。

第三节　中国少数民族经济权利保障的类型

一、中国少数民族经济权利的立法保障

少数民族经济权利的样态多种多样,在现有社会物质生活条件下,对现实中比较突出的少数民族经济权利进行专门性的保护也是当今世界发展的共同趋势,这也是完全符合统一多民族国家的实际情况的。少数民族经济权利的立法保障是指国家立法机关通过创制、修改和废止法律,去保障少数民族经济权利的专门性法律活动。

进行少数民族经济权利立法必然要坚持一定的立法原则。作为少数民族经济权利立法过程中起指导作用的基本准则和基本方针,既要符合我国立法的一般原则,又要符合民族法的基本原则。有学者认为,我国民族法的基本原则包括:各民族一律平等原则、保障少数民族合法权利和利益原则、各民族共同繁荣原则、维护民族团结和国家统一原则。① 不仅如此,少数民族经济权利立法过程中起指导作用的基本准则和基本方针还要照顾到民族立法的特殊性。少数民族经济权利立法特有原则主要有:(1)依法保障少数民族经济权利原则;(2)平等权原则;(3)特殊保护原则。

少数民族经济权利立法主要是依法规定少数民族享有哪些经济权利,以及少数民族经济权利遭受侵犯时该如何进行救济和制裁等内容,其立法目标都是依法保障少数民族的经济利益不受非法侵害。依法保障少数民族经济权利是我国少数民族经济立法的关键,法律对少数民族经济权利的平等保护和特殊保护都是围绕着这一中心问题展开的。依法保障少数民族经济权益原则必然是少数民族经济权利立法的首位原则。平等权原则要求:少数民族和占人口多数的主体民族具有同等地参与国家立法的权利,不能因为其特殊的民族身份,使通过的法律不能平等地保护其合法经济权益。平等权原则既是现代法律一贯主张的"法律面前人人平等"原则的集中体现,也符合当今世界对全体社会成员平权保护的共同趋势,又是各民族一律平等的民族法基本原则的彰显。少数民族经济权利立法不只是为了实现少数民族和占人口多数的主体民族之间形式上的平等,其追求的最终目标是各民族事实上、结果上的平等问题,这就催生了少数民族经济权利立法的另一个重要原则——特殊保护原则。特殊保护原则在现实中的突出表现是,民族自治地方依法享有广泛的经济立法自治权。民族自治地方的立法机关有权依照当地民族特点和特殊情况,制定自治条例和单行条例,实现

---

① 参见吴宗金、张晓辉主编:《中国民族法学》(第2版),法律出版社2004年版,第119页。

对特殊经济利益的特殊法律保护。因为一般性的国家经济立法并没有完全考虑到民族自治地方的实际情况，或考虑得不是很周详，这也是国家依法赋予民族自治地方经济立法自治权的现实需要。少数民族经济权利立法的三个特有原则不是绝对孤立的，三者的彼此联系是非常密切的，任何把其中一个原则抬高到无可复加地位的做法都是错误的。只有在立法过程中把三者有机整合协调起来，才是少数民族经济立法工作的必然选择。

中华人民共和国成立后，特别是改革开放以来，我国不断加强在立法上保障少数民族经济权利力度，取得了许多可喜的立法成就。这主要体现在：（1）初步形成了少数民族经济权利法律保障体系。如现行《宪法》第 4 条、第 117 条、第 118 条、第 122 条和《民族区域自治法》相关条款，以及 2005 年 5 月《国务院实施〈中华人民共和国民族区域自治法〉若干规定》，都对促进和加快民族地区经济发展作了多项法律规定。而且，更加细化的行政法规、地方性法规、政府规章和民族自治立法的规定，近些年也逐渐增多。（2）少数民族经济权利立法体制不断健全完善。（3）少数民族经济权利立法的程序化建设取得重大进步。

二、中国少数民族经济权利的执法保障

（一）执法保障概况

少数民族经济权利执法保障是指各级国家行政工作人员，依法执行和适用法律进行行政裁决，保障少数民族经济权利的各项活动总称。广义上讲，一切国家机关执行、适用法律，保障少数民族经济权利的活动，都是对少数民族经济权利的执法保障。但狭义角度的少数民族经济权利执法保障，则专指国家行政机关工作人员、法律法规授权组织和行政委托组织，执行和适用法律保障少数民族经济权利的各种活动的总称。

少数民族经济权利的实现主要是由各级行政机关保障实施的，各级政府在执行少数民族经济权利保障的措施时必须坚持如下几项基本原则：（1）依法行政原则；（2）从属性原则（即各级国家行政机关执法过程中，必须始终保持对国家最高权力机关的从属地位原则）；（3）行政效能原则。

（二）执法保障的完善

一是要提高各级行政机关工作人员对保障少数民族经济权利重要性的认识。加快民族地区经济发展是解决中国民族问题的关键。同样，也只有在各级行政机关工作人员的思想意识深处，牢固树立保障少数民族经济权利重要性、紧迫性的认识，才能使国家包括少数民族自治地方制定的保障少数民族经济权利的法律规定得到高效的执行。只有各级行政执法人员的综合素质得到很大提高，特别是其尊重和保障少数民族经济权利的意识得到极大提升的时候，才会迎来少数民族经济权利保障的新发展。毕竟，法律规定得再完善，也需要秉持依法

行政、全心全意为人民服务的优秀公职人员去落实。

二是要强化民族地区的行政执法监督工作,落实好行政执法责任制,有效保障少数民族经济权利。与《刑法》《民法典》等主要由司法机关适用的"司法适用导向的法律"不同,涉及少数民族经济权利保障等方面的法律,属于主要依靠低位阶的法律性文件制定机关制定法律性文件(行政法规、地方性法规、规章等)和行政机关执行"行政执法导向的法律"来实现,因而,这种类型的法律必定留给法律性文件制定机关和行政执法机关较大裁量空间,必定存在大量使用不确定法律概念和模糊术语的状况①;这就决定了必须强化自上而下的行政执法责任制,才能更好地落实这种立法,保障少数民族经济权利。

三是要继续推进民族自治地方政府的职能转变。不断深化政府行政管理体制改革是政府不断适应民族地区经济社会发展实际,必然要进行的制度变革。只有继续推进民族自治地方政府的职能转变,把当地政府经济管理部门真正应该管的事情管好,才能更科学高效地保障少数民族的各项经济权利。应针对各民族地区少数民族行政管理工作的实际,加大进行体制、机制的改革创新的力度。注重发挥民族自治地方的特殊作用和特点优势,不搞从中央到地方"一刀切"模式。

四是要依法裁决少数民族经济权利实现过程中的各种纠纷,行政机关非法侵害少数民族(公民)经济权利时应进行及时合理的行政赔偿。政府行政管理工作在实际中,会涉及一些关乎少数民族经济利益方面的经济纠纷和利益冲突。这就要求民族自治地方的一线行政执法人员,在处理棘手的经济纠纷时,要始终坚持不为利益所动,坚持"毫不利己,专门利人"的公仆精神,依法公正处理涉及少数民族的经济利益纠纷,不使其经济权利在不公正的执法过程中产生不应有的损害。一旦出现行政机关的个别执法人员侵害了少数民族(公民)经济权利,并造成了客观损害的情形,就应按照《国家赔偿法》等法律的相关规定进行行政赔偿,并依法追究相关责任人的法律责任。

---

① 沈寿文:《理解"行政执法导向的法律"———一种对我国〈民族区域自治法〉立法思路的思考》,载《政治与法律》2018 年第 3 期。

第十一章　中国少数民族文化权利

第一节　中国少数民族文化权利概述

一、少数民族文化权利的界定

少数民族文化权利是少数民族人权最基本的内容之一。对少数民族文化权利内涵和外延的界定,有助于更好地把握少数民族文化权利的意义。现行法律中没有对少数民族文化权利进行界定,理论界对此也有很多不同的观点。有人认为,少数民族享用自己文化的权利,是少数民族权利的内容之一,简称民族文化权。它指多民族国家或国际社会通过国内立法或国际约法形式确认和保障少数民族权利主体,按照自己的民族文化方式生活、学习、工作的权利。①有人主张:"少数民族文化权利是少数民族人权最重要的内容之一,是自然的,不可让渡的权利。"②有人认为:"广义而言,文化权,即文化权利,是与经济、社会权利相并列的一项权利,是一个民族保持、改革和发展与其他民族具有区别性的文化的权利。"③还有人认为,对集体的文化权利加以保障的重点,应当是尊重少数民族以及边缘化群体的成员,同他们群体的其他成员一样,共同享有自己特有的文化、信奉和实行自己的宗教或使用自己的语言的权利,并积极采取措施防止这些群体的文化因民族一体化的推进而消失,因为即使没有国家的干预,即使没有存在毁灭它们的恶意,现代社会的权力关系结构、经济制度、大众传媒的影响以及一般的教育政策,少数民族文化非常容易在无形中被蚕食和侵吞。④

本书认为,少数民族文化权利是少数民族及其成员依据国内法和国际法所享有的保护、传承、发展、使用本民族物质文化和非物质文化并享受其利益的权利,既是少数民族的集体权利也是少数民族成员的基本人权。

---

① 屈学武:《简论少数民族的文化权利》,载《理论与改革》1994 年第 6 期。
② 翟东堂:《略论我国少数民族文化权利的保护》,载《华北水利水电学院学报(社科版)》2005 年第 4 期。
③ 张钧:《文化权法律保护研究——少数民族地区旅游开发中的文化权保护》,载《思想战线》2005 年第 4 期。
④ 张千帆主编:《宪法学》(第 3 版),法律出版社 2014 年版,第 231 页。

二、少数民族文化权利的基本要素

（一）少数民族文化权利的主体

对于少数民族文化权利主体这一问题,学者们提出了国家说[1]、少数民族说[2]、专门机构说[3]、双重主体说[4]等不同的主张。以上学说中"双重主体说"相比较而言更为科学合理,少数民族文化权利的权利主体是少数民族,即少数民族是其基本文化权利的享有者;少数民族文化权利的管理主体是国家和少数民族,即由国家设立专门的机构或通过信托的方式来帮助少数民族实现其基本文化权利。理由在于:

第一,设置双重主体可以克服前述"国家说"和"少数民族说"的缺陷,更加有利于少数民族文化权利的保障。中国的少数民族传统文化种类繁多、数量巨大,国家无法单独地完成对如此丰富的少数民族传统文化的保护。同时,随着民族的迁徙和交融以及少数民族传统文化的不断传承,许多少数民族传统文化的"边界"是不清楚的,一些传统文化的流传范围已不再限于某个地区,如西北的"花儿",是聚居于甘、宁、青地区的回、汉、撒拉、东乡、裕固等民族都在用当地汉语方言传唱的一种山歌,很难确定其为某一地区的具体的民族或群体所有。这时,应当规定国家作为基本文化权利的主体对其进行保护。

第二,少数民族文化权利的保障最终必须依靠少数民族的参与,在条件成熟的情况下,国家作为管理主体也有可能从少数民族文化权利保障事务中逐渐淡出,这是历史发展的必然。比如,随着云南丽江民族旅游业的蓬勃发展,纳西族东巴传统文化的保护受到了政府和社会各界的极大重视,出现了一种空前的复兴景象。但东巴传统文化在它的原生土壤即纳西族民间却已大大失落,与上述的繁荣景象形成鲜明的反差。这就说明,如果对少数民族传统文化的保护只是局限在上层的政府部门和有识之士,而得不到下层的、它的原生土壤上的文化创造者或主人公的支持,要想实现少数民族文化保护的目标是比较困难的。[5]

第三,"双重主体说"也是落实《民族区域自治法》中"上级国家机关的职

[1]　王鹤云:《保护民族民间文化的立法模式思索》,载郑成思主编:《知识产权文丛》(第8卷),中国方正出版社2002年版,第178—185页。

[2]　〔奥〕凯尔森:《法与国家的一般理论》,沈宗灵译,中国大百科全书出版社1996年版,第91页。

[3]　张辰:《论民间文学艺术的法律保护》,载郑成思主编:《知识产权文丛》(第8卷),中国方正出版社2002年版,第117页。

[4]　严永和:《论传统知识的知识产权保护》,法律出版社2006年版,第199页。

[5]　马晓京:《民族旅游开发与民族传统文化保护的再认识》,载毛公宁主编:《民族政策研究文丛》(第3辑),民族出版社2004年版,第491页。

责"的一个具体体现。在民族地区的未来发展中,少数民族的传统文化将成为其发展的一个强大动力,少数民族基本文化权利中的经济性权利的转让将直接带来巨大的经济利益,上级国家机关在指导、帮助、扶持民族地区发展时,应将其基本文化权利的保障作为一个重要的方面,可以实现文化和经济共同发展,进而带动整个民族地区社会全面进步的目的。

(二) 少数民族文化权利的客体

少数民族文化权利的客体是指少数民族文化权利主体的权利和义务所指向的对象或标的。少数民族文化权利的客体就是少数民族的传统文化,也是少数民族的传统生活方式。

由于少数民族传统文化内涵的丰富性,少数民族传统文化属于在外延上不确定的概念。人们可以主张保护的对象到底有哪些,都是无法准确回答的问题。此外,这种对象的不确定性还在于,少数民族的传统文化会随着自然与社会的发展变化而呈现出动态变化的状态。① 这也给少数民族文化权利的保障增加了相当的难度。一般认为,少数民族的传统文化包括有形文化财产和无形文化财产两大部分②,联合国教科文组织 1972 年通过的《保护世界文化和自然遗产公约》使世界各国的文化遗产(文物、建筑群和遗址等)、自然遗产、文化与自然双重遗产得到了前所未有的重视、珍惜和保护,其保护范围相当于有形文化财产,包括少数民族的有形文化财产。有人认为,可以作为少数民族文化权利客体的不是少数民族传统文化的全部,我们可以排除的是前述的有形文化财产,尤其是列入中国《文物保护法》第 2 条规定范围的文物,这些文物属于国有。这些有形文化财产,不管是可移动的还是不可移动的,都应该从少数民族文化权利客体中排除。本书认为,即便如此,这些国有的有形文化财产中的一部分为当地少数民族实际占有、使用,自古以来与少数民族的社会生活密不可分,也应视为少数民族文化权利的客体。

近年来,少数民族传统文化的一个更为重要的并逐渐为世界各国所重视的领域是少数民族的传统知识。世界知识产权组织对传统知识范围的探索经历了一个过程,最初认为传统知识既包括产业领域的技术性知识,又包括民间文学艺术。根据世界知识产权组织对于传统知识的定义,传统知识是指"基于传统的文学、艺术或科学作品;表演;发明;科学发现;外观设计;标记、名称和符号;未公开信息;和所有其他在工业、科学、文学或艺术领域内产生的基于传统的发明和

---

① 唐广良:《遗传资源、传统知识及民间文学艺术表达国际保护概述》,载郑成思主编:《知识产权文丛》(第 8 卷),中国方正出版社 2002 年版,第 3—72 页。

② 对文化遗产的最新分类是三分法,即物质文化遗产、文化景观遗产和非物质文化遗产。

创造"①,即把传统社区的全部知识活动和知识生产的产物划入其界域,所有一切在工业、科学、文学和艺术领域内,以传统为基础的由智力活动产生的一切创新和创造,都属于传统知识的范畴。后来对二者进行了区分,把传统知识界定为产业领域内的技术性知识,即在狭义上使用这一概念。② 由于传统知识蕴含着重大的经济价值,并成为生物科技时代技术创新的强有力的推动力,因而日益被世界各国所重视。国内学者对传统知识也有不同的看法,本书认为,传统知识的概念包括在非物质文化遗产当中,根据世界知识产权组织对于传统知识的定义的内容,即使采用广义的传统知识定义,即"在工业、科学、文学或艺术领域内产生的基于传统的发明和创造",非物质文化遗产中的"观念表述、表现方式、知识、技能"也可以囊括传统知识的这些方面,因而,我们没有必要单独为传统知识立法进行保护,但可以根据具体情况为某一方面的传统知识进行单独立法,这些内容都可以认为包括在非物质文化遗产保护之中。关于传统知识,由于中国各地区都有着丰富的传统知识,中国的少数民族在这个问题上不具有特殊性,应该进行一体的共同保护,而不必特别强调少数民族的传统知识,尤其是地理标志是有效的保护途径之一,因而,对于少数民族的传统知识也不必单独立法。

　　而对于传统生活方式,则主要是由于各少数民族的传统生活方式有别于主流社会的生活方式,应对其进行特别保护,应成为少数民族文化权利保障的客体,主要有生活状态、本土风格、习俗、风俗、仪式、礼节、争端解决方法、管理方法、宗教、民间信仰、崇拜、语言等。当然,少数民族文化权利保障的客体还包括与其生活方式不可分割的一些其他传统文化,本书对这些其他客体也会有所涉及。当然,少数民族传统生活方式中一些褊狭的、排他的、封闭的和落后的因素应予以排除。与此相对应的主流社会的生活方式因为其处于强势则不需要对其提供特别的保护。

（三）少数民族文化权利的内容

少数民族文化权利的内容主要包括以下几个方面:

1. 精神性权利

（1）署名权。一般来讲,署名权是精神性权利的最重要的内涵之一,指的是作者有权在其作品上署名,以昭示自己作者的身份。此外,署名权还有很重要的另一层意思,即作者有权禁止未参加作品创作之人署名。如有人利用权势或利用工作上的便利,在他人的作品上署上自己的名字,无论是试图表明其作为单独

---

　　① WIPO,Intellectual Property Needs and Expections of Traditional Knowledge Holders:WIPO Report on Fact-Finding Missions on Intellectual Property and Traditional Knowledge (1998—1999),Geneva,April 2001,p.25,转引自刘银良:《传统知识保护的法律问题研究》,载郑成思主编:《知识产权文丛》(第13卷),中国方正出版社2006年版,第229页。

　　② 严永和:《论传统知识的知识产权保护》,法律出版社2006年版,第15—17页。

作者还是合作作者的身份，都侵犯了真正作者的署名权。① 对于少数民族文化权利而言，少数民族有权表明其传统生活方式等传统文化事项为其本民族所有，不得被他人冒名使用或未经允许进行商业性使用。此项权能对于权利主体至关重要，它有利于创作者声誉的提高。

（2）文化尊严权。该项权能首先是指少数民族保持其传统的生活方式的权利，该项权能与署名权紧密相连，不得被他人不当使用或进行未经许可的商业性使用。此外还包括类似于著作权中"保护作品完整权"的内容，由于民间文学艺术对外往往代表着该民族等群体，对这种艺术形式的肆意滥用、破坏常会伤害民族自尊心，所以实有必要赋予权利主体此项权利，以保护民间文学艺术不受歪曲。这其中的一个重要方面就是知情同意权，即对少数民族传统文化进行开发必须事先告知该少数民族并获得其同意。这种开发的形式是多种多样的，如改编少数民族的民间文学、民歌，将少数民族的音乐和舞蹈用于商业性演出，将少数民族的生活方式制成影片，等等。同时，开发者应在可能的情况下，尽量允许该少数民族参与其传统文化的开发。

对这项权能的损害就是"文化贬低"现象的存在，这种伤害主要表现在把民间文学艺术品以有悖于原创目的地展示，宗教用品被当作装饰物出售，或者规定在特定场合或者礼仪使用的民间文学艺术作品在将其出售时得不到尊重，等等。由于作为宗教文化一部分的宗教仪式在很多少数民族传统文化中长期处于神圣地位，对其他方面传统文化的生产及各民族的社会生活起过不同程度的组织、统摄作用，并形成了各种与人们日常生活相关的严密的社会规范。因而，必须保证类似宗教仪式等具有神圣精神意义或象征意义的文化要素的尊严，不能将其开发成旅游产品，这也是在保障少数民族的文化权利。

（3）文化发展权。该项权能同样是少数民族文化权利的核心内容，即作为少数民族传统文化创作者的少数民族应当享有发展或授权他人发展其传统文化的权利，以利于少数民族传统文化的进步和发扬光大，当然，这应当建立在少数民族保持其传统生活方式的基础之上。文化发展权的第一个重要方面是文化选择权，其主要内涵包括两个方面：一是获得选择的条件的权利，二是尊重主体的选择自由，二者都非常重要。如前所述，保护少数民族传统文化时必须要尊重这种文化的创造者的意愿，而不能违背它的意愿，必须尊重少数民族的选择自由。这不只是因为要尊重主体的自由，也因为没有主体的配合，就不能达到保护的目的。要保护好少数民族的传统文化，重要的是为少数民族提供选择和创造的机会，即尊重他们的选择自由。文化发展权的第二个重要方面就是"收回权"。所谓"收回权"，指的是有权收回未经他们自由知情同意或违反其法律、传统和习

① 郑成思：《知识产权法》，法律出版社1997年版，第375页。

俗而被夺走的文化、知识、宗教、精神财产。① 文化发展权的第三个重要方面就是发展决定权。文化的本性就是发展变化的,只有"死的文化"才是不变的。没有一种文化从古至今完全不变,任何外部力量都不可能使某一种文化的发展停止下来。保护少数民族的传统文化并不意味着让这些文化永远不变,而是指反对那些违背少数民族意愿的、外部强制力作用下的文化改变。少数民族自己选择的文化变迁是少数民族传统文化的自然发展过程,并不违背少数民族文化发展权的宗旨。显而易见,文化选择权是少数民族所享有的其他文化发展权能的前提。

　　2. 物质性权利

　　少数民族文化权利中的物质性权利可以被粗略地分为两个方面:一是利益分享权,二是获得国家帮助权。利益分享权主要是利益补偿权,该权能是因少数民族文化权利受到侵犯而产生的消极权能。利益分享是《生物多样性公约》的核心思想之一,即生物资源的提供者有权从生物资源的获取者处得到适当的经济补偿,分享使用这一生物资源带来的利益。由于生物资源丰富的国家多为南半球的发展中国家,而技术先进、有条件利用生物资源产生巨大收益的国家多为北半球的发达国家,因而以传统的知识产权体制为主的现行相关利益分配机制没有能顾及这一现实情况,势必造成发展上的不公平。于是《生物多样性公约》提出利益分享这一思想,其实质上是"南北"共同分享生物资源开发所获得的利益。获得国家帮助权,即少数民族有权获得上级国家机关的帮助,包括财政支持来发展其传统文化,这在《民族区域自治法》《民族乡行政工作条例》《城市民族工作条例》等法律法规中都有相应规定。

　　少数民族文化权利所涵盖的范围非常广泛。本书认为,少数民族文化权利既包含少数民族成员作为一个普通公民所享有的享受文化成果的权利、参与文化活动的权利、开展文化创造的权利以及对个人进行文化艺术创造所产生的精神上和物质上的利益享有受保护权;也包含少数民族保持其传统的生活方式的权利。少数民族文化权利有着丰富的内涵;其具有公权属性的同时更是一种私权;其是个体文化权利的同时更强调它的集体文化权利的属性;它从静态权利变为动态权利的过程就意味着少数民族文化权利的实现。本书所探讨的少数民族文化权利主要限于作为少数民族集体文化权利的少数民族保持其传统生活方式的权利。

――――――――――

　　① 参见《联合国土著人民权利宣言》第12条的规定。我国不存在土著人问题,但国际上关于土著人权利保障的相关措施可以为我们研究少数民族权利保障提供借鉴。

第二节　中国少数民族文化权利的保障

一、中国少数民族文化权利的立法保障

（一）中央立法

一是对少数民族文化权利进行原则性规定。现行《宪法》序言规定："中华人民共和国是全国各族人民共同缔造的统一的多民族国家。平等团结互助和谐的社会主义民族关系已经确立，并将继续加强。在维护民族团结的斗争中，要反对大民族主义，主要是大汉族主义，也要反对地方民族主义。国家尽一切努力，促进全国各民族的共同繁荣。"第4条规定："中华人民共和国各民族一律平等。国家保障各少数民族的合法的权利和利益，维护和发展各民族的平等团结互助和谐关系。禁止对任何民族的歧视和压迫，禁止破坏民族团结和制造民族分裂的行为。国家根据各少数民族的特点和需要，帮助各民族地区加速经济和文化的发展。……各民族都有使用和发展自己的语言文字的自由，都有保持或者改革自己的风俗习惯的自由。"第119条规定，民族自治地方的自治机关自主地管理本地方的教育、科学、文化、卫生、体育事业，保护和整理民族的文化遗产，发展和繁荣民族文化。《民族区域自治法》在《宪法》规定的基本原则基础上使民族区域自治制度进一步系统化。

二是对文化权利进行立法确认。少数民族的文化平等权受到了党和政府的高度重视，从《中国人民政治协商会议共同纲领》到《民族区域自治实施纲要》，再到1954年《宪法》，都明确规定了少数民族平等地发展其文化的权利。同时，政府采取一切可能的措施，纠正民族文化关系中的歧视、敌意和隔阂状态，加强了各民族之间的文化联系，发展了少数民族优秀的传统文化，少数民族的风俗习惯得到尊重，各民族的传统节日得到尊重。少数民族文化平等权、参与文化生活的权利、享受文化成果的权利、开展文化创造的权利都获得了法律保障，并逐步实现。

三是采取各种措施保障少数民族文化权利的实现。《民族区域自治法》以"自治机关的自治权"的形式在多处规定了保障少数民族文化权利的具体措施，特别是其关于文化管理自治权的规定。同时，该法还以专章规定了上级国家机关的职责，以法律形式确认了对少数民族文化权利的保障已经成为政府工作的一个重要组成部分。这些规定，都为少数民族充分实现其文化权利提供了可能。《国务院实施〈中华人民共和国民族区域自治法〉若干规定》专门规定了民族自治地方自治机关的文化管理方面的自治权，这些权力规定的目的是赋予自治机关采取多种方式保障少数民族文化权利的职权。其中，第24条规定，上级人民

政府从政策和资金上支持民族自治地方少数民族文化事业的发展,加强文化基础设施建设,重点扶持具有民族形式和民族特点的公益性文化事业,加强民族自治地方的公共文化服务体系建设,培育和发展民族文化产业。国家重视少数民族优秀传统文化的继承和发展,定期举办少数民族传统体育运动会、少数民族文艺会演,繁荣民族文艺创作,丰富各民族群众的文化生活。第 25 条规定,上级人民政府支持对少数民族非物质文化遗产和名胜古迹、文物等物质文化遗产的保护和抢救,支持对少数民族古籍的收集、整理、出版。所有这些规定都进一步强调了政府在少数民族文化权利保障领域的职责,使中国少数民族文化权利的保护事业步入法治化轨道。

四是对违反少数民族文化权利的行为进行惩处。如《刑法》第 249 条规定了煽动民族仇恨、民族歧视罪,第 250 条规定了出版歧视、侮辱少数民族作品罪,第 251 条规定了非法剥夺公民宗教信仰自由罪和侵犯少数民族风俗习惯罪,等等。

（二）地方立法

通过地方立法来加强对少数民族文化权利的保障,在很多方面具有开拓性,也为该领域的国家立法提前进行了探索。

一是概括性规定。目前已经制定的 135 个自治条例中对少数民族文化权利保障的相关规定,具体表述不是很一致,但从内容上看,一般都是有专门的条款对该事项作出原则性规定。例如,《三都水族自治县自治条例》第 45 条规定,自治县的自治机关加大资金投入,保护名胜古迹、文物、民族文化遗产和烈士陵园,加强文化生态博物馆、民族民间传统文化之乡和民族文化村寨的保护和建设;发掘民族民间文化资源,培养民族民间文化传承人,支持民族民间文化进校园。该条例利用一个条款专门规定了包括水族基本文化权利在内的文化权利保障的多方面内容。此外,部分省、自治区、直辖市所制定的少数民族权益保障条例或散居少数民族权益保障条例也对此作出了概括性的规定。例如,《浙江省少数民族权益保障条例》第 25 条规定,各级人民政府及有关部门应当扶持发展少数民族文化、体育事业,保护、发掘、整理少数民族优秀文化遗产,培养少数民族文艺、体育人才。

二是规定民族民间文化的范围。《云南省非物质文化遗产保护条例》《福建省非物质文化遗产条例》和《贵州省非物质文化遗产保护条例》中规定的民族民间文化的范围大致相同,《青海省实施〈中华人民共和国文物保护法〉办法》中特别以专章的形式规定了少数民族文物和宗教文物,《内蒙古自治区文物保护条例》也以专章的形式规定了民族文物。这些条例中规定的民族民间文化主要包括:少数民族的语言、文字;具有代表性的民族民间文学、戏剧、曲艺、诗歌、音乐、舞蹈、绘画、工艺美术等;民族民间文化传承人及其所掌握的传统工艺制作技术和技艺;集中反映各民族生产、生活习俗和历史发展的民居、服饰、器具、用具等;具有民族民间文化特色的代表性建筑物、设施、标识以及在节日和庆典活动中使用的特定自然场所;保存比较完整的民族民间文化生态区域;具有学术、史料、艺术价值的手稿、经卷、典籍、文献、契约、谱牒、碑碣、楹联等;具有民族民间代表性的传统节日、庆典活动、民族体育和民间游艺活动以及具有研究价值的民俗活动;民族民间文化的其他表现形式。广西壮族自治区,苏州市,湖南省的湘西土家族苗族自治州、长阳土家族自治县等也都制定了各自的民族民间文化保护方面的地方立法。正是由于我们目前没有能力也没有必要对所有的少数民族传统文化进行保护,这些规定科学地界定了少数民族文化权利保障的范围,对地方立法的实施以及整个法治运行环节都是有重要指导意义的。

三是规定专门的文化权利保障机构。《云南省非物质文化遗产保护条例》《福建省非物质文化遗产保护条例》和《贵州省非物质文化遗产保护条例》中都规定县级以上人民政府的文化行政部门主管本行政区域内民族民间传统文化的保护工作。《云南省纳西族东巴文化保护条例》第 5 条规定,纳西族聚居的县级以上人民政府文化和旅游行政部门是纳西族东巴文化保护工作的主管部门。这些部门的职责大致相同,主要是:宣传、贯彻国家有关保护民族民间传统文化的法律、法规和方针、政策;会同有关部门制订本行政区域内民族民间传统文化保护工作规划,并组织实施;对民族民间传统文化的保护工作进行指导和监督;管理民族民间传统文化保护经费;对违反本条例的行为进行处罚。民族事务、教育、旅游、规划、建设、新闻及其他有关部门应当在各自的职责范围内,协助文化和旅游行政部门共同做好民族民间传统文化保护工作。

四是规定民族民间传统文化传承人和传承单位。《云南省非物质文化遗产保护条例》第 17 条规定了云南省非物质文化遗产传承人的认定条件:熟练掌握其传承的非物质文化遗产;在特定领域内具有代表性,并在一定区域内有较大影响;积极开展传承活动。《福建省非物质文化遗产保护条例》第 11 条和第 12条、《贵州省非物质文化遗产保护条例》第 24 条也规定了非物质文化遗产传承人的条件和申请材料。《福建省非物质文化遗产保护条例》第 19 条和第 22 条规定了传承人和保护单位的权利。比较来说,云南省和贵州省对民族民间文化传承人和传承单位的规定比福建省的规定要宽松,这也是两省本着实事求是的精神,从本省少数民族众多、文化素质相对较低的现实出发作出的规定。

五是规定民族传统文化生态保护区。《云南省非物质文化遗产保护条例》第 27 条第 1 款规定了云南省民族传统文化生态保护区的设立和公布条件,主要包括:非物质遗产资源集中;居民建筑特色鲜明并具有一定规模;传统文化形式和内涵保存完整;自然生态环境良好。《福建省非物质文化遗产保护条例》第 33 条和《贵州省非物质文化遗产保护条例》第 29 条也都对文化生态保护区的设立条件进行了类似的规定。虽然对以设立类似民族传统文化生态保护区或文化生态保护区的方式来保护少数民族的传统文化的做法还存有一些争议,但三个条例都肯定了其积极作用,以地方立法的形式对设立条件作了具体规定。

此外,还有一些规定也是非常重要并且具有地方特色的。例如,《贵州省非物质文化遗产保护条例》第13条和第14条规定,国外、境外团体、个人以研究或者营利为目的,到本省进行非物质文化遗产考察活动的,应当报省人民政府文化行政部门批准。经省人民政府文化行政部门认定的具有重要历史、艺术、科学价值的民族民间文化资料和实物,除经依法批准的以外,一律不得出境。该两条规定了对民族民间文化的出境保护,这也是针对前些年贵州传统的民族服饰、器具等大量流失的现状而作出的规定,同时也表明了立法者权利意识的增强。《贵州省非物质文化遗产保护条例》第18条规定了建立民族文化生态博物馆或者民族文化村寨博物馆的条件:自然生态环境整体保存较好;具有民族文化典型特征;民族传统文化保存较好;历史悠久、建筑典型、民风古朴,具有代表性的民族村寨。该条规定是该法的一大特色,因为贵州在国内最早建立了梭嘎生态博物馆并在国内外获得了良好的反响,该规定也是建立在这一成功实践的基础上。《延边朝鲜族自治州朝鲜族文化工作条例》第四章还以专章的形式规定了群众文化,规定特别的措施保障群众参加文化生活的权利。第五章以专章的形式规定了图书和文物,特别强调对民族文物的保护。这些规定虽然还比较原则,但其在国内比较早地规定了政府在民族文化工作方面的义务,以及采取措施促进群众对文化生活的参与,是比较罕见的。值得注意的是,《贵州省非物质文化遗产保护条例》第28条规定了民族民间文化保护经费的筹集和用途。主要由政府拨款、社会捐助和接受国内外捐赠等多渠道筹集,主要用于民族民间文化重大项目的保护、研究和开发;征集、收集、整理、研究、保护和开发民族民间文化珍品、文献、典籍和实物;贫困地区民族民间优秀文化项目的保护和开发;民族文化生态博物馆和民族文化村寨博物馆的建设与管理;其他民族民间文化保护工作。《云南省纳西族东巴文化保护条例》第31、32条也规定了东巴文化保护经费的来源及主要用途。

二、中国少数民族文化权利的行政保障

(一) 少数民族文化权利行政保障的现状

权利需要国家权力的承认和支持,权利最深层的问题并不是权利与义务的问题,是权利与国家权力的关系问题。权利作为一种价值形态,当它为国家权力所承认、支持时就成为一种法定权利。在这一层面上,权利直接与法定的义务发

生关联,构成了权利的法律形态。① 落实前述国际人权公约中的国家义务具体就体现在政府在少数民族文化权利法律保障方面应采取的措施。

中国政府历来重视采取各种措施对少数民族文化权利进行法律保护。党的十七届六中全会通过的《中共中央关于深化文化体制改革推动社会主义文化大发展大繁荣若干重大问题的决定》明确提出,加强文化法制建设,提高文化建设法制化水平。党的十八届四中全会更将"文化昌盛"与"经济发展""政治清明""社会公正""生态良好"并列为"我国和平发展的战略目标"之一。同时规定,要"加强重点领域立法……加快完善体现权利公平、机会公平、规则公平的法律制度……保障公民经济、文化、社会等各方面权利得到落实,实现公民权利保障法治化"。这是推进我国文化改革发展的新要求、新任务,对于实现文化改革发展新目标、建设社会主义文化强国具有重要意义。

(二) 完善少数民族文化权利保障的行政措施

针对中国少数民族传统文化保护工作还处在初级阶段的事实,应着重加强如下几个方面的保护措施的落实:

一是开展少数民族传统文化遗产普查。普查是对少数民族传统文化进行保护的基础性工作,包括对其中的非物质文化遗产的记录和对一些反映少数民族传统文化内涵的实物和资料的收集,其目的就是建立少数民族传统文化档案。普查的实施包括政府的责任,公民的义务,普查的方式和要求等。必要时,还可组织全国或某一地区范围内的大规模普查或针对某一类非物质文化遗产进行专项调查;公民和团体在有关人员进行记录和实物征集时必须予以配合等。要在充分利用已有工作成果和研究成果的基础上,分地区、分类别制订普查工作方案,组织开展对少数民族非物质文化遗产的现状调查,避免重复劳动。运用文字、录音、录像、数字化多媒体等各种方式,对非物质文化遗产进行真实、系统和全面的记录,全面了解和掌握各地各民族非物质文化遗产资源的种类、数量、分布状况、生存环境、保护现状及存在问题,摸清非物质文化遗产资源的家底。运用现代科技手段建立档案和数据库。中国已经开展了一些大规模的文化遗产普查工作,全国文物资源的核查、建档工作取得明显成效。在文物普查方面,开展了全国重点文物保护单位记录档案备案、全国馆藏一级文物建档备案等重点的工作和项目,初步摸清了全国文物资源的家底,掌握了国有不可移动文物和馆藏文物的数量。

二是建立中国少数民族传统文化代表作名录体系。中国实行非物质文化遗产分级保护制度。制定非物质文化遗产代表作的评审标准,经过科学认定后,建立国家级和省、市、县各级非物质文化遗产代表作名录体系。国家级非物质文化

---

① 程燎原、王人博:《权利及其救济》(第2版),山东人民出版社1998年版,第34—35页。

遗产代表作名录由国务院批准颁布。省、市、县各级非物质文化遗产代表作名录由同级政府批准颁布,并报上一级政府备案。其中也包含非物质形态的少数民族传统文化。我们在建立中国少数民族传统文化代表作名录体系的同时,要绘制国家非物质文化遗产资源分布图,出版《中国少数民族传统文化代表作名录图典》。2006 年国家公布了第一批国家级非物质文化遗产名录,分为民间文学、音乐、舞蹈、戏剧、曲艺、杂技与竞技、美术、手工技艺、传统医药和民俗共 10 大类518 项。随后又公布了第二批、第三批和第四批国家级非物质文化遗产名录,以及第一批至第四批国家级非物质文化遗产代表性传承人。其中,有些是少数民族的非物质文化遗产和少数民族的非物质文化遗产传承人,尤其"民俗"这一大类中的很多项目,类似于少数民族的传统生活方式,还有众多的少数民族传统的生活方式没有被列进去,亟待我们加强保护。

三是设立重大工程项目的文化影响评估机制。重大工程项目的环境影响评估机制在中国基本建立起来,我们完全可以将这一制度借鉴到文化权利保障领域。由于特定的文化依赖于特定的环境,文化具有不可再生性,因而,一旦因重大工程项目而使文化受到影响,将造成灾难性的后果。倡导建立重大工程项目的文化影响评估机制是非常必要的,其中尤其要侧重对少数民族文化权利影响的评估。由于文化权利的实现需要政府更多的积极作为,重大工程项目的文化影响评估机制对于履行中国政府在签署和批准公约时的承诺非常重要。

四是设立专门的国家人权机构。联合国经济、社会和文化权利委员会认为,国家人权机构形式各异,其在促进和确保所有人权的不可分割性和相互依存性方面可以发挥关键的作用。中国还没有专门的以人权命名的政府机构。如果能设立专门的国家人权机构,不论其名称如何,都将适应联合国驻中国的所有机构合署办公的新形势,避免机构重复,提高行政效率。该机构的职责还可以包括开展有关人权事项及相关理论的研究,以促进人权在中国的接受、理解和遵守;编制人权发展规划;对中国尚未加入的其他人权公约的现状及其未来发展开展前瞻性研究,对中国的加入提供指导与建议;等等。

三、中国少数民族文化权利的司法保障

(一) 与少数民族文化权利相关的诉讼的性质

一般来讲,诉权是指法律关系主体及其利害关系人所享有的请求国家给予保护的权利,即请求法院行使审判权解决法律纠纷或保护相关权益的权利。关于保障少数民族文化权利方面的诉讼,到底是一种什么性质的诉讼,一直有不同的观点。中国民事诉讼法和行政诉讼法在制度设计上长期采用保守的"利害关系理论"来界定原告的诉讼主体资格,导致侵害社会公共利益的现象发生时因受到诉讼主体资格的限制不能有效地维护国家、集体、群众的利益,浪费了大量

的国家资源,本书认为,应将少数民族文化权利方面的诉讼界定为公益民事诉讼。关于公益诉讼的定义,主要有两种观点:一种认为是指特定的国家机关和相关的组织和个人,根据法律的授权,对违反法律法规,侵犯国家利益、社会利益或特定的他人利益的行为,向法院起诉,由法院依法追究法律责任的活动。另一种观点认为,公益诉讼是指任何组织和个人都可以根据法律法规的授权,对违反法律、侵犯国家利益、社会公共利益的行为,有权向法院起诉,由法院追究违法者法律责任的活动。[①]

公益诉讼不是一种单独的诉讼形式,而是一种以诉讼目的为基准界定的概念,旨在描述各种诉讼主体所进行的具有公益性质的诉讼活动。与"私益诉讼"相比较,公益诉讼的诉讼目的是维护国家利益和社会公共秩序。自然人、法人或其他组织经法律授权,可依法行使诉讼权利,并保证人民法院查明事实、分清是非、正确适用法律、及时审理违法案件、确认权利义务关系,制裁违法行为,以保护国家和社会公共利益。本书认为,从一定意义上讲,《乌苏里船歌》一案中,原告的诉讼行为可以认为是一种公益诉讼。

把保障少数民族文化权利方面的诉讼界定为公益民事诉讼,主要有以下两方面的原因:一是诉讼目的的公益性。权利主体以外的其他法律主体为了保护与自己没有直接利害关系的少数民族的文化权利,该类行为是为了维护少数民族传统文化与整个国家或人类文化的长远发展,本身即带有公益性质,原告付出的时间、精力与金钱更是不言而喻的。二是有利于社会组织和个人参与少数民族文化权利保障。司法作为纠纷解决的最终方式仍然是我们这个社会文明与民主的象征之一,社会组织和个人通过提起诉讼的方式来对少数民族文化权利进行保障是可供选择的积极方式之一,文化公益诉讼应成为公益诉讼的一个新亮点。

（二）与少数民族文化权利相关的诉讼程序

在具体的诉讼程序方面,少数民族文化权利保障方面的诉讼主要在诉讼时效和委托鉴定两个方面具有特殊性。

1. 诉讼时效

由于目前信息技术的发展与少数民族文化权利意识之间的巨大反差,少数民族在很多情况下往往很难知道自己的权利受到侵害。因而,法院在处理具体的诉讼案件时,一定要注意在诉讼时效的计算方面的特殊性,如果少数民族不知道自己的文化权利受到侵害,诉讼时效不应开始计算,尤其是计算"应当知道权利被侵害时",应当根据少数民族的实际情况作出客观的认定。

[①]　韩志红、阮大强:《新型诉讼——经济公益诉讼的理论与实践》,法律出版社1999年版,第27页。

2. 委托鉴定

由于少数民族文化权利的客体即少数民族传统文化的专业性使然,少数民族文化权利保障方面的诉讼可能都会涉及委托有关部门或专家进行鉴定问题。因而,法院必须委托法定的鉴定机构,并在鉴定组织或专家的选取程序、鉴定人的专业组合或专业结构、鉴定结果的认定等方面持有一个理性的态度并灵活运用自由裁量权。以前述"《乌苏里船歌》案"为例,一审期间,原被告双方均同意委托中国音乐著作权协会作出鉴定,法院也正是根据鉴定结论作出的判决,但是也有专家对该次鉴定提出了质疑,比如李卫红的《郭颂的〈乌苏里船歌〉是否侵权》一文就从鉴定主体的合法性、三位鉴定人结构不合理等两个方面提出了质疑。

此外,还应重视少数民族习惯法在司法程序中的运用。国际上对少数民族的纠纷解决的法律规定不是很多,在国际劳工组织 1989 年《独立国家土著和部落人民公约》①中有一些规定,值得我们借鉴。其第 8 条规定:(1) 在对有关民族实施国家的法律和法规时,应当适当考虑他们自身的习惯和习惯法;(2) 当与国家法律制度所规定的权利或国际上众所公认的人权不相矛盾时,这些民族应有权保留本民族的习惯和各类制度。在必要的时候,应该确立某种程序,以解决实施这一原则过程中可能出现的冲突。《联合国土著人民权利宣言》第 34 条规定,土著人有权根据国际上承认的人权标准促进、发展和维护其机构体制及其独特的司法习俗、传统、程序和惯例。虽然该公约和宣言都不适用于中国,但其精神实质和合理内核值得我们借鉴,尤其是在涉及少数民族文化权利保障的具体程序时应考虑到少数民族特有的纠纷解决机制。

少数民族的纠纷解决习惯法是相对于正式的纠纷解决制度而言的,具有如下特点:一般都是由当地有威望的人士负责操作,不代表国家公共权力,不是国家正式制度的组成部分,不具有强制执行力,等等。但是,司法机关如果能巧妙地运用少数民族的纠纷解决习惯法,尊重双方的固有观念以及特定的生活方式,将会使许多纠纷得以顺利解决,更有效地保障少数民族文化权利的实现。

---

① 中国不存在土著人问题,也没有加入该公约。

第十二章　中国少数民族语言文字和风俗习惯的自由和权利

第一节　中国少数民族语言文字和风俗习惯的自由概述

一、中国少数民族语言文字和风俗习惯的自由和权利的内涵

习近平总书记在 2021 年 8 月的中央民族工作会议中强调："要推广普及国家通用语言文字,科学保护各民族语言文字,尊重和保障少数民族语言文字学习和使用。"在铸牢中华民族共同体意识的大背景下,坚持推广普及国家通用语言文字,并且尊重少数民族语言文字,有利于增强各族人民团结统一的共同体意识和构建"一体多元"的语言文字格局。关于中国少数民族语言文字的自由,我国宪法和法律结合"少数民族"的集体和个体的实际,从两个方面加以明确规定:一是作为集体意义上的"少数民族"的语言文字的自由,比如现行《宪法》第 4 条第 4 款规定的"各民族都有使用和发展自己的语言文字的自由";第 121 条规定的"民族自治地方的自治机关在执行职务的时候,依照本民族自治地方自治条例的规定,使用当地通用的一种或者几种语言文字。"《民族区域自治法》第 10 条规定的"民族自治地方的自治机关保障本地方各民族都有使用和发展自己的语言文字的自由"。二是作为个体意义上的"少数民族"公民的语言文字的权利,比如《中华人民共和国全国人民代表大会和地方各级人民代表大会代表法》(以下简称《全国人民代表大会和地方各级人民代表大会代表法》)第 43 条规定的"少数民族代表执行代表职务时,有关部门应当在语言文字……方面给予必要的帮助和照顾。"

与之相同,中国少数民族风俗习惯的自由和权利,也是从集体意义上的"少数民族"和个体意义的"少数民族"两个角度加以规定的,前者如现行《宪法》第 4 条第 4 款规定的"各民族……都有保持或者改革自己的风俗习惯的自由";后者如《全国人民代表大会和地方各级人民代表大会代表法》第 43 条规定的"少数民族代表执行代表职务时,有关部门应当在……生活习惯等方面给予必要的帮助和照顾。"

因此,所谓中国少数民族语言文字的自由和权利,指的是某个具体的少数民族及少数民族公民,有使用和发展本民族语言文字、不受非法干预的自由;以及在特定条件下,少数民族公民有获得国家机关给予语言文字交流上的便利的权

利。所谓中国少数民族风俗习惯的自由和权利,指的是作为集体的某个具体的少数民族,有保持或者改革本民族的风俗习惯的自由;以及在特定条件下,少数民族公民有获得国家机关给予生活习惯的便利照顾的权利。

二、中国少数民族语言文字和风俗习惯的自由和权利保障的意义

按照一般的理解,"每个民族的语言和文字首先都是本民族成员之间进行交流的工具和手段。它们伴随着民族的形成、发展,并且作为民族文化的重要组成部分反映着民族之间的差异,成为本民族文化的重要因素和载体,成为民族的特点之一。人们学习和使用本民族语言文字的过程,也是学习、继承和交流自己民族文化的过程。因此,本民族成员对自己的语言和文字都必然存在着心理上、感情上的联系。人们在使用本民族语言文字时,增强着民族的自豪感和认同感。"[1]

在人类历史长河中,语言文字的发展历程如同民族本身一样,随着民族的接触和交流,一些民族的语言文字因民族同化和民族融合而悄无声息地消亡。在当代,由于交通、通信的发达和全球一体化,越来越多的民族语言文字使用人数越来越少,使用范围越来越小,步入了濒危语言的行列。联合国前秘书长加利曾感慨道:"也许大家并不知道,每两个星期就会有一种语言从世界上消失。随着这一语言的消失,与之相关的传统、创造、思维、历史和文化也都不复存在。"

犹如生物多样性一样,人类语言、文化的多样性也是人类的宝贵财富。如何在法律上保障少数民族语言文字权利,发展其文化,推进语言、文化的多样性,是每一个多民族国家面临的重要课题。

在中国,经过20世纪50年代的语言普查、民族社会历史调查和民族识别工作,到1979年6月,才确定了当今以汉族为主体的56个民族的民族结构。根据最近的调查,我国少数民族语言共有129种。

我国少数民族的语言使用情况十分复杂。主要有以下几种情况:

(1) 有的全民族通用汉语,如回族。

(2) 有的民族在不同地区使用两种或两种以上的语言。如藏族除了使用藏语外,四川的10多万藏族使用本民族的另一种语言——嘉戎语。在裕固族中,东部裕固族人使用恩格尔语,西部裕固族人使用尧呼尔语。景颇族、瑶族、高山族也属于这种情况。

(3) 有的少数民族有自己的语言,但其绝大多数成员皆操汉语。如满族、畲族、赫哲族等。

(4) 有的少数民族本民族语言仍在本民族大部分成员中使用,但已有一部

---

[1]　吴仕民主编:《中国民族理论新编》(修订本),中央民族大学出版社2008年版,第286页。

分人改用另一种语言。大部分少数民族中都有一部分人因与汉族杂居或生活在汉族地区只会汉语而不会讲本民族语言。也有改用其他民族语的,如部分德昂族改用傣语。

在文字方面,中华人民共和国成立前有蒙古族、藏族、维吾尔族、朝鲜族、景颇族等 17 个民族有自己的文字。中华人民共和国成立后,根据少数民族的意愿和要求,国家帮助 12 个民族创制了 16 种拉丁字母的新文字。现行的少数民族文字共有 27 种。

在我国,党和政府历来重视保障少数民族语言文字的自由和权利,"共产党尊重各民族语言和文字的实际,根据马克思主义民族平等的基本原则制定了相关的政策。"并在宪法和法律上作了一系列规定,采取了许多行政措施帮助少数民族发展语言文字,甚至为一些没有文字的少数民族创造了文字。

与之类似,由于"民族风俗习惯是民族构成的一个要素,是民族的显著特点之一。民族风俗习惯的形成,是一定历史发展阶段的产物,归纳起来,它的形成离不开民族的自然地理条件、经济生活条件、历史传统以及宗教文化传统等因素的影响。一般说来,它具有民族性、群众性、传承性、变异性和敏感性等特点。……共产党一贯高度重视尊重民族风俗习惯工作,把尊重少数民族风俗习惯,尊重各民族保持或者改革自己风俗习惯的自由,作为我们党和国家长期坚持的一项重要民族政策。"①党和政府重视保护少数民族风俗习惯的自由和权利,体现在现行《宪法》和法律的一系列规定和执行上。

第二节　中国少数民族语言文字自由和权利的保障

一、中国少数民族语言文字自由和权利的立法保障

2018 年《宪法》首先在"总纲"部分(第 4 条第 4 款)强调了"各民族都有使用和发展自己的语言文字的自由"。此外,在现行《宪法》和其他"宪法相关法"中,在如下方面进一步保障了少数民族语言文字的权利:

一是国家对少数民族语言文字的扶持。《国务院实施〈中华人民共和国民族区域自治法〉若干规定》第 22 条规定:"国家保障各民族使用和发展本民族语言文字的自由,扶持少数民族语言文字的规范化、标准化和信息处理工作;推广使用全国通用的普通话和规范汉字;鼓励民族自治地方各民族公民互相学习语言文字。国家鼓励民族自治地方逐步推行少数民族语文和汉语文授课的'双语教学',扶持少数民族语文和汉语文教材的研究、开发、编译和出版,支持建立和

---

① 金炳镐主编:《新中国民族政策 60 年》,中央民族大学出版社 2009 年版,第 472—473 页。

健全少数民族教材的编译和审查机构,帮助培养通晓少数民族语文和汉语文的
教师。"

　　二是民族自治地方选举活动中的保障。《选举法》第 23 条规定:"自治区、
自治州、自治县制定或者公布的选举文件、选民名单、选民证、代表候选人名单、
代表当选证书和选举委员会的印章等,都应当同时使用当地通用的民族文字。"

　　三是人民代表大会代表履职和人大会议中的保障。《中华人民共和国全国
人民代表大会议事规则》第 20 条规定:"全国人民代表大会举行会议的时候,秘
书处和有关的代表团应当为少数民族代表准备必要的翻译。"《全国人民代表大
会和地方各级人民代表大会代表法》第 43 条规定:"少数民族代表执行代表职
务时,有关部门应当在语言文字……方面给予必要的帮助和照顾。"

　　四是在司法机关(人民法院和人民检察院)的司法活动中的保障。《宪法》
第 139 条明确规定:"各民族公民都有用本民族语言文字进行诉讼的权利。人
民法院和人民检察院对于不通晓当地通用的语言文字的诉讼参与人,应当为他
们翻译。在少数民族聚居或者多民族共同居住的地区,应当用当地通用的语言
进行审理;起诉书、判决书、布告和其他文书应当根据实际需要使用当地通用的
一种或者几种文字。"《民族区域自治法》第 47 条规定:"民族自治地方的人民法
院和人民检察院应当用当地通用的语言审理和检察案件,并合理配备通晓当地
通用的少数民族语言文字的人员。对于不通晓当地通用的语言文字的诉讼参与
人,应当为他们提供翻译。法律文书应当根据实际需要,使用当地通用的一种或
者几种文字。保障各民族公民都有使用本民族语言文字进行诉讼的权利。"《民
事诉讼法》第 11 条规定:"各民族公民都有用本民族语言、文字进行民事诉讼的
权利。在少数民族聚居或者多民族共同居住的地区,人民法院应当用当地民族
通用的语言、文字进行审理和发布法律文书。人民法院应当对不通晓当地民族
通用的语言、文字的诉讼参与人提供翻译。"《刑事诉讼法》第 9 条规定:"各民族
公民都有用本民族语言文字进行诉讼的权利。人民法院、人民检察院和公安机
关对于不通晓当地通用的语言文字的诉讼参与人,应当为他们翻译。在少数民
族聚居或者多民族杂居的地区,应当用当地通用的语言进行审讯,用当地通用的
文字发布判决书、布告和其他文件。"《行政诉讼法》第 9 条:"各民族公民都有用
本民族语言、文字进行行政诉讼的权利。在少数民族聚居或者多民族共同居住
的地区,人民法院应当用当地民族通用的语言、文字进行审理和发布法律文书。
人民法院应当对不通晓当地民族通用的语言、文字的诉讼参与人提供翻译。"

　　五是在民族自治地方自治机关的公务活动中的保障。《民族区域自治法》
第 10 条规定:"民族自治地方的自治机关保障本地方各民族都有使用和发展自
己的语言文字的自由……"第 21 条规定:"民族自治地方的自治机关在执行职
务的时候,依照本民族自治地方自治条例的规定,使用当地通用的一种或者几种

语言文字;同时使用几种通用的语言文字执行职务的,可以以实行区域自治的民族的语言文字为主。"

二、中国少数民族语言文字自由和权利的行政保障

在行政方面,国家也为保障少数民族语言文字权利采取了一系列卓有成效的措施。《中国共产党尊重和保障人权的伟大实践》(2021年6月)白皮书指出:"除回族历史上使用汉语,满族、畲族基本转用汉语外,其他52个少数民族都有本民族语言,有20多个少数民族共使用近30种文字。国家依法保障少数民族语言文字在行政管理、司法活动、新闻出版、广播影视、文化教育等各领域的合法使用。"这些行政措施主要有:

一是进行民族语言文字普查。这是一项基础性的工作。1956年,中央民族事务委员会和中国科学院联合组织少数民族语言文字调查工作队,开始对少数民族语言分布的16个省、自治区少数民族语言文字进行调查,到1959年共调查了42个民族的语言。这次调查详细记录并分析了少数民族语言的特点和语言文字的历史渊源、使用情况、语言关系以及相关的人文背景,为后来对少数民族各个语言的结构系统描写和谱系分类打下了基础,为民族识别提供了重要依据,也为创制、改革、改进少数民族文字提供了科学依据。

二是为少数民族创制、改革、改进文字。根据少数民族的意愿和要求,从20世纪50年代开始,政府先后帮助壮、布依、苗、彝、黎、纳西等12个少数民族创制16种民族文字,改进了傣文、景颇文、拉祜文,改革维吾尔文和哈萨克文。虽然后来一些少数民族改变了原来的选择,不再使用新创制的本民族文字,但政府的努力还是值得充分肯定的。

三是建立、健全机构,培养专业人才。国家建立了相当数量的民族出版社、民族电影制片厂、民族语文研究等机构,承担弘扬少数民族文化、发展少数民族语言的职能。此外,各个高等民族院校中设立的少数民族语言学院(系)对培养少数民族语言文字专门人才、发展少数民族语言文字也发挥了重大作用。

四是建设民族语言传播媒体。经过近20年的研究,中国少数民族语言文字的信息化处理工作有了一定的发展,已有多种少数民族文字信息技术建立了国家标准,开发出应用软件,其中一部分民族语文软件已经实现产业化。几乎所有的少数民族文字都能进入电脑,而且大多数都能在Windows系统下运行。少数民族用户在网上免费下载部分系统软件即可浏览维吾尔文、朝鲜文、蒙古文网页,甚至在网上聊天,这些都可以使用民族文字操作。

五是开展民族语文教育。国家从初等教育到高等教育都给予了民族语文足够的空间,使用民族文字的各个少数民族自治地区都开设有使用民族文字的民族小学、民族中学,或是在普通学校设有使用民族语授课的班级。使用民族文字

的各民族自治地区都为民族学校编译出版大量的民族文字课本及参考书,保证教学之需。民族语文的高层次教育也得到了极大的重视,中华人民共和国成立后民族语文高层次人才培养和研究达到鼎盛时期。全国数十所高等院校开设了本、专科民族语文专业,还有十几所院校设有民族语文硕士点,中央民族大学、南开大学、内蒙古大学、延边大学、新疆大学、西北民族大学还设立了少数民族语言文学博士点,特别是中央民族大学的少数民族语言文学专业被确定为国家级重点学科以及"211 工程"重点建设学科、"985 工程"研究基地,建设目标是成为在国际上具有重要影响的少数民族语言文学人才培养和研究基地。民族语文高等教育的大发展为民族语文工作培养了大量高素质的人才,满足了社会各相关部门对民族语文专业人才的需求。

六是民族语文在行政领域的运用。全国人民代表大会、中国人民政治协商会议全国委员会等历次重要会议,国家都提供蒙古、藏、维吾尔、哈萨克、朝鲜、彝、壮等民族文字的文件,并为与会代表提供同声传译。在少数民族聚居区,各种重大会议和活动,一般都使用当地通用的一种或几种语言文字。民族自治地方自治机关执行职务,发布公文,都使用当地通用的民族文字。

七是民族语文在社会公共场所和其他领域中的运用。在少数民族文字通行的少数民族聚居的地区,牌匾、路标、广告、标语一般使用汉语和当地通用的民族文字书写。在蒙古族、藏族、维吾尔族、哈萨克族、朝鲜族等民族聚居区,少数民族使用的各种证件(如居民身份证)、证书一般用汉文和本民族文字书写,而且是把少数民族文字写在前面或上面。在少数民族聚居的地方,少数民族群众常用少数民族文字通信、记事,医生用少数民族文字给懂得少数民族文字的患者开处方,等等。

第三节　中国少数民族风俗习惯自由和权利的保障

一、中国少数民族风俗习惯自由的立法保障

尊重少数民族的风俗习惯是我国民族、宗教政策的重要内容,《宪法》和有关法律赋予少数民族具有保持或改革本民族风俗习惯的自由。我国现行《宪法》首先在第 4 条第 4 款规定:"各民族……都有保持或者改革自己的风俗习惯的自由。"《民族区域自治法》第 10 条规定:"民族自治地方的自治机关保障本地方各民族……都有保持或者改革自己的风俗习惯的自由。"这是对少数民族风俗习惯自由的总体保障规定,其他法律规范中,在如下方面具体保障少数民族风俗习惯的自由:

一是人民代表大会代表履职过程中的保障。《全国人民代表大会和地方各

级人民代表大会代表法》第 43 条规定:"少数民族代表执行代表职务时,有关部门应当在……生活习惯等方面给予必要的帮助和照顾。"

二是民事权益方面的保障。《民法典》第 1015 条第 2 款规定:"少数民族自然人的姓氏可以遵从本民族的文化传统和风俗习惯。"《老年人权益保障法》第 83 条还规定了民族自治地方人大的变通、补充规定制定权:"民族自治地方的人民代表大会,可以根据本法的原则,结合当地民族风俗习惯的具体情况,依照法定程序制定变通的或者补充的规定。"此外,作为消费者和旅游者的少数民族风俗习惯也应得到特别尊重。《消费者权益保护法》第 14 条规定:"消费者在购买、使用商品和接受服务时,享有其人格尊严、民族风俗习惯得到尊重的权利。……"《中华人民共和国旅游法》第 10 条规定:"旅游者的……民族风俗习惯和宗教信仰应当得到尊重。"

三是国家工作人员在履职过程中应当尊重和照顾民族风俗习惯。《中华人民共和国人民武装警察法》第 31 条规定:"人民武装警察应当……尊重公民的宗教信仰和民族风俗习惯。"《中华人民共和国监狱法》第 52 条:"对少数民族罪犯的特殊生活习惯,应当予以照顾。"《中华人民共和国戒严法》第 29 条规定:"戒严执勤人员应当遵守法律、法规和执勤规则,服从命令,履行职责,尊重当地民族风俗习惯,不得侵犯和损害公民的合法权益。"《中华人民共和国反恐怖主义法》第 6 条第 2 款:"在反恐怖主义工作中,应当尊重公民的宗教信仰自由和民族风俗习惯,禁止任何基于地域、民族、宗教等理由的歧视性做法。"此外,《刑法》第 251 条还规定了"侵犯少数民族风俗习惯罪",国家机关工作人员侵犯少数民族风俗习惯自由,情节严重者构成犯罪,"国家机关工作人员……侵犯少数民族风俗习惯,情节严重的,处二年以下有期徒刑或者拘役。"

四是其他少数民族风俗习惯自由的具体保障。如国务院和有关部委制定发布了一系列法规和规章,以尊重和保护少数民族风俗习惯:包括尊重和照顾少数民族节日、少数民族特需用品生产和供应,少数民族婚姻以及少数民族食用清真食品的传统习惯等。

二、中国少数民族风俗习惯自由的行政保障

我国政府采取了积极措施,保障少数民族奉行本民族风俗习惯的权利。政府多次强调在民族地区工作,必须坚持尊重少数民族风俗习惯和宗教信仰的原则,具体的行政措施主要体现在以下几个方面:

一是对饮食风俗习惯的保障。如在食品经营中尊重和照顾少数民族的饮食习惯、保证少数民族特需副食品的供应、解决伊斯兰教民的就餐问题等。为确保穆斯林能够食用安全的清真食品,有关部门逐步把清真食品的生产经营纳入依法管理的轨道,于 2014 年发布了《国务院食品安全办等部门关于规范清真食品

生产经营活动的通知》,要求加快制定清真食品法规及规范认证工作、加强清真食品生产经营的监管力度、加大对清真食品生产经营违法行为的打击惩处力度、加强清真食品监管工作的组织领导。此后,各地陆续开展了清真食品安全工作的监督检查工作。二是对少数民族生活习惯的保障。如通过专门安排解决少数民族群众的生活特需品的生产和销售问题,在各大中城市开办国营性质的少数民族用品商店等。三是尊重少数民族的婚姻和丧葬习俗。前者如对特定少数民族结婚年龄的适当降低;后者如尊重伊斯兰教徒的土葬习惯,国家划拨专用土地,建立公墓,并设立专门为回族、维吾尔族等少数民族服务的殡葬服务部门。对藏族的天葬、土葬、水葬习俗,国家也给予保护和尊重。四是尊重各少数民族的传统节日习俗,规定各级人民政府应当按照少数民族年节习惯制定放假办法、节日特殊食品供应等措施,确保少数民族节日的丰富多彩。各少数民族在盛大节日如藏族的藏历新年、“雪顿节”,回、维吾尔等民族的“开斋节”“古尔邦节”,蒙古族的“那达慕”,傣族的“泼水节”,彝族的“火把节”时,都能享受假日安排并获得政府供应的节日食品。五是从相反的角度来说,及时纠正有违民族风俗习惯、有损民族感情的不当言行。包括采取有力措施消灭新闻、出版、文艺、影视作品中出现伤害民族感情的现象等。

第十三章　中国散居少数民族权益保障

第一节　中国散居少数民族权益保障概述

一、中国散居少数民族权益的内涵

中国散居少数民族,是指我国民族自治地方实行区域自治的民族以外的其他少数民族,散居少数民族的权益就是这类主体的权益。我国的散居少数民族包括:一是居住在民族自治地方以外的少数民族;二是居住在民族自治地方内,但不是实行区域自治的少数民族。一二所称的散居少数民族包括建立民族乡的少数民族。① 依循这一概念,我国各种民族政策、法律和制度划分聚居少数民族和散居少数民族的标准就是是否实施民族区域自治。② 与散居少数民族对应的概念则是聚居少数民族,它们共同构成了中国少数民族。对散居少数民族权益的保障,实际上已包含在一般公民和少数民族的权益保护之中,因为散居少数民族同样是少数民族、同样是我国的公民,他们的大部分权利和利益同一般少数民族、普通公民一致。因此,散居少数民族的权益由三部分构成:一是作为公民的权利;二是作为少数民族的权利;三是作为散居少数民族的权利。亦即,前文中所阐述的一般少数民族享有的政治参与权、人身自由权、宗教信仰权、族籍权、经济生活自主权、享受国家帮助权、风俗习惯权等内容,散居少数民族同样享有,此处便不再赘述。如下是一些具有代表性的、专门针对散居少数民族的法律法规,这类规范具有极强的针对性和特殊性。

第一,行政法规及部门规章层面。国务院于1993年发布了《城市民族工作条例》和《民族乡行政工作条例》。这两部同时发布的规章分别针对城市散居少数民族和民族乡散居少数民族这两类散居少数民族的主要组成部分的相关法律制度作了较为细化的规定。与此同时,国务院还颁布了许多其他的规范性文件来充实散居少数民族法律制度的体系,如《宗教活动场所管理条例》(已失效)、《殡葬管理条例》等。此外,国务院组成部门的规章也对散居少数民族法律制度的建构和发展产生了重要的积极作用。如1981年国务院人口普查领导小组、国家民委、公安部通过的《关于恢复或改正民族成份的处理原则的通知》;

---

① 敖俊德:《关于散居少数民族的概念》,载《民族研究》1991年第6期。
② 参见陆平辉:《散居少数民族概念解析》,载《西北民族大学学报(哲学社会科学版)》2011年第5期。

1986 年发布的《国家民委关于慎重对待少数民族风俗习惯问题的通知》;1992
年印发的《国家教委办公厅关于加强民族散杂居地区少数民族教育工作的意
见》等。

第二,地方性法规层面。首先,保障散居少数民族政治权益方面的规定。如
1997 年通过的《广东省散居少数民族权益保障条例》(2019 年修正)第 7 条规
定:"散居少数民族人口较多地方的人民政府,应当有计划地选拔和培养少数民
族干部和各种专业人才。"1998 年的《北京市少数民族权益保障条例》(2016 年
修正)、1999 年的《云南省城市民族工作条例》、2000 年的《重庆市散居少数民族
权益保障条例》(2010 年修正)、2001 年的《吉林省散居少数民族权益保障条例》
(2010 年修改)等都有类似的规定。其次,对散居少数民族族籍权利的保障。如
《辽宁省散居少数民族权益保障条例》第 29 条规定:"少数民族公民的民族成
分,以国家确认的民族成分为准。民族成分的恢复或者改正按国家有关规定执
行。"《吉林省散居少数民族权益保障条例》中也有类似的规定。再次,对散居少
数民族宗教信仰、风俗习惯权利的保障。典型的如 1994 年的《上海市少数民族
权益保障条例》、1998 年的《北京市少数民族权益保障条例》(2016 年修正)以及
2013 年的《天津市少数民族权益保障规定》。最后,对散居少数民族经济、文化、
教育等权益以及获得国家帮助权利的保障。典型的如 1999 年的《云南省城市民
族工作条例》和 2016 年《海南省散居少数民族权益保障条例》等。

二、中国散居少数民族权益的保障类型

按照国家法律法规的规定,以少数民族居住的区域进行划分,我国散居少数
民族权益的保障可划分为两类:一是民族乡的少数民族权益保障,二是城市少数
民族权益保障。

(一)民族乡的少数民族权益保障

民族乡是指在不具备实行民族区域自治条件的较小的少数民族聚居地方建
立的,由少数民族自主管理本地与本民族内部事务的乡级基层政权。民族乡的
少数民族权益保障也就是以这一基层政权为单位对管辖范围内的少数民族权益
进行保障。经过将近三十年的民族乡法制化进程的不断推进,我国民族乡散居
少数民族的特有权益保障集中体现在以下几个方面:

第一,政治生活参与权保障。包括,其一,选举权与被选举权,《选举法》和
相关地方性法规和规章中明确而具体的规定,使民族乡少数民族公民较之汉族
公民或其他聚居少数民族的公民,有更大的可能性参加各级人民代表大会;其
二,要求各级人民政府有计划地选拔、培养和使用民族乡少数民族干部;其三,保
障少数民族参与和管理国家事务的权利,各级国家机关在制定涉及民族乡少数
民族的决定及处理民族乡少数民族的重要问题时,应当听取少数民族代表人士

的意见等。

第二,经济生活自主权保障。根据《民族乡行政工作条例》,这一权利主要包括经济管理自主权、财政自主权以及自然资源管理、保护和开发自主权。

第三,享受国家帮助的权益。主要包括贷款照顾、税收照顾、专项资金和专项物资照顾以及基础设施建设照顾等。

第四,教科文卫方面的权利保障。这主要体现在发展教育自主权、保护和继承具有民族特点的优秀文化遗产的权益、受教育的权益以及发展医药卫生事业受帮助的权益等方面。①

(二) 城市散居少数民族权益保障

城市历来是多民族人口的聚居地,而其作为散居少数民族人口的聚居地,是伴随着城市化的发展出现的,城市化发展过程中产生的社会政治经济文化的聚集效应,使城市成为吸纳多元文化和多元民族的集散地。一般说来,城市中的少数民族大多属于散居少数民族。但是由于我国有的城市属于民族自治地方的市,其中的主体少数民族已经成为实施区域自治的少数民族,因此他们也就不再属于城市散居少数民族的行列了。简单说来,所谓城市散居少数民族,就是指生活在城市中,但却不实行民族区域自治的少数民族的统称。相应地,城市散居少数民族权益就是指这一群体的权益。

权利是法律的核心概念之一,对城市散居少数民族合法权益给予充分的保障,是当前城市散居少数民族法制工作的主要内容。目前,我国法律法规中关于城市散居少数民族权益的特殊规定,实际上与其他少数民族的权益规定趋同,均在族籍权、政治平等权、经济权、科教文卫权利、少数民族语言权利、风俗习惯等方面进行规定。此处以《黑龙江省城市民族工作条例》(1989 年颁布,1996 年及2018 年进行了两次修改) 及其在 1996 年的内容和修增为例,对与民族乡散居少数民族权益规定不同的,专门针对城市散居少数民族权益的规定进行说明。1989 年《黑龙江省城市民族工作条例》中规定的城市散居少数民族的权益主要包括:一是管理和规范城市民族企业,保障和促进城市民族企业的发展;二是解决地级市设立民族事业补助费问题;三是对城市清真饮食行业进行规定;四是对少数民族考生的分数照顾政策。1996 年黑龙江省又根据国务院发布的《城市民族工作条例》以及当地实施经验,对前述条例进行了修改补充,主要包括:城市政府及各部门录用公务员应优先录取少数民族条款、城市人民政府对民族税收留成部分,可通过财政支出返还给企业条款;清真饮食习俗的少数民族公民在外

---

① 邓崇专:《当前广西民族乡散居少数民族特有权益保障的落空与实现——"广西民族乡法治状况研究"之一》,载《广西民族研究》2014 年第 4 期。

地的配偶进城落户应予以照顾条款等。①　此外,在具体实践中,城市散居少数民族的经济方面权益是整个散居少数民族群体经济权益中状况最好的部分。主要体现为获得经济发展资金支持的权利、少数民族企业享受优惠政策的权利、特殊民族饰品加工特许经营的权利、进城务工的流动散居少数民族获得优先安排和照顾的权利以及获得生产方面配套服务的权利等。

第二节　中国散居少数民族权益保障现状与发展

一、中国散居少数民族权益保障现状

(一) 中国民族乡少数民族权益保障立法

目前,我国民族乡少数民族权益保障立法已经形成了中央立法与地方立法并举、原则性规定与实施办法相呼应的结构。1993 年国务院颁行的《民族乡行政工作条例》为中央层面关于民族乡散居少数民族法制建设的立法开了先河。在省级地方的层面,一些地方也出台了地方性法规,如黑龙江省早在 1988 年就颁行了《黑龙江省民族乡条例》(1995 年修正),云南省在 1992 年颁行了《云南省民族乡工作条例》(2004 年重新颁布实行)。

近年来发布施行的关于民族乡少数民族权益保障的法律规范,有《贵州省民族乡保护和发展条例》(2017) 和《云南省民族团结进步示范区建设条例》(2019)这两部省级地方性法规,前者是我国首个针对民族乡保护与发展的法律条例,其根据当地实际对贵州省民族乡经济、政治、文化、社会、生态文明等各项事业发展都作了相对具体的规定;后者虽然是为了将云南建设成为全国民族团结进步示范区而作的规定,但其中也涉及了民族乡的基础设施建设、民生扶贫项目扶持等内容,有力地推动了民族乡经济社会发展和人民生活水平建设。

(二) 中国城市散居少数民族权益保障现状

国务院在 1993 年公布了《城市民族工作条例》,使得城市民族工作真正有了统一的法规框架体系。此后,各地以立法为核心的城市民族权益保障工作也呈现出较快的发展趋势,并将城市民族工作中多年的经验积累以各级立法的方式确定下来,使得城市民族工作特别是城市散居少数民族工作一步步走上了法治的道路。如黑龙江省早在 1987 年就启动了城市民族立法的工作,1989 年就颁布了《黑龙江省城市民族工作条例》。此后,一部分省、自治区、直辖市以及较大的市也都相继出台了充分体现本地工作实践的专门的城市民族工作法律规范;②如武汉市在 1999 年颁行的《武汉市少数民族权益保障条例》,海南省人大

---

① 参见沈林等:《中国城市民族工作的理论与实践》,民族出版社 2001 年版,第 154 页。
② 同上书,第 153 页。

常委会在 2016 年颁行的《海南省散居少数民族权益保障规定》等。这些地方性规范均在不同程度上体现了对城市散居少数民族权益保障工作的重视或对中央立法的积极回应。

二、中国散居少数民族权益保障的发展

(一)"各民族交往交流交融"与"互嵌式社会结构"理念的发展

在前述散居少数民族权益保障的基础上,由于国内民族关系、民族问题出现了新的变化和新的特点,各民族交往交流交融作为新时代民族工作的主要方向和重点领域之一,随之产生的"互嵌式社会结构"为我国散居少数民族权益保障模式的发展提供了新方向。

中央第五次西藏工作座谈会提出的"要把有利于各民族交往交流交融作为衡量民族工作成效的重要标准"的这一论断,系中央政府首次提到"各民族交往交流交融"理念。习近平总书记在第二次中央新疆工作座谈会上指出,"要加强民族交往交流交融,推动建立各民族相互嵌入式的社会结构和社区环境……促进各族群众在共同生产生活和工作学习中加深了解、增进感情。"2014 年中央民族工作会议指出,要加强各民族间交往交流交融,尊重差异,包容多样,让各民族在中华民族大家庭中手足相亲、守望相助。要推动建立各民族相互嵌入式的社会结构和社区环境,引导各民族在互动中加深了解,拉紧共同利益与情感纽带。2019 年在全国民族团结进步表彰大会上,习近平总书记进一步指出,要"出台有利于构建互嵌式社会结构的政策举措和体制机制"。此外,党的十九大报告中强调,要"全面贯彻党的民族政策,深化民族团结进步教育,铸牢中华民族共同体意识,加强各民族交往交流交融,促进各民族像石榴籽一样紧紧抱在一起,共同团结奋斗、共同繁荣发展"。最后,习近平总书记在 2019 年全国民族团结进步表彰大会上的讲话中,强调"坚持促进各民族交往交流交融,不断铸牢中华民族共同体意识"等。2019 年 10 月,中共中央办公厅、国务院办公厅印发《关于全面深入持久开展民族团结进步创建工作铸牢中华民族共同体意识的意见》,其中明确规定了"促进各民族交往交流交融,强调要推进建立相互嵌入式的社会结构和社区环境"等内容,随后各少数民族地方也出台了相应的贯彻实施意见。

可见,各民族"交往交流交融"已经成为中国社会发展的趋势①,而推进民族互嵌式社会结构建设则已经成为新时代民族工作的主要内容之一。② 在前述理

---

① 参见张萍、齐传洁:《十年来各民族交往交流交融研究综述》,载《贵州民族研究》2020 年第 5 期。
② 参见龙金菊、高鹏怀:《共同体视域下民族互嵌式社会结构建设:理论、语境与路径分析》,载《北方民族大学学报》2021 年第 3 期。

论的指导下,我国开始了民族互嵌式社区和农庄的实践探索,该发展模式将会成为我国散居少数民族权益保障的全新发展方向。

(二) 散居少数民族互嵌式社会结构实践及其完善

目前,我国实践中主要发展出如下两类包含散居少数民族在内的互嵌式社会结构模式:一是主要针对城市散居少数民族的多民族互嵌式社区,基本方向是推进城市少数民族和汉族群众互嵌式生活;[①]二是主要针对民族乡少数民族的互嵌式农庄。[②] 这类新型的社会结构发展模式取得了较好的成果,对民族乡和城市散居少数民族权益的保障迈入了新时代。

但目前相关规定尚停留在党内法规和政策层面,上述发展模式尚缺乏相应的法律法规规定,在全面推进依法治国和提升国家治理能力现代化的背景下,应当逐渐将之法制化,形成完善的法律体系,并要求各主体在以推进中华民族同体建设和保障各散居少数民族权益的目标指引下,依法推进上述新型发展模式。这样才能在法治层面进一步促进在中华民族多元一体格局下,以各民族"交往交流交融"理念为基础的散杂居民族互嵌式社区族际关系的发展与完善。

---

① 参见宋晓明:《互嵌式社区治理:宁夏多民族互嵌式社区建设的有效选择》,载《回族研究》2020年第3期。

② 参见许宪隆、王龙:《散杂居地区互嵌式农庄建设的逻辑框架与实践反思》,载《贵州民族研究》2020年第5期。

第四编　少数民族习惯法

过去我们普遍把习惯法理解为"经国家认可并赋予国家强制力的完全意义上的法",或者解释为"国家认可的具有法律效力的法律"①。随着时代的不断发展与进步,这种从法律的创制和表达形式的不同来界定习惯法有其正确的一面,但也有欠缺的一面。因为,国家产生以前的原始社会就存在习惯法,即习惯法与国家强制力没有必然的联系。在此引用法国学者布律尔的观点:"还未产生文字的原始社会必然生活在习惯法制度下"②,即使在国家产生以后,在现实社会生活当中仍然存在着大量的未经国家认可但却具有普遍约束力的习惯规则。所以本书所指的民族习惯法是人们在生活当中根据事实和经验,依据某种社会权威和组织确立的具有强制性的、人们共信共行的行为规范,正如周勇先生指出的,"习惯法存在于通常所说的风俗礼仪中,它首先应该是一种社会规范,习惯法与制定法的差异主要不是来自显现方式上的区别,而在于权威性和公正性来源的差异。"③

少数民族习惯法是指在少数民族长期的生产与生活过程中逐渐形成的,用来分配他们之间的权利义务,并且依靠少数民族内部特定的权威和组织来保证实施的一套行为规范。这种行为规范是一种地方性知识,是一种"准法律"。④有些习惯法本身就是少数民族传统文化的组成部分,适应的是该少数民族传统的生活方式。⑤少数民族习惯法与国家制定法相对应,它出自各种社会组织、社会权威,是少数民族中特定社会群体共同意志的体现,以其独特的形式在实际生活中发挥着重要的作用,与国家制定法之间的关系比较微妙。

有学者认为:"对中国少数民族风俗习惯进行反思,认真分析民族风俗习惯与现代化的冲突,探索民族民俗文化与现代化的协调发展,已成为当前民族地区

---

① 《中国大百科全书·法学》,中国大百科全书出版社 1984 年版,第 84 页。或相关《法理学》教材。近些年有学者对少数民族习惯法进行深入研究,如范宏贵的《少数民族习惯法》(吉林教育出版社 1990 年版)、徐中起等主编的《少数民族习惯法研究》(云南大学出版社 1998 年版)、俞荣根主编的《羌族习惯法》(重庆出版社 2000 年版)、高其才的《中国少数民族习惯法研究》(清华大学出版社 2003 年版)等。

② 〔法〕亨利·莱维·布律尔:《法律社会学》,许钧译,上海人民出版社 1987 年版,第 49 页。

③ 周勇:《习惯法在中国法律体系中的历史地位》,载《上海社会科学院学术季刊》1991 年第 4 期。

④ 〔美〕克利福德·吉尔兹:《地方性知识——阐释人类学论文集》,王海龙、张家瑄译,中央编译出版社 2000 年版,第 266 页。

⑤ 方慧主编:《少数民族地区习俗与法律的调适——以云南省金平苗族瑶族傣族自治县为中心的案例研究》,中国社会科学出版社 2006 年版,第 344 页。

现代化建设中一个亟待解决的问题。"①这种观点无疑是正确的,正因为考虑到包括基本文化权利在内的少数民族的民族特性和固有生活方式的存在,有学者反对将这种习惯法进行好与坏、原始与现代、精华与糟粕的划分,他们认为,如果以这种二分法去评价少数民族习惯法,可能会犯过于简单化的错误。他们主张在法律多元的框架下研究少数民族习惯法,努力探讨国家法制与少数民族习惯法相互协调和良性互动的可能性。提出在发展国家法律制度的同时,应当给予少数民族习惯法一定的作用空间。②

---

① 秦永章:《简论我国少数民族风俗习惯与现代化的冲突及其改革》,载《青海民族学院学报》1995年第1期。

② 周星:《习惯法与少数民族社会》,载《云南民族学院学报(哲学社会科学版)》2000年第1期。

第十四章　少数民族习惯法概述

第一节　少数民族习惯法的表现形式

少数民族习惯法的形式是多种多样的,经历了由不成文法发展到成文法的历史演进过程,开始是口头流传的不成文法规。

一、初级表现形式

习惯法在初期的表现形式也是多种多样,少数民族习惯法的表现形式一般是由初级的形态发展到高级形态的一般趋势,初级形态多表现为不成文的法规。毋庸置疑,国家还未产生以前的原始社会就已经存在习惯法。例如流行于我国贵州荔波瑶麓的习惯法由头人或专人传诵,传诵一般在"熟霞"祭祖、丧葬砍牛、喜庆结婚等瑶胞云集时举行。内容为重申古规古训如丧葬砍牛时唱的"煮老"歌,念的公词,结婚嫁女时唱的"时霞"歌等。这是瑶族习惯法的初级表现形态。又比如他们会在门头、古浦、六港三村交叉路口放块石头,石头上打着十一个斧印。据说以前有十一个老年人在这里开会,议定不准随意离婚,凡是要离婚的须罚与这块石头一样重的银子。这就是不成文石牌,也叫无字石牌,据说是瑶族最早的石牌。而在我国台湾地区泰雅人的早期习惯法中,有的是祖先的遗言而被大家遵守,有的是在社会的自然发展过程中成为一种神话而保有其权威性,有的是古代的惯例而不得不遵守。但是不论哪种情况,泰雅人对于其传统的法则都是十分尊崇的。他们相信违反这些法则的,违反者和族人都将会受到严厉的惩罚。

值得一提的是,初级形态的习惯法与禁忌有着十分密切的联系。诸如羌族全体成员集会后,将会杀鸡一只,血淋纸旗,把鸡吊在树上,插于田地森林中,表示如有触犯习惯法者,像鸡一样死去[①];苗族议榔后在会址竖立一块石头,表示习惯法坚固如石,不能轻易更改;傣族离婚时,男女双方手拉一块白布,从中间剪断各执一半,离婚便正式生效,都与禁忌有密切的关联。

二、高级表现形式

随着生产力的大大提高,社会文化得到了长足进步,民族地区人民识字率逐渐提高,习惯法的内容转为用文字来表述,一方面,这样有利于习惯法有效的实

---

① 四川省编辑组编写:《羌族社会历史调查》,四川省社会科学院出版社 1986 年版,第 96 页。

施,另一方面,这对少数民族习惯法知识普及有着重大的意义。傣族的习惯法有综合的规范,范围涉及社会生活的各个方面。例如傣文法律文献《芒莱法典》①引起国内外学者的极大关注,这部法典是至今为止所发现的傣族最早的专门法律文献,这对于研究我国傣族和泰国傣族早期的法律制度有着重要的意义。据《泐史》记载,芒莱是西双版纳第四世召片领的外孙。芒莱国王在位期间,有两项重要的功绩,即创造了文字,颁布了《芒莱法典》。为便于研究,现将法典中的22个条文11个方面作一粗略介绍。

(1)法典的合法性质及颁布法典的目的。这是法典的序言部分,它指出法典的内容包括古代先王和芒莱国王制定的法律,颁布法典的目的在于让人们明白和规范人们的行为准则。

(2)十进制的社会组织(第1条)。每10个人为一个社会组织单位,递进增加,形成掌管50人、100人、1000人、10000人的各级组织机构。

(3)战争法(第2—7条)。对战时遗弃行为的处罚,对战死者减免债务的规定,对作战英勇者的奖励。

(4)继承权(第8条)。规定遗嘱继承优先原则;如无遗嘱,国王将取得死者一半的财产。

(5)强制性劳役(第9条)。自由民将用一半的时间来为国王服务。

(6)借贷(第10—11条)。用于生产的借贷3年不计利息,开垦的荒地3年不交赋税。

(7)奴隶制度(第12—14条)。禁止接纳债务人、诉讼当事人、小偷、逃亡者做奴隶;破产者可沦为奴隶;国王的奴隶与自由民所生的孩子为自由民。

(8)选拔官吏(第15条)。国王不得任命像魔鬼一般的贵族掌握权力。

(9)刑法(第16—18条)。包括正当杀人的条件;12种应当执行刑罚的犯罪;对重罪适用3种刑罚:肉刑、罚为奴隶及放逐。

(10)司法行政(第19—22条)。包括法官定罪的依据;上诉理由须详述判决的错误;诉讼时效为20年;可以起诉的16种情况。

(11)结束语。强调各个村寨的民众均要守法,因为上述法律来自古代先王。

毋庸置疑,这是傣族先王使用的一部法典,其内容是傣族的成文习惯法规,《芒莱法典》对云南西双版纳及其周围的傣族地区的社会生产生活都产生了极大的影响,这说明了傣族成文法有比较全面的社会认识能力和比较高的法律议定水平。总的来看,少数民族习惯法在千百年的历史长河中经历了口头传诵、书

---

① 何平:《“八百媳妇”——“兰那王国”及其主体民族的政治、社会与文化》,载《思想战线》2013年第1期。

本记录、碑刻等方式,发展演变的基本过程是由非文本的初级形态发展到有文本文字的高级形态,涉及民族社会生产生活的各个方面,为当地民族广为传承、接受,受到了少数民族地区人民的极大欢迎。它与国家制定法一道,通过"因俗而治"发挥着干预社会生活、调节少数民族的各种人际关系的功效,有效地维护了民族地区的社会秩序,促进了民族地区的安定和发展。

第二节　少数民族习惯法的演进

一、少数民族习惯法的产生

少数民族习惯法是人们在长期的生产、生活过程中,为了保障团体生存、促进全体发展、维护民族利益、解决社会冲突而逐渐形成、发展起来的。由于原始宗教、生产、婚姻与人类生活有着密切的关系,因此可以判定,民族习惯法应该最先在宗教禁忌、生产、生活领域里出现、形成。

各少数民族习惯法的生成过程实际上是与各少数民族人民的实际生产生活息息相关的,是与满足和符合各少数民族社会的现实需要相一致的,"几乎全然是从自身内部,圆融自洽地发展起来的"。[1] 少数民族习惯法较之国家制定法有其独特的合理性与内在的逻辑。

生活在广大民族地区的少数民族同胞为了满足自身的生产生活需要,在劳动实践当中就自然地形成了符合自身特点的习惯法。这些特定群体成员"开始普遍而持续地遵守某些被认为具有法律强制力的惯例和习惯时,习惯法便产生了"。[2]

由于禁忌、生产和婚姻是与人类活动最为密切的活动,因此毫无疑问,在广大民族地区的习惯法最先应该在宗教禁忌、生产和婚姻等领域内出现、产生,在广大民族地区民间流传的古歌、神话当中可以发现习惯法的雏形。"禁忌是人类社会最早的社会规范,原始禁忌的产生和发展对于早期社会秩序的建立、公共权力机关的产生、法律制度以及生产、生活习俗的确立具有重大影响。"[3]这种禁忌实际上是少数民族习惯法的表现形态,也是少数民族习惯法的缘起。

例如,高山族泰雅人的传说中记载:"女人和蛇分别从猪粪中生了出来。蛇要求女人替他洗澡,女人认为这是蛇自己的事而不愿为之。蛇便诅咒女人不会

---

① 〔德〕弗里德里希·卡尔·冯·萨维尼:《论立法与法学的当代使命》,许章润译,中国法制出版社2001年版,第26页。

② 〔美〕E.博登海默:《法理学——法律哲学与方法》,邓正来译,中国政法大学出版社1999年版,第381页。

③ 徐中起等主编:《少数民族习惯法研究》,云南大学出版社1998年版,第93—100页。

脱皮,不会长寿,缺乏思考,笨手笨脚,什么事都做不成。这时的世上没有男人,只有女人,于是女人便和狗生下一个小孩。小孩长大后,由于没有别的女人,就和母亲结了婚,这一对母子生下来的子孙便是赛德克人的祖先。"①神话反映了早期人类社会的情况,对于我们理解习惯法有非常重要的意义。②

二、少数民族习惯法的发展

伴随着社会生产力的不断发展、提高,民族地区社会和少数民族习惯法也一直处于发展之中,但值得一提的是,我国的民族地区社会发展是极为不平衡的,所以其社会形态也不尽相同,主要有以下四个类型:第一种为保留有浓厚的原始公社制残余,主要保留在云南边疆山区的独龙族、怒族、傈僳族、哈尼族、德昂族、基诺族、佤族、布朗族等族,中东南地区的瑶族,海南岛的黎族,内蒙古和黑龙江地区的鄂温克族、鄂伦春。第二种为奴隶制,基本上存在于四川和云南的大小凉山地区的部分彝族中。第三种为封建领主制,包括大部分藏族,部分傣族、维吾尔族、彝族、纳西族等族。第四种类型是封建地主所有制,主要是那些与汉族交往较为密切的民族,如回族、满族、壮族、朝鲜族以及蒙古族、彝族、黎族等族的大部分。③ 与此相对应,少数民族习惯法经历了以下几个阶段:原始氏族社会时期的氏族习惯法,这是少数民族习惯法的雏形;私有制出现以后,是少数民族习惯法发展的全盛时期。这时候少数民族社会出现阶级、地方政权、国家后,少数民族习惯法逐渐发生了变化,带有某种阶级的不平等色彩。

(一) 氏族习惯法是少数民族习惯法的雏形

在生产资料家庭私有制形成之前的原始社会时期,习惯法在生产和婚姻等领域出现,以此来巩固整个氏族集团的内部团结,维护整个氏族群体的公共利益,以此在生产力水平极为低下的原始社会维持整个氏族社会的生存与繁衍。

婚姻是早期人类社会生活的重要内容,人类的婚姻制度大致经历了族外群婚制度到对偶婚再向一夫一妻制发展的轨迹。瑶族习惯法可以在瑶族的古歌、神话中找到。瑶族的伏羲兄妹神话就是关于婚姻制度的神话故事,一场毁灭人类的大洪水之后,世上只剩下伏羲兄妹二人,他们在经过多方撮合后结为夫妻,繁衍了人类,这是瑶族先民在远古时曾经历过血缘婚的反映。

(二) 生产资料私有制形成后的少数民族习惯法

在这一时期,生产资料家庭私有制形成以后直至阶级、地方政权形成、出现

---

① 陈小艳编:《台湾少数民族——泰雅》,台海出版社 2008 年版,第 166 页。
② 马克思在《〈政治经济学批判〉导言》中曾经指出,神话"是已经通过人民的幻想用一种不自觉的艺术方式加工过的自然和社会形式本身"。见《马克思恩格斯选集》(第 2 卷),人民出版社 1995 年版,第 29 页。
③ 林耀华主编:《民族学通论》,中央民族学院出版社 1990 年版,第 260—261 页。

时期,是少数民族发展的全盛时期,在这个阶段的中国少数民族习惯法逐渐自成体系,趋于成熟和完善,在广大民族地区的社会生产生活当中扮演着积极的作用,调整了少数民族社会关系,规范了少数民族社会的各个领域。

在这一时期,农村公社代替了先前的父系氏族公社。在生产工具方面,更多的铁器等金属工具开始在日常生活中发挥着重要的作用。由于生产工具的改进,劳动生产率不断提高。这时候产品开始有了富余,私有观念随之产生,私有制逐渐确立起来,社会交往也日益增加,各种纠纷和权益之争必定愈多。因此,少数民族习惯法就是在这样的社会背景和经济结构下得到全面发展,体现了其原始民主的性质。下面我们通过部分少数民族习惯法的探讨,以期对这一时期的少数民族习惯法的状况和特点进行一些具体的认识和分析。

《休曲苏埵》这部东巴古籍所反映出来的“诉讼程序”,实际上是纳西族先民现实生活中为了解决纠纷程序中表现出来的一些原始民主性质。在这部典籍中人龙之争显然是一桩“民事纠纷”,在解决这个争端的过程中体现了公正、民主、平等、自愿,而不是滥施权威。“诉讼”过程中,我们可以看出人、龙诉讼地位或法律地位一直处于平等,“法庭”始终不偏袒任何一方;同时,实施权威有礼有节。在进行调解时,“法庭”均否定了原被告的非分要求,而对双方合理的要求则予以肯定,并不以某一方的意志为转移,也不以“法官”的意志强加给当事人,充分体现了公正、平等、民主、自愿的精神。整部经典还蕴藏了纳西族先民朴素的社会契约观和权利与义务对立统一观。①

聚居在云南景洪基诺山的基诺族,直到中华人民共和国成立前还处于原始公社发展末期阶段。基诺族的农村公社是由不同氏族成员共居的地缘村落组成。习惯法所确认的村社土地所有制的基本形式为公有制,但是其内部又分为以下三种形式:村社共有、氏族或父系大家族公有、个体家庭私有,而以公有为主。基诺族实行村社长老制,村社一般会产生两个长老,都是由山寨内资格较老的人担任,并且必须是两种姓氏。依照习惯法,长老管理生产、生活,组织宗教祭祀,调解纠纷等。长老不脱离生产劳动。没有薪俸报酬。基诺族习惯法的原始民主色彩相当浓厚。②

综上所述,这一阶段的少数民族习惯法,是与社会发展的一般规律相一致的,反映了各族经济的发展和生产力水平的提高,体现了民族地区社会的进步和发展。与此同时,它也是维护民族地区社会的整体利益,维持社会秩序的重要规范。值得一提的是,由于阶级划分尚不明显,贫富悬殊还不突出,因此习惯法的议定、修改、执行都具有浓厚的原始民主性质。这一时期的少数民族习惯法,既

---

① 徐中起等主编:《少数民族习惯法研究》,云南大学出版社 1998 年版,第 204—205 页。
② 参见王文光等:《云南的民族与民族文化》,云南教育出版社 2000 年版,第 240—241 页。

承认村寨、家族的财产所有权、占有权,也保护个体家庭的私有财产权、占有权,反映了时代特点。习惯法的内容也较为广泛,涵盖了民族地区社会生活的主要方面和基本方面,我国大部分少数民族习惯法也都处于这一状态。

(三) 阶级出现后少数民族习惯法的发展演变

少数民族习惯法随着等级、阶级、地方政权的出现而逐渐开始演变。这一时期社会生产力大大提高,生产资料的私人占有和剩余产品大量出现,使得贫富开始出现分化,阶级形成,某些民族地区地方政权建立,少数民族习惯法表现出某种等级色彩,习惯法的全民意志开始被某些阶层的意志所影响,在这一时期少数民族习惯法也由维护全社会的整体利益转向维护社会利益和维护某个特殊群体的利益,少数民族习惯法处于向具有鲜明阶级性的国家制定法演变时期。

例如,随着瑶族进入等级、阶级社会,长期实行的瑶老制开始变化,有的瑶老成为享有特权的头人,在处理纠纷的过程中会向群众索要越来越多的手续费。石牌头人也有营私肥己、偏袒亲朋好友的现象发生,瑶老何石牌头人凭借自己拥有的权利,在处理纠纷时就会不把习惯法当一回事,往往是维护本族系的利益,习惯法不能有效地实施,当然也不能保证个体在法律地位上的一律平等。又如,"广西金秀上下卜泉两村与金秀等四村公一个石牌,两村议定金秀等四村为'父母',自己则是'小人',愿意归属他们管辖,等级色彩较为浓厚"。由此可见,少数民族习惯法的这种发展趋势与社会发展的一般规律和法律发展的一般规律相一致,反映了民族地区经济的发展和生产力水平的大大提高,体现了民族地区社会的进步和发展。

20世纪50年代末到70年代,国家先后发生了土地改革、人民公社、大跃进运动、"四清"运动和"文化大革命",以及改革开放等重大社会变革,这些社会运动或社会结构的变化对少数民族传统法文化形成一次次的冲击和影响。1975年《宪法》废除了少数民族保持和改革本民族风俗习惯的权利,承载习惯法的"议榔"等仪式被斥为"迷信"遭到禁绝,新成立的农协组织、民兵组织和调解委员会等代替了少数民族原有的组织结构,加之土地改革改变了少数民族习惯法所依存的经济基础,因而这一时期我国的少数民族习惯法遭到了全面瓦解。1978年农村实行联产承包责任制后,少数民族习惯法开始复兴。由于实行联产承包责任制,国家政权对乡村的控制放松,这为少数民族传统文化的复兴创造了条件。进入20世纪90年代后,一些传统组织相继在乡村复兴,习惯法不同程度地回归少数民族的社会生活。如在藏区,"赔命价"等习惯法又开始在民间适用;在凉山彝族社会,家支复仇、包办或买卖婚姻、转房制、不同等级通婚的限制等习惯法也日渐回归。

总体而言,当代少数民族习惯法仍然处在变迁之中。一方面,国家全面依法治国的整体推行,法治宣传日益向乡村渗透;另一方面,少数民族习惯法自身的内容和形式也在发生改变,内容上不断吸收国家法,形式上则更多地是以"村规民约"的方式呈现。但无论如何,少数民族习惯法都将以显性或隐性的方式存续,并将继续在民族地区发挥其特有的功能。其原因在于,法律多元化已成为一种带有普遍性意义的法律文化现象。①

第三节　少数民族习惯法的特点

在长期的社会生活实践当中,民族习惯法表现出的民主性、民族性、神意性、稳定性等特点保持不变,值得注意的是,人们根据变化了的新形势和实际的生产生活需要,对少数民族习惯法进行了有或无意识的调整,使民族习惯法又呈现出科学性、教育性、完整性等特点。

一、民主性

民族习惯法承袭于原始习惯,是全民族成员在长期的生产、生活和社会交往中共同确认和信守的行为规范,其目的是维护有利于民族整体的社会关系和社会秩序,因此,少数民族习惯法具有原始民主性质。作为一个民族全体成员共同确认和信守的行为准则,其议定、修改均须由全体成员参与和一致通过。有的民族的部分地区虽然主要由首领和头人商议条款,提出初步意见,但仍然必须由全体成员一致通过才能形成。

民族习惯法的实施基本体现了人人平等的原则,无论是头人或普通成员,也不管富人或贫穷者,都同样受到习惯法的保护、都必须遵守习惯法。在对违反习惯法行为的处理、处罚的执行上也体现了浓厚的民主色彩。对违反习惯法的行为特别是杀人、偷盗等重大行为,由全体成员一致决定处罚方式。在执行处罚时,不少民族的习惯法都规定由全体成员共同执行,一起参与。

二、民族性

民族习惯法是少数民族特有的心理、意识的反应,是伴随着民族的形成而逐渐形成、发展的,是构成民族特征的重要方面,也是一个民族的民族性的突出表现。因此各个民族的习惯法是有一定差异的,各有自己民族的浓厚特色。如赫哲族的习惯法反映了赫哲族以渔猎为生的经济和社会形态;景颇族的习惯法则是刀耕火种的农工文化的反映;蒙古族、藏族的习惯法又体现了其游牧文化的特点。这些习惯法对本民族的历史发展及文化的形成有重要影响,对构成一个民

①　杜宇:《重拾一种被放逐的知识传统——刑法视域中"习惯法"的初步考察》,北京大学出版社2005年版,导论第22页。

族共同的心理素质,维护民族的整体性,起到了潜在的、不可低估的作用。各民族的每一个成员从一出生就受到习惯法的强烈熏陶和感染,生老病死、婚庆丧葬无一不遵循习惯法,因此对本民族的习惯法怀有天然的亲近感和认同感,每一个人的习惯法意识和习惯法观念有强烈的民族色彩。

三、普遍性与乡土性

习惯法在内容和效力上具有普遍性的一面,从根本上说,这是由习惯法千百年来在适用过程当中表现出的公正性所决定的,这里面也有其自然的、历史的复杂原因。习惯法的公正性主要是通过调解纠纷案件的仲裁者来体现的,这些仲裁者不是由国家的行政权力指派的,也不是由民众民主投票选举产生的,而是在民众的日常生活中不断涌现出来的。例如凉山彝族的"德古阿莫"都是一些大智大勇、大仁大义、大彻大悟的人,彝族人民几乎视他们为公正的化身。

乡土性是民族习惯法在空间上所显示的特征。各少数民族由于所处地域环境等差异,民事习惯经常是分散、不统一的,每一个地区的民事习惯不尽相同,同一个地区的民事习惯也不尽一样,所谓"三里不同风,五里不同俗"正是民事习惯地域性的形象反映。因此,习惯法也各有差异,不仅不同地区的不同民族之间在习惯法的内容、形式、执行上各有千秋,即使是同一民族内部,由于居住地域的空间距离较大,其习惯法也可能不完全一致。

四、神意性

中国各少数民族都有本民族所信奉的宗教。神在各少数民族习惯法中一直占有重要的地位。从原始宗教中衍生出来的神明裁判、宗教禁忌与法律条款的相互纠缠,一直伴随着各民族法律文化的发展而长期存在着。在刑罚上各民族普遍采用和保留着"神明裁判"的审判法,并且将神判作为最高的审判和最后的裁决。

在中国的少数民族习惯法中有相当多的内容属于伦理道德的范畴,这与中国古代法律有着很大程度的相似性,如中华法系之经典唐律,其"十恶"重罪中,有六大罪均属于伦理道德方面的内容。黑格尔曾经指出:"在中国,道德构成了法律的内容。"[①]值得注意的是,中国的少数民族习惯法的伦理道德性往往与神意性纠缠在一起,习惯法的权威和伦理道德的尊严,需要神灵的保护,天命的支持,这样才能为习惯法提供神圣的理论依据。

---

① 〔德〕黑格尔:《历史哲学》,王造时译,商务印书馆 1963 年版,第 209 页。

五、强制性

作为一种社会规范,一种规范人们行为、调整社会关系的法,少数民族习惯法无疑具有强制性。由于它直接、全面、具体地规范每一个成员的生产、生活和社会交往,因此少数民族习惯法与国家制定法相比,其强制性更为直接、明显和有效。少数民族习惯法从维护社会整体利益出发,规定了较为具体、系统的对违反习惯法行为的制裁方式,执行处罚的机构也富有权威。

六、稳定性

少数民族习惯法是各民族在长期的生产、生活等社会活动中总结、积累而成的,经过世世代代的继承、发展而成为各民族的社会规范,它一经形成便在较长时间内调整社会关系,规范人们的行为,并具有相对独立性,表现出极强的生命活力。尤其是各民族习惯法的核心内容和基本精神,是民族文化的重要组成部分,习惯法观念又是民族意识、民族心理的重要方面,因而更具有稳定性。少数民族的每一个成员从出生到成年直至死亡,无时不处在习惯法的氛围之中,受着习惯法的浸染熏陶,同时一直学习和处处模仿。这种潜在的影响及长期积淀,使得少数民族习惯法更具有稳定性和不可抗拒性。

此外,中国少数民族习惯法还具有规范性、概括性、可预测性。少数民族习惯法的规范性是指它为人们的行为规定一个标准、规则或模式,即规定在什么条件下,人们可以这样行为、应该这样行为、不应这样行为,从而为本民族成员的行为指明方向。概括性即普遍性,是指少数民族习惯法的适用对象是一般的人,而不是特定的人;在一定的空间和时间范围内,只要具有同样条件,就可反复、多次适用,而不是一次性适用。

少数民族习惯法的可预测性,是指民族成员可以根据习惯法事先预见到自己或他人的行为是否符合习惯法的要求,如果遵守或违反这些习惯法就会产生什么后果(包括积极的或消极的)。如贵州台江反排苗族的榔规(习惯法)规定,被开除家族籍、寨籍者杀猪牛请酒赔礼后才能撤销处罚。因此张吾努拒绝做鼓藏头被开除家族籍、万当九拒绝参加修路被开除寨籍、唐勇九的祖父得罪了家族而被开除,最后撤销处罚适用的都是同一条习惯法:杀猪或牛请全寨或全家族吃酒,赔礼认罪。这种习惯法的可预测性是相当明显的。少数民族习惯法是社会法规范的一种,具有法的规范性、概括性、可预测性也是自然的。

第四节　少数民族习惯法的功能

民族习惯法的功能是指民族习惯法对社会发生影响的体现,少数民族习惯法作为民族地区的一种社会规范和行为规则,在广大民族地区社会生活与生产当中发挥着举足轻重的作用,其功能主要包括两方面的内容:一为社会功能,包括维护社会秩序、传承民族文化、适应和调适民族需求等功能;一为规范功能,包括指引维系、制约、评价、教育等功能。

一、少数民族习惯法的社会功能

民族习惯法的社会功能是从法的本质和目的角度来认识法的功能的,指少数民族习惯法具有通过调整民族成员的行为进而调整社会关系,维护民族整体利益的功能。

(一) 维护社会秩序

作为中国传统法律文化的重要组成部分,少数民族习惯法维护社会稳定的功能主要体现在对现实中的一些民事纠纷、刑事案件的解决方法和模式的特殊性上。按照构建法治和谐社会的价值理念,民族地区的立法机关可以适当地变通国家制定法,以适应民族习俗和民族文化。在解决民族地区纠纷和矛盾时,特别是在地处边陲、经济欠发达的民族地区,少数民族习惯法在一定程度上发挥着比国家制定法更有效的作用。"法律的力量根植于人们的社会经验中。正是由于人们凭经验感觉到法律是有益的,人们才愿意服从和支持法律,才构成和加强法律的控制力量。"①这就是为什么在民族地区,民族习惯法备受推崇和遵从,国家制定法却受到冷遇和拒斥的缘由。在民族成员看来,如果国家法此时并不能维持"在他们看来"所需的稳定的社会秩序,而习惯法恰恰能够使社会矛盾和纠纷得到合理的解决,那么他们的解决方式无疑更为上乘。国家法治的基本目的是构建稳定的社会秩序,而民族习惯法在一定程度上正好符合了少数民族内部社会关系得以正常维系和发展的需要。

(二) 传承民族文化

各少数民族的文化,是靠民族成员一代一代不断总结、积累、继承、创新而发展起来的;民族文化的传承,需要依赖各种言传身教以及文字记载和其他物质设施。而习惯法是民族文化的集大成者。少数民族习惯法,实际上是各民族的"百科全书",内容包罗万象,涉及社会生活的各个领域。其中既有民族经济的内容,又有政治、文化方面的规范;既有制度的、规范的内容,也涉及观念、意识、心理;既涉及物质文化,也涉及精神文化,包含了民族文化的基本方面。因此,习惯法是民族文化的主要载体,习惯法世代相传的过程也就是民族文化保存、继承、传递的过程;习惯法观念的代代沿袭,也就是民族意识、民族心理、民族文化的沿袭、发展过程。

---

① 〔法〕孟德斯鸠:《论法的精神》(上册),张雁深译,商务印书馆1963年版,第104页。

执行、议定习惯法本身就是一项重要的社会文化活动，是民族文化传递的主要方式和手段。在民族社会关系发展中，少数民族习惯法经过不断的继承和超越，形成了一种在民族地区具有普适力的规则效应，这种规则效应经过长期的人际渲染逐渐形成民族地区特殊的文化，此种文化涉及社会生活的各个领域。其中既涉及私法方面，也涉及公法方面，而这一切都是民族文化不断传承和发展的积淀所得。在民族文化中，习惯法是其得以世代相传的主要载体，也就是说在民族文化得以善存、继承和传递、沿袭和发展的过程中，民族习惯法起到了巨大的、不可替代的推动作用。其实，少数民族习惯法已经形成了一种固定的文化，并已深深铭刻在民族成员的内心里，"它可以保持一个民族的创新精神，可以不知不觉地以习惯的力量代替权威的力量"。①

（三）适应和调适民族需求

人作为文化的重要载体，其所有的行为，都是文化的产物。一定的社会包含一定的文化，一定的文化及其社会历史背景决定了一定的需求行为，一定的需求行为总是受制于特定的习惯规则并反映出该习惯规则的内涵和外延，通过对一定社会关系的调适与整合来集结该群体成员的需求内容，使该群体所处的社会关系能够保持稳定与和谐。少数民族习惯法确认和规定了本民族的需求模式，给本民族成员个体的生存、成长、发展提供了初步的基础和条件，为民族整体利益社会化的实现奠定了坚实的基础。例如，少数民族习惯法通过对"游方""串姑娘""公房制""枋寮""戴天头"等规定，保护青年男女的恋爱自由，满足个体成员的社交需求、心理需求等。另外，少数民族习惯法对于宗教信仰、人际交往、丧葬礼仪等规范和要求，对本民族成员的成长和发展起着非常重要的作用。这些活动既是民族群体成员社会交往的重要部分，也是民族青年社会化的重要过程。民族习惯法以灵活多样的方式适应和满足民族成员的社会需求，因而在民族成员的个体生活中占有极其重要的地位。

二、少数民族习惯法的规范功能

（一）指引维系功能

少数民族习惯法发展到今天，一直能够活生生地存在，指导、影响和调控着当地的民族生活。这种指导和影响对少数民族成员的行为具有指引功能，作为历史文化遗留，少数民族习惯法有着巨大的惯性力量，是实际存在于中国乡土社会的有效秩序和规范之一，少数民族习惯法以强大的生命力在民族地区仍然潜在或公开地发挥效力。

民族习惯法的指引功能是指习惯法具有为民族成员的行为指明方向的功

① 〔法〕卢梭:《社会契约论》(第2版)，何兆武译，商务印书馆1980年版，第73页。

能。这种指引可分为确定性指引和有选择性指引两种,少数民族习惯法的禁止性规范属于前者,如违反这种规定将承担某种法律后果,给予某种处罚。授权性规范的指引属于后者,习惯法鼓励人们从事法所允许的行为。习惯法的指引功能在于鼓励或防止某种行为,从而维护民族地区的社会秩序。

(二) 制约功能

民族习惯法还可以规范行为,惩戒恶行。中国少数民族习惯法效力的发挥还需要靠各民族成员对各种规范的认同,对全体社会成员具有普遍的约束力及制约力。少数民族习惯法在各民族成员的心理及行为方面提出规定,要求人们按照一定的行为准则和规范进行和完成自己的社会行为。民族习惯法的强制功能在于通过制裁、惩罚和预防违法行为,增进本民族成员的安全感。民族习惯法对违反习惯法的行为规定了种种处罚方式和处罚手段,通过强制功能预防违反习惯法的行为的产生。

(三) 评价功能

民族习惯法的评价功能是指作为一种社会规范,习惯法可作为衡量本民族成员行为合法或违法的标准或尺度。民族习惯法不是个人智慧的产物,而是在各民族长期的发展中逐渐形成的,体现了集体的智慧,"群众比任何一人有可能做较好的裁断"。[1] 同时,习惯法作为一种评价标准,具有比较明确、具体的特征。

(四) 教育功能

少数民族习惯法在初期多以口头方式和日常行为进行传播和继承,通过相约俗成、宣传以及执行习惯法活动,形成一种习惯法文化,陶冶教育着一代代的民族成员,告诫、制约、斧正人们按习惯法所规定的准则行事,保证人们真诚、友善、和睦相处,从而在所有成员中树立一种社会规范,通过言传身教和各种集体活动进行培养教育。民族习惯法所具有的这种教育功能,即通过习惯法的实施对本民族全体成员今后的行为产生影响,这既包括处罚、制裁违反习惯法的行为对民族地区社会成员的教育、震慑、警戒作用,也包括人们的合法行为及其法律后果对民族地区社会成员行为所起的重大示范作用,特别是其自我教育功能,更显突出。

---

[1] 〔古希腊〕亚里士多德:《政治学》,吴寿彭译,商务印书馆 1965 年版,第 163 页。

第十五章　少数民族习惯法的内容

在民族地区,只有通过有效地组织起来结成团体才能求生存和发展,在用极其简陋的生产工具从事农猎谋求生存的经济条件下,人们希望通过习惯法的渠道来建立一种协调、安定的社会秩序。在长期的社会发展当中,少数民族形成了管理政治、经济、司法等带有浓厚原始民主性质色彩的血缘、地缘社会组织,对社会组织、组成、结构、作用做了明确规定,同时形成了在头领的产生、任期、职责、权利义务等方面的习惯法。

中国少数民族习惯法的内容十分丰富,涉及社会生活的各个领域和各个方面,包括社会组织与头领习惯法、生产和分配习惯法、婚姻习惯法、家庭及继承习惯法、所有权习惯法、债权习惯法、丧葬习惯法、刑事习惯法、宗教信仰及社会交往习惯法、调解处理审理习惯法,本章将分五节分别进行全面的讨论。

第一节　社会组织与头领习惯法

人类社会生活具有群体性社会行动的特质,不论是传统社会还是现代化较高的发达工业社会,为了其自身的生存和发展,都必须具有有效地连接社会成员和使社会生活安定有序的能力。中国少数民族习惯法中有许多关于各民族社会组织的组成、结构,头领的产生、头领的权利等方面的内容,对于我们认识民族社会发展的阶段,了解各民族社会秩序的维持、社会的发展是有重要意义的。

一、壮族寨老制

壮族流传着"乡有乡老,寨有寨头"的谚语,普遍奉行寨老(都老、乡老)制。[①] 寨老(都老、乡老)的产生按照习惯法,一种是通过自己平时处事中取得信任,受村民拥护、公认而成为头人;另一种则是村民民主选举产生,或是由年迈卸任的"寨老"荐举村民认可的人充任。寨老(都老、乡老)必须具备这样的条件:上了年纪的老人、办事公道、作风正派、肯为村民服务、有一定的工作能力和魄力、有群众基础等。他们没有固定任期,任期时间的长短,取决于头人本身办事能力的强弱和处理事情的好坏。

根据习惯法,寨老(都老、乡老)的具体职责有:(1) 领导村民议定习惯法;

---

① 广西壮族自治区编辑组:《广西壮族社会历史调查》(第 1 册),民族出版社 1984 年版,第 14 页。

(2) 调解纠纷,处理争执,维护村寨社会秩序;(3) 掌管全村公共财产;(4) 掌执集体祭祀大权;(5) 领导全村寨进行生产、公益事业的建设,如修筑公路、桥梁、挖掘水井、植树造林、护林防火和开发水利资源等;(6) 代表村民说话办事,处理本村寨涉外事务;(7) 组织村民开办学校、培养人才;(8) 主持各种会议等。平时村寨的小事,由本村寨的寨老(都老、乡老)处理解决,大事则请临近村寨的寨老(都老、乡老)来共同处理。

另外,由寨老(都老、乡老)提名,经村民民主选举产生一二位寨老(都老、乡老)的助手。当选的条件与任寨老(都老、乡老)的条件差不多,只是在年龄方面强调要中年人而不要老年人。他们主要是干一些事务性的工作,如召集会议、筹备祭祀等。寨老(都老、乡老)按习惯法一般不取报酬。有了罚款,有的地区由原告者从罚款中抽出若干分给寨老(都老、乡老),作为报酬。有时,如果事情解决而没有罚金,则由当事者拿出钱来给头人。通常是由当事者请酒席一顿。有的地区有寨老田,自耕自种,变相作为报酬。

二、苗族议榔制

议榔制是一种会议制度,多由几个鼓社、几十个村寨组织进行,主要通过会议来订立要求各村寨普遍遵守的律令规约来为其成员提供行为规范,在会议上也解决各种纷繁的人与人、家庭与家庭、宗族与宗族、地域与地域之间的矛盾,从这一点来说,议榔制是以血缘为本位的自发组织。苗族的社会组织在各地的习惯法中不尽相同。在黔东南大部分地区叫"议榔""构榔""勾",也有叫"仪榔会议""构榔会议";贵州从江和广西大苗山叫"栽岩会议"或"埋岩会议";湘西大部分地区叫"合款",凤凰县又叫"春酒会";云南金平叫"丛会"或"里社会议",性质基本相似,是苗族社会中议定、执行习惯法的地区性的政治经济社会联盟组织。"仪榔"制组织有由一个鼓社、一个寨,乃至整个地区组成之分。苗族习惯法称"仪榔规约""构榔规约""埋岩会议规约""款条""团规""理录""理告"等,每次仪榔前,先由寨头们商议仪榔内容,然后召开群众大会,由寨头手持芭茅和梭镖(代表权利和权威)宣布议定的习惯法的内容,由大会通过。宣布新的习惯法前寨老还要背诵过去流传下来的重要习惯法。有的仪榔后在会址竖石一块,表示习惯法坚固如石,不能轻易更改。

苗族社会组织的头人,一般叫"寨头",有的地方叫"榔头",也有的叫"娄方""该歪"或"扶娄"。寨头一般不经过群众选举,也无财产多寡的限制,只是由于其熟悉习惯法,精明事理,为人正派热心,在排解纠纷中得到公众的信任,树立了威望而自然形成的。有少数地区是长子世袭的。几个村寨或一个地区的寨头,是由小寨头选举产生的。寨头一般是上了年纪的老人,少数是中年人。

寨头的职责由习惯法规定,主要是:(1) 调解、处理争执田、土、山林所有权的纠纷;(2)调解、处理婚姻家庭纠纷;(3)调解、处理偷窃事件;(4)对外代表全寨,负责交涉全寨的对外事务;(5)按群众的意愿或要求,发动追山打猎,宣布封山,主持祭祀"神山林"。寨头是不取报酬的,办完事之后,当事人请吃一顿饭就可以了,不给钱。[①]

三、瑶族石碑制和瑶老制

瑶族的社会组织根据习惯法有石牌制和瑶老制两种。石牌制主要存在于广西瑶族地区,以大瑶山为代表。它是一种把有关维持生产生活、保障社会秩序和治安的原则,作为若干习惯法,经过参加石牌组织的居民户主的集会和全场一致通过的程序而使全体居民共同遵守的制度。这种习惯法的执行者,则是当地群众所公认的自然领袖——石牌头人。

习惯法规定石牌头人的产生,既不由世袭,也不由选举,而是在为群众调解争端中逐渐树立威信的为人公道、能说会讲、有胆有识者中自然形成的。也有部分是老头人培养而成的。能够为联合石牌各村居民所信任的大石牌头人,必须经过较长时间的考验。石牌头人已取得群众信任之后,如果办事没有很大差错的话,群众就会一直信任他直到他身死。如果办事不妥会自然失去威信。

石牌的基层组织是甲,一般由近族亲房几户自由结合组成。甲除了承担石牌所委托的义务以外,还要承担一些有关生产和祭祀的活动。其头人也称甲,一经居民组合推定后,子孙可承袭下去,并可把这个职位出卖。石牌另有临时军事首领一至二人,当有军事行动时,石牌头人临时推举在当地较大而有威望和勇敢的头人率领和指挥群众武装。

瑶族习惯法的形成是通过石牌会议。这种会议的召开,首先是由几个石牌头人,根据民族传统精神,观察当前社会现象中所表现出来的一般动态和某些方面的突出事故,加以揣摩考究,找出其中关键性的东西,然后根据当地的民族特点,议定若干条款,作为石牌习惯法的一个草案。接着便通知当地居民在预定的日期和地点开会。被召集参加石牌会议的居民,一般是各户的户主,凡参加会议的人,都自负伙食用费。

石牌会议进行的程序是这样的:与会人员齐集一村外较宽平的场所,由石牌头人互推一个头人出来"料话"(讲话),逐条宣布他们事先议好的习惯法草案,最后勉励大家齐心协力,共同遵守习惯法,使地方太平,人人得以安居乐业。"料话"完毕之后,极少有人提出不同意见,全场一致以默认或欢呼的形式通过。

---

① 参见贵州编辑组:《苗族社会历史调查》(三),贵州民族出版社1987年版,第24页。布依族也实行议榔制,榔首由群众推举产生,参见莫俊卿、韦文宣:《壮、傣、布依三族封建领主制的比较研究》,载《贵州民族研究》1988年第2期。

石牌习惯法通过以后,有的地区要把这个习惯法镌刻在石板上,竖在原来开会的地方。有的不镌石而改用木板书写,有的则用纸写下,发给参与开会的村寨张贴或收藏。有些地区,习惯法并不镌在石上,却也要竖立一块略带长方形而石面扁平的石头,作为石牌,这块石头要在开会前竖好。竖立这块石牌时,须举行一种简单的祭祀仪式。

石牌的名称,按所参加村寨的不同范围、参加石牌的村数、参加石牌的户数、竖立石牌的地点而有不同,如总石牌、十村石牌、三百九石牌、丁亥石牌等。①

而瑶老制主要存在于广东瑶族地区。连南瑶族地区每个瑶排自然村是一个基本单位,每个排都有自己的瑶老办事,依习惯法,他们的名称、职守如下:

1. 天长公

是一排之首,一年一任,以年龄最长的老人充任(有的地区是选举产生),当选者一生中只任一次,其职责是处理排内大小事务,处理排内秩序。凡有人失物、被杀,他就要负起侦查和破案之责;遇到他排或异族侵害,则召集全排群众会议,领导抵抗入侵;参加各排联合会议;保管过山榜等。任职期间,每户半年给 1 斤米作为办事费用。调解纠纷时收取一定酬劳费。若办事人不公正,有贪污、贿赂行为的,群众可向他提出罚款,并可罢免,另行选任新的天长公。

2. 头目公

每条龙(依地域、山势划分的排之下的社会单位)的头目,由每条龙选定一人,任期各地不一(二年、三年、五年均有),除管理龙内的事务之外,在排里也是协助天长公办事的人。他们的主要职责是协助天长公缉捕盗窃人犯,办理纠纷事务;每年十二月十五日携酒至巫师处择定与明年农事有关的事(如正月释山,二月整田,三月种山,立夏前下谷种等);立秋又请巫师择好日子修路、除草铺石、修补漏屋;岁末又登高呼喊,要大家警惕火灾;头目公办事除有报酬外,每年另由本龙的人家出米 1 斤为酬。

3. 管事头

是在非常时期,即遇到"搞是非"(即械斗)时产生的军事首领,每条龙选出 6 名,一般由年富力强而又有胆识的青壮年充当,并须是出生时辰有"未"字的人。出战时每天可取得 3 元白银的报酬,如杀死敌人和俘虏敌人,还有额外的赏格,但战斗不力畏缩不前的也会被免职,他们的职务随械斗的结束而自然结束。

4. 掌庙公和烧香公

这二者都是司理宗教事务的人物。掌庙公是掌理庙的人,任期不定,也可终

---

① 参见《中国少数民族社会历史调查资料丛刊》修订编辑委员会编:《广西瑶族社会历史调查》(一)(修订本),民族出版社 2009 年版,第 33—34 页。另外可参见苏富德、刘玉莲:《大瑶山石牌制度析》,载广西瑶族研究学会编:《瑶族研究论文集》,广西民族出版社 1987 年版,第 102—112 页。

身任职。在每年的几个大节带领全排的人到庙中敬奉祖先,向大家筹集钱米等,都由掌庙公主持。烧香公的职责是为庙里的祖先烧香,一经选任就终身任职。掌庙公和烧香公每年由每户出 2 斤米给他们作为报酬。

5. 放田水公、放食水公

放田水公不用选举,愿意做者就在"白露"那天日出之前到水坝坡头处,把长得最长的茅草打一个结,谁先打上结,谁就是放田水公。其酬金是由各户根据修筑水坝所花的人工数及该水坝灌溉范围内的田亩数平均出资,义务是每天巡查一次,见有小洞自己修补,若洞较大,则叫村民一起来修补。放食水公是在群众大会中自己先提出要求,经大家同意后即可,职责是保证食水的供给,酬金以人口计算,大人每人每年出米 2 斤或玉米 3 斤,7 岁至 12 岁的小孩出米 1 斤,7 岁以下的每人出米半斤。[1]

以后瑶族又有瑶长和瑶练的设置。广东瑶族的瑶长是被政府任命的,他仍是世袭的,若办事不好或不懂得讲道理,群众可在他的房族内另找他人代替其职务。瑶长对内掌管各项事务,对外与政府衙门联系,每年从衙门领取粮饷。瑶练是瑶长的助手,主要由瑶长差遣。每年轮选一次,每季到衙门领一次饷。但固有的瑶老制没有被破除,他们受封后未脱离农业生产劳动,排内有事仍通过头目公去召集,解决案件还要和排内老人一起商量,案件的判决也还是通过群众大会,沿用原有的习惯法。[2]

四、侗族会款制

款是村寨与村寨之间的联盟组织,具有民间自治和自卫双重功能,对内制定款约,调解跨村寨的纠纷,对外抵御外敌。会款按照习惯法普遍以村寨为单位设立:大寨设一个,小寨则数寨设一个,数十寨则联款统管下面各寨的会款。会款职权有二:对内可产生和罢免寨老,集会议事;对外可以号召各处会款组织群众武装抵御外来侵犯之敌人。会款的集会议事方式各地习惯法规定不一,广西龙胜侗族大凡地方上有事,即由寨老喊寨,通知村民集中于村中的石板坪会址,共同商议;三江侗族则多集中于村寨中的鼓楼坪;鼓楼悬挂有大鼓,有事即由寨老击鼓为号召集。集会议定的事,大都根据民意立断,寨老不敢包办;各款每年要举行盛大的"讲款"仪式,宣讲款约(习惯法)。[3]

有的侗族地区则有埋岩会议,举行会议的时间不定期。习惯法确定的埋岩

---

① 《民族问题五种丛书》广东省编辑组:《连南瑶族自治县瑶族社会调查》,广东人民出版社 1987 年版,第 64—66 页。

② 李筱文:《浅析连南排瑶的"瑶老制"》,载广西瑶族研究学会编:《瑶族研究论文集》,广西民族出版社 1987 年版,第 128—140 页。

③ 参见杨通山等编:《侗乡风情录》,四川民族出版社 1983 年版,第 239—241 页。

是这样的:用一块或两块平面石板,长短不一,以其 1/3 插入泥土,在出土的石板上刻有条文。埋岩时由全寨抽款来买大黄牛一只、鸡鸭若干只,杀后将其血混入酒中,凡参加大会仪式的,每人喝一杯血酒,表示宣誓:有福同享,有难同当;不勾生吃熟、勾外吃内,犯者杀头或活埋。

侗族聚居的村寨,根据侗族习惯法每寨必有寨老(理老或头人,小寨一人,大寨则一至二人)。寨老是为人公道并且有社会经验、能讲会说、热心地方公益事业,能担众望,群众满意公认者,但非正式选举。寨老有这样一些职责:(1) 主持会款集会议事;(2) 执行习惯法(会款规约);(3) 调解和处理村民纠纷事件;(4) 有土匪扰境或官兵侵犯,负责组织村民抗敌,并带队亲赴贼地,指挥作战。寨老无报酬,唯在处理罚款性事件时,当事人要给寨老一定费用。

侗族的《六阴六阳》是其习惯法中的核心,阴事为重罪,阳事为轻罪。六种阴事为不许偷盗耕牛;不许偷金盗银;不许乱砍山林;不许抢劫杀人;不许勾生吃熟(内外勾结);不许挖坟偷葬。六种阳事是:不许破坏家庭;不许弄虚作假;不许偷放田水;不许小偷小摸;不许移动界石;不许勾鸡引鸽(勾引妇女)。①

五、傣族村社制

傣族社会的基本组织为村社,村社之间有严格的界限。傣族习惯法规定村社有波曼(寨父)、咩曼(寨母),其职责主要是:(1) 管理村民迁徙,代表村社接受新成员,批准外迁等;(2) 管理村社土地,把守村社界线;(3) 代领主征收各种贡赋;(4) 管理宗教事务(包括佛寺经费);(5) 管理婚姻及解决民事争端等。担任寨父寨母的免除一切负担,除份地外,有的还得一份头人田,卸职时交回村社。

此外,村社还有:

(1) "昆悍"(武士、军士):协助寨父寨母保卫防守村社共同边界,维护公共秩序,处罚违反习惯法的犯人等,他被免除一切负担。(2) "陶格"(乡老):由村社推选,主要起向下传达和向上反映作用,还可调处民事和家庭纠纷,免除劳役。(3) "波板"(提调):其职责是传达、通讯、召集开会、招徕来往客人、派公差、负责防火等,在职期间免除负担,并享有"波板谷",每户出 1 挑,若有"波板田"入则各户不出谷子,由其自耕自种。(4) "昆欠"(文书):协助寨父寨母管理登记土地钱粮等,也免除一切负担。(5) "乃冒"(男青年头目):一般由已婚男子担任,在做赕及度年节时,率领未婚青年,从事各种游戏歌舞活动,管理男女恋爱,

① 参见杨进飞:《侗族制试探》,载《民族论坛》1987 年第 3 期。杨锡光等整理译释的《侗款》记载了侗族的各种约法款,见岳麓书社 1988 年版,第 19—236 页。邓敏文、吴浩的《没有国王的王国——侗族研究》(中国社会科学出版社 1995 年版)比较全面地讨论了侗族的社会组织,可供参考。

制止青年违反习惯法;外寨青年到本寨串姑娘,必须先通过"乃冒"。(6)"乃梢"(女青年头目):一般由已婚妇女担任,其职责与"乃冒"相同。"乃冒""乃梢"通常在泼水节期间选举产生。(7)"板闷"(运水员):其职责是管理水利灌溉,一般享有"纳板闷"(板闷田)。各村社由寨父寨母、乡老、提调组成村社议事会,处理日常事务。凡有关分配负担、调整土地、水利纠纷、民事纠纷以及批准外迁退社、接受新成员等重大问题,则召开民众会。

傣族以后有"贯"的组织,这是村社的发展。按照习惯法,贯有议事庭会议,分为两种:

(1)"朋贯"(议事庭常会),由四卡真(四丞相)八卡真(八大臣)组成,三五天召开一次,主要讨论分配负担、调解纠纷及罚款等。(2)"朋勐"(全勐大会),大多在佛寺召开,讨论的内容是:决定非世袭的"召勐"(勐的首领即土司)继任问题;讨论和决定议事庭长与副庭长的任免;讨论和决定与外勐建立亲族部落联盟;决定对外勐宣战或媾和,或决定战败后全勐人民撤退事宜;商议集体请愿要求减免负担等;撤销与"朋贯"决定不符合的议案等。召开"朋勐"前,由"板贯"(议事听的波板)击鼓,全勐闻声就要到佛寺集中。[①]

第二节　生产习惯法

各少数民族讴歌勤劳致富、斥责不劳而获,在千百年的社会生产劳动中形成了许多有关各方面的习惯法,其中有关于农业生产、游牧业生产,也有狩猎生产的,当中也不乏渔业生产和采集方面的。这些生产习惯法反映了人们对于自然现象和客观世界的认识,包含了人们生产实践的经验积累,对民族地区的生产发展和社会和谐安定起到了积极的促进作用,同时也满足了民族成员内部的需求。

一、农业生产

在我国的民族地区中,相对于北方来说,南方地区在农业生产的组织、劳动日期、生产日期、生产工具等方面有许多习惯法。

瑶族习惯法中极为重要的一个内容即是有关农业生产的。每年二月、八月春秋两次祭社时,头人(社老)要对共社的群众"料话",即宣布当时在农业生产中应该共同遵守的习惯法。二月社的规定,包括浸稻谷种、做秧田、扯田基草、扯秧的选定日期(限定各居民同在一天进行);割草(绿肥)要听放炮之后,各人才能出门,不许争先;放水进田,要依照旧日的田坝口,不许乱开乱挖,别人耕田过

---

① 《中国少数民族社会历史调查资料丛刊》修订编辑委员会编:《傣族社会历史调查》(西双版纳之二)(修订本),民族出版社 2009 年版,第 32—37 页。

后,要过三天,才准由这田放水过下游的田里;犁田耙田时,牵牛过田,要依原来规定的老路走,不许随便经过不应走的田基;不许乱拿饭包、犁耙;见别人的田水漏干了,要帮补漏洞;过了清明节,各家不得放鸡鸭猪出外。八月社的规定,包括禁止乱入老山;不许放鸡、鸭、猪下地吃禾;不许乱拿禾把和饭包;挑禾把过路,肚饱的人要让肚饥的人先走;不许偷盗桐子、茶子,要等主人拾过之后,才得捡拾。瑶族在农业生产方面还有许多禁忌,如某些日子忌山工,某些日子忌用牛、忌挑粪等。①

傣族的山地大多实行刀耕火种的休耕制,早稻为 8 年轮种一遍,玉米地则 3 年轮种一次。每户砍地独自进行,烧地则要在同一天进行,播种盛行互助换工:由主人邀请以每对男女为单位。被邀请的换工者去时各自带饭,主人仅以鸡、鱼为菜肴招待。早稻播种依习惯法先从地中间开始,先由家长和主妇在地中间竖立四根木桩成四方形,桩高约 1 人,在木桩中间先播八塘,然后开始全面播种。先播种的八塘要最后收割,收割时也有一定规矩。稻分苑时,每户要用 4 只鸡祭把,其中有 1 只鸡用于祭天。有的地区,每年开始农业生产前,就由街长在集市进行口头通知,谓召片领通知,生产季节已到,要进行插秧;为了保护庄稼,要围好田篱笆,要找牛串鼻子,猪要柳木三角,狗也要管起来等。

二、采集生产

值得注意的是,有少数几个民族有采集方面的习惯法。如藏族未经头人许可,不准到"神山"上去挖虫草、贝母、秦笼、知母等药材,否则处以罚款。经其许可者,须将所挖药材上交头人一半。并且不准砍神树,也不准越界到其他头人辖区内砍柴,否则要罚款,退还所砍的柴,并没收其砍柴的斧头和背柴的绳子。②

布朗族的采集工作主要由妇女进行,男人间或参与,采集所得是谁采的谁拥有。布朗族用采集的植物举行"成丁礼",习惯法规定在"报吉"仪式上,用采集的"考阿盖"的树枝烧出的烟垢来染齿,从此成为成年人,有了社交自由。③

三、狩猎生产

各民族特别是北方少数民族的习惯法对猎获物的分配原则、分配范围、分配数量与顺序等作了规范。

鄂伦春族以"阿那格"组织形式出猎,产品的商品化部分和兽皮,在猎手间

① 广西壮族自治区编辑组:《广西瑶族社会历史调查》(第 1 册),广西民族出版社 1984 年版,第 68—69 页。
② 四川省编辑组编写:《四川省甘孜州藏族社会历史调查》,四川省社会科学院出版社 1985 年版,第 209 页。
③ 参见罗钰:《云南物质文化·采集渔猎卷》,云南教育出版社 1996 年版,第 63—64 页。

平均分配。兽肉在大部分地区以"乌力楞"为范围按户平均分配。在"阿那格"内，猎手与"吐嘎钦"都同样分得一份，随同出猎的寡妇也可分得一份。其他妇女，如家中已有男子参加就只能酌量分给一些，最多也只能得半份。兽皮如不足数，采取轮流分配办法，即甲打中分给乙，乙的分给丙等，猎获者每次均排斥在分配之外。具体分配时，犴罕皮一张做两份，鹿、豹皮各做一份。在"阿那格"集体狩猎时，各人有无投入马匹，投入多少，以及生活资料投入多少，均不影响平均分配。

单独狩猎时，猎品的商品化部分和兽皮归个人所有，兽肉在大部分地区以"乌力楞"为范围按户进行平均分配，少数地区只是对各户酌量送一点。如果一个猎手打到狍子后正在剥皮时，另一个一无所获的猎手正好碰上，前者就要让他剥皮，剥完后送给他一大半肉。[①]

达斡尔族的猎获物遵循平均分配的习惯法。猎获物由斯坦达分配，他按阿纳格的人数分成堆，堆与堆在品种和数量上尽量均衡。斯坦达分完后，有不合适的地方其他人可以建议调整。由年龄最小的人先要，最后一堆是斯坦达的。有的地方则把大家的刀子收起来，由斯坦达扔在分成堆的猎获物上，谁的刀子扔在哪个堆上，那一堆猎物就归谁。后来，也有把猎获物出卖后分钱的。如果打到野猪时，猪头应分给打死野猪的人，不能分给别人。一个猎民追逐的野兽，若被另一人打死，猎获物由两人均分。猎到狐狸后，必须就地燃放草烟，在烟雾腾空期间赶到现场的人，均可参加平分猎物。[②]

四、渔业生产

有些少数民族有关于渔业组织，渔业生产的时间、地点及产品分配等方面的习惯法。

赫哲族人捕鱼，一家一户个体生产为基本形式，但集体捕鱼也不少。个体捕鱼所获归己。习惯法规定，合伙捕鱼组织不是固定的和长期的，而是自愿结合组成的；一般为与自己交往最密切的人或有血缘关系及家族之人。在合伙组织中推选一名年长、辈分大、有捕鱼经验的人当把头，由他率领并分工，指挥捕鱼，选择渔场。如发生有人说怪话、口角纠纷等事，把头进行说服劝解教育，修理钩、补网等细致工作也由把头负责。把头没有特殊权利。捕鱼技术较熟练的人就自觉地多做些捕鱼工作，捕鱼技术稍差的人就多做些捡柴、做饭、加工鱼等事情。

若很多捕鱼户在同一个渔场捕鱼时，一定要遵守已经商定的轮流作业制度，

① 参见秋浦：《鄂伦春社会的发展》，上海人民出版社 1980 年版，第 207—208 页。
② 参见莫日根迪：《达斡尔族的习惯法》，载中国民族学研究会编：《民族学研究》（第 6 辑），民族出版社 1985 年版，第 275—276 页。

不能随意蛮干。同时,不能硬挤别人已经下好钩的钩地和网滩。如果有人确实没有钩地和网滩捕捞,经过捕鱼的人们商量后,本着团结互助的精神,安排到一定渔场捕捞。

在捕鱼时,赫哲族还有许多习惯法,如:孕妇或经期的妇女,不准到渔船上或渔场中去;参加捕鱼的人,若他家死了人,到渔场后,在滩上笼起篝火,让这人跨过火堆;捕鱼参加者,不准说怪话和大话等。①

高山族的渔业生产有集体出海和渔船团体两种形式。集体出海是指在每年八九月到十一月半间各部落举行的礼仪性活动,各社均是由会社发动,会社成年男性都参加。渔船团体是鱼汛期采用大型渔船参加夜间捕鱼的男性组织。大多有一个专名,与多数船员所属的父系群的群名相同。每渔船团体内的职务地位是根据各人之经验能力、技术造诣而定的,但地位、任务一经决定后,非因死亡、老病而有缺额时,不能递补、升迁。渔船团体汛期的主要工作有:开始共宿,祈求丰渔祭,招鱼祭,初夜渔,解散仪式,开始用小船钓鱼,飞鱼绘画祭,飞鱼收藏祭,飞鱼终鱼祭等。

集体出海的渔产品的分配,是在回部落会所前,依鱼的种类大小分类排列成堆,然后按年龄长幼级组分鱼,由长老级先拿,次及成年级、青年级。过年祭祖时的海货大家只是分得一些小鱼回去挂在会所及自己的橼下,祭祖之后把挂了几天的小鱼全放回溪中。

各家男子以小船出海或到海滨钓鱼或入水捕鱼,有收获时,必对自己的部落分送渔获,即使只得到一条鱼亦切成小块,一家一家分送。②

第三节　民事习惯法

少数民族民事习惯法的内容十分丰富,涉及社会生产和生活的各个方面,其中包括婚姻家庭、继承权、财产所有权、债权等,形成了种类齐全、内容完善的法律体系。

一、婚姻家庭习惯法

婚姻的缔结是人类自身产生的前提条件,"婚姻家庭问题与每个人息息相关,与社会组织、政治、经济、文化、伦理道德、种的繁衍、民族关系等密切联系在一起,因而,自古迄今一直成为最引人注目、思考和探讨的重大社会问题之

① 《赫哲族简史》编写组:《赫哲族简史》,黑龙江人民出版社1984年版,第169页。
② 参见陈国强:《高山族风情录》,四川民族出版社1997年版,第23—27页。

一"①。少数民族的婚姻习惯法是组成少数民族习惯法的重要组成部分,婚姻习惯法主要涉及婚姻缔结、离婚以及家庭关系。

（一）婚姻缔结

少数民族习惯法中的婚姻成立采用广义的说法,即婚姻的缔结就意味着夫妻关系的建立,又包括婚姻关系的建立。婚姻成立的条件因各个具体的少数民族情况而不同,不能一概而论,但是一般对血亲范围、等级限制、结婚年龄等方面有较具体的规定。

壮族一般在本族内通婚,五代以外便可以配婚,但是同姓不婚。有的壮族地区与汉族通婚,与瑶族则不通婚。也有壮族男子娶瑶族女为妻的,但是壮族女是不嫁瑶族男的。"壮族盛行早婚,男子普遍在 15—16 岁,女子在 13—14 岁时结婚。有的地区小孩刚生下几个月,或是 2—3 岁时即由父母订下了终身大事,到了 7—8 岁便结婚成为夫妻了。"②

少数民族的婚姻制度类型比较丰富,有群婚制,包括基诺族的集团内群婚,即血缘婚;景颇族、独龙族、佤族等的集团外群婚制,即"普那路亚"群婚。也有裕固族、黎族、纳西族等的对偶婚,一夫一妻制等。在通婚范围方面,少数民族的婚姻习惯法一般考虑阶级、等级、贵贱、血缘、辈分、民族、年龄等因素,自由婚姻与包办婚姻、买卖婚姻等婚姻方式并存,以自由婚姻为主。普遍实行早婚。

（二）夫妻关系

各民族习惯法还就夫妻关系、赘婚、寡妇再嫁、鳏夫续娶、转房等作了具体规定。结婚之后,男方因婚姻成为人夫,女方因婚姻成为人妻,丈夫与妻族发生联系,妻子亦因此与夫族产生了关系。

西南少数民族少有"守节"观念,妇女在丧偶后,一般可以再嫁,且由自己作主,并没有汉族"从一而终"的封建观念,社会对于再嫁也不加指责。未生育的寡妇,夫死后,不久便回娘家居住,照常可以"游方",自找合适的对象,夫家及父母都无权干涉。贵州剑河、台江一带有这样的说法:"头嫁归父母,再嫁由本身。"这充分说明了西南各地的少数民族奉行再嫁自由的原则。当然,现实中人们对寡妇多少也有另眼相看,再嫁时一般只能嫁给条件比她差或已丧妻的男子。

生有子女的寡妇,再嫁时有所限制,为照顾子女,一般都得常住夫家。但在下列三种情况下例外:第一,鳏夫主动请媒说亲,女方同意。第二,在征得本人同意后,由娘家主动为她找对象。第三,由寡妇自己提出再嫁。但这三种情况都必须事先通知夫家,并不以征得夫家同意为限。若小孩太小,可以随母亲抚养,长

---

① 陈克进主编:《婚姻家庭词典》,中国国际广播出版社 1989 年版,序第 1 页。
② 广西壮族自治区编辑组:《广西壮族社会历史调查》(第 1 册),广西民族出版社 1984 年版,第 133—134 页。

大后归前夫家。代养时间一般为 3 年,费用由前夫家支付。再婚也有一定的仪式,但很简单,到夫家后立即执行主妇职务。一般出嫁后两三天内回娘家一次,小住一两天便回。同时,现夫须以一定的祭品向前夫祭奠一次,以示赔礼,至于前婚中夫妻财产的处理,原则上退回结婚时带来的东西,如有子女,根据女方自愿,留一部分给予子女享用。

（三）离婚

离婚是解除婚姻关系的主要手段,也是民族地区婚姻纠纷中较为普遍的现象。离婚的完成就意味着夫妻间的权利与义务归于消灭。离婚由此牵扯两个问题:其一,离婚后的再婚问题;其二,离婚后的财产继承问题。

如果离婚发生在订婚阶段,一方不愿意维持婚姻,比较容易处理,一般只需要退回“彩礼钱”。布朗族的做法就比较简单,即送给对方一串槟榔即可解除婚姻。然而,离婚更多的是发生在婚后不久。

苗族较为具体地规定了离婚的条件、程序、手续以及离婚后子女抚养和财产的处理,苗族对婚姻不满时男女双方都可以依据习惯法提出离婚,女方主动离婚较多。主动提出离婚一方以拒绝同房表示,同时请几位寨老向对方正式提出。值得注意的是,“关于离婚的原因,在苗族社会中,有以下几种情况:(1) 不劳动或者小偷小摸。(2) 败家。(3) 夫殴打、虐待妻。(4) 通奸,乱搞男女关系。(5) 公婆对媳妇不满。(6) 不育。每种原因中都有父母包办和青年自主两类人,但前者的比重比较大,约占 3/4,后者只有 1/4”。①

离婚条件谈妥以后,即以两拇指粗、长约 3—4 寸的竹筒,两端刻画横纹为凭,所议款项限期 13 天或 1 个月交清,交清后由寨老把刻纹的竹筒劈成两半,男女各执一片为证,以后不得反悔。另外的一种方式,双方达成协议之后,由寨老当众发誓:“自解决之日起,双方如有翻悔,头一边,身一节。”也有以汉文书写的,由双方盖章、画押,或按指纹的离婚证明书,男女各执一纸为凭。②

通过查阅文献,我们大致可以了解苗族在处理离婚时遵循的一般性原则:

双方自愿离婚的,父母调解无效时,由双方父母私下商量解除婚姻关系,结婚时所花费用和礼品,一概不予以退回。

男方主动提出离婚,经调解无效的,男方就出酒十斤,杀一只羊来请客,这叫“羊酒服理”。之后,男女双方便解除了夫妻关系。但因为男方逼迫离婚导致女方自杀的,男方要被处以“五牛分尸”。

女方主动提出离婚的,也要经过“羊酒服理”才能解除婚姻关系,男方不负任何赔偿责任。男方知其妻另有情人,可以直接制止,女方要多给男方一头羊或牛。

---

① 陈金全主编:《西南少数民族习惯法研究》,法律出版社 2008 年版,第 201 页。
② 参见贵州省编辑组编:《苗族社会历史调查》(三),贵州民族出版社 1987 年版,第 165—168 页。

已婚男子与妇女通奸,视情节严重,或公开批评,或"羊酒服理"。受罚费用由通奸双方分担。未婚男子与已婚妇女通奸,若为亲夫捉获,处罚与已婚男子同,即"裸体杖"。如是强奸,则只杖男方。

若夫妻争吵,属丈夫无理,致使其妻不能忍受,回娘家居住。事后,男方得请族老登门劝告,并以一头牛作为赔礼。属妻子无理回娘家居住,事后自知理屈,则以猪或羊送与丈夫,表示重来"开门"。

总的来说,少数民族习惯法规定的男女权利不一样,从而导致了在离婚时男女双方的权利也不一样。在对于离婚的态度来讲,有的民族对离婚很谨慎,如鄂温克族、部分哈萨克族通常不允许离婚,但是德昂族、高山族等对离婚持较宽松的态度。离婚手续和离婚方式也是多种多样的,一般要求留有凭证,如蒙古族只需要证人。离婚后,对于再婚的态度也是不一样的,如布朗族可以允许复婚,而俄罗斯族不允许复婚。值得一提的是,离婚后对子女和财产的处理也有具体的规定,一般而言,"少数民族婚姻纠纷的处理方式多以经济补偿为主,体现了习惯法运作过程中的物质利益性,但也不排除惩戒性的规范。"①

二、财产所有权习惯法

人们之间的生产关系、社会关系,其实质上是指财产关系。正如马克思把资产阶级私有财产关系看作是资产阶级生产关系的全部总和一样,少数民族的财产关系是少数民族社会关系的最集中表现。历史上,少数民族财产所有权的形式大致可以分为私人占有和公共占有两种,一般来说,两类财产为家族和村寨所公有,如土地、山林、河流等,其他的诸如牲畜、农具、田土、宅基地等都是私人占有,可以买卖。

（一）公共占有

公有,顾名思义,就是在一定地域范围内的成员对一定财产的公共占有。新中国成立以前的西盟阿佤山区,地理位置闭塞、环境艰苦,致使佤族到20世纪50年代初仍然处于原始社会末期的农村公社阶段,岳宋因为是处于阿佤山区的腹心地带,保留了更原始的因素,这里的森林、水源、寨内空地、宅基地和部分耕地仍属于村公社所有。除土地外,其他一切生产资料和生活资料都已属私有。土地的私人所有权无论是在事实上,还是在观念上都带有明显的公有制痕迹。②

（二）个人占有

少数民族财产当中最主要的有田土、生产工具、牲畜、林木、生活用品等。除成片的山林外,凡在田边地角种树,田为谁所有,树即为谁所有。一般来说,私人

---

① 陈金全主编:《西南少数民族习惯法研究》,法律出版社2008年版,第204页。
② 徐中起等主编:《少数民族习惯法研究》,云南大学出版社1998年版,第144页。

占有树林，有两种情况：一是山权、林权都为私人所有，二是只有林权。这是卖树不卖山的传统习惯所致，或者因私人租山养木，所以没有山权。

鄂伦春族习惯法规定马匹、猎犬属于家庭私有。马匹在家庭中一般是分开专用。猎枪、猎刀、猎斧、枪架、马具以及熟皮工具等也属于小家庭私有，一般都分别由个人专用。桦皮船、鱼叉、渔网和鹿哨等生产工具也归小家庭私有，但是谁用谁拿，不归个人专用。"仙人柱"、仓库也属于家庭私有。①

三、债权习惯法

随着民族地区的社会经济发展，特别是民族地区近百年来私有制和商品货币的持续发展，在民族地区，债主要是由特定的成员之间达成某一项协议而发生，根据协议的内容不同，债的关系主要有以下几种方式：

（一）借贷

由于天灾人祸、婚丧嫁娶，民族地区成员之间难免会在钱、粮乃至生活用品方面出现相对的紧张和短缺，为了解燃眉之急，财产的借贷活动便在民族地区发生并日益频繁。要求通过订立文约来确定借贷关系是羌族习惯法中的做法，订立文约时双方当事人要请凭中人参加，内容上要明确规定借贷期限、利息、抵押情况以及违约责任等项，利息由双方当事人协商确定。如同借贷时要订立契约一样，在归还债务和利息时，双方当事人一般要求写"收清文约"，以证明该行为的发生和有效。下面是一份完整的"收清文约"：

立写出收清文约人饶孙氏，今凭中收到于韩延玉名下收银圆拾肆元整，本利一并收清，不得少欠分厘，一无私账交到，二无货物折算，当凭中本利付清，日后查出，约据现交于借主，原约退还。有银主饶姓不得以言生支，恐后无凭，立收清文约一张，存照为据。

约保人：左余氏
出约人：饶孙氏
代字人：王国昌
凭中人：祁书生
　　　　冉清生
　　　　徐保生
公元一九五一年四月二十一日②

---

① 秋浦：《鄂伦春社会的发展》，上海人民出版社1978年版，第204—205页。
② 西南政法大学羌族习惯法调查资料，理县浦溪部分。这些契约文件现藏于理县浦溪乡浦溪村民韩东玉家中。

值得一提的是,羌族之间还盛行相互借贷,其主要形式及规定有几种。圆门会:由一定的人数组成,一定的银钱循环交往,转一圈为会满,每人得会一次,利息三分,会首因主持会期,得利六分,一轮一般是一年,也有一年二轮的。

勾头会:一般由十人组成,用一定数量的银圆或其他的物资作为周转的奖金,抽签按先后得分,利息四分,轮到第八人时"将利还本",谓之"上七不上八",会议结束后,本清利清,一般两年或一年一轮。

节节高:其形式与圆门会相同,惟会首不得息,多得一次会,年利四分。

羊会:请会的人家备置酒席,被请会的人,每人出母羊一只,待以后羊群发展了,才把母羊归还原主,无息。①

按照鄂温克族借贷习惯法,借什么牲畜就还什么牲畜,有的比借的要肥壮。如果借的是公的,归还时比借的还要肥壮,如果借的是母的,归还时还需带上所生的幼畜。还有借羊还牛的。借羊、借粮以劳动力形式偿还的也很普遍,如果借一头4岁的羊,就给牲畜主干4个月或半年的短工。鄂温克族的借贷关系,大多没有固定手续和契约合同,债户和债主一般都有经济关系或血缘关系。如果欠债户不主动偿还借贷,或是催而不还者,债主就有权把欠债户的牲畜抓走。②

鄂温克族还有租牛的现象。如果租牛仅在4月初至4月末,其租金为外套牛8斗,里套牛4斗;如果租牛和犁等生产必需的物件,其租金是21斗稷米(约260多斤),租金是很高的。租牛还另有一种租价,如果自己除牛以外的生产工具都具备了想多犁一点地而租牛,每头牛从春耕开始至春耕结束不超过1个月为12普特稷米的秋租,4头牛为48普特(约合1572斤)。如果在春耕前讲清,则歉收时双方协商租价,若遇有风、旱、雹灾等特殊自然灾害时,经租户提出请求出租者同意后可酌情减轻牛租。

在少数民族习惯法中有关借贷方面主要涉及借债数量、偿还日期、付利息与否、不能按期偿还后如何处理等,借贷手续主要有景颇族等的口头借贷、契约借贷(包括无文字契约的如佤族等,有文字契约如蒙古族等),有保借贷(阿昌族等)、抵押借贷(哈尼族等)等;债务既有时间限制也有无时间限制的;一般而言借钱还钱、借物还物;还不清债务时还有以工抵债、子孙还债、亲属还债、没收债务人的家产抵债等。

(二)交换与买卖制度

在广大的民族地区主要是自给自足的自然经济,商品经济的发展并不是很快,交换关系不是很频繁,但是各少数民族的债权习惯法中仍然有一些商品交换和买卖的内容。在广大羌族地区是自给自足的小农经济,限制了羌区交换关系

---

① 参见四川省编辑组编写:《羌族社会历史调查》,四川省社会科学院出版社1986年版,第90—91页。
② 秋浦等:《鄂温克人的原始社会形态》,中华书局1962年版,第84—87页。

的发展,买卖活动不十分活跃。商品交换主要发生在羌汉之间,羌族内部的交换活动较少。即便是这些较少发生的交换行为,也只是为其自然经济服务。在羌区,从事商业活动的通常有两种人:一种是本地羌民;另外一种是外来汉族商人。

羌族习惯法中规定,羌民在交换买卖方面的习惯法有如下原则规定:第一,"正直公正""公平交易"。禁止"包买包卖",反对"私吞贿赂"。第二,诚实。禁止"套哄小孩妇女",反对"交换空仓粮食、菜籽、洋烟",反对"估买估当"。第三,互利。交换买卖时要达到"买卖二众心情愉悦"。这些正是古今民事法律基本关系的基本准则。土地成为买卖对象是在土地成为家庭私有财产后逐步产生的。但一般来说,羌民在经济困难或还不起债时才不得已出卖土地,因而土地买卖现象并不多见,但是在习惯法中也作了如下的规范:第一,近亲优先权,土地买卖尽量优先考虑家属和有亲戚关系的人家;第二,要有公证人、介绍人参加;第三,要订立契约。①

回族以善于经商著名,习惯法保护商人和商业,买卖方面的规范也相对比较丰富。②

从商品的买卖与交换制度来说,由于各民族地区处于自给自足的小农经济,商品经济并不是很发达,所以商品的交换并不是很频繁,但是各少数民族习惯法仍然要求公平交易,强调诚实互信,实现互惠互利,禁止欺诈,反对投机。

(三) 典当与抵押制度

在"当子千年在,卖字不回头"观念的影响下,广大少数民族同胞难免会有"债账逼迫,无钱使用"的情况发生,不得不把自己包括土地在内的财产典当或抵押出去,换回当金。

除典当土地外,羌民也典当其他财物。此类典当的规定与土地典当相似,所不同的是,典当财物的添补、维修以及财物上设置债权、债务等全由出典人承担和负责,并不影响承典人对典当财物价值的肯定和正常使用。

在羌族内部,土地典当的习惯法规定就像土地租赁一样,典当双方要订立当地的文约。订立文约时必须要有证人参加,文约内容要写明典当土地的地址、典价、出典期限以及当事人之间的具体权利和义务。典价一般相当于地价的50%。典当分有年限、无年限等方式,它们的典价及形式是有区别的。有年限的典当,典当价一般为地价的60%—70%,逾期不赎,当主可按地价的80%将典当土地出卖。赎期不定的典当又叫"老当",当价为地价的40%—50%,银到地回。在西南的民族地区中,出现了抵押担保的现象,在借贷较大数额的货币或实物时,债权人为保证借出的款或物能按期收回,要求债务人以田或其他财产抵押。

---

① 俞荣根主编:《羌族习惯法》,重庆出版社2000年版,第54—55页。
② 马启成等:《回族》,民族出版社1995年版,第64—80页。

如到期不能清偿债务,债权人可以逼迫债务人把抵押的财产折价抵偿。如果没有借贷关系的存在,也就不会有抵押权的设立。另外,当债务偿清以后,债权也归于消灭,抵押权也归于消灭。

土地以及其他财产的典当和抵押是当时民族地区社会的一种比较特殊的民事制度,承典人或债权人有完全的典当物或抵押物使用权,出典人不得对典当标的再进行出租、抵押等流转行为,形成了"一物二主"的状况。

（四）雇佣

在民族地区,有关雇佣关系的习惯法当中,主要是对雇佣的种类、报酬、期限等作出了大致的规定。

土家族习惯法关于雇佣的规定,主要对雇佣的种类、期限等方面作出了规定,土家族村寨俗称此类生产方式为"帮工"。

土家族习惯法规定,雇佣生产按期限划分,一般可分为两种:一种是长期雇佣,俗称"长工";二是临时雇佣工,俗称"短工"。长工一般分为三年、五年、十年三类。男性长工主要从事农田生产,一般是日出下地,日落收工,中午"打方",饭菜送到田头。长期受雇者,除父母伤病之外,一般不得请假。三年长工期满,地主除支付工钱外,另给三匹土布;五年则另给夏冬衣服一套等,十年则再送小型农具一套。短工除地主在农忙季节雇佣外,亦有部分自耕农雇佣,时间一般有一个月、三个月、半年三种。大地主亦称"大户"。一般雇用女性当丫鬟、使女,有的系贫苦人家典卖的少女,典卖分三年、十年、终生三种,其方式都是在典买时一次性付清"身价钱"。丫鬟、使女的地位低下,常受到主人和主人妻女的打骂。典卖三年者期满,主人仅置办一套衣服;典卖十年者期满,丫鬟出嫁,主人仅置办些许简易嫁妆;终生典卖者生活最苦,婚前是丫鬟、使女,婚后生了小孩,充当奶妈,奶水供应主人家少爷、小姐,自己的小孩则靠面糊度日。[1]

在藏族地区,经济形态相对单一,牧业、农业生产的季节相对较短,因此其雇工的形式也较简单,藏族的雇工一般为牧工,以习惯法规定,牧工有长期和短期两种;有事先讲好的工资和固定的期限,有人身自由。短工多在生产繁忙的季节受雇,从事驮运、砍柴等重体力活;牲畜要是死亡或者货物遗失,一些地区是要求短工赔偿的。值得一提的是,藏区还有一种娃子,即终身奴隶,他们是没有人身自由的。[2]

（五）租佃

由于土地占有的相对不平衡,民族地区广泛存在着土地租赁现象,各少数民

---

① 李斡等:《土家族经济史》,陕西人民教育出版社1996年版,第104页。

② 参见西藏社会历史调查资料丛刊编辑组编:《藏族社会历史调查》(三),西藏人民出版社1989年版,第307页。

族地区的习惯法中有关租赁关系的规定主要包括租额、租制、手续、契约等方面的内容。

土家族主要实行实物地租,一部分土司成为封建地主,土司与土民之间的地租主要是实物,根据田地等级,拟定实物缴纳基数,一般是中等田一斗种(0.8亩)一石稞(75公斤),上等田加两成,下等田减两成,旱田依质而定。土司为了自身利益,在租佃之初,就迫使土民交类似保证金的"庄钱",若租佃年限未到,佃种者迁徙他地,土司不退"庄钱"。这种实物地租制度将土司与土民变成主仆关系。有的地方还存在土司、包佃、佃户三重关系,即包佃者将土司大片田地佃下后,再租给各户。

"改土归流"后,地租以银两缴付。乾隆十九年(1754),思州地主刘神保和刘明权将其川水坡山土一股租给外来流民垦种,"发纳租银一两六钱,历年无缺"。后来,又出现了押租,即佃户要想种地主的田地,在租佃之前,先交一定数量的押金,退佃后,再退回佃户。押金一般均占租谷一成以上。湖南保靖等地规定租佃十挑稻谷,要交押谷一挑,每挑 120 斤。实际上这是一种担保物权制度。①

第四节 刑事习惯法

刑事习惯法是中国少数民族习惯法的重要组成部分,根据行为的不同性质总体上可以分为侵犯财产所有权、侵犯人身权利、侵犯公共利益三大类。少数民族刑事习惯法作为对本民族内部的活动准则,在保障少数民族群众财产、人身权益、维护社会稳定等方面具有重要的作用。

一、侵犯财产所有权

侵犯财产所有权的行为在各少数民族中普遍存在,各少数民族的习惯法多数按照行为方式分为偷盗、抢劫两大类。不同地区少数民族对于两者的处理方式也多有不同。

(一) 偷盗

各少数民族刑事习惯法内容历来重视对于盗窃行为的惩处,规定了一系列的惩处办法。少数民族习惯法对于盗窃的规定,大多与现代中国刑法对于盗窃犯罪的思路相似:一方面规定返还赃物,另一方面给予财产刑以外的惩罚。

贵州省毕节市苗族习惯法对于盗窃行为的惩罚有着较为明确的规定。对于盗窃行为,该地区苗族认为是"不体面"的行为,根据案件的实际情况及当事人

---

① 李翰等:《土家族经济史》,陕西人民教育出版社 1996 年版,第 124 页。

的悔罪表现来确定罚金数额这一财产罚方式。对于盗窃两次及以上的盗窃分子,由"寨老"组织全村人对其痛打,捆绑游村,由盗窃者将盗窃所得的赃物双倍返还被盗者。

云南小凉山彝族对于偷盗行为的惩处考虑到亲缘关系、是否为惯犯等因素:

(1) 抓住外姓偷盗者,由村中的"德古"或者其他老人判断。若原物尚存,除令其归还原物外,另罚一些钱。

(2) 若原物不存,照原物加倍赔偿;娃子偷窃他人东西无法赔偿,应由主子代赔。

(3) 偷窃同族东西被拿获,由家门长者处理,除令其赔礼认错外,并吊打惩罚。

(4) 对于屡盗同族东西者,由家门处死。

(5) 被怀疑为盗窃的人,可请"德古"作证,当众打鸡发誓,誓言一般是:"如果我偷了某人的东西,就像鸡一样死去。"誓毕即作罢。①

瑶族习惯法重视保护私人财产,多对盗窃行为进行规定,有地方甚至专门为惩治盗窃立下石碑:

立款单人韦,为祖上遗留田业山场地土,连年以来,近有不法徒,进山伐木,败坏偷盗,田山禾谷地内粮食棉花俗物等项,屡遭偷害,众等约齐商议各款勒刻,若掳获威盗,不拘轻重,告知还款,照例重罚,不许私合私放,如有钱卖十六千元正,今恐不凭,立此款单为照。②

广西天峨县白定乡壮族习惯法对于偷盗行为的处罚考量情节因素为:

(1) "和面酒",对于同一案内偶尔犯小偷行为的人,由犯者准备一只大雄鸡、酒、若干菜肴,请"保苏"或者"把士"乡老及失主共饮一餐,当面谢罪了事。

(2) 一般案件,多采用罚款的办法,将其中的十分之一给"保苏"和"把士",一部分作参与解决案件的人聚餐享用,余下则留作"团练费",或者在"议团"时给公众聚餐。

(3) 重大案件,"保苏"或者"把士"可以根据群众的意见,将犯者处以极刑。③

傣族对于第一次、第二次偷水者按习惯法进行教育,到第三次仍不听时便实行罚款,可罚半开(傣族货币单位)1元5角。所罚的款归板盟(管水者),最普

① 参见《中国少数民族社会历史调查资料丛刊》修订编辑委员会编:《云南小凉山彝族社会历史调查》(修订本),民族出版社2009年版,第50—51页。
② 参见朱继胜:《瑶族习惯法研究》,中国法制出版社2015年版,第242页。
③ 参见《中国少数民族社会历史调查资料丛刊》修订编辑委员会编:《广西壮族社会历史调查》(一)(修订本),民族出版社2009年版,第16页。

遍的使用方法,就是同村社头人买鸡、酒吃。偷金银、鸡鸭、牛、柴火、竹笋、篱笆、鱼、鱼笼等行为,根据具体情节分别处以罚款。①

蒙古族则规定,无论什么人偷东西,除归还赃物或赔款外,并按情节的轻重受到鞭笞、关押或劳役的处分:

(1) 如果失主不在,赃物便充公。盗窃者无力偿还时,只处罚。

(2) 但失主如有看管力,得交与失主服劳役,以折赔偿之物。台吉(贵族)偷台吉的东西,量刑要轻,处理从宽。情节不很严重,所偷的东西不多时,就只给以申斥。

(3) 如情节严重,偷的东西多时,财物偿还一半,判刑时比照平民减轻一半。

(4) 收买或窝藏赃物者,不论其是否知情,须一概无条件地退还原物于失主,并受到打罚等的处理。②

哈萨克族习惯法严厉处罚偷盗行为。有人偷盗被发现,须偿还被偷物的3个9倍。如果把盗窃犯在当场捉捕搏斗时杀死,不偿还命价,抓获的盗窃犯可以不经过审判抽打20至60鞭;如果在抽打60鞭内即死去,也不偿还命价。如果对于第二次、第三次偷盗,罚半个昆(昆为哈萨克习惯法财产刑基本单位,即100匹马,2个仆人,2只骆驼,2套甲胄为一昆,也有以羊1000只或马300匹,或骆驼100峰为一昆)、全昆或处死。如偷盗者无力交付,则抄没家产,或代以劳役,或处以酷刑。③

总的来说,少数民族习惯法对于偷盗罪的惩处多数为返还赃物或者加倍返还财物进行补偿,但对于财产刑以外的惩处办法各不相同,多考虑到犯罪分子盗窃的次数、情节的严重程度等诸多因素。

(二) 抢劫

由于各少数民族习惯法的内容中对于抢劫行为的规定较少,因而推断在民族地区发生以暴力取得他人财物的行径较少。在能够搜集整理到的习惯法材料中,对于抢劫行为的惩处也多考虑抢劫情节的轻重而定。

高山族习惯法对抢劫者的处罚,除将原物归还外,赔偿视抢劫的情节而定:若是贵重物品得赔偿玻璃珠、铁锅;若仅是平常的物品只需要酿酒谢罪,并对犯者予以殴辱。④

广西壮族习惯法规定,抓到了强盗,令他退回赃物或按赃物价格赔款即了。要是一犯再犯,除了令其退回赃物外,还要按照赃物的价格每元关一月,倘若不

---

① 参见高其才:《中国习惯法论》(修订版),中国法制出版社 2008 年版,第 335 页。
② 同上书,第 336 页。
③ 同上书,第 337 页。
④ 参见陈国强:《高山族风情录》,四川民族出版社 1997 版,第 174 — 175 页。

愿赔或者赔不完,则关到死去为止,罪过严重者则直接拿去杀害。[1]

苗族对抢劫者按习惯法处以吊打。[2]

瑶族对拦路抢劫或在途中谋财害命者,根据习惯法罚300两银并处死。[3]

二、侵犯人身权利

(一) 打架斗殴

打架斗殴作为最为常见的对他人人身权利造成侵害的方式,对于其惩处方式同样存在于少数民族习惯法中。对于该犯罪行为的惩处方式视情节轻重考量,多采用赔偿价金的惩处方式。

云南小凉山彝族习惯法规定,双方打架,由村中长辈或"德古"评理,根据受伤者伤势轻重令打残者赔钱;如打断手足,须赔半个人的命价(一般是30个银锭)。如果对方被打致死,死者不是同姓家门,须赔一个人的命价(一般是60—100个银锭)。本人赔不起时,由家门代赔。如果打死者是同姓家门,一律以命抵命。[4] 由此可见,亲缘关系在部分少数民族习惯法对于人身伤害的惩处规定中,同样作为一种考量要素。

以械斗方式解决纠纷,在瑶族历史上长期存在。宋代时,瑶族习惯法即承认血族复仇制,已有"瑶人仇杀"记载。据《连山县志》记载:"瑶性最喜械斗,一有事故,凡十二代以上之外家,悉攘臂来助。"[5]何方实力雄厚,能够取得最后的胜利,该方便属有理,可要求对方赔偿。以习惯法的方式承认械斗的合法性,无疑是对生命的漠视,就像有学者所言,事情极有可能从一次械斗演变成为前怨后报的"血族复仇",进而引起社会动荡。[6]

壮族习惯法对殴斗杀人的处理是由打伤者负责把受伤者包医包养,至医好为止。如果医不好,则按杀人案处理。即使医好了,但造成残废终身,不能劳动的,亦由打伤者包养到死为止。而过失伤人的,由错者包医包养,医不好则按误打私人案办理。虽医好而残废终身也不再赔偿,因为事情并非出于有意,双方均有损失。[7]

(二) 拐带

拐带的对象大多是妇女,这种行为会危害被拐带人的人身权利。有的地方

---

① 参见《中国少数民族社会历史调查资料丛刊》修订编辑委员会编:《广西壮族社会历史调查》(二)(修订本),民族出版社2009年版,第212页。

② 参见高其才:《中国习惯法论》(修订版),中国法制出版社2008年版,第347页。

③ 同上。

④ 参见《中国少数民族社会历史调查资料丛刊》修订编辑委员会编:《云南小凉山彝族社会历史调查》(修订本),民族出版社2009年版,第51页。

⑤ 参见朱继胜:《瑶族习惯法研究》,中国法制出版社2015年版,第384页。

⑥ 同上书,第388页。

⑦ 参见高其才:《中国习惯法论》(修订版),中国法制出版社2008年版,第331页。

认为,女性能够传宗接代,其价值比男性更高,针对妇女的拐带行为可能对少数民族人口规模发展产生间接影响,因而少数民族习惯法对于拐带案件的处理较为严苛。

广西壮族习惯法对于拐带这一行为规定了诸多的情节。

(1) 发生拐带案时,要是可以抓到拐者,当场打死无事。

(2) 如果抓不到人,无踪迹可寻,以后发现她落到哪里可以直接带回。

(3) 如果女方从夫家被拐走,岳家就来夫家要人,说女方不愿跟你,我们可以赔回,有"鱼不成送回塘养,女不成退回父母"的俗语。此时男方只好出花红找人,要是三年后找不到人,则要赔回人命钱,但不得以"夫打死妻"的案件处理。

(4) 如果女方在岳家被拐走,男方就向岳家要人(壮族有不落夫家的习惯,生了孩子才来当家),或者要岳家娶第二个,年龄与前个一样,否则就要赔回过去娶时所费的礼金和礼品。[1]

彝族习惯法对于拐走家门内他人妻子而又不负赔偿责任者要开除其家籍。如以牛、酒、银子向女家赔礼,经女方与原夫办清退婚手续后拐走,双方亦可成为夫妇,并回家恢复家支籍。拐骗本家支及娶来的妇女外卖或姘居,全家支及其他娶来的妇女要杀鸡狗咒骂,并将当事人处死。拐骗友好家支妇女外卖或者姘居的,退人并赔礼。若不退人,应加倍付聘金与结婚费用,并向被拐骗对象的丈夫及家支赔礼。否则可以因此引起冤家纠纷。偷本家支的娃子外卖,如赎不回来,要赔价金。如赎回,除退给失主外,应加赔银子一锭,并招待失主酒肉。[2]

(三) 强奸

各少数民族对于强奸这种侵犯妇女人身权利,进而侵犯夫权家长权的行为给以各种惩处。习惯法依据对象、手段、身份等而有不同的处罚。

广西壮族习惯法对于强奸案处理之规定,罚钱3.6元或7.2元,并做洗面子酒一席,事后又罚做公家工若干时间。如果女方丈夫当场发现强奸,强奸者被打死无事。[3]

高山族习惯法规定,被害人不论未婚或已婚,如同打开箱子偷盗物品一样,需赔酒、猪、铁锅、铁耙等,且不能娶该女为妻。在有些地区如筏湾,如果团主强奸平民,是不受习惯法约束的,但必受舆论制裁。反过来,如果平民强奸贵族,则

---

① 参见《中国少数民族社会历史调查资料丛刊》修订编辑委员会编:《广西壮族社会历史调查》(二)(修订本),民族出版社2009年版,第211—212页。

② 参见高其才:《中国习惯法论》(修订版),中国法制出版社2008年版,第348页。

③ 参见《中国少数民族社会历史调查资料丛刊》修订编辑委员会编:《广西壮族社会历史调查》(二)(修订本),民族出版社2009年版,第211页。

没收财产。①

广西龙脊乡壮族习惯法规定,如果没有亲见的证明,如果女方丈夫不能够取得某种足以证明是强奸者的物件,则不能够算是构成违法行为,女方只有认晦气罢了。如果有充分的人证和物证,女方的丈夫可将强奸者打个半死,还根据其家庭情况,索取十吊八吊不等的"赔礼金",并由强奸者办一席酒菜,请排解的头人、女方及丈夫大吃一顿,以示歉意。②

贵州荔波瑶族习惯法规定,若有强奸行为发生,需要对实施强奸行为的人"罚酉"。罚酉,瑶语谓之"糯酉",也就是"吃酉"。"酉"即天干地支中的酉时,为下午五时到七时。"罚酉"意味着,有关家族成员有权到违法者家中,杀鸡宰牛,喝酒吃肉,从早上五点到七点吃到下午五点到七点。如违法者无力承担"罚酉"之费,则由其家族集体承担。③

苗族地区,如外寨男子强奸了本寨妇女,则按照习惯法通知其父母进行讲理,由双方寨头共同解决。强奸者不仅要受批评,还受"羊酒服理"的处罚。本寨男子强奸外寨妇女,处罚相同。未婚男子强奸已婚妇女,如被捉获,对强奸者"裸体杖",并罚"请酒服理"。④

达斡尔族对于强奸、淫乱者,多处以死刑。⑤

景颇族习惯法规定,强奸女子的男方要向女方献鬼,要为该女全身装饰一新,作为洗脸钱,否则今后姑娘嫁不出去,男方要负责养老。假若装饰一新后,姑娘再嫁也就无妨了。有些地区,如未婚女被强奸,强奸者须赔"洗脸牛"一条,按侵犯夫权处理,通常引起拉事纠纷,罚赔牛可达十余条,还要给女子娘家和夫家各送十条"洗脸牛"。⑥

（四）杀人

诸多少数民族习惯法对于故意杀人采取了宽严不一的惩处措施,多见于采用财产刑对犯罪分子惩处。导致这一现象的原因在于民族地区所处的自然地理环境,特别是生存条件的相对恶劣导致人口增长缓慢,因此相对重视生命。

"赔命价"是藏区少数民族群众通过非诉手段解决刑事纠纷的规则模式,是指发生杀人伤害案件后,由原部落头人及其子弟、宗教人士出面调解,由被告人家属赔偿相当数额的金钱和财物,从而达到息讼和免除刑罚的方法。源于藏区少数民族群众受"人死后会转生"理念的影响,对生命采取消极应对的态度,但

---

① 参见陈国强:《高山族风情录》,四川民族出版社1997版,第108—111页。
② 参见《中国少数民族社会历史调查资料丛刊》修订编辑委员会编:《广西壮族社会历史调查》(一)(修订本),民族出版社2009年版,第106页。
③ 参见朱继胜:《瑶族习惯法研究》,中国法制出版社2015年版,第365页。
④ 参见高其才:《中国习惯法论》(修订版),中国法制出版社2008年版,第338页。
⑤ 同上书,第339页。
⑥ 同上。

是又要对杀人者惩罚、对死者亲属进行补偿,故而产生"赔命价"这一惩处措施。这一习惯法的处理方式深入藏区少数民族群众的认知之中,因而出现"你判你的,我赔我的"的情况,表现在司法机关对于故意杀人者作出判决后,犯罪者仍然要通过"赔命价"对自己杀人行为付出代价。

除藏族外,其他少数民族同样衍生出类似于"赔命价"的财产罚作为对杀人行为的惩处方式。

土族习惯法规定,如打死人,即须赔命价。命价由双方协商而定,最少的也须出200两银子。后来不用银子时,用牲畜、粮食折成银价。命价多少无一定标准,看对方家产而定。有时命价过高,则凶手的亲友、村人都须负担,牵累甚广。赔过命价,凶手不再受处分,即"罚了不打,打了不罚"。发生了人命案特别是夫将妻打死或因受虐待自杀,死者的亲属群集到肇事凶手家中"吃人命",任意拆毁房屋、器具,牵拉牲畜,案件不了,则长时间居住肇事者家中,大吃大喝,须待肇事者家赔偿命价,才全部返回。"吃人命"常将肇事者家的财产吃光,倾家荡产。①

瑶族习惯法规定,如果发生人命案,死者家属就会采用"食人命"来惩处凶手。通常情况下,某人被杀害,其亲属就携酒赴舅家,请舅家作主报仇。舅家闻讯,如同意报仇,就把酒传到他的外家。父亲一家也用酒传外家,要求帮助报仇。一重一重传递,最远可以传到36重。外家亲属聚集,会通报加害者"食人命",加害者会聚集亲属商量如何应对。若认为应当认罪,等中间人调解赔偿了事;若经房族同意,拒绝赔偿,就准备械斗。按照瑶族习惯法,赔偿项目除"人命钱",还包括眼泪钱、埋葬费、养命钱、火塘钱、调解人的酬劳费:

(1)"人命钱"通常为杀死一人赔偿白银360至720元;

(2)眼泪钱,对死者亲属所流眼泪的赔偿,为2.4元;

(3)埋葬费,埋葬死者的费用,为54元;

(4)养命钱,死者亲属的抚恤金,为12元;

(5)火塘钱,食人命宰猪牛所用的火炉塘,为136元;

(6)背手钱,主持调解者的报酬,具体数额取决于事态的大小、解决难易程度。上述各项费用,需要按期如实缴清,如果延迟履行,则数额增加一到两倍。②

广西壮族习惯法中的杀人行为属于广义的杀人行为,分为谋财害命行为、狭义的杀伤人行为两种情形:

(1)谋财害命。这是特大的案件,要凶手填人命,或赔人命钱,并由他或他的亲属赡养死者的父母和未成年的子女。两人一同外出做生意,如果有一个不

---

① 参见高其才:《中国少数民族习惯法研究》,清华大学出版社2003年版,第165页。
② 参见朱继胜:《瑶族习惯法研究》,中国法制出版社2015年版,第367页。

归来,三年后生死不明,则由归者负谋财害命的责任。不管什么案件,如果抓不到,则由其近房的哥哥叔伯(年纪大过他的)负其责任。如果不知道是谁干的事儿,则由近肇事地点的村庄负责,肇事地点处于两地交界中心,则由双边村屯负责。

(2)杀伤人案。杀人案的处理一般是以命填命,如果抓不到凶手,则由其家人赔人命价和赡养死者的父母及未成年的子女。在事情刚发生时,死者的亲朋纠合几十人到凶手的家里去刣猪、牛等坐食,至赔完罚款或和议之后再离开。

所谓"有钱钱当命,无钱命当灾",丈夫打死妻子,将丈夫活垫死尸而埋。丈夫虐待妻子,致发生"自尽"惨案,亦按打死妻子办理;妻子打死丈夫,则拿妻子去做五马分尸;主人虐待童养媳致死者,仅按照买来时候的价格交回死者的父母。地主打死长短工亦按照其身价(由大家商议)赔款,属于卖身奴,亦按照买卖时的价款赔偿计算。俗话说:"卖给你做工,不是卖给你拿去做鬼。"[1]

黎族习惯法规定,被捉到的凶手要以命偿命。[2]

当然,少数民族习惯法对故意杀人的还有一些其他的处罚方式。如鄂温克族除处死外,对故意杀人的还可以流放、开除族籍。纳西族习惯法规定对杀人犯终身监禁。[3]

不过,民族地区所处的自然地理环境,特别是生存条件的相对恶劣导致人口增长缓慢,因此对生命较为珍视。这在少数民族习惯法中也有不少体现,像景颇族、瑶族、哈萨克族等的习惯法就对杀人者不处生命刑而是处以经济惩罚(财产刑)。[4]

三、通奸

通奸这一行为无疑是对族群内部公序良俗的挑战。因此在少数民族习惯法中对通奸的规定显得较为严苛,但同时考虑到身份地位、性别、悔罪程度的不同采取有差别的惩处方式。

广西龙脊乡壮族习惯法对于通奸行为有其特殊的认定方式:"拿钱拿赃,捉奸捉双"。但是如果没有捉到"双",即使是公开的秘密,也不能够构成违法的行为。如果捉到"双",女方的丈夫可将奸夫打个半死,并根据其家庭情况,索取尽可能多的"遮羞银";奸妇则从其娘家要鸭一只、酒数斤到夫家来,请头人及其丈

[1]　参见《中国少数民族社会历史调查资料丛刊》修订编辑委员会编:《广西壮族社会历史调查》(二)(修订本),民族出版社2009年版,第212页。
[2]　参见高其才:《中国习惯法论》(修订版),中国法制出版社2008年版,第328页。
[3]　同上书,第330页。
[4]　同上书,第328页。

夫吃一顿,谢罪和解了事。①

　　但是广西隆林各族自治县地区壮族习惯法对于通奸行为有着不同的认定方式。原则上"拿钱拿赃,捉奸捉双",但是如果当时捉不到奸夫,但丈夫确实知道妻子和情人已经通奸,就将妻子捆绑毒打,要她说出奸夫姓名,并带路去找奸夫家,经女方指证后,夫家及宗族也一样到奸夫家来坐吃,但是不比当场捉住那么严重,要求酒肉及赔礼较少,奸夫也挨打。也有的捉住妻子,捉不住奸夫,无法找奸夫问罪,就把女的送回娘家,责备娘家教育不严,娘家用酒肉赔礼,将女方送回夫家。②

　　广西西林县地区壮族习惯法规定,如果当场发现,可把男女双方一举打死无事,抓到男方即拿去关押,而女方一般被送回岳家,不再合婚。此时,她的丈夫可以另娶,而女方必须得到原夫允许,立字为凭,方可再嫁,否则别人也不敢和她结婚。女方再嫁时,不得与原奸夫合婚,并要忍受社会舆论耻议,出嫁时所得礼金需要交一半以上给原夫。③

　　由此可见,同为壮族但生活区域的不同导致了道德、伦理、风俗习惯的不同,进而导致对通奸行为的惩罚方式存在差异。

　　云南小凉山彝族习惯法对通奸行为的惩处将"身份""性别"作为考量因素。黑彝是占统治地位的阶级,黑彝妇女与娃子通奸,勒令双方自杀,否则烧死。黑彝男子与女娃子通奸,虽然会受到耻笑,但一般不受惩处;同姓男女通奸,由家门逼迫双方自杀,否则烧死;兄在,弟不得与嫂发生性关系;弟在,兄不能与弟妇发生性关系。否则,男女双方处死。④ 如同等级非家门男女之间发生通奸,被本夫发现,奸夫须向原夫奉酒宰牛赔礼,否则本夫可将通奸二人杀死(杀人不抵命)。⑤

　　景颇族习惯法规定,景颇族女子婚前性生活比较自由,不为罪。但是婚后,妻子和别人通奸,习惯法认为是侵犯夫权,丈夫抓住奸夫奸妇可当场杀死无罪,也不用赔偿,只需用一头牛"洗寨子"。另外,丈夫抓住妻子与人通奸的证据,可到奸夫家论理,并可索赔十几头牛,还可遗弃其妻。有妇之夫与人通奸并弃其妻,要加倍赔礼钱。⑥

---

　　① 参见《中国少数民族社会历史调查资料丛刊》修订编辑委员会编:《广西壮族社会历史调查》(一)(修订本),民族出版社 2009 年版,第 106 页。
　　② 同上书,第 61 页。
　　③ 参见《中国少数民族社会历史调查资料丛刊》修订编辑委员会编:《广西壮族社会历史调查》(二)(修订本),民族出版社 2009 年版,第 169 页。
　　④ 参见《中国少数民族社会历史调查资料丛刊》修订编辑委员会编:《云南小凉山彝族社会历史调查》(修订本),民族出版社 2009 年版,第 51 页。
　　⑤ 同上书,第 134 页。
　　⑥ 参见高其才:《中国少数民族习惯法研究》,清华大学出版社 2003 年版,第 178 页。

苗族对已婚男子与妇女通奸的,分别情节,按习惯法或公开批评,或罚以"羊酒服理",受罚的费用由双方分担。有的地区还要求通奸的男子赔偿相好者的丈夫几十两银子。已婚男女通奸,被亲夫或族人捉获后,分别情节,或处罚男方,或男女均受"裸体杖"的处罚,并罚"请酒服理"。请酒服理所杀的牛、羊、猪,均由男方负担。未婚男子与已婚妇女通奸者,如为亲夫捉获,处罚与已婚男子同,即"裸体杖"。①

土族如有人勾引别人妻子而被本夫发现,则由地方老人调解。一种处理是拿酒搭红出线上门赔礼;另一种是由本夫将妻子转让对方,代价为一二大石麦子不等,并且要立字为据。若自己的妻子曾被人勾引而致转让,则本夫最受人轻视,妻子也会被人称为"活剩己"(坏蛋之意),在转让时,字约不能在家里写,更不能到别人的地边上写,必须到离村庄较远的荒地里去写字约;同时,代写人必索高价才肯代写。②

四、侵犯公共利益

在民族地区群众的意识中,村中或者族中年长者是一种精神寄托,在处理村中或者族中纠纷、事务的过程中具有不可替代的作用。因而少数民族习惯法中规定,对于年长者的侵犯即是对于公共利益的侵害。有学者将少数民族习惯法中侵犯公共利益的行为划分为勾结危害村寨安全、辱骂长辈以犯上、蔑视神灵等行为。

广西百色市两琶乡壮族习惯法对于犯龙脉、方向之处理:谁人在别村背后或别人墓地开荒,要是有地理公说犯了该村的龙脉或方向等,该村可以劝阻不准动土。如果不听劝阻,可以将尸骨挖掉,但以后村内不管人畜患难或损失,概由动土者完全负责。③

宁蒗彝族自治县跑马坪乡彝族习惯法规定,对不尊敬父母和长辈会进行惩罚:

(1) 对辱骂父母或殴打父母未伤者,村中长辈或家门令其当众赔罪,保证下次不再重犯,并杀猪、买酒宴请家门和同村父老。若将父母打残废,同村长辈或家门可将其烧死,即使犯法者系独子,他的父母也出面求情,而同村长辈或家门一般仍要坚持按传统法规执行,只有个别人由于特殊原因能得到家门的宽恕,免于处死。

(2) 儿子打死父母,必须抵命;父母无故打死儿子,如家门或村人起来反对,

① 参见高其才:《中国习惯法论》(修订版),中国法制出版社 2008 年版,第 340 页。
② 同上书,第 343 页。
③ 参见《中国少数民族社会历史调查资料丛刊》修订编辑委员会编:《广西壮族社会历史调查》(二)(修订本),民族出版社 2009 年版,第 212 页。

也有令其自杀的。

（3）晚辈殴打同族长辈，除当众赔礼外，须请同族长辈吃酒；如打死长辈，则处死。①

广西西林县地区壮族习惯法中规定了牲口损害庄稼的规定，牛马损害庄稼一般照量赔偿，但只损失十蔸八蔸的，不用赔偿，对畜主提醒一下即可。猪糟蹋农作物时，物主可以将其打死，并把猪头割回来自食，随即报告村众自己检查，由畜主到田里去取回猪身。②

侗族习惯法规定，土匪来打家劫寨，寨老发号施令后，寨众就要迅速行动，不从令者，按习惯法处罚。凡拦路抢劫者被抓，严办，除了赔偿全部损失外，按情节轻重，另行罚款。这些钱除部分给寨老外，其余归公，用来买酒肉给全寨人吃喝，每家分得一份。若当事人无钱，且又是首次犯的，就戴高帽子游寨。对不安分守己之人，勾生吃熟、勾匪引寨、抢劫良民的，当众处死，以绝祸根，房屋田产等项没收归众，余下其父母、妻儿一概赶出寨不贷。③

佤族凡泄露本寨机密（主要是军事方面的）而造成严重后果者，按习惯法要受到全寨人的惩罚，轻者抄家，重者赶出寨子；若未引起严重后果，一般要受到群众和头人的严厉斥责。无故逃避战争的成年男子，要受到头人与群众的责难，甚至有被抄家的危险。有关公共劳动（如修路、修水槽等），每户都得参加，应参加而不参加者要受头人的谴责，或受罚（交若干谷子等）。④

第五节　宗教及社会交往习惯法

民族习惯法通过对宗教信仰、宗教禁忌、社会交往等方面进行规范，使社会生活的各个领域、基本行为都有规范进行调整，为维持民族地区的社会整体秩序的和谐稳定发挥了积极的作用。宗教、法律、道德在各个社会中都是社会控制的基本方式，伯尔曼曾经认为"在最广泛的意义上，我们所有的一切法律无疑都可以说具有宗教的一面"⑤。对于这种法律所具有宗教的一面，国内的一些学者称之为"西方法律的宗教性"。虽然，学者们对于中华法系的法律是否具有宗教性尚有争议。但是，这并不意味着不具有研究宗教习惯法的理论空间。

---

① 参见《中国少数民族社会历史调查资料丛刊》修订编辑委员会编：《云南小凉山彝族社会历史调查》（修订本），民族出版社 2009 年版，第 51 页。

② 参见《中国少数民族社会历史调查资料丛刊》修订编辑委员会编：《广西壮族社会历史调查》（二）（修订本），民族出版社 2009 年版，第 168 页。

③ 参见高其才：《中国习惯法论》（修订版），中国法制出版社 2008 年版，第 345 页。

④ 同上书，第 346 页。

⑤ 〔美〕哈罗德·J. 伯尔曼：《法律与宗教》，梁治平译，生活·读书·新知三联书店 1991 年版，第 4 页。

一、宗教信仰与宗教活动

宗教是人类历史上一种古老又带有普遍性的社会文化现象,对少数民族社会的各个方面产生了并将继续产生重大而深远的影响。宗教生活在各少数民族社会生活中占据了重要位置,由此各民族的习惯法对宗教信仰、宗教职业者、宗教活动和宗教节日等进行了规定,从而对民族的发展产生一定的影响。

藏族普遍信仰喇嘛教,有红教、白教、黑教(本教)等派,藏族对活佛、喇嘛十分敬重。宗教影响并渗透到日常生活和风俗习惯、节日禁忌等各个方面,使宗教成为藏族社会最雄厚的力量。这方面的习惯法内容较为丰富。当喇嘛是一件光荣的事,一个家庭若有两个男孩,必有一个当喇嘛,有三个必有两个当,也有将男孩全部送寺院当喇嘛,而由女儿赘婿继承家业的。

藏胞见到活佛毕恭毕敬,请求"灌顶"(即摸头顶),活佛外出,沿途村寨人都拿出自己最珍贵的礼物献送,有病则请喇嘛卜卦念经,除外出经商或到远方拜访友人,必先请喇嘛卜卦。

藏族家家都在门外插有嘛呢旗,屋内设有转经筒,并设有供奉菩萨的供桌。男女胸前还挂有银制"嘎乌",内盛活佛头发等物。年过20的人,手中各持一串佛球,一有空闲就不断诵佛。年过40的男女,手中还拿有一个小经转,不停地转动,口中反复念诵"唵嘛呢叭咪吽"。藏民在节日或因事到喇嘛寺院转经,转经数由卦决定并常到拉萨朝拜三大寺。[1]

维吾尔族信仰伊斯兰教,宗教的影响比较大。习惯法将教徒按信教程度而分为四类:(1)"些里耶提",为普通教徒;(2)"开里把提",除遵守一般教规外,每年暗中封斋数十天到三个月;(3)"哈里卡提",终日念经祈祷,对人生及妻子财物都很淡漠;(4)"买里把提",是"圣人"以下的"贤人"。宗教职业者是世袭的,在后继无人的情况下,村民才可以另选继任的人,新的宗教职业者选出后,寺院的使用权亦因之转移到新继任人手里。

同赫哲族、鄂伦春族、满族等北方民族一样,鄂温克族也普遍信奉萨满教,对"白纳查"(山神爷)、"敖教勒"(祖先神)也很崇拜。每个氏族按习惯法都有自己的萨满,老萨满死后,由其亲弟妹或亲生儿子来继承。萨满在社会上威望较高,但没有什么特殊的权利。对于一切鬼神、吉、凶和疾病的来源以及氏族的"敖教尔"(习惯法)等都由萨满来解释。萨满有义务替本氏族的人治病(跳神赶鬼),如果本氏族的人请他而其拒绝时,按习惯法,可用法农上的皮绳子把萨满捆起来,强迫他来跳神。鄂温克族萨满信仰最重要的集会为"奥米那楞",全氏

---

① 四川省编辑组编写:《四川省甘孜州藏族社会历史调查》,四川省社会科学院出版社1985年版,第289、300、311—313页。

族的人都参加,内容主要是老萨满领着新萨满在会上祈求氏族的平安和繁荣,集会所需的经费、羊牛马等,由氏族成员尽自己力量献纳。

傣族普遍信仰小乘佛教。绝大多数村社都有佛寺,男子6—7岁就按照习惯法进佛寺当和尚,20岁左右还俗,不还俗者根据学识升为佛爷。每个村社都设有"波章",由熟悉经书文字的还俗佛爷担任,由他司理宗教仪式,给民众念经,为婚丧建房等司历或择日子。"波章"除免去劳役外,其他负担只出一半,另外还得"波章谷",大的村社每户出1挑(40斤),小的村社每户出1箩(10斤)。另外每个村社还有"波莫",职司为保护"吉拉"(寨鬼),给人祭鬼、送鬼、献鬼,杀牲畜时分得一份肉。他们大多为世袭的,少数村社以神卜形式决定,他们有一定的社会地位。

傣族人的一生活动,诸如生老病死、婚丧、出行,又如生产中的渔猎、耕种、收获以及水利活动、求雨,再如政治活动中的头人受封、召氏领召勐的继承等,都要进行祭神活动。其他如征战、迁移、建房等也要有祭神仪式。

傣族很重视祭"社神"和部落神。经过批准加入村社的外来户或上门安家的人,须先用腊条、鸡、酒等物祭寨神,等于登记户口。迁出寨时也要祭献,等于注销户籍。每逢社神、部落神的节日,都要封闭坝子、寨子的路(在路上插上树枝),外勐外寨的人闯入,要按照最高分规定处罚与祭品相同的物品。有些地区每年3月还要祭"宰曼"(寨心)、"宰勐"(勐心)。

每家还有家神,房内有两棵神柱,一棵柱近楼梯一方靠家长睡榻,为"家神柱",另一棵与此相对靠向女主人睡榻,为"魂柱"。柱两侧系两个小竹筒,一盛米一盛糖汁作为常年供献,逢年过节再献腊条祭拜。家神由家长供奉、拜奉。傣族群众在宗教祭祀方面的支出、负担是比较重的。[1]

从某种意义上讲,宗教信仰也是一种社会控制的手段,通过习惯法对各种仪式、活动、节日等的规范,加强群众成员的神圣感。[2] 宗教信仰方面的习惯法强化了神秘力量的存在,任何违反者都将受到报复和惩罚,从而实现正义与公平。

二、社会交往

各少数民族还有一些社会交往的习惯法,对交往的原则、交往的礼节、注意事项等有所规定,要求"礼义""宽厚"待人,丰富待客,积德行善。

壮族生小孩之家,按照习惯法要在门口插上记号,生男孩插红纸、生女孩插

---

[1] 《民族问题五种丛书》云南省编辑委员会编:《西双版纳傣族社会综合调查》(二),民族出版社1984年版,第113—120页。

[2] 美国学者伯尔曼认为神圣性是法律与宗教的共同要素,请见〔美〕哈罗德·J.伯尔曼:《法律与宗教》,梁治平译,生活·读书·新知三联书店1991年版,第39页。

绿叶,表示红男绿女,让客人登门便懂。也有生男挂青草、生女挂禾草的。[①]

傣族习惯法规定,外人不能进入室内,违反者罚款。不经过主人同意,即住入别人家的;主人不知道,就擅自上竹楼的,主人可对其罚款。住这一家而到另一家去洗脸,被主人发现可罚款;在住的这一家淘了米,到另一家去蒸饭,蒸饭这家主人知道后可对其罚款,等等。

景颇族习惯法反对民族成员闲游浪荡,否则被村民歧视。要参加本村寨一切活动和宗教活动,否则有困难时大家不给予帮助。骑马入村过寨时必须下马。到别人家去玩,不得任意出入鬼门(后门)。不得触动人家门前的鬼桩,也不许在其附近大小便。不能摸别人身边经常佩挂的长刀,更不能摸女人。无论迁入者还是迁出者都要事先征得山官或寨头的同意。迁入者要送一小筒酒给山官。迁出者象征性地拔掉拴牛的木桩,表示与该寨脱离关系。[②]

德昂族习惯法禁止在竹楼内大声喧哗、歌唱、吐痰、踩火塘上的柴禾火、擅自拿主人之物。宾客和亲友要从正门竹梯进出竹楼,禁止横穿甬道。小伙子来"串姑娘"时,只能在后门进出。凡登上庄房和竹楼时要脱鞋。在野外烧饭时两脚不能踏在木柴上或将茶壶拖出来。

仡佬族在长期的社会交往中自然而然地形成了一些习惯法,如在宴会和公共场合,按辈分坐位,小辈不能与长辈同坐上方;在父母死后的两三年内,家人言谈举止尤须庄重,更不能与别人吵嘴,女子行为更需检点。[③]

哈尼族在村寨大型公祭活动诸如"昂玛图""聋卡轰""库扎扎"的时候,一旦进入正式的祭祀活动,就禁止外出,更不允许下地劳作、上山砍柴摘猪食、探亲访友等一系列活动。可以进寨,一旦进入村寨,活动结束方能离开村寨,否则会给村寨带来各种不吉利,即使外出也要赶在天黑日落之前返回村寨,本村人不许在外过夜,如果有违规行为则要拿着一只鸡、酒请主持人到寨神前磕拜谢罪,以示惩罚。[④]

黎族当发生严重的冲突时,女子骂人,是用口水呸在对方面前,表示对对方的侮辱。如果因爱情纠纷,女子之间则以互相撕破衣服或用镰刀互相割破脸皮为报复。男子骂人,则以咒骂对方死去的前辈的名字,使对方遭受极大的侮辱和不吉利。按习惯法最毒的咒骂和动作是:双足狠踩地,手指向天,嘴里咒骂。此外还有击鼓咒骂、小便咒骂等。

为防止病瘟扩散传染,习惯法规定在村寨路口挂树叶,表示禁止外地人进入本村寨。生小孩、猪生仔、下谷种或酿米酒等,都在家门口挂树叶,禁止外人入

---

①　广西壮族自治区编辑组:《广西壮族社会历史调查》(第 1 册),民族出版社 1984 年版,第 129 页。

②　云南省编辑组编:《景颇族社会历史调查》(四),云南人民出版社 1986 年版,第 111 页。

③　参见陈天俊等:《仡佬族文化研究》,贵州人民出版社 1999 年版,第 161 页。

④　参见李克忠:《寨神——哈尼族文化实证研究》,云南民族出版社 1998 年版,第 241—242 页。

内。挂吊树叶为符号的称为"禁星"，凡有禁星的地方人人要遵守。①

满族社会生活中礼节较严，这方面的习惯法较为丰富。如 3 天小礼，5 天大礼。即少辈 3 天不见长辈，见面后就得请安；5 天不见的，见面后就得"打千"，即男人哈腰，右手下伸扶膝，女人双手扶膝下蹲。家中来客，小辈必须前来请安打千。满族人家，媳妇伺候公婆最严谨，每天早起后，先给公婆装烟倒水，随后再去厨房；吃饭时，媳妇先端饭给公婆，然后才能自己吃。②

少数民族社会交往的习惯法大体包括见面、称呼、祝贺、请客、拜访等方面，反映了民族心理状态和价值观念，对于加强社会和群体的沟通、增进民族成员之间的了解、维持良好的人际关系是非常有意义的。

第六节　纠纷解决习惯法

有社会就有纠纷，任何社会都离不开解决纠纷的手段。只要社会当中存在着纠纷，那么司法就成为该社会的一个重要组件。为了解决社会纠纷，保障习惯法的实施，维护习惯法的权威，民族地区习惯法形成了纠纷解决方面的习惯法，其中包括审理、神判等，处理社会纠纷解决社会冲突，从而达到维护社会秩序的目的。

一、民族地区民间纠纷解决机制的特点

有什么样的纠纷，就必须有什么样的纠纷解决机制，否则社会难言稳定。民族地区民众利益的多元化和纠纷的多样化必然要求在民族地区建立有多元化的解纠机制。

首先，多元性。民族地区发生民间纠纷后，各类纠纷解决主体通常会运用各种正式的和非正式的依据、手段和方式来化解纠纷。就国家正式的纠纷解决制度而言，包括有国家司法机关如法院的裁判、诉讼调解；国家行政机关如人民政府及其职能部门（如司法行政机关、公安机关、工商行政机关）的行政调解、行政裁决、行政处罚；等等。之所以称其为"正式的"，主要是其解纠机关和解纠手段具有法定性。非正式的纠纷解决机制主要是指存在于乡土社会的由民间权威主持纠纷解决所依据的制度和方式，如人民调解、族长、"寨老""师公"主持的调解，等等。另外，还存在私力救济、自我放弃等纠纷解决手段。在纠纷解决的规则适用上也呈现出多元化，如各民族中多有禁忌、传统习惯法、国家法、宗教法规

---

① 朝鲜族的"忌绳"与此相类似，一旦婴儿降生，就在房檐下、大门上方持一条"忌绳"（草绳），以示婴儿出世，外人禁止出入。"忌绳"是一条左搓的反搓绳。如生男孩，就把辣椒或木炭插入绳内；如生女孩则插上松叶枝条。见韩俊光：《朝鲜族》，民族出版社 1996 年版，第 77 页。

② 参见张国庆：《古代东北地区少数民族禁忌习俗刍论》，载《学术交流》1998 年第 6 期。

等。传统的纠纷解决方式仍有深厚的群众基础。

其次，注重调解。传统社会历来讲究"以和为贵"，民间发生纠纷后当事人一般都不愿意把事态扩大，都希望控制在最小的范围之内。在各种解纠手段中，调解手段运用最多。家庭内部的纠纷一般先在家庭内通过内部协商、亲友说和来解决；村民之间的纠纷一般通过邻里、传统权威人士、村里德高望重的长者或者村委会出面斡旋调解；即使进入到国家解决层面，也多青睐行政调解和法院调解，都希望"大事化小、小事化了"，尽量不伤和气。以普米族为例，普米族人普遍重视运用"调解"手段解决纠纷。根据我们调查的数据统计，过半的普米族人遇到纠纷时，倾向于找村主任或村中有威望的长者根据习惯调解处理的占63.16%，而诉诸法院的仅占13.9%，自己与对方协商解决的为18.83%。[①]

最后，传统性与现代性相结合。民族地区社会的法治进程应该与民族地区目前所处的社会历史阶段相适应。在加入现代解纠手段时，要同时考虑民族地区的农村性和民族性，民间纠纷解决机制应该充分利用传统和现代两种资源，体现传统性与现代性的结合。法律的生命力在于经验而非逻辑，能够解决实际问题而不增添新的矛盾才是硬道理。"无论国家的法律多么高明、现代、进步，对乡村社区来说，都是一种外来力量的介入，都可能对村民习以为常的生活秩序造成一定的冲击。"[②]从目前我国农村实际情况看，由于大量地区还受交通落后、信息闭塞、传统农耕生活的环境影响，农村接受和应用法律的能力的限制以及传统法制文化仍在发挥的作用，习惯、道德传统表达的乡土正义观念将长久地作为农村法思维的基础。[③]当然，总体上而言，引入和扩张现代法治经验是必要的，但是"善良的"传统民间法对于解决少数民族民间纠纷的重要意义绝不可低估，二者不可偏废，民族地区民间纠纷解决机制应该充分体现传统与现代的兼容性。

二、纠纷解决的主体

为了保障习惯法的权威和尊严，使全体成员一起遵守，中国各少数民族都有系统的有关习惯法执行和违反习惯法行为的处理方法，对本民族大量的违反习惯法的行为和各种纠纷规定了调解、处理和审理的原则、机构、人员、程序，并有关于神判和械斗这两种特殊的解决纠纷的方式的规定。调解、处理、审理方面的习惯法是中国少数民族习惯法的重要组成部分。

各少数民族尽管无专门的习惯法执行机构和专职人员，但调解、处理、审理

---

① 贺玲：《普米族民间纠纷解决机制探微》，载《甘肃政法成人教育学院学报》2006 年第 4 期。
② 〔美〕黄宗智主编：《中国乡村研究》第 4 辑，社会科学文献出版社 2006 年版，第 72 页。
③ 何兵主编：《和谐社会与纠纷解决机制》，北京大学出版社 2007 年版，第 182—183 页。

方面的习惯法是相当丰富的,诸如调解、处理和审理的机构、人员的职责与权限、调解处理审理的原则、程序、处罚方式及裁决执行等方面都有详细规定,为解决刑事案件和民事纠纷提供依据。

苗族的《汤粑理词》《油汤理词》反映了苗族的刑事诉讼程序,其中有审判机构和审判场所,也有原告的起诉词和被告的辩护词,还有辩护制度的证据、期限等规定,它的辩护制度是比较完善的。下面这一《理词》叙述的是对一起盗窃案的处理过程:

起诉的案由是:"恨那好吃懒做,憎那白吃空唱,偷我十两链,盗我白段裙,只好寻求高师,为我做主,为我判断。"

诉状的正文是:"狗咬外人不咬主人,人防生人不防熟人,见近不见远,见人不见心。画眉嘴巴,狐狸心肝,我拿他当好人,他把我当傻瓜,白天探我门,夜里转我屋,骗我儿外出,暗地进我家,翻我橱柜,撬我箱子,偷我首饰,盗我衣裙,自知齿有虫,明知手赃屎,害怕抄家,疏散赃物,外逃七天,七夜方回。"

证据是:"我请寨老,我求兄弟,帮我家进门搜家,为我进屋查赃,人人都在家,只差他一人,不是他偷,又是谁盗。"

原告认为被告有犯罪事实,所以请求判官依法判决。他说:"寨老皆齐,理师也到,理师依理讲,寨老洗耳听,是直是曲,定白有理断。"

被告也进行辩护:"我关门家中坐,他闯门来寻衅。白粉抹他脸,黑烟涂我面。帝王名难得,盗贼名难背。蛇咬药可医,人咬理来治。你诬我偷银,我要你洗净。砍伐树倒地,我要你接活。不由你道黄就黄,不依你说黑就黑"。"叫他来对嘴"(请人作证)。如果拿不出证据就是诬告。所以被告又说:"见我笨可欺,见我软好吃;神灵各看见,理师各知道;神灵不怕凶恶,理师不欺善民;给我做主,帮我作证。"

理师听完双方一诉一辩后,进行调解和判决:"因为鬼临门,因为祸到家,不断怕引起是非,不断怕带来人命,才来挑水扑灭火。""是金是铜,我心里有数。两家烧汤户,两位当事人。各想各的心,各思各的意。是直或是曲,是善或是恶?你俩在明处,我们在暗处,切莫相躲藏,脱裤子遮脸,枯子牛相碰,总有一头输。会水死于水,玩火绝自焚。莫聪明一世,糊涂一时,走路看前头,临崖即止步,思前想后,有错认错,互相忍让,和睦相处。"又进一步调解说:"有冤睡不着,结仇坐不安,父辈结仇,子孙难解,为十两银,传十代仇。水钻顶角我拴腿,人闹争纷我劝解。铸锅为蒸食物,不是煮粽断纠纷。蛋不裂缝,蚊蝇不爬,会起会结束,谁错准改正,思前想后,顾及一切。""理师只劝人和事,不愿双方来烧汤。不愿犁牛进鬼场,不愿拖牛进浑塘。"

经过几次调解,双方仍互不相让,理师就说:"你们向深处跑,拉你们回浅处。你们一个愿意往锅底钻,你们一个愿意去捞斧柄;一个请中人,一个调理师;

一个请理师衣,一个戴理师帽;一个愿烧,一个愿捞。"

在多次调解不成的情况下,理师方作判决:"我控事端'鼻',我据真理'纲',要双方满意,使对方信服,两尖若不依,村寨尚议论,请雷烧错方,求龙护对方。"先由理师根据椰规判决,如对理师的判决不服才请神灵来判。苗族普遍补奉神灵,雷公和龙王是信仰中的"刑神气","明火知情,不烧正方,清水明理,不护歹方""龙王公正,雷公正直,冤枉者烧不烫伤,受屈者捞不伤手"。基于这一信念对双方进行神明裁判。刑事案件起诉后经过调解可以撤诉:"牛拉到鬼场,才回到了厩,争端到汤场,火还可扑灭。"①

黎族对于严重违反习惯法的行为,习惯法规定最重的惩罚是,当着众人捆绑当事者的手脚,浸水后在湿的身体上放黄蚁窝,让黄蚁咬。对一般性违反习惯法的行为,则以罚款为主。如有人违反习惯法,则"亩头"召集全体成员进行谴责和惩罚。社会上发生各种民刑案件时,由恫长召集各"亩头"主持处理。各户之间、家庭成员之间、夫妻之间若发生纠纷,由"亩头"来调解和进行教育。②

三、纠纷解决的程序

各少数民族习惯法有关纠纷解决的程序也作了较详细的规定,为处理刑事纠纷和民事纠纷提供了依据。

家支是彝族的主要社会组织,是一种以父亲血缘为纽带的家族联合组织,通常是一姓称一家,一家之下又分为小支、户。家支内的一般性案件,由头人裁决,只要当事人双方同意,即算了案。较大的纠纷案件,则非头人所能独断解决得了的,往往要召开"吉尔吉铁"会,最后再召开"蒙格"会解决。"吉尔吉铁"意为商量研究的意思,它是指由头人聚集在一起商量家支问题,解决内部纠纷或邀请家支内有关的少数人参加的小型会议,又称"家支头人会议",这种会议可以随时召开。

家支内部无法解决的复杂、重大案件以及跨家支的纠纷,都只能依赖德古的调处。德古对纠纷的调解与判决是习惯法运行的最主要方式,具体纠纷的解决也并不是单一的。德古解决纠纷的场所是不固定的,一般是在野外,为避免纠纷双方冲突械斗,纠纷双方保持一段距离,一般是在100米远,各坐一边,在达成协议前当事人始终不能谋面。由此可见,彝族习惯法有关纠纷解决的程序制度是较稳定和成熟的。纠纷解决程序的终极目标和必然趋势必然走向秩序的恢复和再生,这是一个社会能够存在必然具有的调试机制。什么样的状态才是纠纷的

---

① 贵州省黄平县民族事务委员会编印:《苗族古歌古词》下集"理词"部分,转引自吴大华、徐晓光:《苗族习惯法的传承与社会功能》,载《贵州民族学院学报(哲学社会科学版)》2000年第1期。

② 参见詹慈编:《黎族合亩制论文选集》,广东省民族研究所1983年版,第192页。

理想解决,有的学者认为"所谓妥善处理,是指以一定社会中被视为正义的规范及秩序为前提,并通过某种符合这些规范或秩序理念的安排才达到冲突的结果。换言之,纠纷的解决是否具有正确性、妥当性,主要看是不是符合作为前提的一定规范,并直接取决于这种规范的具体内容"①。事实上,在广大的民族地区,纠纷解决的原则不只是变现为公平,因为公平只是一种原则,绝非最高原则和最终目标,最终目标是将纠纷解决,以避免双方矛盾冲突的激化,对村寨的现存秩序及"友好"关系造成破坏。

四、惩罚方式

在广大民族地区当中,人与人之间的关系大多非亲即友,是典型的熟人社会。因此难免会产生法理与人情之间的冲突,为了解决这一问题,许多民族采取家治和族治的处理机制。一般来说,为了维护自身家族的利益,遇到这样的事情一般都能够自觉处理,这也是各族社会能够长期保持安定的一个重要原因。

(一) 赔命价

赔命价是指凶杀案件发生后,施害人向被害人交付一定的金钱或财物而以和解的方式自行了断,它是人类社会早期各国和地区的普遍现象。

藏族对杀人案的凶手,处以抽筋、挖眼、投河等刑罚,或者是赔命价。打死人命以后,被害者一方要出兵报复,杀人的一方则给对方送一百元左右的牲畜做挡兵款,表示低头认罪,愿意谈判解决。命价因地区、死者的身份而有差异,一般为500—1000元藏洋,如打死的是有钱人或小头人,则其头、手、足另加命价。凶手的马、枪归死者家属。凶手的亲友,每户罚马一匹。杀人一方要买经卷,送给寺院。纠纷调解后,双方见面和好,杀人一方再给死者一方若干钱的牲畜,死者家属得1/3,2/3归调解人,纠纷全部结束后,写一协议书,由头人保存。外来户打死当地户的人,处罚更重。②

(二) 对侵犯财产所有权的处罚

在少数民族关于侵犯财产所有权的惩罚中,从犯罪的严重程度来说,偷盗行为和抢劫行为应该是居于首位的,少数民族习惯法对其惩罚也作了相关的规定。

1. 偷盗

偷盗行为一直以来属于严厉打击的刑事犯罪行为。"王者之政,莫急于盗

① 王亚新:《对抗与判定:日本民事诉讼的基本结构》,清华大学出版社2002年版,第66页。
② 四川省编辑组编写:《四川省甘孜州藏族社会历史调查》,四川省社会科学院出版社1985年版,第104、165页;西藏社会历史调查资料丛刊编辑组编:《藏族社会历史调查》(三),西藏人民出版社1989年版,第47页。

贼",不仅汉族严厉打击,各少数民族亦将其列为严厉打击的行列。

景颇族习惯法对偷盗者的处罚较重,如偷一条牛要赔还四牛,偷者如进入了牛棚,还要赔一面铓或一支枪。偷鸡者有的地区要按同态原则赔偿,如鸡毛赔龙袍一件等。偷大烟则要加倍处罚。偷屋内的东西,除赔还原物外,一般要加赔一面铓与一支枪。开箱撬柜除加赔一面铓外,还要杀鸡、猪献鬼。①

2. 抢劫

在少数民族习惯法中,偷盗和抢劫一般联系比较紧密,因此有关抢劫的习惯法规定相对较少。在少数民族中,各种侵犯财产所有权的行为里,偷盗的行为占据了主要部分,抢劫的行为并不多。透过习惯法对偷盗行为的侧重可以看出,在西南民族地区发生以暴力取得他人财物的行为是比较少的。

高山族习惯法对抢劫者的处罚,除将原物归还外,赔偿视被抢的情节而定:若是贵重物品得赔偿玻璃珠、铁锅;若仅是平常的物品只需酿酒谢罪,并对犯者予以殴辱。②

(三) 羞辱

羞辱方式,从经济角度来说,应该是处罚最轻的一种方式。但是,从社会舆论或者生存的角度来说,羞辱不算是处罚轻的方式。因为,在民族地区,少数民族人们必须紧紧依附在社区、集体生活中才能得到较好的生存条件,甚至离开了集体就意味着死亡。

彝族习惯法对于偷盗家禽、偷鸡者,失主不仅不要赔偿,相反还要向偷盗者送去酒,说明来意,使其终生羞愧,也就是羞辱偷盗者。广西金秀瑶族对偷盗蔬菜的行为,多是批评教育,要使其偷盗行为告知全村,令盗窃者感到羞愧。

(四) 违犯公共利益的处罚

少数民族习惯法对诸如内外勾结危害村寨安全、辱骂长辈以犯上、蔑视神灵等违反公共利益的行为也规定了处罚的方法。

瑶族习惯法对放火或失火一连烧去房屋三间的,要罚白银72元;若被烧超过右,烧着公家的,则要拿钱给公众买酒饮,作为救火费;实在无意的,不予追究。偷挖坟墓的罚款。有了天花病,传染给别人者,亦要罚款。

严禁"勾生吃熟",对那些勾引外人做贼为盗或栽赃嫁祸,横生事端的,处死乃至杀尽全家。对窝藏土匪、接济土匪的,田地财产一律充公。③

如出口伤人而受害者不服时,苗族习惯法的规定是请寨头调解,并由输方打酒赔不是。诬陷者,在是非辨明后,罚以"请酒服理"。放火烧山或纵火烧房者,

---

①　云南省编辑组:《景颇族社会历史调查》(三),云南人民出版社1986年版,第15页。

②　参见陈国强:《高山族风情录》,四川民族出版社1997年版,第174—175页。

③　《民族问题五种丛书》广东省编辑组:《连南瑶族自治县瑶族社会历史调查》,广东人民出版社1987年版,第78页。

可把放火者当场抛入大火中烧死。①

(五) 强奸的处罚

各少数民族对于强奸这种侵犯妇女人身权利进而侵犯夫权家长权的行为给以各种惩处,习惯法依据对象、手段、身份等而有不同的处罚办法。

侗族富人强奸穷人的为数较多,穷人强奸富人的甚少。如果富人强奸穷人女子(不论已婚未婚),都要按习惯法受重罚。被罚者有钱出钱,无钱戴高帽子游寨、出猪,除一些给女方家做"洗脸钱"以外,其余归公。穷人强奸穷人,根据其家产多寡来罚,如果无钱就戴高帽子游寨。

高山族习惯法规定,被害人不论未婚或已婚,如同打开箱子偷盗物品一样,需赔酒、猪、铁锅、铁耙等,且娶不到该女为妻。在排湾人中,如果贵族强奸平民,是不受习惯法约束的,但必受舆论制裁。反过来,如果平民强奸贵族,则没收财产。

---

① 贵州省编辑组编:《苗族社会历史调查》(三),贵州民族出版社 1987 年版,第 25 页。

第十六章 少数民族习惯法与国家法的冲突与调适

第一节 少数民族习惯法和国家法的融合与发展

一、国家制定法与少数民族习惯法的融合

首先,随着现代市场经济法律体系的建立,各民族社会生活中的风俗习惯势必会受到冲击,加速各民族习惯法向现代化转型。习惯法与制定法都是独立的自成体系的法律法规,二者在制度层面、运作层面、观念层面都有所区别。国家法的制定,要考虑法制统一的原则,这在一定程度上造成了制定法无法兼顾各地实际民族风情、道德观念、宗教信仰等特点,习惯法正好弥补了制定法的不足。所以,习惯法与制定法存在区别的同时又存在着联系。

其次,习惯法与制定法之间的区别主要不是来自表现方式上的差异,而是在于权威性和公正性来源也即效力来源上的差异。习惯法主要是民间的不成文法,是一种以先例为基础而获得"合法性"并具有法律效应的民间约定俗成的社会规范。也即是说,原始初民的思维属于与现代不同的先逻辑思维,习惯法来源于经验。而制定法作为"人类设计物",其效力和公正性、权威性更多地来源于人类的理性思维。其实,理性与经验之间,理想与现实之间不是非此即彼的关系,不是截然对立的。"经验由理性考验,而理性又受经验的考验。"或者说,"法是经验基础上的理性,是理性观照下的经验"。因此,在我们思考诸如国家法与"民间法",正式制度与非正式制度,规则秩序与自生秩序等问题时,我们应该摒弃要么理性,要么经验这种单一的、二元对立的非此即彼的思维模式,而应该从理性与经验的互动中,来正确处理二者的关系。[①]

再次,每个民族即使是人数很少的民族都有一套相对独立的行为规范、行为模式和社会控制系统。现实社会中实际存在着两种运作机制:一种是现代型的法理机制;另一种是传统型的习惯机制。前者由国家或法律确认和维持,是一种带有"公"的性质的主导机制,具有规范条理清楚、适用范围广、外在强制力强的特点;后者是由乡土村落或民间维持的,是一种带有"私"的性质的补救型、自治型的机制,而习惯机制更多的是靠相关主体对该规范的普遍认可,靠长期形成的

---

① 刘作翔、刘鹏飞:《世纪之交中国法学研究问题前瞻》,载《法学研究》1999 年第 4 期。

习惯来维持。① "制定法与习惯法在价值实现方式上有着不同的选择,前者强调按照规则程序去追求结果,后者强调结果的实现而忽视规则程序"②。这两种不同的社会控制系统和运作机制根源于人们向社会提出的管理模式的不同需求,但二者经常互相交叉渗透、共同协调作用,它们调整社会的价值目标或功能基本一致,都是为了追求社会生活的和谐有序,增进人民的福利,提高人们的生活质量。中国社会主义法制建设的一个突出点,在很大程度上就是要解决这两种规范体制的互补、并用、对接和融合。协调处理好两者的相互关系,国家制定法必须对社会生活中通行的民族习惯法加以概括、确认和转化;而民族习惯法应以国家制定法为指导和依归,过分倚重国家制定法或过分倚重民族习惯法的控制手段,而忽视另一种控制手段的作用,都会使社会控制机制失衡,不利于从根本上解决问题。③

复次,国家法与习惯法属于两个不同的文化范畴。"前者属于大传统的精英文化,后者属于'小传统'的民间文化",两者虽相对独立,但亦可相互融合。并且,文化有继承性,也有时代性。当前中国正面临着一场深刻的现代化革命。没有现代化意味着国家的衰败,现代化是每一个民族繁荣昌盛的必由之路;同时,没有民族性则意味着民族的消亡,每一个繁荣昌盛的民族都应保留着自己优秀的传统文化。并且,任何一个多民族国家都有主流法文化和非主流法文化的存在。在中国以成文法为特征的主流法文化的存在是整个国家凝聚力的必然要求,但是,以习惯法为代表的非主流法文化在由落后愚昧到科学文明的一个演变过程中,逐步实现了从自有走向自为、由粗略到精细、由不甚合理到基本合理、由松散零散到严谨严密的演变过程。在国际的大环境下,如何处理好民族法文化的本土化(法文化的基础)、民族法文化的多元化(法文化本土化的必然结果)、民族法文化的国际化(法文化发展的大趋势)三者之间的关系,如何协调少数民族习惯法文化与国家制定法文化之间的冲突,是我们需要认真思考的问题。

最后,法制统一是国家主权的象征和历史发展的趋势。美国学者埃尔曼曾提出"习惯的让位"的观点。④ 随着社会的变迁,习惯文化逐渐让位于习惯法文化,习惯法文化让位于成文法文化。从国家的角度讲,法律是一元的,在政权统一的条件下,国家法律只能有一种正式的表现形式,国家制定法突破了民族的地域界限,调整的是整个国家各个方面的社会关系,并且依靠国家政权的强制力量保障实施。而从社会的角度讲,法律具有多元性,在实际生活中对社会秩序发生

---

① 田成有:《论国家制定法与民族习惯法的互补与对接》,载《现代法学》1996 年第 6 期。
② 龙大轩:《法治在民间的困惑——对羌族习惯法的考察》,载《现代法学》2001 年第 5 期。
③ 田成有:《论国家制定法与民族习惯法的互补与对接》,载《现代法学》1996 年第 6 期。
④ 〔美〕H. W. 埃尔曼:《比较法律文化》,贺卫方、高鸿钧译,生活·读书·新知三联书店 1990 年版,第 56 页。

作用的,除了国家制定法以外,还有各民族长期以来自然形成的或者由社会成员集体制定的习惯法,带有鲜明的民族特色和地域特色,这些习惯法规则具有不成文、具体操作性强、易为调整对象接受等特点,依靠社会舆论、民族传统意识和领导人物的威信甚至神明的力量来实施。

二、少数民族习惯法对国家法制的认同和补充

在历史发展的长河中,少数民族习惯法的发展总是表现为向国家法靠拢的趋势,这主要体现在内容、形式、价值上。一方面,国家法的一些专有概念如滞纳金等都出现在村规民约规定中;另一方面少数民族习惯法的体例安排基本效法了国家规范性法律文件的形式;在价值观方面,国家所提倡的男女平等、反对封建迷信等各种陈规陋习在少数民族习惯法中都有反映。

但现实是,一方面,从清末开始,中西法文化的冲突和较量,很大一部分是以毁弃固有的法律传统为代价,以移植西方的法律文明为捷径,民族习惯法面临着重大冲击和瓦解,其地位逐渐走向衰落,国家制定法与民族习惯法之间的对接不尽如人意。习惯法不仅不构成我国法的渊源,而且习惯法的有效范围或作用在逐渐缩小,未经认可的习惯法没有法律效力。立法越来越成为单纯的国家行为,非国家的组织、团体不得染指法律的制定,法律的民俗基础被极度忽视,甚至以立法改造乃至摧毁民俗的情况也时有发生,一些通行数百年,乃至上千年的民俗在不加严肃论证和立法辩论的情况下被一纸法令加以禁止。这种强化国家制定法的功能、轻视民族习惯法的作用的做法,有可能毁坏维系传统的生长机制和发展能力。实际上,少数民族习惯法中蕴藏着大量有利于少数民族现代化发展的因素,关键是我们如何因势利导、积极利用。

另一方面,在中国相当广阔的基层农村,尤其在边远地区,相当多的民众与其说直接生活在国家法制之下,不如说依然或首先生活在各自社区的“习惯法”之中,也可以说,他们实际生活在双重或多重法律体系下。“本土化”的民族习惯法资源对他们的影响、调控,有时甚至超出了国家制定法的作用,还存在着民众对习惯法的推崇大于对法的呼唤的现实。不用法制宣传教育,不用“严打”“运动”,习惯法却根植于其内心深处,得到极好的实施,社会秩序自然地得以产生与调整。正如法社会学的代表人物埃利希“活的法律”的观点一样,习惯法是指在日常生活中通常为各种社会团体中的成员所认可的并在实际上支配一般成员行动的规则,表现为各种各样的判例、习惯和民间流行的契据文书,习惯法虽然不像制定法那样明确,但在现实生活中有着巨大的影响力。并且,“只要人类不息,只要社会的其他条件还会发生变化,就将不断地产生新的习惯,并将作为国家制定法以及其他政令运作的一个永远无法挣脱的背景性制约因素而对制定

法的效果产生各种影响"①。

再一方面,特别是近几年来,西方社会面对蜂拥而来的诉讼纠纷和"法律爆炸"危机——把解决争端的重担全部诉诸法律而导致的诉讼成灾、积案如山、办案拖延的严重后果,提出了院外案件处理日常化、群众化,发展院外的有效解决争端的机制,鼓励调解和妥协,阻止当事人运用法律解决纠纷等主张。有的国家甚至采用了一种抑制诉讼、鼓励调解、限制司法规模的"小司法"路线。这使我们认识到国家制定法不是"万能"的,其作为社会调控机制的一种与其他任何一种社会调控手段一样,有其自身难以克服的矛盾,其作用的范围也是有限的。"法治秩序的建立不能单靠制定若干法律条文和设立若干法庭,重要的还得看人民怎样去运用这些设备。更进一步讲,在社会结构和思想观念上还得有一番改革,如果这些方面不加以改革,单把法庭推行下乡,结果法制秩序的好处未得,而破坏理智秩序的弊病却已发生了。"②法律的落实和推广在很大程度上还得要依靠民众对法的价值观的感知和认同,要"内心支持和拥护法律"。

可以说,国家法律在民族地区的贯彻实施,在很大程度上取决于少数民族的风俗习惯和文化等因素。为什么会造成这种民族习惯法与国家制定法之间的冲突或者说偏废的状况呢?原因是复杂的,从传统上看,中国也向来就有"大一统"的文化传统。"大一统"不仅是一种政治文化概念,还要保证国家的法律政令在全国范围内畅通无阻和基本统一。但几千年来,中国一直是一个统一的多民族国家,但这种统一多是指政治上的统一,而非法制的统一,相反各个民族尤其地处偏远的少数民族更是处在一种"自治"或"半自治"的状态,国家制定法的作用远不及民族习惯法深入人心。国家法律有强制力的支持,似乎容易得到有效贯彻;其实,真正能得到有效贯彻执行的法律,恰恰是那些与运行的习惯惯例相一致或相似的规定。③

从历史上看,自鸦片战争以后,随着西方文化的涌入,传统的正常运行的行为模式和社会秩序轨迹被打断,"西化"的法律模式与"本土化"的法律传统在对接上出现偏差,传统的中华法系被认为是"封建性的",长期遭受排斥。并且,在法律改革开放的过程中我们更多地形成了大陆法系国家的传统,相信法律是一种理性的社会生活秩序的基础,"只把国家法典和正式法律法规体系理解为'法',而不承认非正式的规则、惯例和习俗等在某些局部、场景或条件下也可能是'法',它倾向于维持国家法制的统一性,这也是构建和形塑一个现代国家所

---

① 苏力:《中国当代法律中的习惯——从司法个案透视》,载《中国社会科学》2000年第3期。
② 费孝通:《乡土中国》,生活·读书·新知三联书店1985年版,第89页。
③ 苏力:《变法:法治建设及其本土资源》,载《中外法学》1995年第5期。

必需的。"①同时,我们完全寄托于国家制定法来解决问题,认为只要制定出完善周密清楚的法律,把一切社会关系都置于法律的调整之下,构造出健全的法律体系,就能规范、奠定社会秩序。我们在废除落后、反动、野蛮的旧法时,在潜意识的深处将民族习惯法视为落后的甚至阻滞对抗现代法律实施的羁绊,因而甚至包含许多积极因素的民族习惯法就不加分析地被抛弃了。② 从现实看,我们现行的法律制度还不太完善,甚至存在某些缺陷。现行的法律制度设计导致诉讼成本极高,给当事人带来了不必要的"讼累",造成了目前普遍存在的"慎讼"心理,而各民族对其本民族的传统习惯法在心理上、精神上、观念上具有强烈的亲切感和认同感。所以,习惯法的存在和运用恰恰弥补了这种缺陷,这些是习惯法能够在广大民族地区广泛适用的原因之一。

实际上,不仅中国,就是西方发达国家在法制现代化的进程中,也面临着对成文法与习惯法谁优谁劣的问题的争论和抉择。如英国的社会改革家边沁认为,在工业化、都市化的时代,社会结构的变化,通过法律的改革,可以改变习惯法,重新构筑社会,以适应新的社会发展;而德国历史法学派的代表人物萨维尼认为,习惯法是民族意志的直接和纯真的表现,习惯法是从具体民族的习俗和信仰发展而来的,而非抽象人类习性的表达,所以,法律的转变只能是民族性的,只有高度发达的民俗习惯才能形成法律变革的基础,民族习惯法不能受到任意破坏。③ 就中国而言,自清末修律至今的中国法治现代化的过程中,移植外国法律是一个未曾间断的主线,其中以移植大陆法系法律为主。但近年来,英美法系的法律观念、法律传统和法律制度大量涌入。由于英美法系与大陆法系,在法的渊源、法典编制、法的分类、诉讼程序等方面迥然有别,它们在中国相遇时冲突难以避免。这种冲突不仅表现在法律制度层面上而且表现在法律观念层面上。英美法系崇奉经验主义,大陆法系则信仰理性主义。其实,关于英美法与大陆法哪个更适合我国国情的争论,以及关于我国法治道路的实现应采取自然演进型抑或政府推进型这两种模式的争论,同在我国法治的进程中如何处理民族习惯法与国家制定法的问题一样,问题的实质都是在于如何使两种观念(理性与经验)和两种制度(制定法与习惯法)的冲突得以协调,更好地为中国的法治建设服务。

当前,我国正处在一个大变革时期,在改革开放和市场经济法制建设日益进步的情况下,整个社会结构包括经济体制、政治体制、文化传统、思想意识形态以及生活方式等正在发生或将要发生深刻的变化。少数民族传统文化与现代化的矛盾与冲突,也显现出来,民俗变异的速度加快,程度加深,民俗变革也被提上了

① 周星:《习惯法与少数民族社会》,载赵嘉文、马戎主编:《民族发展与社会变迁》,民族出版社2001年版,第542—555页。
② 田成有:《论国家制定法与民族习惯法的互补与对接》,载《现代法学》1996年第6期。
③ 同上。

日程。现代法治建设应是立足于本土化之上的国际化,不仅要学习西方的先进经验,还要继承民族传统中的文化精华,更应该立足于本国的客观实际,与这种客观实际相适应的包括历史和现实的传统才是中华民族赖以生存的文化之根,如果仅以西方的"法治模式"来批判中国的法律传统,如果仅以西方的法治精神来指责国人的"人治""礼治""德治"传统,如果仅以西方法律的价值尺度来责备民族法制意识低下,如果刻意地去模仿别人甚至照抄照搬而缺少对现实国情的反思和对历史传统继承改造,那么,很可能在现代法制秩序建立起来之前既有的秩序先被破坏了,"法治"将丧失其运营施行的群众基础和人文土壤。我们如果只以"糟粕/精华"或"原始/现代"的二分法去评判少数民族社会的习惯法或法文化传统,那可能就会犯过度简单化的错误。民族地区或社会中无论何种形态的法文化传统,也无论其历史多么悠久或其形态多么"原始",其有关"法"的理念和逻辑与现代法制国家的理念和逻辑有多么不同,既然他们依然在相当程度上活生生地在各族群的社会生活中实际发挥着作用,与其人民的现实生活密切关联;既然各族群的法文化传统之间实际存在着各种复杂的关联,那么,它们就可以也应该成为中国法制建设重要的"本土资源"。民族习惯法作为一种传承、积淀和整合了数千年的制度形态,被特定的社会群体所选择、吸纳、运用,并融化在各民族的思想意识和行为中,积淀为一种遗传基因,化解为一种民族心理,从而有着高度的稳定性、延续性和群体认同性。它贴近本民族群众的日常生活,凝结了本民族的心理和情感,为民族成员提供了一种行为模式和价值选择。法国著名思想家卢梭指出:"在这三种法律之外(指政治法、民法、刑法),还需要加上一个第四种,而且是一切之中最重要的一种,这种法律是铭刻在公民的内心里……,我所说的就是风尚习惯……具体规章不过是拱顶上的桥梁,而缓慢诞生的风俗习惯才是拱顶上难以撼动的基石。"①社会主义法制的建设必须建立在批判地继承人类历史上一切优良法律制度的基础上,唯此,才能科学地规范和发展。

少数民族社会主义法制的建立和发展,既是对一些少数民族习惯法的扬弃,又是对于一些少数民族习惯法的继承。其实,习惯法包含的内容很广,规定很细,它弥补了国家法律比较抽象的、比较原则的不足,所以应批判地继承习惯法的合理因素和优秀传统。法人类学的研究表明:"法只是人类需要的产物。"因而,在社会转型时期,国家制定法和民族习惯法处于互动的矛盾中,应平衡、协调民族习惯法与国家制定法的矛盾,实现民族习惯法的革新和有利转化。但是,随着改革的深入和社会的发展,民族习惯法会逐渐发生分化和变异。其中,一部分习惯法体现了民族的特点,代表着民族普遍利益的要求,发挥着干预社会生活、调解人际关系的功能,在条件成熟时将被国家所认可,吸收融入有关的法律法规

---

① 〔法〕卢梭:《社会契约论》,何兆武译,商务印书馆1980年版,第73页。

中,成为制定法的一部分。因此对这一部分民族习惯法必须采取顺应、融合的政策,从中吸取能量和支持,逐步把它纳入法制(制定法)的轨道。另一部分落后的甚至与国家法律相冲突的民族习惯法,如婚姻上的早婚、表亲婚,刑法上的自由刑、赔命价等,将被淘汰和摒弃。对这一部分习惯法,必须改造和废弃。

第二节 少数民族习惯法与国家法的冲突

一、少数民族习惯法与国家法冲突的体现

少数民族习惯法与国家制定法之间的冲突主要体现在如下方面:

第一,法的起源上的不同。制定法是在建构论理性的指导下人为创设的规则,而习惯法则是受进化论理性支配的自生自发的规则。前者突出建构和设计,后者则强调生成和自然演化。国家制定法是随着生产力发展、私有制和阶级的产生、国家的出现而产生的,体现的更多地是人为创制的结果。而习惯法"产生于奴隶社会,起着前承习惯,后启制定法的作用"①,即在制定法出现之前民族习惯法已经在发挥类似于"法"的作用,体现出更多的自发性特征。正如古罗马著名法学家乌尔比安所说:"在无成文法可循的情况下,那些长久的习惯常常被当作法和法律来遵守。"②当习惯被当作法和法律来遵守的时候,习惯法便区别于习惯在国家产生之前一直作为一种约束人们行为的准法律规范而存在,民族习惯法作为习惯法的一种,其存在的历史之久、影响力之深远都是国家制定法所不可比拟的。这也就造就了民族地区对习惯法的认同感超越了国家制定法,从而较国家制定法他们更愿意去遵循习惯法。

第二,法的特征不同。首先,二者分别具有一般性与特殊性。国家制定法具有一般性,它是一种抽象概括的规范,规定的内容是最基本的内容,适用于每个社会成员的"最低限度的道德",因此,它不可能探究每个民族地区的习惯,并制定法律来约束所有人。民族地区具有特殊性,一个民族认可的习惯法可能是别的民族不认可的,即不可能做到习惯法的统一。因此民族地区体现出相当的地域性和特殊性,不同民族地区可以有不同的民族习惯法,规范的内容更细致,更具有针对性,较国家制定法操作性也更强。其次,二者的稳定性不同。国家制定法与民族习惯法虽都具有稳定性的特征,但相较而言,民族习惯法的稳定性要更强。随着现代法治化的推进,我国的法律也日益完善,稳定性也在一定程度上受到了影响。但由于民族地区多处于环境较为封闭地带,与外界虽有交融,但其本

---

① 孙国华主编:《中华法学大辞典·法理学卷》,中国检察出版社1997年版,第452页。
② 〔意〕桑德罗·斯奇巴尼选编:《民法大全选译·正义和法》,黄风译,中国政法大学出版社1992年版。

身强烈的乡土性使得国家制定法的影响受限,因此,大多民族地区习惯法始终在发挥作用。

第三,法的效力来源不同。少数民族习惯法与国家制定法都具有对人的行为的规范作用,但二者在效力来源上面存在差异。制定法效力来自国家正式授权和承认,以国家强制力作为保障;而习惯法无论在多大程度上受到国家的认可或是压制,它们都不是国家"授权"的产物。习惯法之为法,在根底里是由于习惯法自身的力量。它生自民间,为民众所创造、拥有和信奉。生活于其间的人们自小就熟悉它,眼见它被实践,也参与对它的改造,并逐步产生了对此种"地方性知识"的信赖与尊重。由此,习惯法也获得了"法"的确信与力量,成为不得不遵守的行为铁则。此外,二者产生作用的机理也不同。国家制定法主要体现为属地主义,即主要在国家所管辖的地域来发挥效力,凡属一国范围管辖之下皆有法的效力。因而制定法无法避免自身的外部合法性缺陷,即难以达到"法律规范与其欲调整的对象——社会事实之间榫卯接睦的状态,即法律规范能够恰到好处地调整社会规范。"[1]对此,有学者指出,虽然可以用类推适用的方法去解决这个缺陷,但是不能从根本上解决制定法外部合法性缺陷问题。而少数民族习惯法产生效力的机理,则以属人主义为主。一般来讲,少数民族聚居地是熟人社会,属于某一宗族与家族,彼此之间有着特定的血缘、地缘关系,多运用团体主体将属人主义作为基本原则,在维护社会公共秩序上有内外之别,主体差异、内部和外部人之间权利与义务有着明显差别[2],因而,民族习惯法往往作为一种制定法的补充规范而发挥着准法律规范的作用。

二、少数民族习惯法与国家法冲突的调适

我们可以看到民族习惯法与现行国家法并存调整社会关系的过程中,在多个领域产生了冲突,对于一国的法制建设而言,这个矛盾急需解决,否则将有损于国家法权威,也会导致法适用对象的困惑。国家法的存在是毋庸置疑的,无论是从其与上层建筑的关系或是从其社会功能等其他方面考量都可以证明。相对而言,民族习惯法政治色彩较弱,适用范围较窄,立法技术相对简单,但这并不构成全盘否定其存在的理由。民族习惯法作为社会调整规范的一部分,其与国家法并存是客观实际的需要。

其一,我国各地区之间生产力发展水平不平衡,特别是在环境恶劣、交通信息落后的民族地区,生产关系与生产力并不适应,而建立在宏观经济基础之上的国家法没有也不可能针对各地的具体情况一一量身定做,所以在适用上并不能

---

① 谢晖:《论民间法对法律合法性缺陷的外部救济》,载《东方法学》2017 年第 4 期。
② 刘宏宇:《少数民族习惯法与国家法的融合及现代转型》,载《贵州民族研究》2015 年第 10 期。

做到普天之下众人皆服。

其二,宗教信仰、文化背景、日常生活方式等各种不同因素的制约,使得民族习惯法在特定区域和群体内占据极为重要的位置。民族习惯法虽然没有国家法的体系化、理论化、成文化,但千百年来经过祖辈相传、耳濡目染,已深深植根于族群每个人的心中。这种历史积淀的观念具体化到日常生活中,并不是仅靠一纸禁令就能完全消亡的,正如梁治平的观点:"只要其赖以存活的社会条件具备,习惯法就能够发生作用,反过来,传统习惯法本身所具有的灵活性也有助于它适应不尽相同的社会环境。"

其三,人类文化的价值都是相对的,各民族的文化都是在特定的环境中创造生成的,是对特定生态环境和人文环境的适应及改造,每一种文化都具有独创性和充分的价值。民族习惯法中的确有很多落后的内容,比如神灵裁判、肉刑等与现代法治文明格格不入,但对任何事物我们都必须以全面客观的辩证唯物主义观点来审视,片面地夸大优点或缺点,以偏概全地判定习惯法是落后的、愚昧的、血腥的、迷信的有失公正。从相关资料中,我们发现很大一部分习惯法规范是惩恶扬善,从排除障碍的角度去维护民族地区的正常生活生产秩序,促进该地区生存和发展的。作为延续了千年的民族习惯法有其合理的成分存在:比如侗族的款词说:"根据我们祖公的道理,祖父的道理,像溪水归河一样合成一条心,大家一起来合款,把两股水汇集拢来才有力量。"苗族的榔规讲:"我们地方要团结,我们人民要齐心,我们走一条路,我们过一座桥,头靠在一起,手甩在一边,脚步整齐才能跳舞,手指一致,才能吹芦笙。"这是宣传集体主义思想,也是生产生活中所需要的团结。在苗族、侗族、白族习惯法中有大量保护山林、动物的规定。云南大理还存有清乾隆年间的"护松碑",碑文就是一条保护松林的习惯法。其他如水族、藏族、傣族、哈尼族等也都有保护环境、崇拜山水森林、禁伐禁猎的习惯法传统,这可以说是早期的生态环境立法。又如贵州黎平肇洞的《六堂议款条规》规定:"男不要女,罚十二串钱,婚已过门,男弃女嫌,各罚十二串钱。吵嘴、打架、各罚钱五串。"傣族《勐规》规定:"子女长,必须替父母劳动,若东奔西跑,有罪无理。""父母老后,无力劳动,子女不得打骂。不赡养父母者,有罪无理。"对那些忤逆不孝,杀害父母者,"判处比死刑更严重的刑法,即砍去手脚,赶出勐界,让其受一辈子活罪"。类似规定有利于维持婚姻家庭关系的稳定性。

通过以上分析,我们可以发现民族习惯法不仅在历史上发挥了重要的定分止争的作用,而且在法制建设空前繁荣的今天,也仍然有着积极的意义。鉴于我国的客观实际,在一定时期内国家法和民族习惯法的并存是必然的,"对于一些目前尚无条件以国家制定法代替的少数民族习惯法,从尊重民族文化角度出发暂时予以照顾和认可",唯此才能更好地调节社会矛盾,发扬民族传统道德,巩固民族团结。为此,民族地区有必要从立法上注意吸收习惯法的内容,充分利用民族自治地方的立法权限，将已具备条件的一些习惯法纳入地方的法律法规体系当中。①

三、关于法律在民族地区的适用问题

民族习惯法与国家法在一定时期内并存，同时发挥着调节特定区域社会生活的功能是社会的需要，但二者简单并存之下存在多个领域的冲突。问题的实质在于，在中国建立现代法治秩序的过程中如何消融民族习惯法与国家统一法制之间的冲突，对其进行扬弃，给其注入新时代的精神和国家的法律内容，实现民族习惯法与国家制定法之间良好的衔接和融合？如何剔除习惯法制度中明显同时代进步相悖的落后因素？习惯法问题与民族问题紧密相连，在世界范围内，在历史上都存在。我国古代如北魏、唐朝、西夏、清朝等时期，在使国家制定法与民族习惯法从冲突到互动(如互相援引)的过程中为今天的民族法制建设都留下了宝贵的历史经验。

首先，对国家来说，既要推行国家法，又要重视民族习惯法的作用。要认识到：国家法不是万能的，国家法应当管好自己应当管好且能管好的领域，而把自己不能管好也管不好的领域让给民间法(包括少数民族习惯法)和道德来调整。"如果用法律去改变应该用习惯去改变的东西的话，那是极糟的策略。"民族习惯法作为一套在本地区行之有效的法制资源，是能够而且应该与国家制定法融合起来，为现代法和"法治"服务的。

其次，有必要对民族地区的民族习惯法进行深入的调查研究，在充分了解的基础上，进行归纳、筛选。我国少数民族风俗习惯，按其内容和社会效果来说，可大致分为三种类型：一是一些好的、行之有效的习惯法，如劝善惩恶、禁偷治抢、保护山林和农业生产、保护公益事业、组织生产和分配、调解婚姻家庭的习惯法。对此，国家应给予保护和提倡，采取顺应、融合的过渡政策，在条件成熟时，国家有意识地吸收、认可这部分习惯法，并融入、过渡到有关的法律法规之中，逐步纳入制定法的轨道，使之成为制定法的一部分。二是一般的习惯法，这类习惯法既无明显的积极作用，也无明显的消极作用，但它盛行着，人们喜欢它。对于这一类可以加大国家制定法的宣传，使其从内心接受、认同国家法，逐步放弃落后的习惯法。三是有害的、落后的甚至与国家制定法相冲突的陈规陋习，如禁止男方到女方家落户，否认女方有继承权，婚姻上的早婚、抢婚，以及肉刑、非法处死等。这些陈规陋习严重桎梏了人们的思想，妨害了人们的生活，影响了民族的进步与发展。对此要给予改造或摒弃。

最后，我们判断一种少数民族习惯法优劣与否的正确方法和标准是，必须切

---

① 陈晓枫、赵志虎：《社会转型期少数民族习惯法与国家制定法互补与融合研究》，载《贵州民族研究》2018 年第 7 期。

入民族文化心理和民族审美观念,运用正确的民族理论和民族观点进行细致的分析和审慎的对待,严格把握好"度",否则就会引起矛盾,破坏团结,造成恶果。但是,对于民族习惯法的作用,我们既不能全盘肯定,也不能全盘否定。必须一分为二地结合《民族区域自治法》,弃其糟粕,取其精华,更好地为社会主义法制服务。依国家法制现代化进程的要求,二者不断融合以减少和消除冲突,达到良性并存,树立全新的法律文化是必须重视和努力的一个方向。

结合二者的各自特性,可从以下几方面着手促进民族习惯法与国家法的融合。

其一,大力发展民族地区经济,加强物质文明建设与精神文明建设。马克思主义认为经济基础决定上层建筑,按这个理论,我们认为民族习惯法也是其落后经济状况的产物。如果这个基础得到改变,族群中的人们随着生活水平的提高、文化素养的加强、科学知识的累积等各方面的改观,也势必带来思想层面的"革命",从而对长期奉行的习惯法中落后、愚昧、迷信的一面自觉地批判和抵制。

其二,用去粗取精、去伪存真的方法辨别民族习惯法的内容,将优秀的习惯法规则用国家立法权加以修正和传承。如前所述,习惯法中有很多具有法律文化价值的精神,这些在条款中有所体现。因此,在对待民族习惯法的态度上,我们不仅要正视其与国家法并存的客观实际,更要以取其精华、弃其糟粕的准则来融合吸收。"法律只有充分重视保护人民的利益和权利,才能获得人民的普遍遵守。""为全人类或绝大多数人谋取最大利益和幸福,应当是法的终极目的。"所以国家法可以用现代法的精神与立法技巧去传承习惯法的优良传统,通过制定吸纳了习惯法规则的民族自治法规、条例再辅以有效的施行,让人们理解国家法与习惯法在利益维护上的一致性,进而接受国家法的制约。

其三,加强民族地区的司法建设。从机构设置上充分考虑民族聚居地的特殊地理环境和传统文化背景,在偏远乡村设立司法工作机构和人员,以解决天高地远、告状无门的困境。培养一批既懂得当地民族习惯法又熟知国家法的司法工作人员,创新使用我国民族法领域的调解原则,用国家法阐释习惯法的处理规则,将纠纷快速有效地解决,并大力宣传国家法处理得当的案例,进行普法宣传,树立人们对国家法实施的信心。

总之,人们对法的接受不仅是知道它的存在就可以树立法的权威,只有当人们普遍从习惯上、心理上接受它,法才能发挥最大效用,也正因如此,习惯法才有如此强大的生命力,与国家法长期并存、共同调整和规制社会生产、生活关系。如有的学者所言:"法律活力的发挥程度根植于民族体内,对传统认识得越清晰,对民族特点了解得越透彻,法的制定和运行越适合民族实际,其作用也就越大,实施效果也就越好。"所以,本书认为,客观认识到国家法和民族习惯法的并存和冲突,积极促进两者之间的融合,促进国家法制的权威和统一是中国法治的重要内容和必由之路。事实上,2020 年我国新颁布的《民法典》第 10 条规定:处理民事纠纷,应当依照法律;法律没有规定的,可以适用习惯,但是不得违背公序良俗。这也充分说明习惯法与国家制定法之间是可以并行不悖的。

四、国际法承认少数民族习惯法的域外考察

(一) 域外规范考察

国家法对少数民族习惯法的承认从来都不是"中国特色",在域外许多国家和地区都存在相关的制度实践和研究。如威尔·金利卡就认为,在世界范围内来看,所谓国家法对习惯法的承认其实是滥觞于 20 世纪 60 年代的多元文化公民身份新模式的组成部分,与少数族群的土地权、自治权和政治协商的保障并列处之。[①] 而埃尔南德斯·卡斯特罗(Hernández Castillo) 和罗扎尔瓦·阿依达(Rosalva Aída)也在总体上对这类承认相关习惯法权利的国家法规范(provisions recognizing the right of indigenous people to their own norms and practices)对土著群体中那些弱小和边缘化的族群的保障作用给予了积极的评价。[②] 申言之,域外资源可从国际法和外国法两个层面考察。

第一,国际法对少数民族习惯法的承认。必须指出,国际法本身就包含了大量的习惯法规则。《国际法院规约》第 38 条对于国际法渊源的规定中就包括了"国际习惯"(international custom),而学理上除此外还接受近似于习惯法的"一般实践或做法"(a general practice)。[③] 如美洲国家组织(OAS)于 1997 年批准的《美洲土著人权利宣言》就在一定程度上承认了社区习惯法的法律效力。2003 年联合国教科文组织通过的《保护非物质文化遗产公约》第 19 条第 2 款规定:"在不违背国家法律规定及其习惯法和习俗的情况下,缔约国承认保护非物质文化遗产符合人类的整体利益,保证为此在双边、分地区、地区和国际各级展开合作。"联合国人权理事会 2006 年 6 月 29 日第 1/2 号决议通过的《联合国土著人民权利宣言》也在第 34 条规定:"土著人民有权根据国际人权标准,促进、发展和保持其机构构架及其独特的习俗、精神观、传统、程序、做法,以及原有的(如果有的话)司法制度或习惯。"而《在民族或族裔、宗教和语言上属于少数群体的人的权利宣言》第 4 条第 2 款也要求:"各国应采取措施,创造有利条件,使属于少数群体的人得以表达其特征和发扬其文化、语言、宗教、传统和风俗,但违反国家法律和不符国际标准的特殊习俗除外。"可见,国际法对少数民族习惯法

---

① Will Kymlicka, *Multicultralism: Success, Failure, and the Future*, Report for the 7th Plenary Meeting of Transatlantic Council on Migration, November 2011, Berlin, p. 7.

② Maxine D. Molyneux, Shahra Razavi: *Gender Justice, Development, and Rights*, New York: Oxford University Press 2002, p. 384.

③ 邵津主编:《国际法》,北京大学出版社、高等教育出版社 2000 年版,第 12—13 页。

的承认一般采概括性直接承认的方式,但大多局限在中观的层面,而直接针对本文论题的微观视角则代表了未来的发展方向。①

第二,其他国家的国内法对少数民族习惯法的承认。其一,宪法对少数民族习惯法的承认,这被视为少数民族习惯法获得根本法保障的重要标志。如1987年《菲律宾宪法》第17章14条规定:"政府应当承认、尊重和保护土著文化社区和发展期文化、传统和制度的权利。"1997年《泰国宪法》第46章规定:"业已形成传统社区的成员享有保存或恢复其自身风俗习惯,本土知识、艺术或该社群和民族的优良文化的权利。"1998年《巴西宪法》第231条规定:"必须承认印第安人的社会组织、风俗习惯、语言和传统,以及他们对其依传统占有的土地的原始权利。联邦有责任区别它们、保护它们、并保证尊重他们的所有财产。"②值得注意的是,各国宪法对少数民族习惯法的承认均停留在广义的"习惯"层面,这与宪法本身的规范位阶和功能有关。其二,综合性民族立法中对少数民族习惯法的承认,以菲律宾1997年通过的《土著人民权利法》为典型。③该法第35条规定:"在土著祖传的土地和文化社区内,勘测遗传资源必须符合该社区习惯法并事先征取该社区的同意。"其三,专门性立法对少数民族习惯法的承认。如南非于1998年制定的《承认习惯法婚姻法》(South African Recognition of Customary Marriage Act)就对依据部落习惯法(而不是南非《婚姻法》)缔结的婚姻效力给予法律的正式承认,不仅实现了习惯法规则的升华,而且还趁机纠正了其与国家法的抵触之处。总之,后两类既强调"少数人"的主体又强调习惯"法"的微观立法理念,也使它们成为该领域实践中的少数成功范例。此外,一些国家在具体的执法领域也对少数民族习惯法给予了充分的尊重。如津巴布韦通过实施"篝火计划",打破了"所有野生动物一律国有化"的坚冰,转而尊重相关部落的所有权习惯法④,要求外人在部落土地上进行狩猎之前,须先向管理委员会购买捕猎的权利,从而在事实上对习惯法予以承认。⑤

---

①　所谓"宏观",是指既未明确"少数民族"主体,又未将习惯(或习俗)具体到"法"的层面,国际法实践中并不多见;所谓"中观",既包括未指明"少数民族"主体的"习惯法"情形(如《保护非物质文化遗产公约》第19条),也包括虽指明了"土著群体"但却未将习惯具体为"法"的情形(如《联合国土著人民权利宣言》第34条);而微观的、直接针对本文论题的则是指既明确了少数民族主体、又明确了习惯"法"内蕴的情形(如《美洲土著人权利宣言》)。

②　巴西境内有近400万的美洲印第安人(American Indians),约占总人口2.5%,分为数百个族群。大多数印第安族群直到20世纪晚期仍维持传统的生活方式(热带雨林农艺、边缘或半边缘的狩猎采集)和语言(主要是Tupi-Gualani,即图皮-瓜拉尼语)。参见〔美〕戴维·莱文森编著:《世界各国的族群》,葛公尚、于红译,中央民族大学出版社2009年版,第537页。

③　菲律宾的土著居民约占总人口的5%,分为两类,一是尼格利陀人(Negitos),二是山地人(iplanders)或山地部落(Hill Tribes),后者由60个部落群体构成。参见同上书,第456—459页。

④　津巴布韦两大主要族群绍纳人(Shona)和恩德贝勒人(Ndebele)均由诸多支系组成,且他们缺乏强烈的族裔认同感,故传统习惯法的现实影响力依然较大。参见同上书,第319—321页。

⑤　邵泽春:《贵州少数民族习惯法研究》,知识产权出版社2007年版,第42页。

（二）几点经验

第一，规范建构的体系化。一方面，形成了宪法主导下以法律为代表的各级各类规范共同作用的纵向体系；另一方面，形成了针对少数民族的综合性立法和针对特定法律关系中少数民族因素的特别立法相互配合的横向体系，即通过网格化的规范结构实现国家法对少数民族习惯法的确认。我国《宪法》《民族区域自治法》《民法典》等相关法律规范初步呈现了这种特征，但尚有待深化。

第二，对象表述的科学化。域外法对少数民族习惯法的界定多集中在"习惯"和"习惯法"两个层面。虽然习惯法在一定程度上能够归入习惯的谱系之中，但大多数国际条约或外国法将习惯同风俗、宗教、语言等语词的并列处理实际上揭示出规制焦点的差异化："习惯"更倾向于文化现象，而"习惯法"则更趋近于规范秩序。或许正是有鉴于此，以菲律宾《土著人民权利法》为代表的一些法律才注重对"习惯法"的专门表述，而这也无疑是未来国家法对少数民族习惯法的承认过程中最关键的"细节"。相形之下，我国的制定法尚普遍停留在"以习惯代习惯法"的旧有思维之上，亟待变革。

第三，策略实施的模块化。在执法过程中承认少数民族习惯法的层面上，津巴布韦的"篝火计划"展现了一个整体的、模块化的承认方案，法律与政策、立法与实施、目的与手段在这个一揽子的解决方案中呈现出良性互动的态势。反观我国，具体执法过程中对习惯法的承认几乎全部以偶发个案为实践载体，再加上规范表述的粗疏以及政策立场的暧昧，最终导致既不能形成个案发生之前的指导或预防机制，也难以通过个案处理经验的推广而获得更大范围内的规模效益和示范效应。可见，多种实施路径的有机整合也应成为我国相关制度发展的重点之一。

第四，视野拓展的国际化。许多国家的制定法对少数民族习惯法的承认在理念和机制上已经初步实现了同国际法相关规范渊源的良好对接。国际法规范不仅因作为各国立法经验的总结和升华而具有相当的科学性，而且还基于各国的普遍承认而具有相当的普适性与权威性。因此，在国际视野下促进国内法对少数民族习惯法的承认无疑将产生事半功倍的效用。

五、国家法承认少数民族习惯法的路径

由于发展程度和立法的局限，目前我国的国家法对于少数民族习惯法的承认路径尚无规范安排，故仅能从实践出发且作初步的总结。

（一）直接承认

这是指有权主体在立法或执法的过程中对相关的少数民族习惯法规则直接加以承认的方式，也是目前最明确、最常见的承认方式。

首先，立法对少数民族习惯法的承认。主要是将相应的习惯法规则直接纳入国家法文本。对于"纳入"的过程，依据具象化的程度不同又可分为两大类。

其一,抽象的直接承认。《宪法》第4条第4款规定:"各民族都有使用和发展自己的语言文字的自由,都有保持或者改革自己的风俗习惯的自由。"《民族区域自治法》第10条规定:"民族自治地方的自治机关保障本地方各民族都有使用和发展自己的语言文字的自由,都有保持或者改革自己的风俗习惯的自由。"这些都属于抽象承认范畴,其重点在于基本立场或原则的宣示与确立。① 其二,针对性的直接确认,即国家法针对某一具体的习惯法事项而进行的专门确认。如在"马某牛肉面纠纷"中②,当然可以依据回族的伊斯兰习惯法进行学理解释,但这显然不能作为最后诉诸消协的规范依据。实际上,其依据在于《消费者权益保护法》第14条规定:"消费者在购买、使用商品和接受服务时,享有其人格尊严、民族风俗习惯得到尊重的权利。"从立法层级来说,从法律、行政法规、地方性法规再到自治法规,都存在大量的对少数民族习惯法直接认可的规范,专门的研究成果业已问世。③

　　其次,司法对少数民族习惯法的承认。这主要是指在一些立法没有明确规定,或者虽有明确规定,但由于同特定的少数民族习惯法规则不一致而导致定分止争的效用在事实上无法实现,或者虽然能够实现但却以牺牲少数民族的习惯性权利为前提时,司法机关在具体的处理过程中在一定程度上选择适用少数民族习惯法规范的情形。如在"哈尼族串姑娘涉嫌聚众淫乱案"④中,检察院选择尊重哈尼族习惯法而作出不予提起公诉的决定,实际上是针对《刑法》因忽略在哈尼族聚居区的哈尼族群众的特殊性而导致无法完全适用的境况所实施的辅助性调谐与补充,而不能简单认定为违背罪刑法定原则的失职行为。而在1986年贵州省锦屏县的"吴世华、王亨桂婚姻纠纷案"中,检察机关也是通过采取类似的立场而作出不予批捕之决定。⑤

---

① 　熊文钊、郑毅:《试析民族区域自治法中的软法规范》,载《中央民族大学学报(哲学社会科学版)》2011年第4期,第7页。
② 　本案案情为:某回族学生马某在校外饭店点了一碗牛肉面,但当服务员将面端上时却发现端上的是猪肉面,服务员回答说牛肉已经没有了,反正价格都一样,故给他做的是猪肉面。马某随即提出自己是回民不吃猪肉,既然牛肉没有了那就退钱。饭店不同意退钱,双方遂发生争执,饭店老板说:"你们回族就是怪,猪肉有什么不能吃的。"此话令马某觉得自己受到了极大的侮辱,遂投诉到消费者委员会,要求店主赔礼道歉并赔偿损失。
③ 　具体内容可参见高其才:《当代中国法律对习惯的认可研究》,法律出版社2013年版,第六、七、八、九章。
④ 　"串姑娘"是哈尼族青年男女初步建立感情的传统社交规则。1991年,云南省西双版纳傣族自治州景颇县一个哈尼族寨子有3个哈尼族青年"串姑娘",被景颇县人民检察院以犯流氓罪(现为聚众淫乱罪)批准逮捕,后来该案移送到西双版纳州人民检察院,由哈尼族副检察长黄向东承办。黄副检察长经过深入调查,认定被告人行为属于该民族"串姑娘"传统习俗,不构成犯罪,故不予起诉。参见郑毅:《试论民族法学本科教学中案例的选择与运用》,载《云南大学学报(法学版)》2013年第4期。
⑤ 　廖湘君:《侗族传统社会过程与社会生活》,民族出版社2005年版,第52页。

最后，行政执法对少数民族习惯法的承认。① 由于特定的具体行政行为中行政相对人的来源和构成相对复杂，极有可能包含奉守特定习惯法规则的少数民族群众。这就要求行政机关在执法过程中必须正确对待这些少数民族习惯法规则，而不能简单地依据国家法的相关规范而简单地"一刀切"。如在"李格略酿鬼纠纷案"中②，罔顾苗族习惯法而完全严格的执法行为甚至无法获得村干部的理解，这无疑意味着严格执法的处理效果将十分有限。而当工作组在适当吸取了习惯法规则之后，定分止争的效果才终于显现。又如，云南文山的一个壮族村长期依靠抽签习惯法"选举"村干部，有关部门多次强制实施村委会组织法，均以失败告终。而在实践中选择尊重习惯法规则，则最终促进了村务管理的良好实现。③ 还如，2007 年胜利油田出于勘探需要在凯里巴茅坪少数民族群众的神山上打孔遭到村民阻拦，乡政府积极出面协调，经过政策宣传、民主协商和变更打孔选址等一系列措施，最终解决了矛盾。④

（二）间接承认

与直接承认相对，间接承认主要是指有权主体通过直接、明确的意思表示以外的其他方式对少数民族习惯法给予特定程度的承认的情形。大致可分为三类。

首先，不否认。出于"法无明令禁止皆可行"的基本法理，只要有权主体对于特定的习惯法规范不予否认，即可以认定其间接得到了承认。但是这种间接承认的范式一般具有不稳定性和过渡性的特点。这是由于有权主体的不否认态

---

① 有学者称之为"行政处置"，并列举出移风易俗运动、干预乡规民约、行政执法和行政调解等类型（参见李可：《习惯如何进入国法——对当代中国习惯处置理念之思考》，载高其才等：《当代中国法律对习惯的认可研究》，法律出版社 2013 年版，第 43 页）。在笔者看来，这些均属于广义行政执法的不同表现形式，故仍以"行政执法"涵括之。

② 本案案情为：贵州省台江县巫梭村苗族妇女李格略自 1970 年以来，长期被当地村民认为"不干净，有酿鬼"。寨上家禽家畜瘟死、小孩得病都被认为是其"放鬼"所致。1986 年 3 月 6 日，村民李王耶以其子病重系李格略"放酿鬼"所致为由，邀人闯入李家，毁坏其财物，并将其强拉至自己家中为病人"收鬼"。其间，李王耶殴打李格略致其数次昏迷，并带领村民多人将李格略两间房屋及室内家具全部砸毁，抢走鸡 10 只，并将李家 4 个小孩赶出家门。案发后，台江县公安局的办案人员到达巫梭村时遭村民 200 多人的围攻。众村民皆相信小孩生病系李格略"放鬼"所致，因此并不认为毁坏其房屋有罪。村干部也建议先勿抓人，"如果政府把人抓走，以后张光林（李格略之夫）家在这里更住不安。"鉴于上述情况，县委派出县乡联合工作组深入该村开展工作。经过 5 天的说服和宣传工作，李王耶等主动向受害人赔礼道歉。工作组又组织村民将被毁房屋修复一新。最后，双方摆酒和好。参见杜宇：《重拾一种被放逐的知识传统——刑法视域中"习惯法"的初步考察》，北京大学出版社 2005 年版，第 105 页。

③ 云南文山州所在地文山市红旗办事处旧平坝上寨壮族自然村，自 20 世纪 80 年代初实行家庭联产承包责任制后，在旧平坝上寨就出现了一种选任村干部的特有方式——"抽签"。1994 年该寨子由政府主持按村委会试行法的要求和规定进行了旧平坝上寨历史上第一次民主选举的尝试，结果以失败告终。1998 年举行了又一次"海选"，这次选举在上级有关部门的主持和监督下依村委会组织法的规定程序进行，然当选举结果公布后三名被选中的村民又是与 1994 年一样坚决拒任村委会干部，虽经有关主管部门多次说服、挽留仍不能奏效。最终结果是选举失败。于是全村人又恢复了原样——抽签选出了既定的新一届村委会，这种做法一直持续至今。参见冉瑞燕：《论少数民族习惯法对政府行政行为的影响》，载《中南民族大学学报（人文社会科学版）》2006 年第 4 期。

④ 田艳：《少数民族习惯权利研究》，中央民族大学出版社 2013 年版，第 227 页。

度可能源于多种原因——虽予以认可但不宜以明示的方式表示、认可态度仅是出于特定条件下的阶段性考量、本意不予认可但尚无合适的规范方式替代,甚至是对于相关习惯法问题的忽视等。① 更重要的问题在于,实践中国家法对特定少数民族习惯法规则的承认是以个案为载体的,因此,只要相关的个案尚未发生,那么这种以不否认为前提的"推断性承认"就存在被扩大适用甚至滥用的潜在风险。上述因素也就决定了以"不否认"进行间接承认方式只是一种阶段性的客观存在,并不一定反映了有权主体的真实意思,因此具有随时被取消承认地位的可能性。

其次,通过法定责任的介入对违反习惯法的行为给予否定性评价甚至制裁。这种间接承认的方式在形式上与直接承认非常近似,即多表现为国家法规范对相关少数民族习惯法规则的收纳。然而两者的区别也是明显的:直接承认的方式对于相关行为的处理以习惯法责任的归结以及波斯纳所谓的"心理压力"为核心机制;而在这里的间接承认方式中,行为人承担的则是国家法上以韦伯所谓的"国家特有的武力"②为最终保障的法定责任。显然,责任属性的差异形成了两者的分野。如《民法典》第 289 条将相邻关系的处理规则规定为:"法律、法规对处理相邻关系有规定的,依照其规定;法律、法规没有规定的,可以按照当地习惯。"因此,在法律没有具体规定的情况下,倘若违背了习惯法对于相邻关系的确认,则行为人因违反《民法典》第 289 条而须承担相应的民事法律责任,而具体的责任则通过《民法典》第 289 条而实际指向了《民法典》第 176 条和 179 条,即有可能承担停止侵害、排除妨碍、赔偿损失等民事责任。此外,《民法典》第 480、484、509、510、515、558、599、622、680、814、888、891 条中提及的"交易习惯",倘属于少数民族交易习惯法的范畴,则也有可能构成此种间接承认的类型。③

最后,通过立法责任的转移设置而形成的间接承认。有些法律虽然没有直接对少数民族习惯法加以承认,但是却授权民族自治地方的人大(某些情况下包括人大常委会)根据当地情况制定补充或变通规定的权力。对于这些变通或补充规定的授权性条款而言,它们实际上是通过立法责任的转移设置而实现对少数民族习惯法的承认,因此也是一种间接承认。典型条款有两类。一是对自治条例和单行条例问题的一般性规定,如《民族区域自治法》第 19 条、《立法法》第 75 条,这类规定的授权对象仅指民族自治地方的人大;二是专门立法中对本法范畴内的变通和补充规定的制定权的授予,如《民族区域自治法》第 73 条等,这类规定的授权对象包括民族自治地方的人大及其常委会。

---

① 沈宗灵主编:《法理学》(第 2 版),高等教育出版社 2009 年版,第 99 页。
② Max Weber, *Politics as A Vocation*, New York: Oxford University Press 1958, p.78.
③ 《最高人民法院关于适用〈中华人民共和国合同法〉若干问题的解释(二)》(法释〔2009〕5 号,已失效)第 7 条对"交易习惯"进行了专门界定:"在交易行为当地或者某一领域、某一行业通常采用并为交易对方订立合同时所知道或者应当知道的做法;当事人双方经常使用的习惯做法。"

(三) 准承认:以"参照"为核心的新路径

著名刑法学者张明楷曾指出,虽然习惯法不能直接成为刑法的渊源,但它仍然是人们在解释犯罪构成要件和判断违法性及其责性时必须考虑的因素。另外,当存在有利于行为人的习惯法规则,且行为人以该规则为根据实施行为时,可能以行为人缺乏违法性认识的可能性为由排除犯罪的成立。虽然在通常的学理解释中,排斥习惯法被认为是罪刑法定原则的题中之义①,然而这种认知在实践中却并非"铁板一块"。无独有偶,日本有学者指出:"在刑罚法规的解释时,可以援用习惯法"②;德国也有学者认为:"对于行为人有利的习惯法,例如通过习惯法建立起新的合法化事由是允许的。"③总之,本书基本赞同张明楷教授将这种充分考虑少数民族习惯法因素的裁量主义观点归为"参照"行为的提法。而在立法层面,涉及"参照"问题的最著名条款莫过于《行政诉讼法》第 63 条,人民法院审理行政案件,以法律和行政法规、地方性法规为依据。地方性法规适用于本行政区域内发生的行政案件。人民法院审理民族自治地方的行政案件,并以该民族自治地方的自治条例和单行条例为依据。人民法院审理行政案件,参照规章。王汉斌副委员长在《关于〈中华人民共和国行政诉讼法(草案)〉的说明》中曾将"参照"解释为:"对符合法律、行政法规规定的规章,法院要参照审理,对不符合或者不完全符合法律、行政法规原则的规章,法院可以有灵活处理的余地。"而《最高人民法院关于适用〈中华人民共和国行政诉讼法〉若干问题的解释》第 149 条规定,规范性文件不合法的,人民法院不作为认定行政行为合法的依据,并在裁判理由中予以阐明。作出生效裁判的人民法院应当向规范性文件的制定机关提出处理建议,并可以抄送制定机关的同级人民政府或者上一级行政机关。我们认为,是否兼顾少数民族习惯法的因素和作为具体的判案依据加以引用是不同层次的问题,而有学者提出的"少数民族习惯法必然优先"的立场亦不现实。④ 因此国家法对少数民族习惯法的"参照"至少可解释为"对不符合或者不完全符合国家法的少数民族习惯法,有关机关有灵活处理的余地"。⑤ 因此,可以将"参照"视为一种国家法对少数民族习惯法的"准承认"(quasi-recognition)。

---

① 高铭暄、马克昌主编:《刑法学》(第 2 版),北京大学出版社、高等教育出版社 2005 年版,第 27 页。

② 〔日〕野村稔:《刑法总论》,全理其、何力译,法律出版社 2001 年版,第 55 页。

③ 〔德〕汉斯·海因里希·耶赛克、托马斯·魏根特:《德国刑法教科书》,徐久生译,中国法制出版社 2001 年版,第 165 页。

④ 高其才就认为,国家法规定为犯罪的行为,在少数民族习惯法中不认为是犯罪的,且这种行为在民族地区不一定具有严重的社会危害性,不一定带来什么危害后果的,那么对这种行为就不宜按犯罪论处。有些行为,按国家法规定为重罪,但习惯法却认为是轻罪的,国家司法执行机关就不必一定囿于国家法律条文规定,对违法犯罪分子可从轻或减轻处罚。参见高其才:《中国少数民族习惯法研究》,清华大学出版社 2003 年版,第 298—299 页。

⑤ 有学者也持相同立场:"法官应充分尊重少数民族的习惯法,即使习惯法不完全合乎法律精神,也应灵活处理。"徐清宇、周永军:《民俗习惯在司法中的运行条件及障碍消除》,载《中国法学》2008 年第 2 期。

第五编　比较民族法

第十七章 比较民族法概述

当今世界有 200 多个国家或地区，居住着 2200 多个民族，有的国家有几个民族，有的国家有十几个民族，有的国家有几十个民族，有的国家有几百个民族。当然各国对民族的界定和统计有不同的标准。而解决世界各国国内的民族问题，特别是通过法律手段调整各国的民族关系是全世界 200 多个国家和地区所共同面临的迫切问题。中国自 1978 年实行改革开放以来，随着与世界其他国家在民族法学方面学术交流和人员往来的不断增多，催生了中国本土一个新兴的学术领域——比较民族法学的诞生。本编为了能尽可能广泛和充分地研究和探讨国外民族法的相关问题，对诸如国际民族法、比较民族法学、外国民族法、国外民族法制等用语更多的是在基本相同的含义上使用的，而并不代表不同的学者在使用这些概念上的个人偏好和存在的理论争论与分歧。

比较民族法学的学科起步相对较晚，然而进入 20 世纪 90 年代中后期以来，随着民族法学学科的迅速发展，比较民族法学的学术科研成果也有了不同程度的增加；中国社会对民族问题的日益关注也不断促使更多学科的研究者们将眼界投向国外，对国外解决民族问题的立法、治理模式、法律实施情况都有了比以前更明显的关注；近年来有多部相关的学术性专著开始涉足比较民族法学的问题，对该领域的研究与 20 世纪 80 年代初相比明显深入了许多，研究者也不断地多了起来，中国的比较民族法学研究日益呈现出不断加快发展的样态。

在当今世界开放的环境下，纯粹单一的民族国家已不复存在。多民族国家的概念与法律，反映了民族法制价值取向的一方面；同时，这里的多民族国家是指传统的多民族国家的概念，即国内世居民族聚居与散杂居民族的关系及其法律调整问题。

第一节 比较民族法的概念与内容

一、比较民族法的概念

比较法是对不同国家（或特定地区）的法律制度的比较研究。不同国家法律制度之间的比较有双边（即两国法律之间）比较与多边（即三个和三个以上国家法律之间）的比较。它们一般指本国法律与外国法律，或不同外国法律之间的比较。仅一国法律之间的比较，除个别联邦制国家或特定地区外，一般不属于比较法学范围，例如，中国的企业法与公司法之间，或泰国的民事诉讼与刑事诉讼之间的比较，不属于比较法学范围。因为一国法律之间的比较属于本国各有关部门法之间比较，是本国法学家的日常任务，如果将它们列为比较法范围，那就使比较法的特殊性不再存在。同样，比较法当然离不开外国法，但比较法也不等于特定外国法的研究，只有在对本国法与外国法或不同外国法之间进行比较，才能称之为真正意义上的比较法。有些比较法书刊也收集了特定外国法研究的论文，这可以看作是为比较法研究提供素材。

吴宗金没有专门使用比较民族法学这一概念，他在《略论中国民族法学的命运与使命》使用了"国际民族法"（即调整国际种族、民族关系的法律规范——世界民族约法，如联合国、区域间、国家间的有关种族、民族问题的约法）这一概念。① 在《国外民族法制初探》一文中他对"国外民族法制"下的定义是："国外的多民族国家关于规范和调整国内民族关系的一种法律和制度的简称。"②在《中国民族法学》第二版中，他给"外国民族法"下了一个定义，是指："世界多民族国家关于民族事务管理、规范和调整国内民族关系的一种法律制度的泛称。"③目前，对诸如国际民族法、比较民族法学等一些基本概念学者的使用依然是很不一致的，对比较民族法学基本特点、学科体系等问题的学术界探讨仍然不多。

综上所述，比较民族法是对不同国家（或特定地区）的民族法律制度的比较研究。如对加拿大、美国、澳大利亚等国多元文化民族立法背景、内容、影响等方面的比较研究。

二、比较民族法的内容

比较民族法的研究包括：古代的，即奴隶制的民族法律制度；中世纪的，即封建制的民族法律制度；近代的，即资本主义的民族法律制度；现代的，即并存的资本主义和社会主义的民族法律制度。如果从民族法律制度的类型划分：有从古至今存在数千年历史的、保障统治者民族特权的法律制度；有种族隔离的法律制度；有不到百年历史的、以保障少数民族权利为主要内容的社会主义的民族平等法律制度；有资本主义的民族多元文化法律制度等。④

---

① 吴宗金：《略论中国民族法学的命运与使命》，载《西南民族大学学报（人文社科版）》2005 年第 3 期。
② 吴宗金：《国外民族法制初探》，载《内蒙古社会科学（文史哲版）》1992 年第 5 期。
③ 吴宗金、张晓辉主编：《中国民族法学》（第 2 版），法律出版社 2004 年版，第 80 页。
④ 吴宗金：《国外民族法制初探》，载《内蒙古社会科学（文史哲版）》1992 年第 5 期。

第二节 比较民族法研究的意义与方法

一、比较民族法研究的意义

世界多民族国家乃至联合国的有关民族法律和约法,同样需要民族法学科对其进行规律性方面的研究。因为,研究解决现实世界民族问题需要民族法律的支持。建立和建设世界法制社会,拥有 2000 多个民族的世界民族社会离不开民族法律的进步。特别是弱小民族的生存权、发展权应当首先得到尊重。社会管理和国家管理的民族平等权,在法律面前更应当得到真实的平等。[1]

从世界的大角度来看,民族问题在 21 世纪 90 年代将更为突出。西方一些敌对势力总是利用民族问题和以与民族有关的人权问题为借口,来达到他们搞乱社会主义国家的目的。为了批驳一些敌对分子的反动言论和说服一些不了解情况的朋友,民族工作法制化是一项十分迫切的任务。因此,民族法学研究也就成为一项世界性的研究任务。[2]

从国外解决民族问题的政策与法律来看,我们可以获得如下启示:第一,国家主权是解决民族问题的前提。主权国家决不能因为少数民族强调文化特殊性而有所改变。根据我们的观察,无论是美国、俄罗斯还是加拿大,统一的多民族国家必须强调国家主权作为存在的前提。第二,民族政策是一项实践性非常强的政策。所有的民族政策都是在实践过程中形成的,而不是文件和"纸上"的东西。没有从一开始就完全成熟的民族政策,它始终处在不断的发展过程之中。第三,民族区域自治是各个国家正在寻求和探索的一项解决民族问题的机制。自治的概念、内涵、类别、功能以及实现自治的途径和法律保障都存在差异,取决于统治者对民族关系的判断和对民族问题的认识。[3] 这也间接地论述了我们要开展比较民族法学研究的重要价值。

二、比较民族法研究的方法

根据现有的法学研究,法学研究方法被归纳为:价值分析方法、历史方法、比较方法、逻辑实证方法、经验实证方法等。法学研究方法基本上固化为上述几种或者基本相近的方法,有可能还有一些变异形态,甚至还对其中某种方法作具体

---

① 吴宗金:《略论中国民族法学的命运与使命》,载《西南民族大学学报(人文社科版)》2005 年第 3 期。

② 李仁玉:《民族法学研究的回顾与展望》,载《法学杂志》1991 年第 4 期。

③ 吴大华:《中国的民族问题与区域自治制度——纪念〈民族区域自治法〉实施 20 周年》,载《中国民族》2004 年第 9 期。

分析分类。另外,传统的法学研究无非在做两件事情:一是研究法律制度的制定、修改和完善,从而为立法者或者司法改革作出贡献;二是对法律规则的立法原意和立法宗旨进行解释,以保证法律制度得到较好的实施。比较民族法学研究方法主要有以下几种:

1. 学科综合与交叉研究方法

目前,学界公认比较民族法学是跨学科专业的综合性交叉型学科,并不属于传统法学一级学科范畴,至少跨越法学和民族学学科,还与相关学科之间存在学科联系。据此,综合性交叉研究比较民族法具有学术必然性和现实可能性,其学科综合性决定比较民族法研究方法的综合性,必须取决于交叉性研究比较民族法,根本不能像传统法学或民族学研究那样单纯地研究。比较民族法研究必须走出比较民族特色道路,重点集中于交叉性和综合性。为此,比较民族法必须坚持多学科综合运用的科学思维方法。多学科是比较民族法研究方法及其对象的多样性,综合性是被研究对象的复杂性和非单一性,交叉性是研究方法上相互渗透、相互融合并相互借鉴,最终形成具有鲜明特色的比较民族法研究方法。

2. 个案研究方法

个案研究方法兼有民族学研究方法与法学研究方法的优势,可用于比较民族法研究。比较民族法研究中的个案研究方法是以某个国家的民族为研究对象,研究他们特有的民族文化、民族习惯和其他民族现象。例如:在现有研究成果中,研究美国、加拿大、澳大利亚、俄罗斯的民族法相对较多,对其他国家民族个案研究虽有所涉猎,但不是很多。

3. 法人类学研究方法

民族法学目前客观现实上无法被归类为法学一级学科,但其学科综合交叉性与人类学紧密相连,法律人类学更是拉近了彼此间的学科距离,使得运用法人类学方法研究民族法学成为必然。有学者认为,法人类学是运用人类学的理论与方法对法律问题进行解释和研究的学科,它处于法律学与人类学的交汇点,是一门交叉性的分支学科。具体的研究方法包括:重视都市法人类学的研究、重点民族习惯法的研究、关于田野调查方法的运用和关注纠纷的典型案例分析。以美国为代表的法律人类学是法学和人类学的交叉学科,其目的是使对法的研究成为一种实证科学,由于法律人类学在研究对象、方法和目的方面的特点,其自身也成为一个有特色的独立学科。我国民族法研究与法律人类学有相同的方面。比较民族法研究的重要内容之一是被称为人类学意义上的"活化石"的原始社会的"法",也要进行一种民族的法和其他法的比较研究,在方法上,也比较注重法律人类学的以田野调查为主的实证方法。将法学和人类学方法融合,契合了比较民族法研究方法的综合性和交叉性,在研究方法上既有类似的"基因",又有各自的特色差异,法与人类学的交融在理念上与民族学与法学交融上基本协调一致,例如田野调查方法成为这些研究方法的共同性方法。

第三节　比较民族法的研究现状与发展趋势

一、比较民族法的研究现状与不足

比较民族法学的学科起步相对较晚,然而进入 20 世纪 90 年代中后期以来,随着民族法学学科的迅速发展,比较民族法学的学术科研成果也有了不同程度的增加;中国社会对民族问题的日益关注也不断促使更多学科的研究者们把眼界投向国外,对国外解决民族问题的立法、治理模式、法律实施情况都有了比以前明显的需求和关注;近年来有多部相关的学术性专著开始涉足比较民族法学的问题,对该领域的研究与 20 世纪 80 年代初相比明显深入了许多,研究者也不断多了起来,中国的比较民族法学研究呈现出不断加快发展的态势。

(一) 中国比较民族法学取得的主要成绩

第一,在综合性著作方面主要有:葛公尚主编:《二十世纪世界民族问题报告》(民族出版社 2005 年版);吴宗金、张晓辉主编:《中国民族法学》(法律出版社 2004 年版);杨宇冠著:《人权法——〈公民权利和政治权利国际公约〉研究》(中国人民公安大学出版社 2003 年版);王联主编:《世界民族主义论》(北京大学出版社 2002 年版);王铁志、沙伯利编:《国际视野中的民族区域自治》(民族出版社 2002 年版);吴大华主编:《国外开发不发达地区法律法规汇编》(民族出版社 2001 年版);赵学先著:《世界民族问题概论》(云南民族出版社 2000 年版);杨候第主编:《世界民族约法总览》(中国法制出版社 1996 年版);宁骚著:《民族与国家:民族关系与民族政策的国际比较》(北京大学出版社 1995 年版);郝时远、阮西湖主编:《当代世界民族问题与民族政策》(四川民族出版社 1994 年版);中国社会科学院民族研究所世界民族研究室编:《外国民族问题与民族政策》(时事出版社 1988 年版);田艳著:《中国少数民族基本文化权利法律保障研究》(中央民族大学出版社 2008 年版);等等。

第二,在美国民族法研究方面主要有:〔美〕罗伯特·A. 达尔(Robert A. Dahl)著,佟德志译:《美国宪法的民主批判》(东方出版社 2007 年版);纪念美国宪法颁布 200 周年委员会编,劳娃、许旭译:《美国公民与宪法》(清华大学出版社 2006 年版);〔美〕斯坦利·I. 库特勒(Stanley I. Kutler)编著,朱曾汶、林铮译:《最高法院与宪法——美国宪法史上重要判例选读》(商务印书馆 2006 年版);邱小平著:《法律的平等保护——美国宪法第十四修正案第一款研究》(北京大学出版社 2005 年版);张爱民著:《美国多元文化主义起源研究》(沈阳出版社 2003 年版);〔美〕马克·塔斯纳特(Mark V. Tushnet)著,苏希亚译:《人,生而平等:马歇尔大法官与美国民权法的创制》(台湾商周出版社 2002 年版);中国社会科学院法学研究所资料室编:《资本主义国家民权法规及其简析》(法律出版社 1982 年版);冯广林著:《美国少数人受教育权法律保护研究》(中国政法大学出版社 2014 年版);等等。

第三,在加拿大民族法研究方面主要有:陈云生著:《宪法人类学:基于民族、种族、文化集团的理论建构及实证分析》(北京大学出版社 2005 年版);〔加〕威尔·金利卡著,邓红风译:《少数的权利:民族主义、多元文化主义和公民》(上海译文出版社 2005 年版);〔英〕C. W. 沃特森著,叶兴艺译:《多元文化主义》(吉林人民出版社 2005 年版);等等。

第四,在俄罗斯民族法研究方面主要有:阿茹罕著:《俄罗斯民族文化自治法研究》(中国政法大学出版社 2014 年版)等。

第五,在北欧针对土著萨米人立法研究方面有:〔美〕Deborah B. Robinson 著,张艺贝译:《北欧的萨米人》(中国水利水电出版社 2005 年版)等。

第六,在少数民族国际人权保护研究方面有:周勇著:《少数人权利的法理》(社会科学文献出版社 2002 年版)等。

然而,比较民族法学这一学科毕竟发展的时间较短,学科本身的不成熟性和体系性欠缺等问题也是其必然要走过的历史阶段,其中"有关外国民族法、国际民族法专著也只是零星的资料性成果。"①由于专门性的比较民族法学方面著作的稀少和阙如,就中国社会的全球化发展需要和国内日益紧迫的民族法制建设任务而言,该学科进一步加强发展的前进路途上也许要解决和突破的问题还有很多。

(二) 存在的不足

第一,比较民族法学总体的研究水平依然不是很高,叙述性、介绍性的文章过多。

既有的一些介绍性文章基本还是世界民族学界的一些研究者在从事世界民族一般问题的研究,由于学者学科视角的限制,大多数的研究者还不是从法学的视角来审视和探讨民族问题,其中关于国外民族法制方面的可以利用的部分很少,而且对许多法律问题的研究依然没有展开,也未进行更具体深入细致的探讨。

第二,民族法学界对比较民族法学的研究还只是刚刚开始,持续对这一问题的关注依然不够。

① 吴宗金:《略论中国民族法学的命运与使命》,载《西南民族大学学报(人文社科版)》2005 年第 3 期。

我国的比较民族法学的研究在相当长的时间里是比较零碎和薄弱的,其间的发展也是断断续续的,缺乏对该领域法律调整机制的持续性关注,也只是近年来随着中国与外部世界交往的逐渐增多才吸引了一些学者关注国外的一些民族法制建设的相关问题,但与中国民族区域自治法律制度的未来发展相比还是很不够的。

第三,比较民族法学方面的专门著作依然阙如,相关的专门的、系统性的研究非常少。

对比较民族法学的研究,国内学者还是颇为关注的,但目前专门的研究著作还不是很多,现有的成果多是公开发表的一些相关的论文和硕士、博士论文。现有成果对它的产生、本质、核心内容、主要内容和未来前景等问题的研究还是很不够的,这无疑对于中国未来去借鉴外国的民族法制经验是很不利的。一些学者只是在研究中国民族法的问题时附带着介绍一些外国法制的情况,没有一定的专门著作支撑,比较民族法学的教材编写、学科建设和未来发展的前景依然不够明朗。

二、比较民族法的发展趋势

第一,学科发展前景将更加广阔,学术科研队伍将进一步扩大。

虽然中国学者对国外民族法制等相关问题的关注只是近些年来的事,但无疑中国的比较民族法学等相关的对国外民族法制经验和理论的研究和介绍将会随着中国经济和社会的日益全球化发展不断取得新的进步,研究的理论范围也会随着学科积累的增多而得到不断扩充。同时,从事这方面研究的研究人员也会不同程度地展开对比较民族法学学科建设和发展相关问题的深入分析,学术队伍的数量和质量会有很大程度的增加和提高。

第二,比较民族法学基础理论的研究将更好地促进本学科的发展。

时至今日,从事民族法学研究的学者们在关于比较民族法学的概念等一系列基础理论研究方面并没有形成能获得多数学者认同的学术概念,大家还是"各自为战",以各自所论证的核心法律问题为圆心而展开扩展性的研究;对诸如比较民族法学的概念、研究对象、研究范围、研究方法、研究的主要任务、主要目标等理论问题只是捎带提出自己的看法而已,或是给出一个还不是很成熟、相对粗糙的个性化解释。比较民族法学的发展需要我们在比较民族法学的基础理论研究方面获得更大的理论突破。也只有展开更深层次的理论分析才能使比较民族法学这一草创的学科的根基更加稳固。在以后的比较民族法学研究中应加强对比较民族法学基础理论问题的研究

第三,开展关于比较民族法学方面的实证性研究将更加深入。

对比较民族法学的描述性和介绍性为主的研究固然是一门学科发展的初始

阶段,随着中国民族法发展的实践需求的增加和与世界其他国家开展学术交流和国际相关科研项目的合作,一些更能够深度分析外国民族法制的经验教训的总结性和系统性的比较民族法学方面的著作和科研成果将会不断涌现,并发挥着更多的指导中国民族法制实践的引导和参考作用。

第四,对国外民族法制实践和相关立法的关注将促使我国在处理中国所面临的民族问题时赢得更加主动和稳定有效的法律解决机制。

从全球民族法制建设的资源有效利用角度看,更加理性地审视和解决中国的民族问题是我们以前的研究工作很少触及的领域和新鲜经验,这项开拓性工作取得的每一次进步和前行将使中国政府民族法律和政策决策机关受益匪浅。也只有在理论上的不断成熟、高质量比较民族法学成果的经常性产出和这方面科研人才的不断培养,才能使开展国际性的民族法的比较研究更有成效,也能促使对中国当下的一些突出民族问题的法治化的合理解决作出理论上的贡献,为处理相关的棘手民族问题寻求异域相对比较稳定的法律手段和经验。

第十八章　多民族国家协调民族关系的理论学说

理论上,可以将多民族国家协调民族关系的理论学说划分为自由主义理论、多元文化主义理论、马克思主义民族平等理论。三种理论学说都是深刻影响西方社会的重要理论思潮,其中自由主义构筑了西方社会数千年来赓续发展的理论思潮,具有最深远的影响力。多元文化主义试图对自由主义的个人本位立场进行超越,并赋予集体单元一定的集体权利,在现实中也得到一定程度的实践,但多元文化政策在实践中碰壁、受挫也屡有发生,多元文化主义是否具有持久的生命力,还有待在实践中进一步检验。马克思主义民族平等理论虽然发源于西方,却在世界的东方兴盛,经过列宁、斯大林以及历代中国共产党人的不断探索、完善、创新,结合中国实际终于形成了具有中国特色解决民族问题的正确道路。实践检验证明,马克思主义民族平等理论不仅逻辑完备、符合国情实际,而且能够有效维护国家统一、捍卫国家主权、保护各民族平等权益,是协同推进现代国家建设与国家民族建设的理论典范。

第一节　自由主义理论

一、自由主义理论概述

作为一种西方主导思想和理论,自由主义虽然流派繁多,但大体保持有以下基本一致的主张:

第一,坚持个人优先于社会/集体,个人权利是社会发展、国家形成的前提和归宿。

第二,信奉普遍主义,认为社会是趋于进步的、追求平等是最基本的要求,而这些内容可以适用于其他国家。[①]

第三,反对功利主义对个人自由的侵犯。功利主义与自由主义紧密相关,二者之间有一定的关联性。但自由主义坚决反对机械的、庸俗的功利主义,反对将多数人的幸福相加,来压迫或抵消少数人的幸福。自由主义坚决捍卫每个人的个体自由,也就是保障每位公民的权益,个人利益的满足是保证多数人幸福最大

---

① 参见〔英〕约翰·格雷:《自由主义》,明尼苏达大学出版社 1986 年版,第 5 页。转引自徐大同主编:《当代西方政治思潮(20 世纪 70 年代以来)》,天津人民出版社 2001 年版,第 14—15 页。

化的手段,而不是相反。

第四,自由的真谛是选择。英国政治学家、经济学家安东尼·德·亚赛认为,实现选择需满足三条内容:第一条是只有个人能选择,也只有个人才能选择;第二条是个人能为自己选择,也能为其他人选择,或者既为自己、也为他人选择①;第三条是选择自己偏好的方案。

整体而言,自由主义主张保护公民个人权利和自由,通过宪法、法律为公民提供整齐划一的形式平等保护,确保公民起点上的平等。自由主义从西方思想启蒙时期即有萌芽,在西方资产阶级革命时期发展成熟,如今已成为西方国家秉持的权利保护传统。

二、自由主义的分类

自由主义理论有许多支流和观点,但在围绕个人自由与权利保护方面可分为两个不同的阵营:同质的自由主义与包容的自由主义。

两种范式虽然有差异,但都属于自由主义理论,都奉行个人主义的自我主导原则、权利优先于善等基本立场。同时,无论是同质化的或包容的自由主义公民权利范式,其至多是承认少数民族公民的特殊文化背景并予以个体化、个案式的关照,并不支持依据民族身份而赋予少数民族以特殊的群体性权利。

(一) 同质的自由主义

同质的自由主义以西方古典自由主义思想家为代表,包括霍布斯、洛克、密尔等。此外,康德的道德伦理学说进一步强化了自由主义基本信条。现代思想家哈耶克、诺齐克等复归古典自由主义,在与罗尔斯、德沃金的学术交锋中重申了自由主义的基本理念,本质上仍然是对同质的自由主义予以坚持。

霍布斯将政治理论的关注点从天上拉回人间、由上帝转入凡世,凸显了“人”这一主体的重要性。霍布斯对国家产生的建构是一个逻辑严密的体系。在他看来,人与人的自然能力差异并不大,而自然和社会资源是有限的,人们既要谋求生存所需的资源,又要防备他人对自己掌控资源的掠夺。人们普遍希望不断扩增自己的资源,因为一旦放弃这样做,既有的资源也可能不复存在。如果没有外部约束,长此以往,人与人之间将是战争状态,这种条件下,航海、进出口贸易、文艺创作等都不复存在,人们的生活不是快乐的、幸福的,而是贫困、卑污、不堪的。② 为了解决这一问题,人与人之间互相订约,彼此放弃自然状态下各自

---

① 亚赛所言的为他人选择并非指强加个人意志于其他人,因为强加个人意志于他人的同时,也就意味着其他人可以强加意志于自身。为他人选择的真实意图是构建政治驱动力量,正是个人能为他人选择,从而代议制成为可能,而不是陷入单纯的个人选择或无政府主义。参见〔英〕安东尼·德·亚赛:《重申自由主义:选择、契约、协议》,陈茅等译,中国社会科学出版社 1997 年版,第 74—78 页。

② 参见〔英〕霍布斯:《利维坦》,黎思复、黎廷弼译,商务印书馆 1985 年版,第 92—96 页。

的权势,交给一个中立的实体,这就是"利维坦"(国家)的诞生。在霍布斯看来,社会动荡带来的负面影响远远大于主权者的专制统治。中世纪学说认为上帝至高无上,主权者得到上帝授意而施政,但霍布斯论证国家是人们订立契约而形成的,凸显了人的主体力量和重要价值。国家从一开始就肩负着保障人的安全的义务,权力行使带着特定的目标导向,对人的生命、安全等予以保障是霍布斯始终关注的重点议题。

洛克在《政府论》中论证了限制公权力以保障个人自由的重要性。洛克构建了新的社会契约理论,认为自然状态下的人都是独立而平等的,人最重要的基本权利是生命、自由、财产,这是不可侵犯的自然权利。在自然状态下人的权利状态是不稳定的,为了免受他人侵犯的威胁,人们自愿放弃一部分自然权利,将其交由专门的人,通过一致同意规则进行行使,这就产生了立法和行政权力。这一过程中,人保留了生命、自由、财产的权利,政府成立和运行的目的是保护个人自由和权利。

密尔发表的《论自由》标志着自由主义的理论成熟。[1] 密尔的权利观以功利主义为理论基石,而非依托于自然状态的想象,这是其与洛克的理论分野。依据功利主义,人追求自由本身就是追求福利最大化的表现。在密尔的论述中,遏制权力对自由的侵犯是主要方面。那种为了他人的利益而越过其意志作出的决策,并不为密尔赞赏,因为这种行为带有浓厚的父权主义色彩,容易限制乃至扼杀个体自由。自由受到限制的唯一正当条件是,一个人的行为侵犯了其他人的自由,除此之外,社会都不应该干预他的行为,"个人的行动只要不涉及自身以外什么人的利害,个人就不必向社会负责交代"[2]。

康德的道德学说深刻地影响了自由主义的发展走向。在康德的道德学说中,自由是符合理性法则的选择和行动,而不仅仅是"不影响"他人利益。人区别于动物的根本在于人具有理性,人是理性的存在,世界上任何事物都有自身运行的规律,违背这种规律就会遭受惩罚,符合这种规律就能获取自由。理性不是休谟所称的"激情的奴隶",而是先验的"纯粹实践理性"。理性命令人的意志有两种方式:一种是为了达到 A 目的而执行 B,这种是工具主义鲜明的假言命令;另一种是绝对不涉及任何目的而执行 B,这种是康德所推崇赞赏的绝对命令。只有摒弃了工具主义倾向的命令,才可能成为绝对命令。要构成绝对命令,需要具备的条件是:其一,某行为可成为普遍准则,而不是短期的、唯利是图的,从而欺骗他人、敲诈勒索等行为都是短视不可取的。其二,某行为将人作为目的、而

---

① 这是麦克兰德作出的一种论述,认为自由主义的出现有一个时间标志,这个标志可能是法国大革命,也可以是密尔出版《论自由》。See J. S. McClelland, *A History of Western Political Thought*, London: Routledge, 1996, p. 428.

② 〔英〕约翰·密尔:《论自由》,程崇华译,商务印书馆 1959 年版,第 112 页。

非工具，从而自杀、利用他人获得快乐的行为都应予否定和摒弃。在这两条原则下，人的行为遵循绝对命令，符合理性准则，从而也就符合道德法则。①

哈耶克坚持以社会自生自发秩序立场维护个人自由。对于人类历史的发展，大体有两种基本立场：一种是自然演进立场，认为人类历史是自然地朝着"适者生存"方向发展，政府尽量不参与市场运行发展过程；一种是唯理主义建构立场，认为社会和国家是构建形成的，社会发展离不开精心构造和理性设计。哈耶克坚定地支持自然演进立场，认为人类社会面临着各种风险和挑战，人们在不受政府过多干预情况下的选择更加多元，多元选择有助于分散和降低风险，也就是"不将鸡蛋放在一个篮子里"，这样社会发展的安全性将大大提高。基于对自然演进立场的信奉，哈耶克认为自生自发秩序才是自由主义社会理论的核心。干涉个人自由、试图调整社会秩序的唯理主义将扼杀隐藏于自生自发秩序中的自由，这种自由往往是理性所不能触及的。②

诺齐克选择忽视自由竞争引发的不平等。诺齐克的分析基础是"自我所有权"，该理论对所有权起源作出论证。③ 在诺齐克看来，正义的分配是在自由交换机制下产生的，自由交换产生的分配结果是正义的，政府干预市场的唯一正当理由是这种干预有利于维护自由交换机制。

（二）包容的自由主义

20 世纪 60 年代，西方资本主义发展成熟，资本家积累了大量财富，工人则处于经济贫困地位，国家以资本主义法权制度维护资产阶级利益，资本主义法典宣称的人人平等在现实中不过是一纸空谈。在自由主义面临诸多诘难的背景下，为了缓解社会矛盾同时也是为了更好地弘扬自由主义理念，一些自由主义思想家开始扩展对少数民族、残疾人等身份因素的考量，从而形成了"包容的自由主义"。如果将自由与平等视为两极，最左侧为平等、最右侧为自由，那么洛克、密尔等革命时期的自由主义者靠近右侧，他们比较看重公民权利和自由的形式平等保护，罗尔斯、德沃金则靠近左侧，追求在形式平等的基础上，实现一定程度上的实质平等。正因为如此，包容的自由主义往往被反对者扣上"社会主义"的帽子，饱受传统自由主义者的抨击。

罗尔斯最负盛名的理论是"正义论"，这一理论对公民权利保护作出了自由主义立场的制度设计。罗尔斯预设了"无知之幕"，假定所有人没有阶级/阶层、

---

① 参见〔美〕迈克尔·桑德尔：《公正：该如何做是好？》，朱慧玲译，中信出版社 2011 年版，第 137—142 页。

② 参见〔英〕弗里德利希·冯·哈耶克：《法律、立法与自由》（第一卷），邓正来等译，中国大百科全书出版社 2000 年版，代译序第 12—13 页。

③ 参见〔美〕罗伯特·诺齐克：《无政府、国家与乌托邦》，何怀宏等译，中国社会科学出版社 1991 年版，第 182—183 页。

性别、民族、肤色、职业、资质、自然能力、理智和力量等因素的影响和顾虑,由人们去思考和讨论一个社会的正义应该如何实现、维系和设计。罗尔斯提出了"字典式"排序的正义原则:第一,平等的自由原则,即每个人应该在社会中享有平等的自由权利。第二,差别原则与机会平等原则。前者要求在进行分配的时候,如果不得不产生某种不平等的话,这种不平等应该有利于境遇最差的人们的最大利益,就是说,利益分配应该向处于不利地位的人们倾斜;后者要求将机会平等的原则应用于社会经济的不平等,使具有同等能力、技术与动机的人们享有平等的获得职位的机会。① 罗尔斯的正义论是基于自由主义立场的产物,带有鲜明的改良立场,一定程度上有利于保护社会弱势群体的权益。平等的自由原则恪守对个人自由和个人权利的捍卫,并没有引起过多争议。争议较大的是第二条原则,争议焦点是这一原则带有对社会弱势群体的关怀,被长期持自由放任立场的资本主义国家视为"社会主义"式的改造。

罗纳德·德沃金(Ronald Dworkin)以"认真对待权利"的学术主张蜚声中外,认为不论任何种族/民族的公民都应该受到平等对待,国家有义务有责任确保公民享有平等权利。德沃金的权利哲学是对自由主义传统的捍卫,核心在于承认和尊重个体尊严,保护人的权利就是在捍卫人的自由,认真对待权利也是在认真对待法律。权利体系中的核心是平等权,权利包括背景权利、制度权利、抽象权利、具体权利等。在这种权利哲学体系中,权利存在的道德基础是人的尊严,权利既是道德权利又是法律权利。从权利归属层面看,个人权利是个体手中的"政治王牌",是捍卫尊严的最后保障,权利哲学的出发点与落脚点都在个人权利。德沃金主张将个人权利嵌入宪法结构,由司法机构而不是由立法机构对这些权利进行解释。② 简单地通过立法表决将继续陷入民主多数决的泥淖,德沃金的理论设计是通过美国联邦最高法院的判例解释来关照每个人的权利,所以"伙伴的民主观"要通过司法判决来完成,以弥补代议制民主多数决的不足。

以色列学者耶尔·塔米尔(Yael Tamir)倡导自由主义的民族主义,认为自由主义可以包容民族身份。正如史密斯及其"族群-象征主义"民族理论所认为的,"民族深厚的历史文化基础决定了民族和民族主义具有强大的生命力和历史作用"③,民族身份始终是不可磨灭的身份印记,即便是短期蛰伏起来,仍然存在于市民社会中。有少数民族身份的公民并不因国家颁布实施了形式平等保护的法典制度而满足于现状,而毋宁是始终持有保存自身民族文化特质乃至获取

---

① 参见〔美〕约翰·罗尔斯:《正义论》(修订版),何怀宏等译,中国社会科学出版社2009年版。

② 参见〔美〕罗纳德·德沃金:《民主是可能的吗?——新型政治辩论的诸原则》,鲁楠、王淇译,北京大学出版社2012年版,第118—130页。

③ 叶江:《当代西方的两种民族理论——兼评安东尼·史密斯的民族(nation)理论》,载《中国社会科学》2002年第1期。

自治的冲动。塔米尔认为民族天然地希望自我管理，以一种集体认同的方式来处理公共事务，并保存民族文化不受破坏①。塔米尔希望国家关照公民的文化身份，但必须看到的是，塔米尔秉承的仍然是自由主义的主体导向原则，将个人主义的自我选择放在首要位置，这是她对柏林自由主义理念的继承，"个人有选择的自由。他们可以拒绝说自己共同体的语言，拒绝他们自己的文化，并归化到一个不同的文化中。他们也可以留在自己的文化中"②。

三、自由主义的实践

作为一个移民国家、多民族国家，无论美国承认与否，其都需要致力于将不同民族、不同文化背景的人整合在一个社会中，构建起和谐共存的格局，这是美国处理民族工作的重要目标。美国建国后，其建国者们在相当程度上信奉社会达尔文主义，即认为社会发展是优胜劣汰、落后的民族和种族都应该被淘汰，在这种理念下，美国在建国初对印第安人进行大肆屠杀，印第安人从占据多数转变为少数，黑人和其他有色人种则处于非支配地位，白人占据社会主导地位。之后，美国推行过同化政策、熔炉政策、多元文化政策，其中同化政策可谓根深蒂固且影响深远。从努力方向和追求目标上看，"人类一直存在着族群和谐或同质性的理想"③，同化政策、熔炉政策与自由主义基本理念不谋而合，其都致力于建构同质化的社会。

"同化政策是统治阶级压迫少数民族的一种表现……执行同化政策最具代表性的国家是美国。"④面对多民族国情，在19世纪末20世纪初，美国推行盎格鲁化的同化政策，力求将其他地区、其他民族的人同化为英格兰人。戈登曾用一个公式来概括这种政策，即"A + B + C + …… = A"，其中"A"就是盎格鲁-撒克逊文化。盎格鲁化的实质是主体民族同化少数民族，这也是"资本主义民族国家普遍推行的政策"⑤。"1776年之后，美国的国父们便采取了种种同化政策，对来自世界各地的移民予以同化"⑥，在这一过程中，主体民族对少数民族、外来移民的歧视是相伴而生的。同化政策立基于美国对自由主义的信奉，即致力于打造同质化程度高的公民社会，每个人都是美国公民、按照宪法、法律规定确立权利义务关系，不同文化背景、不同民族成分都应该服膺于公民身份、宪法法律，但

---

① 参见〔以〕耶尔·塔米尔：《自由主义的民族主义》，陶东风译，上海译文出版社2005年版，第166—168页。
② 〔以〕耶尔·塔米尔：《自由主义的民族主义》，陶东风译，上海社会科学院出版社2017年版，第85页。
③ 顾肃：《自由主义基本理念》（修订版），译林出版社2013年版，第576页。
④ 吴仕民主编：《民族问题概论》，四川人民出版社1997年版，第82页。
⑤ 同上书，第83页。
⑥ 李乔杨：《美国民族关系与民族政策研究》，中央民族大学2013年博士学位论文，第41页。

这种形式平等的口号下隐藏了对少数族群(黑人、印第安人)的歧视,也隐藏着主体民族对异质民族文化背景的蔑视,因为只强调法律上的平等身份是对现实中少数民族文化身份遭受压制的刻意忽略。美国力图建构的民主法治理想,通过代议制民主、一人一票选举、公民权利话语等铺展开来,但在事实上这些制度和做法明显有利于主体民族,对于异质文化的包容、尊重、平等对待都未能体现出来。

20世纪90年代,美国在一定程度上开始对异质文化进行包容,但美国社会多元文化、异质性的增加使一些学者对社会分离倾向产生担忧,典型代表如亨廷顿。亨廷顿认为,美国的根本精神是"白人盎格鲁-撒克逊新教文化",而过度开放对异质文化的包容将使美国主体文化流失,美国将失去本民族的精神①,所以亨廷顿倡导回归白人主导的文化,这显然是对同化政策的复归。美国一方面在理想层面致力于打造同质化程度高的自由主义公民社会,另一方面在实践中又歧视黑人、印第安人等有色人种,这就使得自由主义理论在美国的实践显得左右摇摆,不能很好地协调多民族关系。

事实上,在20世纪中叶,受"公民一律平等"理念的影响,西方多数国家采用和践行的都是自由主义,对少数民族也采取了"公民化"的政策。"在美国和加拿大,土著少数民族的语言和文化因被视为该群体'现代化和公民化'的障碍,而遭到同化或消灭。在西欧诸国,'公民化'运动如火如荼,一些国家的世居少数族群的语言和文化遭到系统地压制。"②一直到20世纪70年代,多元文化主义在加拿大得到实践和广泛实施后,才引起各国对"均质化公民政策"的反思和调整。

第二节　多元文化主义理论

一、多元文化主义理论概述

多元文化主义理论与自由主义最大的不同在于,前者不仅承认少数民族的异质文化身份,而且同意赋予少数民族差异化权利,后者则至多肯认民族身份、文化身份等因素的存在,却不将其视为公民权利保护的依据(反对"种族归类"或民族归类的权利),不同意赋予少数民族以群体权利。

多元文化主义(Multiculturalism)或称文化多元主义(Cultural Pluralism)是一种承认社会并存多种文化形态,不同文化应该得到尊重和肯认的理论学说。

---

① 参见〔美〕塞缪尔·亨廷顿:《谁是美国人? 美国国民特性面临的挑战》,程克雄译,新华出版社2010年版。

② 周少青:《中西比较视野下的中国民族交融发展道路》,载《民族研究》2019年第3期。

"赫尔德是文化多样性理论的最早提出者"①,早在18世纪70年代,德国的赫尔德就从民族文化主义角度阐释了各民族文化的多样性及其重要价值,赫尔德认为多样性是上帝的安排,"各民族应当珍惜其民族文化——其语言、文学、历史的习惯与传统——因为这可以增强民族的性格"②。促成多元文化主义发展的重要人物是美国的哈里斯·卡伦(Horace Kallen),卡伦是一名犹太裔美国人,他发现自己可以"同时既做个纯粹的犹太人又做个美国人",而且"这也可以同样适用于其他少数族群"③,他认为民主不是要消除差异,而是要保留差异。1915年《国家》杂志中出现在"民主和熔炉"题目下的两篇文章的作者正是卡伦,他认为"每一群体都有保留他们的语言、宗教、公共制度和祖先文化的倾向"④。戈登在1964年的研究中认为,"至少45年来,卡伦被认为是文化多元主义思想的首创者和主要的哲学阐释者",这充分表明卡伦具有重要代表价值。

二、多元文化主义的分类

作为一种少数民族权利保护理论范式的多元文化主义有着特定内涵,其关注重点在于是否承认少数民族差异身份、是否赋予少数民族群体性权利。在是否肯认少数民族差异化身份方面,无论是以赛亚·柏林还是耶尔·塔米尔,都将民族文化作为勾连公民权利与民族身份的中介和桥梁,将真实的人视为镶嵌在民族文化中的具体个人。⑤ 但真正使多元文化主义成为系统回答少数民族权利保护议题的成熟方案的代表人物是自由主义阵营的威尔·金利卡以及社群主义阵营的泰勒、麦金泰尔、沃尔泽、桑德尔等。金利卡立足于自由主义立场,构建了系统完备的权利保护方案;社群主义者则依据目的内在于自我、善优先于权利的立场,为民族文化身份的正当性、少数民族权利保护的正当性作出充分论证。因此,真正赋予少数民族群体权利的多元文化主义范式大体分为两种:金利卡倡导的"自由主义的多元文化主义",以及查尔斯·泰勒等人倡导的"社群主义的多元文化主义"。前者在多元文化身份的规定性与个体自由选择发生冲突时,主张尊重个体自由选择;后者则认为群体身份对个体有内在规定性、个体应该遵循这种规定性。

(一) 自由主义的多元文化主义

威尔·金利卡是系统论述少数民族权利保护的加拿大学者。他肯认少数民

---

① 王希恩:《马克思主义理论和实践中的民族主义》,社会科学文献出版社2020年版,第16页。
② 〔美〕海斯:《现代民族主义演进史》,帕米尔等译,华东师范大学出版社2005年版,第26页。
③ 〔美〕H.蒂施勒、B.贝里:《多元主义》,许身建译,载马戎编:《西方民族社会学经典读本——种族与族群关系研究》,北京大学出版社2010年版,第43页。
④ 〔美〕米尔顿·M.戈登:《在美国的同化:理论与现实》,载马戎编:《西方民族社会学的理论与方法》,天津人民出版社1997年版,第76页。
⑤ 参见黄其松:《民族与自由主义价值:自由民族主义研究论纲》,载《世界民族》2013年第2期。

族的文化身份,赞同赋予少数民族以差别化的身份权利,从而形成了与自由主义公民权利范式的分野。金利卡的自由主义的多元文化主义主要从两个方面作出创建:第一,主张不同少数群体享有不同种类的权利,并予类型化的区分;第二,对少数群体权利保护作出外部保护与内部限制的区分。金利卡论述的"少数群体"包括土著居民、少数民族和移民群体,他赋予少数群体差别身份的权利对于少数民族权利保护同样有重要启发意义。

金利卡没有直接界定少数群体权利包括什么,而是将少数群体具体分为少数民族(具体又分为亚国家民族和土著人)、移民群体、持孤立主义立场的宗教和宗教群体、非公民定居者等,然后围绕不同主体进行研究,将群体特别权利分为自治权利、多族类权利、特别代表权利等。①

少数民族中的"亚国家民族"是金利卡界定的少数群体的一种类型,享有建国民族的权利,他们是在与主体民族竞争建国过程中处于次要地位的民族,是享有权利范围最大的少数群体。土著人一般是在国内历史性存在、长期居住的少数群体,土地往往被外来定居者剥夺,主动或被动地与外来征服者所建立的国家合并在一起。土著人享有保留土地、保持特定生产生活方式和风俗习惯的权利,但土著民族享有的政治权利弱于少数民族,他们习惯于在特定国家继续保持原有生活状态。移民群体是各类少数群体中权利范围最少的一类,他们从国外移居而来、决定离开自己祖国、脱离原有社会关系,主动融入移居国家。移民既不享有亚国家民族的政治权利,也不享有土著民族保留土地和自然资源的权利,甚至也不享有保持某种特定生活方式的权利。对于移民而言,国家只提供基本的公民权利和自由,要求他们主动改变原有生活方式、语言文字使用习惯、风俗习惯,主动融入国家主流文化之中,从而更好地融入本国社会。持孤立主义立场的种族宗教群体是一些小的移民群体,他们坚持将自己与社会主流分离,避免参与政治和社会事务,例如哈特人、阿曼人等。非公民定居者是自动放弃公民身份,或是从来没有获取公民身份的群体,如非法入境者、延期出境者等。金利卡还介绍了非裔美国人,将其作为特殊的一类少数群体。

金利卡承继了自由主义的精髓,认为少数群体首先享有外部保护的权利,即少数群体得以本群体的文化保存需求对抗外部不正当干预,从而保障少数群体特殊文化的存续。例如,如果某行为影响到萨米人传统的驯鹿生产生活方式,就可能构成对少数群体传统生产生活方式的侵犯,亦即对萨米人文化权利的侵犯,萨米人可诉诸本国政府乃至在国际法庭提起诉讼,这就是外部保护的体现。②

---

① 参见〔加〕威尔·金利卡:《多元文化的公民身份——一种自由主义的少数群体权利理论》,马莉、张昌耀译,中央民族大学出版社2009年版,第39—48页。

② 参见周勇:《少数人权利的法理:民族、宗教和语言上的少数人群体及其成员权利的国际司法保护》,社会科学文献出版社2002年版,第85—88页。

其次,要遵循内部限制原则。内部限制是指少数群体成员享有保持或不保持某种群体成员身份的自由,群体对此不得对个人实施任何强制。内部限制是对群体管理内部成员的限制,通过这种限制保护个体自由。在这种限制下,个人既能够选择继续保持某个群体的成员身份,遵从群体特定的生活习惯、文化习俗,也可以选择离开某个群体,只按照宪法、法律规定的公民身份进行生活。

(二)社群主义的多元文化主义

社群主义是 20 世纪 80 年代在西方兴起的一种思潮,在同罗尔斯的自由主义辩护论战中逐步发展,代表性思想家有查尔斯·泰勒、迈克尔·沃尔泽、玛丽恩·杨、迈克·桑德尔等。社群主义是西方社会很有影响力的理论流派,从理论源头、逻辑演进、对策主张上提出有助于保护少数民族权利的观点,形成了少数民族权利保护的社群主义范式。

社群主义的源头可以追溯至古希腊时期。社群主义主张以社群、群体为本位来理解世界,最早可追溯到古希腊。亚里士多德很早就提出,"城邦出于自然的演化,而人类自然是趋向于城邦生活的动物(人类在本性上,也正是一个政治动物)"①。在雅典城邦出现瘟疫时,执政官伯利克里发表演讲指出,"公民个人遭受损失而整个城邦繁荣昌盛,与公民个人财富增加而整个城邦每况愈下相比,前一种情况对公民个人是更为有利的。一个人的个人生活无论是怎样的富足,但如果他的城邦遭到毁灭的话,他也必定随之遭到灭顶之灾。"②如果将这里的"城邦"换为"社群",那么古希腊时期的这种观念正是社群主义的写照。

加拿大社群主义代表人物查尔斯·泰勒认为,人类社会关于承认经历了扭曲的承认、等级式承认和平等承认三个阶段。在扭曲的承认阶段,部分群体遭受到最不公正的对待,如女性遭受歧视、黑人群体遭受压迫等。等级化社会阶段在欧洲延续了很长时间,中世纪是这个阶段的典型写照。漫长的中世纪始终被基督教笼罩,教规教义对于维护教皇、宗教人士、国王、贵族、平民之间的等级发挥着理论支撑作用。在平等阶段,人类建立了一个以公民个体为本位、以自由平等为目标、以权利义务为话语的社会,人人享有尊严且追求平等的尊严。平等的承认需要正视差异的存在,同时又要防止差异的过度放大。泰勒认为平等有两种基本建构模式:一种是在无视差异的基础上,形成忽视差异的平等;一种是建立于承认差异的基础上,形成差异的平等。进入现代社会,卢梭在理论上论证了忽视差异的平等,卢梭的公意理论打造了整齐划一的"人民"话语,人民的意志凝结为"公意",差异在这里被忽略掉了。在实践中,忽视差异的平等多有体现,如

---

① 〔古希腊〕亚里士多德:《政治学》,吴寿彭译,商务印书馆 1965 年版,第 7 页。
② 〔古希腊〕修昔底德:《伯罗奔尼撒战争史》,徐松岩、黄贤全译,广西师范大学出版社 2004 年版,第 109 页。

一些多民族国家选择通过同化进行民族整合,这一过程往往强调同一性,忽视少数民族的独特文化,导致少数民族文化处于被压制状态。泰勒认识到不同类型的文化需要得到尊重和包容,文化差异是必然存在的,差异政治意味着谴责任何形式的歧视。但泰勒同样认识到问题的另一面,即将差异推演为具有普适性后,一定程度上也提供了不能普遍分享的权利,从而违背了普遍主义的平等原则。①

迈克尔·沃尔泽的复合平等理论是对自由主义,特别是罗尔斯正义论的革新。沃尔泽认为罗尔斯假设的"无知之幕"是一种虚幻存在。社会是多元化的,存在着不同领域,不同领域应遵循不同的分配准则,如果将整个社会的物品在某个时空点视为恒定,那么社会物品的分配应该在不同领域实现平等,从而保持社会物品整体上的平等。分配原则上,物品分配由善的意义决定,依据特定的"善"才能合理分配物品。特定的善也就是物品对于它所要分配的"人"的意义。善的意义是由不同社群文化决定的。由于社群在现实中的多元化特点,不同社群持有不同的善,所以物品分配标准也是多元的。物品分配要遵循物品的社会意义,社会意义是指某种物品分配给获得者所产生的意义和价值,这构成了沃尔泽复合平等理论分配的核心要义。"不同领域间分配原则的差异是从对于社会物品本身的不同理解中派生出来的,而这些不同理解则是随历史、文化、社群的不同而不同。也就是说,正因为每种物品的社会意义独特,所以才要求分配的各领域自主"②。分配的各领域自主可能产生两个后果:一是社会多元领域的存在和发展;二是特定领域内的不平等与不合理现象也被保存下来,如男权社会、传统部落里的男女不平等传统,一旦保留,将不利于女性权益的保障。分配标准上,要坚持各领域分配标准的互不影响,即"一个公民在某一领域拥有的地位和社会物品,不能影响他在其他领域中占有的地位和社会物品。这样,公民 X 可能在政治领域胜过公民 Y,他们在政治领域中存在机会的不平等,但这种不平等不会持久,因为 X 的政治职位没有赋予他在其他领域里的特权和优越性——如优质的医疗条件、为孩子择校的便利、办企业的机会等"③。复合平等理论主张社会多元领域的存在,有利于支撑少数民族群体文化的保存和发展,其承认现实中各领域的多元存在,少数民族文化也应该得到肯认。

---

① 参见〔加〕查尔斯·泰勒:《承认的政治》,董之林、陈燕谷译,载汪晖、陈燕谷主编:《文化与公共性》,生活·读书·新知三联书店 1998 年版,第 303 页。

② 马晓燕:《沃尔泽多元主义正义标准及其局限——女性主义的一种批判视角》,载《中华女子学院学报》2005 年第 5 期。

③ Michael Walzer, *Spheres of Justice: A Defense of Pluralism and Equality*, New York: Basic Books, Inc., 1983, p.19.

三、多元文化主义的实践

在实践层面,广泛推行实施多元文化主义的第一个国家是加拿大,其在1971年率先推行多元文化主义政策。加拿大因多元文化政策的实施且取得相当成效而具有一定的示范意义,澳大利亚、美国、新西兰等都不同程度接纳多元文化主义,如今欧洲国家也广泛借鉴采用多元文化主义。

一是自由主义的多元文化主义的实践。金利卡列举过13种被视为多元文化主义的具体政策,他坦言争议最大的是两类:一是肯定性行动计划,在教育、经济机构中增加少数群体的代表;二是在参议院或其他立法机构保证一定数量的少数群体席位。[1] 这两类政策之所以备受争议,正是因为它们具有单纯依据差异化文化身份而获取权利的倾向,这在美国司法界被视为"种族归类",将受到严格的司法审查和审慎判断。

二是社群主义的多元文化主义的实践。在美国印第安人保留地内,印第安人可以赌博、吸毒,运行一套自己的法律制度和司法系统,"近些年的司法判例比较倾向于承认印第安人是在美国政治生活中享有自决地位的特殊群体,允许和鼓励部落进行自决与自治"[2],这使得印第安人保留地成为"州中之州"。但从实践效果来看,印第安人部落并没有因为这种自治获取快速发展,恰恰相反,印第安人一方面是面临贫困问题的困扰,另一方面则受到各种不公正对待和歧视,偏安一隅的"自治"反而成为印第安人获取公平对待的障碍。托克维尔很早就敏锐地观察到印第安人的悲惨命运:"无论从哪一方面去考察北美土著的命运,他们的灾难好像都是无法补救的。"[3]

近年来多元文化主义的实践成效遭受到不少挫折,有观点认为"比利时推行的多元文化政策使得比利时、特别是布鲁塞尔的莫伦贝克区,已经成为恐怖主义的温床"[4],"2010年,德国总理默克尔发表了多元文化主义失败的言论"[5]。多元文化主义的唱衰论已有显现,主要原因在于:第一,多元文化主义过度强调民族文化身份差异性,赋予个体群体性权利,这在一定程度上加剧了社会分裂。第二,自由主义的多元文化主义主张的内部限制与外部保护两大原则,基本是恪守自由主义价值理念,将个人自由、个体自我主导原则放在首位,却同时承认群体身份的重要性,二者存在理论上的抵牾。第三,社群主义的多元文化主义存在

---

[1] Will Kymlicka, *Finding Our Way: Rethinking Ethnocultural Relations in Canada*, Toronto: Oxford University Press, 1998, p. 42.

[2] 顾元:《论美国印第安部落的自治权——联邦宪制分权的另一种样态》,载《比较法研究》2017年第1期。

[3] 〔法〕托克维尔:《论美国的民主》,董果良译,商务印书馆1988年版,第431—432页。

[4] 〔英〕Kenan Malik:《"多元文化主义"的失败》,杨利红译,载《经济导刊》2016年第2期。

[5] 刘丽丽:《德国:多元文化主义面临挑战》,载《中国民族报》2016年6月17日,第8版。

较大的空想性,人类社会很难按照社群进行划分和赋权,现实中美国印第安人保留地制度的实践经验也表明,将群体性权利放在个人自由之前既不利于群体的进步,也不利于民族交融发展。

<h2 style="text-align:center">第三节　马克思主义民族平等理论</h2>

一、马克思主义民族平等理论概述

马克思主义民族平等理论是依据马克思主义理论学说,以保障各民族权利平等为理论基点,"用平等原则处理民族关系"[①],围绕少数民族权益保护而形成的理论、观点、方法等的总和。这一理论由马克思、恩格斯经典作家开创,在列宁、斯大林那里得到重要发展,由中国共产党结合国情作出创新发展。马克思主义民族平等理论的形成、发展、完善有近 200 年历史,马克思、恩格斯是这一理论的创始人,创建了基本的理论框架、提出了基本概念,列宁、斯大林结合苏俄和苏联的革命实践作出了理论丰富和发展,中国共产党人则结合国情实际推进该范式创新发展并赋予其强大的生命力。

以代表性思想家为轴,马克思主义民族平等理论大体可划分为三个阶段。

第一阶段是理论形成,以马克思、恩格斯经典作家为代表,确立了马克思主义民族平等理论的基本框架,核心主张是以实现阶级平等为目标,坚持民族一律平等,在无产阶级革命视野下明确民族平等与阶级平等的一致性、民族不平等与阶级压迫的相关性。

第二阶段是理论完备,以列宁、斯大林为代表,形塑了具有革命性的民族自决理论,促使马克思主义民族平等理论更加完备,特别是区分各民族形式上平等与事实上平等,反对民族压迫,反驳民族文化自治并揭露其资本主义、民族主义的立场,这一时期在列宁领导下通过(民族)联邦制这一过渡形式建立了苏联,社会主义事业取得了巨大成就,但苏联在斯大林执政期间转向了大俄罗斯沙文主义,违背了马克思主义信奉的民族平等原则。

第三阶段是创新发展,以中国共产党人为代表结合中国国情实际探索形成的比较成熟的中国特色社会主义民族理论。中国共产党结合国情实际作出的探索和创新,通过民族区域自治保障少数民族自治权利,同时注重加强民族法制建设,推进民族事务治理法治化,注重全面保障少数民族的政治权利、经济权利、文化权利、社会权利等,注重个体权利与集体权利相结合、消极自由与积极自由相结合,注重在国家统一框架内保障民族自治权,既保障少数民族权利,同时随着

---

① 国家民族事务委员会:《中国共产党关于民族问题的基本观点和政策(干部读本)》,民族出版社 2002 年版,第 68 页。

经济社会发展而持续推进各民族团结进步,通过交往交流交融促进各民族融合发展,在根本上符合马克思主义民族平等理论主张"各民族通过高度统一而达到融合"①的立场。在百年未有之大变局下,"当今世界,经典马克思主义时代的阶级状况和国际环境都发生了天翻地覆的变化。在应对这种变化中,中国特色社会主义无疑是最有生命力的马克思主义理论和实践。"②

二、马克思主义民族平等理论的基本主张

马克思主义民族平等理论从马克思、恩格斯两位经典作家开始创建,经过列宁、斯大林的完善丰富,到中国共产党的创新发展,形成了完整的理论范式,具有内在一致、前后衔接、迭代创新的内在逻辑。

坚持民族平等原则。1844年马克思、恩格斯在《神圣家族,或对批判的批判所做的批判》中指出,"直到现在每个民族同另一个民族相比都具有某种优点"③,这是民族平等原则的先声。恩格斯认为,"只有在平等者之间才有可能进行国际合作"④,民族平等是达成无产阶级合作的基础。列宁明确指出,"谁不承认和不维护民族平等和语言平等,不同一切民族压迫或不平等现象作斗争,谁就不是马克思主义者"⑤。中国共产党坚持各民族一律平等,将民族平等作为解决民族问题、保护少数民族权利的出发点,认为各民族不论人口多寡、历史长短、经济发展水平高低、风俗习惯异同,都是中华民族大家庭的一员,都对伟大祖国的文明发展和缔造建设作出了重要贡献,从而在政治、经济、文化等各方面享有平等权利。

民族平等包括形式平等与实质平等,将形式平等视为资本主义的产物,在肯定其进步意义的同时更加注重实质平等,即各民族在事实上的平等。列宁强调,要"帮助以前受压迫的民族的劳动群众达到事实上的平等"⑥。为了实现实质平等,发达地区要帮扶后进的或落后的民族地区,国家要对民族地区和少数民族实施一定的优惠照顾政策,这在中国共产党领导下得到了具体实践。党和国家大力支持民族自治地方经济建设和发展,提供各类财政和税收优惠政策,加大帮扶力度,瞄准产业兴旺、乡村振兴突破点,深入挖掘当地经济发展动能,持续转变经济发展方式、调整社会发展结构,加大发达地区对落后地区的帮扶力度,加强结对帮扶和对口支援,帮助民族地区和少数民族共同进入社会主义现代化。

---

① 中国社会科学院民族学与人类学研究所民族理论室编:《马克思主义经典作家民族问题文选·列宁卷》(上册),社会科学文献出版社2016年版,第286页。
② 王希恩:《马克思主义理论和实践中的民族主义》,社会科学文献出版社2020年版,第402页。
③ 《马克思恩格斯文集》(第1卷),人民出版社2009年版,第354页。
④ 《马克思恩格斯文集》(第10卷),人民出版社2009年版,第472页。
⑤ 《列宁全集》(第24卷),人民出版社1990年版,第130页。
⑥ 《列宁全集》(第36卷),人民出版社1985年版,第101页。

　　坚决反对民族歧视,反对大民族主义和狭隘民族主义。列宁多次提到大俄罗斯民族主义或大俄罗斯主义,并提出主体民族对少数民族的让步,以换取少数民族的理解和信任。在两种民族主义的批判中,列宁侧重于对大民族主义的批判。斯大林对大俄罗斯民族主义和地方民族主义都有充分的阐释,但斯大林成为苏联最高领袖后逐渐走向了大俄罗斯沙文主义,"'民族主义'在很大程度上已经成为他打压政敌和'异见'的'棍棒'了"①。中国共产党认为,在各民族一律平等原则指导下,要坚决反对民族歧视,反对大民族主义和地方民族主义。毛泽东曾多次提出,反对民族歧视主要就是反对大民族主义。大民族主义往往是汉族所持有,表现为以汉族的习惯看待其他少数民族,不尊重其他民族风俗习惯、宗教信仰、语言文字等,认为少数民族文化保守落后,在日常交往中不能诚心接纳对方,在交通、住宿、餐厅等服务行业限制少数民族。大民族主义使少数民族在非民族地区没有归属感和依赖感,不利于各民族交往交流交融。1940 年,毛泽东提出不仅要反对大汉族主义,还要反对狭隘民族主义②。1954 年通过的1954 年《宪法》开始使用"地方民族主义"的概念,而 1982 年《宪法》以及之后的《民族区域自治法》,都采用了反对地方民族主义的提法。在"三股势力"未完全消除的背景下,必须坚决捍卫民族平等,反对大汉族主义和地方民族主义,为民族团结筑牢根基。

　　结合实际、选择适合于本国的少数民族权利保护的政治体制。在恩格斯看来,无产阶级必须坚持单一制、摒弃联邦制。恩格斯明确指出,"无产阶级只能采取单一而不可分的共和国的形式"③。随着俄国无产阶级革命实践的深入,在坚持民族自决的国际主义立场上,如何将民族成分复杂的诸多国家联合成为强大的无产阶级联盟、社会主义阵营,成为摆在列宁面前的现实问题。对此,列宁表示,"在苏维埃国家制度下,联邦制往往只是达到真正的民主集中制的过渡性步骤"④,表明联邦制只是解决现实问题的过渡手段。通过联邦制保障各加盟国的独立自主,也能保障各加盟国的少数民族利益,有利于促进各加盟国进行真诚合作。中国共产党最初是作为共产国际的一个支部而存在,其发展成长也得到了苏联这一社会主义运动核心国家的无私支援和帮助,一定程度上不可能不受到苏联的影响。在中共二大时期,中国共产党设想的国家建设方案就是"在自由联邦制原则上,联合蒙古、西藏、回疆,建立中华联邦共和国"⑤,这一设想明显

　　① 王希恩:《马克思主义理论和实践中的民族主义》,社会科学文献出版社 2020 年版,第 163 页。
　　② 参见李维汉:《回忆与研究》,中共党史资料出版社 1986 年版,第 455 页。
　　③ 《马克思恩格斯文集》(第 4 卷),人民出版社 2009 年版,第 415 页。
　　④ 《列宁全集》(第 34 卷),人民出版社 1985 年版,第 139 页。
　　⑤ 中共中央统战部编:《民族问题文献汇编(一九二一·七——一九四九·九)》,中共中央党校出版社 1991 年版,第 8 页。

是以联邦制作为框架。但在中华人民共和国成立前,中共领导人认真比较了中国与苏联的国情、民族构成、历史发展等,认为中国更适合于选择单一制下的民族区域自治。一方面,单一制的国家结构形式更符合马克思、恩格斯经典作家的原义;另一方面,实施区域自治是马克思主义经典作家向来所倡导的,坚持区域自治与民族自治相结合则能够兼顾中国各少数民族的特点和利益。中国共产党领导实施的民族区域自治是扎根中国土壤富有生命力的制度,是在革命、建设、改革进程中不断迭代优化和完善的制度,不仅成功解决了建国初期的国家统一、民族容纳问题,而且随着综合国力增强,各民族都能从中受益。中国共产党于1947 年在内蒙古地区建成第一个民族自治地方。中华人民共和国成立后着手开展民族识别工作,到 1979 年国务院正式批准基诺族为少数民族,全国 55 个少数民族的识别与认定正式完成。[①] 开展民族识别为我国民族政策的实施奠定了基础,到 1990 年时,全国已经建成 5 大自治区(内蒙古、新疆、宁夏、西藏、广西)、30 个自治州、120 个自治县的民族自治地方分布格局。如今,全国民族自治地方普遍取得巨大发展成就,少数民族权利保护随着国家发展、社会进步而提升至更高水平。

三、马克思主义民族平等理论的伟大实践

民族区域自治是中国共产党立足马克思主义民族平等理论结合中国国情实际而作出的解决民族问题的伟大创举,是国家的一项基本政治制度。按照《民族区域自治法》的规定,"民族区域自治是在国家统一领导下,各少数民族聚居的地方实行区域自治,设立自治机关,行使自治权"。

中国共产党结合中国的实际,在马克思主义民族平等理论的指导下,成功实施民族区域自治,拿出了具有中国特色的多民族国家民族关系协调方案。从红军长征到 1949 年中华人民共和国成立前,随着对国情现实的深入了解以及革命形势的变化,中国共产党逐渐改变了以联邦制、民族自决解决中国革命问题和民族问题的观点,转向了民族区域自治。1946 年 1 月,中国共产党在《和平建国政治纲领草案》中指出,"在少数民族区域,应承认各民族的平等地位及其自治权"。1947 年 5 月 1 日,内蒙古自治区正式成立。同一时期,在山东、晋察冀、琼崖等解放区也建立有少数民族自治政权。综合内蒙古自治区成立至今的经济社会发展状况看,内蒙古的经济增长水平长期保持在全国各地前列,有力证明了民族自治地方完全具有高水平发展的可能和实力。我国民族自治地方共分为三个层级,即自治区、自治州、自治县。在地域太小、人口太少的地区不宜建立自治地方和设立自治机关,但有少数民族人口聚集(少数民族大体占乡总人口的 30%)

---

① 参见郝时远:《中国特色解决民族问题之路》,中国社会科学出版社 2016 年版,第 179 页。

的村域,可以成立民族乡。截至 2020 年 2 月,我国有民族乡 966 个。到 2020 年 11 月,按照第七次全国人口普查结果,"汉族人口为 128631 万人,占 91.11%;各少数民族人口为 12547 万人,占 8.89%。与 2010 年相比,汉族人口增长 4.93%,各少数民族人口增长 10.26%,少数民族人口比重上升 0.40 个百分点。民族人口稳步增长,充分体现了在中国共产党领导下,我国各民族全面发展进步的面貌"①。

在民族自治地方,自治机关是自治区、自治州、自治县的人民代表大会和人民政府,是地方一级国家政权机关。截至 2020 年底,全国共建立了 155 个民族自治地方,包括 5 个自治区、30 个自治州、120 个自治县(旗)。《民族区域自治法》第六章专门规定了"上级国家机关的职责",以保证各级民族自治地方在财政、金融、物资、技术和人才等方面享有优惠政策。从自治权外部看,自治权是央地关系结构中为了实现多民族国家和谐共治而设定的一种权力。从自治权内部结构看,民族自治地方自治权包括自治立法权、变通执行权、保护和使用本民族语言文字权、自主管理权等。

事实证明,在马克思主义民族平等理论指导下,中国实施民族区域自治取得了举世瞩目的伟大成就。按照 2015 年全国人大常委会对《民族区域自治法》的执法检查结果,"1984 年到 2013 年底,民族自治地方的经济总量由 680.95 亿元增加到 64772 亿元;城镇居民人均可支配收入由 585 元增加到 22699 元,增长了 38 倍;农民人均纯收入由 299 元增加到 6579 元,增长了 21 倍。截至 2014 年,民族 8 省区公路总里程达到 108.5 万公里……55 个少数民族都有了本民族的本科生、硕士生和博士生。西藏自治区在全国率先实现 15 年免费教育。民族地区新农合参合率稳定在 95% 以上,住院费用报销比例提高到 75% 左右,22 种重大疾病保障试点也已全面推开。全国设有 15 个少数民族医药为主的医院 200 余所"②。马克思主义民族平等理论以理论的科学与实践的成功昭示世人:这是一种协调多民族国家民族关系的科学理论,具有典型示范性和借鉴意义。

① 中国网财经:《第七次全国人口普查结果公布! 全国人口共 141178 万人》,载百家号,https://baijiahao.baidu.com/s? id = 1699426257141618975&wfr = spider&for = pc,最后访问日期:2021 年 5 月 12 日。
② 彭波、张洋:《为民族地区奔小康提供法治保障》,载《人民日报》2015 年 12 月 23 日,第 6 版。

第十九章　多民族国家协调民族关系的制度模式

在一个多民族、多文化的国家,通过尊重多元、包容差异以成就团结与和谐的族际关系是现代国家建设孜孜追索的目标。面对日益增长的少数人群体关于文化平等、社会平等的诉求,各主权国家在民主制度建设和权利保障方面进行着谨慎性的回应,以寻求政治一体与文化多元的平衡和协调。从比较的视域来看,多民族国家大多通过赋予少数人群体一定形式的自治以满足少数人群体利益诉求和权利主张,这种宏观视阈下的自治形式因其各国民族构成、民族文化的差异程度、民族人口的分布、共同体意识的聚合程度等因素,可归纳为民族联邦制、民族区域自治、民族文化自治和保留地自治等四种模式。

第一节　民族联邦制

一、民族联邦制概述

联邦制是由两个或两个以上的政治实体(如共和国、州、邦)结合而成的一种国家结构形式,构成联邦的各部分(联邦单位)与联邦政府之间的关系由成文宪法、盟约或章程明确表述和制约。从联邦制构成单位的性质看,现代联邦制可以分作两大类型——领土联邦制和民族联邦制。[①] 前者对于联邦单位的特殊文化需求并不十分关注,其制度初衷并不用于解决族裔文化多样性问题,而是用来保护各联邦单位的相对独立性以及它与联邦之间的关系。美国和德国就是这种领土联邦制的典型。后者则专门为维持和保护国家内部民族文化多样性而特别设计,以满足不同民族要求自治的群体愿望,进而通过该制度把不同的民族包容在同一个国家之内。

一般来说,民族联邦制在协调族际关系、管理民族冲突方面的作用体现在以

---

① 参见王建娥:《多民族国家包容差异的国体设计——联邦制和区域自治的功能、局限与修正》,载《中央社会主义学院学报》2018 年第 1 期。

下几个方面①：一是自治。20世纪末至21世纪初，不少国家，如加拿大、英国、比利时和西班牙，国内的离心倾向复兴，国家不得不通过选择非均衡性的权力下放，赋予这些提出诉求的联邦各组成单位或地方政府更多的自治权来满足他们管理语言、宗教等文化事务或财政、投资等经济事务的需要。因此，联邦制可以防止民族冲突或防范民族分离主义，从而实现联邦整体利益与各组成单位地方利益以及少数人群体利益的共赢。二是包容。联邦制安排可以容纳那些渴望保存独特文化、语言或宗教的民族群体，进而在保证国家政治一体的前提下维护和发展少数人群体的差别权利，尤其是文化方面的差别权利。三是参与。通过选举机制或特别代表制进入联邦中央代议机关和行政机关，参与国家层面的公共事务的决策，在涉及本群体利益的决策享有话语权、表决权，甚至是否决权。通过组织政党和加入非政府组织，影响或改变代议机关和行政机关事关少数人群体权益的决策。四是共识。联邦各组成单位在政治和经济方面存在较为紧密的联系，有机团结程度较高，在有权威的联邦中央的协调下，对相关少数人权利保护的立法更容易达成一致意见，并在联邦范围内保证少数人群体的差别权利得到尊重和实现。或者当联邦各组成单位之间因民族问题发生冲突，联邦中央作为中立者居间协调并提出双方或多方可接受的一致建议，从而管控民族冲突。

民族联邦制是在承认和尊重国家内部存在的民族和文化差异前提下制定的一种国体形式。其显著优点是，它既能够尊重民族群体的自治和保留特色文化的愿望，给予他们足够的政治空间，又承认这些群体并非自足的和孤立的，而是由政治和经济的互相依存关系日益紧密地联系在一起的。② 这样一种国体设计，既与传统的自由民主观念和基本人权观念相一致，也满足了少数民族要求平等地位的政治诉求，兼容了自由民主原则和对民族文化多样性的保护。20世纪以来，联邦制充当着保障少数人权利、管理文化多样性以及预防民族冲突的工具③。用民族联邦制的设计来容纳地方、族裔和文化的多样性，消除不同民族彼

---

① 陆平辉教授认为，联邦制调整民族关系的作用主要体现为：其一，联邦制安排可以实现联邦中央对作为联邦地方的少数人群体的非支配性保护。其二，联邦制安排可以容纳那些渴望政治独立和保存独特文化、语言或宗教的民族群体，进而在实现国家整体性的同时保护民族多样性。其三，联邦制安排实现了民族利益的独立表达和民族内部事务的自我管理，有效防止了种族冲突或分离主义的产生，在更大范围实现了国家利益、民族利益与地方利益平衡。其四，联邦制安排通过联邦地方和联邦中央两个参与途径，保障了少数民族公民参与国家管理与公共决策的机会。上述四个方面说明，民族联邦制具有防止文化同化，消除政治上的不平等，扩大民主参与，保障特定民族生存发展，协调国家认同与民族认同之间关系的功能。参见陆平辉、杜博：《民族关系的制度化调整策略分析：详论少数人权利保障策略》，载《中南民族大学学报（人文社会科学版）》2016年第6期。

② 〔加〕威尔·金里卡：《少数的权利：民族主义、多元文化主义和公民》，邓红风译，上海译文出版社2005年版，第90页。

③ Daniel Rodrigues, "Consideration on the Role of Federalism in Managing Ethnic Plurality in Multinational States in Conflict Prevention", *Journal of International Relations*, Vol.4, No.2 (January 2014), pp.104-117.

此之间的怀疑和猜忌,增进各民族之间的政治互信,成为现代一些多民族国家普遍采用的方法。苏联、南斯拉夫和捷克斯洛伐克,都采取了民族联邦制的形式。非殖民化进程中建立的一些亚非新兴国家,如印度、马来西亚、尼日利亚、喀麦隆等国家所采取的联邦制,都带有一些民族联邦制的色彩。瑞士、比利时等国也都属于民族联邦制的范畴。

二、瑞士民族联邦制的实践

民族联邦制在包容多样性、维护一体化方面有许多成功的实例,其中瑞士被认为是一个多民族国家各民族和谐共处的典范,一个在同一性和多样性之间实现良性平衡的典范。不同的语言团体和宗教团体之间的和平相处是瑞士长期践行共识民主的结果。

(一) 权力共享和协商民主

基于协商一致和权力共享的政治文化是瑞士区别于其他联邦制国家的主要特征。《瑞士联邦宪法》规定,联邦议会由联邦院(上院)和国民院(下院)构成,是最高权力机关和最高立法机关,两院权力相等,同时开会并行审议相关议案。联邦所有法律与命令必须经两院批准方能生效。由代表不同语言和宗教属性的政党共享决策权力的政治结构是瑞士政局长期稳定的重要原因之一,两院制和比例代表制可以保证各种政治、语言和宗教群体以及各联邦组成实体代表来源的公平性,从而在立法层面通过反复的博弈最终达致最高的共识,保证各方利益的平衡。作为联邦议会的执行机关的联邦委员会更是一个包容多样性的执行机构,代表不同文化社群,有着不同利益诉求、不同政治主张的政党汇聚在一个机构里组成联合政府共同分享行政权力。为防止一党独大和权力垄断,保证决策民主,联邦委员会主席实行轮任制。此外,依据《瑞士联邦宪法》,瑞士选民对许多政治事务拥有创制权和复决权,为在野小党和人民保留公投权利。以上设定使瑞士政治制度具有很多的协商民主的因子,立法决策过程中协商和妥协精神的充分体现对于团结少数人群体有着关键性的作用。公平的代表制和建立在共同同意基础上的协商一致的政治文化为瑞士民族治理奠定了良好的政治基础。

(二) 直接民主和公民参与

直接民主是保证公民积极参与国家事务和社会事务管理的一种有效的制度安排,公民直接参与的主要手段是"全民公决",包括"公民创制"(公民倡议)和"公民表决"(公民复决)。瑞士直接民主制度的运用是多层级的——不仅在联邦一级,而且还在州和地方两级,每一层级都具有与其国家机关职权和责任相适应的民主合法性措施。在联邦一级,依据《瑞士联邦宪法》规定,对具有普遍性的联邦法律和联邦命令有异议,5 万有选举权的公民或 8 个州可提出举行全民公决的诉求。① 在州一级,瑞士 26 个州至今有 5 个州保留带有古典直接民主制性质的民众大会,民众大会每年举行一次,各项议案均由民众大会投票决定。其他未采用民众大会体制的 21 个州则实行代议制,辅之以经常性的公民投票。在地方市镇一级,90% 的市镇设立民众大会,10% 的市镇则采用代议制。设有民众大会的市镇,民众大会对地方立法和行政领域中的重要事项(包括租税、预算等财政事项)有决定权。采用代议制的市镇,议会通过的法案均应交付全民投票。由此可见,瑞士很多重要决策的决定,不是依靠代议制的简单多数,而是依靠少数人群体和多数人群体沟通、妥协和协商一致的共识民主机制。厚重的直接民主传统,全方位的民主参与和经常性的民主训练,不仅确保瑞士公民能够自由地、畅通地表达自己的意见,而且使瑞士公民在参与中不断地被社会化,增长了民主素养和社会理性。决策导向的民主以及共识主义的程序设计,使得瑞士不同民族的成员有着丰富的机会参与不同治理层次的决策,通过个体公民权的经常行使,超越本民族的利益与政治限制,成为一名成熟理智的"联邦公民"②,形成更高层次的公民认同,有效弥合了瑞士民族矛盾和文化冲突。

(三) 包容多元和平等保护

瑞士是语言多样性的国家,63.3% 的居民讲德语,22.7% 的居民讲法语,讲意大利语的人占人口总数的 8.1%,讲罗曼语人口占 0.5%,其他语言 5.4%。同时,瑞士也是宗教多元化的国家,天主教徒约占信教人口总数的 38%,基督新教徒占 26.2%,其他宗教 13.6%,不信教的占 22.2%。虽然语言多样、宗教多元,但是瑞士联邦对各种语言和各类宗教给予同样平等的保护。如《瑞士联邦宪法》采用"地域原则"使治理单位管辖的领土区域与语言界限相一致,肯定多种官方语言,鼓励各语言社区之间的了解和交流。坚持奉行"世俗主义",不同宗教少数人群体严格保持"中立"。宪法将语言文化权利和宗教自由赋予了公民,未涉及民族或族裔的概念。因此瑞士联邦制的政治基础并不在于民族或族裔,而在于"公民",这是一种自由主义的个人主义理念的实践形式。在瑞士族际关系治理的模式中,相比于"文化身份"或"民族身份","公民身份"具有绝对的优先性,民族的文化身份也只是日常生活中的一种描述性概念,并不具有实定法上的规范效力和制度意义,亦即民族在政治生活中并不具有政治实体的地位,公民不能因为特殊的文化身份而要求任何性质的特殊待遇,一种建立在直接民主和严格宪法平等基础上的"公民身份"超越了"民族"的政治影响。③

---

①　参见《瑞士联邦宪法》第 141 条内容。

②　田飞龙:《瑞士族群治理模式评说——基于"宪法爱国主义"的公民联邦制》,载《法学》2010 年第 10 期。

③　同上。

（四）社会均衡和责任政府

《瑞士联邦宪法》所倡导的平等原则,不仅仅指向联邦每一个公民,也不仅仅指向各领土实体的自治权和公民多层次的政治参与权,而且还指向一种实质性的社会福利均衡目标(合作联邦主义)。共和政府应该是一个责任政府,因此联邦政府有责任、有义务促进缩小联邦内部不同领土实体之间的社会与经济差别,实现均等化的公共服务和民生保障,从而弥合不同地域或语言、宗教群体间的不平等感。在现代自由竞争的社会中,不同的民族、区域或公民由于历史和现实、先赋和后天以及制度安排和自身能力等原因,通常在社会分层上表现出不同的位阶。有的民族(如主流语言群体)或公民在竞争链条中处于优势,可以获得更多的社会资源,但有的民族或公民则可能在教育和就业以及发展方面处于劣势。因此,这就需要国家对这些处于社会分层结构底端的民族或公民予以特殊的照顾和优惠,以补救其权利实现存在的先天缺陷。需强调的是,瑞士联邦政府的社会福利均衡政策的适用对象并不是特定的语言、宗教群体,而是特定的“区域”和“公民”。① 无论是机会方面的形式平等,还是福利方面的实质平等,宪法和法律并不将社会成员的文化身份当作关注的焦点,它们关注的是普遍的公民身份,关注的是社会中每一个公民具体的生活水平和幸福程度,这是瑞士联邦政府族际关系治理和民族问题管理的基点。

概言之,瑞士的经验代表了一种日益普遍化的、以公民为基点、以宪法原则为政治基础的族际关系的治理模式——“宪法爱国主义”,这是一种“去民族化意识”的、以平等保障每一个公民个人权利的政治文化。应该说,瑞士经验中的“权力共享与协商民主;直接民主和公民参与;文化多元和平等保护;社会均衡和责任政府”对于许多多民族国家进行国家认同构建和社会一体化建设都有启示意义。

第二节　民族区域自治

一、民族区域自治概述

一般认为,在一个多民族国家,如果主权国家仅需要包容一个或两个少数民族群体或者主体民族占人口的绝大多数而少数民族人口数量较少,联邦制模式或许是不需要的。在这种情况下,可以针对国内少数民族占多数的地区下放特殊权利,并由区域性的机构来行使这些权力。这种自治方式就是民族区域自治。中国、西班牙就符合此种情况,两个国家主体民族人口占绝大多数,少数民族人

---

① 田飞龙:《瑞士族群治理模式评说——基于“宪法爱国主义”的公民联邦制》,载《法学》2010 年第10 期。

口较少,不同的是中国少数民族数量较多,而西班牙仅只有加泰罗尼亚人、巴斯克人和加利西亚人被认为是传统的少数民族。

民族区域自治模式是当代多民族国家处理国内民族关系的一种选择,它源于但又超越了历史上的地方自治,是对人类政治制度的继承与创新。与古代和中世纪的自治实践相比,现代世界的民族自治制度的本质特性是以人民主权为核心,以民族平等为基础。从制度建构的角度上讲,民族区域自治是一种国家权力的层级架构,是国家政治制度的一种特殊的形式,它体现的是中央—地方关系这一现代国家的永恒主题。现代世界许多国家都在不同程度实行了地方自治,只不过依据其具体国情和政治传统的不同,实行自治的形式、程度和范围不一样。或是在国家体制上采取了普遍的地方自治形式,或是采取民族区域自治。民族区域自治制度的创建,一方面是为了通过层级架构拓展政治共同体的包容空间和外部边界,更重要的则是为了体现民族平等原则和对差异的尊重,满足少数民族自我管理的要求,保障少数民族文化的发展空间。通过民族区域自治,保障少数民族的发展空间及文化权利,维护多民族国家自身存在,是国际社会主流政治所主张的方式,也是现代世界多民族国家处理国内少数民族问题的一种较常见的方式。

二、西班牙的民族区域自治实践

(一) 西班牙民族问题概述

西班牙是一个由 20 多种不同民族组成的多民族国家。卡斯蒂利亚人是西班牙的主体民族,占总人口的 73% ;主要少数民族是加泰罗尼亚人(占总人口的15%)、加利西亚人(约占总人口的 15%)和巴斯克人(约占总人口的 5%)。此外,还有 17 个人口规模更少的少数民族。西班牙现代民族国家形成在一个相对较晚的阶段,历史遗留下来的问题仍然很多。为了解决敏感的民族问题,西班牙政府采取了相应的措施。1978 年 12 月,西班牙全民公投通过新宪法。新宪法在强调国家统一不可分割的前提下承认国家有其他民族的存在。1979 年,公民投票又通过了《地区自治法》,巴斯克和加泰罗尼亚等地区获得自治权。然而,近年来,西班牙陷入了加泰罗尼亚等地方要求独立的分离困境之中,加泰罗尼亚地区的几次"独立公投"也引发了一系列棘手的问题。

其中巴斯克和加泰罗尼亚地区民族问题最为凸显。巴斯克民族是世界上最古老的民族之一,有独特的非欧洲语言、习俗和服装,与西班牙有很大的差异,同时巴斯克是西班牙最发达的地区之一,突出的经济优势增强了巴斯克人的民族自豪感,也培养了一种相对于西班牙其他贫困区的优越感与排外感,希望实现巴斯克人的自决,建立巴斯克人自己的民族国家,国内民族冲突日益剧增。加泰罗尼亚位于伊比利亚半岛的东北部,是西班牙的一个自治区。加泰罗利亚人由于历史原因,始终认为自己拥有"西班牙人"和"加泰罗尼亚人"双重身份。在1979 年公投获得自治权后加泰罗尼亚凭借优渥的经济实力,进一步主张减免财税和语言权利,加之西班牙经济持续遇冷,加泰罗利亚不想被西班牙政府拖后腿,主张采取"独立公投"实现自治。

(二)西班牙民族区域自治政策

国家立法层面上,1978 年的《西班牙王国宪法》,是政治协商和平衡对抗势力的杰作,该宪法的正式颁布标志着西班牙向民主国家的转变。它强调国家多元和包容多样的特质,完全认可了"差异的权利"①,承认西班牙少数民族的存在和保护少数民族的权利②,在保障国家统一的基础上肯定了少数民族自治权③。该宪法以根本大法的形式确立了民族区域自治的政策,形成了宪法框架下"中央政府"与"地方"分权模式,使西班牙民族区域自治带有立宪政治的色彩。

地方立法层面上,1979 年巴斯克自治区通过公投制定了《巴斯克自治区自治法》,赋予巴斯克自治区广泛高度的自治权,如拥有独立的议会、武装力量和税收制度等。④ 2006 年加泰罗尼亚举行全民公投修改了《自治章程》,扩大了加泰罗尼亚自治区的自治权利。在自治章程中,加泰罗尼亚议会以绝对多数将加泰罗尼亚定义为一个国家。但这一定义只是形式上的宣告和认同,不具有法律意义,毕竟宪法的规定仍然是建立在国家统一的基础之上。《自治章程》规定了加泰罗利亚自治政府的结构和职权,议会享有立法权和财政预算权,政府享有管理文化、教育、卫生、司法、环境、交通、商业、公共安全、地方政府等各方面的事务的权力以及对外处理区内事务的全部权力。⑤

(三)西班牙区域自治制度的功能

此功能上看,西班牙民族区域自治制度的实施主要是针对民族地区的自治问题,通过法律法规的颁布以及政治制度的制定给予自治区合理的自治权,满足了加泰罗尼亚、巴斯克和加利西亚等少数民族的利益诉求,维护西班牙各民族的团结统一。首先,西班牙民族区域自治是由宪法所规定的,所以民族自治是有宪法依据的。宪法在规定自治区自治权力的同时也强调整个国家的统一,这就创设了一种民族认同和国家认同的机制。其次,在政治层面,西班牙采用"中央集

---

① 〔美〕盖伊主编:《自治与民族:多民族国家竞争性诉求的协调》,张红梅等译,东方出版社 2013 年版,第 118—119 页。

② 《西班牙王国宪法》序言第 4 段规定:"保护所有西班牙人的和西班牙各民族的人权,发展其文化、传统、语言和习俗。"《西班牙王国宪法》第 3 条第 2、3 款规定:"西班牙其他自治区的语言可根据自治区的法律成为当地的官方语言,西班牙的各种语言形态均为文化财富受到特别的尊重。"

③ 《西班牙王国宪法》第 2 条。

④ *The Statute of Autonomy of the Basque Country*,载道客巴巴,http://www. doc88. com/p-9761827207832. html,最后访问日期:2018 年 10 月 15 日。

⑤ *Statute of Autonomy of Catalonia*, Wikipedia, https://en. wikipedia. org/wiki/Statute_of_Autonomy_of_Catalonia, last visited at 18 October, 2018.

权"制,这一制度解决了中央政府和各地方的矛盾问题,它不仅能够保证西班牙作为中央政府的绝对地位,又能够赋予多民族国家内各少数民族整体性的自治权利,能对地方民族分离主义起到一定的约束作用,促进各民族的融合。一直以来由于历史现实等综合因素的影响,西班牙少数自治区独立自治的愿望较为强烈。通过"权力下放"(凡是宪法中没有规定的,自治区都可根据自治章程行使权利)的治理方式,给予各自治区充分的政治、经济、文化自治的权利,比如自治区的人民有权选举议会,有权决定税收制度等。这就让自治区自身的诉求能通过合法的渠道得到有效反馈。这种"放宽政策"确实使政府大获民心,有助于消除自治区与中央政府之间的隔阂。因此,西班牙大多数人认为,权力下放和地方自治对于纾解民族冲突、消解地方民族分离主义势力起到了良好的作用,特别是"改变了西班牙传统上的民族对抗的文化模式",成为西班牙民主制度的基石。[1]最后,西班牙还创设了一系列争端解决机制和利益协调机制来保证民族区域自治制度的良好运行。

　　虽然由于历史、文化、国家建设的经验等方面的差异,西方国家关于少数民族治理的制度政策难以被中国直接引用,然而,这并不能妨碍本书分析和反思西班牙民族区域自治制度的体系甚至机构建设,提出它们的价值或意义以及遇到的瓶颈。从西班牙民族自治的经验来看,无论民族矛盾或民族冲突是以暴力还是以谈判的形式表现出来,民族区域自治政策在凝聚人心、聚合团结方面的作用都是不容忽视的。

第三节　民族文化自治

一、民族文化自治思想的产生与发展

　　民族文化自治是19世纪民族主义运动中产生出来的一种协调和处理族际关系的理论和思路。如果说民族联邦制、民族区域自治是多民族国家解决民族问题的、具有政治属性的机制,那么民族文化自治就是与这种政治机制对应的一种文化机制,两者并行不悖。当今实行民族文化自治的国家主要有挪威、瑞典和俄罗斯。

　　民族文化自治思想最早是在19世纪由奥地利社会学家卡尔·伦纳和奥托·鲍威尔提出的,当时的欧洲正经历大规模的立宪高潮,许多封建王朝改为君主立宪政体。但实际上,社会内部存在的矛盾与危机并未根本消除,尤其是统治阶级与劳工阶级之间的矛盾与冲突。马克思主义理论和民族主义思想因此在欧

---

①　Dawn Brancati, *Peace by Design : Managing intrastate Conflict through Decentralization*, New York : Oxford University Press, 2009, pp. 99-100.

洲得到了广泛传播,劳工运动浪潮高涨,捷克、克罗地亚、塞尔维亚等民族纷纷要求获得民族自由或扩大本民族的政治权力。19 世纪末共产国际在伦敦和奥地利召开了两次大会,形成了关于民族问题的基本立场和理论。卡尔·伦纳和奥托·鲍威尔正是在这样的背景下提出了"民族文化自治"理论,将其作为无产阶级革命成功后社会主义国家解决民族问题的纲领和方案。纲领中指出,自治权给予一切捷克人和波兰人,不分地域。因此这种自治应该是民族自治,而非地域自治;同时,为着这种目的而应当给波兰人、捷克人等建立起来的全民族机关只管"文化"问题,不管"政治"问题。因此,这种自治应该还叫"文化自治""民族文化自治"。①

"民族文化自治"是指在一个主权国家内,由具有共同族群意识的公民自发性地组成自治组织,在政府财政与法律的协助下发展、保护及延续本民族的语言、文化及生活习惯,在科学、艺术、意识形态、道德、信息和宣传、法律、自治、教育、宗教、语言等文化方面所进行的对自己内部事务的独立管理。伦纳和鲍威尔认为民族文化自治的实现是民族自决的基础,认为民族是一个具有同样思维方式和同样语言的人们的联盟,一种与种族和地域无关的现代人类共同体。鲍威尔坚持个人自由主义原则,即在国家内部"所有民族,不论他们住在哪里,都可以组织社团,独立管理本民族事务。"由于其否认民族与地域、阶级和物质条件的联系,无视被压迫民族的政治、经济权利,而将文化诉求置于首要甚至唯一地位,在实践中它的局限性是十分显而易见的。② 20 世纪早期,民族文化自治理论逐渐形成系统的理论和观点,即坚持发展每个民族的文化并在宪法中规定不强迫每个民族参政,不要求为了夺取政权而斗争,哪怕是用和平的方式。民族和平共存于政治之外的思想成为主流。这种观点忽视了国家在解决民族问题中的作用,将国家与民族发展割裂开来。但正是在这一思想的基础上,才发展出现代民族文化自治思想的理论体系。

二、俄罗斯民族文化自治的实践

(一) 俄罗斯民族文化自治法的文本分析

俄罗斯多民族的特性和联邦制的国家制度类型为民族文化自治的实现提供了可能性。不同于苏联解体前所实行的自由联合的联邦制度,俄罗斯联邦制模式更倾向于建立一种符合其历史传统和国家现代化发展需要的联邦制度模式。俄罗斯的联邦制是一般行政制度与领土自治的混合,注重协商、对话、和谐,是为了追求未来真正实现其统一的过渡步骤。多民族性和联邦主体的不对称性则是

---

① 《斯大林选集》(上卷),人民出版社 1979 年版,第 82 页。
② 孙军:《民族文化自治理论评析》,载《黑龙江民族丛刊》2013 年第 2 期。

俄罗斯联邦制的特点。俄罗斯有 32 个民族邦和 57 个地方自治实体,尽管这些民族自治实体在法律上的地位平等,但实际经济发展和生活水平都存在很大差异。俄罗斯民族问题十分复杂,对国家安全、社会问题和民族事务治理等方面都形成了严峻的挑战。而民族文化自治则为与其他民族处于事实上不平等地位的民族提供了实现权利的途径,在一定程度上平衡了各民族间利益关系,保障了民族权益和民族文化的发展,维护了俄罗斯联邦政权的稳定发展。①

《俄罗斯联邦民族文化自治法》详细地规定了俄罗斯民族文化自治的三级体系和成立、登记的程序。② 民族文化自治组织可以分为地方的、地区的和联邦的三级自治组织,少数民族的具体文化权利和民族文化自治机构的职责都由法律直接规定。民族文化自治权是在民主制度的实践中对少数人利益的尊重,是国家法律和民族政策赋予少数民族人民的权利,也是少数民族对自治的事务进行独立管理的集中体现。

（二）俄罗斯民族自治组织及其功能

俄罗斯各级民族文化自治组织是按照联邦行政区域的划分来分层级的。首先是地方或基层民族文化自治组织。俄罗斯最基层的民族文化自治组织就是地方民族文化自治组织,包括村、镇、区、市四级民族文化自治组织。其次是地区民族文化自治组织,即联邦各主体的文化自治组织,但不是每个联邦主体只能有一个地区民族文化自治组织。最后是联邦即全国性的民族文化自治组织。

在成立程序上,地方民族文化自治组织由隶属于某些民族共同体并长期居住在辖区内的公民的全体大会成立;地域民族文化自治组织的创立是由各个地方民族文化自治组织召开代表大会宣告成立;联邦民族文化自治组织的成立是以过半数的该民族的地区民族文化自治组织召开地区民族文化自治代表大会的方式进行。俄罗斯对民族文化自治组织的要求与其他社会组织不同的一点在于,民族文化自治组织需要强制登记,登记机关为相应的司法机关。③ 同时,联邦权力执行机关将民族自治文化组织的名单对大众开放,以便大众了解相关信息。

（三）民族文化自治对俄罗斯的影响

民族文化自治是建设公民社会的重要环节,它的活动对于国家的社会和文化生活有着巨大的意义。在《俄罗斯联邦民族文化自治法》颁布之后,各民族文化自治组织在宣传本民族历史文化的同时也为丰富所有共和国民族的历史遗迹

---

① 参见彭谦、张娟:《民族文化自治政策在俄罗斯实施状况探析》,载《黑龙江民族丛刊》2017 年第 5 期。

② 参见何俊芳、王莉:《俄罗斯联邦民族文化自治政策的实施及意义》,载《世界民族》2012 年第 4 期。

③ 参见阿茹罕:《简述〈俄罗斯联邦民族文化自治法〉》,载《咸宁学院学报》2010 年第 10 期。

作出了贡献,发展了多民族、多种意识形态的俄罗斯文化。

　　民族文化自治提升了俄罗斯的民族凝聚力。近代俄罗斯学术界将民族看作"集体同一性"的观点占据了主流方向,认为国家保障所有公民的利益,不论其民族属性,民族思想就是爱国主义、精神的公民社会、人性自由。[①] 民族是各民族成员民族认同的载体,民族认同是团结、凝聚本民族成员的出发点。民族的存在,说到底是一种文化的存在;而民族间的差异,说到底也是一种文化上的差异。[②] 民族文化自治制度确立了俄罗斯社会多元文化的模式,将俄罗斯各民族的发展纳入了一条健康、持续、正确的道路,一方面保障了少数民族的民族文化传统和内部文化多样性,另一方面加强了俄罗斯联邦的统一和国家的完整。

　　民族文化自治改善了民族关系、加强了民族团结。数据显示,民族文化自治法颁布后,在俄罗斯全国各地成立了 500 多个各级别的民族文化自治组织,参加民族文化自治的积极分子超过 10 万人,尤其在地方,民族文化自治组织的作用不可小觑。很多时候民族冲突的产生是由于对其他民族文化、传统、风俗的不了解,因此民族文化自治组织努力宣传本民族的文化传统、风俗习惯,使得更多的人了解异族文化,进而接受、容忍,在此基础上形成的民族关系才是和谐稳定的。

　　民族文化自治对散居和人口较少民族产生了有利影响。对于散居在俄联邦各地的少数族群来说,地域不是联系他们的纽带,文化才是将他们连在一起的关键。民族文化自治对于这些散居少数民族而言,是民族区域自治的有益补充。他们的愿望不能通过区域自治来得到满足,但可以通过民族文化自治得到补充。散居民族通过参与民族文化自治,满足了族群的精神文化需求。民族区域自治和民族文化自治作为两种不同的自治形态,其实质是一样的,都是为了保护少数民族权利,促进民族发展,二者并行为民族繁荣作出了贡献。同时,民族文化自治也为少数民族提供了一个很好的复兴民族的选择。文化的保留就是民族的保留,文化的发展也是民族的发展,散居的民族要走上一条复兴之路,实行民族文化自治是明智的选择。

---

① 　参见 См. Россиявпоискахидеи. Анализэпрессы. Сборник1. М. 1997. С. 5.
② 　参见陈云生:《民族文化自治的历史命运及价值蕴含》,载毛公宁、吴大华主编:《民族法学评论》(第 7 卷),民族出版社 2011 年版,第 152 页。

第四节　土著民族保留地自治

一、土著民族保留地自治概述

"土著民族"是指在现代国家建构之前已经居住在此地,却未能加入由外来移民(已经成为"定居民族")为主体进行的国家建构进程而边缘化的少数人。① 属于此类的最大群体是分布在美洲和大洋洲"新大陆"各国的印第安人、因纽特人等"原住民"群体。20 世纪 80 年代以来,随着形势的发展,土著民族将争取自治权的斗争摆在了最重要的位置,自治成了一切土著问题的中心。实践中原住民的"自治"主要通过各种类型的保留地行使来实现,亦叫"指定居住区"(reservation),广义上是指由主体社会为少数人划定的特定区域。保留地又可分为开放性和封闭性两种保留地,现今世界各地存在的保留地多为开放性保留地,最为典型的是美国、加拿大印第安人保留地。

在当今这个时代,土著民族权利的实践状况是衡量一个国家是否侵犯了公民基本权利的一项重要指标。能够独立管理本民族内部的事务是土著少数民族一直斗争并且追求的权利,因此,在保留地行使自治权是土著民族权利的重要组成部分,也是其中最关键的一环。采取设立保留地的方式并授予保留地高度的自治权现已成为一些多民族国家实行民族自治的主要类型之一,其目标在于借由保留地的成立,实现土著民族传统文化的保存、教育水平的提高、经济产业的发展、就业机会的增加以及社会福利制度的健全。

二、加拿大土著民族保留地自治的实践

(一) 加拿大印第安人保留地的基本情况及其自治地位的演变

加拿大占地面积约有 1000 万平方公里,人口约为 3200 万。根据 2016 年的人口普查,其中土著人人口将近 167 万,约占总人口的 4.9%,其中印第安人占60%。② 加拿大的印第安人是加拿大各族中人口增长速度最快的民族,现在的人口还会有相当大的增长。加拿大全国现有约 636 个印第安人保留地,遍布全国的每一个省份,其中一半以上在不列颠哥伦比亚省和安大略省。

在西方殖民者来到加拿大之前,印第安人已经在此地生活了数千年的时间,并建立了一个与其生产生活方式相对应的较为完整的社会制度运作体系,拥有

---

① 参见明浩:《"民族"自治的理论与实践》,载《中央民族大学学报(哲学社会科学版)》2014 年第 3期。

② *First Nations*, Government of Canada, https://www.rcaanc-cirnac.gc.ca/eng/1100100013791/1535470872302, last visited at 18 September, 2018.

十多个独立部落和部落自治组织,早期英法殖民者将印第安人视为主权独立的民族,印第安人拥有完整的自治权和自决权。1876 年《印第安人法》的颁布施行,标志着印第安人的自治地位开始受到剥夺,印第安人从保留地上的主人完全沦为土地的"监护人",丧失了对保留地的土地所有权,而仅仅只享有使用权。第二次世界大战结束后,全世界反对种族主义和争取民族解放的热情空前高涨,加拿大印第安人呼唤全民自决的意识也逐渐提高。1960 年出现转机,加拿大权利法案为印第安人呼吁平等的公民权提供了法律支持。1973 年"考尔德诉不列颠哥伦比亚省"案标志着印第安人进入了主张自治的新阶段。

(二) 加拿大印第安人保留地发展的历史脉络

1867 年的《加拿大宪法》赋予了联邦政府涉及印第安人及其保留地事务的排他性立法权限,并设立了印第安人保留地制度,界定了保留地的土地"属于皇室但保留以作为印第安人使用"的性质,并且划分了每户分配保留地的土地面积。随后 1876 年通过的《印第安人法》规定了保留地所有权虽然基本上为社群共有,但是个别成员也可以取得小块土地的所有权,非印第安人成员亦可取得印第安人放弃的土地。1869 年加拿大颁布《逐渐授予印第安人公民权及改善印第安人事务管理法》,鼓励印第安人放弃原有的身份和地位,并授予其公民权。1876 年《印第安人法》进一步采取措施"同化"和"文明"印第安人,明确地将印第安人分为"法定地位的印第安人"和"无法定地位的印第安人"[1],建立以选举为基础的市民政府,取代印第安人传统的政治组织形式。直至 1969 年加拿大政府开始采取多元文化主义政策,颁布了一系列新的法案、宪法修正案和相关政策,如《多元文化主义》白皮书重新界定了印第安人的权利,开启了加拿大印第安人土地权利主张和自治的新阶段。

(三) 加拿大印第安人自治权的实践

印第安人自治指的是一个国家内印第安人对自己民族事务或其传统居住区域内之事务拥有自行决定、管理之权利的制度,是自己管理自己,也是自己决定自己民族的未来和发展。在加拿大土著自治权的论述中,最常被提到的原则是固有部族主权的概念,即印第安人享有其固有、与生俱来的自决权利,且从未遭受到殖民主义或帝国主义领土扩张与侵略的削减。詹姆斯·托利认为加拿大印第安人与国家间存在国家与民族间的宪法关系,并强调加拿大印第安人从未放弃过其部族权利。[2] 汤姆·弗拉纳根的观点认为,加拿大印第安人主权实际上仅仅是法律上制定的虚幻概念,尤其是因为印第安人从未真正地以国家形态存

---

[1]　*First Nations in Canada*, Government of Canada, https://www. rcaanc-cirnac. gc. ca/eng/1307460755710/1536862806124, last visited at 5 November, 2018.

[2]　James Tully, *Strange Multiplicity: Constitutionalism in an Age of Diversity*, Cambridge: Cambridge University Press, 1995, p.121.

在,也从未理解其政治实体的内涵。他还认为加拿大印第安人固有主权仅是用语和措辞上的转化,该项概念也许可以通过转型正义或者是同情恻隐之心而产生国内政治上的效应,但是终究无法获得国际法或国内法上的实质法律效果。①以加拿大政府治理框架来看,印第安人所能祈求的最佳权利状态就是获得宪法保障的自治权,而该项自治权利类似其他省级与地方政府拥有的权利,是在保持加拿大国家主权完整性的前提下实施的政府分权治理。

加拿大土著民族的自治权利在与加拿大政府的谈判中获得了逐步的进展。在过去的四十多年中,政府对条约不断作出调整,以实现政府权利和印第安人自治之间的平衡。1984 年通过的《克里-纳斯卡皮法》承认了魁北克省 8 个克里人部落设区和 1 个纳斯卡皮部落的自治权,这是加拿大第一个土著民族自治法。其后在 1990 年至 1992 年的夏洛特城宪法会议上,加拿大政府正式承认了土著民族的自治权利,1995 年加拿大宣布对印第安人自治的"固有权利政策",根据第 35(1)款规定受保护的土著群体在保留地内享有特殊的自治权。② 2007 年联合国大会通过了《联合国土著人民权利宣言》,在国际层面上对于印第安人权利有了明确的法律规定。宣言申明印第安人与所有其他民族平等,同时承认所有民族均有权有别于他人,有权自认有别于他人,并有权因有别于他人而受到尊重。③ 2014 年,加拿大政府为了进行全面的土地政策的更新和改革制定了一个临时政策。

印第安人权利问题是加拿大长期殖民主义所遗留下来的历史问题,所以土著人民和非土著人民之间的和解之旅必定是漫长且复杂的。目前加拿大政府正在通过与土著群体继续谈判合作,从而制定更合理的条约。加拿大政府认为,合作、谈判、尊重、对话是解决悬而未决问题的最佳途径。

---

① Tom Flanagan, *First Nations? Second Thoughts*, 2nd ed., Qubec City: McGill-Queen's University Press, 2008, p. 56.

② *Treaties and Agreements? Modern Treaties*, Government of Canada, https://www.rcaanc-cirnac.gc.ca/eng/1100100028574/1529354437231#chp4, last visited at 8 October, 2018.

③ Ibid.

第二十章　多民族国家协调民族
关系的立法规范

第一节　美洲国家民族立法

一、美国民族立法

美国位于北美洲中部,领土还包括北美洲西北部的阿拉斯加和太平洋中部的夏威夷群岛。2020年人口普查数据显示,美国人口约3.33亿,非拉美裔白人占60.1%,拉美裔占18.5%,非洲裔13.4%,亚裔占5.9%,混血占2.8%,印第安人和阿拉斯加原住民占1.3%,夏威夷原住民或其他太平洋岛民占0.2%(少部分人在其他族群内被重复统计)。① 在非拉美裔白人群体中,盎格鲁-撒克逊族群是主体,犹太裔美国人、意大利裔美国人和爱尔兰裔美国人也占有部分比重。②

美国的种族成分和民族关系异常复杂,各民族之间没有共同的血缘关系和文化纽带。由于历史的原因,美国原住民、黑人和亚裔等所谓"有色人种",都曾遭受种族歧视。美国的民族关系经历了从激烈冲突到相对稳定的变化过程,在这一过程中,民族法律法规的制定和司法实践起着关键作用。③

(一)《美国宪法》第13—15条修正案

《美国宪法》第13—15条修正案于美国南北战争之后生效,目的是彻底铲除种族等级制度的残余,保证所有人在法律之下享有完全和充分的平等。

《美国宪法》修正案第13条确认了奴隶制为非法,规定:"在合众国境内或属合众国管辖的任何地方,不准有奴隶制或强制劳役存在,唯用于业经定罪的罪犯作为惩罚者不在此限。国会有权以适当立法实施本条规定。"

《美国宪法》修正案第14条承认了全民的公民地位,规定:"在合众国出生或归化于合众国并受合众国管辖的人,均为合众国和他所居住的州的公民。无论何州均不得制定或实施任何剥夺合众国公民的特权或豁免的法律;无论何州

---

① 《美国国家概况》,参见外交部网站,https://www.fmprc.gov.cn/web/gjhdq_676201/gj_676203/bmz_679954/1206_680528/1206x0_680530/,最后访问日期:2021年7月17日。
② 王凡妹:《"肯定性行动"——美国族群政策的沿革与社会影响》,社会科学文献出版社2015年版,第30—53页。
③ 李鸣:《世界民族法制史纲》,民族出版社2016年版,第195—196页。

未经正当法律程序均不得剥夺任何人的生命、自由或财产；亦不得拒绝给予在其管辖下的任何人以同等的法律保护。众议员名额应按各州人口总数的比例分配，但不纳税的印第安人除外。各州年满21岁且为合众国公民的男性居民，除因参加叛乱或犯其他罪行者外，其选举合众国总统与副总统选举人、国会众议员、州行政与司法官员或州议会议员的权利被取消或剥夺时，该州众议员人数应按上述男性公民的人数同该州年满21岁的男性公民总人数的比例予以削减。曾经作为国会议员、合众国官员、州议会议员或州行政或司法官员，宣誓拥护合众国宪法，而又参与反对合众国的暴乱或谋反，或给予合众国敌人以帮助或庇护者，不得为国会参议员或众议员、总统和副总统选举人，或在合众国或任何一州任文职、军职官员。但国会可以每院2/3的票数取消此项限制。经法律认可的合众国公债，包括因支付对平定暴乱或叛乱有功人员的养老金与奖金而产生的债务，其效力不得怀疑。但合众国或任何一州都不得承担或偿付因资助对合众国作乱或谋叛而产生的债务或义务，或因丧失或解放任何奴隶而提出的赔偿要求；所有此类债务、义务和要求应视为非法和无效。国会有权以适当立法实施本条各项规定。"

《美国宪法》修正案第15条保证了少数群体的选举权，规定："合众国或任何一州不得因种族、肤色或以前的奴隶身份而否认或剥夺合众国公民的选举权。国会有权以适当立法实施本条规定。"

（二）印第安人相关立法

1968年4月11日美国国会通过的《民权法案》，其第二篇至第七篇涉及印第安事务。该法将《公民权利法案》的条款用于印第安人与其部落政府的关系，印第安微罪法院标准法规的订立、各州承担印第安领地司法管辖权必须事先取得印第安人同意等事项。该法案不仅确保保护区的印第安人享有人权法案所规定的公民权利，而且承认印第安部落内部法律的合法性。美国政府的印第安人政策开始向"自决"方向迈进。历届美国总统都一再公开承诺印第安人自决，重申"按政府与政府间的原则处理与印第安部落间的关系，并继续实行印第安部落自治的原则"，明确表明"印第安人能够成为联邦管辖之下独立自主的人，而不会失去联邦的关心与资助"。在"自决"政策下，印第安人的政治和文化权利得到越来越多的承认和保护。美国联邦政府承认的印第安人部落已有564个，这些部落组织管理自己的保留地，行使政府职能，包括对部落成员具有司法管辖权等。部落政府在印第安人事务中发挥着积极作用。

20世纪70年代，国会通过了一系列有关印第安人的立法，其中包括《印第安人教育法》《印第安人财政法》《印第安人自决和教育援助法》《印第安人健康法》《印第安人宗教自由法》《印第安人儿童福利法》《全面就业和职业培训法》等。其中，1972年的《印第安人教育法》宣布推行专为印第安人特殊教育的资助扶持政策,改善印第安人受教育的机会。1975 年的《印第安人自决和教育援助法》宣布,在保持联邦与部落特殊法律关系的前提下,赋予部落政府参与联邦涉及印第安人政策的制定和执行的权利,鼓励部落自己管理保留地经济发展和资源开发项目。1978 年的《印第安人宗教自由法》宣布,美国印第安人的宗教崇拜是其文化、传统、习俗固有组成部分,为印第安身份、价值系统的根本,其不可或缺,更无法替代,神圣不可侵犯,国家法律应予以保障和维护。至此,文化多元主义最终取代同化而成为美国政府印第安人政策的主导原则,部落的合法地位方获得可靠的保障。

1990 年,《美国土著语言法案》规定:美国今后的政策"将维护和促进美国原住居民使用和发展土著语言的自由和权利,并且承认印第安部落以及其他美国原住居民社团在所有内政部建立的印第安人学校里使用印第安语进行教育的权利"。为了具体实施上述法案,两年以后美国政府又推出了《美国土著语言生存与繁衍保护拨款方案》。《美国土著语言法案》和《美国土著语言生存与繁衍保护拨款方案》的出台,标志着美国印第安语言政策的一个转折。《美国土著语言法案》的通过,是对美国建国以来在印第安事务局建立的印第安学校压制、排挤、打击印第安语言政策的纠正,也是美国政府自 20 世纪 70 年代起推行的印第安民族自治政策的延续。

1992 年克林顿当选总统后,美国颁布了一系列关于印第安人自决的法规,如《印第安部落司法法》《美国印第安人宗教自由法》《美国印第安人信托管理改革法》《部落自治法》《土著美国人住房和自决法》《美国印第安人和阿拉斯加土著民教育的第 13096 号总统行政命令》等。这些法规使印第安人的政治和文化权利得到了越来越多的承认和保护,使印第安部落自治的法律保护更加健全。

1994 年颁布的《部落自治法》使得印第安民族主权被确立。此法案的要点如下:部落自治的权利是印第安部落与生俱来的主权;根据《美国宪法》、条约、联邦法令及历史过程中美国政府与印第安部落的交涉,美国认可与印第安部落政府的特殊关系;承认以往联邦体制中央极权的法规主宰了印第安事务,且破坏了印第安民族的自主权;以部落自主示范印第安部落与美国政府的关系,并强化部落对联邦预算及各种计划管理的控制权。

(三) 黑人相关立法

在美国建国初期,黑人奴隶被排斥在美国公民之外,蓄奴制度被视为合法。1787 年《美国宪法》不仅没有考虑黑人的利益,反而把黑奴制确认为宪法的一项原则。美国南北战争之后,黑人曾获得林肯总统在解放宣言中所赋予的平等权利。然而黑人因为穷困及教育程度较低,为求经济上的生存,必须再度依靠白人雇用,特别是当联邦军队撤出南方后,黑人顿失联邦法律的保护,其地位又陷入类似美国内战前的状况。

1954 年和 1957 年,美国最高法院两度作出取消种族隔离的决定。在民权运动的巨大压力下,美国国会于 1964 年 7 月 2 日通过《公民权利法案》,以法律禁止所有公共场所的种族歧视行为。1964 年《民权法案》的主要内容有:① 限制以行政手段或文化测验阻挠黑人投票;② 禁止一切餐馆、宾馆、加油站、电影院、运动场等类似的设施,因种族、肤色、性别、宗教、初始国籍等原因实行歧视;③ 授权司法部部长代表公民对实行种族隔离的公立学校向法院起诉;④ 禁止企业、工会、学校在雇佣、开除、工资待遇方面因种族、肤色、性别、宗教等原因实行歧视;⑤ 禁止接受联邦财政援助的一切项目实行种族歧视,对实行歧视的项目,停止联邦财政援助;⑥ 延长民权委员会的年限和扩大其职权范围。总之,该法案宣布雇主对黑人和妇女的歧视是非法的;铲除了长期以来南方黑人参加选举的法律障碍;宣布在几乎所有公共场合的种族隔离是非法的。

1965 年 8 月,国会通过《选举权利法》,规定对于投票率低于 50% 的州,它们的选举登记必须有联邦政府的监督,由司法部提供联邦登记员,来负责选民的投票登记。其目的在于防止各地区利用其他方式阻止黑人投票,进而提高黑人的投票登记率。《选举权利法》正式以立法形式结束美国黑人受到的在选举权方面的限制和各种公共设施方面的种族歧视和种族隔离制度。①

二、加拿大民族立法

加拿大位于北美洲北部,原为印第安人与因纽特人居住地。17 世纪初沦为法国殖民地,后被割让给英国。1867 年 7 月 1 日,英国将加拿大省、新不伦瑞克省和新斯科舍省合并为联邦,成为英国最早的自治领。此后,其他省也陆续加入联邦。1926 年,加拿大获得外交上的独立。1931 年,加拿大成为英联邦成员国,其议会也获得同英国议会平等的立法权,但仍无修宪权。1982 年,英国女王签署《加拿大宪法法案》,加拿大议会获得立宪、修宪的全部权力。②

2020 年,加拿大人口达到 3800 万,主要为英、法等欧洲后裔,土著居民约占 3%,其余为亚洲、拉美、非洲裔等。英语和法语同为官方语言。居民中信奉天主教的占 45%,信奉基督教的占 36%。③ 加拿大的少数族群问题,不仅涉及印第安人等原住民,还涉及魁北克地区说法语的居民。

"多元文化主义"是加拿大关于民族文化和族群团体多样性及相互关系的理论与政策,它既是一种多民族国家民族整合的方略,也是各族群要求获得文化承认和重视的运动,又是一种以族群利益为核心的政治理论。"多元文化主义"

---

① 参见李鸣:《世界民族法制史纲》,民族出版社 2016 年版,第 218 页。
② 《加拿大国家概况》,参见外交部网站,https://www.fmprc.gov.cn/web/gjhdq_676201/gj_676203/bmz_679954/1206_680426/1206x0_680428/,最后访问日期:2021 年 7 月 17 日。
③ 同上。

认为,文化产生于民族或族群的差异,是特定群体用来表达自己独特存在的符号,以便引人重视和相互交流,是一个民族的本质特征,特定文化以特定民族或族群为载体,特定群体的文化也构成了这个群体及其成员的权利来源。不同的文化都有其存在的价值,不同的价值群体应当是平等的、共存的。少数族裔群体权利是多元文化主义的核心内涵。①"多元文化主义"的精神也体现在加拿大民族立法之中。

(一)《加拿大宪法法案》

加拿大宪法由很多法律组成,包括政治习惯和司法实践惯例,但它的主要文件是英国法,即1867年的《英属北美法案》。该法案在115年的时间里作了23次修改,最后一次修正案是1982年《加拿大宪法法案》。

《加拿大宪法法案》第15条规定了平等权利:法律面前一律平等;享有法律的平等保护和平等受益。人人在法律面前一律平等,人人享有不受歧视的法律的平等保护和平等权益,尤其是不受基于人种、民族、种族、肤色、宗教、性别、年龄或者身心残疾方面的歧视。肯定性行动计划。第一款的规定不排除目标在于改善处于弱势地位的个人或者群体的条件而制定的任何法律、计划或者活动。

《加拿大宪法法案》第23条规定了少数民族语言教育的权利:(1)加拿大公民。① 如果其学习且掌握的第一语言是其所居住的省份中作为少数人口所讲的英语或法语;或者② 其已经在加拿大接受了英语或法语的初等教育,且在其居住的省份,其获得教育的语言是该省作为少数人口所讲的英语或法语,则他们有权让自己的子女在该省接受以那种语言进行的初等和中等学校教育。(2)语言教育的接续。加拿大公民的任一子女在加拿大已经接受或者正在接受以英语或者法语进行的初等或中等学校教育,有权利让其所有子女接受以同种语言进行的初等和中等教育。(3)当数量许可时的使用。根据本条第1款和第2款,加拿大公民有使其子女接受某省少数人口所讲的英语或者法语进行初等和中等教育的权利;① 适用于在该省享有此项权利的公民的子女数量足够多时,保证以公共资金提供少数人口的语言教育;② 包括,当这些儿童的数量有保证时,有要求用公共资金提供进行少数人口语言教育的设施的权利。

《加拿大宪法法案》第35条规定了加拿大土著民族的权利:(1)现存的土著人的和条约上的权利的确认。现存的加拿大土著民族作为土著人的和条约上的权利应予承认和肯定。(2)"加拿大土著民族"的定义。在本法中,"加拿大土著民族"指加拿大的印第安人、因纽特人和混血民族。(3)土地权利。为了更明确,第一款中"条约上的权利"是指现存的通过土地权利主张或可能以这样的方式获得的权利。(4)男女平等享有土著人和条约上的权利。尽管本法作了

---

① 参见李鸣:《世界民族法制史纲》,民族出版社2016年版,第238页。

其他规定,男女平等享有第一款所指的土著人的和条约上的权利保障。1983 年
《加拿大宪法修正公告》增加了第 35 条之一,明确了土著民族参加宪法会议的
保证:"加拿大政府和省政府保证遵循下列原则,即在 1867 年《加拿大宪法法
案》第 91 条第 24 项作出任何修改之前,对于本法的第 25 条或者对本部分:
① 提出修改的条目包含在宪法会议的议事日程中,该宪法会议由加拿大总理和
各省的总理组成,将由加拿大总理召集;② 加拿大总理将邀请加拿大土著民族
的代表参与该条目的讨论。"

(二)《人权法案》

加拿大于 1949 年通过的《加拿大公民身份法》规定,所有加拿大公民无论
根据出身还是选择,法律地位一律平等,享有同样的权利并承担同样的义务。该
法案废除了对移民来源的限制,确定了三项基本原则:平等、多样、一致。

1962 年,安大略省的人权委员会将相关法律重新整合成《安大略人权法》,
以明确的界定来保障所有的人民,这是加拿大最早通过的人权法。随后至 1975
年,加拿大所有的省份都分别通过了人权法。从 1960 年至 1976 年,加拿大各省
成立"人权委员会"宣传人权法内容,让人人都知道人权法是保护个人权利的。
同时人权法接受个人投诉,如果有人受到民族歧视,可以向人权委员会投诉,人
权委员会接到投诉后,先进行调查,若属实,则为投诉人向法院起诉。如果人权
法与普通法矛盾,则一般服从人权法。民族歧视受到法律禁止,个人权利受到法
律保障。人权法和人权委员会对少数族裔群体在社会中的平等地位起到了法制
保障作用。

1969 年的《加拿大权利法案》,反对以民族、种族、肤色、宗教或性别为理由
的歧视。该法成为第一部禁止歧视的联邦法律,也标志着同化政策在加拿大的
结束。

1998 年,加拿大国会再次修改《人权法案》。在通过的联邦宪法修改案中,
《人权法案》成为宪法的一部分。《人权法案》的主要目的是以宪法来推翻任何
有歧视性的立法,并去除任何联邦与省之间人权保障的差距。然而此《人权法
案》仍然企图维护英、法"两个建国族群"的既得利益,也就是确保他们作为主流
和多数族群的地位,并保障两个主要文化特质——语言和宗教的优势和特权。
但却无平行的规定来保障土著民族及其他族群的语言和宗教权,只是允许他们
提倡族群文化,未加以具体的保障。①

(三)《加拿大多元文化主义法案》

1988 年 7 月 12 日,众议院通过了《加拿大多元文化主义法案》。《加拿大多
元文化主义法案》的主要内容是:① 规定消除种族歧视,禁止任何以种族、民族

---

① 参见李鸣:《世界民族法制史纲》,民族出版社 2016 年版,第 240 页。

或民族文化起源、肤色、宗教和其他因素为由的歧视；各级"人权委员会"接受种族歧视的个人投诉，情节严重者向法院起诉。② 规定要提高传统语言的地位，保护加拿大的传统语言，承认多语言的文化。政府拨款资助民族语言教育。③ 规定要保护和提高文化的多样性，帮助提高传统文化。设立民族文化项目，加强民族研究和出版民族历史书籍。④ 规定要设立专项费用，帮助和改善不发达的民族状况，支持移民等的一体化。⑤ 规定在各级政府设立多元文化事务机构。⑥ 规定要尊重民族风俗习惯。⑦ 规定要重点保护印第安人的语言文化和各种权利，有 6 种印第安语言可用于司法诉讼。①

（四）印第安人相关立法

印第安人是加拿大的"第一民族"，19 世纪下半叶，羽翼丰满的英国殖民者和加拿大当局开始通过一系列法规，试图加强对印第安人的控制和同化。例如，1850 年颁布《对下加拿大印第安人土地和财产的较好保护法》，设立专员来掌管印第安人所托管印第安人土地，同时，该官员在处置印第安人财产方面还拥有充分的权力。1857 年通过的《鼓励逐步文明法》以分化土著人为目的，该法规定，根据土著人的个人意愿，凡年满 21 岁、受过良好教育、能讲英语或法语的印第安人在明确表示放弃其土著人文化背景的情况下，可被视为非土著人。再如，1858 年通过的《印第安部落文明法》以同化印第安人为目的，宣称那些充分受过先进教育或者能够管理他们自己事务的印第安人能够得到选举权。

1867 年，英国国会通过《英属北美法案》。该法案第 91 条第 24 款指出，印第安部族及其成员，以及法规所划定的保留地，是专属于联邦政府的权责，该法案使联邦政府拥有对印第安人和印第安人保留地的立法权和管辖权。加拿大联邦成立后，联邦政府继承了英王对"印第安人和保留给印第安人的土地"的权力，极力压制和否认印第安人自治权利，对印第安人实行同化政策。为了使印第安人受到政府的监管，在整合继承有关印第安部族的所有法规的基础上，1876 年加拿大自治领地出台《印第安人法》。

1951 年，《印第安人法》得以修订。一方面，修订后的该法令放松了强制性同化的措施，加强与印第安人的沟通，帮助他们改善社会经济状况。但另一方面，该法令又不放弃长期追求的同化目标，在遗嘱制定和财产继承、村落议事会和酋长选举、保留地管理和土地出让等方面完全按照白人的观念理解，按主流社会的方式处理，其目的就是要打破印第安人的传统和文化，使之融入白人社会。该法令还规定了印第安人取得公民权的方法和步骤，并规定一个取得公民权的印第安人"从即日起，或从取得公民权之日起，将不再被认为是具有本法令或其他法律意义上的印第安人"。该法令还鼓励印第安人放弃传统生活方式，从事

① 吴宗金：《国外民族法制初探》，载《内蒙古社会科学（文史哲版）》1992 年第 5 期。

农业生产。这与 1876 年制定《印第安人法》时的同化政策别无二致。

　　1969 年,加拿大政府接受皇家双语委员会的建议,宣布实行"双语框架的多元文化"政策,土著民族成为多元文化政策的对象之一,这促使加拿大政府重新考虑土著政策。为了寻求再次掌握本部族事务的权利,印第安人进行了长期斗争。在土著民族要求加快土著赔偿进程的强烈呼声下,1982 年 5 月,联邦政府公布了《突出的事务:具体土著土地赔偿政策》,说明关于具体赔偿的主要目标:履行对印第安人的法律义务,必要时可由法庭裁定。不过,谈判仍然是最佳解决手段。联邦政府明确提出土著赔偿政策的要点,即承认基于加拿大法律之上的赔偿要求;承认"法律之外的义务";诉讼时效和过失条款两法律原则不适用于土著赔偿;提出具体赔偿要求的提交和评价标准,使之更为客观、快捷。在上述举措的推动下,土著土地赔偿政策于 1980 年以后结出丰硕果实。

　　在自治权利方面,1984 年通过的《克里-纳斯卡皮法》是加拿大第一个土著民族自治法,它使魁北克省的 8 个克里人村落社区和 1 个纳斯卡皮人村落社区取得了合法的自治地位。根据法令成立的部落公司管理部落事务,有权制定地方法规并取得了更大权力,包括在特殊形势下出售土地、从私人机构贷款、采取措施确保经济活力等。不列颠哥伦比亚省的塞切尔特村落社区于 1987 年得到省立法机构批准后取得市级的自治地位。自治政府与村落社区的行政机构的最大不同在于它具有制定和修改地方法规的权力。这两个自治政府的出现只是印第安人在走向自治道路上迈开的第一步,大多数印第安人村落社区尚未成立自治政府。因此,采取何种模式、制定怎样的法规,都还处于进一步探索中。①

　　三、墨西哥民族立法

　　墨西哥位于北美洲南部,2020 年人口达到 1.26 亿,印欧混血人和印第安人占总人口的 90% 以上②,是世界上印第安人最多的国家。在民族整合历史过程中,墨西哥政府对印第安族群采取了同化和融合等政策,20 世纪 70 年代,印第安民族意识逐渐觉醒,他们积极参与到国家的经济文化生活中来,促使墨西哥政府接受国内多语言、多文化的现实,并调整了对印第安族群的双语教育政策。印第安族群也在民族整合的过程中实现了国族认同的维系与巩固。③

　　(一)《墨西哥合众国政治宪法》

　　《墨西哥合众国政治宪法》(以下简称《墨西哥宪法》)于 1917 年由墨西哥制

---

　　① 参见李鸣:《世界民族法制史纲》,民族出版社 2016 年版,第 236 页。

　　② 《墨西哥国家概况》,载外交部网站,https://www.fmprc.gov.cn/web/gjhdq_676201/gj_676203/bmz_679954/1206_680604/1206x0_680606/,最后访问日期:2021 年 7 月 17 日。

　　③ 曹佳:《墨西哥民族整合进程中印第安人的国族认同研究》,载《西北民族大学学报(哲学社会科学版)》2016 年第 4 期。

宪会议制定,墨西哥在国家宪法中承认了广大印第安人群体的存在并肯定了他们的积极作用。

《墨西哥宪法》第2条规定:"墨西哥是一个不可分割的整体。本国家源于土著居民,是多文化的国家。成为殖民地之前居住在本国的祖先的后裔,保有他们自己的社会、经济、文化和政治体系或其中的一部分。土著居民身份是决定是否适用土著居民条款的基本标准。土著社区是指居住在一定区域并根据其习俗确定自己的机构的文化、经济和社会单位。土著居民的自决权应符合宪法的规定,以保障国家统一。各州和联邦特区宪法和法律必须考虑前段所规定的一般原则,以及种族语言和土地标准,承认土著居民和土著社区。为推动土著居民享有平等机会,消除歧视,联邦、联邦特区、各州和市委员会应规定必要的制度和政策以保障土著居民权利的完全行使,土著社区的全面发展。该制度和政策的涉及和执行应由土著居民一同参与,为满足土著城区和土著社区的需要和消除影响其发展的落后因素。"

1992年,《墨西哥宪法》第4条和第27条的修订获得通过,修订后的《墨西哥宪法》正式承认了墨西哥具有源自土著民族的多元文化。《墨西哥宪法》第4条规定:"每个人都有权获得文化和享有国家提供的资产和服务,以及行使其文化权利。国家应推动文化的宣传和发展方式,致力于在其所有事件和表达中尊重文化多样性,完全尊重创作自由。法律应规定获得和参与任何文化实践的机制。"第27条则废除了土地分配制度,政府不再给农村居民分配土地,允许农民自由买卖土地。

(二)《印第安民族语言权利基本法》

墨西哥民族构成复杂,拥有拉美诸国中种类最为繁多的土著语言。墨西哥的语言发展史就是西班牙语和各土著语言交织作用、寻求平衡发展的历史。随着印第安人民族意识觉醒,墨西哥土著语言和文化的保护工作进入新阶段。[①]

2003年,墨西哥政府通过了《印第安民族语言权利基本法》。该法旨在承认和保护土著印第安人个人和群体的语言权利,促进印第安语言的使用和发展。该法有四项主要内容:第一,认可印第安语言与西班牙语有平等地位,所有墨西哥人都有权利使用自己的语言,任何人不得限制某种语言的使用,也不得歧视某种语言及其使用者。第二,规定母语为不同语言的人所享有的权利。不论在公共场合还是私人场合,不论是从事社会、经济、政治、宗教或文化活动,所有墨西哥人都有权使用自己的母语与他人进行交流,且这种权利不应受到任何限制。第三,实现设立的教育目标和语言目标所要采用的具体措施。第四,建立国家印

---

① 李丹:《夹缝中生存的墨西哥印第安民族及其语言——墨西哥语言政策研究》,载《北华大学学报(社会科学版)》2014年第2期。

第安语言研究所。墨西哥《印第安民族语言权利基本法》既保护了印第安人作为个体的语言权利,也保护了他们作为群体的语言权利,法律承诺大力推广和促进印第安语言的发展是不可推卸的国家责任。[①]

四、巴西民族立法

巴西位于南美洲,2020 年人口约为 2.1 亿,其中白种人占 53.74%,黑白混血种人占 38.45%,黑种人占 6.21%,黄种人和印第安人等占 1.6%。官方语言为葡萄牙语。[②] 印第安人是巴西最原始的居民,葡萄牙殖民者发现巴西之后,又引进非洲黑人奴隶作为劳动力。此外,在 19 世纪末,一些阿拉伯人也开始向巴西移民,其中的大多数来自黎巴嫩和叙利亚。旧共和时期,移民高潮再次出现,亚洲移民成为主力军,其中的绝大多数为日本人,这使得黄种人的血液也融入进来[③]。

到 20 世纪,巴西的族裔、种族和宗教群体已经非常多元化。由于族裔间相互关系密切以及历史上并没有采取绝对的隔离政策,因此巴西族群之间维持着表面的和谐。然而,虽然有些群体,特别是因"白化政策"吸引而来到巴西的欧洲移民,能够在社会和经济上取得成功,但其他群体,尤其是非洲裔巴西人和土著民族,由于历史根深蒂固的结构性歧视,仍然处于社会的边缘地位。[④] 因此,巴西采取了一系列的立法和政策措施,努力保护国内非洲裔巴西人和土著民族在政治、经济、教育方面的各项权利。

(一)《巴西联邦共和国宪法》

巴西现行宪法为 1988 年《巴西联邦共和国宪法》(以下简称《巴西宪法》),它明确规定了"禁止种族歧视"和"种族歧视将受到法律制裁"。

在基本原则方面,《巴西宪法》第 3 条规定,巴西联邦共和国的基本目标之一是"增进全民福祉,不得存在基于出身、种族、性别、肤色、年龄或其他任何形式的歧视"[⑤]。《巴西宪法》第 5 条规定:"法律面前人人平等,不因任何理由而有所差别的原则。"第 5 条第 41 款规定:"法律应惩处任何侵犯基本权利和自由的歧视行为。"第 42 款规定:"种族歧视犯罪不得保释且无追诉时效限制,并应依照法律规定判处监禁。"该条款由 1989 年第 7716 号《反歧视法种族主义法种族

---

① 李鸣:《世界民族法制史纲》,民族出版社 2016 年版,第 255—256 页。

② 《巴西国家概况》,参见外交部网站,https://www. fmprc. gov. cn/web/gjhdq_676201/gj_676203/nmz_680924/1206_680974/1206x0_680976/,最后访问日期:2021 年 7 月 18 日。

③ 吕银春、周俊南编著:《列国志·巴西》,社会科学文献出版社 2004 年版,第 63 页。

④ See Rita Izsák,"Report of the Special Rapporteur on minority issues on her mission to Brazil",A/HRC/31/56/Add. 1,2016,para. 11.

⑤ 《世界各国宪法》编辑委员会编译:《世界各国宪法·美洲大洋洲卷》,中国检察出版社 2012 年版,第 153 页。

犯罪法》[1]实施。

《巴西宪法》第8篇第8章共9个条文专章规定了印第安人权利。在土地权利方面,《巴西宪法》规定了巴西印第安人拥有土地的原有权利和专属所有权,同时拥有这些土地上的天然资源专属使用权,包括不被强制迁移、地下资源或水中资源不被任意开采的特别保护。另外,《巴西宪法》明确必须承认和尊重印第安人的文化权利。[2]

(二)《种族平等法》

2010 年 7 月 20 日,巴西颁布了第 12288 号法律《种族平等法》[3],该法旨在保障各族裔和种族人口实现平等机会,保护族裔群体及其个人的权利,打击种族歧视以及其他形式的种族不容忍。《种族平等法》的宗旨规定在第 2 条和第 3 条。第 2 条规定:"国家和社会有责任不分族裔或肤色保障机会平等,承认巴西每一个公民的参与权,特别在政治、经济、商业、教育、文化和体育方面,同时捍卫其尊严、宗教和文化价值观。"第 3 条规定:"除了有关基本原则、基本权利和保障以及社会、经济和文化权利的宪法规范外,《种族平等法》还采用了一项政治法律指导原则,将族裔和种族的不平等受害者纳入其中,促进族裔平等,并加强巴西民族认同。"《种族平等法》各项权利内容的规定包括:健康权、教育权、文化权、运动权、休息权、宗教信仰自由的权利。2013 年,第 8136 号法令批准了《种族平等法》中有关建立国家促进种族平等制度[4]的规定。

(三)《印第安人法》

巴西于 1973 年颁布了第 6001 号法律《印第安人法》[5],该法规定了印第安人及土著社区的法律地位以及巴西社会与土著社区的关系规则,其目的是保护他们的文化并逐步和谐地融入国家共同体。虽然该法在当时被认为是一部进步的法律,但随着时代的进步以及 1988 年现行《巴西宪法》的出台,《印第安人法》中鼓励土著民族"进化"并变得更"文明"的立场因不符合当代宪法和国际标准而受到广泛批评[6]。

---

① See LEI N°7.716, DE 5 DE JANEIRO DE 1989, Lei Antirracismo; Lei do Racismo; Lei do Crime Racial, http://www2.camara.leg.br/legin/fed/lei/1989/lei-7716-5-janeiro-1989-356354-norma-pl.html, last visited at 7 Octorber, 2019.

② 参见〔巴西〕M.C.达库尼娅:《巴西新宪法与印第安人的权利》,何定译,吕银春校,载《民族译丛》1990 年第 4 期。

③ LEI N°12.288, DE 20 DE JULHO DE 2010Estatuto da Igualdade Racial, https://www2.camara.leg.br/legin/fed/lei/2010/lei-12288-20-julho-2010-607324-norma-pl.html, last visited at 20 April, 2021.

④ See Sistema Nacional de Promoção da Igualdade Racial—SINAPIR, http://www.seppir.gov.br/articulacao/sinapir, last visited at 20 April, 2021.

⑤ See LEI N°6.001, DE 19 DE DEZEMBRO DE 1973Estatuto do Índio, https://www2.camara.leg.br/legin/fed/lei/1970-1979/lei-6001-19-dezembro-1973-376325-norma-pl.html, last visited at 20 April, 2021.

⑥ See James Anaya, Report of the Special Rapporteur on the situation of human rights and fundamental freedoms of indigenous people, A/HRC/12/34/Add.2, 2009, para.14.

即使争议不断,对巴西印第安人而言,《印第安人法》仍是一部有效实施的法律。《印第安人法》第 2 条规定了保护印第安人的国家义务。在此基础上,《印第安人法》的内容分为印第安人的公民身份和政治权利、土地权利、教育权利、文化权利、健康权利以及与印第安人相关的刑事规则。

第二节　欧洲国家民族立法

一、英国民族立法

英国位于欧洲西部,由大不列颠岛(包括英格兰、苏格兰、威尔士)、爱尔兰岛东北部和一些小岛组成。英国人口约 6679.68 万。官方语言为英语,威尔士北部还使用威尔士语,苏格兰西北高地及北爱尔兰部分地区仍使用盖尔语。[①]英国的主体民族是英格兰人,占全国人口的 78.4%。还有世居少数民族,包括苏格兰人、威尔士人、爱尔兰人、盖尔人、犹太人、奥尔斯特人、马恩岛人、诺曼底人等,约占 16%。[②]

二战后,英国于 1948 年出台了《国籍法》,该法规定英联邦境内的居民都是英国臣民。这一规定从法律上确定了英国殖民地和联邦居民均享有英国国籍身份,即可以自由出入英国,享有选举权和参加议会的权利,可以为英国政府工作等。随着《国籍法》的颁布,加之战后英国国内对劳动力的需求增加,大量殖民地和联邦移民涌向英国,其中主要是新英联邦成员国移民,即有色人种。外来人口给英国社会带来了新的活力,也带来了一系列社会问题,住房紧张,教育、卫生服务设施无法满足需求,就业竞争加剧等。外来移民和有色人种的敌视和歧视普遍存在,一些地方还引发了暴力冲突。因此,英国必须采取法律措施维护国内各族群的平等关系。

(一)《1976 年种族关系法》

《1965 年种族关系法》是英国第一部解决禁止种族歧视问题的立法。该法案禁止在公共场所进行种族歧视,并将以"肤色、种族、民族或民族血统"为由宣扬仇恨定为犯罪。[③]

英国于 1968 年对该法进行了修订,将就业、住房和广告方面的歧视行为定

---

① 《英国国家概况》,载外交部网站,https://www.fmprc.gov.cn/web/gjhdq_676201/gj_676203/oz_678770/1206_679906/1206x0_679908/,最后访问日期:2021 年 7 月 17 日。

② 高靓:《英国少数民族教育政策的特点分析》,载《民族教育研究》2004 年第 4 期。

③ Race Relations Act 1965, see https://www.parliament.uk/about/living-heritage/transformingsociety/private-lives/relationships/collections1/race-relations-act-1965/race-relations-act-1965/, last visited at 17 July, 2021.

为非法行为。① 1976 年,英国政府决定再次修订种族关系法,这次修订的成果就是今天英国社会普遍使用和遵循的《1976 年种族关系法》。

《1976 年种族关系法》一个突出贡献在于对"种族歧视"和"种族骚扰"进行了严格精准的定义。根据界定,法律上的平等述及了"直接歧视""间接歧视"和"迫害"或称"被牺牲"种族歧视行为,当一人对待另一人的不友善是基于他(她)的肤色、种族、国籍、民族或出生地,或因别人的种族因素造成另一人较差待遇时,即构成了直接歧视;当一项条件或要求使某一种族成员处于不利状况时,即构成了间接歧视;因某人对种族歧视行为提出控告或涉及此类控告,而给予不友善对待时,即构成了迫害。种族骚扰是指鼓励、纵容对某种族成员使用具有恐吓性的、充满敌意的言语或行为以造成冒犯或者自卑。

《1976 年种族关系法》确立了一系列制度,为制止种族歧视、提供平等机会、促进种族关系和谐发展提供了新的保障。一是建立了正式调查制度。该法第48 款规定,种族平等委员会可以基于合理理由或国务大臣的要求,对种族歧视问题开展正式调查。二是建立了记录与监测系统。该法第 47 款规定,为进一步贯彻落实法律,80 年代以后英国陆续出台了《雇佣业务守则》《法定住宅规范》《消除教育领域种族歧视实施守则》等,以指导种族关系法在相关领域的贯彻落实。实践若干守则的一项中心内容就是要求当地当局、政府核心部门和一些雇主建立记录与监测系统,以监测分析法律执行情况和种族关系的发展变化。三是确立了"积极行动"原则。"积极行动"是该法第 35、37、38 款确立的一项原则。由于历史等原因,少数民族在某些行业中长期不能得到雇佣,或者某些行业中的少数民族人口远远低于正常比例。"积极行动"原则规定,此类行业的雇主有义务鼓励少数民族申请本行业工作,并需提供培训等机会,以挖掘他们的潜力,提升他们的竞争实力。根据此项原则这些行业在招聘过程中必须主动鼓励、帮助少数民族就业。四是开展研究工作。该法第 45 款规定,种族平等委员会可以独自承担或协助个人、机构开展相关领域的研究工作。根据这一规定,委员会成立后在雇佣、住房、教育、服务以及新闻媒体等领域开展了一系列涉及种族关系的研究工作,并资助其他团体及个人开展相关研究,其中一些研究成果直接推动委员会展开了正式调查。五是发展志愿者组织。该法第 4 款规定,种族平等委员会可以为以促进机会平等、发展良好种族关系为目的的志愿者组织提供资助。志愿者组织是社会工作网络中的重要部分,目前在英国已有上百个地方种族平等委员会资助的志愿者组织,他们活跃在社区服务、公共教育、政策研究等

---

① Race Relations Act 1965, see https://www.parliament.uk/about/living-heritage/transformingsociety/private-lives/relationships/collections1/race-relations-act-1965/race-relations-act-1965/, last visited at 17 July, 2021.

各个领域。①

（二）《2010 年平等法案》

2010 年 10 月 1 日,英国通过了一项新的法律,它将超过 116 项独立的立法合并为一项法案,即《2010 年平等法案》②,合并的九项主要立法包括:《1970 年同酬法》《1975 年性别歧视法》《1976 年种族关系法》《1995 年残疾歧视法》《2003 年就业平等(宗教或信仰)条例》《2003 年就业平等(性取向)条例》《2006年就业平等(年龄)条例》《2006 年平等法案》第 2 部分、《2007 年平等法案(性取向)条例》。③

在种族关系部分,《2010 年平等法案》延续了《1976 年种族关系法》在禁止种族歧视方面确立的制度和规范,为保护少数民族个人权利和促进所有人机会平等提供了法律框架,同时保护少数民族个人免受不公平待遇。

二、西班牙民族立法

西班牙位于欧洲西南部伊比利亚半岛,人口总数为 4710 万人,主要人口为卡斯蒂利亚人(即西班牙人),少数民族有加泰罗尼亚人、加利西亚人和巴斯克人。卡斯蒂利亚语(即西班牙语)是官方语言和全国通用语言。少数民族语言在本地区亦为官方语言。96% 的居民信奉天主教。④

民主改革之后的西班牙,建立起了自治政体和少数民族区域自治制度。同所有的多民族国家一样,在建立起了一定的解决民族问题的政治制度之后,西班牙也试图在其制度框架内解决民族问题——就是要巩固统一的西班牙国家,实现西班牙各民族平等的联合,同时保障历史上形成的各民族、各地区的宪法权利,在民族自治权利与国家统一、民族共治之间求得动态平衡。⑤

（一）《西班牙王国宪法》

现行《西班牙王国宪法》于 1978 年 12 月 6 日全国公民投票通过,12 月 29日生效。

《西班牙王国宪法》第 2 条确立了西班牙国家统一之下的自治原则,规定:"本宪法的基础是西班牙牢不可破的团结和全体西班牙人所共有的不可分割的

① 姚克:《英国〈种族关系法〉及其立法实践研究》,载《西北民族大学学报(哲学社会科学版)》2009年第 5 期。

② Equality Act 2010, see https://www. legislation. gov. uk/ukpga/2010/15/pdfs/ukpga_20100015_en. pdf, last visited at 17 July, 2021.

③ What is the Equality Act? See https://www. equalityhumanrights. com/en/equality-act-2010/what-e-quality-act, last visited at 17 July, 2021.

④ 《西班牙国家概况》,参见外交部网站,https://www. fmprc. gov. cn/web/gjhdq_676201/gj_676203/oz_678770/1206_679810/1206x0_679812/,最后访问日期:2021 年 7 月 17 日。

⑤ 李鸣:《世界民族法制史纲》,民族出版社 2016 年版,第 181 页。

祖国。本法承认并保障组成西班牙国的各民族和各地区的自治权利及其团结。"第 3 条规定："卡斯蒂利亚语，即西班牙语为国家官方语言。所有西班牙人有义务熟悉它，并有使用它的权利。西班牙的其他语言，根据各自治区的法律为自治区的官方语言。西班牙的各种语言形态均为文化财富，应受到特别的尊重和保护。"第 10 条规定："人的尊严，人固有的不可侵犯的个人权利，个性的自由发展，尊重法律和尊重他人的权利，是政治秩序和社会和平的基础。宪法所承认的与基本权利和自由有关的准则将根据西班牙所批准之《世界人权宣言》及内容类似的国际条约和协议进行解释。"第 14 条规定："西班牙人在法律面前人人平等，不得因出身、种族、性别、宗教信仰、见解或任何其他个人或社会的条件或情况而受歧视。"第 46 条规定："公共权力保障保护和丰富西班牙各族人民的历史、文化和艺术财富以及构成上述财富的各种财产，而不论其法律体制和标题。刑法将对破坏该财富的犯罪行为给予惩罚。"

《西班牙王国宪法》第 143—158 条对西班牙自治区制度作了全面详细的规定。分别规定了组建自治区的程序、条件，中央与自治区的权限划分，对自治机构的监督、限制等内容。自治章程草案由有关各省的省议会、跨岛屿机构成员及这些省和岛屿选出的众议员和参议员组成的大会制定，并提请国会通过成为法律。第 147 条规定了自治章程是各自治区的基本法规，国家把这些章程作为自己的法律程序的组成部分予以承认和保护。①《西班牙王国宪法》第 148 条和149 条对自治区和国家的职权范围进行了划分。在具体监督方式上，《西班牙王国宪法》第 153 条规定，自治区有法律效力的各项规定是否合乎宪法，由宪法法院负责监督，国家可以根据第 150 条第 2 款规定，通过组织法向自治区转让或委托那些属于国家所有，但由于其性质可以转让或委托的权力。

（二）《巴斯克自治区自治法》

西班牙政府给予有分离倾向的少数民族以高度自治。

1979 年 7 月 21 日通过的《巴斯克自治区自治法（草案）》规定，巴斯克人民在西班牙国内组成自治体，定名为"欧斯卡迪"或巴斯克区。巴斯克成为西班牙国内首批获得自治的地区之一。该自治条例作为巴斯克地区法律体系的重要部分，实际上是巴斯克地区民族主义党派与西班牙中央政府谈判相互妥协的产物。通过该条例，巴斯克地区有最充分民族自治权，被允许拥有自己的警察；可以留成 90% 的地方税收作为地方财政来源。拥有地区的旗帜。巴斯克语与西班牙语有平等权利。②

---

① 《西班牙王国宪法》，参见明德公法网，http://www.calaw.cn/article/default.asp? id = 4068，最后访问日期：2021 年 7 月 17 日。

② 李鸣：《世界民族法制史纲》，民族出版社 2016 年版，第 192 页。

三、俄罗斯民族立法

俄罗斯横跨欧亚大陆,1.46 亿人,民族 194 个,其中俄罗斯族占 77.7%,主要少数民族有鞑靼、乌克兰、巴什基尔、楚瓦什、车臣、亚美尼亚、阿瓦尔、摩尔多瓦、哈萨克、阿塞拜疆、白俄罗斯等族。俄语是俄罗斯联邦全境内的官方语言,各共和国有权规定自己的语言,并在该共和国境内与俄语一起使用。主要宗教为东正教,其次为伊斯兰教。①

经历了苏联时期的伤痛与俄联邦成立初期的动荡,俄罗斯逐步建立起了一套具有本国特色的保护少数民族权利的法律体系,以加入的国际公约为依托,从本国的宪法关于调整民族关系的条款开始,以《俄罗斯联邦民族文化自治法》为基本法,具体到联邦各主体制定的地方性法规、规章,各个少数民族区域自治地方的相关立法,其他法律有关保障少数民族权利的细致规定,从大到小,由上及下,涉及各民族政治、经济、文化权利各个方面,形成了较完整的民族法制体系。

（一）《俄罗斯联邦宪法》

俄罗斯现行宪法为 1993 年的《俄罗斯联邦宪法》。

《俄罗斯联邦宪法》第 6 条列出联邦构成主体分为共和国、州、边疆区、直辖市、自治州、自治区共计 89 个,形成"民族""区域"单位的对等双轨并行制,而构成俄罗斯联邦体制的标准架构:"民族"类联邦主体包括 21 个共和国、1 个自治州、10 个自治区以及"区域"类联邦主体包括 2 个直辖市、49 个州、6 个边区的建构,是具体实现"民族自决与民族平等"以及"分权原则"进一步构成俄罗斯的联邦体制。其中,"民族"联邦主体与联邦政府之间遵循的不是单纯的权力划分原则,而是牵涉"民族自决"与"国家主权"的根本问题。

《俄罗斯联邦宪法》宣称:"我们,在自己土地上由共同命运联合起来的多民族的俄罗斯联邦人民,确认人的权利和自由、公民和睦与和谐,维护历史形成的国家统一,依循普遍公认的各民族平等和自决的原则。"该宪法从国家制度的基础方面对消除民族歧视、平等保护各民族公民的权利和自由作了原则性规定:"俄罗斯联邦的每一个公民在其领土范围内拥有俄罗斯联邦宪法规定的全部权利和自由";俄罗斯联邦的所有人在法律和审判面前都是平等的,不论性别、种族、民族、语言、宗教信仰等情况如何,国家平等地保护所有公民的权利和自由,禁止因社会、种族、民族、语言或宗教属性而对公民权利作出任何限制;保持历史上形成的俄罗斯联邦国家的完整性;俄罗斯联邦各主体在与联邦国家权力机关相应关系方面权利平等;按照普遍公认的国际法原则和准则以及俄罗斯联邦签

---

① 《俄罗斯国家概况》,参见外交部网站,https://www.fmprc.gov.cn/web/gjhdq_676201/gj_676203/oz_678770/1206_679110/1206x0_679112/,最后访问日期:2021 年 7 月 17 日。

署的国际条约保障土著少数民族的权利；每个公民享有不受限制地确定和表明自己民族属性的权利；俄罗斯联邦保障各民族保留母语、创造条件以便研究和发展母语的权利；俄罗斯联邦根据普遍公认的国际法原则和准则以及俄罗斯联邦签署的国际条约保障着少数民族的权利；保护每个人都享有使用本民族语言和自由选择自己交际、教育、学习和创作语言的权利；禁止旨在破坏国家安全，挑起社会、种族、民族和宗教方面的隔阂、仇视和敌对的宣传和鼓动，以及禁止宣传种族、民族、宗教或语言的优越性；对土地、矿产资源、水和其他自然资源的拥有、利用和管理，环境的保护，历史和文化遗迹，生态安全，人口较少的少数民族的传统生活方式的保护等问题，俄罗斯联邦各主体与俄罗斯联邦有共同责任。①

（二）《俄罗斯联邦民族文化自治法》

《俄罗斯联邦民族文化自治法》是俄罗斯保障少数民族权利最重要的法律，该法规定，民族文化自治是民族文化自决的形式，是由具有共同族群意识的俄联邦公民，自发性地组成自治组织，在政府财政与法律的协助下发展、保护及延续本民族的语言、文化及生活习惯。文化自治权属于俄联邦的公民，他们可通过不同的民族文化自决形式行使自己文化自治的权利，这些文化自治权利主要包括：① 在民族成员相对集中的地方建立自治组织；② 在自治法行使职能的范围内建立社会联合组织及协会，以促进民族语言与文化的保护和发展，以及对各民族群体在居民点本地区乃至全国的社会政治及精神文化生活中的全面认识；③ 获得国家权力机关和地方自治机构在政治、物质和组织方面给予的必要的支持，以便开展保护民族独特风格、发展民族语言和文化的活动；④ 通过民族文化自治组织、联合会和协会向国家立法机构、权力执行机构和地方自治机构提出自己民族文化利益的要求；⑤ 依照俄联邦的法律程序创办大众传播媒体，获准使用民族语言获取及传播信息；⑥ 在公共权力机构的支持下创办教育和科研、文化机构，依法保障这些机构功能的发挥；⑦ 保护和丰富民族历史和文化遗产，自由利用民族文化财富，尊重民族传统和风俗习惯，恢复和发展民间艺术、手工艺；⑧ 根据俄罗斯联邦法律建立并维持与外国公民、社会团体无任何歧视的人文联系，通过自己的全权代表参加非政府组织的国际活动。②

（三）《俄罗斯联邦民族语言法》

1991 年 10 月 25 日，俄罗斯联邦最高苏维埃通过《俄罗斯苏维埃联邦社会主义共和国民族语言法》（后改名《俄罗斯联邦民族语言法》）。《俄罗斯联邦民族语言法》明确了俄罗斯联邦内民族语言的法律地位，完善了对民族语言法律保护的具体措施，调整了它们在国家生活各个领域（包括教育、地理命名、国际

---

① 李鸣：《世界民族法制史纲》，民族出版社 2016 年版，第 156 页。
② 同上。

交际等)中的功能,明确了宣传敌对或蔑视任何语言和违宪应承担的法律责任,从而填补了俄罗斯司法实践中用法律调节语言关系的空白。

《俄罗斯联邦民族语言法》确认:"俄罗斯联邦各民族的语言是俄罗斯国家的民族财产,它们是历史、文化遗产并受国家的保护。俄罗斯联邦各民族的语言是最重要的文化因素,是民族和个人自我意识的基本表现形式。"并强调:"本法旨在为俄罗斯联邦各民族语言的保留及平等和独立发展创造条件,以期成为法人和自然人活动的法律调节系统以及为实施本法条款而制定子法和规范性文件的基础。"《俄罗斯联邦民族语言法》规定,将平等、反歧视、禁止任何形式限制公民语言权利的行为、帮助和扶持俄罗斯民族文化和民族语言多样性发展、维护俄语作为官方语言的权威地位等原则作为立法的基础。

(四)《俄罗斯联邦保障土著小民族权利法》

1999 年通过的《俄罗斯联邦保障土著小民族权利法》第 1 条明确了"土著小民族"定义:① 居住在自己祖先传统的居住领域;② 保有传统的生活、经济及生产方式;③ 人口在 5 万以下;④ 自我认同本身为一独立族群。

《俄罗斯联邦保障土著小民族权利法》规定了土著小民族享有一系列广泛的权利,包括对这些权利的司法保护,其文化、生活方式和语言的保护,土著民族环境的保护,保障土著民族的经济和自我治理,以及可选择服兵役,等等。根据《俄罗斯联邦保障土著小民族权利法》,土著民族可以建立"公共自我治理的本地机构",享有"在自愿的基础上组织自己的社区……决定社会、经济、文化的发展,保护自己的传统生态和环境、生活方式、生计方式和古老的风俗习惯活动"。①

第三节　大洋洲国家民族立法

一、澳大利亚民族立法

澳大利亚位于南太平洋和印度洋之间,由澳大利亚大陆、塔斯马尼亚岛等岛屿和海外领土组成。2020 年 9 月,澳大利亚人口约为 2569 万,其中 74% 为英国及爱尔兰裔,亚裔占 5%,土著人占 2.7%,其他民族占 18.3%。② 澳大利亚自 1901 年立国至今,其民族法制经历了种族隔离、"同化""多元文化主义"三个历史阶段,做到了由歧视性到包容性民族法制的转变,土著民族已受益于政府救助,并设法维护他们的民族权利,外来移民与土著获得了与白人居民同样的地位

---

① 李鸣:《世界民族法制史纲》,民族出版社 2016 年版,第 164 页。
② 《澳大利亚国家概况》,参见外交部网站,https://www.fmprc.gov.cn/web/gjhdq_676201/gj_676203/dyz_681240/1206_681242/1206x0_681244/,最后访问日期:2021 年 7 月 17 日。

与权利,使澳大利亚向更加和谐的状态发展。①

（一）《澳大利亚联邦宪法》相关规定

在 1900 年 7 月 9 日通过的《澳大利亚联邦宪法》中,第 51 条 26 款和第 127 条规定了对澳大利亚土著居民的歧视性内容。第 51 条 26 款规定:"为了维护澳大利亚联邦的安宁、秩序,促进联邦政府对国家的良好治理,联邦议会拥有对各州除土著以外的任何种族的居民制定特别法律的权力。"第 127 条规定:"在统计澳大利亚联邦、州以及其他地方的人口时,土著居民不得计算在内。"第 51 条 26 款使澳大利亚联邦政府放弃了对全国土著居民的责任和义务,致使从澳大利亚联邦建立到 1967 年宪法改革完成之间的 60 多年时间里,土著事务管辖权属于各州政府,而不属于澳大利亚联邦政府,这成为联邦政府解决全国土著问题的障碍;而第 127 条则确立了澳大利亚对土著居民的制度化歧视。②

20 世纪 50 年代至 60 年代,《澳大利亚联邦宪法》中有关土著民族的条款不断遭到批评,澳大利亚白人与土著民族的关系日趋紧张,这迫使澳大利亚联邦政府与各州政府相继进行改革。

在联邦政府层面,1962 年,澳大利亚联邦取消了对土著民族选举权的限制;1966 年,澳大利亚取消了对土著居民社会保障的限制并在同年签署了《关于消除各种形式的种族歧视国际公约》。在州政府层面,1962 年,南澳大利亚州通过《土著事务法》放弃对土著民族的控制;西澳大利亚洲和昆士兰州也分别于 1962 年和 1965 年给予了土著居民选举权;1966 年,南澳大利亚州通过《禁止歧视法》规定了禁止基于种族或者肤色的歧视和偏见。这些都是澳大利亚宪法改革的先导。在所有因素的影响下,1967 年,澳大利亚通过全民公决修改宪法。新宪法第 51 条第 26 款赋予了联邦政府对全国土著民族的管辖权,同时废除了原宪法第 127 条中不计算土著人口的规定。此次修改意味着澳大利亚进入多元文化发展的新阶段。

（二）土著民族相关立法

1975 年 10 月,澳大利亚政府公布《反种族歧视法》,在法律上保证全澳大利亚人不分种族、肤色与信仰,一律平等。该法第 18 条第 3 款规定:任何人基于种族、肤色、背景,出言伤害、羞辱、辱骂或恐吓他人都是犯法的。

土地所有权是整个土著人问题的核心,土著人一直在为收回他们失去的领土和圣地而斗争。1976 年,澳大利亚政府通过相关权利法案,承认土著人对澳大利亚北部地区大片土地的所有权,并规定在不违反国家利益的前提下,土著人拥有对矿产开发的否决权。这意味着土著人对土地的所有权得到部分承认。近

---

① 李鸣:《世界民族法制史纲》,民族出版社 2016 年版,第 275 页。

② 杨洪贵:《澳大利亚 1967 年宪法改革及其对土著问题的影响》,载《世界民族》2007 年第 3 期。

年来,随着与土著人土地相关的族群遗产、名称等问题的法制化,以及通过对土著人土地问题的联合管理,联邦政府承认约 16% 的国土归土著人所有。

1977 年,多元文化主义作为官方政策在《作为多元文化社会的澳大利亚》报告中得到确认,并首次提出了澳大利亚多元文化主义的三个原则,即社会和谐、机会平等和文化认同。多元文化政策在对待土著人政策上就是从受歧视和被同化转为"一体化"政策,承认土著民族有权决定他们的未来,有权保留他们的种族特点和他们的独特的社会。

1987 年,澳大利亚联邦教育部颁布了《语言问题国家政策》,这是澳大利亚第一部明确的官方语言政策,该文件一方面强调英语的绝对支配地位,另一方面也承认其他语言的地位,并注意实施双语双文化教育,保护语言生态平衡,提供多语言媒体和翻译服务,废除禁止双语制的法规。2000 年,澳大利亚政府颁布《土著人教育法案》,规定为土著教育战略行动规划提供适当的经费资助。

1993 年,澳大利亚联邦议会通过《土著土地法》,宣布澳大利亚大陆上的土著居民对他们居住的土地拥有所有权,土著民族获得了传统土地的有限控制权。2002 年 9 月,澳大利亚联邦法院作出裁决,将西澳大利亚州一块面积为 13.6 万平方公里的土地的所有权归还给当地的土著民族。①

二、新西兰民族立法

新西兰位于太平洋西南部,西隔塔斯曼海与澳大利亚相望。新西兰由南岛、北岛及一些小岛组成,南、北两岛被库克海峡相隔。2020 年,新西兰人口达到 522.2 万,其中,欧洲移民后裔占 70%,毛利人占 17%,亚裔占 15%,太平洋岛国裔占 8%(部分为多元族裔认同)。官方语言为英语、毛利语。②

毛利人是新西兰最早的居民。1350 年起,毛利人在新西兰定居。1642 年荷兰航海者在新西兰登陆。1769 年至 1777 年,英国库克船长先后 5 次到新西兰。此后英国向新西兰大批移民并宣布占领。1840 年 2 月 6 日,英国迫使毛利人族长签订《怀唐伊条约》,新西兰成为英国殖民地。1907 年独立,成为英国自治领,政治、经济、外交受英国控制。1947 年成为主权国家,同时为英联邦成员。③

(一)《怀唐伊条约》

新西兰无成文宪法,其宪法是由英国议会和新西兰议会先后通过的一系列法律和修正案以及英国枢密院的某些决定所构成。其中,《怀唐伊条约》是 1840 年时英国王室与毛利人之间签署的一项协议。条约的签订,促使新西兰建立了

---

① 李鸣:《世界民族法制史纲》,民族出版社 2016 年版,第 285 页。

② 《新西兰国家概况》,参见外交部网站,https://www.fmprc.gov.cn/web/gjhdq_676201/gj_676203/dyz_681240/1206_681940/1206x0_681942/,最后访问日期:2021 年 7 月 17 日。

③ 同上。

英国法律体系。同时,也确认了毛利人对其土地和文化的拥有权。该条约被公认为是新西兰的建国文献,该条约目前仍然有效。

由于《怀唐伊条约》是用英文起草后再翻译成毛利文的,而制定人员和翻译人员缺乏法律经验,签约的毛利酋长中有 39 位毛利酋长签订的是条约的英文文本,有 512 位酋长签订的是毛利语文本。因此,条约的毛利文版本和英文版本在解释上存在着重大出入。该条约的英文版本和毛利文版本都包括 3 个条款。第 1 条,统治权。英文版本清楚地写明毛利酋长愿意把主权毫无保留地转让给英国女皇,正式将领地纳入大英帝国的权限范围,凡岛上出生者,均受英国法律管辖;而毛利文版本则表述为毛利人放弃的只是统治权,他们仍保留管理自己资源的权利。第 2 条,酋长地位。英文版本表明,英国女王陛下证实与保证各位新西兰的首领与部落和他们的家庭及个人,继续拥有他们的土地、渔场与森林地产及个人意愿保留的固有财产的专有的和无打扰的权利。如出售土地,英国女王有优先购买权。毛利文版本许诺毛利族对其土地、村庄以及其他全部财产和财富享有无条件监视、控制及分配的权利。毛利族同意在其愿意出售土地的前提下给予英国王室优先购买其土地的权利。第 3 条,毛利人待遇。许诺毛利人享有大英帝国臣民相同的权利并得女王的庇护,同时,其传统和风俗权利也应得到保护。因在翻译条约的过程中发生争议,于是法院宣布:应获适用的是条约精神而非其精确语义。①

（二）毛利人相关立法

1990 年,新西兰制定《人权法案》,规定人们有权在性别、婚姻状况、年龄、宗教信仰、道德信仰、残疾、政治观念、职业、家庭状况、种族、肤色、种族血统或国籍、性别倾向等十三个方面受到公平对待。歧视为非法的领域包括就业,前往各个处所,使用交通工具和其他设施,获取食物和服务,获取土地、房屋和其他居住设施,入学。该法还含有与种族不和、性骚扰和种族骚扰有关的条款。该法修改了投诉解决的程序,人权委员会设立投诉部门专门解决投诉。

2008 年 6 月 24 日,新西兰最古老的 7 个毛利人部落签署了新西兰史上最大的定居点协议书。这份协议书将允许新西兰的毛利人部落从中央政府手中要回 43.5 万英亩的土地。这 43.5 万英亩的土地包括农场和商业用地等,总资产价值约合 3.18 亿美元。协议书规定,土地的所有权将从新西兰中央政府转到新西兰北岛部落手中。除土地外,毛利部落还将获得 2.23 亿美元的累积租金和每年 1.3 亿美元的年租金。②

---

① 李鸣:《世界民族法制史纲》,民族出版社 2016 年版,第 292 页。
② 同上书,第 298—299 页。

第四节　亚洲、非洲国家民族立法

一、印度民族立法

印度是南亚次大陆最大国家,人口约 13.24 亿,居世界第 2 位。印度有 100 多个民族,其中印度斯坦族约占总人口的 46.3%,其他较大的民族包括马拉提族、孟加拉族、比哈尔族、泰卢固族、泰米尔族等。世界各大宗教在印度都有信徒,其中印度教教徒和穆斯林分别占总人口的 80.5% 和 13.4%。①

印度的民族问题存在一定的特殊性,民族构成的格局较为分散;宗教对印度民族有着极其深刻的影响;各民族的社会发展过程差异明显;种姓制度深刻地影响着民族社会的结构。因此,印度民族主义所引发的民族冲突广泛、频繁、强烈;由于宗教信仰人群的教派所属和民族族属之间的关系较为复杂而相互交叉,便导致了民族与宗教的复合交织,难以用民族群体关系的视角去分析和界定;地方民族主义表现出的是民族与国家之间的关系,部落冲突和小的民族群体之间发生的冲突表现出的是民族与民族之间的关系;种姓制度固化了民族社会结构,阻碍了民族发展。

1950 年的《印度共和国宪法》(以下简称《印度宪法》),宣布印度为联邦制国家,采取英国式的议会民主制。其中规定了公民不分种族、性别、出身、宗教信仰和出生地点,在法律面前一律平等。《印度宪法》第 14 条规定:"法律面前人人平等。在印度领域内,国家不能否认任何人在法律面前的平等权以及受法律平等保护的权利"。第 15 条规定,"禁止因宗教、种族、种姓、性别、出生地而构成的歧视:国家不得仅根据宗教、种族、种姓、性别、出生地点或类似这些的其他任何理由,对任何公民有所歧视。不得仅仅由于宗教、种族、种姓、性别、出生地点等任何理由,而使任何公民在下述方面丧失资格、承担责任、遭受限制或接受附加条件:① 商店、公共饭店、旅社及公共娱乐场所出入;② 使用全部或部分由国家基金维持,或供公众使用的水井、水池、浴场、道路及公共场所"。第 16 条规定,在国家和政府公职的聘用或任命方面不得仅根据宗教、种族、种姓、性别、家世、出生地点、住所等任何理由排斥或歧视任何公民。第 17 条规定废除贱民制,"并禁止以任何形式实行'贱民制',凭借'贱民制'剥夺他人权利的行为属于犯罪行为,应依法惩处"。

《印度宪法》赋予表列部落在政治、经济、文化、教育等方面一系列特别的权利,规定对表列部落予以保护,部落民可以享受政府在资金、教育、就业、政策等

---

① 《印度国家概况》,参见外交部网站,https://www.fmprc.gov.cn/web/gjhdq_676201/gj_676203/yz_676205/1206_677220/1206x0_677222/,最后访问日期:2021 年 7 月 18 日。

方面的优惠措施。例如,《印度宪法》第 34 条规定,在人民院和各邦立法会议中为"表列种姓"和"表列部落"保留议席。《印度宪法》第 35 条规定,"表列种姓"和"表列部落"对担任公职的要求:在不影响行政效力的前提下,在任命与联邦事务或各邦事务有关的公职人员时,应考虑"表列种姓"和"表列部落"成员的要求。在中央的一级、二级职员中,必须为"表列部落"民保留一定数量的公职职位,保留职位的比例根据部落民在部落人口中所占比例来确定,而且中央政府可以直接雇佣部分部落民在中央政府担任一定职务,并在晋级考试中为部落民保留 75% 的名额,部落民除了可以在政府中任职,还可以在国会人民院以及各邦议会的议席中享有一定数目的席位。

另外,印度法律通过采取强制措施维护平等,对侵犯表列种姓、表列部落行为实施惩罚,以消除长期存在的不平等的习惯做法。此类法律包括 1955 年的《不可接触者行为法》,1989 年的《表列种姓、表列部落防止暴行法》,1993 年的《禁止雇佣手工掏粪者及建设水冲式厕所法》等。

二、尼日利亚民族立法

尼日利亚位于西非东南部,2019 年人口达到 2.01 亿。有 250 多个民族,其中最大的是北部的豪萨-富拉尼族,占全国人口 29%;其次是西部的约鲁巴族,约占全国人口的 21%;另外,东部的伊博族约占 18%。尼日利亚官方语言为英语。主要民族语言有豪萨语、约鲁巴语和伊博语。①

尼日利亚系非洲文明古国。公元 8 世纪扎格哈瓦游牧部落在乍得湖周围建立了卡奈姆-博尔努王国,该王国延续了一千多年。从 10 世纪开始,约鲁巴族在尼日尔河下游建立了伊费、奥约和贝宁等王国。11 世纪前后,豪萨族在尼北部地区建立了七个城堡王国,又称"豪萨七邦",16 世纪被西部的桑海帝国所征服。1472 年葡萄牙入侵。16 世纪中叶英国入侵。1914 年正式沦为英国殖民地。1960 年 10 月 1 日宣布独立,并成为英联邦成员国。1963 年 10 月 1 日成立尼日利亚联邦共和国。

尼日利亚独立以来制定过 5 部宪法,即 1960 年、1963 年、1979 年、1989 年和1999 年宪法(1989 年宪法从未颁布)。现行宪法以 1979 年宪法为基础修订而成,于 1999 年 5 月 5 日颁布。这四部宪法及一系列法令,对提高中央政府的权威、推进国家的一体化进程具有极其重要的意义,宪法内容的转变标志着尼日利亚的政治体制从不成熟到比较成熟的发展历程。如今,中央集权的联邦制度在尼日利亚已经形成,许多民族问题也已得到改善。

① 《尼日利亚国家概况》,参见外交部网站,https://www.fmprc.gov.cn/web/gjhdq_676201/gj_676203/fz_677316/1206_678356/1206x0_678358/,最后访问日期:2021 年 7 月 17 日。

　　第一,部族之间独立存在的特点决定了尼日利亚不可能自发形成统一的国家意识而只能通过国家力量进行强制性整合。针对尼日利亚各大部族的分散性特点,联邦政府采取了以分散地方势力和增强中央集权为特征的国家整合策略。首先,打破部族区域划分,建立州级单位。根据现行的 1999 年宪法规定,尼日利亚是由 36 个州和 1 个阿布贾首都区组成的联邦制国家。依靠撤区建州行动,尼日利亚政府将大族聚集的地区划分成不同的行政区,满足了其他小部族聚集地区的自治要求,从而平衡了各民族和地区间的权力,强化了中央权威,削弱了"地区主义"或"部族主义"的势力,极大促进了统一政治体制的形成。另外,宪法逐步厘清了联邦与州之间的权限划分问题,将涉及全国各民族、各地区、各阶层利益的事务管理权限收归联邦政府,以加强中央的统一权威,强化民众的国家意识。1976 年,联邦政府颁布《地方政府改革法案》,宣布废除全国由酋长长期把持的地方政权与地方征税权,废除北部地区酋长在地方设立法庭、监狱和警察的权力,同时成立民选地方政府委员会,作为州级政府以下的基层政权,从而把全国两级政权改为联邦、州和地方三级政权制。宪法亦规定,尼日利亚设联邦、州、地方三级政府。联邦和州之间的权限划分采用联邦列举、各州保留的原则。1978 年颁布《土地使用法》,宣布废除酋长控制和分配土地的权力,规定全国土地归国家所有,各州土地由政府和地方政府控制与管理。在经济领域,逐渐增强联邦对地方的财政控制能力。凭借独立之后的国有化政策,联邦政府掌握了国家经济命脉。各州除了具有少量的独立财政来源之外,州政府公共财政支出几乎主要依赖于联邦政府的岁入分配和补助资金。

　　第二,在各个领域减少部族因素的影响,注重培养民族一体化意识,宣扬全尼日利亚人"同民族、共命运"的文化观念,努力克服狭隘的族体意识,树立起国内各民族兄弟姐妹和平相处,共同"为尼日利亚而想、为尼日利亚而做"的奋斗目标。

　　第三,注意维护少数民族的语言权利。1963 年的《尼日利亚联邦共和国宪法》"维护基本权利"一章第 21 条第 2 款规定:任何人被逮捕或拘禁时,应立即以其所能了解的语言,告知其被逮捕或拘禁的原因。第 2 条第 5 款规定,对于被控刑事犯罪者,应予以下列各款的权利:立即以其了解的语言,详细告知犯罪的性质;如当事人在犯罪审讯中不了解所用的语言者,可免费获得译员的协助。[1]

---

① 李鸣:《世界民族法制史纲》,民族出版社 2016 年版,第 362—363 页。

第五节　中国特色的民族立法

一、中国民族法制体系

中国民族法律制度的结构框架，主要由以下几个方面构成：

（一）《宪法》中相关条款的规定

《宪法》关于民族问题的规定，是我国民族立法的最高依据。《宪法》中相关条款的规定主要可以分为三个部分：首先，《宪法》明确了我国民族关系的本质，即《宪法》序言第 11 自然段的规定："中华人民共和国是全国各族人民共同缔造的统一的多民族国家。平等团结互助和谐的社会主义民族关系已经确立，并将继续加强。在维护民族团结的斗争中，要反对大民族主义，主要是大汉族主义，也要反对地方民族主义。国家尽一切努力，促进全国各民族的共同繁荣。"其次，《宪法》第 4 条规定："中华人民共和国各民族一律平等。国家保障各少数民族的合法的权利和利益，维护和发展各民族的平等团结互助和谐关系。禁止对任何民族的歧视和压迫，禁止破坏民族团结和制造民族分裂的行为。国家根据各少数民族的特点和需要，帮助各民族地区加速经济和文化的发展。各少数民族聚居的地方实行区域自治，设立自治机关，行使自治权。各民族自治地方都是中华人民共和国不可分离的部分。各民族都有使用和发展自己的语言文字的自由，都有保持或者改革自己的风俗习惯的自由。"该条款明确了民族平等的原则；明确了国家保护少数民族权益，帮助少数民族发展；明确了我国实行民族区域自治制度。最后，《宪法》第三章国家机构中第 112—122 条专门规定了民族自治地方的自治机关和自治权，主要内容包括：关于民族自治地方的自治机关及其组成的规定、关于自治机关的自治权的规定，以及关于国家对民族自治地方的责任和义务的规定。

（二）关于民族区域自治制度的基本法——《民族区域自治法》

1984 年颁布的《民族区域自治法》是实施《宪法》规定的民族区域自治制度的基本法律，也是我国调整民族自治地方与国家关系和民族自治地方内的民族关系，在统一的国家内保障各民族共同当家作主，参与管理和建设自己家园的法律。该法除序言外，条文共 7 章 74 条，主要规定了民族自治地方的建立、民族自治地方自治机关及其组成、民族自治地方的自治机关的自治权、上级国家机关对民族自治地方的职责、民族自治地方自治机关处理民族自治地方内民族关系的原则。

（三）其他法律有关民族区域自治制度的规定

除《宪法》和《民族区域自治法》外，其他相关法律也可分为两类，一类是直接关于民族区域自治制度的规定；另一类是关于民族问题的一般规定，但绝大多数也适用于实行民族区域自治的地方。这些规定主要包括两方面的内容：一是授权民族自治地方的自治机关制定变通规定或者补充规定；二是规定上级国家机关照顾民族自治地方的利益，帮助民族自治地方发展经济、文化、科技、教育等各项事业。

（四）国务院制定的行政法规的规定

国务院具有领导和管理民族事项，保障少数民族的平等权利和民族自治地方的自治权利的职权。因此，国务院及其各部委出台了许多帮助民族自治地方加速经济文化发展的政策措施。例如，2005 年国务院出台的《国务院实施〈中华人民共和国民族区域自治法〉若干规定》等。

（五）辖有民族自治地方的省关于民族自治制度的地方性法规和规章

辖有民族自治地方的省进行《民族区域自治法》配套法规和规章建设，是我国落实《民族区域自治法》、保障民族自治地方的自治权的重要保证。

（六）民族自治地方的自治条例、单行条例、变通规定和补充规定

民族自治地方的人民代表大会及其常务委员会"依照当地民族的政治、经济和文化特点"和当地"实际情况"，制定自治条例、单行条例、变通规定和补充规定（按法定程序报请批准和备案），是《宪法》《民族区域自治法》和其他有关法律赋予的一项自治权。立法自治权是落实民族自治权的核心，它的落实保障了国家统一法律制度下的民族特殊性，保障了少数民族群众的合理、合法权利。

二、我国少数民族权利的规范内容

（一）公民身份权

在少数民族的公民权利规范方面，我国对于人口处于少数地位的少数民族首先通过民族识别来确定其民族身份。《中华人民共和国居民身份证法》（以下简称《身份证法》）以及《中国公民民族成份登记管理办法》等法律法规中规定了中国公民民族成分的有关事项。例如，《身份证法》第 3 条第 1 款规定："居民身份证登记的项目包括：姓名、性别、民族、出生日期、常住户口所在地住址、公民身份号码、本人相片、指纹信息、证件的有效期和签发机关。"第 4 条规定："居民身份证使用规范汉字和符合国家标准的数字符号填写。民族自治地方的自治机关根据本地区的实际情况，对居民身份证用汉字登记的内容，可以决定同时使用实行区域自治的民族的文字或者选用一种当地通用的文字。"

（二）政治参与权

在少数民族政治参与权方面，《选举法》对全国人民代表大会和地方各级人民代表大会中少数民族代表的比例作出了详细的规定。

到 2019 年,55 个少数民族均有本民族的全国人大代表和全国政协委员,十三届全国人大代表中,少数民族代表 438 名,占 14.7%。155 个民族自治地方的人民代表大会常务委员会中,均有实行区域自治民族的公民担任主任或者副主任;民族自治地方政府的主席、州长、县长或旗长,均由实行区域自治民族的公民担任。①

（三）区域自治权

根据《民族区域自治法》,我国各民族自治地方享有广泛的区域自治权,包括政治、经济、教育、科学、文化、卫生等各项事业的自主管理权。民族自治地方的人民代表大会除享有地方国家权力机关的权力外,还有权依照当地民族的政治、经济和文化特点,制定自治条例和单行条例。我国的民族区域自治制度与其他国家的一般地方自治制度有所不同。

首先,我国的民族区域自治是民族因素与区域因素相结合的产物。我国现有 5 个自治区,内蒙古自治区、新疆维吾尔自治区、广西壮族自治区、宁夏回族自治区和西藏自治区。5 个自治区只表示设立了 5 个省一级的自治机关,在这 5 个自治区管辖的范围内,除其他少数民族建立了自治地方外,其下级并不都是自治机关。其次,民族区域自治制度也包括非自治政权单位。民族乡（镇）也是民族区域自治制度的一部分,但民族乡（镇）的地方政权机关并不是民族区域自治机关,并不享有自治权。最后,民族区域自治制度体现一定的民族性。《宪法》对民族区域自治的民族性规定表现在两个方面:一是民族机关组成人员的民族性;二是地方事权的民族性。②

（四）教育权

《教育法》第 10 条第 1 款规定:"国家根据各少数民族的特点和需要,帮助各少数民族地区发展教育事业。"第 12 条第 2、3 款规定:"民族自治地方以少数民族学生为主的学校及其他教育机构,从实际出发,使用国家通用语言文字和本民族或者当地民族通用的语言文字实施双语教育。国家采取措施,为少数民族学生为主的学校及其他教育机构实施双语教育提供条件和支持。"

我国通过发展各级各类民族学校,举办内地预科班、民族班,对少数民族考生升学予以照顾,在广大农牧区推行寄宿制教育,着力办好民族地区高等教育等举措,促进教育公平,保障少数民族公民受教育权利。目前,我国民族地区已全面普及从小学到初中 9 年义务教育,西藏自治区、新疆维吾尔自治区的南疆地区等实现了从学前到高中阶段 15 年免费教育。2018 年,新疆维吾尔自治区学前

---

① 《为人民谋幸福:新中国人权事业发展 70 年》,参见中华人民共和国中央人民政府网站,http://www.gov.cn/zhengce/2019-09/22/content_5432162.htm,最后访问时间:2021 年 5 月 1 日。
② 参见田芳:《地方自治法律制度研究》,法律出版社 2008 年版,第 364 页。

三年毛入园率已达到 96.86%，小学净入学率达到 99.94%。①

（五）语言权

我国保障少数民族自由使用和发展本民族语言文字的权利。《中华人民共和国国家通用语言文字法》第 8 条规定："各民族都有使用和发展自己的语言文字的自由。少数民族语言文字的使用依据宪法、民族区域自治法及其他法律的有关规定。"

除回族和满族通用汉语文外，我国其他 53 个少数民族都有本民族语言，有 22 个少数民族共使用 28 种文字。各自治区也出台了相关法规规定其自治区内语言文字相关工作，如新疆维吾尔自治区专门出台了《新疆维吾尔自治区语言文字工作条例》。无论在司法、行政、教育等领域，还是在国家政治生活和社会生活中，少数民族语言文字都被广泛使用。现在，中国共产党全国代表大会、全国人民代表大会和中国人民政治协商会议等重要会议上都提供蒙古、藏、维吾尔、哈萨克、朝鲜、彝、壮等民族语言文字的文件和同声传译。② 截至 2018 年，少数民族双语教育的中小学共 6521 所，接受双语教育的在校生 309.3 万人，双语教育的专任教师 20.6 万人。③

（六）文化权

少数民族传统文化是中华文化的重要组成部分，是我国各族人民的共同精神财富。少数民族的文化权利保护方面，《中华人民共和国非物质文化遗产法》第 6 条第 2 款规定："国家扶持民族地区、边远地区、贫困地区的非物质文化遗产保护、保存工作。"另外，各级地方政府也积极出台保护少数民族传统文化的法规和规章。如 2012 年的《贵州省非物质文化遗产保护条例》、2013 年的《云南省非物质文化遗产保护条例》、2016 年的《广西壮族自治区非物质文化遗产保护条例》、2020 年的《防城港市京族文化保护条例》等，这些都为规范我国少数民族传统文化保护工作提供了重要的法律依据。

---

① 《民族时报》：《少数民族人权保障，中西为何大不同?》，参见百家号，https://baijiahao. baidu. com/s? id = 1699025523363800805&wfr = spider&for = pc，最后访问日期：2021 年 5 月 1 日。

② 《中国民族区域自治制度》，参见中华人民共和国中央人民政府网站 http://www. gov. cn/test/2005-07/04/content_11789. htm，最后访问日期：2021 年 5 月 9 日。

③ 《民族时报》：《少数民族人权保障，中西为何大不同?》，参见百家号，https://baijiahao. baidu. com/s? id = 1699025523363800805&wfr = spider&for = pc，最后访问日期：2021 年 5 月 1 日。

第二十一章 多民族国家协调民族关系的政策措施

当代世界的绝大多数国家都是多民族国家。客观地看,由于各种利益在特定时期总是恒定有限的,围绕利益分配就始终存在着矛盾和争议。对于多民族国家而言,协调民族关系本质上是为了协调不同民族之间的利益分配。如果将人口占据多数的民族视为主体民族,将人口相对较少的民族视为少数民族,那么无论是民主竞选,还是经济社会发展竞争,少数民族都很难与主体民族形成均衡发展态势,如果没有相应的保障措施,少数民族将长期处于不利地位。为此,多民族国家往往采用一系列政策、制度、措施,以妥善协调民族关系,促使不同民族的利益在一定时期内达致基本平衡状态,从而实现社会的稳定和谐。

整体而言,多民族国家协调民族关系的政策措施主要有三类:以美国为代表,立足个人自由平等而推行实施的肯定性行动;以马来西亚、斯里兰卡为代表,为了维护特定民族的利益而实施的族群优待政策;以中国为代表,为了实现各民族一律平等、共同团结奋斗与共同繁荣发展,推行实施少数民族优惠政策。

第一节 肯定性行动

一、肯定性行动的概念

肯定性行动可以作广义和狭义的界定。在广义上,"肯定性行动"是在世界范围内许多国家普遍存在的为了改变一国之内某些特定群体特别是弱势人群因为历史的或现实的多重原因而导致的在经济、文化或政治等方面的某些不利局面,而采取的一项国家政策和行动纲领,它以实现平等、公正为价值目标,以反歧视和补偿为特征,这些弱势群体可以是族别上的,也可以是性别上的。在狭义上,肯定性行动(Affirmative action)是指 20 世纪 60 年代由美国联邦政府推行的,旨在消除与补救过去在就业、教育等领域对少数族裔及妇女等群体歧视的一系列政策与行动。①

比较而言,广义的"肯定性行动"大体等同于"族群优待政策",只要是面向特定群体的优待措施,基本都可以纳入其中。狭义的"肯定性行动"界定得更加

---

① 参见王凡妹:《"肯定性行动"——美国族群政策的沿革与社会影响》,社会科学文献出版社 2015 年版,第 5 页。

明确,与广为人知的美国民权运动紧密关联。我们认为,对"肯定性行动"作出狭义上的界定更适合于把握这一概念,以免造成这一概念的过度泛化理解和适用。

肯定性行动有其理论基础。不同的学者对"肯定性行动"作出不同的解释,但众多解释的背后有着共性的支持理论。其中,补偿性理论与反歧视理论是学界的主流观点,具有较强的说服力。补偿性理论认为,肯定性行动是为了给予历史上受过不公对待的弱势群体以补偿,"旨在补救过去在就业、教育的领域对少数族裔及女性的歧视,并且防止目前及未来出现新的针对少数族裔及女性的社会排斥行为。"[①]国外学者比尔·肖认为,"肯定性行为"是指"一项公立或私立的计划,旨在为历史上处于劣势地位的群体提供平等的雇佣和录取机会,重点考虑那些曾被用于拒给这些群体以平等机会之特点。"[②]显然,补偿性理论侧重的是实质平等,而非形式平等。反歧视理论认为,肯定性行动是针对历史上存在并延续至今的歧视问题,"旨在消除对少数族群和妇女等不利群体在就业、教育领域的歧视的各项政策和措施。"[③]反歧视理论更多地着眼于歧视行为的影响,即现实中的弱势群体在历史上遭受的不公待遇以及差别对待的延续性影响。

二、肯定性行动的演变历程

1995 年美国前总统克林顿给"肯定性行动"下过一个定义:"肯定性行动是为给那些不巧成为曾长期持续遭受歧视的人群中具备资格的个人打开在教育、就业和商业发展机会的大门形成一个系统途径而做出的一种努力。"[④]这个界定恰当地反映了美国的真实情况,很好地总结了肯定性行动在美国的起因、任务和性质。

20 世纪 60 年代,美国的肯定性行动开始得到系统推行。肯定性行动 60 年代在美国蓬勃兴起绝不是偶然的,而是各方因素综合作用的结果。一般而言,有三个方面的原因值得探究:一是第二次世界大战后美国黑人处境的恶化;二是20 世纪五六十年代以来美国种族关系的持续紧张;三是 20 世纪 60 年代民权运动在美国的兴起。其主要内容体现在教育平等和就业平等两大方面。20 世纪60 年代是美国民权运动如火如荼的年月,黑人反对歧视争取平等、妇女要求和男性同样对待的女权运动都在此时兴起。美国社会进入了一个崭新的时代。在

---

① 苏江丽:《美国肯定性行动对我国促进弱势群体就业与发展的启示》,载《生产力研究》2008 年第11 期。

② Bill Shaw:"Affirmative Action: An Ethical Evaluation", *Journal of Business Ethics*, Vol. 7, No. 10 (1988), pp. 763-770, Retrieved March 29, 2010 from JSTOR database.

③ 刘宝存:《美国肯定性行动计划:发展·争论·未来走向》,载《新疆大学学报(哲学社会科学版)》2002 年第 4 期。

④ Jo Ann Ooiman Robinson, *Affirmative Action: A Documentary History*, Greenwood Press, 2001, p. 32.

政治层面,肯尼迪总统和约翰逊总统也想极力化解种族冲突,平衡性别关系,特别是约翰逊总统上台以后,怀有理想主义信念,倡导"伟大社会"的宏伟理念,为肯定性行动起到了推波助澜的作用。

由于历史和现实的原因,美国黑人与白人之间长期存在受教育机会与水平、就业状况的严重不平等,黑人、白人的势能和潜力是迥然不同的。即使他们真正站在同一起跑线上,对黑人而言也是不够的。所谓"机会之门"仍然形同虚设。为此,出于良心上的内疚和自责,白人自由派人士认为应该采取某种方式对黑人进行补偿。肯定性行动在美国的起因之一即是基于这种补偿理念。

能否平等就业是黑人所面临的最现实的问题,这直接关系到其社会经济地位的提高。而在就业领域,黑人受到的歧视最为严重。经济不景气时最先被解雇的是黑人。在同等条件下,黑人受雇的机会仅及白人的1/2,工资只有白人的3/5。改善此种不公平状况是肯定性行动的初衷。联邦合同管理办公室等机构在实际运作肯定性行动的过程中,在法院的大力支持下,积极实施其所制定的一系列指令,清除黑人就业中的各种障碍,以确保配额制的执行到位,使黑人与白人能够"站在同一种族起跑线上"。这个时期肯定性行动的指向已经非常明确,以消除对少数族裔和妇女等不利群体在就业、教育等领域的歧视的各种措施为特征。就其所实施的效果看,也的确在缓和种族矛盾、增加黑人及其他少数族裔的就业和入学机会以及提高他们的社会地位方面发挥了重要的作用。

然而,肯定性行动自出台之日就不断引起人们的争论。到了20世纪80年代,随着保守主义成为美国社会的主要思潮,联邦政府的民权政策发生了转向。此外,黑人中产阶级崛起,而且越来越多的白人声称遭受"反向歧视",对肯定性行动表示不满,整个社会对肯定性行动的争论愈加激烈,肯定性行动因而逐渐受到政府的限制而开始走下坡路。

肯定性行动可以追溯至美国20世纪40年代末,其历经萌芽时期、维权时期、优待时期和平等时期,时至今日仍处于不断变化发展之中。

20世纪40—50年代是肯定性行动的萌芽时期,其是由黑人掀起维权运动而引发,遂得到总统重视,并在战争背景下,通过签署总统政令的行政手段,实施具有战时临时性质的反歧视措施。

维权时期主要是指20世纪50—60年代,以黑人维权运动高涨为背景,《10925号政令》标志着"肯定性行动"的概念正式确立,民权立法标志着肯定性行动有了法律依据。1954年,在"布朗诉托皮卡教育局案"中,美国联邦最高法院判定在公立学校实行种族隔离制度是违背宪法的。肯尼迪总统上台后,于1961年3月6日签署了《10925号政令》,标志着肯定性行动进入维权时期。1964年通过了具有深远影响的《1964年民权法案》,为肯定性行动奠定了重要的法律基础。

20 世纪 60 年代末至 80 年代末,肯定性行动进入优待时期。尼克松总统任职期间,肯定性行动发生了重要转折,主要是对黑人权利的保护从被动应对的非歧视转向积极主动的优待。1980 年,里根当选为美国总统,当时的美国社会形势已经有了变化。对于黑人获取的优待措施和政策,白人阶层出现了不小的反对声。里根上台后,明确否定配额制,但他并不否定肯定性行动的合理性。影响较大的案例是 1978 年的"加州大学董事会诉巴基案"。通过该诉讼,鲍威尔大法官作出了一份"双重判决书",认为高校可以把学生的族裔背景作为录取中考虑的因素,但高校录取中的定额制度违反了《美国宪法》第 14 条修正案。①

20 世纪 80 年代末之后,肯定性行动发生第二次质变,进入了"平等时期"。在该阶段,肯定性行动的最大变化是:在司法上,明确了对肯定性行动实施"严格审查"。在 1989 年的"里士满市诉 J. A. 克洛森公司案"中,严格司法审查标准得以确立。该案成为肯定性行动从优待时期进入平等时期的分水岭。奥康纳大法官在其意见书中提出两个重要意见:一是肯定性行动的优待适用主体。优待适用的主体应是历史上那些曾遭受到歧视的群体,而并非所有的少数群体,那些未受到歧视的群体不能适用优待。二是对配额制的态度须是"精细剪裁"的。即配额制并非完全不能使用,也并非完全违宪,配额制的使用是有条件的,在穷尽其余中立替代措施后,作为最后的保底方式且采用的配额须经过各种调查证明而确定,而非机械性复制。此外,她在意见书中表达了与鲍威尔在"巴基案"中相同的观点,即"平等保护条款"针对的是每一位美国公民,而非某一群体,每个隶属于不同种族的公民平等地享有权利。

20 世纪 90 年代中期,克林顿总统颁布名为《行政部门和机构负责人备忘录》的指令。在指令中,克林顿明确提出,要严格限定肯定性行动的适用,包括优先寻找中立性替代方式,并严格限定四方面因素(配额、适格、反向歧视、期限)。肯定性行动的发展方向是走向人人平等,无论是走向终结或是成熟,具有显著优待性的肯定性行动将会受到各种限制。

事实上,自 20 世纪 70 年代美国肯定性行动政策的效果已然呈现式微之势。在整个 70 年代,黑人家庭的贫困率从 30% 下降到 29%,可以忽略不计。即便这一个百分点,也不能把功劳搁在肯定性行动的头上。虽然肯定性行动仍然被视为黑人脱离贫困的重要途径,但其中的政治意味似乎更深远一些。在其他国家也存在类似的情况,即不能孤立地从经济角度来评估肯定性行动政策。20 世纪 80 年代以来,肯定性行动在美国仍有动静,但已呈式微之势。美国的肯定性行动源远流长,历史悠久。从对黑人的历史补偿起源,后来日渐将照顾对象扩展到

---

① 参见任东来等:《美国宪政历程:影响美国的 25 个司法大案》,中国法制出版社 2004 年版,第 349—357 页。

其他弱势族群和女性。肯定性行动已经成为那些比较幸运者的恩赐品。根据小企业管理委员会的一份随机抽样调查显示,从政府合同中受惠的少数族群从业者,有超过 2/3 每个所获得的净利润超过了 100 万美元。同时,像当时一些著名的体育明星,如篮球明星朱利叶斯·欧文、橄榄球明星辛普森等都从肯定性计划中受惠良多。

三、肯定性行动的特点

第一,肯定性行动的实施前提是历史上遭受过歧视,实施对象是经济上处于弱势的某种族或族群,实施目的是实现公平竞争,促成法律上平等。肯定性行动得以推行和实施的一个重要理论依据是"补偿理论",即认为特定群体因为历史上遭受过歧视、不公平对待,甚至今都处于社会结构中的不利地位,成为社会弱势群体。为了改变这种不利地位,保障弱势群体享有平等的权利,国家才有必要采取特定政策、措施来予以调整改变。我们认为,这一个前提条件将肯定性行动与某些国家采取的族群优待政策作出了明确界分:后者可能是面向本国多数族群而实施的优待政策,不是为了改变弱势群体不利地位,反而可能是为了使某个群体长期享有不平等的特权。最典型的例证是马来西亚实施的族群优待政策,其在教育、企业发展、就业等领域采取的政策,有利于占据人口多数的马来人,而且在马来人获取优待后,仍然长期推行实施,以巩固马来人在马来西亚的主导地位。

第二,肯定性行动的实施方式是就业、教育等领域的优待措施,优待措施虽然得以推行,却受到严格限制,在美国则发展为明确反对配额。究其原因,肯定性行动在美国受到主流自由主义理论范式的深刻影响,其不可能也无法超越自由主义价值理念。自由主义坚持以个人为本位,个人权利被视为最大的权利,个人平等被视为最根本、最深刻、最完整的平等。如果说美国社会在早期还能够推行依据种族、族群身份来实施就业、教育领域的优待措施,那么经过司法诉讼和不断完善演进,美国社会基本达成一致共识,即坚决反对单纯依据种族、族群身份来获取某种优待。配额制之所以难以为继,也是因为配额制简单地将教育指标、用工指标直接与种族、族群身份挂钩。因此,在美国,任何对个人赋予优待的政策、措施都将受到严格的司法审查,而司法审查的标准则是考察这项政策、措施的目标是否与特定民族身份必然关联,同时还将考察这种关联性发生的概率。显然,这种考察是必然性审查与比例原则的结合,二者同时具备,才能够确定该优待政策能够受到支持。

第三,肯定性行动的实施期限是阶段性的,肯定性行动是过渡性措施,在条件成熟的时候要予以废止。由于美国肯定性行动主要是在教育、企业用工等领域,这些领域往往由公民普遍参与竞争,长期对特定群体予以帮扶,本身就是对自然竞争秩序的人为介入和调整扭转。美国社会向来崇尚自由放任的市场经济，推崇自由竞争，肯定性行动虽然为了实现平等而对特定群体予以帮扶，但这种帮扶政策一直充满争议，也引发过许多轰动全国的司法诉讼。经过司法上的理性辩论和慎重思考，美国社会逐渐达成共识：肯定性行动在一定时期内的一定领域存在是合理的，但其必然不能够长期存在，到了一定时期，这项政策必须予以取消。

第二节 族群优待政策

虽然多民族国家都需要协调民族关系，有的国家会关照社会弱势群体的诉求，但并非所有多民族国家都会致力于实现平等的民族关系，有的国家选择刻意维护不平等的民族关系，最典型的是马来西亚、斯里兰卡。

一、马来西亚：刻意维护马来人主导地位

据《中国新闻网》2014 年 2 月 28 日报道，马来西亚人口已突破 3000 万大关，成为亚洲第 17 大及全球第 42 大国家。截至 2010 年，马国的马来人口及土著占总人口的 63.4%、华族 24.6%、印族 7.3% 及少数族群 0.7%。至于已入籍的外国人，则占约 3%。在马来西亚各地普遍存在一个类似印度的情况，那就是外来的华人虽然起步低，但凭借其辛勤劳动和高度智慧，在马来西亚国家的经济和政治生活当中扮演了非常重要的角色，这种局面对马来西亚本土人构成了严峻的挑战。事实上，早在英国殖民时期，马来人就享受到众多优惠，反之，华人却受到广泛的打压和歧视。比如，殖民政府规定非马来人不能拥有土地，给马来人提供免费教育，马来人在殖民政府部门就职也近水楼台先得月。虽然面临诸多掣肘，华人依然在工作业绩上卓然领先。

1957 年马来西亚联邦独立后，族群间的紧张关系是政府面临的一个重大问题。国家的宪法保证本土马来人在政治上的优势地位，比如，宪法规定在选举中，农村人口选票的权重更高，实质在于，马来人农村人口居多，而华人因其经济比较富裕和从事工作性质所决定，多居住在城市里。随着华人人口的逐渐增多，马来人的不安情绪在不断上升，担心其优势不再。尽管华人已经要求得到和其他马来西亚公民一样的平等对待，但马来人却执拗地要持续执行对他们和本土人也即"土地之子"的优惠措施，并不断扩展。1965 年新加坡宣布独立后，马来人在马来西亚人口中占据绝对优势，马来人对马来西亚政治的控制不再面临挑战。

随着经济实力的增长，华人开始谋求同马来人平等的政治地位，更加令马来人感到不安。1969 年"5·13 事件"后，拉赫曼被迫辞职，拉扎克接任总理。他

随即提出"新经济政策"作为解决社会危机的方案,并从 1970 年开始推行。该政策的目的是全面扶植马来人的经济势力,并要在 20 年内(1970—1990 年)建立以马来人为中心的社会经济结构。政策目标其实没有达到,政府是想透过行政的力量,来对各种族的资本所有权进行重新组合,其中主要目标是将马来人资本拥有权从 2.4% 提高到 30%,而非马来人(华人与印度人)则保持在 40%,以实现"种族经济平衡"。在实施过程中,新经济政策包括如下几方面:

首先,限制非马来人经济的发展。1975 年 5 月,马来西亚国会通过政府制定的"工业协调法令",确立制造业的"申请准字制",授予工贸部长定夺大权。规定资本在 10 万元以上、工人在 25 人以上的企业必须申请准字,并让与土著马来人 30% 的股权,雇用工人中土著人必须达到 50%。

其次,在政治上削弱华人的地位和影响。拉扎克政府采取了一系列新措施:修改宪法,重申马来人政治文化特权,禁止在议会内外对马来人特权提出异议;将"联盟"扩大为"国民阵线"以削弱反对党的力量;启用马来人为财政部部长和工商部部长;集中经济管理权等。

最后,政府在大专院校实施学生配额制,限制非马来少数人的名额。

今天,即便华人和马来人在政治上有结盟,但最高的政治权力仍由马来人掌控。马来人优越性的体现无处不在。对华人征收的税率远高于马来人,其结果是使马来人从中受惠。和其他国家一样,在马来西亚从优惠和配额政策中受惠最大的并不是真正最贫穷的马来人。一项经验研究显示,受益于"新经济政策"的马来人不到 5%。[1] 对于这些始料未及的居民,马哈蒂尔曾有过一句经典的总结:"我非常之失望,因为我的核心使命是要使我的种族(马来人)成为受人尊敬的种族,成功的种族,但收效甚微。"[2]2008 年,马来西亚副总理纳吉,也就是新经济政策制定者拉扎克的儿子评论说,政府已经做好废除新经济政策的准备,因为政府不改变,人民就会改变政府。尽管他保证在不远的将来新经济政策将被取而代之,但他没有定下明确的时间表。

马来西亚的族群优待政策有两点值得注意:其一,它是针对多数族的优惠,马来人不仅在政治上处于优势地位,而且通过国家政策享受到经济、文化等领域的优待。其二,在一定时期内马来西亚呈现出民族关系融洽的表象,但究其实质,马来西亚国内的马来人、华人、印度人等并没有受到平等对待,马来人优势地位的获取和维护得益于其他民族的让步。

————————————

[1]　Mavis Puthucheary, "Public Policies Relating to Business and Land, and the Impact on Ethnic Relations In Peninsular Malaysia", in *From Independence to Statehood*: *Managing Ethnic Conflict in Five African and Asian States*, edited by Caroline Thomas, Robert B. Goldman and A. Jeyaratnam Wilson, London: Printer, 1984, p. 163.

[2]　"Mahathir's Change of Heart?", *Business Week*(International editions), July 29, 2002, p. 20.

二、斯里兰卡:偏向占人口多数的僧伽罗人

斯里兰卡是印度半岛东南面印度洋上的一个岛国,面积65600平方公里,人口1900万。历史上,斯里兰卡先后沦为葡萄牙、荷兰和英国的殖民地。1948年2月4日获得独立,成为英联邦的一个自治领地,1972年5月22日宣布成立斯里兰卡共和国。其人口的3/4是僧伽罗人,主要的少数民族泰米尔人占全国总人口的1/6。在宗教信仰上,僧伽罗人信奉佛教,泰米尔人则信奉印度教,在现有300万泰米尔人中,除90万是19世纪英国殖民者为开辟种植园从南印度招来的劳工后裔外,其余均为两千年前即与僧伽罗族一起定居斯里兰卡的古老民族。由于民族和宗教不同,历史上曾多次发生泰米尔人推翻僧伽罗人王国的事件。19世纪30年代英国占领斯里兰卡以后,由于殖民当局采取以泰米尔人制约当地的多数居民僧伽罗人的政策,使泰米尔人占据了工商和行政部门的最多和最高职位,拥有政治和经济的巨大优势,从而导致两个民族宿怨的日益加深。斯里兰卡独立后,约占全国人口74%的僧伽罗人掌握了国家权力,使泰米尔人的势力大大削弱,两个民族因此在就业、工资待遇、住房和教育等方面产生了不少摩擦,矛盾日益激化,多次发生冲突,以致酿成影响斯里兰卡政局的突出的政治地理问题。

自1948年斯里兰卡获得独立以来,无论本国人或外国人都对斯里兰卡的未来充满希望。人们也有理由对此表示乐观。尽管僧伽罗人和泰米尔人在种族、语言乃至宗教信仰上不同,并且之间甚少通婚,但仍有理由对此表示乐观。两个民族的精英人物皆非常西化,能讲流利的英语,见多识广,且在英国殖民当局或英国人的私人企业里共事已久。两个民族的上层人士拥有西方化的共同语言,与各自民众的传统保持某种距离感。更能给人增添信心的是,当时该国的政治领袖们承诺要建立一个承认其所有公民权利,不论其种族或宗教起源的世俗民主的国家。看起来,当时的形势非常有利于开始他们自己的民族建构和再生。

然而,独立十年后,一切风云突变,20世纪的后半叶在两大种族之间爆发了大规模的血腥仇杀。其中的教训非常惨痛,而根本原因之一在于独立后当局所推行的民族政策出现了极大的偏差,尤其是当局可以在民族之间制造差异,以及对某些种族可以推行优惠政策的制度。当局推行肯定性行动是基于这样一个事实,在大学校园里,在教职岗位上,在商业领域,不同的集团并没有得到成比例的体现。具体而言,特别是人数较少的泰米尔族在各个领域都取得了超越占多数的僧伽罗人的利益,在各个方面都处于优势地位。造成这种局面乃基于复杂的历史成因。

尽管泰米尔人绝对人口不多,但在高端职业里却占据了非常大的比例,比如医生、律师、工程师以及政府部门里,他们的比例要远远高于僧伽罗人。后来从

印度迁徙来的泰米尔人多数以种植为生,但其中的少部分人却是杰出的商人和货币放贷者,因为他们来自印度拥有浓厚商业文化的地区。早在1938年英国殖民统治下,就通过了限制印度来的商人的法律,其后,类似的限制更加严厉。总而言之,斯里兰卡的商业命脉把持在讲泰米尔语的人手中。

1948年锡兰独立并改名斯里兰卡,当时该国民族构成的基本情况是,官方语言之争可谓是导火索,浓缩了整个民族矛盾。随着独立的来临,本地人民族情结加深,20世纪40年代早期,英语在斯里兰卡的地位面临危机,斯里兰卡人的"国语"需要开始萌生,但紧接着而来的问题是应该采用两大民族中谁的语言为"国语"。历史上,锡兰时期并没有所谓的国语。但两大语言代表着两大民族。但50年代初语言问题并没有提上政府的议事日程,这一切全有赖于当时的政府总理森那亚克,他敏感意识到在一个新独立的多民族国家里,语言和宗教之争可能给国家的民族团结带来危害。问题随后得到凸显,后来的总理所罗门·班达拉奈克组织了反对党,并号召快速推行国语政策。问题一下子变得严峻起来。他的国语政策忽视少数族泰米尔人的语言需求,考虑把占多数人口的僧伽罗人的语言定为斯里兰卡的国语。如同历史上和今天的世界各个多民族国家一样,语言问题背后隐含着大量和现实有关的东西,比如就业方面的便利途径,入学的门槛,进入政府部门的难易程度等。在斯里兰卡也不例外,两种本族语言只有一种成为国语,意味着大量讲泰米尔语的精英人物被排斥在政府部门之外。1965年所罗门·班达拉奈克当选政府总理,新政府专门制定法律,明文规定僧伽罗语是斯里兰卡的官方语言,不仅在政府部门使用,而且商业机构等和政府讨论合作时,也必须要使用僧伽罗语。语言之争带来的深远的经济之争、就业和教育之争加剧了民族矛盾。此后,所罗门·班达拉奈克曾经一度反思其反泰米尔人的政策,但招来了族人的不满。

尽管在教育政策上,政府的政策对僧伽罗人倾斜,但泰米尔人在一些高端行业里占比依然远远高出僧伽罗人。其直接后果是,政府继续出台以配额为核心的一系列对僧伽罗人的优惠政策,不断蚕食泰米尔人在教育和就业上的相对优势。在大学入学上,僧伽罗人考生能够以比泰米尔人低的分数进入高校,在国家公务部门,1963年政府开始派遣僧伽罗族公务人员去北方泰米尔人聚居区。一年后的1964年,政府对于政府部门里的泰米尔族雇员,凡是不会讲僧伽罗语的,采取了一刀切的强制退休政策。并且,斯里兰卡还修改了宪法,取消了保证少数民族权利的有关内容。上述这些针对僧伽罗人的优惠政策,遭到了泰米尔人的温和抵抗。因为这些政策对于泰米尔青年在入学和就业方面都带来了消极的影响。泰米尔人开始采取比较自治的对抗措施。首先他们要求在官方交流中能使用他们自己本民族的语言,其后,他们开始要求在他们的聚居区实施有限的自治。

对于这些要求,所罗门·班达拉奈克的政府并没有无动于衷。他的政府与泰米尔人在一些方面达成了妥协协定,虽然遭到了僧伽罗人的强烈反对。1959年,一个僧伽罗极端主义者以背叛本族事业为由,谋杀了所罗门·班达拉奈克。至此,民族和解的希望变得黯淡起来。同期,政府剥夺了印度过来的泰米尔人的公民权,这就使得本土泰米尔人的选票变得无足轻重。

在教育方面,即使降低分数,泰米尔人的相对入学率依然要高于僧伽罗人,政府于是再次采取行动,先是规定实行标准化措施,给每一个学生一个标准分数,依据其在本族内的相对成绩。后来这个成绩被配额法所取代。1972年,"地区配额系统"出台,根据每个地区的人数来按比例录取学生。由于两个民族所居地区不同,所以地区配额就变为事实上的民族配额。从此开始,泰米尔人在高校的学生数直线下降。高等教育机会被压缩严重制约了泰米尔人的发展,因为泰米尔人主要聚居在斯里兰卡地理条件比较差、比较贫瘠的地区,靠考学和教育才能改变他们的命运。在这种情况下,泰米尔人再次寻求加快在他们自己居住的北部地区的自治步伐。在请愿、抗议、不服从运动等手段皆收效甚微之后,泰米尔人进而寻求武力反抗。他们开始寻求建立一个本族的独立国家。泰米尔族内的温和派让位于极端主义、分裂主义。这股浪潮在1975年以泰米尔猛虎组织的成立为标志达到一个新的阶段。从此揭开了为期数十年的斯里兰卡内战。1978年的新宪法通过新的条款,承认泰米尔人的语言权,可惜为时已晚,平静再也难以回复。

第三节　民族优惠政策

一、民族优惠政策的概念

"民族优惠政策"也可称为"少数民族优惠政策"。中国是实行民族优惠政策的典型国家。在中国,"少数民族优惠政策"是基于各民族一律平等的价值目标追寻,立足于中华民族一家亲的理念,为了实现各民族共同团结奋斗、共同繁荣发展,由中央政府主导推行实施的一系列政治、经济、文化、社会等领域的优待政策和措施,以帮扶少数民族实现与主体民族共同进步,在社会主义现代化建设进程中共享社会发展红利。

少数民族优惠政策的理论基础包括:一是补偿理论。认为基于少数民族和民族地区先天不足、后天失调的特殊性和弱势地位,以制度和政策的形式寻求弥补发展差距。此外,少数民族在历史上为国家发展和建设、对中华人民共和国的成立和全国经济社会发展作出了重要贡献,因此理应得到补偿和照顾。① 二是正义理论,可分为补偿正义或实质正义两种。对前者而言,由于民族地区和少数民族发展的条件差,在激烈的市场竞争中不占优势,任由市场抉择则不利于少数民族的共同繁荣发展,从而需要对形式正义进行矫正,以实现补偿正义。对后者而言,正义的根本问题涉及社会成员个体的权利义务分配,为了达致正义,同等情况同等对待即为形式正义,不同情况不同对待即为实质正义。实质正义更加侧重于最终结果方面是否公正,民族优惠政策侧重于追求各民族权益在实质上的平等。此为实质正义。三是社会需要理论。该理论观点认为,社会需要是制度发展和变迁的根本动力,民族优惠政策不断发展的新动力就是基于社会成员权利实现所出现的新需要。② 四是平等与反歧视和差别权利保护理论。该理论认为基于特定社会权利结构,少数民族、妇女、残疾人等特定弱势群体处于权利结构的不利地位,法律应该给予其差别性的优待措施。差别权利是在反歧视法律框架下无法解决少数人现实权利困境条件下产生的。③ 在以上理论之外,有研究指出了民族优惠政策的理论预设:"族群冲突是族群间经济差距的产物,而族群和解是各族群按一定比例分配占据各级部门中的职位,并活动于社会的各种职能的结果。"④应该说,我国民族优惠政策的实施在很大程度上是受到这种理论预设的影响,以避免少数民族群众停留在社会阶层中的不利位置。

二、中国少数民族优惠政策的基本内容

(一) 政治领域的优惠政策

在政治领域,少数民族优惠政策主要表现为:第一,少数民族干部配备政策方面的照顾。民族自治地方在公务员考试录用中,可采用单列职位、降低报考条件等方法,对少数民族报考人员进行倾斜。当依法配备实行区域自治的民族和其他民族领导干部,在公开选拔、竞争上岗配备领导干部时,可以划出相应的名额和岗位,定向选拔少数民族干部。招考公务员对少数民族考生实行"加5—10分"的照顾政策。第二,在各级人大、政协名额分配中,对少数民族人大代表和政协委员名额作出适当的照顾。第三,民族自治地方的人民代表大会中,除实行区域自治的民族的代表外,其他居住在本行政区域内的民族也应当有适当名额

---

① 参见林艳、秉浩:《民族政策价值取向:优惠照顾还是一般对待?》,载《黑龙江民族丛刊》2012年第6期;包胜利:《也谈中国可进一步完善民族政策》,载《中国民族报》2011年10月28日,第5版。

② 参见胡彬彬:《我国民族优惠政策的制度伦理分析》,载《广西民族研究》2014年第2期。

③ 参见杜社会:《少数民族优惠政策的渊源、法理与特征》,载《云南民族大学学报(哲学社会科学版)》2014年第5期;杜社会:《平权视域下的少数民族优惠政策:原理、措施与合理性控制》,载《湖北社会科学》2014年第11期。

④ 〔美〕D.霍洛维茨:《减少族群冲突的优待政策》,载马戎编:《西方民族社会学经典读本——种族与族群关系研究》,北京大学出版社2010年版,第354页。

的代表。民族自治地方人民代表大会常务委员会中应当由实行区域自治的民族的公民担任主任或者副主任。自治区主席、自治州州长、自治县县长由实行区域自治的民族的公民担任。自治区、自治州、自治县的人民政府的其他组成人员，应当合理配备实行区域自治的民族和其他少数民族的人员。

截至 2015 年，全国 5 个自治区、30 个自治州、120 个自治县（旗）的自治区主席、自治州州长、自治县（旗）县（旗）长全部由实行区域自治的少数民族公民担任。同时，注重合理配备实行区域自治的民族和其他少数民族的干部，切实保障自治机关各民族的平等权利。每个民族都有全国人大代表和全国政协委员。少数民族干部和人才培养受到重视，目前，我国少数民族干部已达到 290 多万人，比 1978 年增长了 3 倍多。包括 5 个自治区在内的 13 个省级公务员主管部门，在招录公务员时都结合实际专门制定了针对少数民族考生的照顾措施。155 个民族自治地方的少数民族干部比例，大都接近、有的超过少数民族人口占当地总人口的比例。

（二）经济领域的优惠政策

经济领域的优惠政策主要包括面向民族地区的财政转移支付政策、民族地区税收优惠政策、民族地区产业（农业发展、工业发展、民族贸易发展）优惠政策、民族地区金融投资优惠政策、民族地区开放联合优惠政策和民族地区人力资源优惠政策（少数民族人口、就业照顾政策）等。

以民族地区税收优惠政策为例，可以对经济领域的优惠政策有基本了解。按照 2000 年 10 月《国务院关于实施西部大开发若干政策措施的通知》，税收优惠政策适用范围包括重庆市、四川省、贵州省、云南省、西藏自治区、陕西省、甘肃省、宁夏回族自治区、青海省、新疆维吾尔自治区和内蒙古自治区、广西壮族自治区。湖南省湘西土家族苗族自治州、湖北省恩施土家族苗族自治州、吉林省延边朝鲜族自治州可以比照西部地区享受税收优惠政策。税收优惠政策的具体内容是：对设在西部地区国家鼓励类产业的内资企业和外商投资企业，在 2001—2010 年，减按 15% 的税率征收企业所得税。经省级人民政府批准，民族自治地方的企业可以定期减征或免征企业所得税。对在西部地区新办交通、电力、水利、邮政、广播电视等企业，企业所得税实行 2 年免征、3 年减半征收。对为保护生态环境，退耕还生态林、草产出的农业特产品收入，在 10 年内免征农业特产税。对西部地区公路国道、省道建设用地比照铁路、民航用地免征耕地占用税，其他公路建设用地是否免征耕地占用税，由省、自治区和直辖市人民政府决定。对西部地区内资鼓励类产业、外商投资鼓励类产业及优势产业的项目在投资总额内进口自用先进技术设备，除国家规定不予免税的商品外，免征关税和进口环节增值税。

从 2000 年开始，国务院陆续将 155 个民族自治地方都纳入了西部大开发范围或比照西部大开发政策予以扶持。2005 年出台了《国务院实施〈中华人民共和国民族区域自治法〉若干规定》。2008 年起,陆续量身定制了进一步促进宁夏、广西、新疆、云南、内蒙古、贵州以及青海等省藏区经济社会发展的政策文件。此外,还通过制订"十二五"规划纲要、少数民族事业"十二五"规划、扶持人口较少民族发展规划、兴边富民行动规划等一批规划纲要,将上级国家机关对民族地区的法定帮扶职责加以具体落实。

国务院各有关部门依法履行上级国家机关对民族自治地方的职责,进一步加大对少数民族和民族地区的扶持力度。比如,国家发改委注重从民族地区的实际出发,实行区别对待、政策倾斜,"十二五"以来,累计安排中央预算内投资约 541 亿元支持民族地区改善交通基础设施条件,累计安排约 480 亿元支持民族地区农林水利建设,累计安排 430 亿元用于民族 8 省区的教育、医疗卫生、文化等社会领域,改善当地群众公共服务条件。财政部 2010 年制定的《中央对地方民族地区转移支付办法》,已覆盖全部民族地区。2014 年共安排转移支付 520 亿元,较上年增长 12.1%。国务院扶贫办先后出台的 3 个中长期扶贫开发规划,都把民族地区扶贫工作作为重要部分加以倾斜,"十二五"期间,向民族 8 省区累计安排中央财政扶贫资金 807.6 亿元。

(三) 文化领域的优惠政策

文化领域的优惠政策包括:加大人、财、物投入力度,保护少数民族语言文字;支持兴办民族学校,发展民族教育事业;尊重和保护少数民族宗教信仰自由;大力保护民族地区非物质文化遗产;等等。

国家十分重视促进民族地区文化事业的发展,投入大量资金保护少数民族文物和非物质文化遗产项目,推进民族地区广播电视村村通、乡镇综合文化站、农家书屋、地市级公共图书馆、文化馆、博物馆等重点文化惠民工程建设。

在国际非物质文化遗产保护名录体系的影响下,中国逐渐建构形成了覆盖国家、省、市、县级非物质文化遗产的名录体系。国务院办公厅制定了国家级非物质文化遗产代表作申报评审标准、具体范围、保护措施等。截至 2010 年,国家级非遗代表性项目名录共评选公布了三批,总计 1219 项。民族地区申报积极性大,仅五大自治区申报的就有 233 项入选。2008 年 5 月原文化部发布《国家级非物质文化遗产项目代表性传承人认定与管理暂行办法》(中华人民共和国文化部令第 45 号,现已失效),2019 年 11 月文化和旅游部发布《国家级非物质文化遗产代表性传承人认定与管理办法》(中华人民共和国文化和旅游部令第 3 号),进一步明确了非遗代表性传承人的确定程序和要求。截至 2009 年,中国共有国家级非物质文化遗产项目代表性传承人 1488 名,其中五大自治区有 149 名得到命名。同时,中国推行文化生态保护区政策,政府鼓励单位和个人在文化生态保护区建立非物质文化遗产馆和传习所,研究和展示非物质文化遗产。在民族地区,传习所得以全面推行建设。我国在民族地区或以少数民族文化为主建立的保护区主要有:热贡文化生态保护实验区(青海省,2008 年 8 月)、羌族文化生态保护实验区(四川省、陕西省,2008 年 11 月)、武陵山区(湘西)土家族苗族文化生态保护实验区(湖南省,2010 年 5 月)、迪庆文化生态保护实验区(云南省,2010 年)、大理文化生态实验保护区(云南省,2011 年 1 月)、黔东南民族文化生态保护实验区(贵州省,2012 年 12 月)、武陵山区(鄂西南)土家族苗族文化生态保护实验区(湖北省,2014 年 8 月)、武陵山区(渝东南)土家族苗族文化生态保护实验区(重庆市,2014 年 8 月)、藏族文化(玉树)生态保护实验区(青海省,2017 年 2 月)。

截至 2014 年,全国共建立民族文字图书出版社 32 家,民族语言文字类音像电子出版单位 13 家,民族文字报纸 99 种。民族自治地方有广播电台 73 座,电视台 90 座,公共图书馆 758 个,文化馆 795 个,博物馆 475 个,建成"公共电子阅览室"站点 5417 个。国家还先后举办了四届少数民族文艺汇演和十届全国少数民族传统体育运动会,展现了多彩纷呈的民族文化。民族教育事业快速发展,从学前教育到高等教育的民族教育体系已经形成。2014 年,全国各级各类学校少数民族在校生达到 2501 万人,占全国各级各类学校在校生总数的 9.6%。双语教育稳步推进,目前全国有 21 个民族使用 29 种文字进行双语教学,接受双语教育的学生 410 万人,双语教师 23.5 万人。55 个少数民族都有了本民族的本科生、硕士生和博士生。西藏自治区在全国率先实现 15 年免费教育。新疆南疆地区实现了 14 年免费教育。甘肃省临夏回族自治州在全省率先实现从学前到高中的免费教育。

(四) 社会领域的优惠政策

社会领域的优惠政策主要体现在民族地区环境保护与生态补偿政策、帮助民族地区发展医疗卫生、社会保障等基本公共服务政策,等等。[①]

民族地区生态补偿政策包括财政补偿、项目支持、征收生态环境补偿费等。项目支持具体包括天然林资源保护工程、退耕还林还草、重点防护林工程、野生动植物保护与自然保护区建设、速生丰产用材林建设等。以速生丰产用材林建设为例,广西是民族地区主要的建设工程分布区,已经形成了国家、集体、个人、联营、外商投资等多元共建的发展格局。

民族地区新农合制度不断完善,参合率稳定在 95% 以上,政府补助标准从最初的人均 20 元提高到 2015 年的 380 元,政府范围内住院费用报销比例提高到 75% 左右。全面推开 22 种重大疾病保障试点。在新疆、内蒙古、宁夏、青海

---

① 陈蒙:《我国民族优惠政策的法理学探析——对"第二代民族政策"论者"去民族优惠"观点的回应》,中南民族大学 2013 年硕士学位论文。

等民族地区,每千人医疗卫生机构床位、每千人卫生技术人员数等都接近全国平均水平。少数民族群众健康状况不断得到改善,内蒙古、广西的人均预期寿命已经高于全国平均水平。民族医药得到发展,全国设有 15 个少数民族医药为主的医院 200 余所,民族地区大多数村卫生室和部分社区卫生服务机构都能够提供民族医药服务。

民族地区的社会保障实现了从无到有、待遇从低到高、覆盖范围从城市到乡村的发展。

三、中国少数民族优惠政策的特点

中国少数民族优惠政策不同于美国的肯定性行动。中国少数民族优惠政策立足于实现各民族一律平等,努力实现国内各民族共同繁荣发展,最终实现人的自由全面发展。中国共产党领导制定的民族优惠政策发挥了重要作用,政府在其中承担了大量的工作,内容上涵盖了政治、经济、文化、社会等各方面、各领域。美国的肯定性行动则立足于个人权利平等,为了达致个体平等而对民族身份进行慎重考察,在实施初期往往通过行政力量(以美国总统发布总统令为代表)来推动,内容主要是经济、就业、教育等领域,但随着政策实施不断引发争议,美国社会对肯定性行动持慎重态度,如今往往通过司法审查进行裁断。

中国的少数民族优惠政策也截然不同于马来西亚对马来人的优待政策、斯里兰卡对僧伽罗人的偏袒。中国致力于追求民族平等,通过对少数民族的优惠政策来促使少数民族与主体民族共同进步,而马来西亚、斯里兰卡的民族优待政策显然是故意偏袒人口占多数的民族,甚至是为了保持民族不平等的长期存续。

中国的少数民族优惠政策以马克思主义民族平等理论为指导,立足于民族平等,致力于实现各民族团结发展,各民族能够在中华民族大家庭里和睦相处,为实现中华民族伟大复兴而努力奋斗。少数民族优惠政策存在三个层次的价值内核:初级层次的价值目标是通过纠偏性的优惠,创造和恢复机会或结果上的平等。较高层次的价值目标,则是通过对少数民族机会、资源、利益的平等获得的保障,确保其民族性特征的延续和发展,以实现多样化的目标。[①] 更高层次的价值目标,则是促进各民族平等发展后,实现有机交融,从而淡化乃至取消一些民族优惠政策,进而实现人与人的平等自由发展。

中国的少数民族优惠政策具有以下特点:

第一,适用有严格的限定条件。适用条件是基于现实中少数民族经济社会发展处于劣势地位,而通过其本身努力短期内又难以改变这一现实条件。

---

① 　参见杜社会:《少数民族优惠政策的渊源、法理与特征》,载《云南民族大学学报(哲学社会科学版)》2014 年第 5 期。

　　第二,追求民族因素与区域因素相统一。中国的少数民族优惠政策有一部分是单纯依据民族身份而制定和实施的,这是考虑到少数民族占全国人口比例小,为了促使少数民族能够与汉族群众一起共享社会发展红利,制定了特定的优惠政策。但在各民族交往交流交融不断增强的背景趋势下,单纯依据少数民族身份制定实施的优惠政策正在收紧、变少,面向特定区域的优惠政策则在增多,甚至于一些不属于特定区域的地方也因符合政策设定目标而能够享受优惠。例如,在西部大开发过程中,将不属于地理意义上的"西部"地区纳入其中,典型例证是恩施州。恩施土家族苗族自治州是湖北省唯一的少数民族自治州,也是湖北省唯一享受国家西部大开发政策的地区。1993年自治州成立以来,在党和政府的领导下,恩施民主政治建设成果丰硕,社会生产力快速发展,人民生活水平显著提高,很大程度上得益于国家推行实施的少数民族优惠政策。

　　第三,适用领域广泛而全面。优惠政策致力于实现各民族一律平等,即形式平等与实质平等相统一,实现人的全面自由发展。为此,优惠政策的内容是全面而广泛的,除了政治领域,还涉及教育、就业、公职人员考录、政府工程竞争、文化保护等领域。

　　第四,政策实施由国家主导。少数民族优惠政策只能由国家或以国家名义制定、实施或促成,这是少数民族优惠政策区别于其他私法领域授益行为的根本特征。

　　第五,少数民族优惠政策实施的期限性。民族优惠政策的推行实施是有期限的,在政策目标实现后,就不宜继续推行原有措施。①

---

　　①　参见刘成琼:《浅论优惠政策》,载《经济管理者》2009年第14期。

第二十二章　少数人权利的国际保护

从国际层面对少数人权利予以保护已成为全球共识,目前关于少数人权利的国际保护包括两个层面:一是全球性少数人权利保护,在联合国系统内实施;二是区域性少数人权利保护,在相关区域性组织内实施,以欧洲、非洲和美洲最具代表性。

第一节　联合国少数人权利保护机制

联合国少数人权利保护机制,涉及联合国系统内有关少数人权利保护的立法、机构和运行机制。

一、联合国少数人权利保护的立法

联合国少数人权利保护立法包括一般性立法和专门性立法,前者是指包括少数人在内的一般性人权保护的国际立法,而后者则专门为少数人权利保护进行的国际立法。

涉及少数人权利保护的一般性立法包括:《联合国宪章》《世界人权宣言》《公民权利及政治权利国际公约》和《经济、社会和文化权利国际公约》等人权保障的基石性文件。它们对包括少数人在内的人权保护作了原则性规定。此外,少数人群体的权利保障,还散见于其他一些国际立法中。例如《防止及惩治灭绝种族罪公约》《国际刑事法院罗马规约》《国际劳工组织(就业和职业)歧视公约》《国际劳工组织关于工作中基本原则和权利宣言》、教科文组织《保护非物质文化遗产公约》和教科文组织《保护和促进文化表现形式多样性公约》。

有关少数人权利保护的专门立法规定又分为两种,一种是针对少数人群体权利保护的专门立法,另一种针对土著民族权利保护的专门立法。1992 年制定的《在民族或族裔、宗教和语言上属于少数人群体的人的权利宣言》是一部专门保护少数人群体权利的国际文件。宣言分为 9 条 23 款,主要规定了少数人群体的主要权利以及所在国及联合国的义务。宣言除了指出应保障少数人群体享有其所在国所有人都享有的基本人权与自由外,还列举了少数人群体的文化权、宗教权、语言权、有效参与权、设立与保持社团权、自由交流权。而联合国系统内关于土著民族权利保护的专门立法进行得比较早。国际劳工组织在 1957 年通过了《土著与部落人民公约》,并于 1989 年予以修订。2007 年 9 月 13 日,联合国大会通过了《联合国土著人民权利宣言》。该宣言不仅确认土著民族有权充分享受《联合国宪章》《世界人权宣言》等一般性人权保护立法所确认的所有人权和基本自由,还详细列举了土著民族应该享有的经济、政治、社会、文化、宗教、语言、习俗、历史等权利。

二、联合国少数人权利保护机构

联合国未就少数人权利保护设立专门机构,而是将少数人权利保护作为一般人权机构的重要职责之一。目前,联合国系统内人权机构主要分为两类:一类是根据《联合国宪章》设立的人权机构,另一类是基于人权条约设立的人权机构。此外,还有为上述人权机构提供秘书处支持的联合国人权事务高级专员办事处(以下简称"人权高专办")。

(一) 根据《联合国宪章》设立的人权机构

目前基于《联合国宪章》设立的人权机构就是指联合国人权理事会(以下简称"人权理事会"),它成立于 2006 年,取代了拥有 60 年历史的人权委员会。人权理事会是联合国系统中的政府间机构,由 47 个通过联合国大会选举的成员国组成,负责在全球范围内加强促进和保护人权的工作,解决侵犯人权的状况以及对此提出建议。理事会负责讨论全年所有需要关注的人权问题和状况,在联合国日内瓦办事处举行会议。人权理事会内部结构详见图 1:

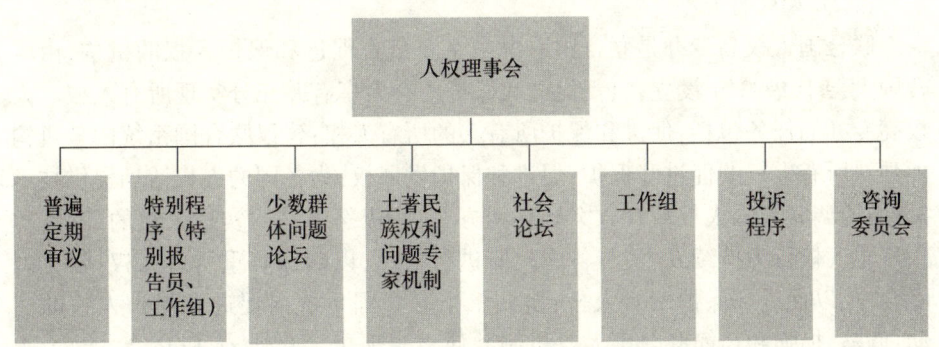

图 1　人权理事会内部结构

由图 1 可以看出,人权理事会为了保护少数人权利,专门设立了少数群体问题论坛和土著民族民权利问题专家机制,这凸显了人权理事会对少数人权利保护的重视。

(二) 基于人权条约设立的人权机构

基于人权条约设立的人权机构是由独立专家组成的委员会,主要负责监督主要国际人权条约的执行情况。目前存在 10 个人权条约机构,简要情况详见表 1:

表1　人权条约机构简介

序号	人权条约机构名称	职责
1	人权事务委员会	监督缔约国对《公民权利和政治权利国际公约》落实情况
2	经济、社会和文化权利委员会	监督缔约国落实《经济、社会和文化权利国际公约》情况
3	消除种族歧视委员会	监督缔约国落实《消除一切形式种族歧视国际公约》情况
4	消除对妇女歧视委员会	监督缔约国落实《消除对妇女一切形式歧视公约》情况
5	禁止酷刑委员会	监督《禁止酷刑和其他残忍、不人道或有辱人格的待遇或处罚公约》缔约国落实公约的情况
6	防范酷刑小组委员会	承担着一种防范性任务,旨在以创新、持久和主动的方式应对防范酷刑和虐待问题
7	儿童权利委员会	负责监督缔约国落实《儿童权利公约》《关于儿童卷入武装冲突问题的任择议定书》和《关于买卖儿童、儿童卖淫和儿童色情制品问题的任择议定书》情况
8	移徙工人委员会	监督缔约国落实《保护所有移徙工人及其家庭成员权利国际公约》情况
9	残疾人权利委员会	负责监督缔约国落实《残疾人权利公约》情况
10	强迫失踪问题委员会	负责监督缔约国落实《保护所有人免遭强迫失踪国际公约》情况

(三) 人权高专办

联合国人权高专办是联合国系统中主要负责促进和保护人权的机构,由联合国大会于1993年设立,负责促进和保护所有人享有并充分实现所有人权。人权高专办的任务包括:促进和保护所有人的所有人权;建议联合国系统内各机构加强对所有人权的促进和保护;促进和保护发展权;为各国的人权活动提供技术援助;协调联合国人权教育方案和新闻方案;积极努力消除实现人权的障碍,防止侵犯人权行为持续发生;与各国政府进行对话,以确保尊重所有人权;强化国际合作,以促进和保护所有人权;协调整个联合国系统内促进和保护人权的活动;调整、加强和精简联合国人权机制并使之合理化。此外,人权高专办致力于为联合国系统内的不同人权监督机制提供最好的专业知识和支持。

三、联合国少数人权利保护的运行机制

联合国设置的针对少数人权利保护的运行机制,主要包括少数人群体和土著民族权利保护的运行机制。

(一) 少数人群体权利保护的运行机制

第一,少数人群体研究金方案。人权高专办为了提高团体或个人从事人权保障工作的能力,设立了多个研究金方案,其中包括少数人群体和土著民族研究

金方案。所谓研究金方案,是由人权高专办国家机构和区域机制事务科组织,旨在向来自世界各地的国家人权机构工作人员提供对国际人权体系更好的理解和认识。① 少数人群体研究金方案于 2005 年启动,主要是支持特定的国籍、种族、宗教或语言的少数人群体参加人权培训,将来能更好地在组织或社区内传播少数人群体保护的相关理念、知识与经验。

第二,少数人群体问题特别报告员。少数人群体问题特别报告员基于个人在人权领域公认的能力、公信力、专业知识与专业经验被人权理事会任命为特别报告员。他们并非联合国工作人员,也不享有联合国的任职报酬。特别报告员的任务包括:协调联合国内部的少数人群体权利保护机构与程序,并与各国政府协商,同时与非政府组织进行合作,向人权理事会和大会提交活动的年度报告与建议。特别报告员主要关注以下领域的问题:保护少数人群体的生存,包括保护人身健全和防止种族灭绝行为;保护和增进文化和社会特征,既包括个人也包括集体特征;确保切实贯彻不歧视和平等原则,包括结构性和体制性的特征;确保少数人群体成员切实有效地参与公共生活,尤其是对他们有影响的决策。

第三,少数人群体问题论坛。人权理事会于 2007 年设立了少数人群体问题论坛,论坛由人权理事会各会员国和联合国各专门机构的代表,人权机制和国际、地区组织和国家人权机构的代表,以及非政府组织,学术界的代表和专家组成。少数人群体问题论坛本着公开对话和相互尊重与理解的精神,讨论一些影响全球少数人群体的关键挑战和问题,旨在就有关属于民族或种族,宗教和语言上的少数人群体的问题提供一个强化的平台,以促进联合国系统范围内外各利益相关者之间的对话与合作,对少数人群体权利进行公平和有效的保护。②

第四,个人来文申诉机制。个人来文申诉制度是指缔约国加入相关条约后,其所在国个人声称因条约所规定的权利受到侵害,一般在穷尽其所在国法律救济程序仍然得不到救济的情形下,向相关条约机构提交申诉来文的一种人权监督与救济制度。来文申诉机制中的基于特别程序的申诉既无须个人所在国侵害了其条约上的权利,也无须穷尽国内救济的前置程序。从个人来文申诉机制的制度逻辑来看,它并非专门针对少数人群体权利的救济程序,但是这个机制能够含括少数人群体权利的救济。

来文申诉程序机制对少数人群体权利的救济分为三类:一是基于国际人权条约的个人申诉。这类申诉可以由个人提起,也可以由授权的第三方(律师、非政府组织或专业团体)代表受害者个人提起。二是基于特别程序的申诉。特别

① 参见《国家人权机构工作人员研究金方案》,载联合国人权高专办网站,https://www.ohchr.org/CH/ABOUTUS/Pages/FellowshipNHRIStaff.aspx,最后访问日期:2018 年 7 月 12 日。
② 参见〔德〕约阿希姆·卢埃克:《刑事司法体系中的少数人群体》,载联合国人权高专办网站,https://www.ohchr.org/Aboutus/Pages/FellowshipNHRIStaff.aspx,最后访问日期:2018 年 7 月 16 日。

程序下的个人申诉形成的条件相对简单,不需要当事国批准人权条约,也不需要受害个人穷尽其所在国国内的救济程序,甚至不需要是受害人本人,且可以同时向人权条约机构和特别程序提出申诉。三是人权理事会的申诉机制。根据人权理事会的申诉机制,任何人只要宣称人权受到侵害的,都可以向理事会提交申诉。

(二)土著民族权利保护的运行机制

第一,土著民族权利专家机制。土著民族权利专家机制由联合国人权理事会第6/36决议决定设立。专家机制的任务主要分为两个部分:一是对人权理事会确定的主题进行研究并提交报告,并基于研究提供咨询意见供人权理事会审核;二是每年召开一次土著民族专家机制年度会议,并将会议讨论的问题整合汇编,作为年度报告提交给人权理事会。

2016年以前,专家机制由5名独立专家组成,成员任期为3年,可连任一期。2016年9月30日,人权理事会对土著民族专家机制作出了大量修正,专家机制改由7名独立专家组成,在每个土著社会文化区域中各选出一名。为了保持专家机制运作的连续性,专家机制的成员采用交错任期办法。另外,理事会强烈建议在甄选和任命进程中优先考虑候选人在土著民族权利领域所具备的公认的能力和经验、是否拥有土著民族血统以及性别平衡等因素。

第二,土著民族人权和基本自由情况特别报告员。土著民族人权和基本自由情况特别报告员由人权委员会设立,人权委员会被人权理事会取代后,该特别报告员机制作为特别程序的专题任务之一被保留。特别报告员的甄选和任命程序与土著民族权利专家机制基本相同。特别报告员的任务分为五大类:一是国别研究与国别报告,即以国别划分为基础对不同国家的土著民族人权和自由状况研究调查并提出意见,以国别报告的方式提交给人权理事会和联合国大会。二是专题研究与特别报告,即开展和参与对世界各国和各地区土著民族有帮助的议题或专题的研究,研究总结以特别报告的形式提交给人权理事会。三是来文投诉报告,即对特别报告员收到的来文以及其回复的总结报告。四是年度报告,即人权理事会要求特别报告员每年向其于日内瓦举行的其中一次常会提交一份年度报告。五是促进良好做法,特别报告员会在研究基础上重点关注推动各个国家国内层面的法律、行政和方案改革,落实《联合国土著人民权利宣言》和其他相关国际文书的标准,以完成其促进良好做法的任务。

第三,联合国援助土著民族自愿基金。1985年12月13日,联合国大会设立一个援助土著民族的自愿信托基金,目的是由各国政府、非政府组织和其他私人或公共机构通过自愿捐助提供资金,向土著民族和组织的代表提供财政援助,以帮助他们参加土著民族问题工作组的审议工作。随着联合国土著民族权利相关机制的不断发展,联合国大会又几次调整了土著民族自愿基金的任务授权。

2001 年决定基金可用于土著民族社区和组织的代表以观察员的身份参加土著民族问题常设论坛的会议。[1] 2008 年将基金的任务扩展至资助土著民族组织的代表参加专家机制的各项活动。[2] 2010 年决定基金将促进土著民族组织代表参加人权理事会和人权条约机构的会议。[3] 2015 年又将基金的任务扩展至促进土著民族代表和机构参加联合国有关机构会议。[4]

第四，土著民族研究金方案。土著民族研究金方案由人权高专办设立，旨在向土著民族提供机会，获取关于负责人权整体和具体土著民族问题的联合国体系及机制的知识，从而使他们能够帮助其组织和社区促进和保护人权，提高土著民族对现有国际人权文书和机制的认识，以便他们能够更有效地倡导其社区的权利并在国际上提出他们的关切。参与该方案的人员包括两类，即实施教学任务的土著民族高级研究员以及前来学习的研究员。

第二节　欧洲少数人权利保护机制

欧洲在少数人权利保护方面走在世界前列。这跟近代人权观念的发生、人权制度的建立以及欧洲近现代史的发展不无关系。

一、欧洲少数人权利保护的立法

《欧洲人权公约》于 1953 年生效。本公约生效后，又陆续制定了一系列议定书对公约相关内容进行修订，目前第 15 号议定书于 2021 年 8 月 21 日生效。公约设立了欧洲人权委员会、欧洲人权法院和欧洲理事会部长委员负责监督和保障缔约国履行公约中的义务。[5] 受《世界人权宣言》的影响，公约强调对个人权利而非集体权利的保护，也没有明确规定少数人权利。但是人们认为公约第 14 条涉及对少数人权利的规定，即"不得因诸如性别、种族、肤色、语言、宗教、政治或其他见解、民族或社会出身、与少数民族的关联、财产、出生或其他身份等任何理由而受到歧视"。少数人开始以该条款为自己主张权利，欧洲人权法院也试图以该条款为少数人权利提供保护。

---

① See International Decade of the World's Indigenous People, A/RES/56/140, General Assembly-Quick Links, Dag Hammarskjöld Library, 19 December, 2001.

② See Indigenous issues, A/RES/63/161, General Assembly-Quick Links, Dag Hammarskjöld Library, 18 December, 2008.

③ See Indigenous issues, A/RES/65/198, General Assembly-Quick Links, Dag Hammarskjöld Library, 21 December, 2010.

④ See Rights of indigenous peoples, A/RES/70/232, General Assembly—Quick Links, Dag Hammarskjöld Library, 23 December, 2015.

⑤ See European Convention on Human Rights, https://www.echr.coe.int/Pages/home.aspx? p = basictexts&c, last visited at 5 September, 2021.

《欧洲保护少数民族框架公约》于 1998 年生效,是世界上第一部关于少数民族保护的区域性多边条约。公约在序言中强调了保护少数民族对于欧洲大陆的重要性,认为一个真正多元的民主社会应尊重属于少数民族的特性,必须创造一个容忍和对话的氛围以促进文化多样性。公约第二部分规定了必须受到保护的少数民族权利,其中包括平等权、文化权、语言权等。公约要求缔约国承诺限制某些可能损害少数民族权利的国家行为,并采取积极措施保护和发展少数民族权利。① 此外,公约设立咨询委员会来监督缔约国履行公约中义务。相较于《欧洲人权公约》,《欧洲保护少数民族框架公约》承认和具体规定了少数民族广泛的权利,明确规定各缔约国有义务保障少数民族的权利。但不可否认,《欧洲保护少数民族框架公约》也存在一些不足:例如使用"在必要时""在适当时"等表述,使得各缔约国在履行义务方面享有一定裁量空间;未对少数民族这一关键术语进行定义,而是交由各国自行认定,必然导致一些应受保护的少数民族无法得到保护。

二、欧洲少数人权利保护机构

欧洲少数人权利保护机构主要包括欧洲人权法院和咨询委员会。

(一)欧洲人权法院

如上文所述,《欧洲人权公约》为监督缔约国履行公约义务设立三个监督机构,其中欧洲理事会部长委员会是一个政治机构,在少数人权利保护方面的作用弱于欧洲人权委员会和欧洲人权法院,欧洲人权委员会则被《欧洲人权公约》第11 号议定书所废止,这就使得欧洲人权法院成为监督缔约国履行公约义务的主要机构,而第 11 号议定书也赋予了欧洲人权法院更多的权力。②

欧洲人权法院作为常设机构,由与公约缔约国数目相同的法官组成。法官以个人名义任职,不代表任何国家。法院内设以下机构:法院下设组、合议庭、审判庭和大审判庭,只有后三者可以解决纠纷。此外,法院设有书记官处,书记官处在诉讼程序中也将起到很大的作用,它将负责接受申诉,并主持调解。在诉讼管辖权方面,法院既受理任何缔约国提交的声称另一缔约国违反了公约和议定书规定的案件,也接受任何个人、非政府组织或者个别团体提出的声称他们受公约和议定书保护的权利遭到缔约国侵犯的申诉。③

(二)咨询委员会

咨询委员会是独立的专家委员会,负责评估缔约国执行《欧洲保护少数民

---

① 参见孙高峰:《少数人权利研究》,武汉大学 2013 年博士学位论文,第 85 页。

② See Av. A. Deman GÜLER, The Protection of Minorities in the Council of Europe: Possibilities to Use the European Convention on Human Rights for Minority Issues, Dokuz Eylul Universitesi Hukuk Fakultesi Dergisi, 19(Special Issue),2017, pp. 2454-2455.

③ 参见赵海峰:《欧洲人权法院简介》,载《诉讼法论丛》2000 年第 2 期。

族框架公约》的情况,以及向欧洲理事会部长委员会提供建议。咨询委员会由选举产生的 18 名独立专家组成,任期 4 年。咨询委员会的成员应具备公认的在少数民族保护领域的专业知识,以个人名义任职,不代表任何国家,应当独立和公正以及能够为咨询委员会有效服务。咨询委员会评估的结果体现在根据监督程序所通过的详细国别意见之中。①

三、欧洲少数人权利保护的运行机制

（一）欧洲人权法院的运行机制

欧洲人权法院运行程序包括两部分:一是法院初步阶段程序,是从提交申诉到决定可受理性,查明事实和调解的阶段;二是法院最终阶段程序,审判庭在秘密合议之后以多数票作出决定,可能是决定取消案件或者作出友好解决决定抑或是判决宣告谴责。法院具体运行流程详见图 2②。

（二）咨询委员会的运行机制

咨询委员会的运行机制包括以下内容:第一,各缔约国每 5 年提交一份报告,报告中应含有根据《欧洲保护少数民族框架公约》原则所采取的立法和其他措施的信息。由咨询委员会审查报告。如果缔约国未提交报告,部长委员会将授权咨询委员会启动监督程序。第二,咨询委员会实施国家访问,以便与少数人组织,其他公民团、国家和地方当局的代表进行会谈。第三,咨询委员会可通过一项意见,其中包含国家行动的具体建议。在此过程中,咨询委员会将举行秘密会议,以便各国有机会要求进行任何事实更正。对于各国提出的事实更正的要求,咨询委员会有权接受或拒绝。第四,一旦一项意见获得咨询委员会通过,各国有机会在 4 个月内就该意见发表评论。4 个月期限届满后,咨询委员会的意见和各国的评论将被公开。第五,基于咨询委员会的意见,欧洲理事会部长委员会就当事国通过一项含有结论和建议的决议。③

第三节　非洲少数人权利保护机制

非洲缺乏类似欧洲那样的专门的少数人权利保护文件,本节将在非洲人权保护机制的基本框架下,对非洲少数人权利保护机制进行论述。

---

①　See Advisory Committee on the Framework Convention for the Protection of National Minorities, https://www.coe.int/en/web/minorities/advisory-committee, last visited at 5 September, 2021.

②　参见赵海峰:《欧洲人权法院简介》,载《诉讼法论丛》2000 年第 2 期。

③　See How is the Framework Convention monitored? https://www.coe.int/en/web/minorities/at-a-glance#｛％2279030665％22:［7］｝, last visited at 5 September, 2021.

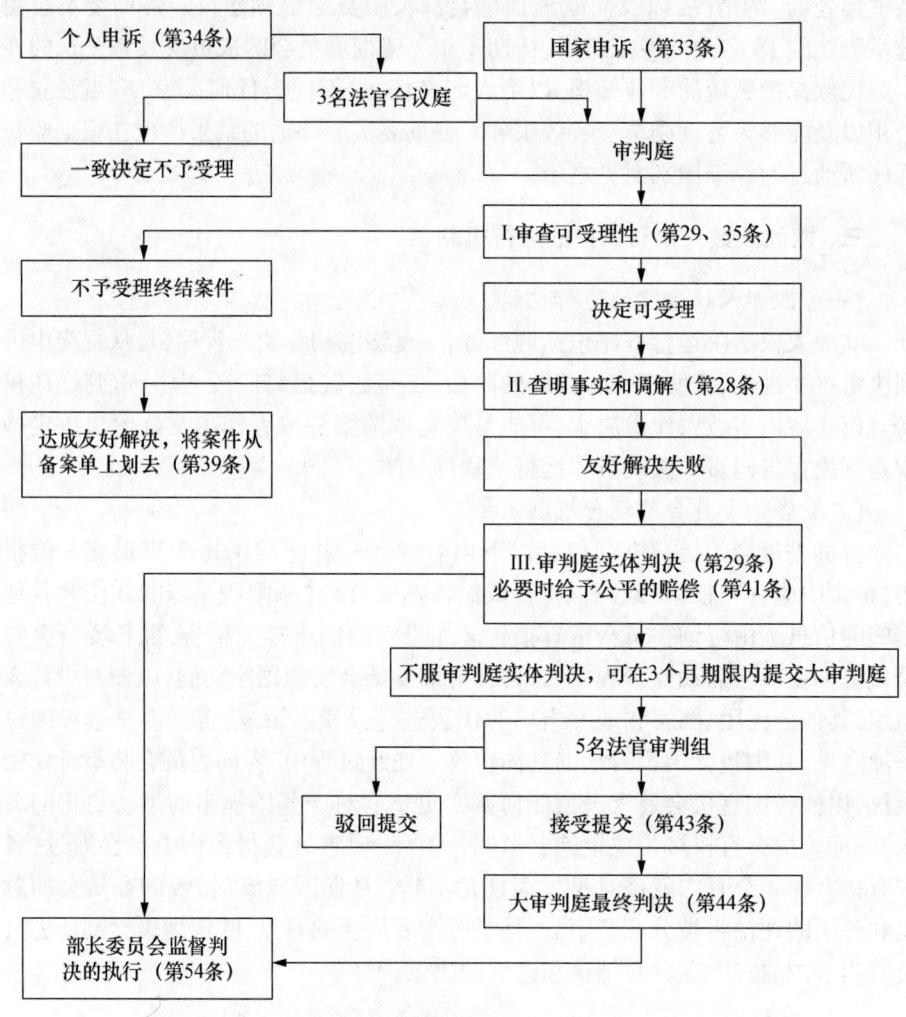

图2　欧洲人权法院流程

一、非洲少数人权利保护的立法

1963 年 5 月,非洲 31 个国家签署了《非洲统一组织宪章》。该宪章共 33 条,强调对《联合国宪章》与《世界人权宣言》的尊重,这逻辑性地关联到人权保护问题,但没有专门涉及人权问题。宪章可能更强调非洲的集体人权,表现出与西方强调个人主义人权哲学及其人权制度设计的不同。

《非洲人权和民族权利宪章》于 1986 年 10 月 21 日生效。该宪章分三部分共 68 条。第一部分是关于权利和义务条款,第 2—14 条规定人人享有公民权利和政治权利;第 15—18 条规定人人享有经济、社会和文化权利;第 19—24 条规定人民权利和集体权利。① 该宪章非常重视经济、社会和文化权利以及公民和政治权利。不仅如此,该宪章也是世界上第一部明确规定经济、社会和文化权利以及人民的集体权利的区域性人权文件。但宪章没有就少数人权利问题作出专门规定。宪章中有关人民权利的规定实际上是针对外来殖民者而言的,并不针对国家内部的不同民族。此外,非洲一些国家并不承认自己国家内部有少数人问题。②

2000年7月,非洲统一组织国家与政府首脑会议通过了《非洲联盟宪章法案》。虽然宪章法案没有提及少数人权利,但还是在多处提及人权:如在序言中,它强调"促进人民的权利";在第3条中,它强调"鼓励国际合作,同时适当考虑到《联合国宪章》和《世界人权宣言》",并"根据《非洲人权和民族权利宪章》和其他相关人权文书促进和保护人权和人民的权利";在第4条中,它强调"尊重民主原则、人权、法治和善治"。宪章法案中这些有关人权的一般规定在法源上能够为少数人权利的保护提供基础性的支撑。

2011年1月非盟通过了《非洲公共服务与行政管理的价值与原则宪章》。该文件在序言中强调了"断然地促进普遍价值观和民主原则治理、人权和发展权";在第3条中,它强调"禁止一切形式的歧视,特别是在出身、种族、性别、残疾、宗教、族裔、政治信仰、加入工会或其他形式的不容忍方面";在第4条中,它表明"尊重人权和合法性原则",并强调"政府应尊重人权,特别是尊重人的尊严和完整性"。在第14条中,它强调"政府应确保所有公共服务雇员受到平等待遇。不得基于出身、种族、性别、残疾、宗教、族裔、政治信仰或任何其他考虑进行歧视。"在第18条中,它强调"缔约各国应颁布立法、行政和行政文书,保障妇女、少数民族、残疾人和其他任何边缘化或弱势社会阶层的征聘权。"相较于前述三个文件,《非洲公共服务与行政管理的价值与原则宪章》更多地规定了少数人权利的保护,而且体现了非洲人权保护的重要特色,例如对发展权等集体人权的强调。

二、非洲少数人权利保护机构

非洲少数人权利保护机构主要包括非洲人权和民族权利委员会、非洲人权和民族权利法院。

(一)非洲人权和民族权利委员会

非洲人权和民族权利委员会根据《非洲人权和民族权利宪章》第30条的规

---

① See African Charter on Human and Peoples' Rights,载联合国网站,http://www.achpr.org/instruments/achpr/,last visited at October, 2018.

② See Samia Slimane, *Recognizing Minorities in Africa*, Minority Rights Group International 379 Brixton Road, London SW9 7DE, United Kingdom, 2003, p.1.

定而设立,目的在于促进人权与人民权利。委员会由 11 名成员组成,这些成员选自具有最高声誉的非洲人士,以其高尚的道德、正直、公正和在人权和人民权利方面的能力而闻名;特别要考虑具有法律经验的人。委员会成员应由国家元首和政府首脑会议以无记名投票方式从本宪章缔约国提名的人员名单中选出。

非洲人权和民族权利委员会有权进行人权研究、机构合作、解释公约条款、提交年度报告等常见职能,并以这些职能促进非洲人权的发展。除此之外,非洲人权和民族权利委员会还有权审查缔约国报告、处理国家间指控以及审查个人权利被侵犯的来文。

(二) 非洲人权和民族权利法院

1998 年 6 月,非洲统一组织国家元首和政府首脑大会通过《非洲人权和民族权利法院议定书》,该议定书于 2004 年 1 月 25 日生效,非洲人权和民族权利法院正式成立。设立非洲人权和民族权利法院的目的在于实现《非洲人权和民族权利宪章》的目标,以补充和加强非洲人权和民族权利委员会的职能。议定书第 2 条直接规定了人权委员会与人权法院的关系,"法院应铭记本议定书的规定,补充《非洲人权和民族权利宪章》赋予非洲人权和民族权利委员会的保护性任务。"

法院由 11 名法官组成,由品格高尚、在人权和人民权利领域具有公认的实践、司法或学术能力和经验的法学家以个人身份选出。法院主要有三项职能:一是审判职能,这是法院在人权保护方面最重要的职能;二是调解职能,法院可以对争议进行调解,从而达成友好解决;三是咨询职能,就《非洲人权和民族权利宪章》或其他非洲人权文件的法律问题发表意见。

三、非洲少数人权利保护的运行机制

(一) 非洲人权和民族权利委员会的运行机制

非洲人权和民族权利委员会在保护人权方面有两项重要的机制:

第一,审议缔约国报告。《非洲人权和民族权利宪章》第 62 条规定:"各缔约国应自本宪章生效之日起,每两年提交一份关于本宪章确认和保障的权利和自由的立法或其他措施的报告。"缔约国报告内容为各缔约国为了落实与促进宪章而采取的国内的立法、行政与司法以及其他人权促进措施。非洲人权和民族权利委员会通过对报告进行审查,以此检查、督促与提升缔约国对人权的保护水平。

第二,审查人权来文申诉。任何个人、非政府组织或其他团体可以就缔约国违反《非洲人权和民族权利宪章》向委员会提交申诉。《非洲人权和民族权利宪章》第 55 条规定了人权申诉来文的处理程序,"在每届会议之前,委员会秘书应列出除本宪章缔约国的来文以外的其他来文,并将其转交委员会成员,委员会成员应指明哪些来文应由委员会审议。如果委员会的多数成员作出决定,则应考虑委员会的沟通。"

《非洲人权和民族权利宪章》还规定了缔约国的来文申诉。第 47 条规定,"如果本宪章的缔约国有充分理由相信本宪章的另一缔约国违反了宪章的规定,则可通过书面来文提请该国注意该事项。本来文还应提交非统组织秘书长和委员会主席。收到来文后三个月内,来文所涉及的国家应向查询国提供书面解释或陈述,以澄清该事项。这应尽可能包括与适用的法律和议事规则有关的相关信息,以及已经提供的补救措施或可采取的行动方案。"委员会对来文进行审查的决定要进行程序性表决,即简单多数决定审查来文,方可将来文递交进入审查程序。

(二) 非洲人权和民族权利法院的运行机制

非洲人权和民族权利法院的运行机制如下:

第一,案件受理。法院在决定个人和非政府组织申诉的可受理性时,可以征求委员会的意见。据此,委员会应尽快对提出申请的非政府组织作为委员会观察员的效力,是否有同一个申请正在或已被委员会审查,某个特定国家的司法管辖的效力等问题作出回答。

第二,案件审理。对于符合可受理性条件的案件,法院也可以将其移交给委员会。这种安排是为了避免法院的负担过重,确保法院能审理那些对促进人权保护比较重要的案件。在解决争议时也力求能在争议双方之间达成友好解决。如果法院认为友好解决是无用的或者已经失败,就进入审判程序。法院的审判程序是公开的,但根据程序规则的规定,也可以不公开。

第三,案件判决。案件经过庭审调查后进入评议阶段。如果法院发现存在违反人权和民族权利的行为,它应发出适当的命令,对侵权行为进行补救,包括支付公正的补偿和赔偿。法院应当在结束评议后的 90 天内作出判决,并在法庭上公开宣读。法院的判决以多数票作出。非洲联盟部长理事会监督判决的执行,如果有关国家不执行法院的判决,法院可以在其向非洲联盟提交的年度报告中公布这类国家的名单。①

第四节　美洲少数人权利保护机制

有别于欧洲和非洲的做法,美洲在少数人权利保护领域突出了对土著民族

---

① 参见李晶珠等:《非洲人权与民族权法院 国际人权保护体制的新篇章》,载《法律适用》2005 年第 6 期。

权利的保护。

一、美洲少数人权利保护的立法

1948 年通过的《美洲人的权利与义务宣言》是第一批具有普遍性质的国际人权文件之一。《宣言》共 28 条，主要涉及消极人权如公民权与政治权以及积极人权如经济、社会、文化权利。尽管如此，传统人权哲学也存在外溢对少数人权利保护的规定。如《宣言》第 2 条规定，"人人在法律面前平等，享有本宣言规定的权利和义务，不分种族、性别、语言、信仰或任何其他因素。"第 3 条规定，"人人有权自由信奉宗教信仰，并在公开和私下表明和实践宗教信仰。"虽然宣言没有直接规定少数人的权利，但由于种族、语言、信仰常常与少数人相关联，因此，从中能够推导出少数人的相关权利，进而为少数人权利提供保护。

1951 年 12 月 13 日生效的《美洲国家组织宪章》并非专门的人权宪章，但其中包含有一些人权以及少数人权利的规定。例如，第 3 条规定，"美洲国家重申下列原则：……美洲国家确认个人的基本权利，不分种族、国籍、信仰或性别"。第 45 条规定："所有人，不分种族、性别、国籍、信仰或社会条件，在自由、尊严、机会均等和经济安全的情况下，都有享受物质福利和精神发展的权利。"

1969 年 11 月，在哥斯达黎加的圣约瑟召开的美洲人权会议上，12 个国家签署了《美洲人权公约》。该公约的主要内容为：缔约国义务、公民权利与政治权利、经济社会文化权利、条约的适用与解释、个人义务、人权保护机构、美洲人权委员会、美洲人权法院、一般规定、签署、批准、保留、修正、议定书、暂行条款等。与《美洲国家组织宪章》类似，公约也没有直接规定少数人的权利，但一些公约条款可以解读出对少数人权利的保护。

2016 年 6 月 15 日，美洲国家组织通过《美洲土著民族权利宣言》。该宣言主要是以集体权利为主要内容的，它是对传统个人权利文件的重大突破。宣言最重要的特点是对土著民族的集体权利的突出和强调。宣言明确了对土著民族的自决权、受教育权、健康权、自治权、文化、土地、领土和自然资源的权利以及发展权的保护。

二、美洲少数人权利保护机构

美洲少数人权利保护机构主要包括美洲人权委员会和美洲人权法院。

（一）美洲人权委员会

美洲人权委员会是根据《美洲国家组织宪章》的规定于 1959 年成立的。1967 年《布宜诺斯艾利斯议定书》对《美洲国家组织宪章》进行修改，美洲人权委员会由"自主实体"成为美洲国家组织的官方机构，承担的职责是"促进对人权的遵守和保护，并充任美洲国家组织在这些事务方面的咨询机构"。美洲人权委员会成为《美洲国家组织宪章》体系下的一个专门机构,是美洲国家在人权领域内合作取得实质性进展的标志之一。美洲人权委员会具有以下职权:在美洲各国人民中发展人权意识;回答人权事务方面的咨询,并向成员提供所需的咨询服务;对个人投诉或国家间指控采取行动;向美洲国家组织提供年度报告等。①

（二）美洲人权法院

美洲人权法院于 1979 年成立于哥斯达黎加圣何塞市。根据《美洲人权公约》,美洲人权法院是一个自治的司法机构。法院由 7 名法官组成,为《美洲人权公约》成员的国民,以个人身份从具有最高道德权威和具有公认资格的法学家中选出。法院法官的任期为 6 年,可以连任一次。第一次选举中选出的 3 名法官任期 3 年届满。法院的主要职能是通过行使诉讼管辖权和咨询管辖权等方式实施和解释公约。法院的诉讼管辖权是指审理和裁决有关成员是否侵犯人权的权力。咨询管辖权主要是澄清人权文件的法律标准,以及判定国家的法律和实践与这些标准是否相符。此外,法院还有权决定采取临时措施。②

三、美洲少数人权利保护的运行机制

（一）美洲人权委员会的运行机制

美洲人权委员会的运行机制具体如下:

第一,审查缔约国报告。委员会有权要求缔约国提供他们在人权问题上采取的促进与保护措施的全面报告。但《美洲人权公约》并未就这一报告作更多的相关规定,因此,这一报告的提交存在着较大的随意性。

第二,开展国家人权状况研究。委员会对有关国家的人权状况进行研究和调查,并在此基础上编写相应的报告以提供给该国政府,督促和引导各国政府注意侵犯人权事件,同时引导各国政府提高人权保护的积极性与主动性。

第三,进行人权状况现场调查。这一调查与人权状况研究具有相关性。委员会在对国家人权状况进行调查的过程中,如果认为有必要,可以启动人权状态现场调查程序。与此同时,现场调查也需要当事国政府的同意或邀请。

第四,审查个人或团体来文申诉。任何个人或团体,或在本组织一个或多个成员中得到法律承认的任何非政府实体,均可向委员会提出申诉,申诉中应载有缔约国对违反本公约的谴责或投诉。如有必要,委员会在征得侵犯行为所在国全部同意后,可进行调查,有关国家应向其提供一切必要设施。委员会可要求有

---

①　参见刘杰敏、张晓明:《美洲区域性人权保护机制析论》,载《华南理工大学学报(社会科学版)》2012 年第 1 期。

②　参见赵海峰、窦玉前:《美洲人权法院——在困难中前进的区域人权保护司法机构》,载《人民司法》2005 年第 12 期。

关国家提供任何有关资料,或者听取有关各方的口头陈述或收到书面陈述。①

第五,处理国家间指控。人权委员会还接受国家间的人权侵害指控,但要以缔约国特别声明接受人权委员会管辖为前提。当被指控国接受人权委员会的管辖时,指控国才可以向人权委员会提出指控。

(二)美洲人权法院的运行机制

美洲人权法院的运行机制具体如下:

第一,裁定侵权行为。如果法院裁定有侵犯《美洲人权公约》所保护的权利或自由的行为,则法院应裁定对受害方被侵犯的权利或自由进行补救,并向受害方支付公平赔偿。

第二,采取紧急措施。在极端严重和紧急的情况下,为避免对侵权受害人造成不可弥补的损害,法院应采取其认为与正在审议的事项有关的临时措施。对于尚未提交法院的案件,可以根据美洲人权委员会的请求行事。

第三,解释公约。《美洲人权公约》成员国可就公约或关于保护美洲国家人权的其他条约的解释向法院咨询。法院可应组织成员国的请求,就其任何国内法与上述国际文件的兼容性向该国提供意见。

第四,提交报告。法院应向美洲国家组织大会提交上一年工作报告,供大会审议。委员会应特别指明一国未遵守其判决的情况,并提出任何有关建议。

---

① 参见《美洲人权公约》第48、49条。

《民族法学》修订后记

　　《民族法学》作为北京大学出版社21世纪法学系列教材,自2012年9月出版发行以来,在国内高校得到广泛应用。2013年获批"北京高等教育精品教材",2014年获批教育部"'十二五'普通高等教育本科国家级规划教材"。本教材于2016年1月进行过修订,2021年1月着手进行第二次修订,这次修订在习近平新时代中国特色社会主义思想和习近平法治思想的指引下,以铸牢中华民族共同体意识为旨归,结合新时代、新理念、新法规、新文献,对本教材进行了较为系统的修改。

　　国内民族法理论研究历经近四十年,有一定的学术积累,产生了一批有影响的成果,形成了专业学术队伍。中国已经初步建立起以具有中国特色的《民族区域自治法》为核心的民族法理论体系,目前我们面临着在全球化、现代化背景下如何应对发展与创新的挑战。通过推出高水平的研究成果,宣传党的民族政策,增进世界各国对中国民族法制的了解,是民族法学研究的重要任务。与此同时,顺应民族地区法治建设以及国家对少数民族事务管理法治化的需求,培养出一批民族法制理论研究和应用的高级人才是整个民族法学学科的核心任务。当前,在民族法学人才培养方面的一个瓶颈问题是理论性与应用性都很强的教材比较少,参考资料十分有限。因而,在北京大学出版社的支持之下,本人主持了本次的教材修订工作。2021年年初,我们开始策划系统修订本教材,重新拟定了教材的结构,并重组了编写人员,经过修订组全体成员的多次集体讨论,于2021年3月确定了本书的写作大纲并进入编写阶段。修订过程中,我们着重吸收了历次中央民族工作会议,特别是2021年8月中央民族工作会议的有关精神。本书的写作和修订分工如下:

　　绪论:熊文钊、赵莹莹;第一章:熊文钊、赵莹莹、多杰昂秀;第二章:舒华、王梅;第三章:田艳、蒋剑;第四章:刘振宇、熊文钊;第五章:柳杨、谢洋;第六章:多杰昂秀、李小华;第七章:文晖、尹一君;第八章:沈寿文;第九章:沈寿文;第十章:沈寿文;第十一章:沈寿文;第十二章:沈寿文、李俊;第十三章:郑毅、李俊;第十四章:陈小艳、司马俊莲;第十五章:司马俊莲、陈小艳;第十六章:司马俊莲、陈小艳;第十七章:冯广林;第十八章:张星;第十九章:潘红祥、陈双桥;第二十章:何静宜;第二十一章:潘红祥、张星;第二十二章:潘红祥、任纳。参与本书第一版和第二版有关章节写作的人员还有:于家富、方文霖、郭友旭、李钰、黄娅琴、张利俊、汤洁、杨光明等。

　　本人负责全书的修订、组织和策划工作并对全书进行统稿和审定,沈寿文教授承担了第三编的修订工作,潘红祥教授承担了第五编的修订工作,多杰昂秀、赵莹莹协助主编对部分书稿进行了审读。教材的修订所涉及的内容庞杂,资料浩繁,尽管我们竭诚努力,但限于时间和精力,疏漏之处在所难免,希望各位学者和方家能给予批评和指正。

　　在此,特别感谢北京大学出版社的领导和编辑,这么多年来对《民族法学》教材的宣传和推广做出了特殊的贡献,没有他们的不懈努力和辛勤付出,本书修订版的面世是难以想象的。喧嚣的尘世生活弥漫在天地之间,使我们不经意间忽略了许多真诚而美好的东西,但我们不会忽略民族法制和民族法学在天空中划过而留下的彩虹,也不会忽略那些一路走来帮助过我们的志同道合的朋友。

熊文钊

2022 年 1 月 20 日谨识

北大法学·教材书目·21 世纪系列

　　"教材书目·21 世纪系列"是北京大学出版社出版的法学全系列教材,包括"大白皮""博雅""博雅应用型"等精品法学系列教材。教材品质精良,皆由国内各大法学院优秀学者撰写,既有理论深度又贴合教学实践,是国内法学专业开展全系列课程教学的最佳选择。

教师反馈及教材、课件申请表

尊敬的老师:

　　您好! 感谢您一直以来对北大出版社图书的关爱。北京大学出版社以"教材优先、学术为本"为宗旨,主要为广大高等院校师生服务。为了更有针对性地为广大教师服务,满足教师的教学需要、提升教学质量,在您确认将本书作为教学用书后,请您识别下方二维码,填写相关信息并提交,我们将为您提供相关的教材、思考练习题答案及教学课件。在您教学过程中,若有任何建议也都可以和我们联系。

我们的联系方式:

北京大学出版社法律事业部

地　　址:北京市海淀区成府路 205 号　　　　联系人:孙嘉阳

电　　话:010-62752027　　　　　　　　　　传　真:010-62256201

电子邮件:bjdxcbs1979@163.com

网　　址:http://www.pup.cn

北大出版社市场营销中心网站:www.pupbook.com